마한·백제의 분묘 문화 III

- 충남II: 천안 편 -

중앙문화재연구원 편

진인진

자료 제공 기관

공주대학교 박물관, 충남대학교 박물관, 충청문화재연구원

총　괄 · 조상기
기　획 · 성정용, 오재진
자　문 · 김범철

책임연구원 · 성정용
공동연구원 · 권오영

연구원
　중앙문화재연구원 · 오윤숙, 신연식, 도문선, 조용호
　충북대학교 · 박신영, 정현아, 박슬기, 박정민
　한신대학교 · 박지은, 강정식, 이은정, 김현경

마한 · 백제의 분묘 문화 III -충남 II: 천안 편-

초판 1쇄 발행 2014년 7월 30일

집필인 · (재)중앙문화재연구원
발행인 · 김영진
발행처 · 진인진
등　록 · 제25100-2005-000003호
표　지 · 정하연
본문 편집 · 배원일
주　소 · 경기도 과천시 별양동 1-14 과천오피스텔 614호
전　화 · 02-507-3077~8
팩　스 · 02-507-3079
홈페이지 · http://www.zininzin.co.kr
이메일 · pub@zininzin.co.kr

ⓒ 진인진 2014
ISBN 978-89-6347-182-2 94900
ISBN 978-89-6347-082-5 94900 (세트)

책을 펴내며

우리 중앙문화재연구원에서는 그동안 『동아시아의 고분문화』, 『한국 신석기문화 개론』, 『아시아의 고대 문물교류』, 『한국 신석기문화의 양상과 전개』 등과 같은 시대 개론서나 한국 고고학의 다양한 주제를 선정하여 학술총서를 간행한 바 있습니다. 또한 『마한·백제의 분묘 문화』와 함께 고구려와 발해의 고분에 좀 더 쉽게 접근하여 그 문화상을 이해할 수 있도록 『고구려의 고분 문화 I -한반도-』와 『발해의 고분 문화 I -흑룡강성-』이라는 제목으로 학술총서를 간행한 바 있고, 그에 대한 연구도 진행되고 있습니다.

한국 고고학계에서 중요한 위치를 차지하는 마한·백제에 대한 연구는 그동안 많은 연구자들에 의해 다양하게 이루어졌습니다. 그러나 마한이 백제라는 고대국가로 성장하는 시대적 중요성에 비해 그 문화상을 이해하기에는 어려움이 있었고, 더불어 1990년대 이후 폭발적으로 증가하는 자료를 체계적으로 정리하기에도 한계가 있었다고 생각됩니다.

이러한 상황을 공감한 우리 중앙문화재연구원과 충북대학교는 마한·백제의 분묘에 대한 자료를 집성하고자 두 기관의 연구자 외에 한신대학교의 연구자를 포함시켜 연구진을 구성하고 2011년부터 5개년 계획으로 진행하고 있습니다. 그 성과품으로 2013년 2월 『마한·백제의 분묘 문화 I -서울·경기·인천·강원-』편과 2013년 10월 『마한·백제의 분묘 문화 II -충북-』편을 간행한 바 있습니다.

2013년도에는 충남지역의 분묘유적과 유물을 대상으로 정리하였습니다만, 너무나 방대한 분량을 한 권에 모두 담아내기에 역부족이어서 부득이 지역별로 분권하기로 하고, 먼저 『마한·백제의 분묘 문화 III -충남 I : 연기(세종)-』편을 간행하였습니다. 이번에는 『마한·백제의 분묘 문화 III』으로서 충남 천안편을 간행하게 되었고, 앞으로 아산·공주를 비롯한 자료도 계속해서 집성·간행할 예정입니다.

『마한·백제의 분묘 문화』는 너무도 방대한 양을 다루다 보니 곳곳에 오류가 있으리라 생각되지만, 아무쪼록 이 학술총서가 연구자 여러분의 연구에 많은 도움이 되기를 기대하며, 이번 학술총서에서 누락되었거나 새롭게 조사되는 유적에 대해서는 앞으로 간행할 예정인 보유편에 수록할 것을 약속드립니다. 더불어 우리 연구원에서는 앞으로도 다양하고 심도 있는 주제를 선정하여 학술총서를 발간함으로써 한국고고학계의 발전에 이바지하고자 합니다.

끝으로 이 학술총서가 간행될 수 있도록 연구 책임을 맡아 주신 충북대학교 성정용 선생님, 공동연구자인 한신대학교 권오영 선생님, 자문을 맡아 주신 충북대학교 김범철 선생님께 감사드리며, 어려운 여건에서도 자료 집성에 적극적으로 참여해 주신 충북대학교와 한신대학교, 중앙문화재연구원의 여러 연구자께 진심으로 감사드립니다. 또한 전반적인 진행을 맡아준 학예연구실 직원 여러분과 이 학술총서의 간행을 맡아주신 진인진 김영진 사장님을 비롯한 관계자 여러분께 감사드립니다.

2014년 7월

중앙문화재연구원장 조 상 기

마한·백제의 분묘 문화 III "충남 II: 천안" 편을 내며

2011년부터 마한백제의 분묘문화 자료를 집성하는 대장정을 시작한 결과 2012년에는 서울·경기·인천·강원 지역을 정리하여《마한·백제의 분묘문화 I》을 간행하였고, 2013년에는 충북지역을 정리하여《마한·백제의 분묘문화 II》를 펴낸 바 있으며 이제 충남지역을 정리할 차례로 접어들었다. 충남지역은 주지하는 것과 같이 백제 한성기의 중요 지방이자 웅진·사비기의 최고 핵심이었던 만큼, 백제 관련 유적과 유구가 조금 과장하여 수를 헤아리기 어려울 정도로 많을 수밖에 없다. 특히 2012년 무렵까지 파악한 충남지역의 백제 무덤 기수가 4,000여기 가까이 될 정도로 방대하여, 부득이 충남지역을 천안·아산·연기·공주(동북부권), 대전·금산·논산·부여·청양(동남부권), 서천·태안·당진·서산·홍성·예산·보령(서해안권) 등 크게 3개의 권역으로 나누어 3차년도에 걸쳐 작업하기로 하고 2013년도에는 먼저 동북부권을 정리하여《마한·백제의 분묘문화 III》으로 간행하기로 하였다.

　2012년도에 집성한 충북지역편은 여러 기술적인 난관(보고서 기술과 도면 축척의 불일치, 해상도 등등의 문제)을 헤쳐나가면서 책의 완성도를 조금이라도 높여보고자 하는 욕심에 10여차례의 지난한 교열과정을 거쳐 겨우 작년 10월에 출간한 바 있다. 이처럼 힘든 2차년도 교열 작업과 충남지역 정리작업을 병행한 결과, 동북부권의 마한·백제 무덤 자료들에 대한 기본적인 집성작업을 작년 말까지 대략 완료할 수 있었다. 그런데 놀랍게도 서울·경기·인천·강원지역편은 750쪽, 충북편은 1,221쪽이었던데 비해, 작년에 집성한 천안·아산·연기·공주지역은 모두 합쳐 거의 2,000쪽 가까이나 되었다. 반도체에서 운위하던 무슨 '황의 법칙'도 아니면서 해마다 1.6배가량 분량이 증가하고 있으니, 금년 동남부권은 혹 3,000쪽이 넘어 '마백의 법칙'이 새로 만들어지는 것은 아닌지 살짝 두려워지기까지 한다.

　한편 충북편의 경우 청원·청주 지역에 무덤들이 집중되어 있어 분책하기가 어색함에 따라 1권으로 출간하였던 바, 그 압도적인 무게와 두께에 필자 자신도 짓눌릴 지경이어서 거의 책장 속의 진열품과 다를 바 없겠다는 생각이 들었다. 그런데 충남 동북부지역의 마한·백제 분묘는 단권으로는 아예 엄두를 낼 수 없을 정도로 양도 많거니와, 독자의 편의를 위해서는 가급적 시군별로 분책하는 것이 좋으리라는 판단 하에 먼저《마한·백제의 분묘문화 III: 충남 I: 연기(세종)》편을 지난 2월에 출간한 바 있다. 이번에는 인접한 천안과 아산 지역을 정리한 결과물을《마한·백제의 분묘문화 III: 충남 II: 천안》편과《마한·백제의 분묘문화 III: 충남 III: 아산》편으로 각기 나누어 간행하기로 하였다. 곧이어《마한·백제의 분묘문화 III: 충남 IV: 공주》편이 출간될 예정이다. 한편 올해는 대전·금산·논산·부여·청양 등 충남 동남부권을 정리하고 있으며, 그 성과물을 내년 초에《마한·백제의 분묘문화 IV》로 간행할 예정이다.

　지금까지 방대한 자료를 정리하고 친절한 디지털세계를 구축하는 데에는 결국 공동연구원들이 흘린 땀이 결정적일 수밖에 없다. 한신대학교 국사학과의 권오영교수님과 대학원생 박지은·김현경·강정식·이은정, 그리고 충북대학교 고고미술사학과 대학원생 박신영(현 중앙문화재연구원)·정현아(현 국립중원문화재연구소)·박슬기와 학부생 박정민 등이 방대한 자료집을 완성시킨 주역들이다. 정말 감사하지 않을 수 없다.

또 이 작업이 온전히 이루어지기 위해 뒤에서 물심양면 지원을 아끼지 않았을 뿐만 아니라 자료 수집과 교열을 위해 애써준 조상기 원장님과 오윤숙·신연식·도문선·조용호 선생님에게도 깊은 감사의 말씀을 드리지 않을 수 없다.

늘상 되풀이되는 말 같지만, 1차년도부터 계속하여 여러 사람들의 정성과 땀의 결정체인 이 책이 더욱 돋보이도록 온갖 수고를 아끼지 않은 진인진 편집팀의 김지인 팀장과 배원일 선생에게 다시 한 번 고마운 마음을 전하지 않을 수 없다.

정말 많은 사람들의 각고의 노력의 결정체인 본서가 마한·백제를 연구하는데 커다란 역할을 하였으면 하는 것이 필자를 비롯한 우리 모두의 간절한 바람이다.

2014년 7월 30일

마한·백제의 분묘문화
책임연구원 성정용 삼가 올리다.

일러두기

1. **집성 시기** : 마한의 시작이 언제부터인가에 대해서는 여러 논란이 있으나, 점토대토기의 출현이 한반도 중남부지역 문화변동의 주요 획기라는 점에서 점토대토기 관련 물질문화가 출토되는 무덤을 포함하였다.

2. **집성 대상** : 2013년 상반기까지 정식으로 보고서가 간행된 유적을 대상으로 수록하는 것을 원칙으로 하였다.

3. **도면의 방위** : 磁北을 기준으로 하였다.

4. **본문에 삽입된 유적위치도** : 국립지리원에서 발행한 1:50,000 지도를 이용하였다.

5. **축척** : 도면의 기본적인 축척은 아래와 같이 하였으나, 예외인 경우 별도로 명기하였다.

　1) 유구 : 토광묘 1/40, 석곽묘·석실묘 1/60, 분구묘 1/120, 옹관묘 1/30

　2) 유물 : 토기류 1/6, 철기·석기류 1/4, 청동기류 1/2, 구슬·장신구류 1/1

　3) 보고서에 기술된 제원과 도면 축척이 상이하게 되어 있는 경우

　① 보고서 제원과 도면의 가로·세로 비율 등이 일치하지 않지만, 기술된 제원을 신뢰할 수 있다고 판단되어 이를 기준으로 도면의 가로 세로 비율을 임으로 조정한 경우에는 특기사항에 "보고서 기술과 도면의 축척이 상이하여 보고서 기술에 따라 가로·세로 축척을 조정하였음."이라고 표기하였다.

　② 보고서 도면의 스케일 바에 단순 오류가 있다고 보이는 경우에는 기술된 제원에 따라 도면 축척을 단순 조정하고, "보고서 기술과 도면의 축척이 상이하여 보고서 기술에 따라 축척을 조정하였음."이라고 표기하였다.

　③ 보고서 제원과 도면의 가로·세로 비율·스케일 바 등이 전혀 일치하지 않아 어느 쪽이 맞는지 알 수 없는 경우, 유구 개요표의 제원에는 보고서 기술을 그대로 적고 도면은 보고서의 스케일바를 기준으로 축척을 조정하여 유구 개요표의 제원과 도면 축척이 상호 일치하지 않게 되어 있다. 이 경우 특기사항에 "보고서 기술과 [유구/ 유구·유물/ 유물] 도면·스케일바의 비율이 모두 상이함."이라고 표기하였다.

6. **유적명** : 행정구역 변경 등으로 인해 조사 당시와 현재 지명이 다른 경우 현재 공식적으로 통용되고 있는 명칭(시군+동리명)을 표제어로 사용하고 조사 당시 보고된 지명은 ( )안에 표기하고 유적위치에도 ( )안에 舊 주소를 기재하는 것을 원칙으로 하고 있다. 그러나 연기지역은 비록 행정구역 변경에 따라 대부분 세종시로 편입되었지만, 최근까지 모든 보고서가 구 지명을 사용함에 따라 구 지명을 유적명으로 표기하고 신 지명을 ( )안에 표기하였다.

7. 유적개요표

1) 경·위도 및 GPS값은 보고서 기재내용을 따랐으며, 기재되어 있지 않은 경우에는 http://mygeoposition.com에서 주소 및 경·위도를 검색하여 나온 값을 기재하였다.

2) 유구현황은 해당시대 칸에 맞게 구분하여 종류와 기수를 기재하였다.

3) 토광묘의 합장묘(동혈·병혈·이혈 포함)는 1기로 계산하여 해당 유적의 전체 분묘 수를 기재하였다.

4) 시대·성격은 보고서의 고찰을 기준으로 요약하되 일부 내용을 첨삭하여 기술하였다.

5) 참고문헌은 지표조사·시굴조사·발굴조사 보고서와 함께 현장설명회 및 지도위원회의 자료 등도 가능한 모두 기재하는 것을 원칙으로 하였으며, 유적과 관련된 단행본 및 논고가 있을 경우 추가 기재하였다.

8. 유구제원표

예시)

1호 토광묘

(단위 : cm)

묘광	크 기 (길이×너비×깊이)	183×64×(32) 1)	목관	크 기 (길이×너비×높이)	?×(30+)×?
	장폭비	2.86:1		장폭비	? 2)
	장축방향 4)	N-3°-W	목곽	크 기 (길이×너비×높이)	- 3)
	두 향 5)	?		장폭비	-
유물	토 기	흑도장경호(1)			
	철 기	-			
	청동기	-			
	옥석류	-			
	기 타	-			
	특기사항				

1) '(수치)'는 추정길이이고 '+'는 당초 크기를 알 수 없는 잔존길이를 의미하며, 묘광크기는 조사당시 남아 있던 묘광의 상부를 기준으로 통일하여 기재하였다.

2) '?'는 유구의 유실 등으로 현상을 정확히 알 수 없는 경우임.

3) '-'는 해당 구조나 유물이 축조 당시부터 존재하지 않았을 것으로 판단되는 경우임.

4) 장축방향 : 기본적으로 보고서 내용을 따랐으나, 부정확하거나 기재되어 있지 않는 경우 도면을 토대로 재측정하였다.

5) 두향 : 기본적으로 보고서에 기재되어 있는 내용을 따랐으나, 기재되어 있지 않는 경우 착장유물의 위치를 토대로 추정하되 괄호 안에 넣어 구분하였다. 구슬 및 목걸이 등의 장신구류가 한쪽에 치우쳐 있는 경우와 환두대도의 환두부 방향을 두향 추정의 근거로 활용하였다.

6) 토광묘의 관곽에 대한 구분 : 별도의 관이 확인되지 않거나 보고자가 관으로 보고하였더라도, 단경호를 비롯한 일반적인 부장용 토기가 주체부 안에서 출토되었을 경우 곽으로 구분하였다.

7) 부장공간에 대한 용어
 ① 부장칸 : 목곽 안에 격벽을 두어 공간을 분리하고 유물을 부장한 경우.
 ② 부장곽 : 부장품을 매납하기 위한 곽을 별도로 만들어 부장한 경우.
 ③ 부장갱 : 부장곽과 달리 별도로 곽을 만들지 않고, 유구 주변에 부정형으로 굴광하여 유물을 매납한 경우.

8) 유구명칭 : 기본적으로 보고서에 있는 것을 따르되, 다음의 경우에는 바꾸어 표기하였다.
 ① 목관묘·목곽묘 → 토광묘
 ② 주구묘 → 분구묘 (지하식으로 先매장주체부-後 분구 조성의 경우는 주구토광묘로 하고, 그 외의 것은 분구묘로 구분하였다.)
 ③ 무기단식 적석총 → 적석분구묘
 ④ 주구만 잔존할 경우 → 주구토광묘
 ⑤ 분·묘 : 연구자에 따라 석실분·석실묘와 같이 뚜렷한 기준없이 혼용되는 경우가 있으나 매장주체부는 종류에 관계없이 모두 '~묘'로 통일하여 표기하였다.

9) 횡혈식석실묘의 장단비는 연도가 있는 前壁부터 後壁까지를 길이로 하고 좌·우벽을 너비로 하여 계산하고 표기하였다.

10) 횡혈식석실묘의 연도부 위치 표기는 연도 밖에서 석실을 바라보는 것을 기준으로 하여, 오른쪽에 있는 경우 우편재, 좌측에 있는 경우 좌편재, 가운데 있는 경우는 중앙으로 기재하였다.

11) 횡구식은 기본적으로 횡혈식석실과 같이 추가장이 가능한 구조로서, '室'의 개념을 갖고 있으므로 크기에 관계없이 모두 "횡구식석실"로 표기하였다.

12) 석실이나 석곽이 파괴되어 횡혈식·횡구식·수혈식의 구조를 알기 어려운 경우,
 ① 천장형태 등을 통해 석실임을 알 수 있으나 횡혈식인지 횡구식인지 모를 때.
  - 표 제목: ○○호 석실묘

- 특기사항: 입구 등이 파괴되어 정확한 구조는 알 수 없음.
② 석실·석곽인지 불분명하나, 돌(石)을 주체로 만들어지고 묘제를 전혀 알 수 없는 경우
- 표 제목: ○○호분
- 특기사항: 파괴가 심하여 석실·석곽의 구분이 어려움.
13) 토광묘 가운데 합장묘는 유구 개요표를 하나로 작성하였다.

9. 유물 도면의 편집 순서 : 유물은 출토위치에 따라 구분하여 편집하였다. 편집순서는 관내→관외·관상부·곽내→곽외·곽상부→부장칸·부장곽→함몰토·충전토→봉토·부장갱→주변 출토유물 등으로서, 관을 기준으로 유물의 출토위치가 멀어질수록 뒤쪽에 배치하였다. 또한 각 출토위치 내에서도 토기를 우선 배열하고 철기와 청동기, 그리고 옥석류 및 장신구류의 순서로 배치하였다. 또한 같은 류의 유물 내에서는 작은 것을 앞에, 큰 것을 뒤쪽에 배치하는 것을 원칙으로 하였다.

목 차

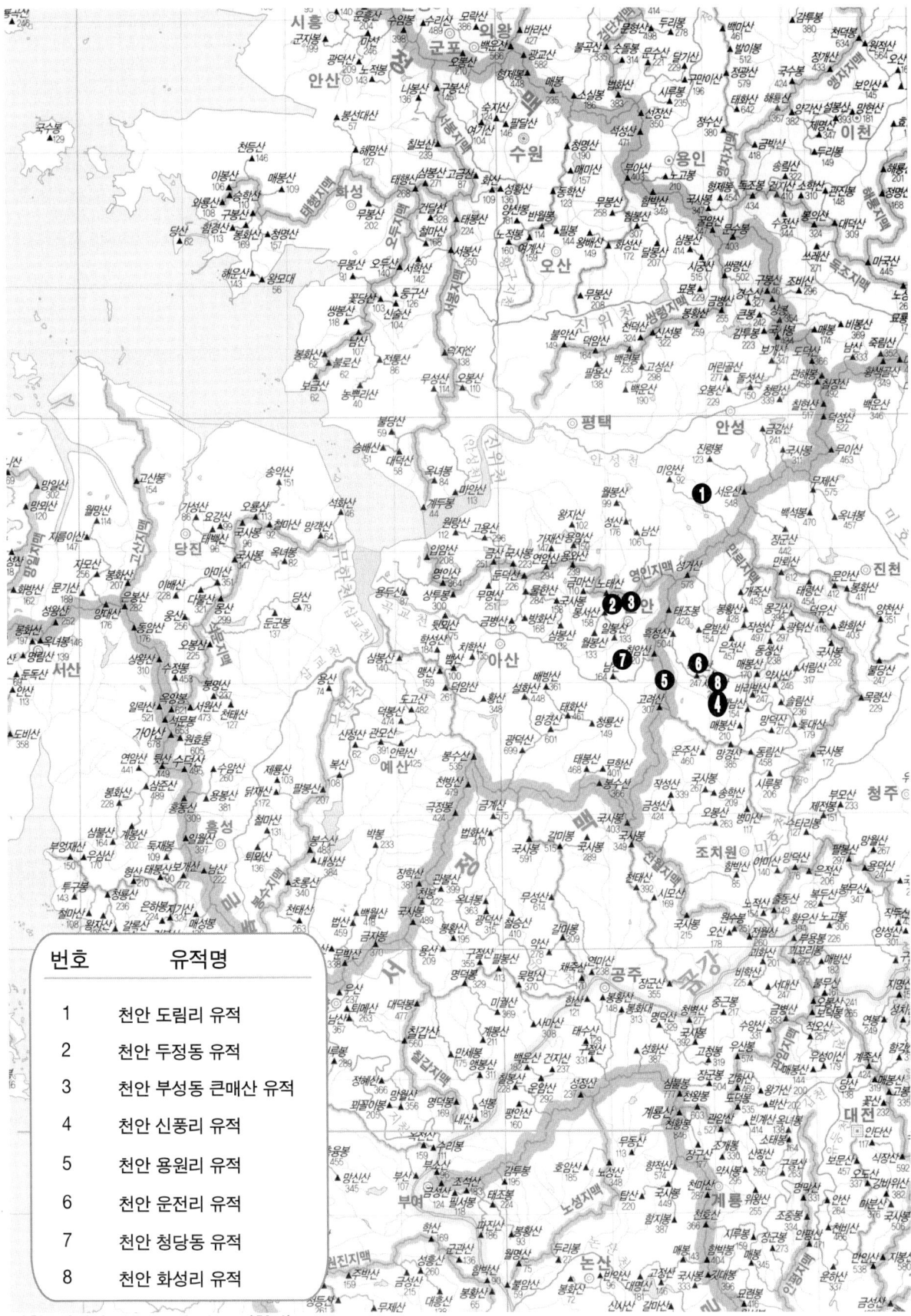

번호	유적명
1	천안 도림리 유적
2	천안 두정동 유적
3	천안 부성동 큰매산 유적
4	천안 신풍리 유적
5	천안 용원리 유적
6	천안 운전리 유적
7	천안 청당동 유적
8	천안 화성리 유적

마한·백제의 분묘 유적 분포도(천안)
박성태 편집 대한민국 산경도(2010.04.05) 인용.

번호	유적명
1	천안 도림리유적
2	천안 두정동유적
3	천안 부성동 근대산유적

● 천안지역 유적 위치도

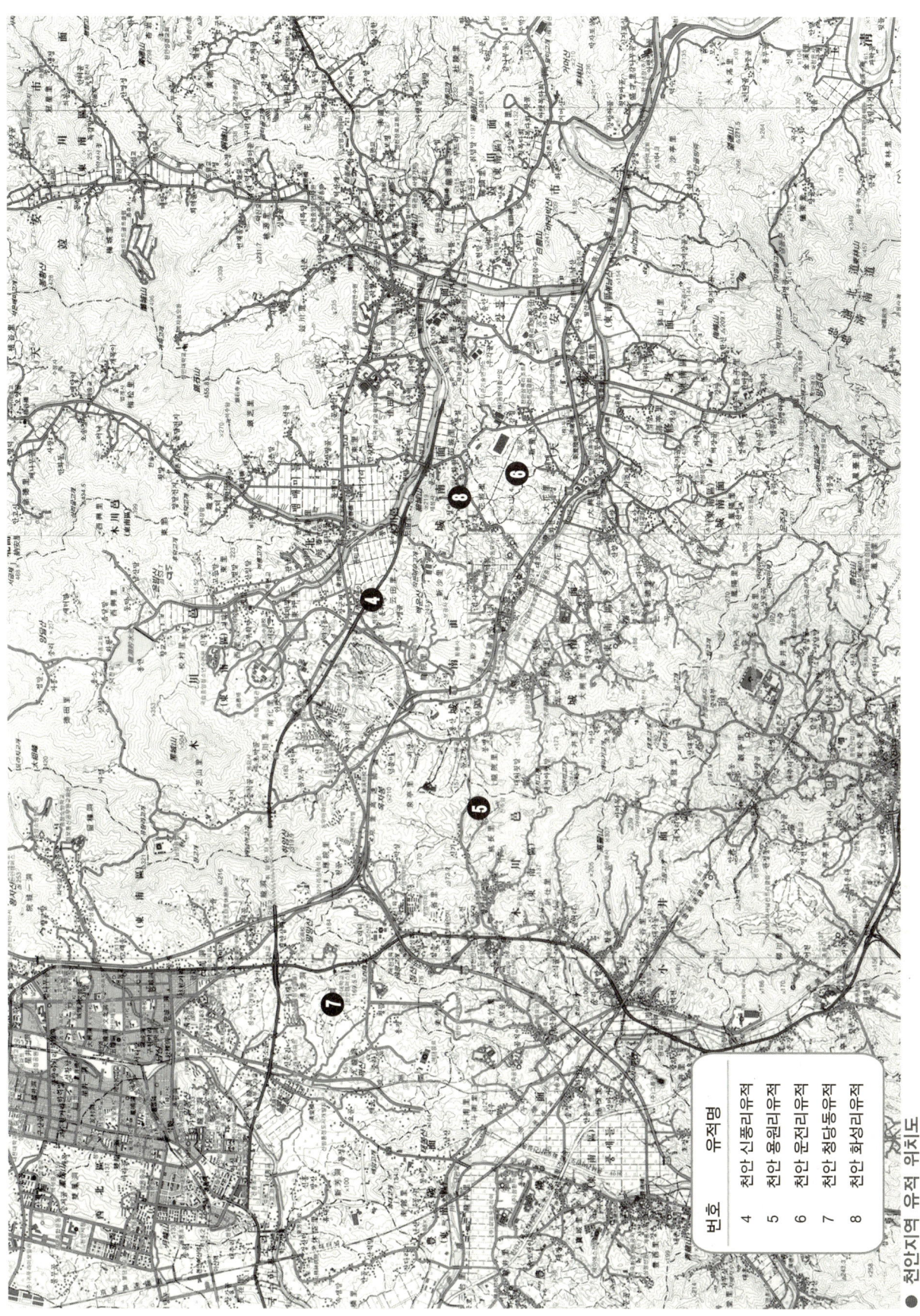

번호	유적명
4	천안 신풍리유적
5	천안 용원리유적
6	천안 운전리유적
7	천안 청당동유적
8	천안 화성리유적

● 천안지역 유적 위치도

천안 도림리유적 天安 道林里遺蹟

조사사유	대전지방국토관리청에서 시행하는 성환~입장 간 도로건설에 따른 구제발굴조사
조사연혁	지표조사 : 2001. 02. 13. ~ 2001. 02. 28.(고려대학교 매장문화재연구소) 시굴조사 : 2005. 10. 27. ~ 2009. 01. 28.(충청문화재연구원) 발굴조사 : 2008. 09. 16. ~ 2009. 02. 12.(충청문화재연구원)

유적위치	충청남도 천안시 입장면 도림리일대	
	경·위도 127°16'44.49"E / 36°53'50.47"N	GPS 127.279025 / 36.8973540

유적입지	천안시 입장면 북동쪽에 위치하는 산지지형 중 가장 동쪽에 해당된다. 해발 74~96m 사이의 구릉지역 상부에 해당되는데 북서쪽은 경작지 조성에 의해 상당부분 절토되었다. 유구는 좁고 세장한 구릉 상부와 능선 위에서 밀도있게 확인되었는데, 조사지역 경계 외곽에 분포하는 완만한 구릉과 사면 일대에도 무덤이 분포할 가능성이 있다.

유구현황	초기철기시대	-
	원삼국시대	주거지(1)·수혈(2)
	삼국시대	석곽묘(6), 석실묘(3), 석축유구(1)
	기 타	고려시대 이후 분묘(18), 조선시대 건물지(2)·주거지(6)·수혈(1)·석축유구(1)·집석유구(1)

주요유물	직구호, 개배형토기, 심발형토기, 환두도, 철검, 철모, 철촉, 표비, 등자, 교구, 운주, 四環鈴, 곡옥, 유리제 구슬

시대·성격	이 유적에서는 석곽묘와 횡혈식 석실묘가 조사되었는데, 확인된 무덤 수는 많지 않지만 다양한 무기류와 마구류가 출토되어 주목된다. 토기와 무기·마구 등으로 보아 백제 한성기 후반에 조영된 것으로 추정되며, 3호 석곽묘에서 출토된 유경역자식 철촉은 중부지역의 한성기 유적에서 출토례가 드문 것으로서 그 계통성이 주목된다.

참고문헌	고려대학교 매장문화재연구소, 2005, 『성환~입장 도로건설공사 구간내 문화유적 지표조사』. 충청문화재연구원, 2009, 『성환~입장 도로건설공사 구간내 문화유적 발굴(시굴)조사』. 충청문화재연구원, 2011, 『천안 유리·독정리·도림리 유적』.

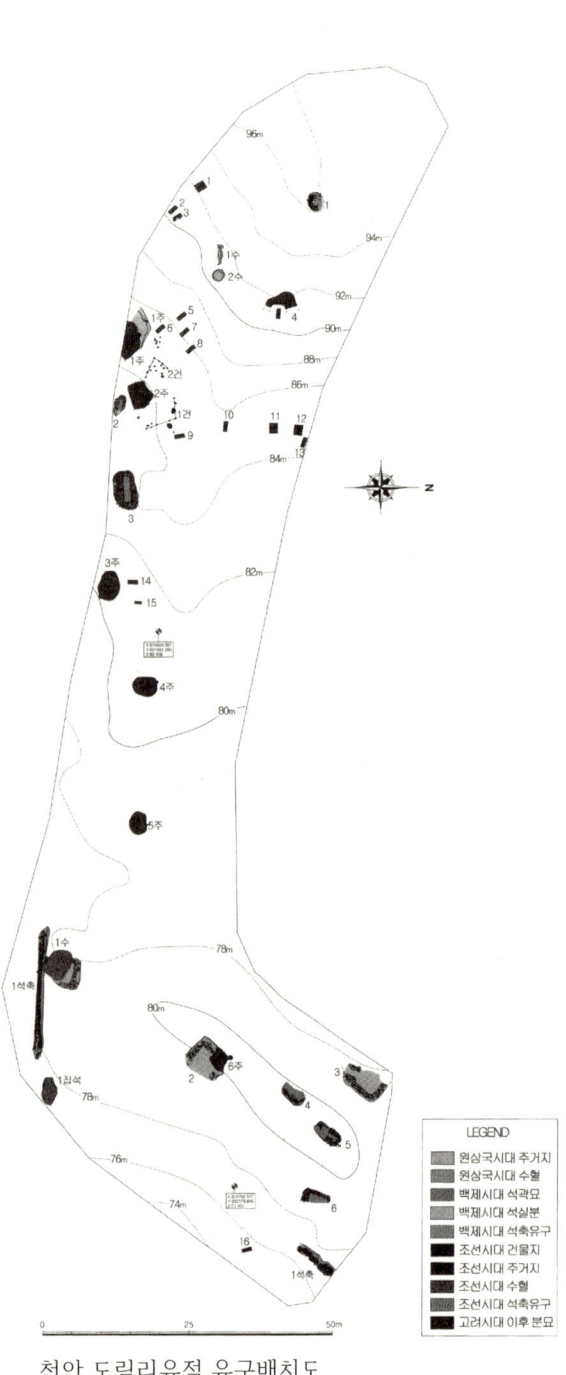

LEGEND
	원삼국시대 주거지
	원삼국시대 수혈
	백제시대 석곽묘
	백제시대 석실분
	백제시대 석축유구
	조선시대 건물지
	조선시대 주거지
	조선시대 수혈
	조선시대 석축유구
	고려시대 이후 분묘

0   25   50m

천안 도림리유적 유구배치도

천안 도림리유적 전경

천안 도림리유적 세부 전경

1호 석곽묘

(단위 : cm)

묘광	크 기 (길이×너비×깊이)	(245+)×(300+)×(33+)	주체부	크 기 (길이×너비×높이)	(153+)×(273+)×(62+)
	장폭비	?		장폭비	?
	장축방향	N-88°-W	시상·관대	크 기 (길이×너비×높이)	?
	두 향	?	벽석종류		천석
유물	토 기	토기편(4)			
	철 기	교구(4), 꺾쇠(1)			
	청동기	-			
	옥석류	-			
	기 타	-			
	특기사항				

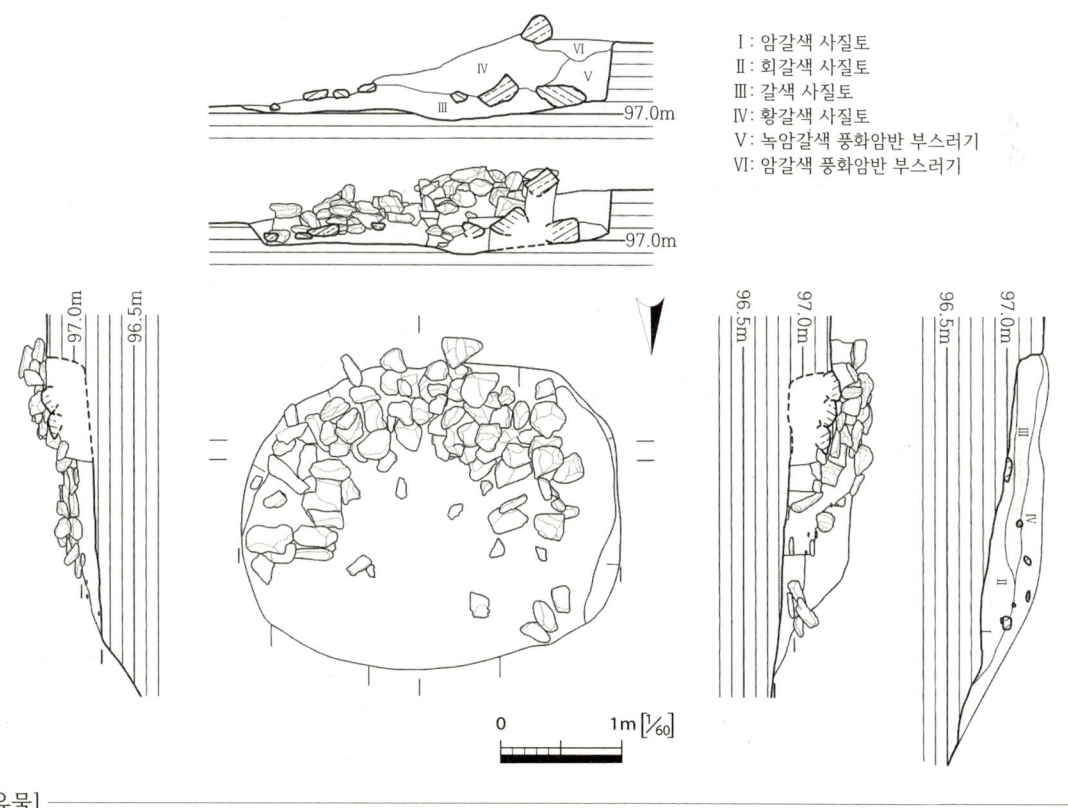

Ⅰ : 암갈색 사질토
Ⅱ : 회갈색 사질토
Ⅲ : 갈색 사질토
Ⅳ : 황갈색 사질토
Ⅴ : 녹암갈색 풍화암반 부스러기
Ⅵ : 암갈색 풍화암반 부스러기

[출토유물]

2호 석곽묘

(단위 : cm)

묘광	크 기 (길이×너비×깊이)	(350+)×(162+)×(66+)	주체부	크 기 (길이×너비×높이)	(210+)×(67+)×(81+)
	장폭비	?		장폭비	?
	시상/관대크기 (길이×너비×높이)	?		바닥시설	?
	장축방향	N-61°-E		횡구부크기 (높이×너비)	?
	두 향	?		묘도크기 (길이×너비)	?
	벽석종류	천석, 할석			
유물	토 기	-			
	철 기	-			
	청 동 기	-			
	옥 석 류	-			
	기 타	-			
	특기사항	횡구식으로 보고되었음.			

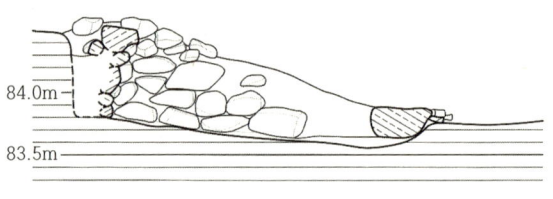

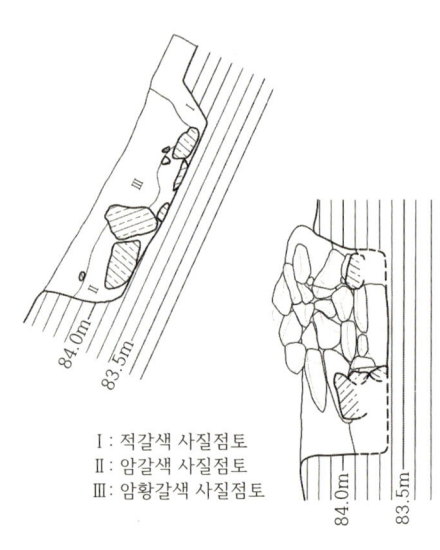

I : 적갈색 사질점토
II : 암갈색 사질점토
III : 암황갈색 사질점토

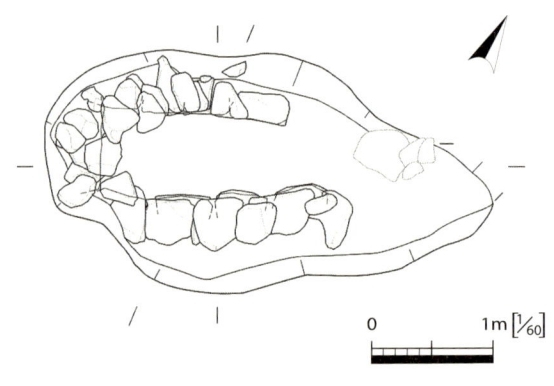

0   1m [1/60]

[유구사진]

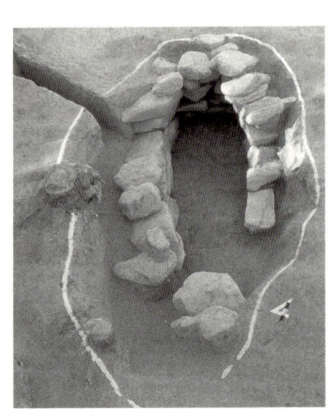

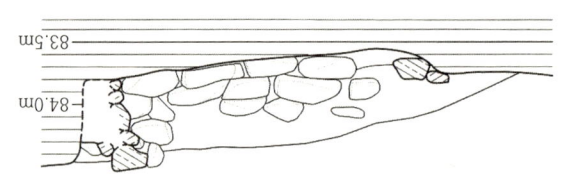

3호 석곽묘

(단위 : cm)

묘광	크 기 (길이×너비×깊이)	530×330×(60+)	주체부	크 기 (길이×너비×높이)	350×102×(104+)
	장폭비	1.61:1		장폭비	3.43:1
	장축방향	N-88°-W	시상·관대	크 기 (길이×너비×높이)	?
	두 향	?		벽석종류	천석
유물	토 기	배(3), 유견호(1)			
	철 기	도자(1), 검(1), 모(3), 촉(8), 준(1), 횡공철부(1), 착(1), 운주(1), 관정(11), 꺾쇠(24), 미상철기(3)			
	청동기	환령(1)			
	옥석류	곡옥(1), 유리제 구슬(32)			
	기 타	-			
	특기사항	천석을 사용해 석곽 상부를 덮음.			

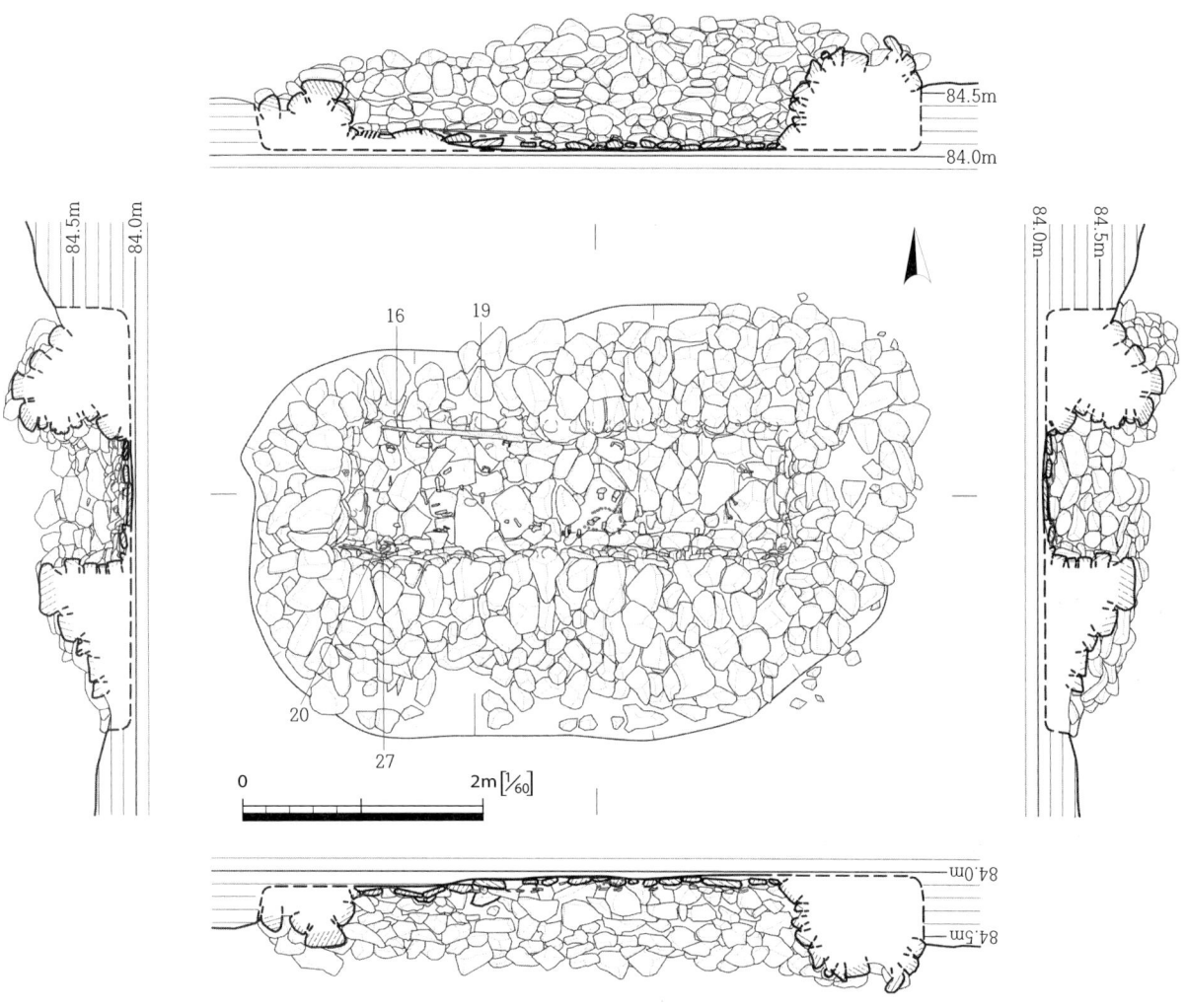

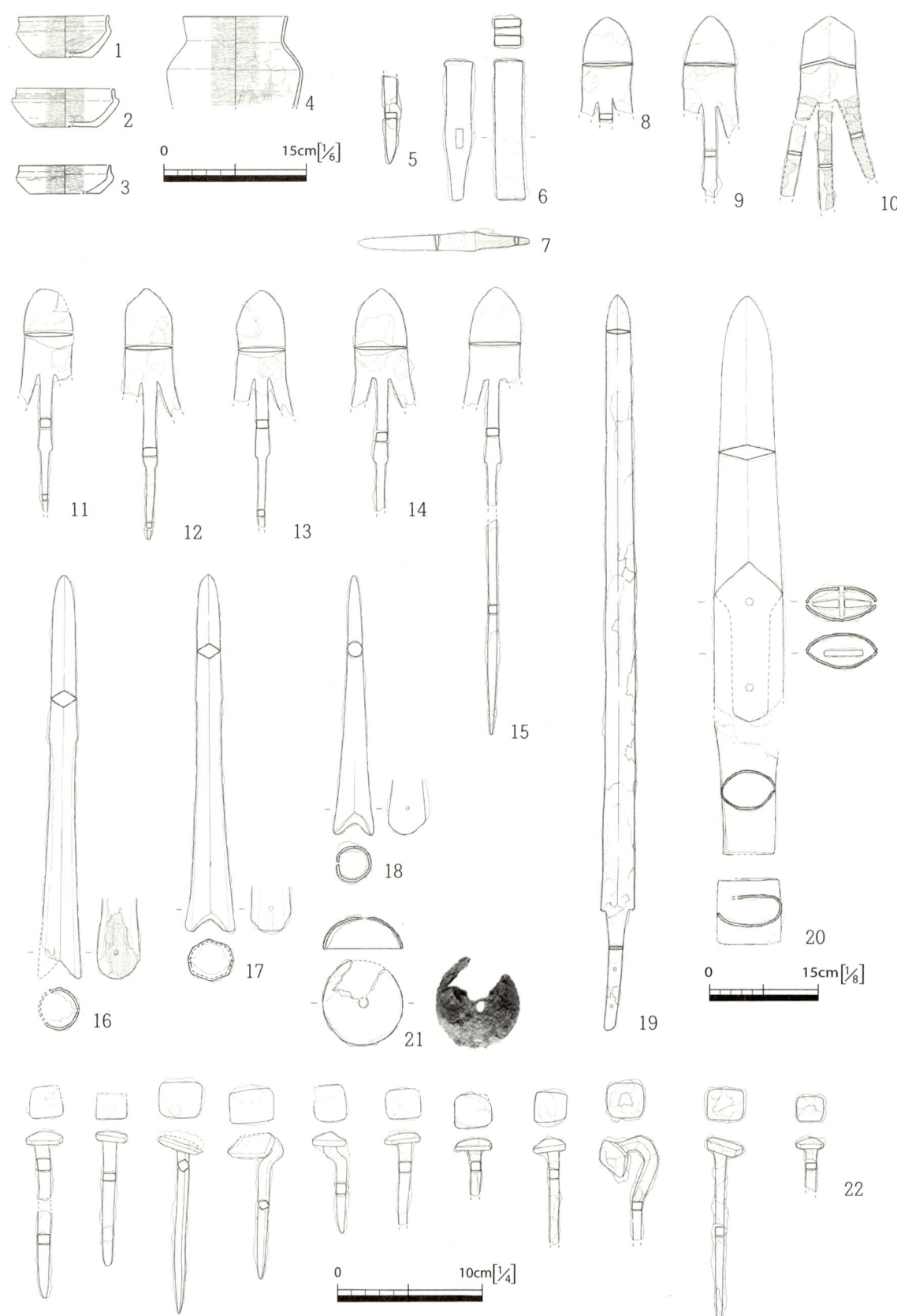

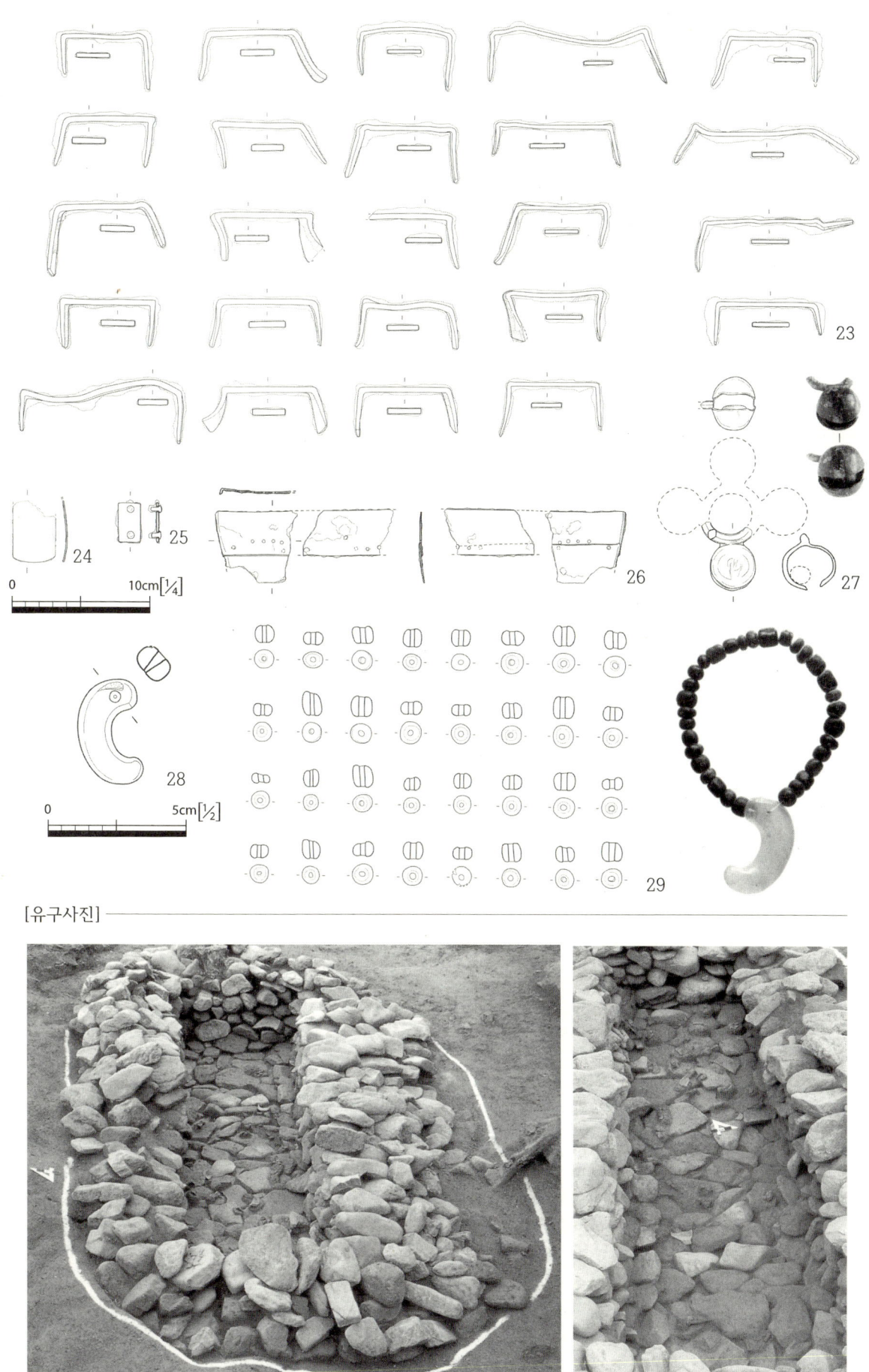

23

24 25 26 27

28 29

[유구사진]

4호 석곽묘

(단위 : cm)

묘광	크 기 (길이×너비×깊이)	(442+)×(249+)×(64+)	주체부	크 기 (길이×너비×높이)	(413+)×(189+)×(51+)
	장폭비	?		장폭비	?
	장축방향	N-40°-E	시상·관대	크 기 (길이×너비×높이)	?
	두 향	?	벽석종류		천석
유물	토 기	-			
	철 기	-			
	청 동 기	-			
	옥 석 류	-			
	기 타	-			
	특기사항				

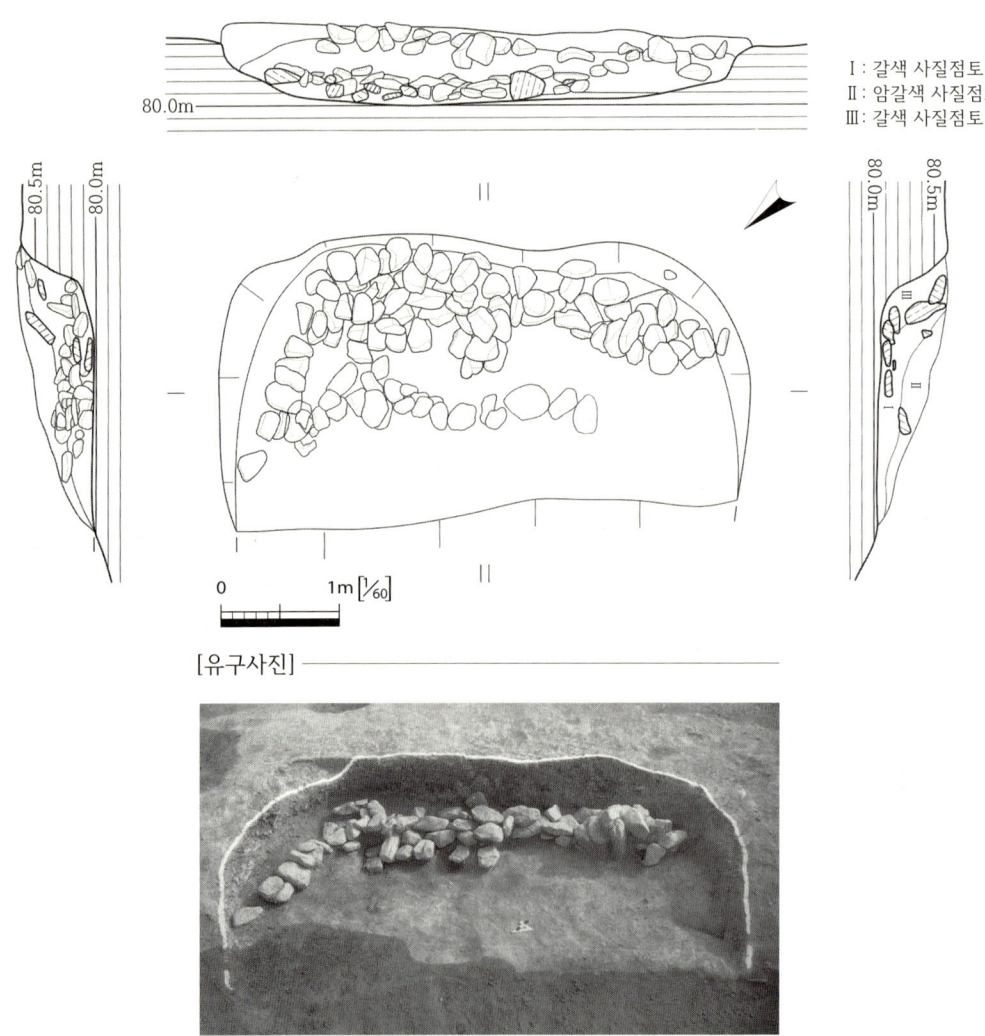

Ⅰ : 갈색 사질점토
Ⅱ : 암갈색 사질점토
Ⅲ : 갈색 사질점토

80.0m

0   1m [⅟₆₀]

[유구사진]

5호 석곽묘

(단위 : cm)

묘광	크 기 (길이×너비×깊이)	500×249×(27+)	주체부	크 기 (길이×너비×높이)	?
	장폭비	2.00:1		장폭비	?
	장축방향	N-38°-E	시상·관대	크 기 (길이×너비×높이)	?
	두 향	?	벽석종류		천석
유물	토 기	토기편(2)			
	철 기	환두도(1), 마구[교구(3), 판비(1), 등자(2)]			
	청동기	-			
	옥석류	-			
	기 타	-			
	특기사항				

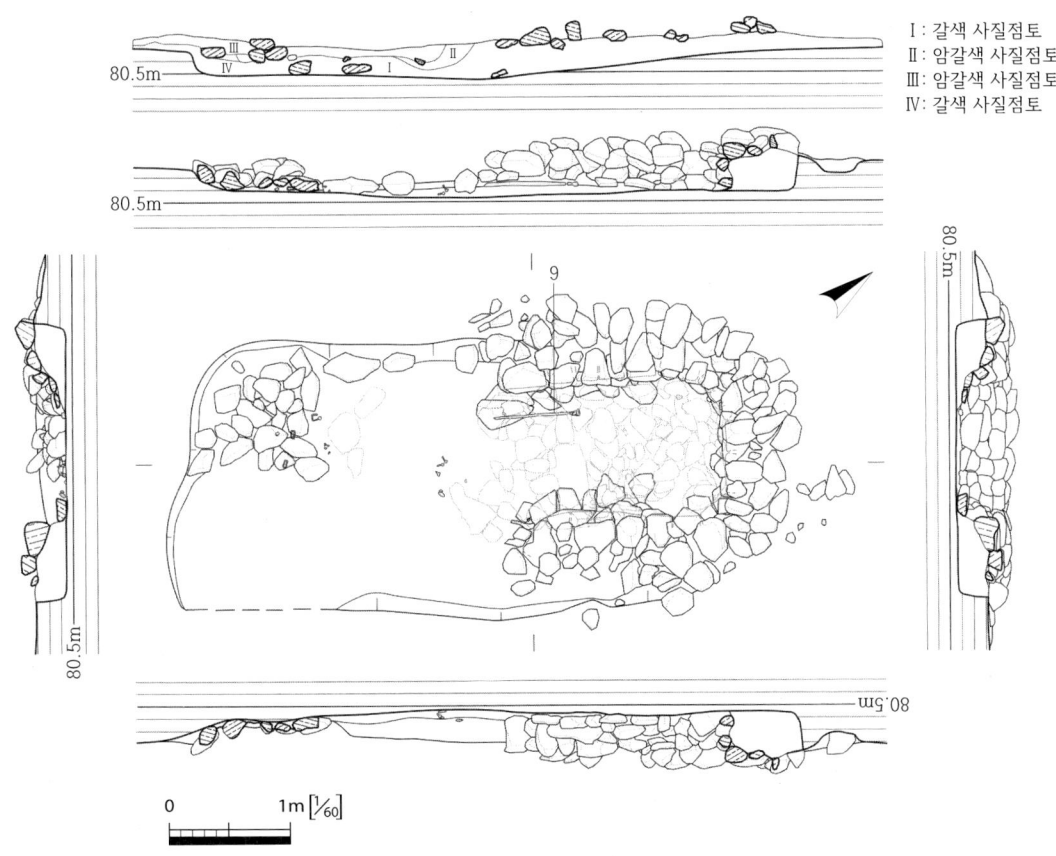

Ⅰ: 갈색 사질점토
Ⅱ: 암갈색 사질점토
Ⅲ: 암갈색 사질점토
Ⅳ: 갈색 사질점토

0   1m [1/60]

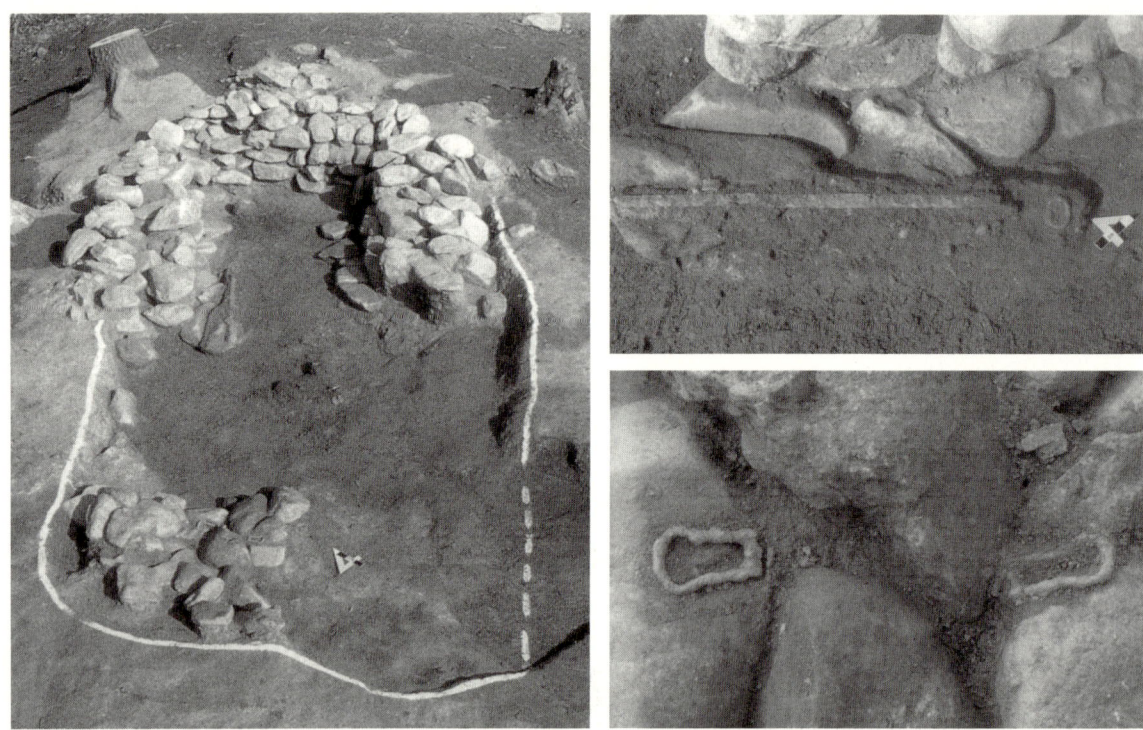

[출토유물]

6호 석곽묘

묘광	크 기 (길이×너비×깊이)	444×(218+)×(50+)	주체부	크 기 (길이×너비×높이)	300×(150+)×?
	장 폭 비	?		장 폭 비	?
	장축방향	N-12°-E	시상·관대	크 기 (길이×너비×높이)	?
	두 향	?	벽석종류		?
유물	토 기	심발형토기(1)			
	철 기	환두도(1), 단조철부(1), 겸(1), 착(2), 마구[교구(6), 운주(1), 표비(1)], 미상철기(4)			
	청 동 기	-			
	옥 석 류	-			
	기 타	-			
	특기사항	남·북 단벽쪽 바닥에 [123×23×(9+)]크기의 溝가 있음.			

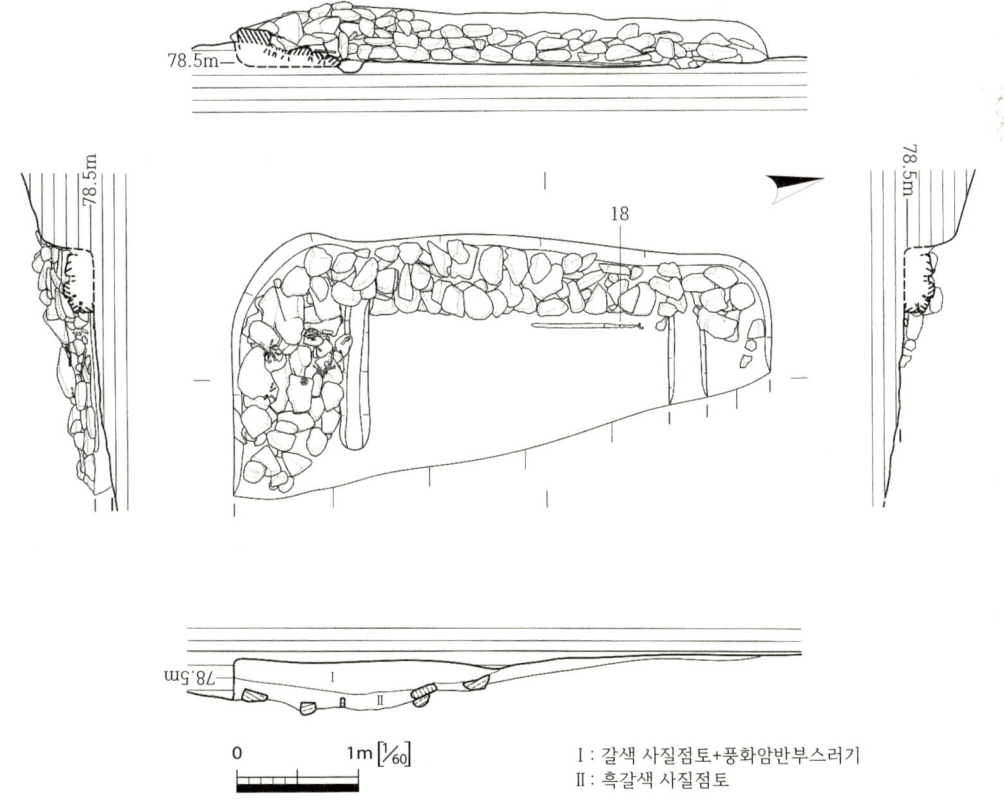

0   1m [1/60]

Ⅰ : 갈색 사질점토+풍화암반부스러기
Ⅱ : 흑갈색 사질점토

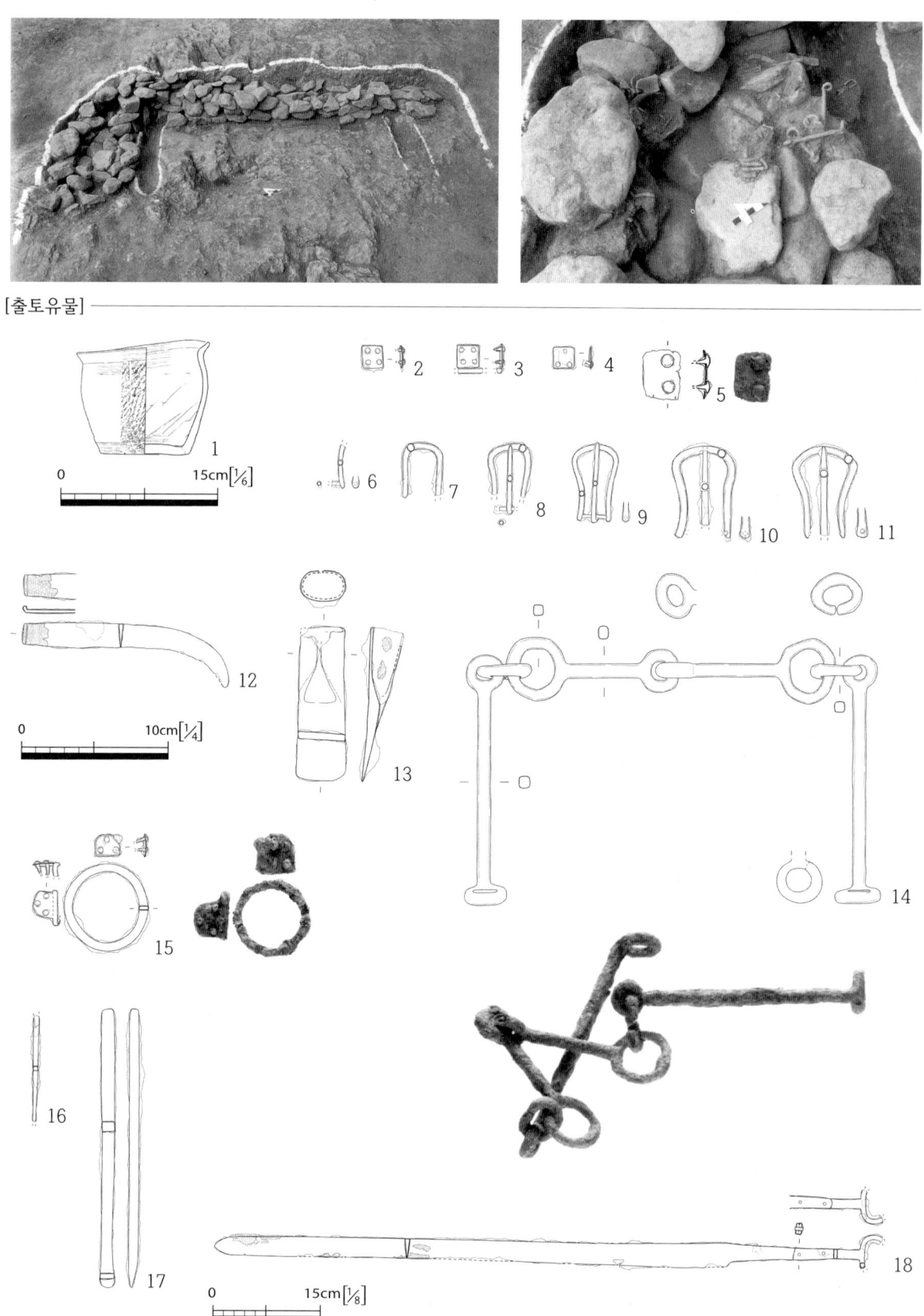

[출토유물]

1호 석실묘

(단위 : cm)

봉토	크 기 (길이×너비×높이)	?	묘광	크 기 (길이×너비×깊이)	423×(259+)×(70+)
	평면형태	?		장폭비	?
현실	크 기 (길이×너비×높이)	315×(150+)×(112+)		천장형태	?
	평면형태	방형		연도위치	?
연도	크 기 (길이×너비×높이)	?		묘도크기 (길이×너비)	?
	장폭비	?		배수시설 (길이×너비×깊이)	?
시상/관대크기 (길이×너비×높이)		?	두 향		?
장축방향		N-87°-W	벽석종류		할석
유물	토 기	직구단경호(1), 호·옹(2)			
	철 기	환두도(1), 모(1), 축(7), 정(1), 규형금구(1), 鉈尾(1), 마구[재갈(1), 등자(2)], 미상철기(1)			
	청동기	-			
	옥석류	-			
	기 타	-			
특기사항					

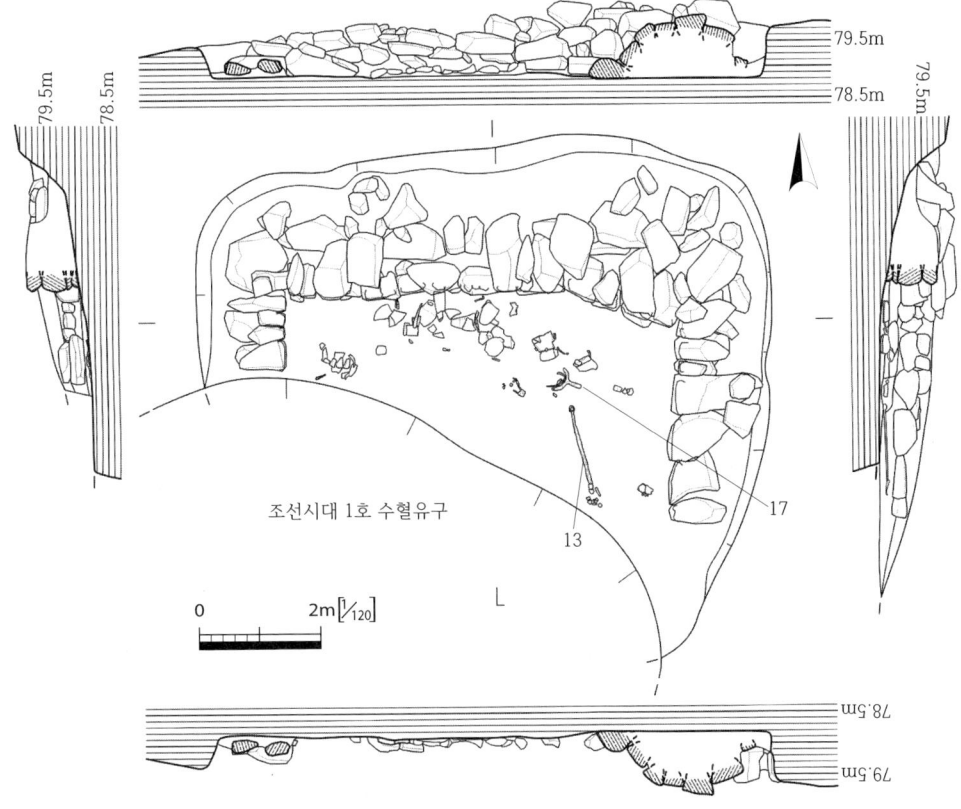

조선시대 1호 수혈유구

13

17

0   2m [1/120]

1

2

3

4

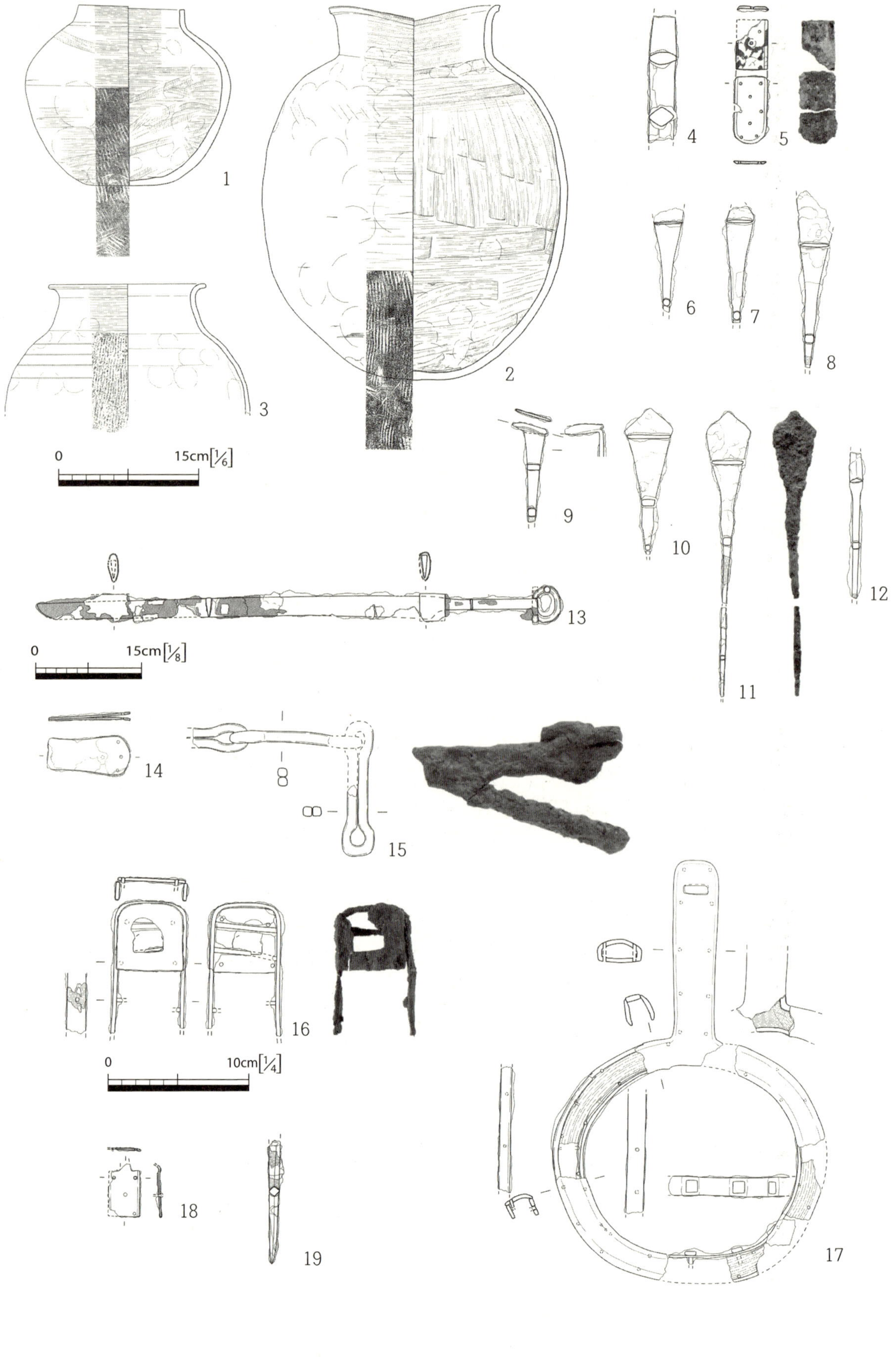

5

6

7

8

9

10

11

12

13

14

15

16

17

18

19

0   15cm[1/6]

0   15cm[1/8]

0   10cm[1/4]

2호 석실묘

(단위 : cm)

봉토	크 기 (길이×너비×높이)	?	묘광	크 기 (길이×너비×깊이)	(671+)×(572+)×(25+)
	평면형태	?		장폭비	?
현실	크 기 (길이×너비×높이)	(390+)×(382+)×(18+)		천장형태	?
	평면형태	방형		연도위치	?
연도	크 기 (길이×너비×높이)	?		묘도크기 (길이×너비)	?
	장폭비	?		배수시설 (길이×너비×깊이)	?
시상/관대크기 (길이×너비×높이)		?		두 향	?
장축방향		N-48°-E		벽석종류	할석, 천석
유물	토 기	심발형토기(1), 단경호(1), 난형호(1)			
	철 기	도자(3), 교구(1), 꺾쇠(20), 관정(16)			
	청 동 기	-			
	옥 석 류	유리제 구슬(327)			
	기 타	-			
	특기사항				

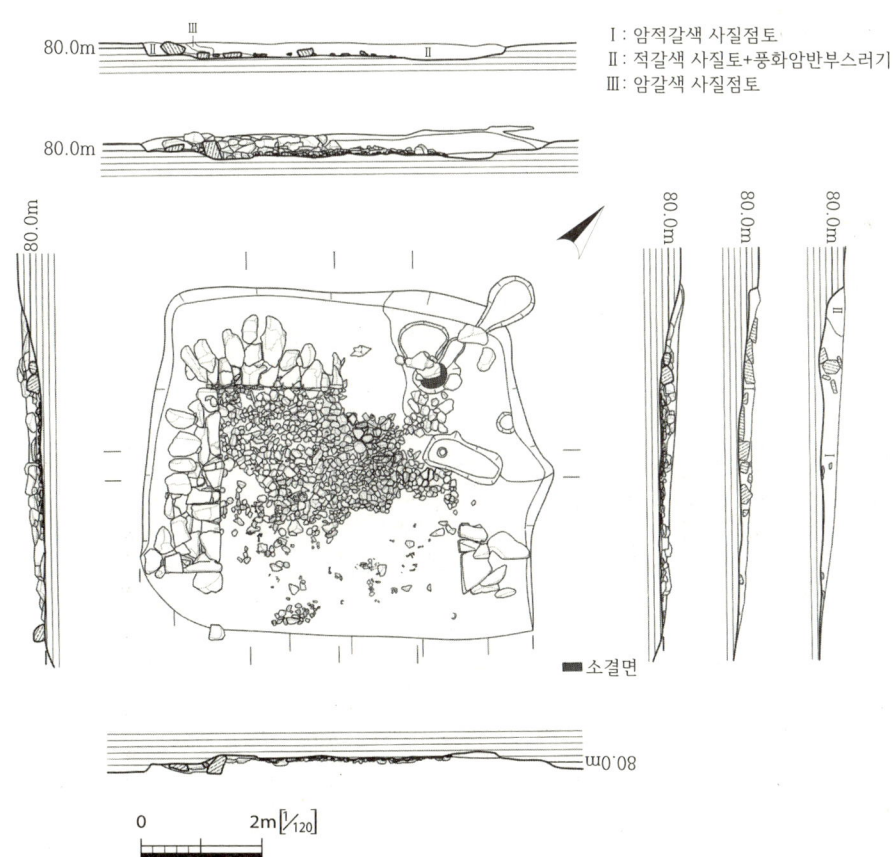

Ⅰ: 암적갈색 사질점토
Ⅱ: 적갈색 사질토+풍화암반부스러기
Ⅲ: 암갈색 사질점토

■소결면

0   2m [¹⁄₁₂₀]

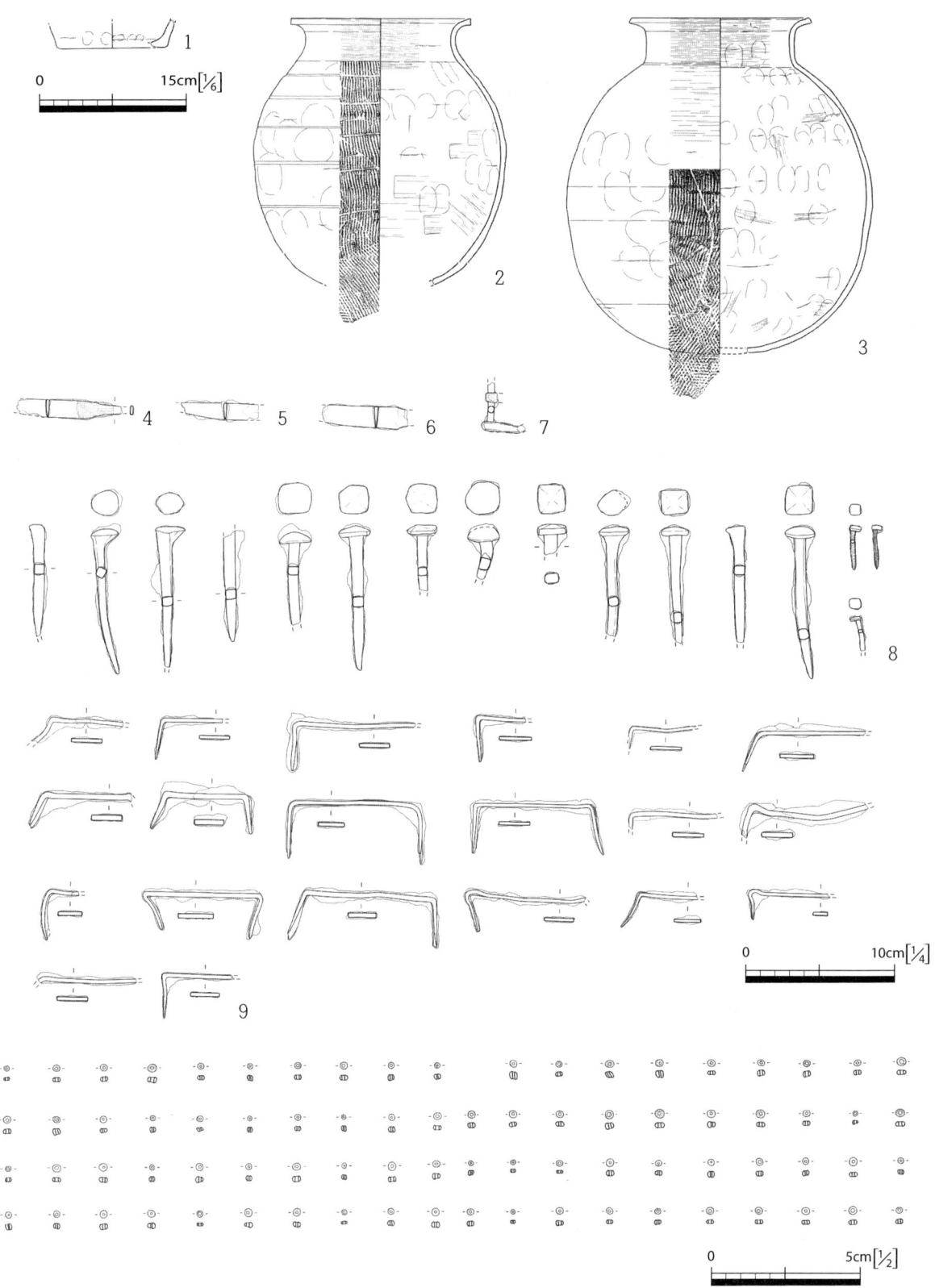

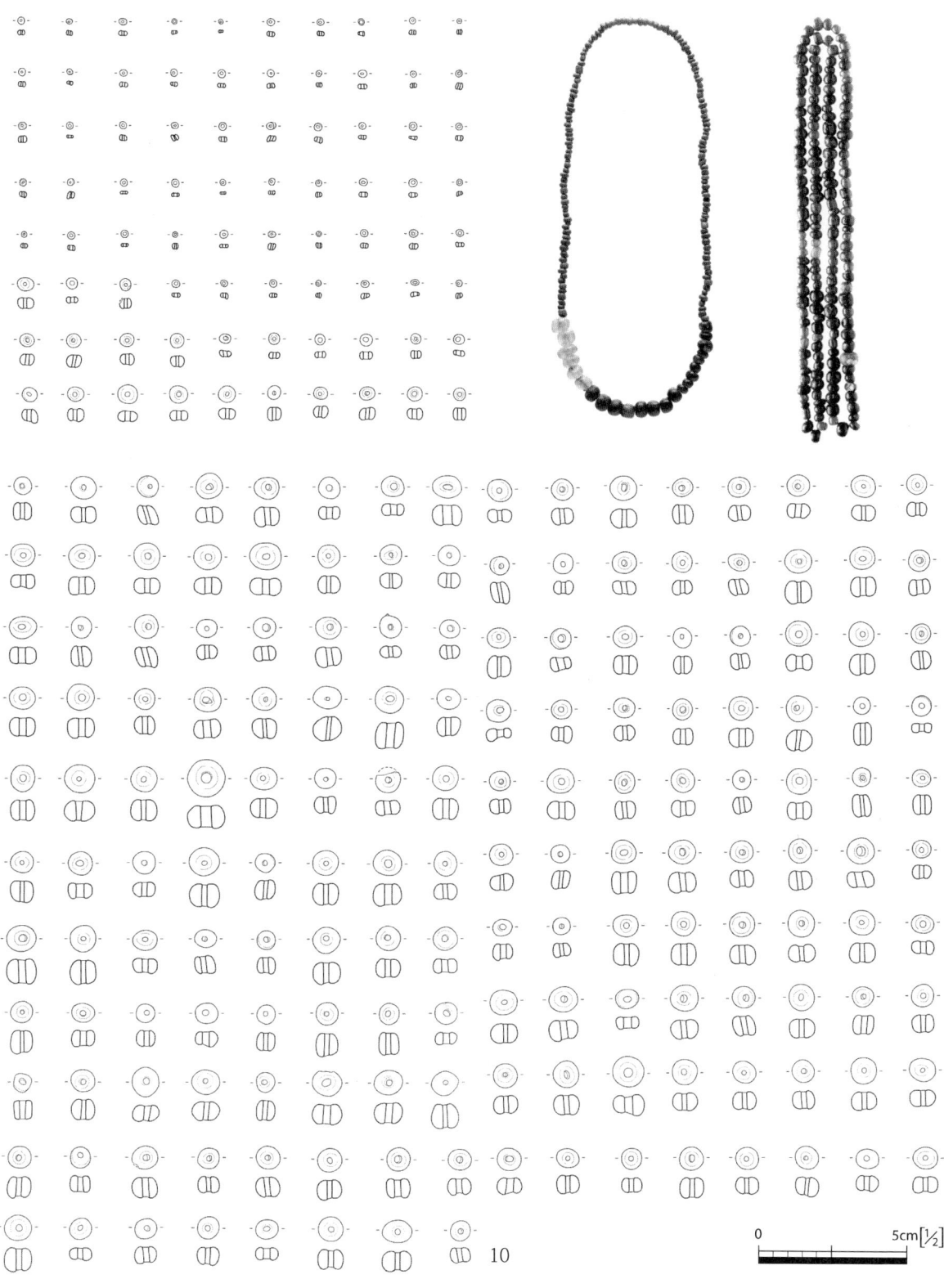

10

0   5cm[½]

3호 석실묘

(단위 : cm)

봉토	**크 기** (길이×너비×높이)	?	**묘광**	**크 기** (길이×너비×깊이)	724×(479+)×(79+)
	평면형태	?		**장폭비**	?
현실	**크 기** (길이×너비×높이)	390×(334+)×(84+)		**천장형태**	?
	평면형태	말각방형		**연도위치**	우편재
연도	**크 기** (길이×너비×높이)	208×95×?		**묘도크기** (길이×너비)	?
	장폭비	?		**배수시설** (길이×너비×깊이)	?
시상/관대크기 (길이×너비×높이)		?		**두 향**	?
장축방향		N-43°-E		**벽석종류**	천석, 할석
유물	**토 기**	심발형토기(1), 개(1), 광구장경호 구연부편(1)			
	철 기	金銀장식도(1), 二枝槍(1), 검(1), 도자(1), 마구[교구(4), 등자(2), 행엽(1), 운주(1)], 성시구[과판(2), 교구(2), 山字形方立飾(1), 蛇尾(1), 연결구(1)], 꺾쇠(82), 관정(9), 미상철기(3)			
	청동기	-			
	옥석류	-			
	기 타	금제 지환(1)			
특기사항					

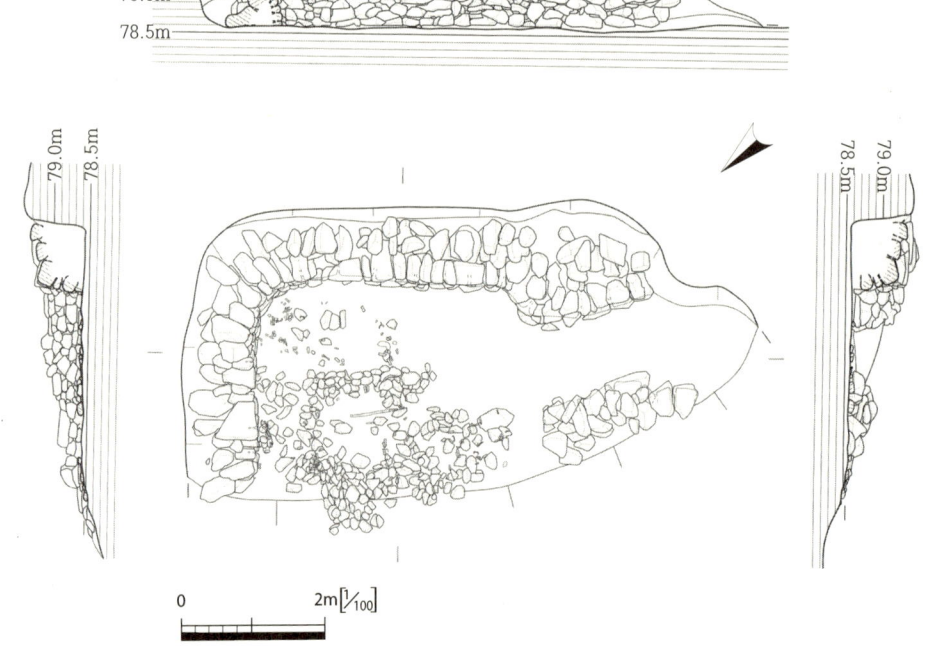

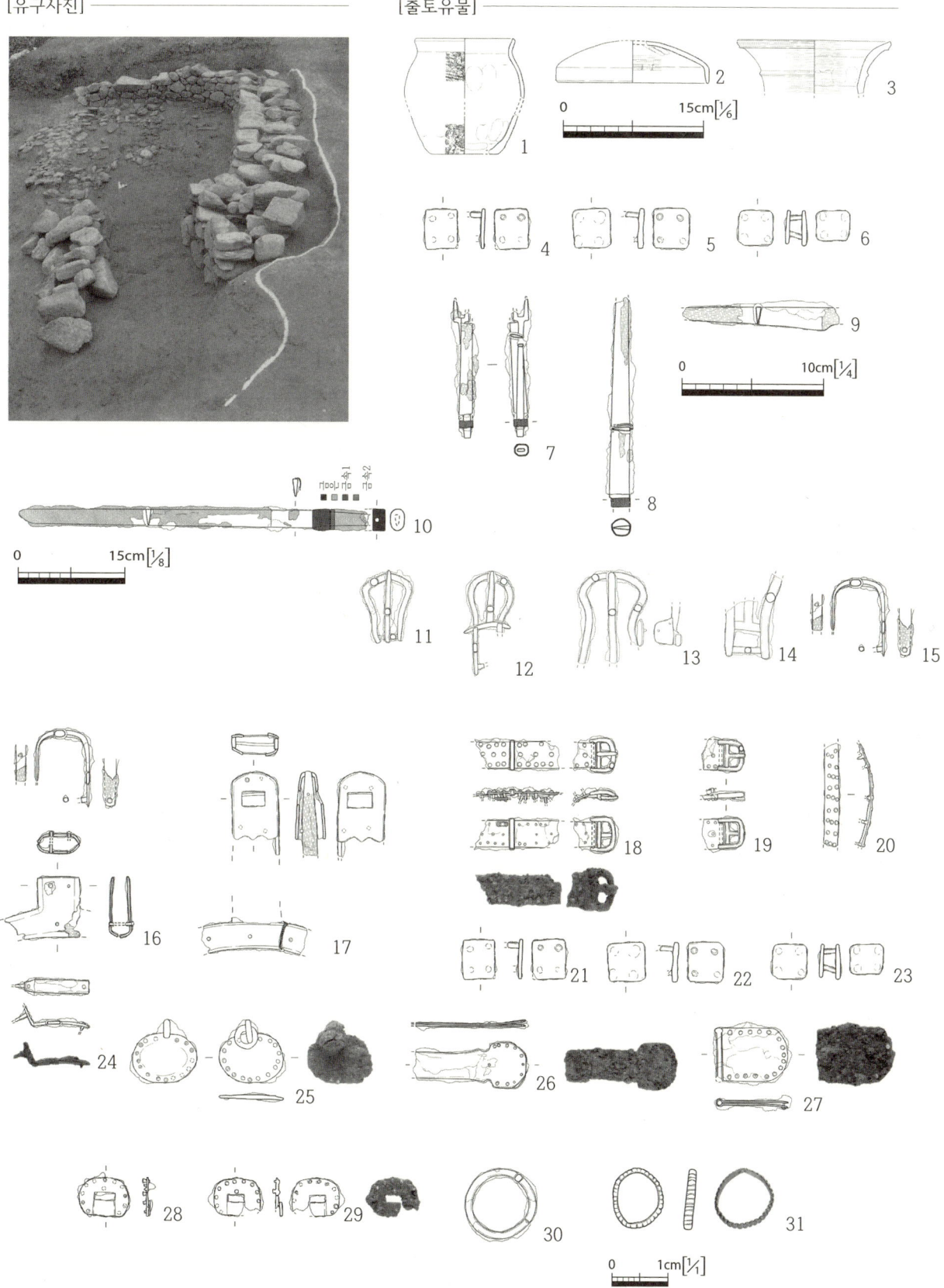

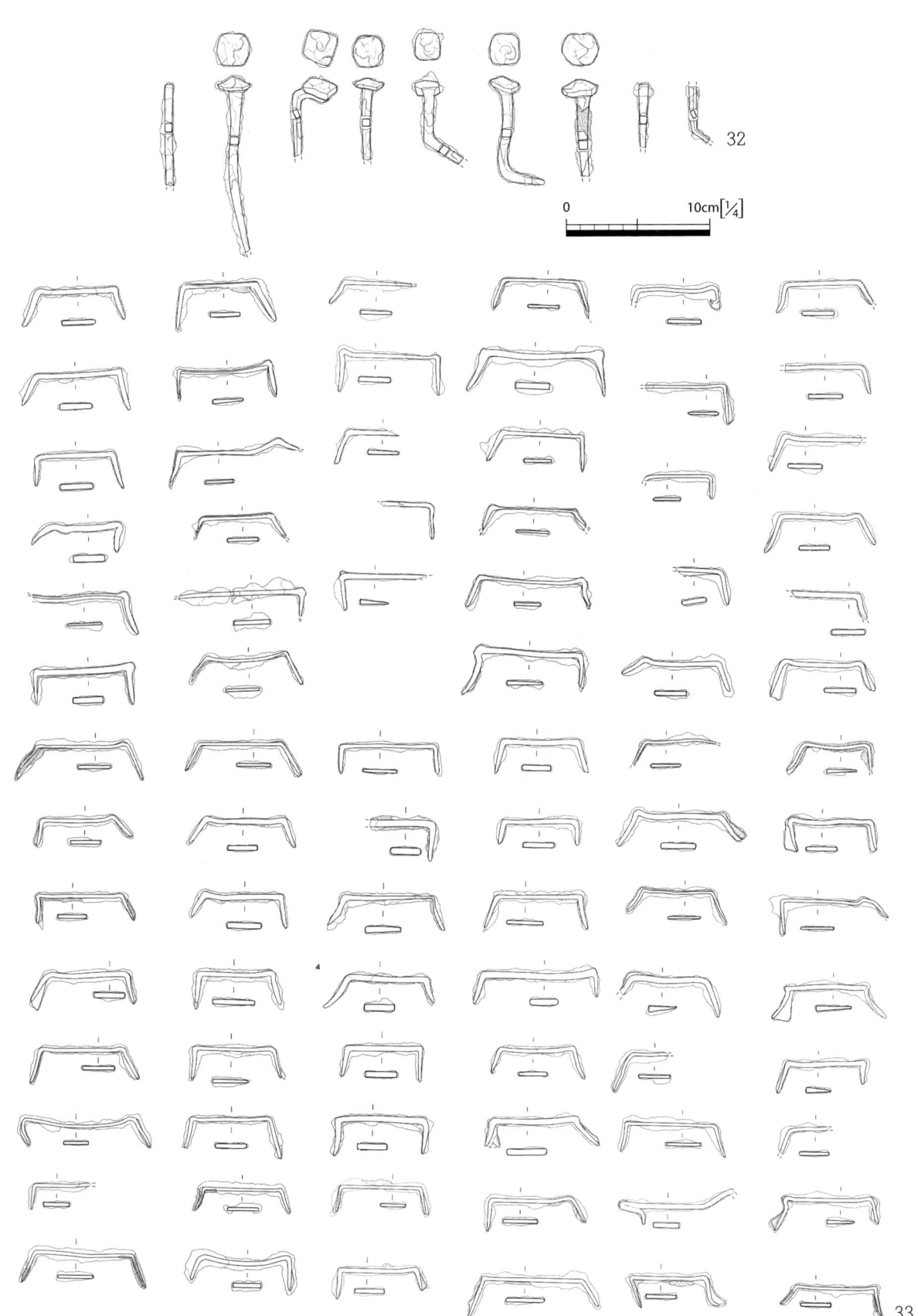

32

0   10cm[¼]

33

천안 두정동유적天安 斗井洞遺蹟

조사사유	천안시의 택지개발사업에 따른 구제발굴조사
조사연혁	지표조사 : 1996. 08. ~ 1996. 09.(국립공주박물관) 시굴조사 : 1998. 03. ~ 1998. 07.(공주대학교박물관) 발굴조사 : 1998. 12. 23. ~ 1999. 05. 21.(공주대학교박물관·충청매장문화재연구원·고려대학교 매장문화재연구소)
유적위치	충청남도 천안시 두정동 200-2번지 일대

유적위치	경·위도 36°50'4.62"N / 127°8'4.77"E	GPS 127.134658 / 36.8346180

유적입지	유적은 표고 141m의 노태산에서 뻗어내린 능선의 남쪽 가지능선과 퇴적평야에 자리하고 있다. 백제 분묘가 확인된 가지능선은 표고 10~20m 정도의 나지막한 구릉으로 동쪽과 서쪽으로 나뉘며 각각 B-Ⅰ, Ⅱ지구에 해당된다. 동쪽 능선이 표고 10m 내외의 낮은 지형을 이루는 반면 서쪽 능선은 표고 20m에 이르러 정상부에서 주변을 한눈에 굽어볼 수 있다.

유구현황	초기철기시대	-
	원 삼 국 시 대	A지구 : 주거지(3)·수혈(5)·구상유구(2) D지구 : 주거지(12)·수혈(2)
	삼 국 시 대	B-Ⅰ지구 : 토광묘(5), 석곽묘(1), 횡혈식석실묘(1), 옹관묘(2), 주거지(4)·수혈(5) B-Ⅱ지구 : 분구분(1:토광2, 토장2, 옹관4, 석곽1), 석곽묘(1), 토광묘(17), 옹관묘(9)
	기　　타	A지구 : 고려시대 이후 토광묘(15)·건물지(2), 미상유구(4) B-Ⅰ지구 : 조선시대 수혈(4)·적석유구(5) B-Ⅱ지구 : 조선시대 토광묘(8) C지구 : 구석기시대 유물층 D지구 : 구석기시대 유물층, 청동기시대 주거지(3), 조선시대 주거지(3)·토광묘(89)

주요유물	심발형토기, 양이부호, 단경호, 도자, 환두도, 철모, 철촉, 재갈, 등자
시대·성격	두정동유적은 A~D지구로 나누어지며 3개 기관이 나누어 조사하였는데, 이 중 원삼국~삼국시대 분묘는 공주대학교에서 발굴한 B지구에서만 확인되었다. B지구는 지형조건에 의해 Ⅰ·Ⅱ지구로 구분되는데, 삼국시대 토광묘는 구릉 정상부를 중심으로 그 동사면과 남사면, 서사면 등에 분포하고 있다. 분구분은 두정동유적에서 해발고도가 가장 높은 구릉 정상부에 자리해 입지의 우위를 점하고 있다. 분구분부터 석실묘까지 다양한 묘제가 확인되었을 뿐만 아니라 초기 마구 등이 출토되어 주목되며, 4세기대에 주로 조영되었을 것으로 보인다.
참고문헌	公州大學校博物館, 2000, 『천안북부택지개발지구 試掘調査報告書』. 公州大學校博物館, 2000, 『斗井洞遺蹟』. 忠淸埋藏文化財硏究院, 2001, 『天安 斗井洞 遺蹟(C·D地區)』. 高麗大學校埋藏文化財硏究所, 2001, 『天安 斗井洞遺蹟-A地區 發掘調査 報告書-』.

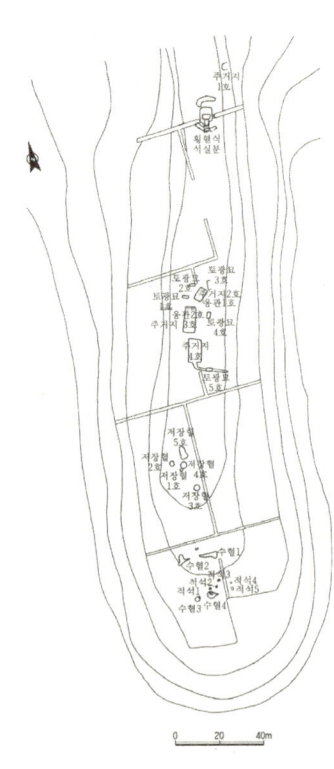

천안 두정동유적 B-Ⅰ지구 유구배치도

천안 두정동유적 B-Ⅰ지구 전경

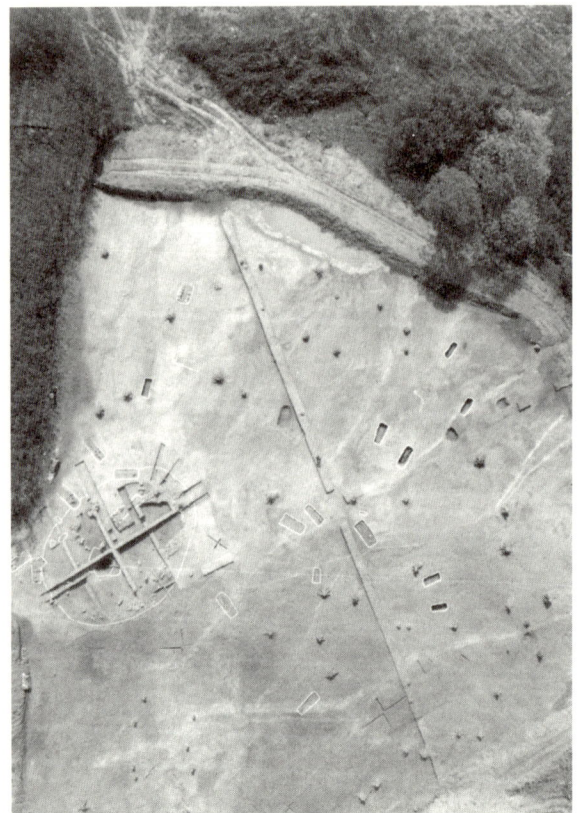

천안 두정동유적 B-Ⅱ지구 전경

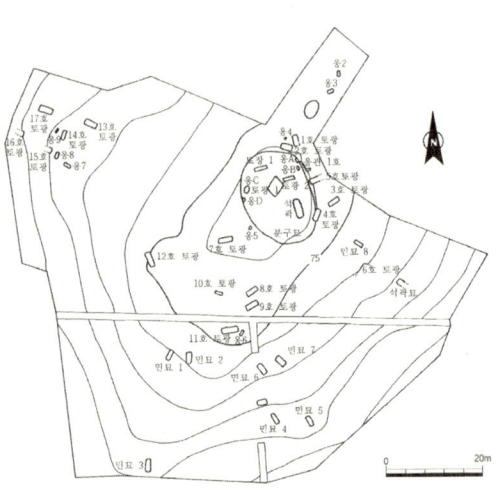

천안 두정동유적 B-Ⅱ지구 유구배치도

B-Ⅰ지구 석곽묘

(단위 : cm)

묘광	크 기 (길이×너비×깊이)	?	주체부	크 기 (길이×너비×높이)	165×65×?
	장 폭 비	?		장 폭 비	2.54:1
	장축방향	N-90°-E	시상·관대	크 기 (길이×너비×높이)	?
	두 향	?	벽석종류		할석
유물	토 기	-			
	철 기	-			
	청 동 기	-			
	옥 석 류	-			
	기 타	-			
	특기사항	출토유물 없음. 보고서 기술과 도면의 축척이 상이하여 보고서 기술에 따라 축척을 조정하였음.			

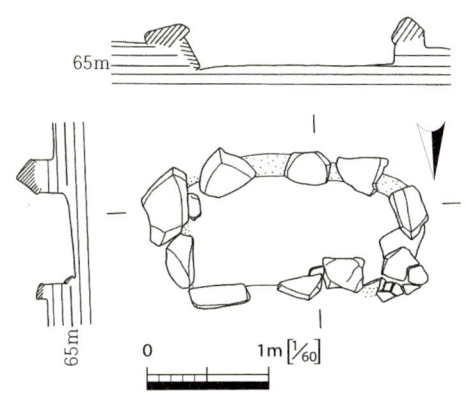

65m

65m

0   1m 1/60

B-Ⅰ지구 석실묘

(단위 : cm)

봉토	크 기 (길이×너비×높이)	?	묘광	크 기 (길이×너비×깊이)	560×440×(80+)
	평면형태	?		장폭비	1.27:1
현실	크 기 (길이×너비×높이)	400×340×?		천장형태	?
	평면형태	방형		연도위치	중앙
연도	크 기 (길이×너비×높이)	240×120×?		묘도크기 (길이×너비)	?
	장폭비	2.00:1		배수시설 (길이×너비×깊이)	?
시상/관대크기 (길이×너비×높이)		?		두 향	?
장축방향		N-82°-E		벽석종류	할석
유물	토 기	토기편(7)			
	철 기	도자(2), 관정(2), 꺾쇠(10)			
	청 동 기	-			
	옥 석 류	-			
	기 타	-			
특기사항		북쪽에서 (눈썹형의) 주구(120+)×(35+)×?가 확인되었으나 도면 미게재. 토기편 7점 도면 미게재. 보고서 기술과 유구 도면·스케일바 비율이 모두 상이함.			

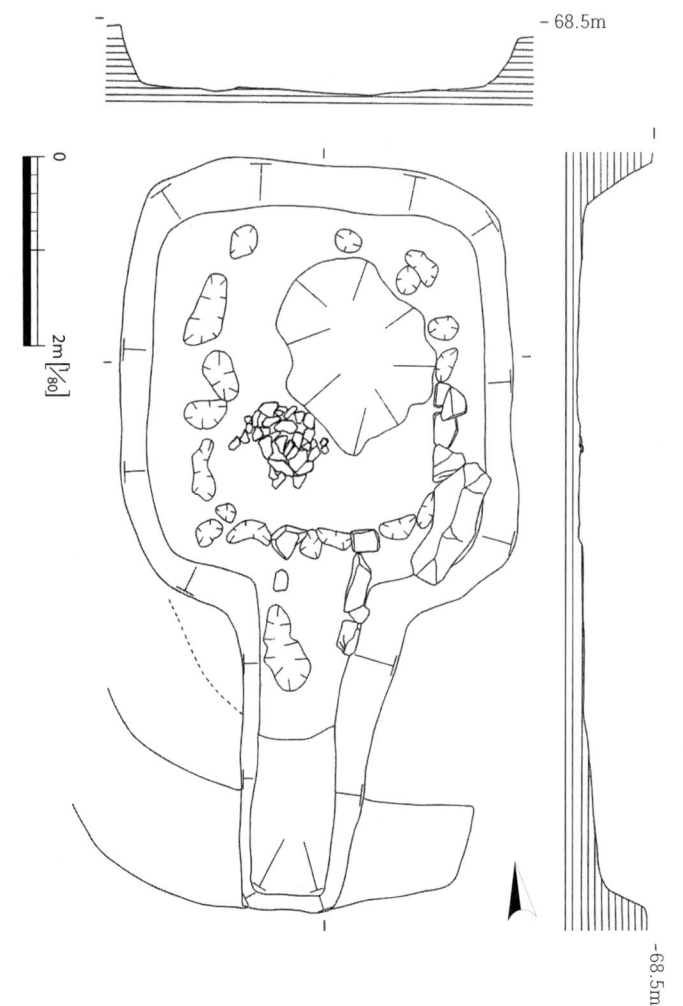

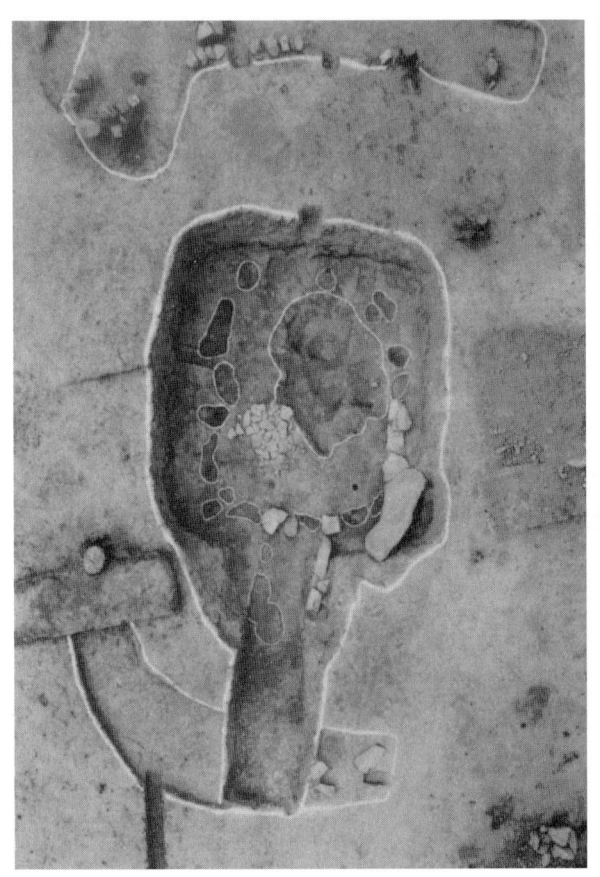

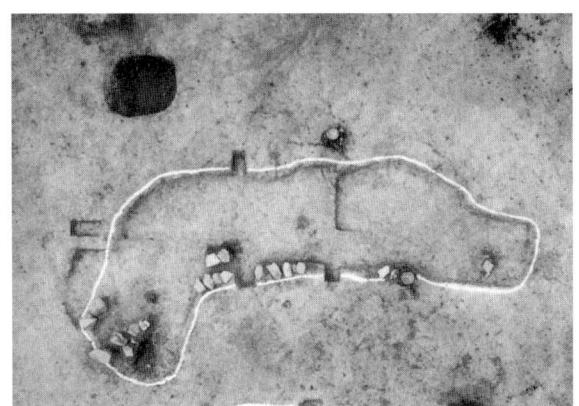

[출토유물]

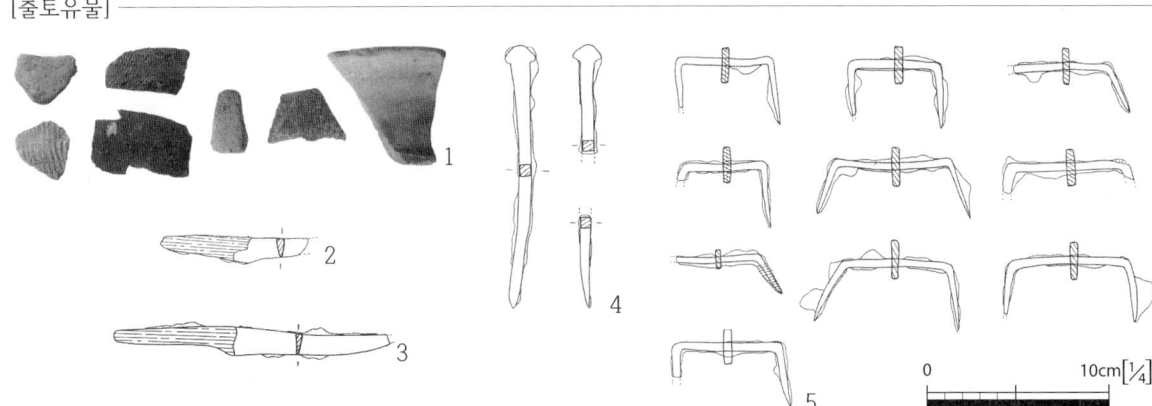

B-I지구 1호 토광묘

(단위 : cm)

묘광	크 기 (길이×너비×깊이)	325×130×(27+)	목관	크 기 (길이×너비×높이)	?
	장 폭 비	2.50:1		장 폭 비	?
	장축방향	N-78°-W	목곽	크 기 (길이×너비×높이)	?
	두 향	?		장 폭 비	?
유물	토 기	단경호(2), 양이부호(1), 저부편(1)			
	철 기	-			
	청 동 기	-			
	옥 석 류	-			
	기 타	-			
	특기사항	보고서 기술과 유구·유물도면의 축척이 상이하여 보고서 기술에 따라 축척을 조정하였음.			

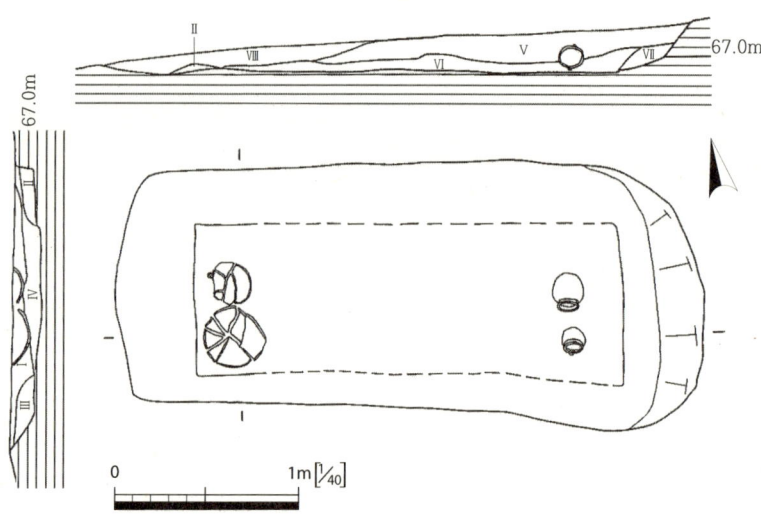

Ⅰ: 적갈색점토층+가는모래+가는자갈
Ⅱ: 황갈색점토+생토부스러기층
Ⅲ: 다져진 생토부스러기층+적갈색점토층
Ⅳ: 탄재층 약간포함+적갈색생토부스러기
Ⅴ: 적갈색점토층+가는모래층
Ⅵ: 재층+황갈색점토층+생토부스러기
Ⅶ: 적갈색점토층+생토부스러기
Ⅷ: 적갈색점토층+가는모래+굵은모래

67.0m

0   1m [1/40]

[출토유물]

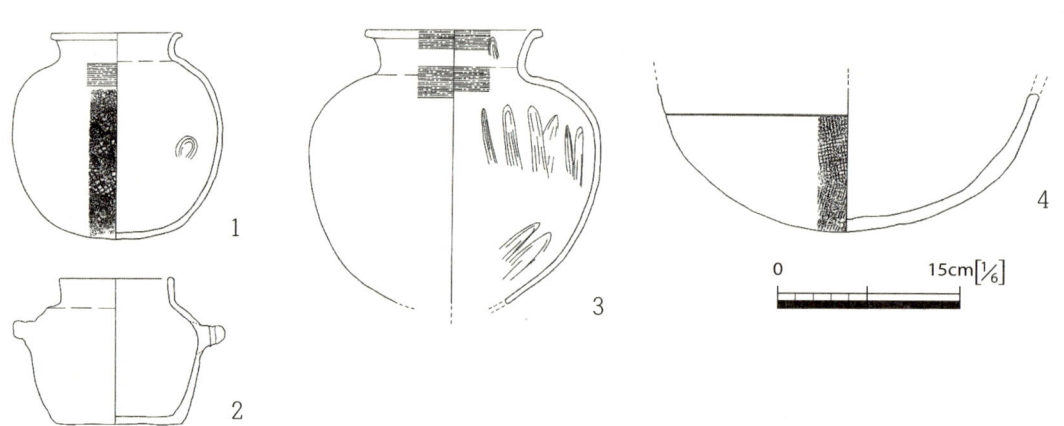

1

2

3

4

0   15cm [1/6]

B-Ⅰ지구 2호 토광묘

(단위 : cm)

묘광	크 기 (길이×너비×깊이)	258×110×(7+)	목관	크 기 (길이×너비×높이)	172×55×?
	장폭비	2.35:1		장폭비	3.13:1
	장축방향	N-81°-W	목곽	크 기 (길이×너비×높이)	-
	두 향	?		장폭비	-
유물	토 기	직구호(1), 저부편(1)			
	철 기	도자(1), 촉(2)			
	청동기	-			
	옥석류	-			
	기 타	-			
	특기사항	보고서 기술과 유구·유물도면의 축척이 상이하여 보고서 기술을 따라 축척을 조정하였음.			

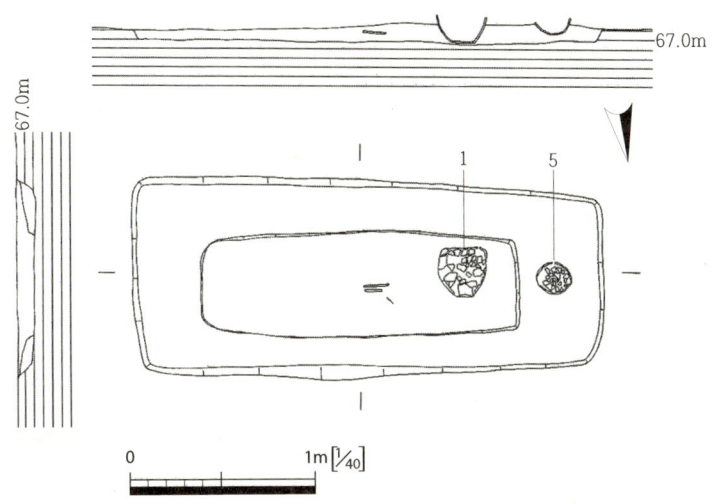

[관내]

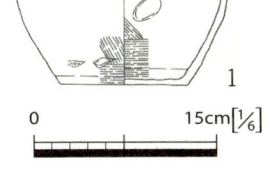

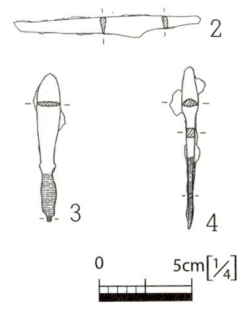

[관외]

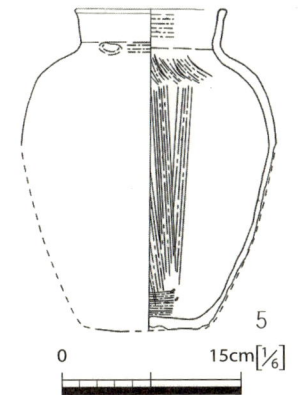

B-Ⅰ지구 3호 토광묘

(단위 : cm)

묘광	크 기 (길이×너비×깊이)	285×(110+)×(15+)	목관	크 기 (길이×너비×높이)	?
	장폭비	?		장폭비	?
	장축방향	N-5°-E	목곽	크 기 (길이×너비×높이)	?
	두 향	?		장폭비	?
유물	토 기	심발형토기(1), 토기편(6)			
	철 기	-			
	청 동 기	-			
	옥석류	-			
	기 타	-			
	특기사항	토기편 6점 도면 미게재. 보고서 기술과 유구 도면·스케일바 비율이 모두 상이함.			

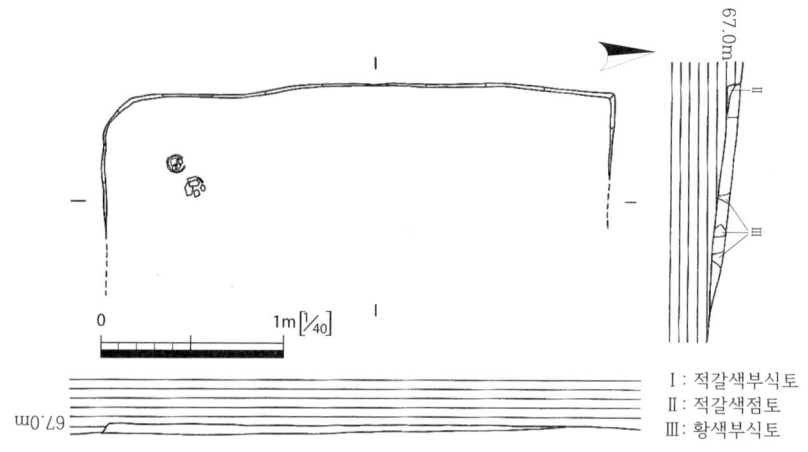

Ⅰ : 적갈색부식토
Ⅱ : 적갈색점토
Ⅲ : 황색부식토

[유구사진]

[출토유물]

B-Ⅰ지구 4호 토광묘

(단위 : cm)

묘광	크 기 (길이×너비×깊이)	302×140×(17+)	목관	크 기 (길이×너비×높이)	245×60×?
	장폭비	2.16:1		장폭비	4.08:1
	장축방향	N-17°-E	목곽	크 기 (길이×너비×높이)	-
	두 향	?		장폭비	-
유물	토 기	단경호(1), 호(1)			
	철 기	-			
	청 동 기	-			
	옥 석 류	-			
	기 타	-			
	특기사항	보고서 기술과 유구도면의 축척이 상이하여 보고서 기술에 따라 축척을 조정하였음.			

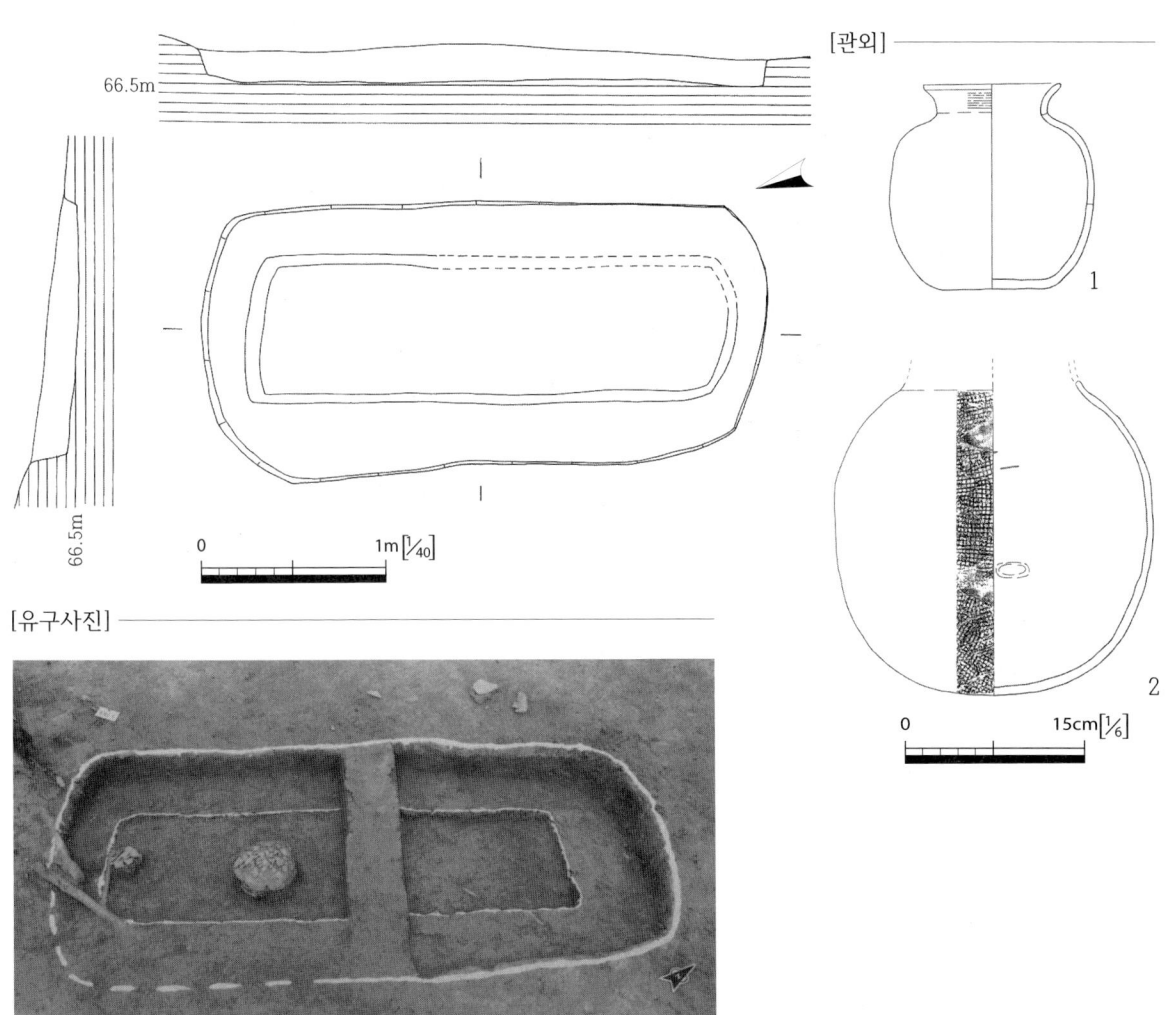

[관외]

66.5m

66.5m

0   1m[1/40]

[유구사진]

1

2

0   15cm[1/6]

B-I지구 5호 토광묘

(단위 : cm)

묘광	크 기 (길이×너비×깊이)	(185+)×90×(10+)	목관	크 기 (길이×너비×높이)	?
	장폭비	?		장폭비	?
	장축방향	N-58°-W	목곽	크 기 (길이×너비×높이)	?
	두 향	?		장폭비	?
유물	토 기	단경호.(3)			
	철 기	촉(1), 마구등자(1), 교구(4), 표비(1), 판비(1)]			
	청동기	마탁(1)			
	옥석류	유리제 구슬(60)			
	기 타	–			
	특기사항	보고서 기술과 유물 도면·스케일바 비율이 모두 상이함.			

66.2m

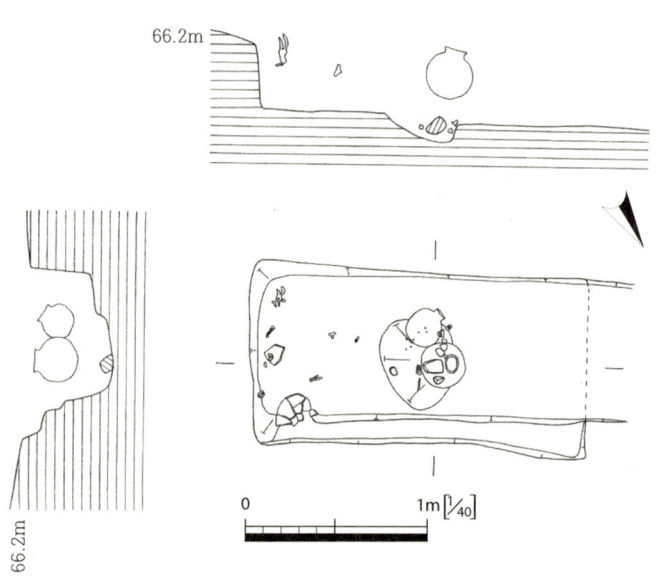

66.2m

0   1m [¹/₄₀]

[유구사진]

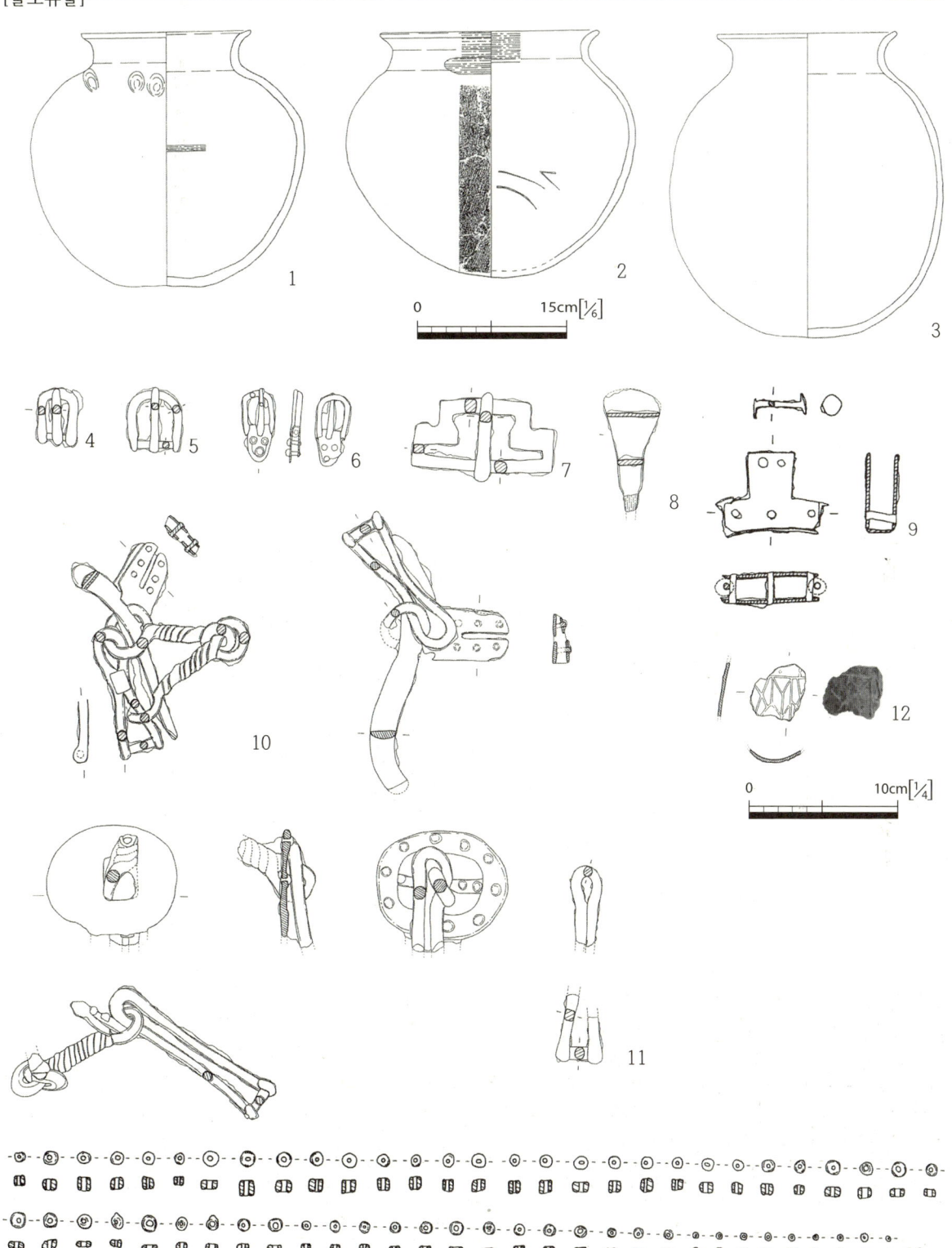

B-Ⅰ지구 1호 옹관묘

(단위 : cm)

묘광	크 기 (길이×너비×깊이)	70×37×?	옹관길이	(69+)
	장폭비	1.89:1	결합형식	합구식
	장축방향	N-26°-E	안치형태	횡치
	두 향	?		
유물	토 기	장란형토기(1), 호·옹(1)		
	철 기	-		
	청 동 기	-		
	옥 석 류	-		
	기 타	-		
	특기사항			

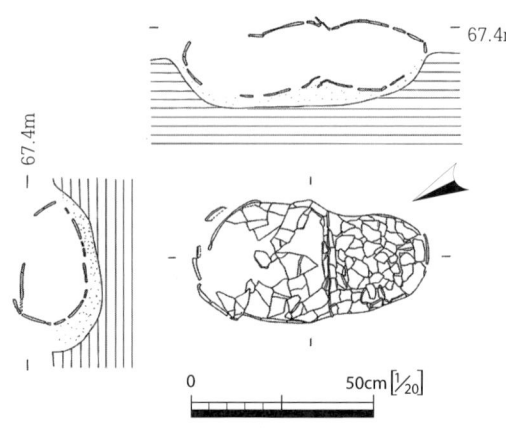

― 67.4m

― 67.4m

0　　　　　　50cm[1/20]

[유구사진]

[옹관]

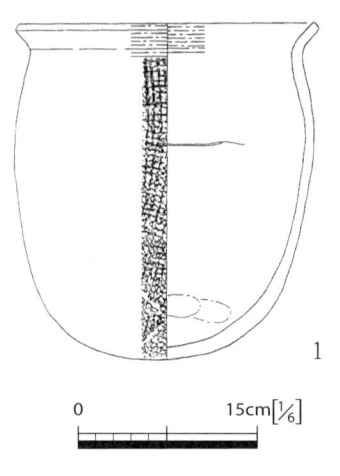

1

0　　　　15cm[1/6]

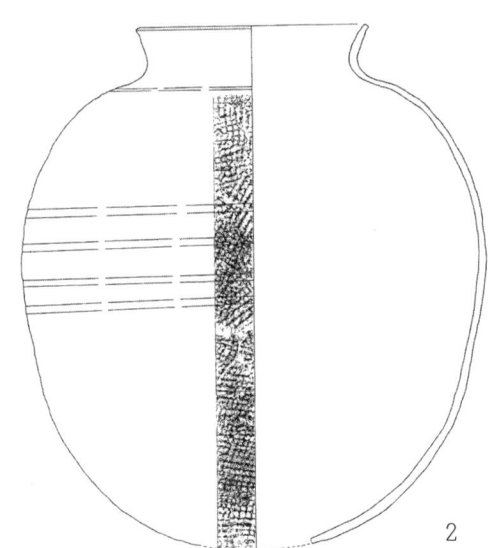

2

B-Ⅰ지구 2호 옹관묘

(단위 : cm)

묘광	크 기 (길이×너비×깊이)	72×60×?	옹관길이	(52+)
	장폭비	1.20:1	결합형식	?
	장축방향	N-29°-E	안치형태	?
	두 향	?		
유물	토 기	토기편(4)		
	철 기	-		
	청 동 기	-		
	옥 석 류	-		
	기 타	-		
	특기사항	토기편 4점 도면 미게재. 보고서 기술과 유구도면의 축척이 상이하여 보고서 기술에 따라 축척을 조정하였음.		

67.2m

67.2m

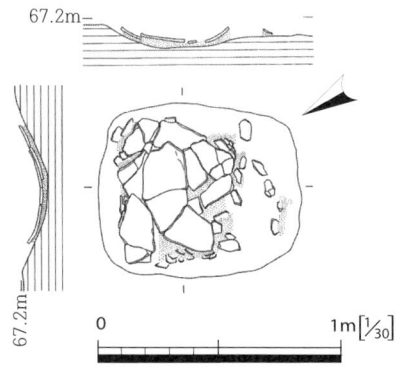

0   1m[1/30]

[유구사진]

[옹관]

1

B-II지구 분구분

(단위 : cm)

분구크기 (길이×너비×높이)	(1800+)×(1400+)×(110+)	분구평면형태	(타원형)
분구장폭비	?	분구장축방향	N-8°-W
매장시설	토광(2), 토장(2), 석곽(1), 옹관(4)	주구형태	?
유물	토 기	-	
	철 기	-	
	청 동 기	-	
	옥 석 류	-	
	기 타	-	
특기사항	보고서 기술과 유구도면의 축척이 상이하여 보고서 기술에 따라 축척을 조정하였음.		

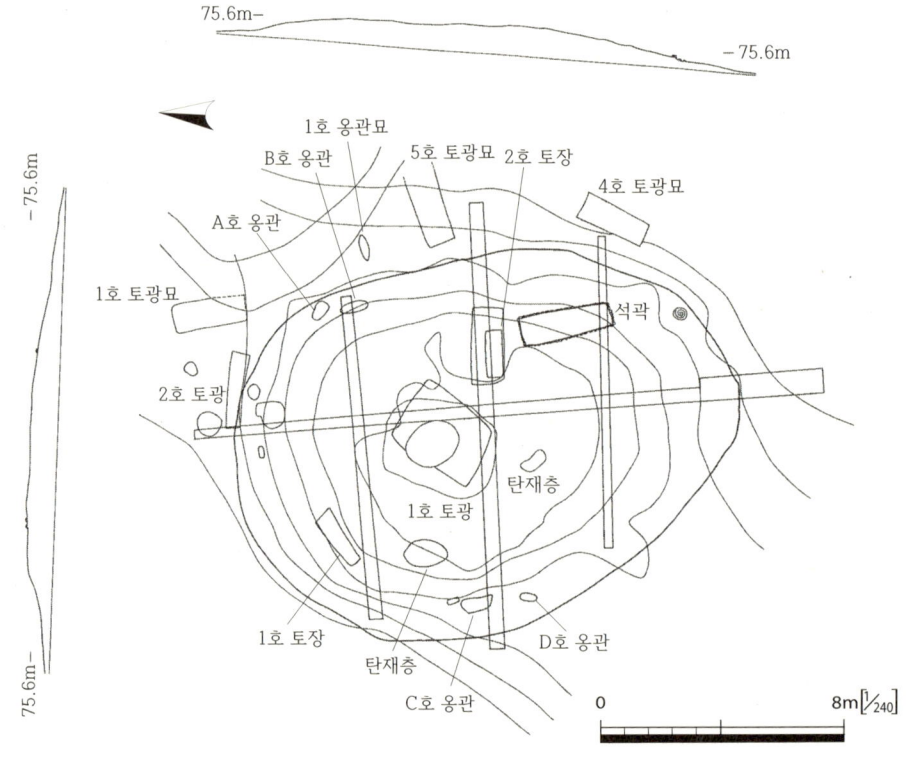

[유구사진]

 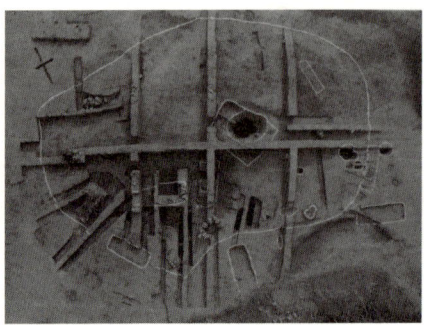 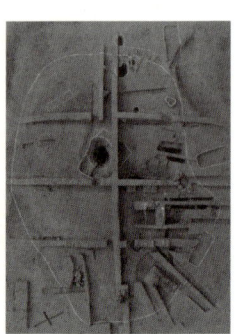

B-II지구 분구분 석곽

(단위 : cm)

묘광	크 기 (길이×너비×깊이)	365×60×(30+)	주체부	크 기 (길이×너비)	?
	장폭비	6.08:1		장폭비	?
	장축방향	N-23°-W	시상·관대	크 기 (길이×너비×두께)	?
	두 향	?	벽석종류		?
유물	토 기	직구광견호(1)			
	철 기	도자(1), 꺾쇠(8)			
	청 동 기	-			
	옥 석 류	-			
	기 타	-			
	특기사항	보고서 기술과 유구도면의 축척이 상이하여 보고서 기술에 따라 축척을 조정하였음.			

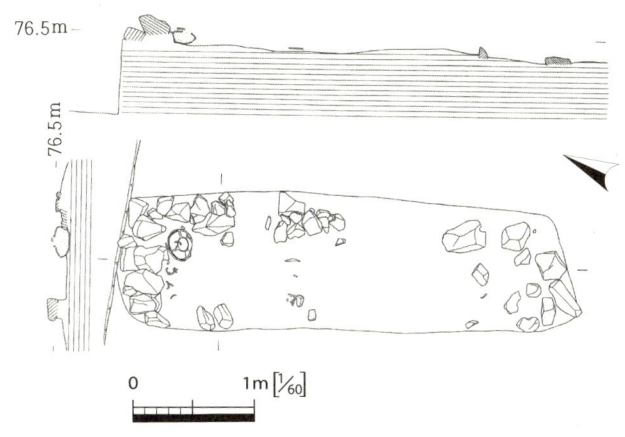

76.5m

76.5m

0   1m[1/60]

[유구사진]

[출토유물]

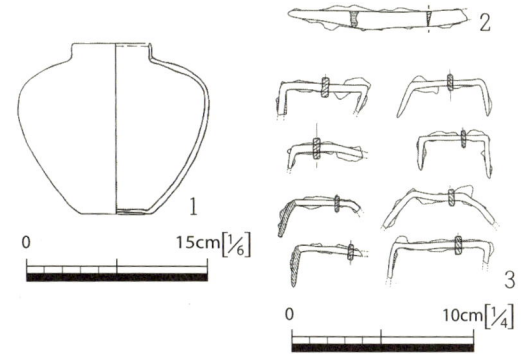

1

0   15cm[1/6]

2

3

0   10cm[1/4]

B-II지구 분구분 1호 토광

(단위 : cm)

묘광	크 기 (길이×너비×깊이)	370×220×(20+)	목관	크 기 (길이×너비×높이)	?
	장폭비	1.68:1		장폭비	?
	장축방향	N-27°-E	목곽	크 기 (길이×너비×높이)	?
	두 향	?		장폭비	?
유물	토 기	-			
	철 기	-			
	청동기	-			
	옥석류	-			
	기 타	-			
특기사항	토광으로 보고하였으나 유구 성격이 확실치 않음. 출토유물 없음. 보고서 기술과 유구도면의 축척이 상이하여 보고서 기술에 따라 축척을 조정하였음.				

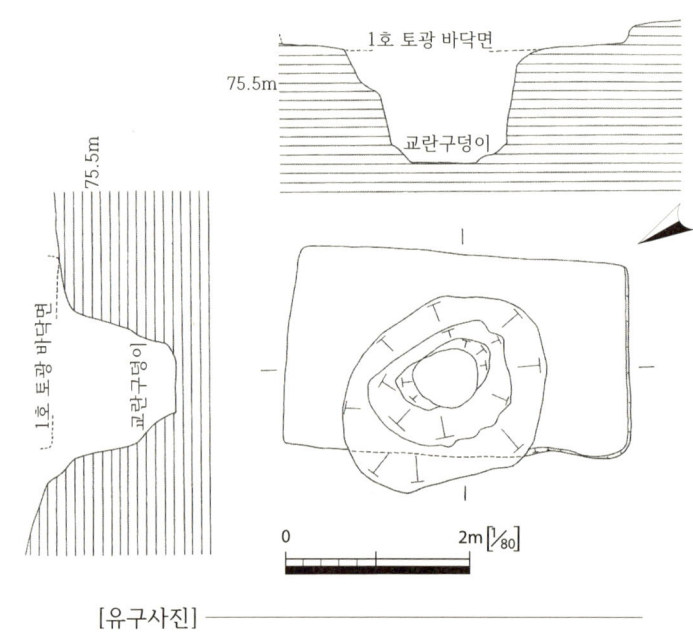

[유구사진]

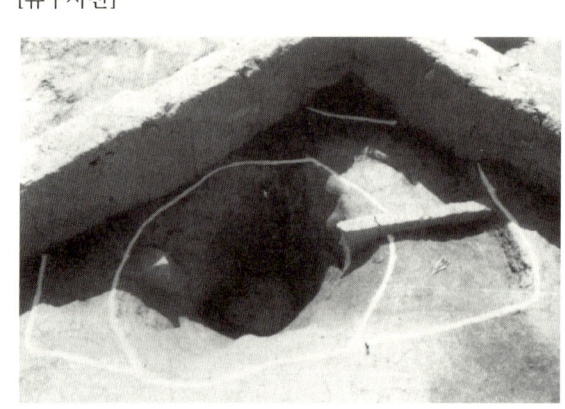

B-II지구 분구분 2호 토광

(단위 : cm)

묘광	크 기 (길이×너비×깊이)	640×270×(20+)	목관	크 기 (길이×너비×높이)	?
	장폭비	2.37:1		장폭비	?
	장축방향	N-90°-E	목곽	크 기 (길이×너비×높이)	?
	두 향	?		장폭비	?
유물	토 기	경질무문 심발(1), 토기편(1)			
	철 기	-			
	청 동 기	-			
	옥 석 류	-			
	기 타	-			
	특기사항	토광으로 보고하였는데 유구 성격이 확실치 않음. 토기편 1점 도면 미게재. 보고서 기술과 유구·유물도 면의 축척이 상이하여 보고서 기술에 따라 축척을 조정하였음.			

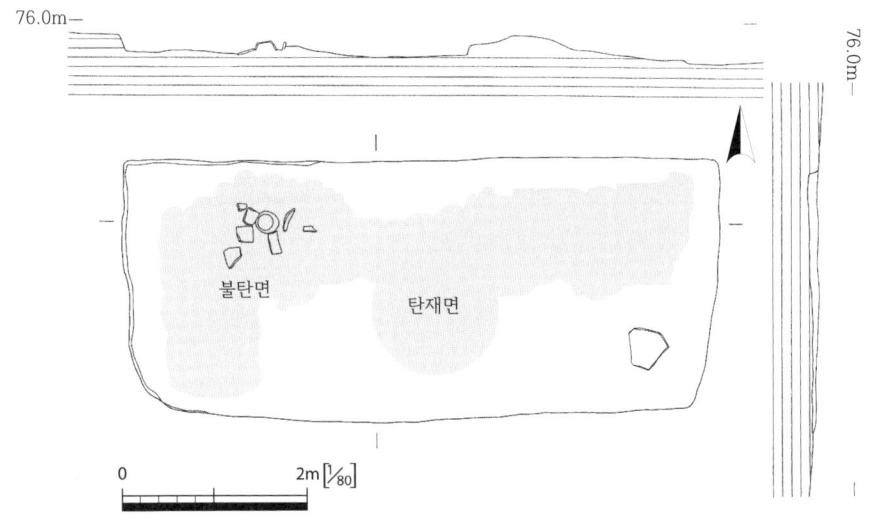

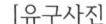

[유구사진]

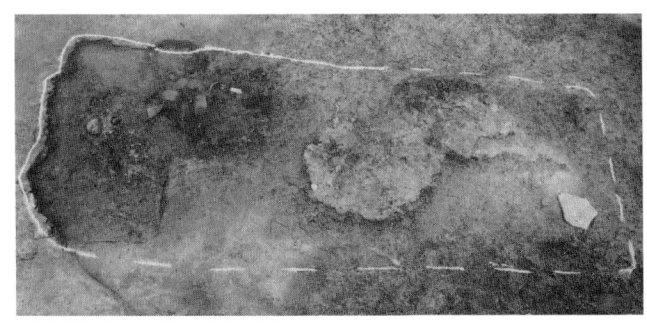

[출토유물]

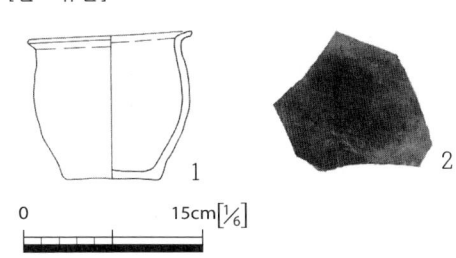

B-II지구 분구분 1호 토장

(단위 : cm)

묘광	크 기 (길이×너비×깊이)	410×110×(10+)	목관	크 기 (길이×너비×높이)	?
	장폭비	3.73:1		장폭비	?
	장축방향	N-49°-E	목곽	크 기 (길이×너비×높이)	?
	두 향	?		장폭비	?
유물	토 기	단경호(2)			
	철 기	-			
	청동기	-			
	옥석류	-			
	기 타	-			
	특기사항	보고서 기술과 유구도면의 축척이 상이하여 보고서 기술에 따라 축척을 조정하였음.			

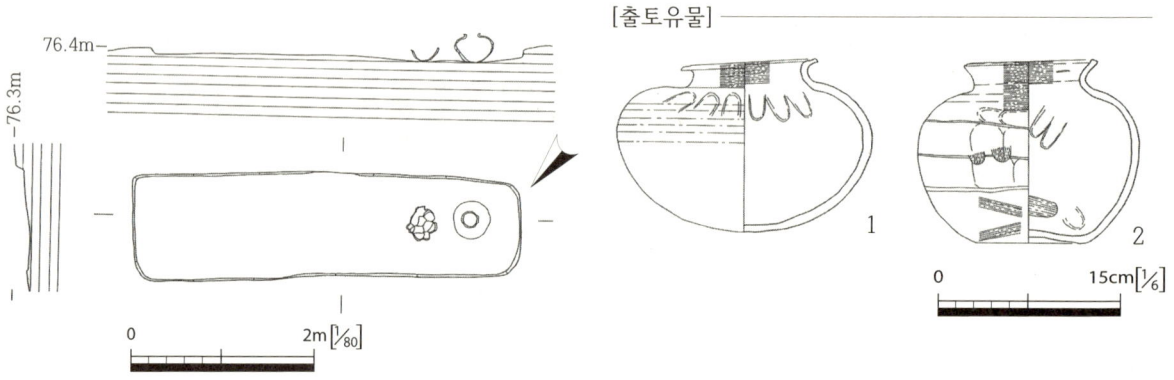

[출토유물]

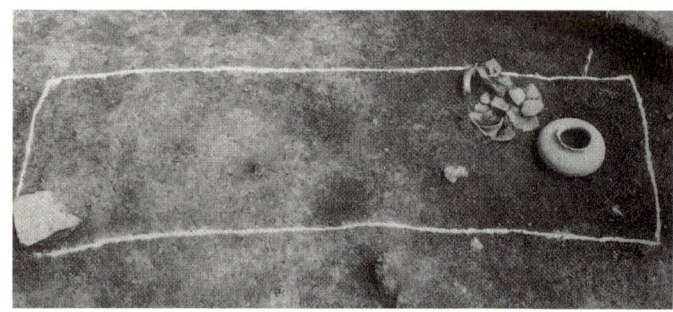

[유구사진]

B-II지구 분구분 2호 토장

(단위 : cm)

묘광	크 기 (길이×너비×깊이)	390×130×(20+)	목관	크 기 (길이×너비×높이)	?
	장폭비	3.00:1		장폭비	?
	장축방향	N-81°-E	목곽	크 기 (길이×너비×높이)	?
	두 향	?		장폭비	?
유물	토 기	단경호(1)			
	철 기	-			
	청 동 기	-			
	옥 석 류	-			
	기 타	-			
	특기사항	보고서 기술과 유구도면의 축척이 상이하여 보고서 기술에 따라 축척을 조정하였음.			

[유구사진]

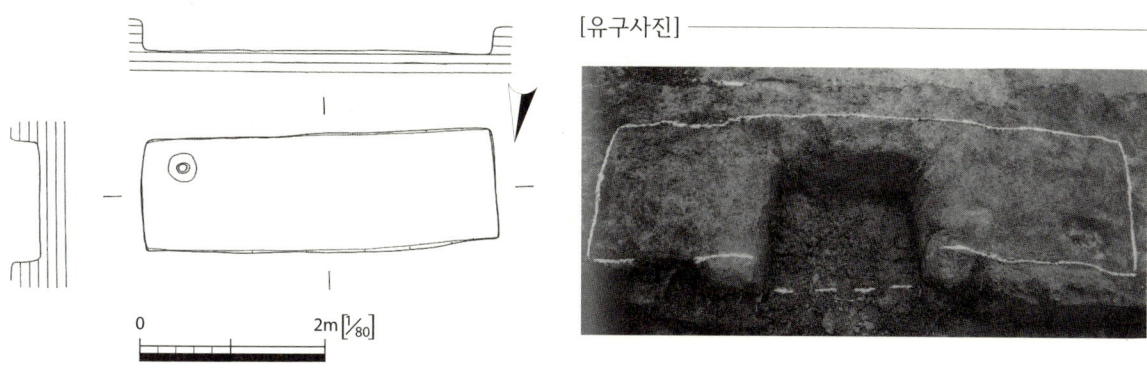

```
0                    2m [1/80]
```

[출토유물]

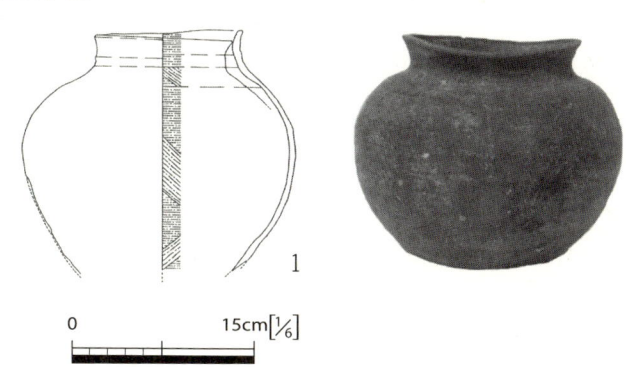

1

```
0              15cm [1/6]
```

B-II지구 분구분 A옹관

(단위 : cm)

묘광	크 기 (길이×너비×깊이)	(64.8+)×(38.4+)×?	옹관길이	38
	장폭비	?	결합형식	단옹식
	장축방향	N-54°-W	안치형태	횡치
	두 향	?		
유물	토 기	경질무문 대발(1)		
	철 기	-		
	청동기	-		
	옥석류	-		
	기 타	-		
	특기사항	보고서에 유구의 제원이 기술되어 있지 않음.		

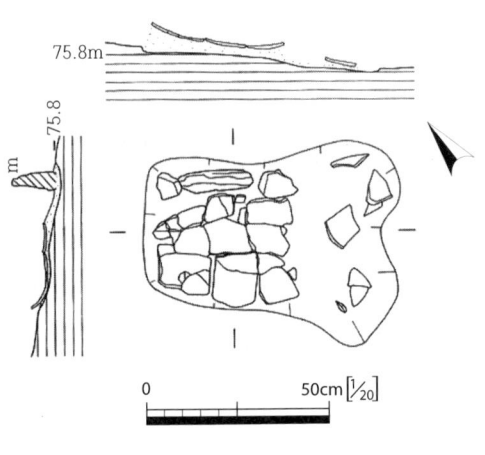

75.8m

0   50cm [1/20]

[옹관]

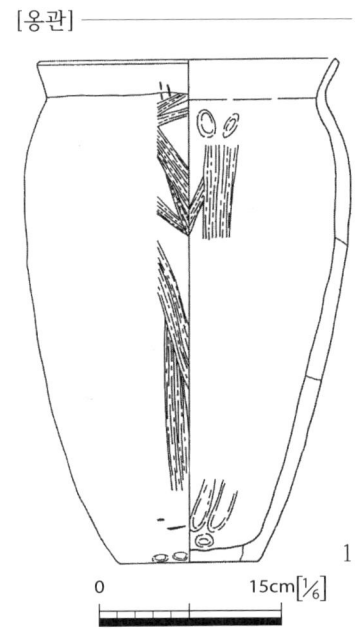

0   15cm [1/6]

1

[유구사진]

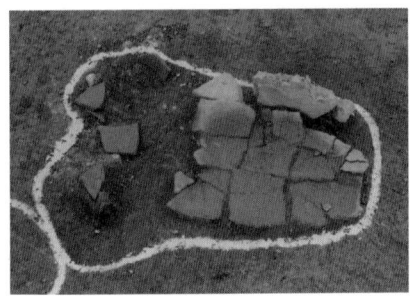

B-II지구 분구분 B옹관

(단위 : cm)

묘광	크 기 (길이×너비×길이)	128×58×?	옹관길이	(102+)
	장폭비	2.21:1	결합형식	합구식
	장축방향	N-29°-W	안치형태	횡치
	두 향	?		
유물	토 기	경질무문 대발(2)		
	철 기		-	
	청동기		-	
	옥석류		-	
	기 타		-	
	특기사항			

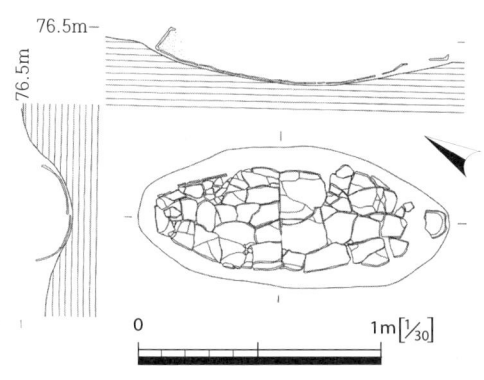

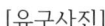

[유구사진]

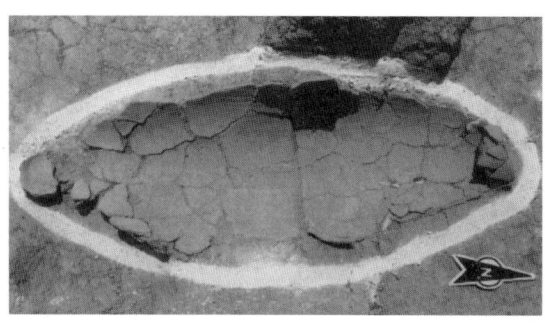

[옹관]

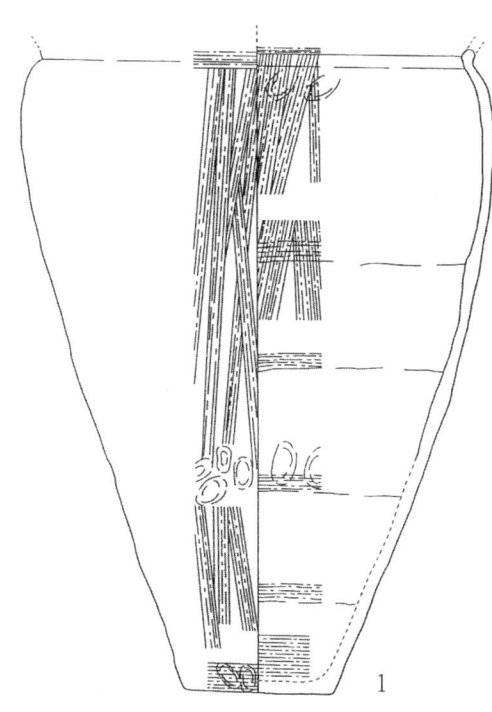

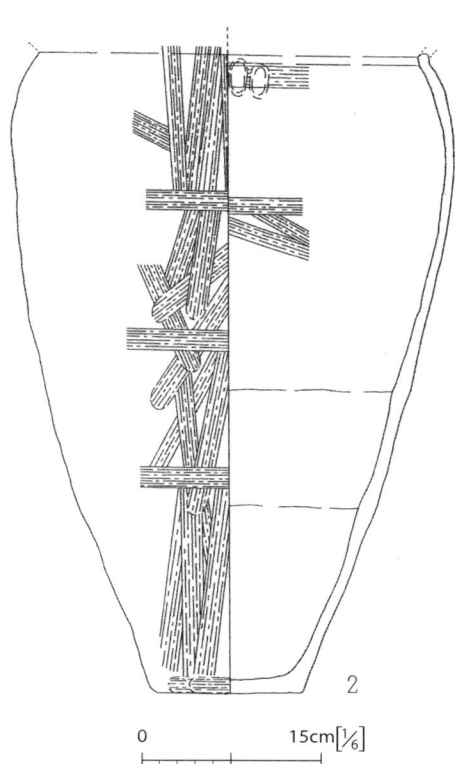

B-II지구 분구분 C옹관

(단위 : cm)

묘광	크 기 (길이×너비×깊이)	?	옹관길이	(101.6+)
	장폭비	?	결합형식	(합구식)
	장축방향	?	안치형태	횡치
	두 향	?		
유물	토 기	호·옹(2), 단경호(1)		
	철 기	-		
	청 동 기	-		
	옥 석 류	-		
	기 타	-		
	특기사항	유구 도면 미게재.		

[유구사진]

[출토유물]

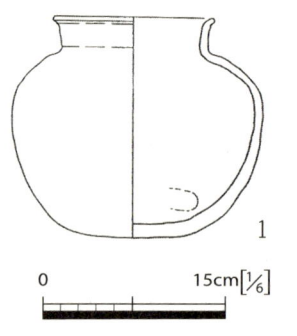

1

0　　　　　　15cm[⅙]

[옹관]

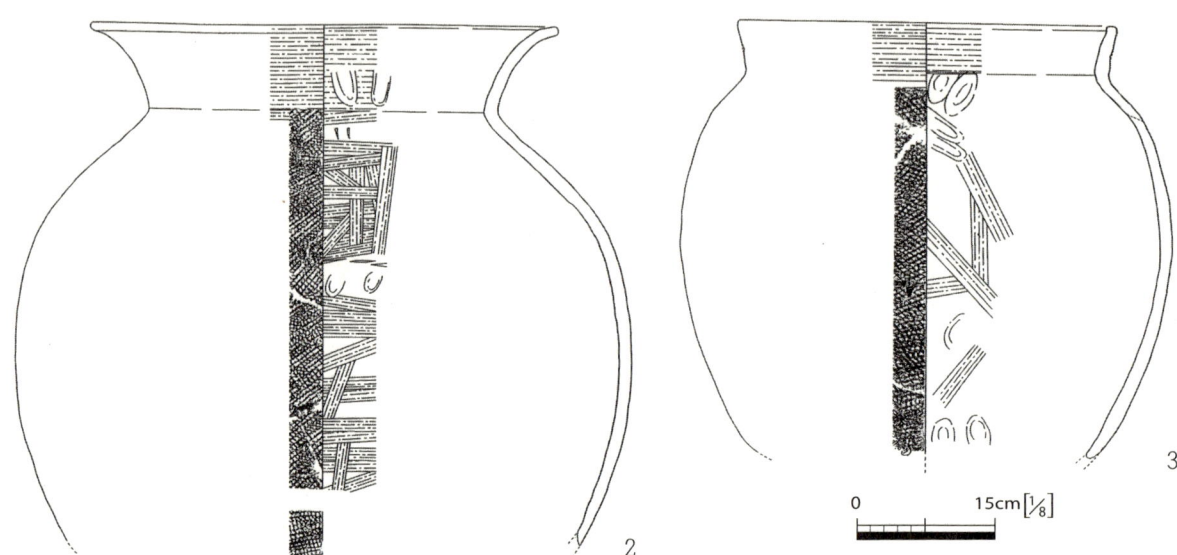

2

3

0　　　　　　15cm[⅛]

B-II지구 분구분 D옹관

(단위 : cm)

묘광	크 기 (길이×너비×깊이)	?	옹관길이	?
	장폭비	?	결합형식	(단옹식)
	장축방향	?	안치형태	?
	두 향	?		
유물	토 기	호·옹(1)		
	철 기	-		
	청동기	-		
	옥석류	-		
	기 타	-		
	특기사항	유구 도면 미게재.		

[옹관]

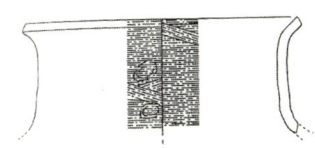

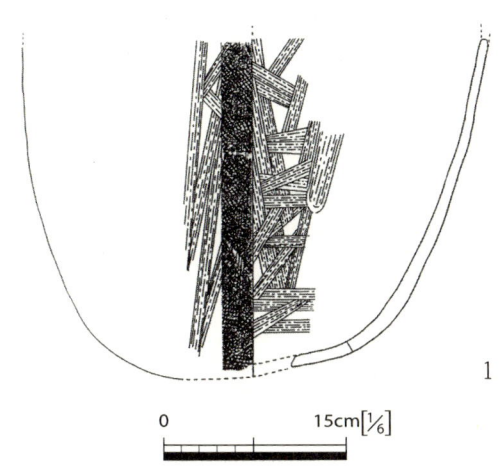

1

0   15cm[1/6]

B-II지구 석곽묘

(단위 : cm)

묘광	크 기 (길이×너비×깊이)	(240+)×160×?	주체부	크 기 (길이×너비×높이)	(215+)×65×?
	장폭비	?		장폭비	?
	장축방향	N-51°-W	시상·관대	크 기 (길이×너비×높이)	?
	두 향	?	벽석종류		?
유물	토 기	-			
	철 기	-			
	청 동 기	-			
	옥 석 류	-			
	기 타	-			
	특기사항				

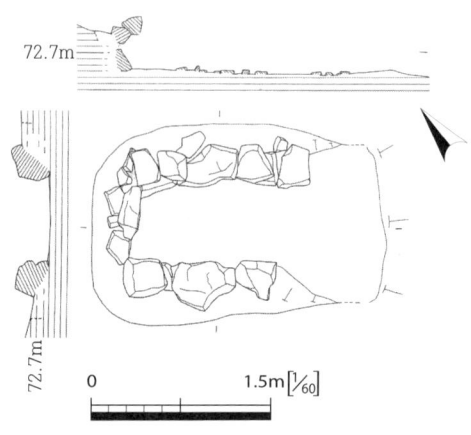

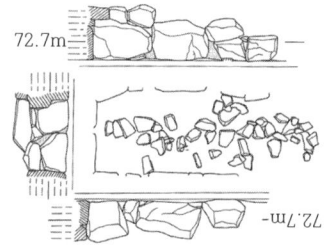

72.7m

0   1.5m[⅟₆₀]

[유구사진]

B-Ⅱ지구 1호 토광묘

(단위 : cm)

묘광	크 기 (길이×너비×깊이)	283×105×(11+)	목관	크 기 (길이×너비×높이)	(193+)×47×?
	장폭비	2.70:1		장폭비	?
	장축방향	N-1°-E	목곽	크 기 (길이×너비×높이)	226×78×?
	두 향	?		장폭비	2.85:1
유물	토 기	직구호(1), 단경호(2)			
	철 기	도자(1)			
	청 동 기	-			
	옥 석 류	-			
	기 타	-			
	특기사항				

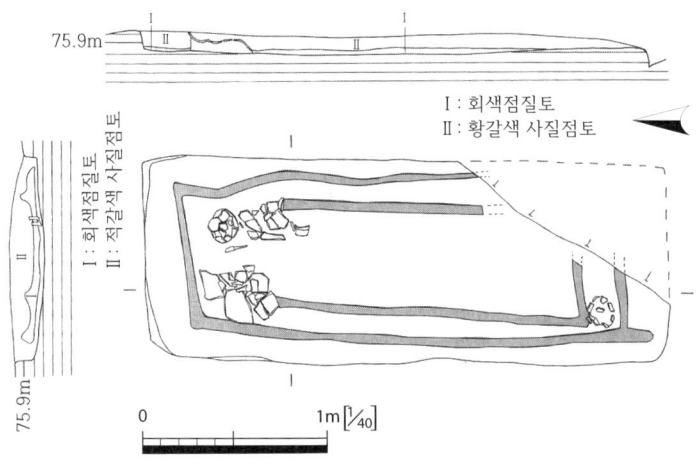

Ⅰ: 회색점질토
Ⅱ: 황갈색 사질점토

[곽내]

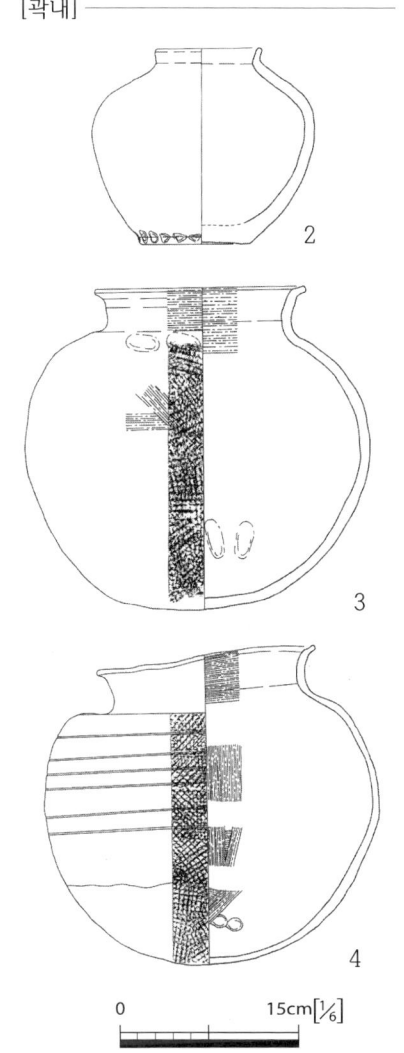

2

3

4

0   15cm[1/6]

[유구사진]

[관내]

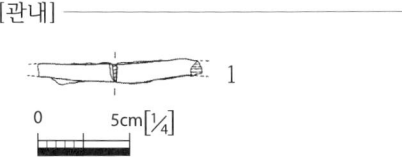

1

0   5cm[1/4]

B-Ⅱ지구 2호 토광묘

(단위 : cm)

묘광	크 기 (길이×너비×깊이)	292×(65+)×(10+)	목관	크 기 (길이×너비×높이)	?
	장폭비	?		장폭비	?
	장축방향	N-60°-E	목곽	크 기 (길이×너비×높이)	?
	두 향	?		장폭비	?
유물	토 기	심발형토기(1), 단경호(4), 투기편(2)			
	철 기	-			
	청동기	-			
	옥석류	-			
	기 타	-			
	특기사항				

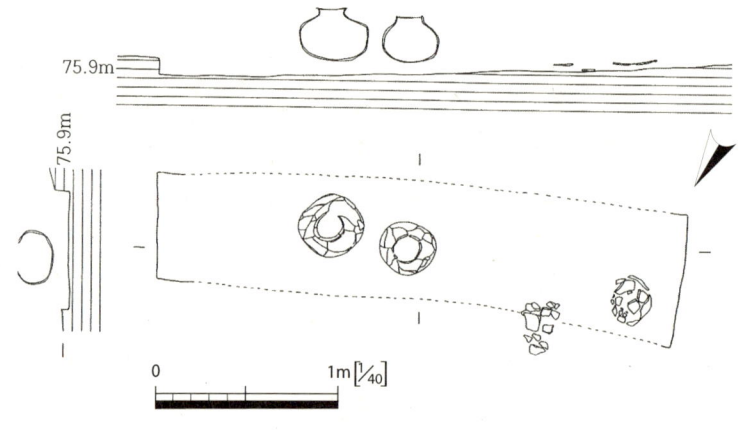

[출토유물]

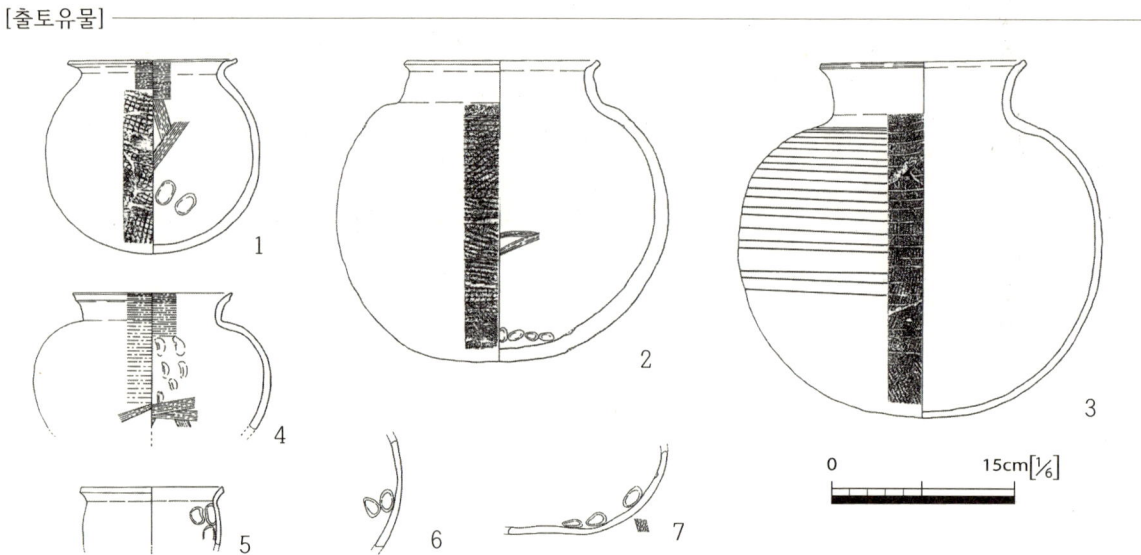

B-Ⅱ지구 3호 토광묘

(단위 : cm)

묘광	크 기 (길이×너비×깊이)	(268+)×(100+)×(15+)	목관	크 기 (길이×너비×높이)	?
	장폭비	?		장폭비	?
	장축방향	N-74°-E	목곽	크 기 (길이×너비×높이)	?
	두 향	?		장폭비	?
유물	토 기	단경호(1), 토기편(7)			
	철 기	-			
	청 동 기	-			
	옥 석 류	-			
	기 타	-			
	특기사항	토기편 7점 도면 미게재.			

75.5m—

—75.5m

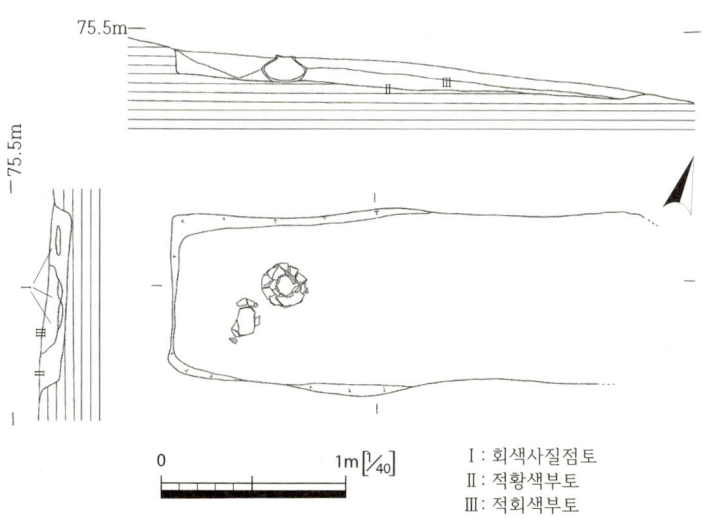

Ⅰ: 회색사질점토
Ⅱ: 적황색부토
Ⅲ: 적회색부토

0   1m [1/40]

[유구사진]

[출토유물]

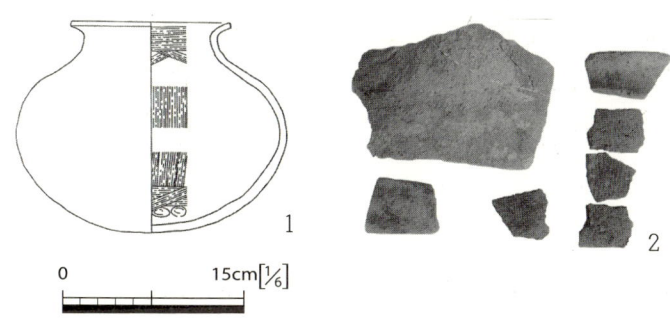

1

2

0   15cm [1/6]

B-II지구 4호 토광묘

(단위: cm)

묘광	크 기 (길이×너비×깊이)	278×107×(26+)	목관	크 기 (길이×너비×높이)	197×62×?
	장폭비	2.60:1		장폭비	3.18:1
	장축방향	N-29°-E	목곽	크 기 (길이×너비×높이)	-
	두 향	?		장폭비	-
유물	토 기	단경호(1)			
	철 기	-			
	청동기	-			
	옥석류	-			
	기 타	-			
	특기사항				

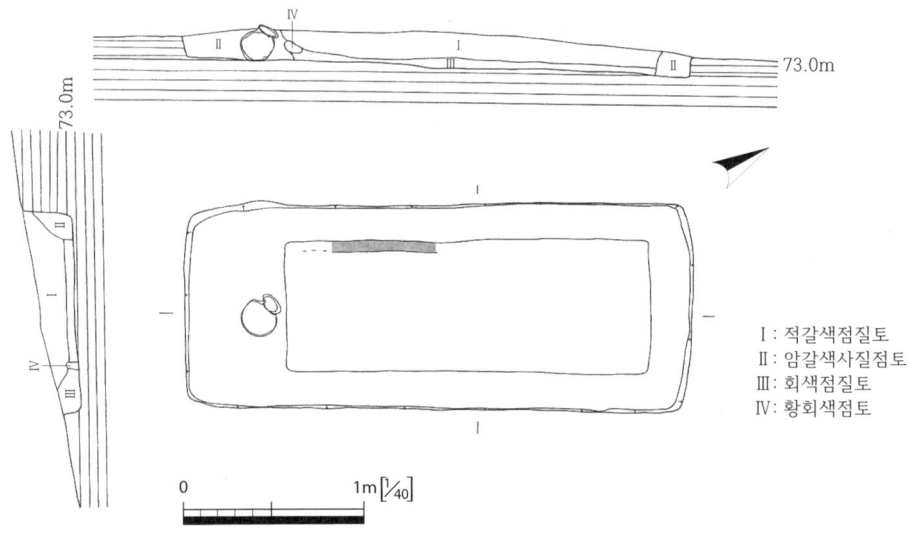

Ⅰ : 적갈색점질토
Ⅱ : 암갈색사질점토
Ⅲ : 회색점질토
Ⅳ : 황회색점토

[유구사진]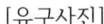

[관외]

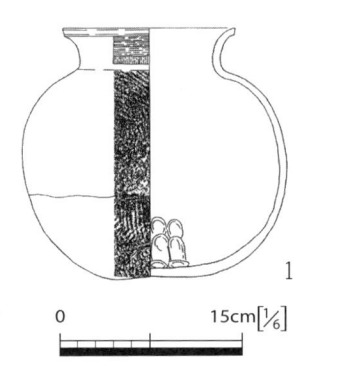

B-II지구 5호 토광묘

(단위 : cm)

묘광	크 기 (길이×너비×깊이)	(270+)×100×(33+)	목관	크 기 (길이×너비×높이)	?
	장폭비	?		장폭비	?
	장축방향	N-72°-E	목곽	크 기 (길이×너비×높이)	(212+)×60×?
	두 향	?		장폭비	?
유물	토 기	심발형토기(1), 단경호(2), 직구호(1), 내만구연호(1)			
	철 기	도자(1), 겸(1), 단조철부(1)			
	청 동 기	-			
	옥 석 류	-			
	기 타	-			
	특기사항				

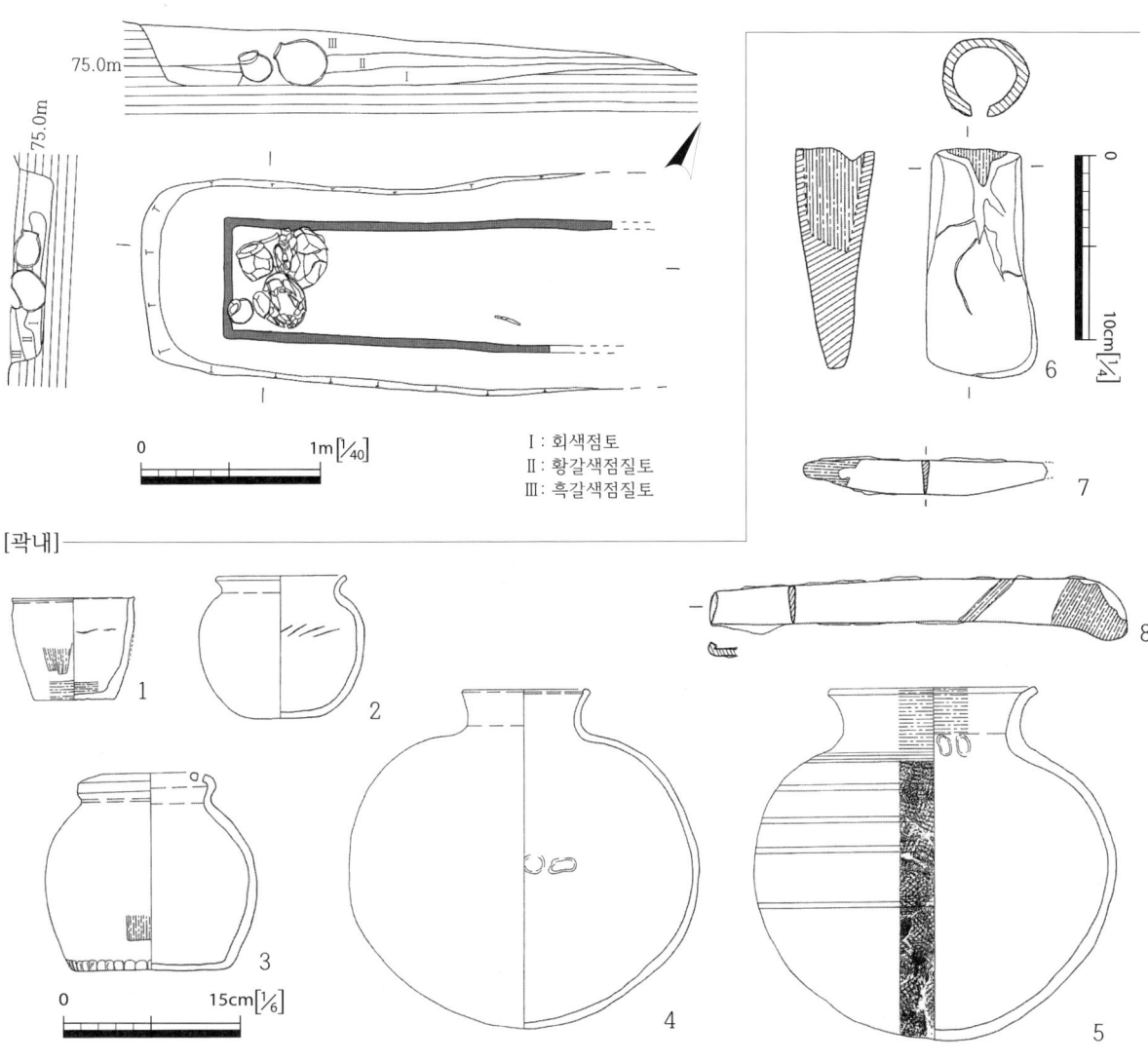

Ⅰ : 회색점토
Ⅱ : 황갈색점질토
Ⅲ : 흑갈색점질토

[곽내]

B-II지구 6호 토광묘

(단위 : cm)

묘광	크 기 (길이×너비×깊이)	(230+)×?×(8+)	목관	크 기 (길이×너비×높이)	225×(50+)×?
	장폭비	?		장폭비	?
	장축방향	N-49°-E	목곽	크 기 (길이×너비×높이)	?
	두 향	?		장폭비	?
유물	토 기	난경호(1)			
	철 기	도자(1), 촉(2), 겸(1)			
	청동기	-			
	옥석류	-			
	기 타	-			
	특기사항	보고서 기술과 유구·유물 도면·스케일바 비율이 모두 상이함.			

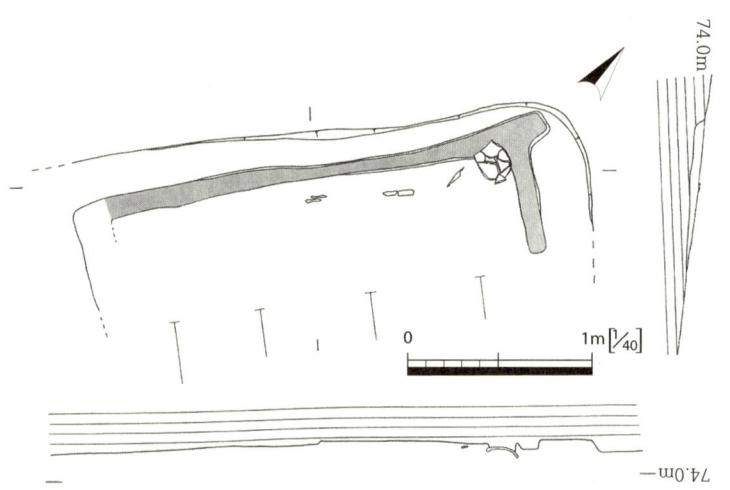

[유구사진]　　　　　　　　　　　　[출토유물]

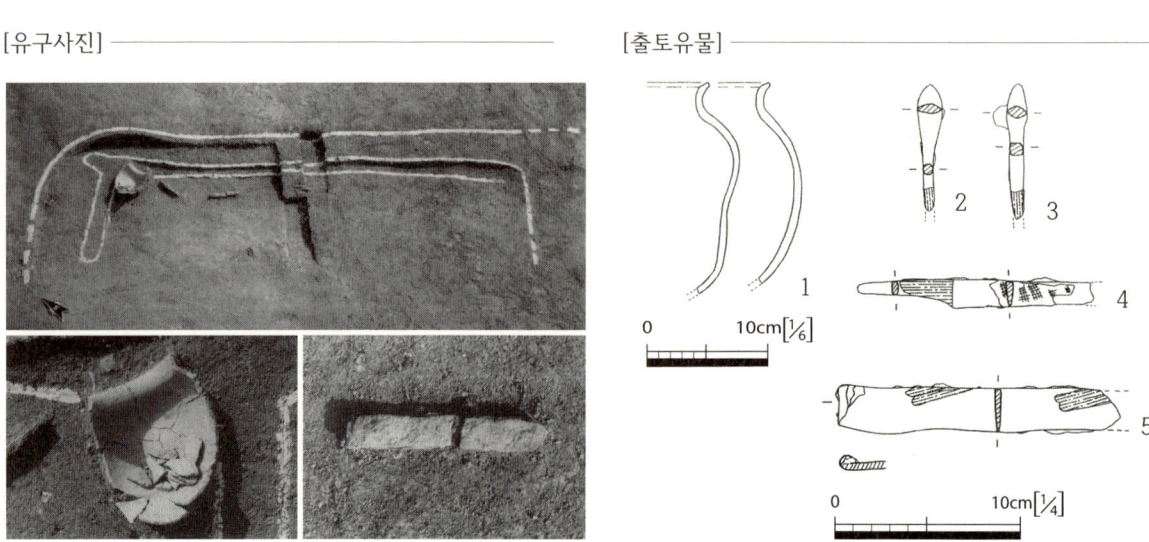

B-II지구 7호 토광묘

(단위 : cm)

묘광	크 기 (길이×너비×깊이)	310×125×(5+)	목관	크 기 (길이×너비×높이)	(250+)×(68+)×?
	장폭비	2.48:1		장폭비	?
	장축방향	N-79°-E	목곽	크 기 (길이×너비×높이)	?
	두 향	동쪽		장폭비	?
유물	토 기	완(2), 호·옹(4), 유견호(1)			
	철 기	도자(2), 도(1), 환두도(1), 모(1), 촉(7)			
	청동기	-			
	옥석류	-			
	기 타	-			
	특기사항	양쪽 장측판이 길게 되어 있어 부장공간의 가능성이 있음.			

76.4m—

—76.4m

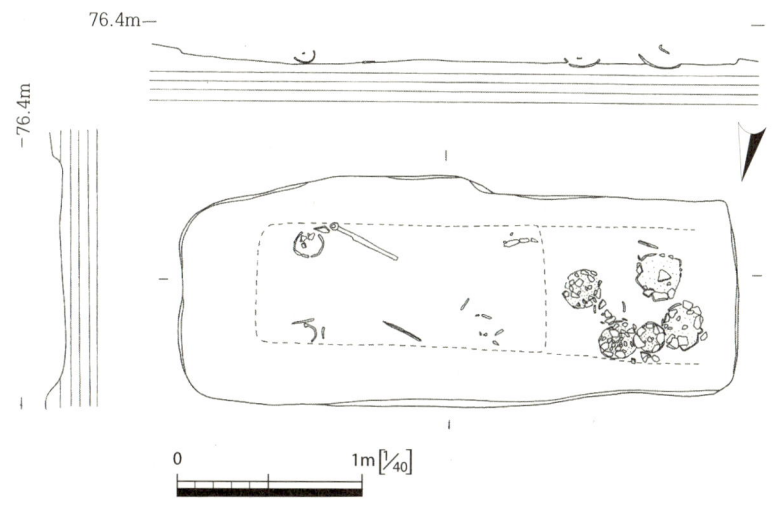

0   1m [1/40]

[유구사진]

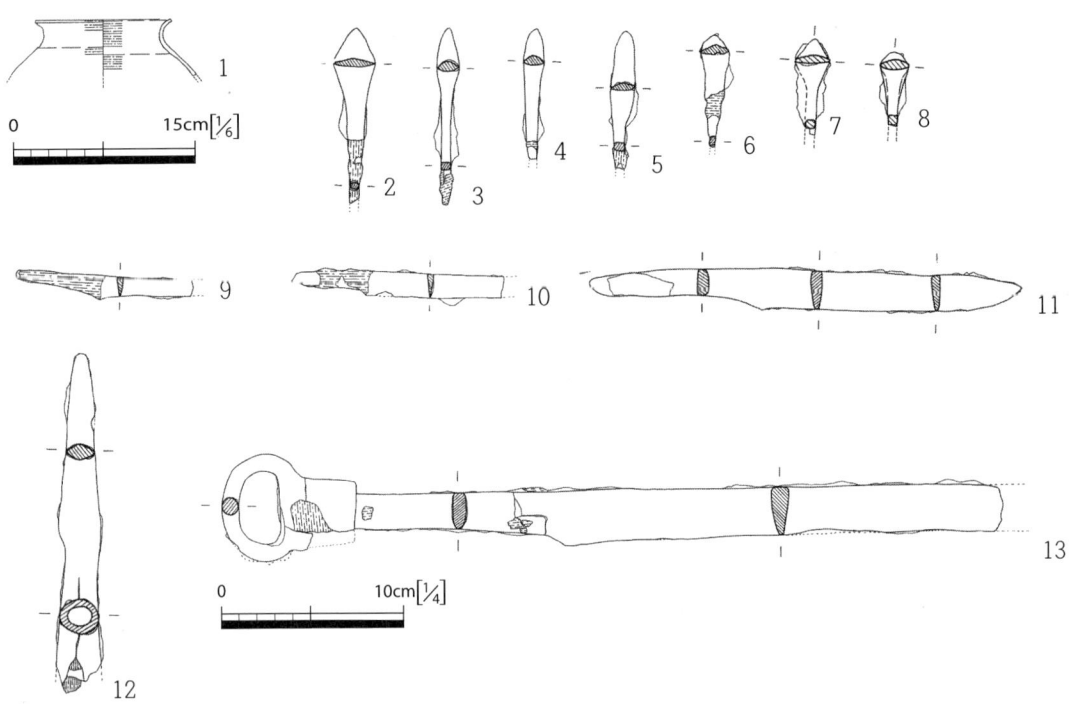

0 15cm[⅙]

0 10cm[¼]

[관외]

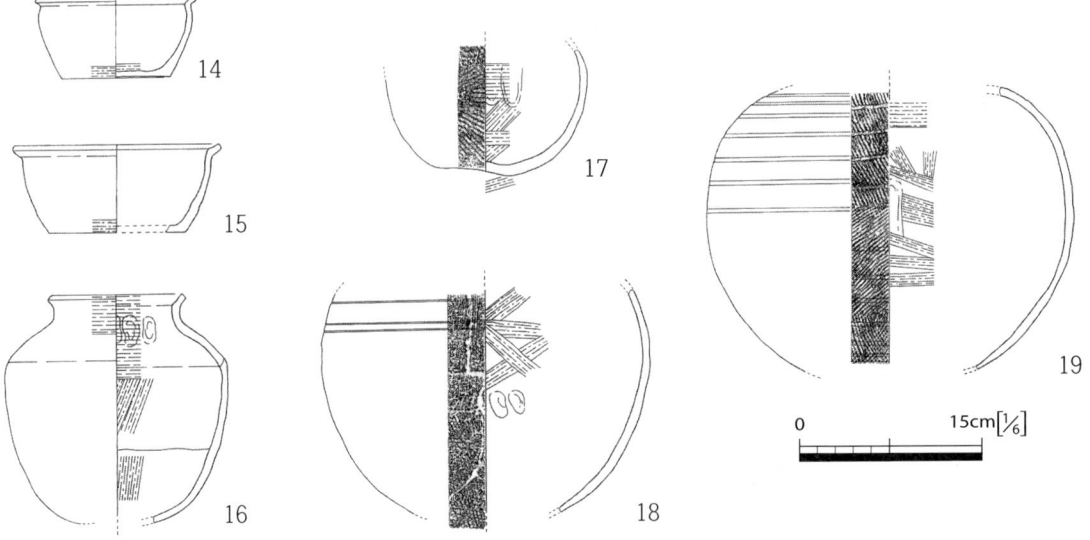

0 15cm[⅙]

B-II지구 8호 토광묘

(단위 : cm)

묘광	크 기 (길이×너비×깊이)	294×128×?	목관	크 기 (길이×너비×높이)	240×70×?
	장폭비	2.30:1		장폭비	3.43:1
	장축방향	N-52°-E	목곽	크 기 (길이×너비×높이)	-
	두 향	?		장폭비	-
유물	토 기	경부돌대호(1), 저부편(1)			
	철 기				
	청동기	-			
	옥석류	-			
	기 타	-			
	특기사항	저부편 1점 도면 미게재. 관·곽여부 불분명. 보고서 기술과 유구·유물 도면·스케일바 비율이 모두 상이함.			

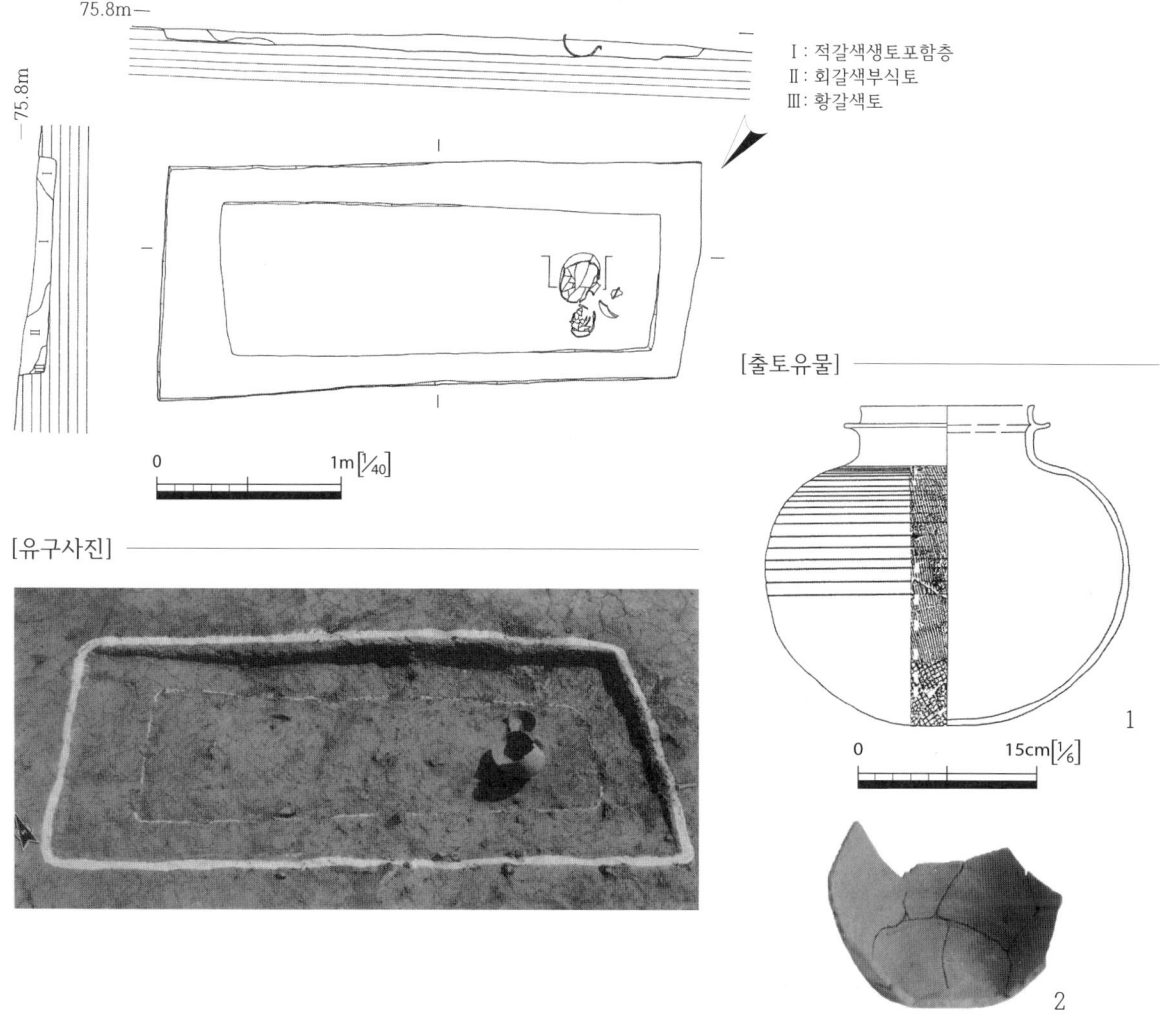

75.8m—

—75.8m

Ⅰ: 적갈색생토포함층
Ⅱ: 회갈색부식토
Ⅲ: 황갈색토

0   1m[1/40]

[출토유물]

0   15cm[1/6]

1

2

[유구사진]

B-II지구 9호 토광묘

(단위 : cm)

묘광	크 기 (길이×너비×깊이)	270×97×(25+)	목관	크 기 (길이×너비×높이)	(205+)×(60+)×?
	장폭비	2.78:1		장폭비	?
	장축방향	N-68°-E	목곽	크 기 (길이×너비×높이)	?
	두 향	?		장폭비	?
유물	토 기	심발형토기(1), 난경호(1), 사족호(1)			
	철 기	-			
	청동기	-			
	옥석류	-			
	기 타	-			
	특기사항	관·곽여부 불분명.			

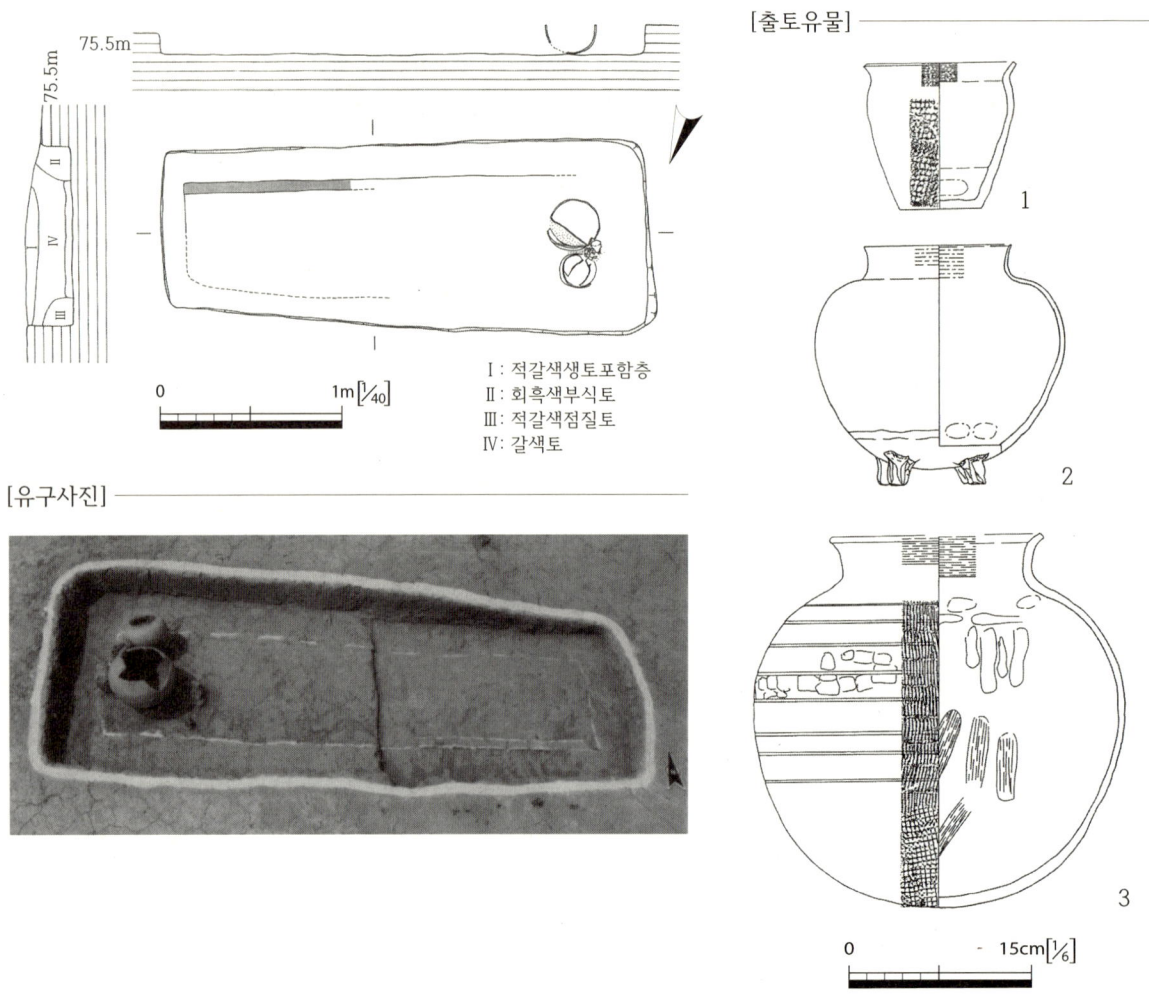

75.5m

75.5m

Ⅰ: 적갈색생토포함층
Ⅱ: 회흑색부식토
Ⅲ: 적갈색점질토
Ⅳ: 갈색토

0　　　　　1m[1/40]

[출토유물]

1

2

3

0　　　　15cm[1/6]

[유구사진]

B-Ⅱ지구 10호 토광묘

(단위 : cm)

묘광	크 기 (길이×너비×깊이)	170×88×(14+)	목관	크 기 (길이×너비×높이)	?
	장폭비	1.93:1		장폭비	?
	장축방향	N-75°-W	목곽	크 기 (길이×너비×높이)	?
	두 향	?		장폭비	?
유물	토 기	단경호(1)			
	철 기	-			
	청 동 기	-			
	옥 석 류	-			
	기 타	-			
	특기사항				

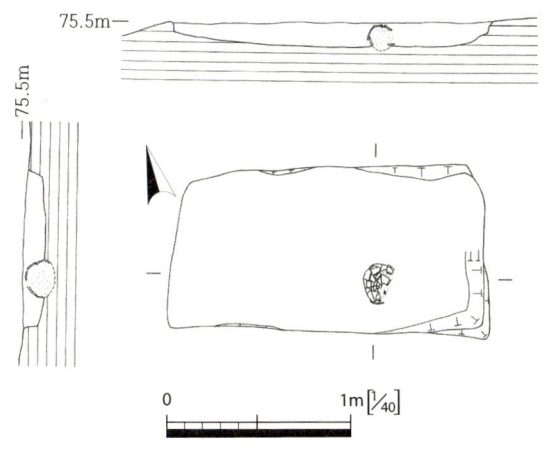

[유구사진]

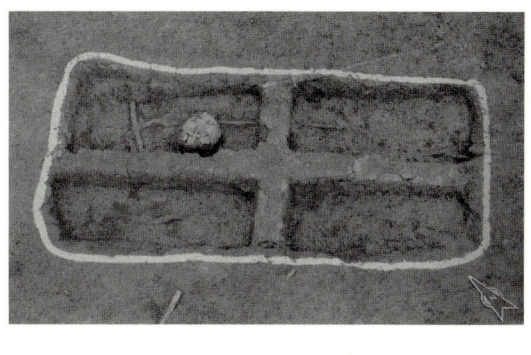

[출토유물]

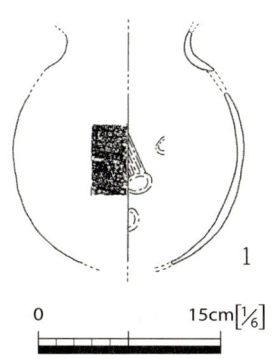

1

B-Ⅱ지구 11호 토광묘

(단위 : cm)

묘광	크 기 (길이×너비×깊이)	350×145×(22+)	목관	크 기 (길이×너비×높이)	312×92×?
	장폭비	2.41:1		장폭비	3.39:1
	장축방향	N-45°-E	목곽	크 기 (길이×너비×높이)	?
	두 향	?		장폭비	?
유물	토 기	단경호(2)			
	철 기	모(1), 도자(1), 단조철부(1), 겸(1)			
	청동기	-			
	옥석류	-			
	기 타	-			
	특기사항	보고서 기술과 유구·유물 도면·스케일바 비율이 모두 상이함.			

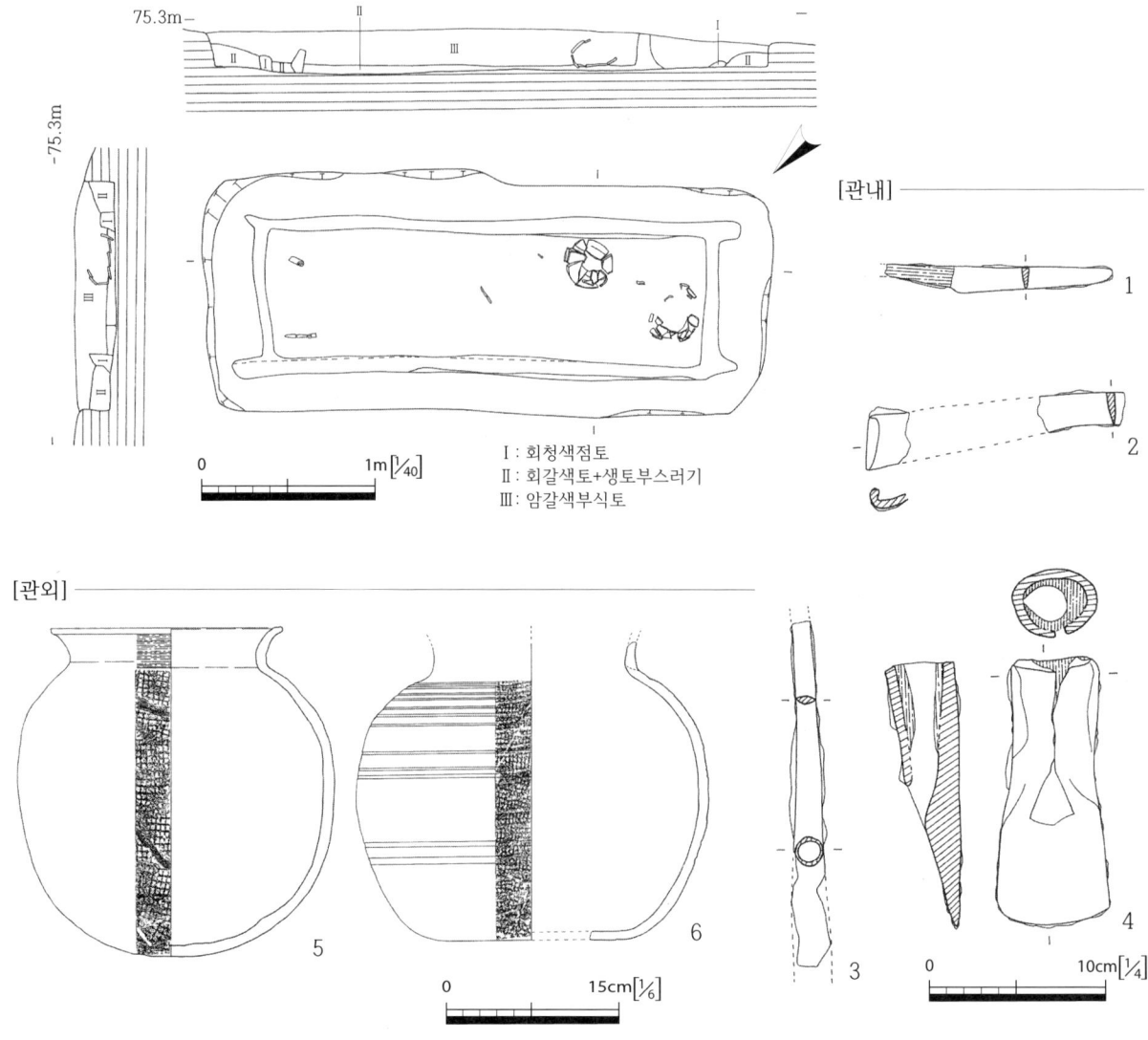

Ⅰ : 회청색점토
Ⅱ : 회갈색토＋생토부스러기
Ⅲ : 암갈색부식토

[관내]

[관외]

B-Ⅱ지구 12호 토광묘

(단위 : cm)

묘광	크 기 (길이×너비×깊이)	(315+)×100×(14+)	목관	크 기 (길이×너비×높이)	180×42×?
	장폭비	?		장폭비	4.29:1
	장축방향	N-18°-W	목곽	크 기 (길이×너비×높이)	255×78×?
	두 향	남쪽		장폭비	3.27:1
유물	토 기	파수부배(1), 단경호(1), 직구호(1), 토기편(1)			
	철 기	도자(1)			
	청 동 기	–			
	옥석류	곡옥(1), 유리제 구슬(68)			
	기 타	–			
	특기사항				

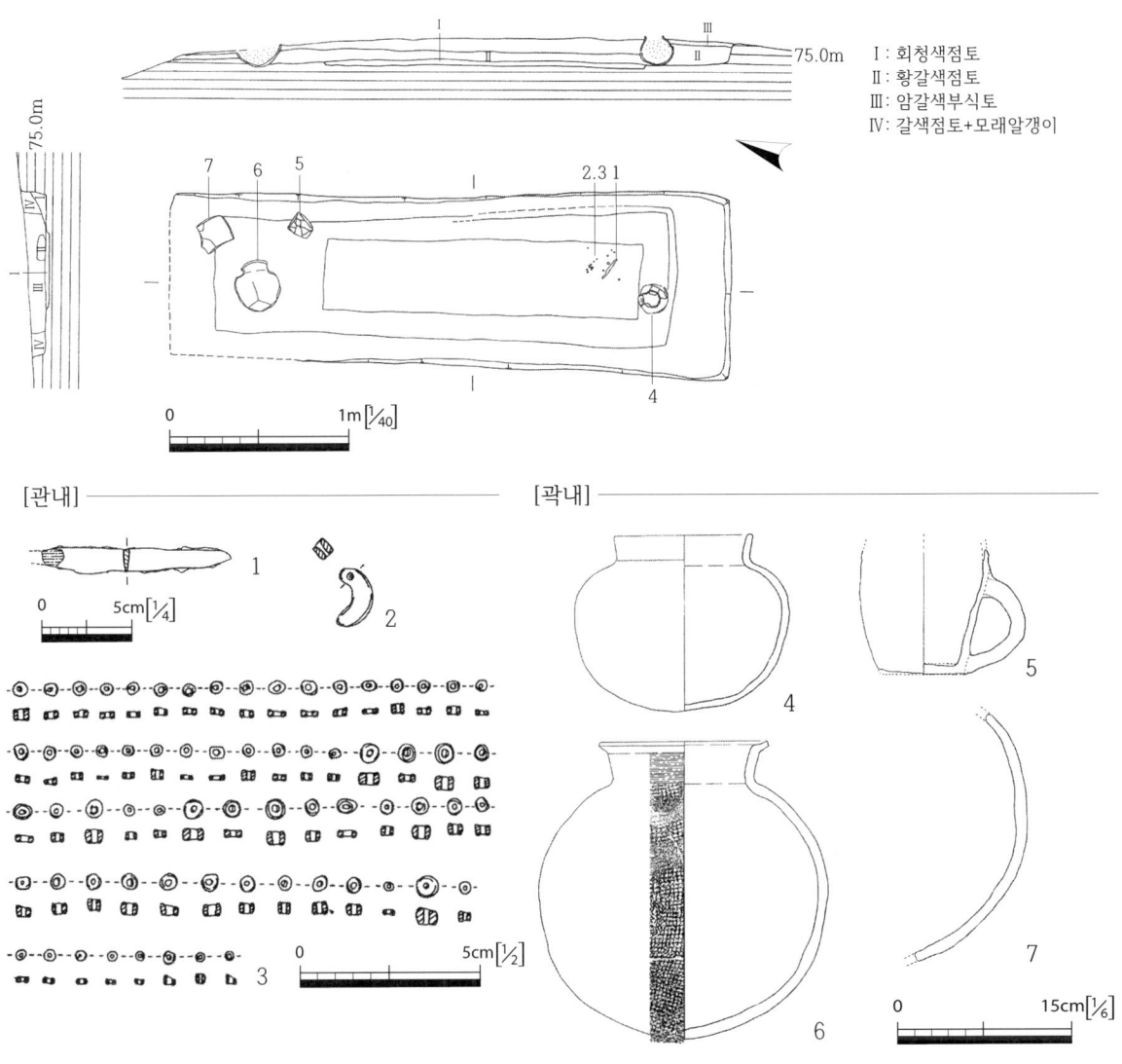

Ⅰ : 회청색점토
Ⅱ : 황갈색점토
Ⅲ : 암갈색부식토
Ⅳ : 갈색점토+모래알갱이

[관내]

[곽내]

B-Ⅱ지구 13호 토광묘

(단위 : cm)

묘광	크 기 (길이×너비×깊이)	274×120×(7+)	목관	크 기 (길이×너비×높이)	(165+)×70×?
	장폭비	2.28:1		장폭비	?
	장축방향	N-65°-W	목곽	크 기 (길이×너비×높이)	?
	두 향	?		장폭비	?
유물	토 기	호(1)			
	철 기	-			
	청동기	-			
	옥석류	-			
	기 타	-			
	특기사항				

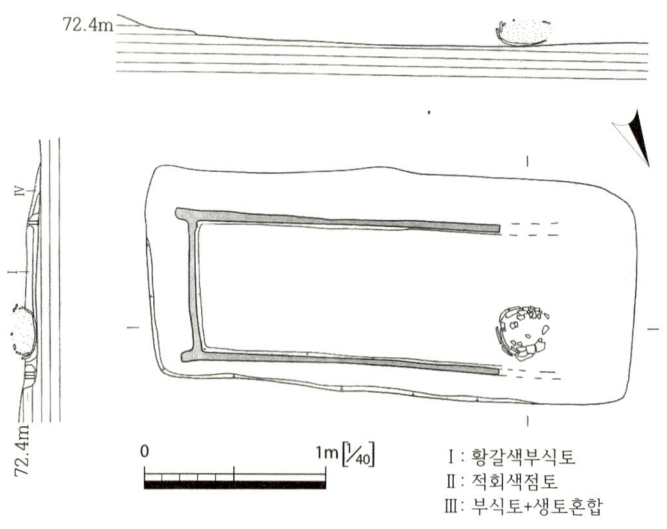

72.4m

0   1m[1/40]

Ⅰ : 황갈색부식토
Ⅱ : 적회색점토
Ⅲ : 부식토+생토혼합

[유구사진]

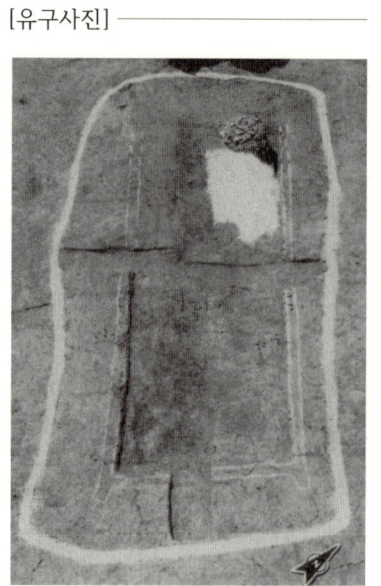

[출토유물]

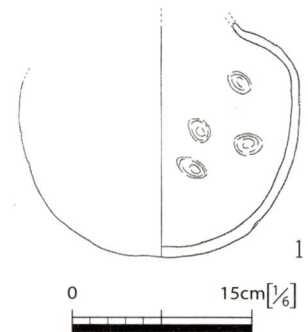

1

0   15cm[1/6]

B-Ⅱ지구 14호 토광묘

(단위 : cm)

묘광	크 기 (길이×너비×깊이)	184×76×(8+)	목관	크 기 (길이×너비×높이)	-
	장폭비	2.42:1		장폭비	-
	장축방향	N-21°-E	목곽	크 기 (길이×너비×높이)	-
	두 향	?		장폭비	-
유물	토 기	토기편(1)			
	철 기	-			
	청 동 기	-			
	옥석류	유리제 구슬(4)			
	기 타	-			
	특기사항	토기편 1점 도면 미게재.			

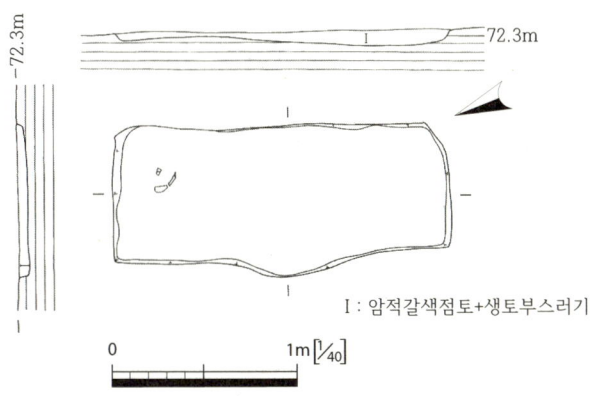

Ⅰ : 암적갈색점토+생토부스러기

0   1m [¼₀]

[유구사진]

[출토유물]

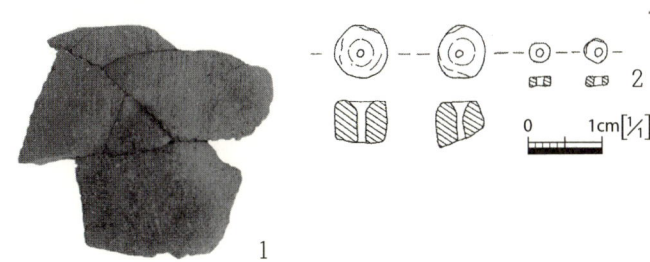

1

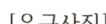

2

0   1cm [½]

B-II지구 15호 토광묘

(단위 : cm)

묘광	크 기 (길이×너비×깊이)	(124+)×106×(20+)	목관	크 기 (길이×너비×높이)	-
	장폭비	?		장폭비	-
	장축방향	N-78°-W	목곽	크 기 (길이×너비×높이)	-
	두 향	?		장폭비	-
유물	토 기	호(1)			
	철 기	-			
	청동기	-			
	옥석류	-			
	기 타	-			
	특기사항	보고서 기술과 유구·유물 도면·스케일바 비율이 모두 상이함.			

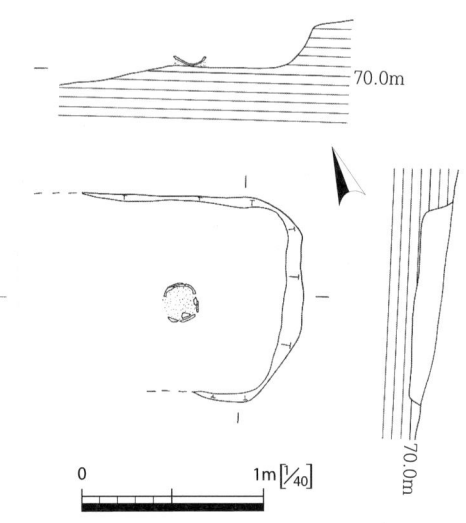

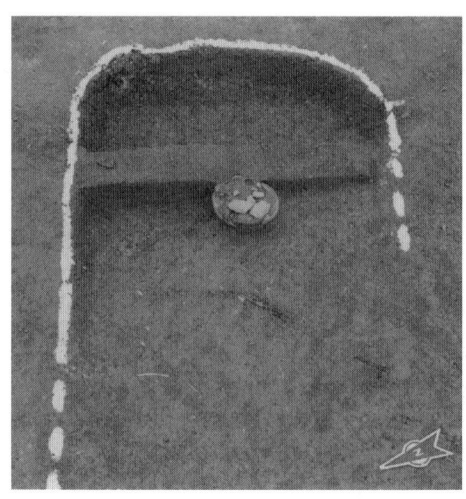

[유구사진]

[출토유물]

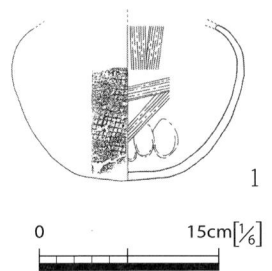

1

0   15cm[⅙]

B-Ⅱ지구 16호 토광묘

(단위 : cm)

묘광	크 기 _(길이×너비×깊이)	(90+)×80×(14+)	목관	크 기 _(길이×너비×높이)	-
	장폭비	?		장폭비	-
	장축방향	N-60°-E	목곽	크 기 _(길이×너비×높이)	-
	두 향	?		장폭비	-
유물	토 기	-			
	철 기	단조철부(1)			
	청동기	-			
	옥석류	-			
	기 타	-			
	특기사항	보고서 기술과 유구·유물 도면·스케일바 비율이 모두 상이함.			

[유구사진]

71.0m

~71.0m

0   1m [1/40]

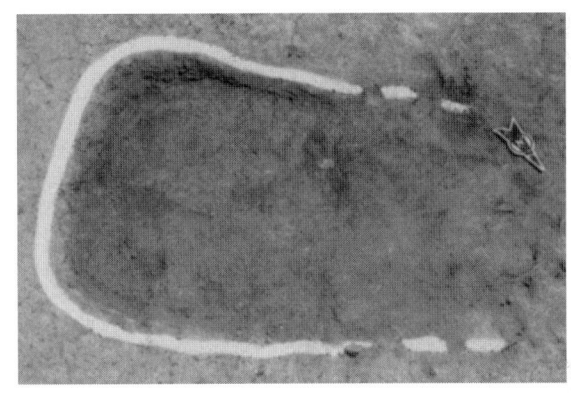

[출토유물]

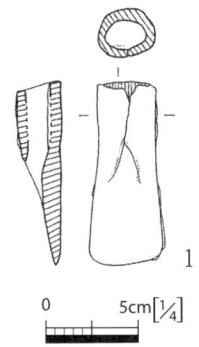

1

0   5cm [1/4]

B-II지구 17호 토광묘

(단위: cm)

묘광	크 기 (길이×너비×깊이)	295×105×(43+)	목관	크 기 (길이×너비×높이)	224×60×(20+)
	장폭비	2.81:1		장폭비	3.73:1
	장축방향	N-36°-W	목곽	크 기 (길이×너비×높이)	-
	두 향	?		장폭비	-
유물	도 기	단경호(1)			
	철 기	도자(1), 촉(3)			
	청동기	-			
	옥석류	-			
	기 타	-			
	특기사항				

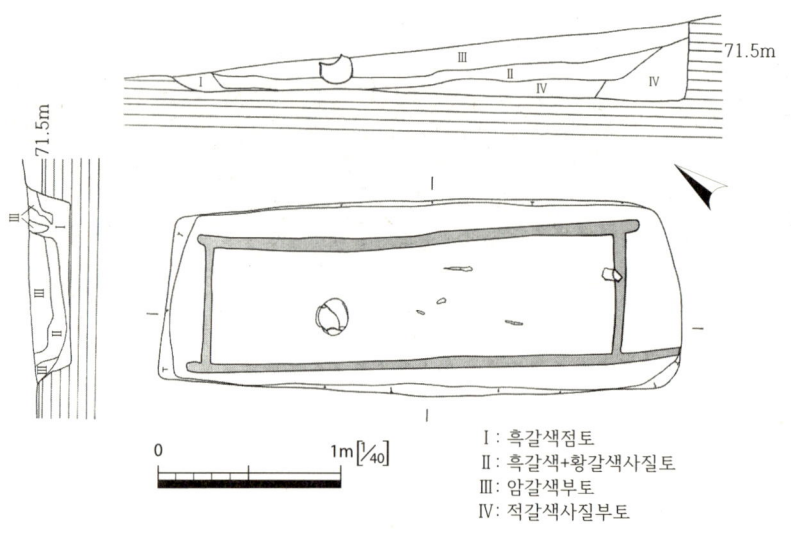

71.5m
71.5m

0   1m[1/40]

Ⅰ: 흑갈색점토
Ⅱ: 흑갈색+황갈색사질토
Ⅲ: 암갈색부토
Ⅳ: 적갈색사질부토

[유구사진]

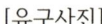

[관내]

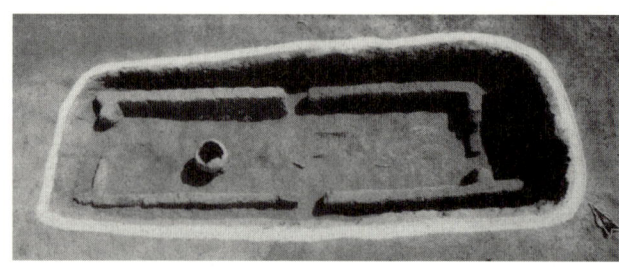

0   5cm[1/4]

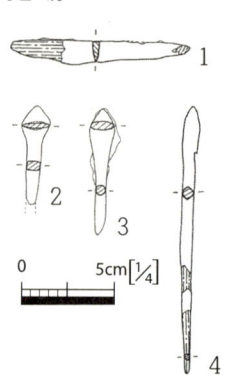

[관외]

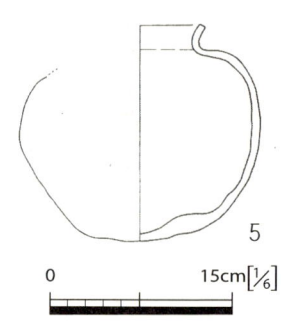

0   15cm[1/6]

B-II지구 1호 옹관묘

(단위 : cm)

묘광	크 기 (길이×너비×깊이)	83×35×?	옹관길이	78
	장폭비	2.37:1	결합형식	합구식
	장축방향	N-65°-E	안치형태	횡치
	두 향	?		
유물	토 기	장란형토기(2), 파수(1)		
	철 기	-		
	청 동 기	-		
	옥 석 류	-		
	기 타	-		
	특기사항			

76.0m—

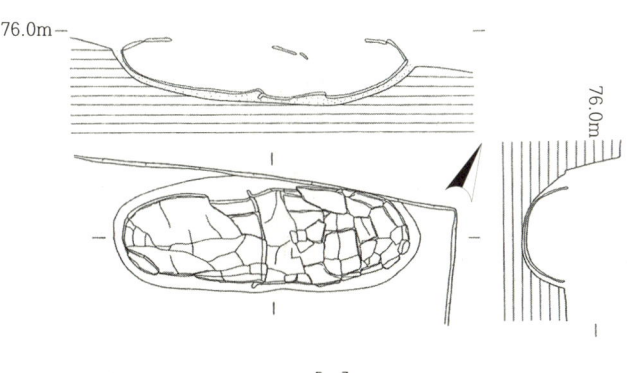

[유구사진]

0   50cm[1/20]

[옹관]

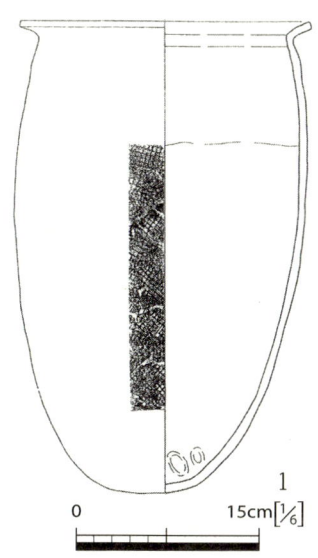

1

0   15cm[1/6]

2

[출토유물]

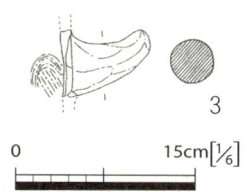

3

0   15cm[1/6]

B-II지구 2호 옹관묘

(단위 : cm)

묘광	크 기 (길이×너비×깊이)	?	옹관길이	(63+)
	장폭비	?	결합형식	합구식
	장축방향	N-17°-W	안치형태	횡치
	두 향	?		
유물	토 기	호·옹(2)		
	설 기	-		
	청 동 기	-		
	옥 석 류	-		
	기 타	-		
	특기사항	보고서에 유구의 제원이 기술되어 있지 않음.		

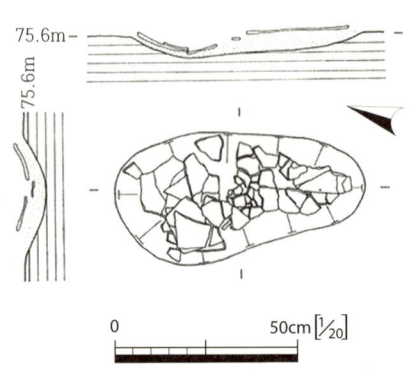

0   50cm[1/20]

[유구사진]

[옹관]

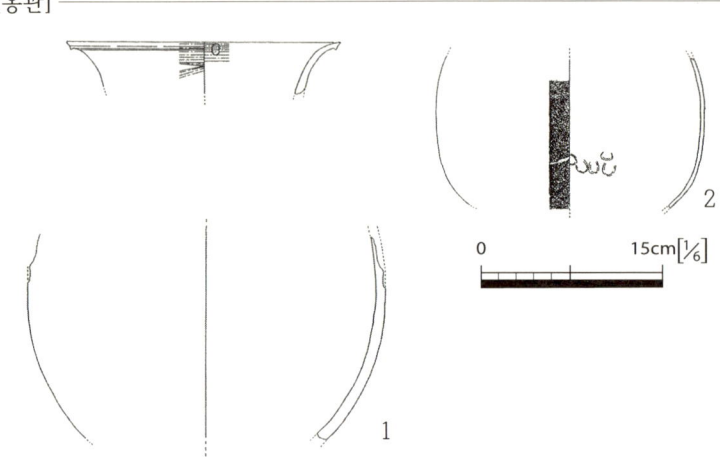

0   15cm[1/6]

B-II지구 3호 옹관묘

(단위 : cm)

묘광	크 기 (길이×너비×깊이)	?	옹관길이	(91.5+)
	장폭비	?	결합형식	합구식
	장축방향	N-13°-W	안치형태	횡치
	두 향	?		
유물	토 기	옹(2), 단경소호(1)		
	철 기	-		
	청동기	-		
	옥석류	-		
	기 타	-		
	특기사항	보고서에 유구의 제원이 기술되어 있지 않음.		

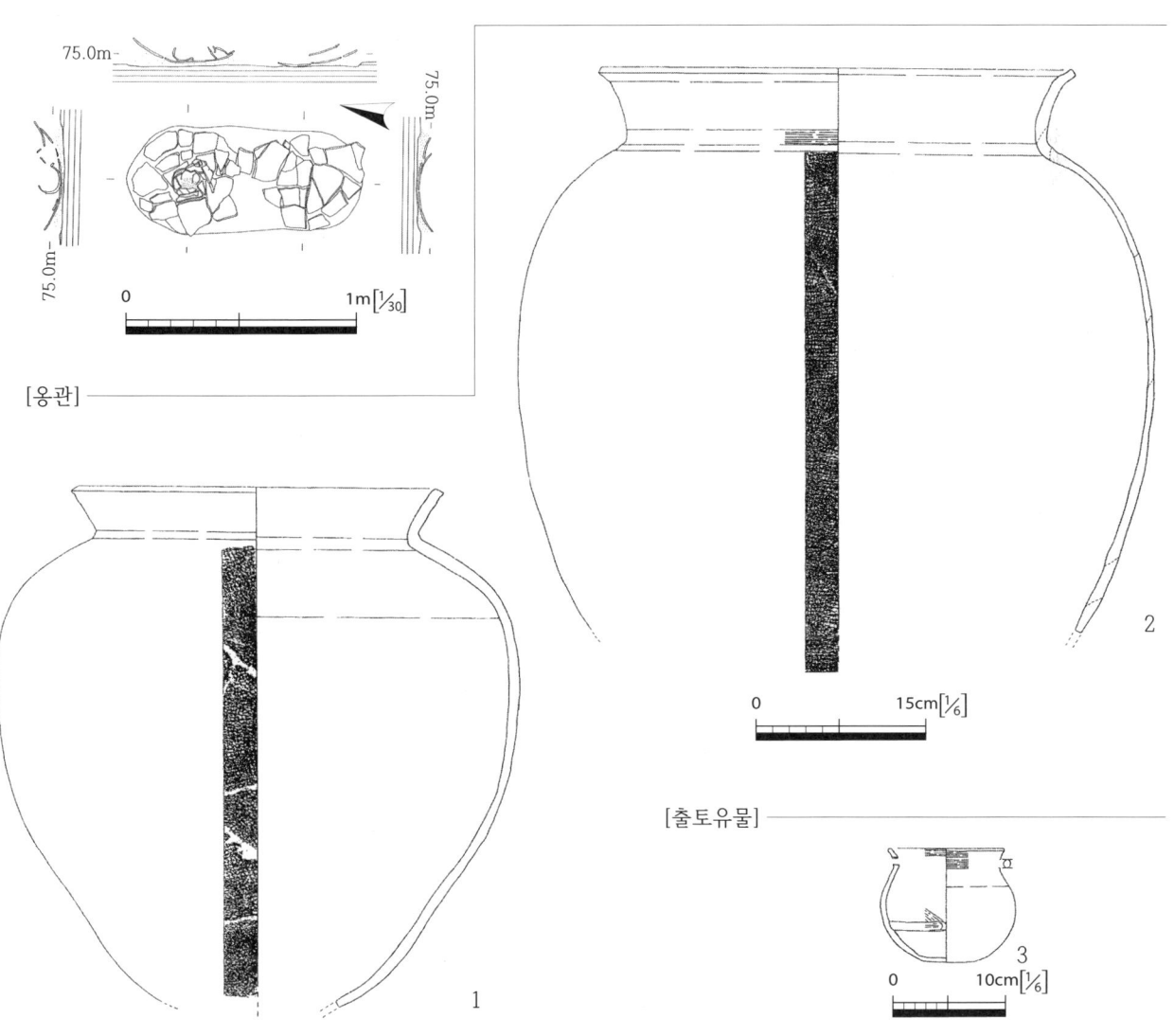

[옹관]

[출토유물]

B-Ⅱ지구 4호 옹관묘

(단위 : cm)

묘광	크 기 (길이×너비×깊이)	(52+)×(40+)×?	옹관길이	79.2
	장폭비	1.30:1	결합형식	합구식
	장축방향	N-25°-E	안치형태	횡치
	두 향	?		
유물	토 기	장란형토기(2)		
	철 기	-		
	청 동 기	-		
	옥석류	곡옥(1), 유리제 구슬(5)		
	기 타	-		
	특기사항	보고서에 유구의 제원이 기술되어 있지 않음.		

76.0m–

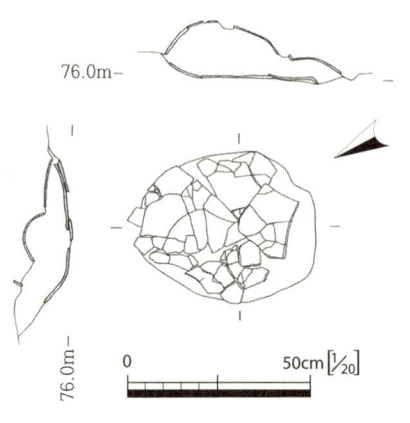

[유구사진]

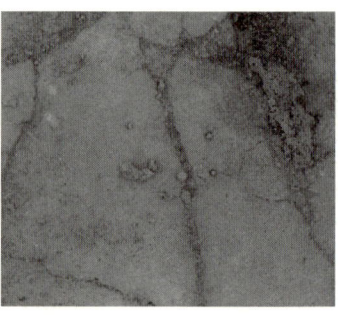

0   50cm[1/20]

[옹관]

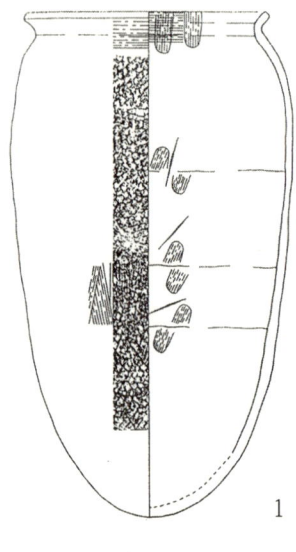

1

0   15cm[1/6]

2

[출토유물]

3

4

0   2cm[1/2]

B-II지구 5호 옹관묘

(단위 : cm)

묘광	크 기 (길이×너비×깊이)	?	옹관길이	(26+)
	장폭비	?	결합형식	(단옹식)
	장축방향	?	안치형태	?
	두 향	?		
유물	토 기	단경호(1)		
	철 기	-		
	청 동 기	-		
	옥 석 류	-		
	기 타	-		
	특기사항	유구 도면 미게재.		

[유구사진]

[옹관]

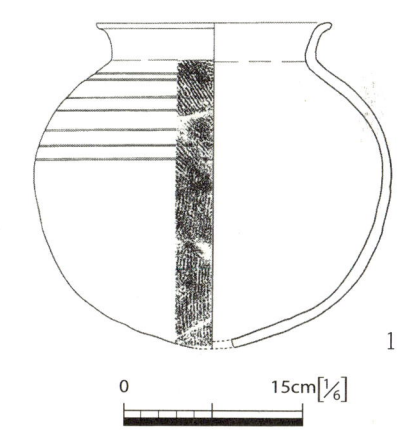

1

0   15cm[⅙]

B-II지구 6호 옹관묘

(단위 : cm)

묘광	크 기 (길이×너비×깊이)	88×33×?	옹관길이	(83+)
	장폭비	2.67:1	결합형식	합구식
	장축방향	N-38°-E	안치형태	횡치
	두 향	?		
유물	토 기	장란형토기(2)		
	절 기	-		
	청 동 기	-		
	옥 석 류	-		
	기 타	-		
	특기사항			

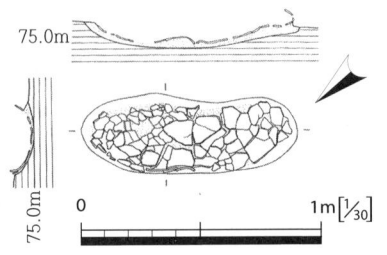

[유구사진]

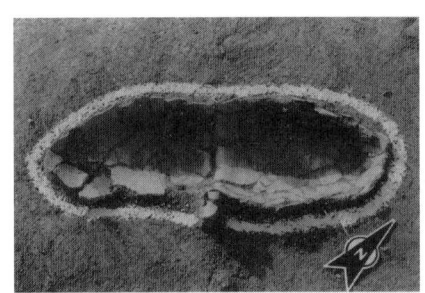

[옹관]

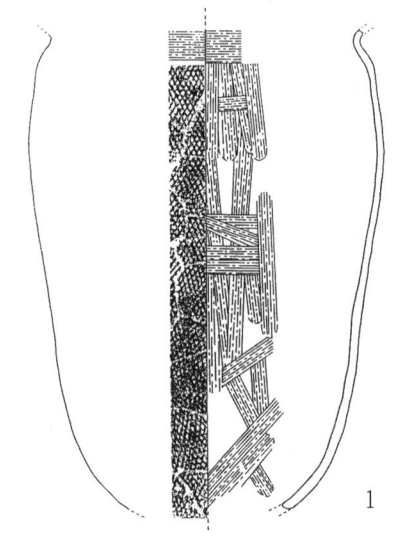

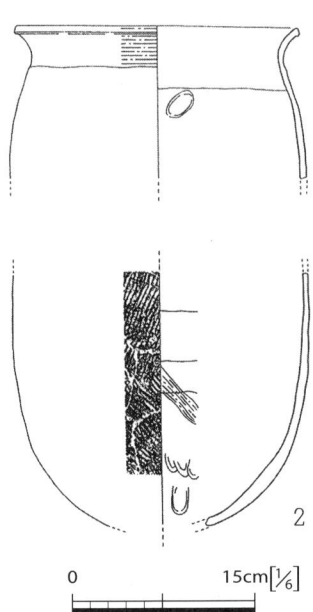

1

2

0　　　　　　　　15cm[⅙]

B-Ⅱ지구 7호 옹관묘

(단위 : cm)

묘광	크 기 (길이×너비×깊이)	118×70×?	옹관길이	(77+)
	장폭비	1.69:1	결합형식	합구식
	장축방향	N-55°-W	안치형태	횡치
	두 향	?		
유물	토 기	장란형토기(2)		
	철 기		-	
	청동기		-	
	옥석류		-	
	기 타		-	
	특기사항			

72.5m 72.5m

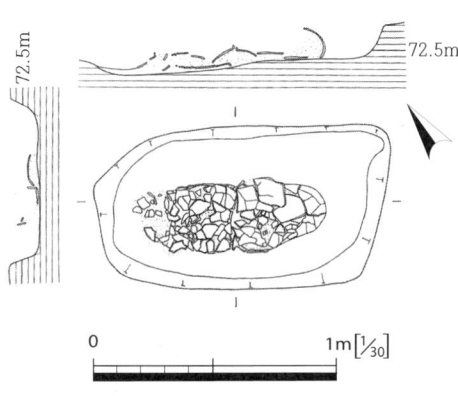

0   1m[1/30]

[유구사진]

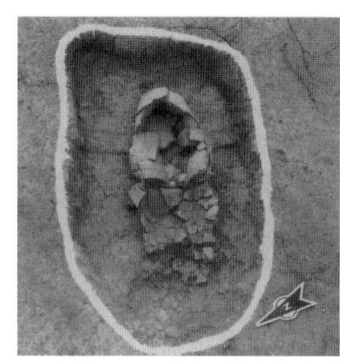

[옹관]

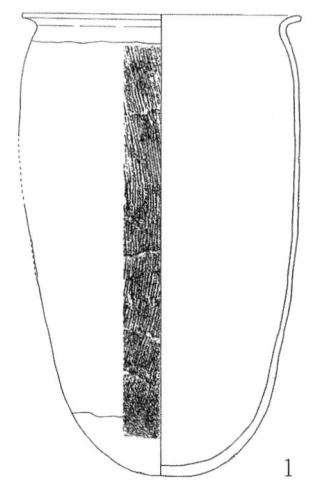

1

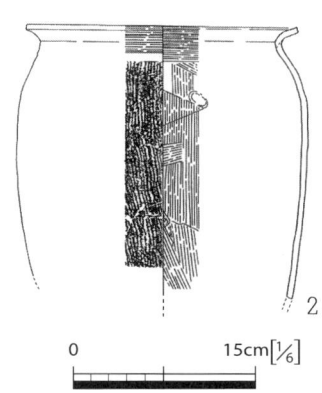

2

0   15cm[1/6]

B-II지구 8호 옹관묘

(단위 : cm)

묘광	크 기 (길이×너비×깊이)	120×68×(20+)	옹관길이	(88+)
	장폭비	1.36:1	결합형식	합구식
	장축방향	N-21°-E	안치형태	횡치
	두 향	?		
유물	토 기	장란형토기(1), 옹(1)		
	철 기	-		
	청동기	-		
	옥석류	-		
	기 타	-		
	특기사항	보고서 기술과 유구·유물도면의 축척이 상이하여 보고서 기술에 따라 축척을 조정하였음.		

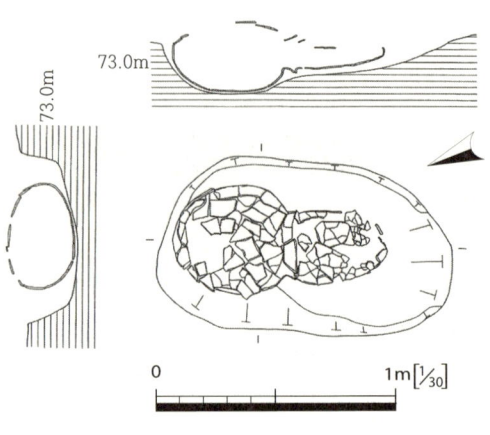

[유구사진]

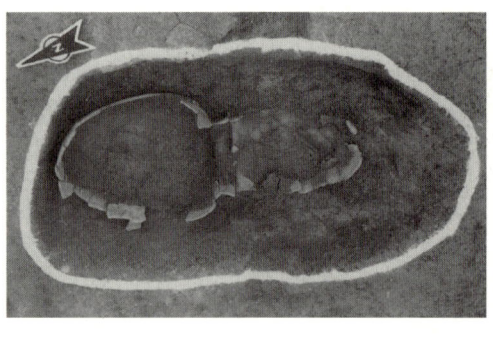

[옹관]

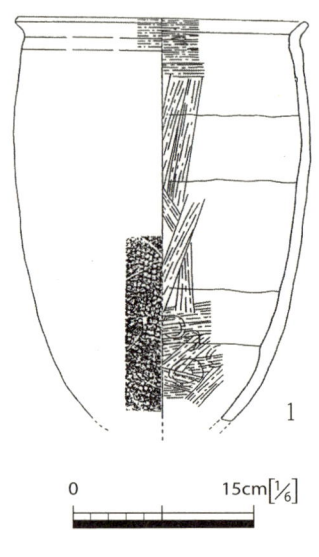

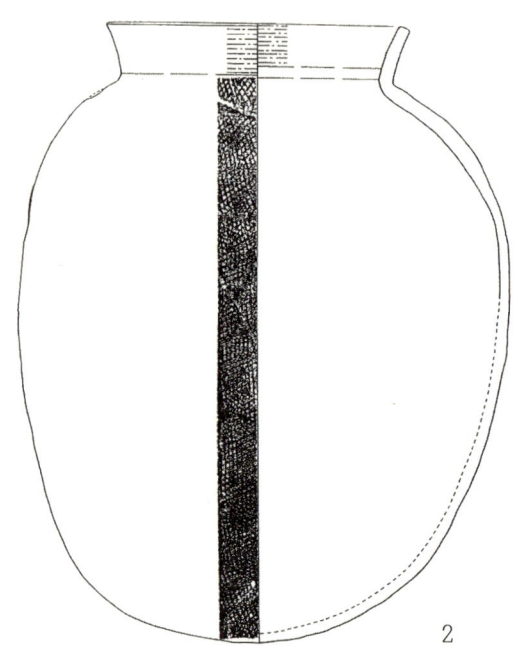

B-Ⅱ지구 9호 옹관묘

(단위 : cm)

묘광	크 기 (길이×너비×깊이)	88×43×?	옹관길이	(80+)
	장폭비	2.05:1	결합형식	합구식
	장축방향	N-28°-E	안치형태	횡치
	두 향	?		
유물	토 기	장란형토기(1), 호·옹(1)		
	철 기	-		
	청 동 기	-		
	옥 석 류	-		
	기 타	-		
	특기사항			

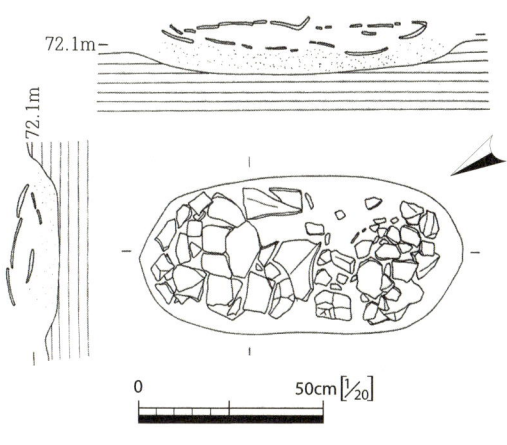

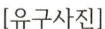

[유구사진]

0   50cm[1/20]

[옹관]

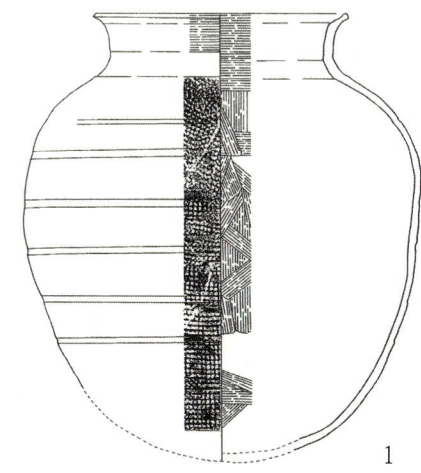

1

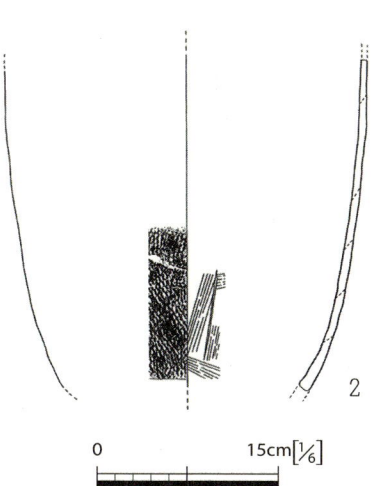

2

0   15cm[1/6]

천안 부성동 큰매산 유적 天安 富成洞 큰매산 遺蹟

조사사유	천안 제4지방산업단지 진입도로 확장에 따른 시굴조사
조사연혁	지표조사 : 2005. 05. 10. ~ 2005. 05. 23.(충청문화재연구원) 시굴조사 : 2006. 04. 05. ~ 2006. 06. 13.(충청문화재연구원)

유적위치	충청남도 천안시 부성동 일원	
	경·위도 127°9'8.00"E / 36°50'33.65"N	GPS 127.152223 / 36.842681

유적입지	천안 시가지의 북동 외곽지대에 위치하는 해발 135m의 구릉지대에 해당된다. 조사대상지역은 구릉지대와 구릉 말단부의 저평지로 구분되며 각각 1·2지구로 명명되었다. 이 중 1지구에서 백제 옹관묘 1기가 확인되었다.

유구현황	초기철기시대	-
	원삼국시대	-
	삼국시대	옹관묘(1)
	기타	조선시대 토광묘(1)·수혈(1)

주요유물	장란형토기
시대·성격	조사지역 전반에 걸쳐 유구 빈도가 매우 낮은 편이며, 확인된 유구의 잔존상태도 좋지 않은 편이다. 옹관묘는 승문타날된 장란형토기가 옹관으로 사용되고 있어, 한성기 말에 조영된 것으로 추정된다.
참고문헌	충청문화재연구원, 2008, 『천안 부성동 큰매산 유적』.

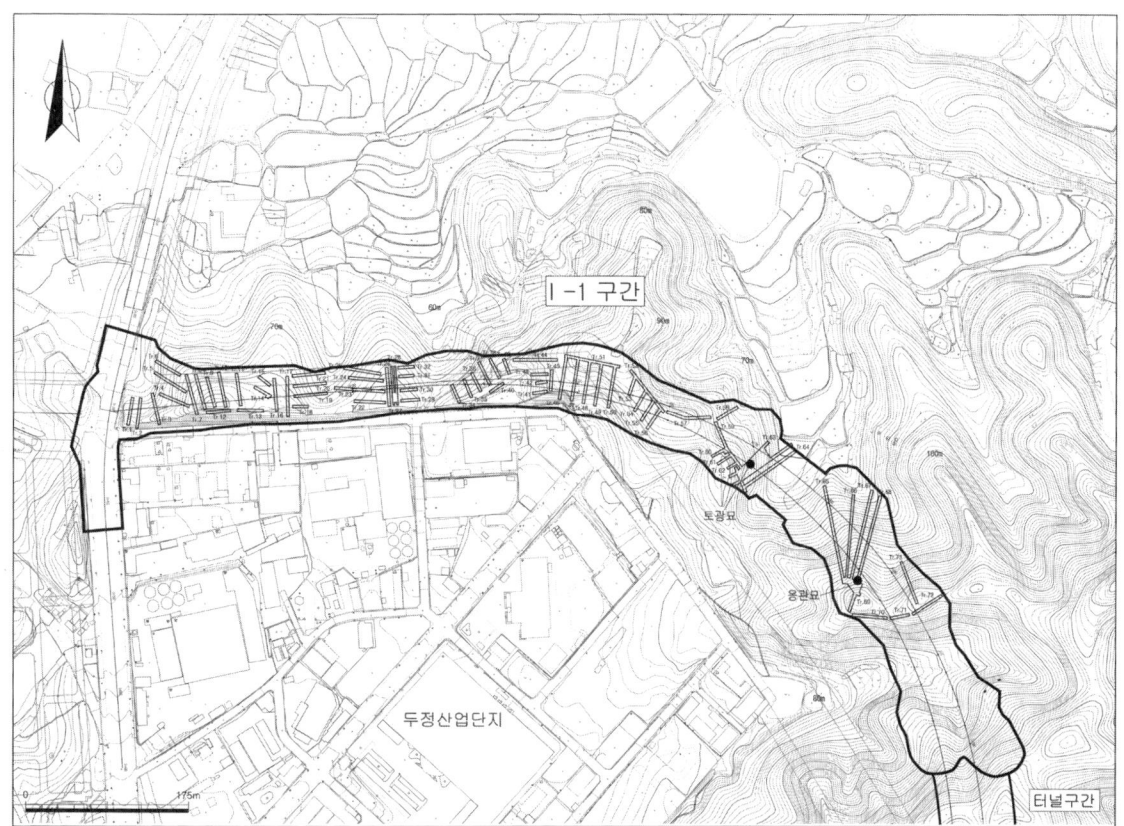

천안 부성동유적 Ⅰ-1지구 유구배치도

천안 부성동유적 Ⅰ-1지구 전경

옹관묘

(단위 : cm)

묘광	크 기 (길이×너비×깊이)	90×30×?	옹관길이	(72.9+)
	장폭비	3.00:1	결합형식	합구식
	장축방향	N-60°-W	안치형태	횡치
	두 향	?		
유물	토 기	장란형토기(2)		
	철 기	-		
	청 동 기	-		
	옥 석 류	-		
	기 타	-		
	특기사항	보고서 기술과 유구·유물도면의 축척이 상이하여 보고서 기술을 따라 축척을 조정하였음.		

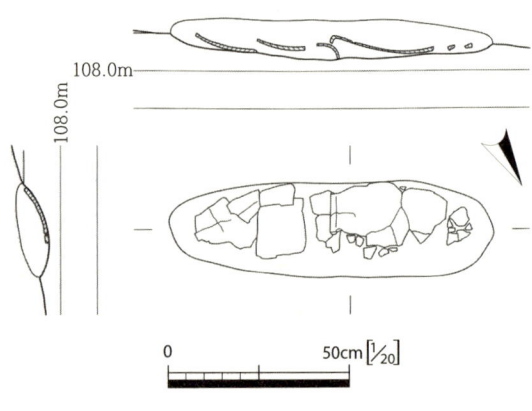

108.0m

108.0m

0   50cm[1/20]

[유구사진]

[옹관]

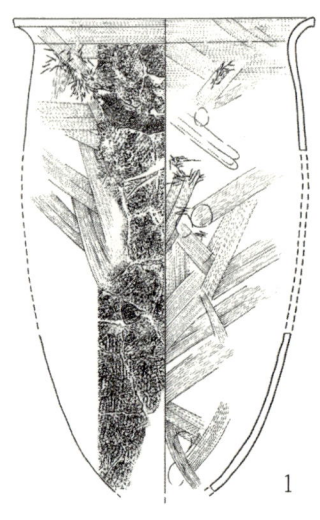

1

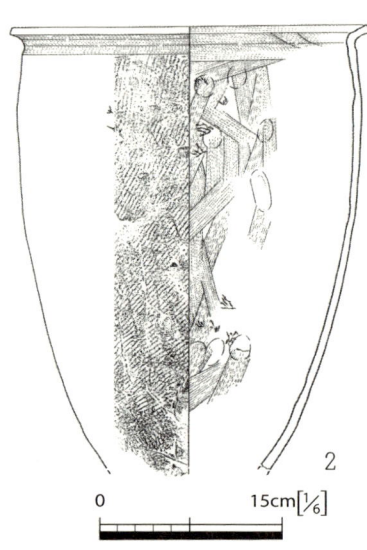

2

0   15cm[1/6]

천안 신풍리유적 天安 新豊里遺蹟

조사사유	경작 등으로 유적이 훼손됨에 따라 실시한 긴급학술조사
조사연혁	지표조사 : 1997. 04. 08. ~ 1997. 04. 09.(충남대학교박물관) 시굴조사 : 1997. 04. 15. ~ 1997. 04. 25.(충남대학교박물관) 발굴조사 : 1997. 10. 18. ~ 1997. 11. 17.(충남대학교박물관)

<table>
<tr><td rowspan="2">유적위치</td><td colspan="2">충청남도 천안시 수신면 신풍리 산40-3·4, 산39-2, 전263-2번지 일대</td></tr>
<tr><td>경·위도 127°15'45.58"E / 36°44'32.86"N</td><td>GPS 127.262662 / 36.742460</td></tr>
</table>

유적입지	수신면 소재지에서 서쪽 성남면 방향으로 691번 지방도를 따라 경부고속도로 아래를 지나 약 1.2km쯤 가면 오른쪽으로 감절마을이 나온다. 마을 서편으로 소계곡이 형성되어 있는데 남북 양편에 해발 70~90m 내외의 저평한 구릉이 발달되어 있다. 신풍리유적은 이 계곡 남쪽에 형성된 구릉에 위치하고 있다.

<table>
<tr><td rowspan="4">유구현황</td><td>초기철기시대</td><td>-</td></tr>
<tr><td>원 삼 국 시 대</td><td>주구토광묘(3), 토광묘(3), 수혈(3)</td></tr>
<tr><td>삼 국 시 대</td><td>-</td></tr>
<tr><td>기　　타</td><td>조선시대 이후 토광묘(3)</td></tr>
</table>

주요유물	
시대·성격	천안 동부 지역에서 처음으로 확인된 원삼국시대 분묘유적으로서 경작 등으로 유구의 삭평이 심하게 이루어져 조사범위에 비해 유구 분포밀도는 낮은 편이다. 나지막한 구릉의 정상부와 사면을 이용하여 조영되었는데, 6기 중 3기는 주구토광묘이다. 묘광 장축은 모두 등고선과 평행하게 되어 있으며, 6호묘는 목곽이면서도 토기가 곽외에 부장되어 있는 것이 특징이다. 1호묘에서는 중서부지역에서 가장 이른 시기의 꺾쇠가 출토되어 목관의 결구방식과 관련하여 주목된다. 원저단경호와 무문단경호, 장신형철모, 유경 및 무경식 철촉 등의 출토유물로 미루어 3세기 중후반~4세기 전엽 무렵에 조영된 것으로 추정된다.
참고문헌	忠南大學校博物館, 2004, 『天安 新豊里遺蹟』.

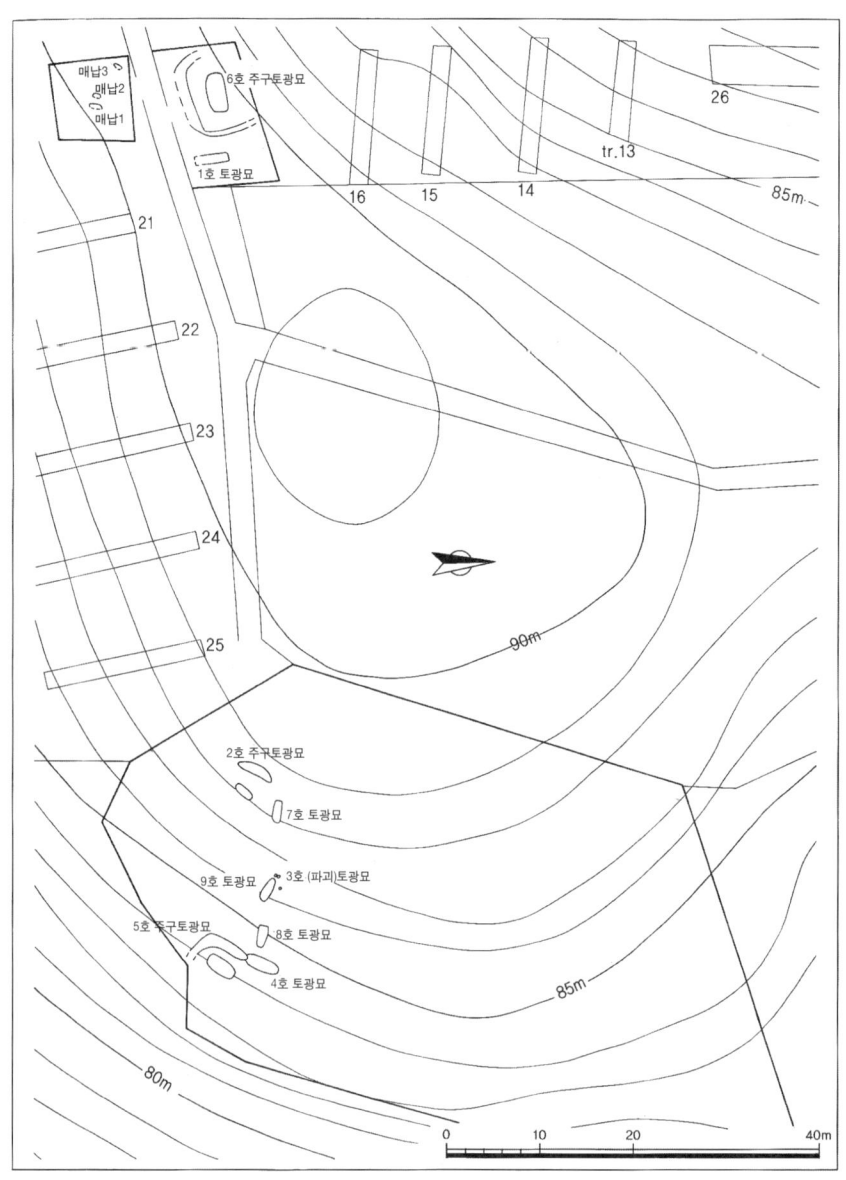

천안 신풍리유적 유구배치도

천안 신풍리유적 조사 전 전경

천안 신풍리유적 조사 중 전경

1호 토광묘

(단위 : cm)

묘광	크 기 (길이×너비×깊이)	(320+)×95×?	목관	크 기 (길이×너비×높이)	(230+)×60×?
	장폭비	?		장폭비	?
	장축방향	N-0°-S	목곽	크 기 (길이×너비×높이)	-
	두 향	남쪽		장폭비	-
유물	토 기	경질무문 심발(1), 단경호(5)			
	철 기	모(1), 준(1), 촉(1), 도자편(2), 단조철부(1), 겸(1), 꺾쇠(22)			
	청동기	-			
	옥석류	-			
	기 타	-			
	특기사항				

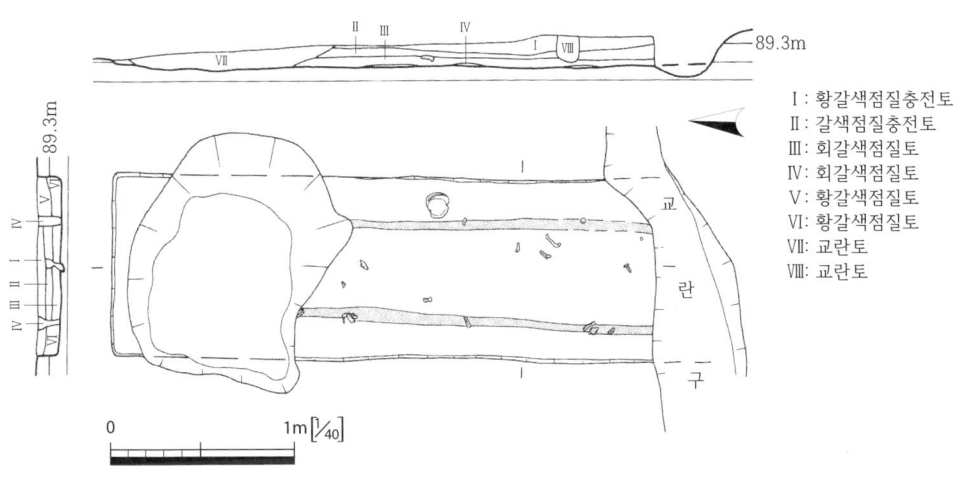

89.3m

Ⅰ : 황갈색점질충전토
Ⅱ : 갈색점질충전토
Ⅲ : 회갈색점질토
Ⅳ : 회갈색점질토
Ⅴ : 황갈색점질토
Ⅵ : 황갈색점질토
Ⅶ : 교란토
Ⅷ : 교란토

0   1m [1/40]

[유구사진]

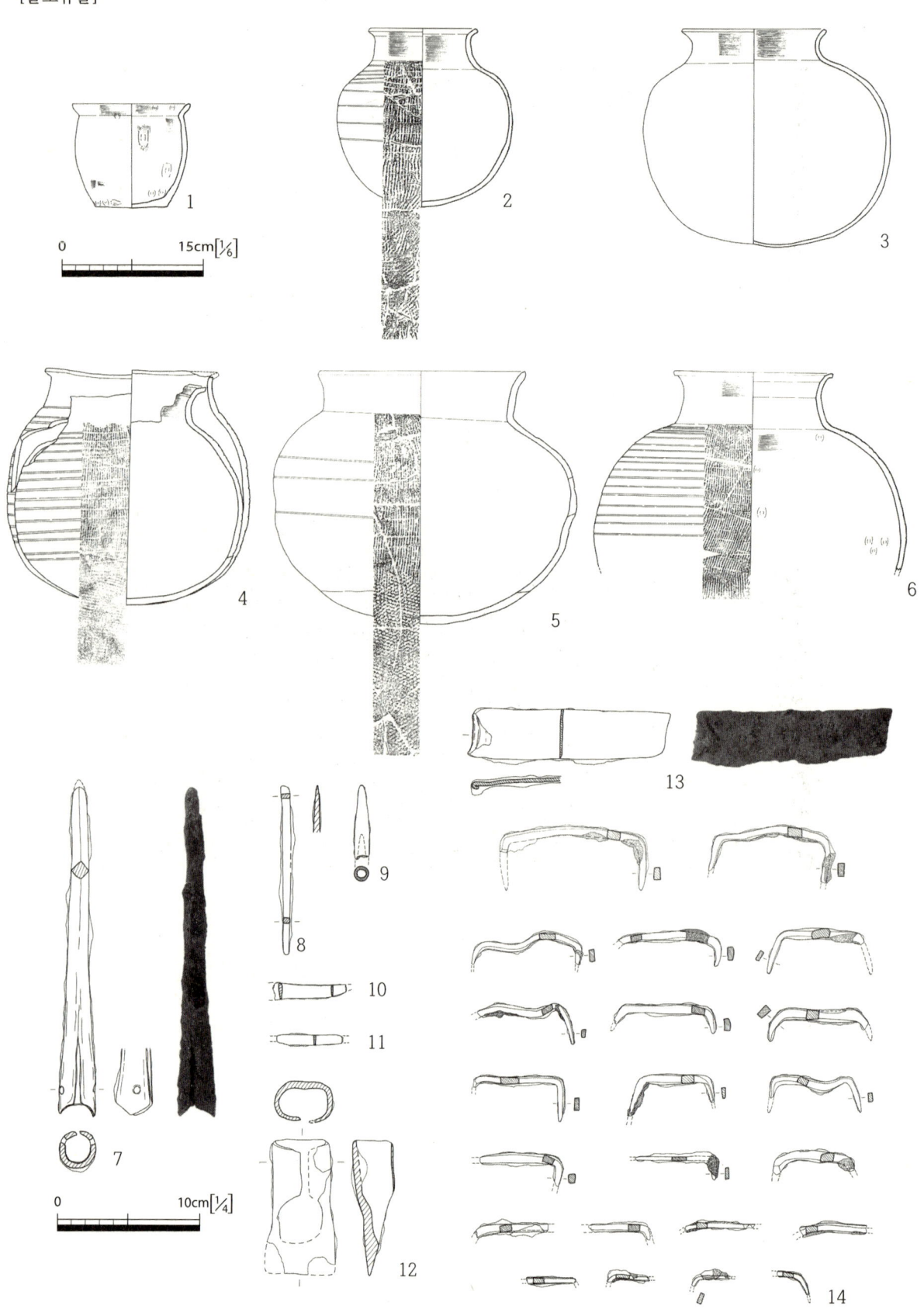

0   15cm[⅙]

0   10cm[¼]

2호 주구토광묘

(단위 : cm)

묘광	크 기 (길이×너비×깊이)	196×74×(10+)	목관	크 기 (길이×너비×높이)	?
	장폭비	2.65:1		장폭비	?
	장축방향	N-46°-E	목곽	크 기 (길이×너비×높이)	?
	두 향	?		장폭비	?
	주구크기 (길이×너비×깊이)	?×90×(12+)	주구평면형태		(눈썹형)
유물	토 기	단경호(1)			
	철 기	촉(1)			
	청 동 기	-			
	옥 석 류	-			
	기 타	-			
	특기사항				

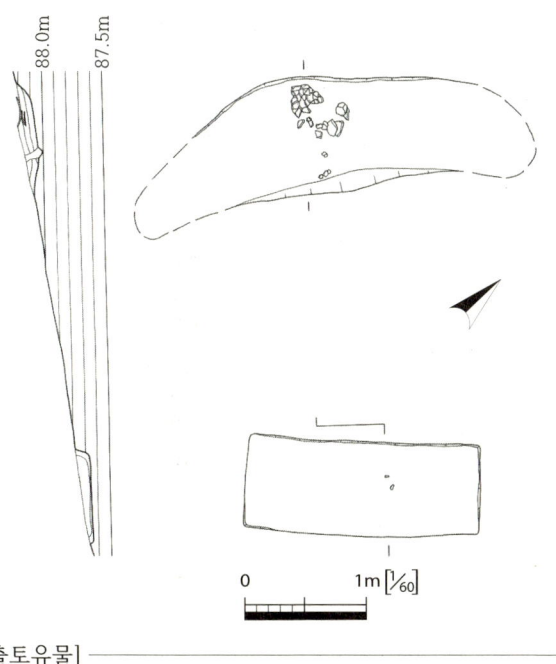

[유구사진]

0   1m [1/60]

[출토유물]

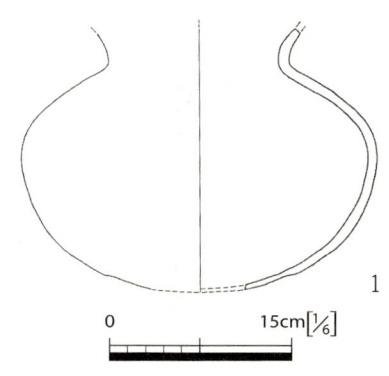

1

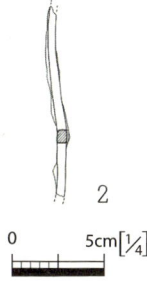

2

0   15cm [1/6]

0   5cm [1/4]

3호 (파괴)토광묘

(단위 : cm)

묘광	크 기 (길이×너비×깊이)	?	목관	크 기 (길이×너비×높이)	?
	장폭비	?		장폭비	?
	장축방향	N-43°-W	목곽	크 기 (길이×너비×높이)	?
	두 향	?		장폭비	?
유물	토 기	경질무문 심발(1), 단경호(2)			
	철 기	-			
	청 동 기	-			
	옥 석 류	-			
	기 타	-			
	특기사항	근세 무덤(9호)과 구에 의해 묘광이 파괴되어 굴광선을 거의 확인할 수 없었으나, 층위도의 Ⅸ·Ⅹ층을 3호 토광묘의 묘광으로 추정할 경우 남북 최소 길이 150cm에 단경호는 서쪽 장벽에 부장한 것으로 볼 수 있음.			

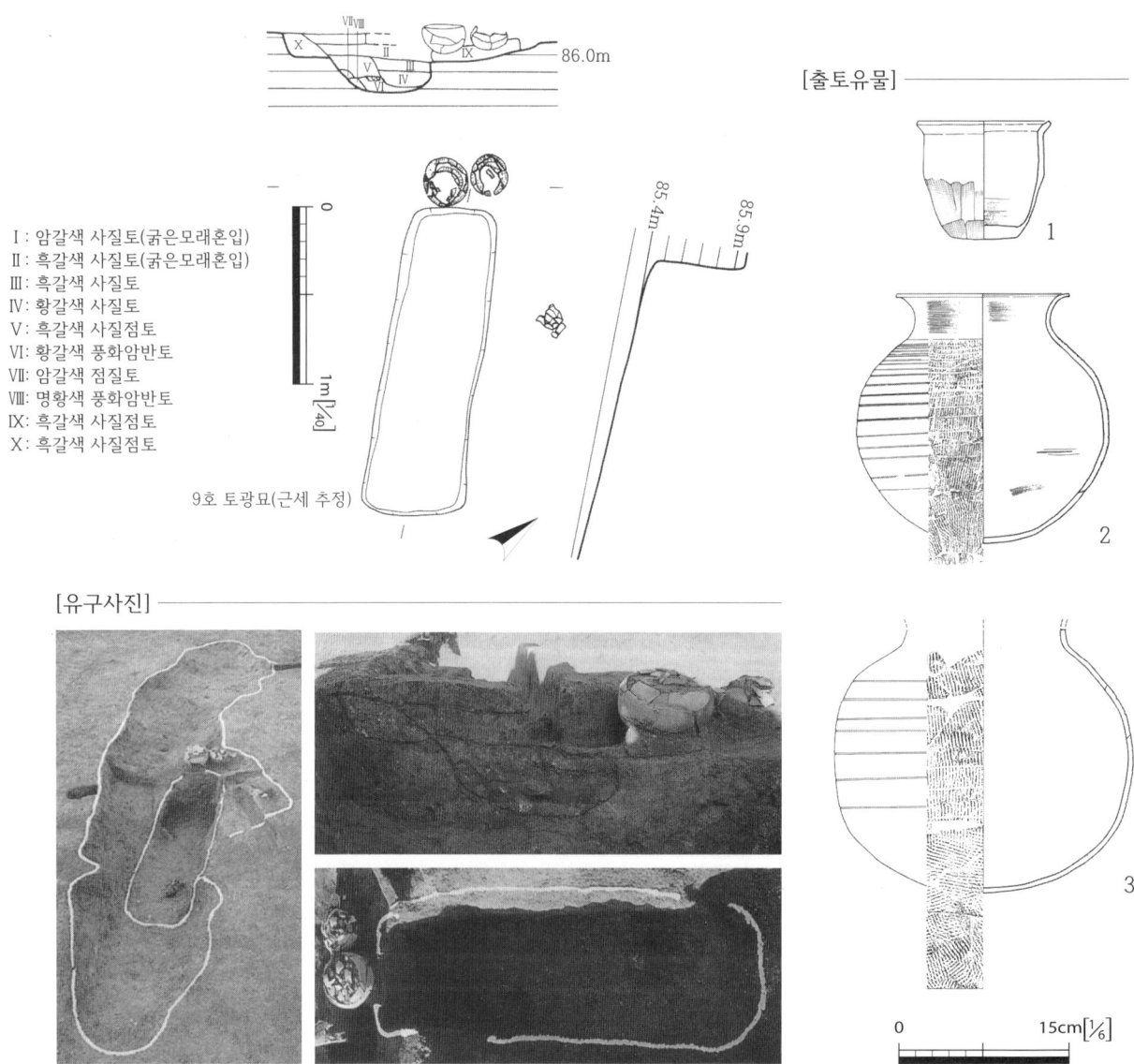

Ⅰ : 암갈색 사질토(굵은모래혼입)
Ⅱ : 흑갈색 사질토(굵은모래혼입)
Ⅲ : 흑갈색 사질토
Ⅳ : 황갈색 사질토
Ⅴ : 흑갈색 사질점토
Ⅵ : 황갈색 풍화암반토
Ⅶ : 암갈색 점질토
Ⅷ : 명황색 풍화암반토
Ⅸ : 흑갈색 사질점토
Ⅹ : 흑갈색 사질점토

86.0m

[출토유물]

9호 토광묘(근세 추정)

[유구사진]

4호 토광묘

(단위 : cm)

묘광	크 기 (길이×너비×깊이)	280×100×(35+)	목관	크 기 (길이×너비×높이)	190×48×?
	장폭비	2.80:1		장폭비	3.95:1
	장축방향	N-25°-E	목곽	크 기 (길이×너비×높이)	-
	두 향	?		장폭비	-
유물	토 기	경질무문 심발(1), 단경호(2)			
	철 기	-			
	청동기	-			
	옥석류	-			
	기 타	-			
	특기사항				

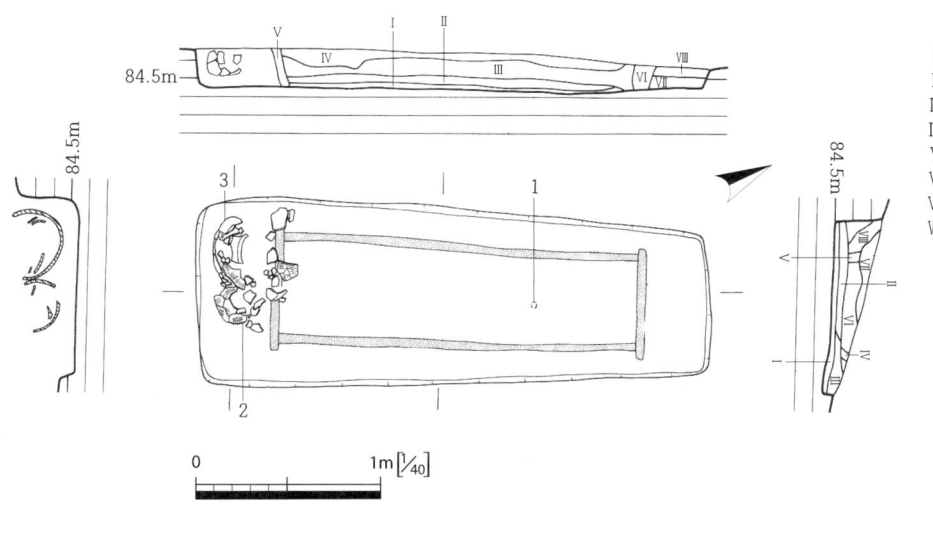

Ⅰ: 황갈색 사질점토
Ⅱ: 암황갈색 사질점토
Ⅲ: 암갈색 사질점토
Ⅳ: 암갈색 사질점토
Ⅴ: 암황갈색 사질점토
Ⅵ: 암황갈색 사질점토
Ⅶ: 황갈색 사질점토
Ⅷ: 암갈색 사질점토

84.5m

0   1m [1/40]

[관외]

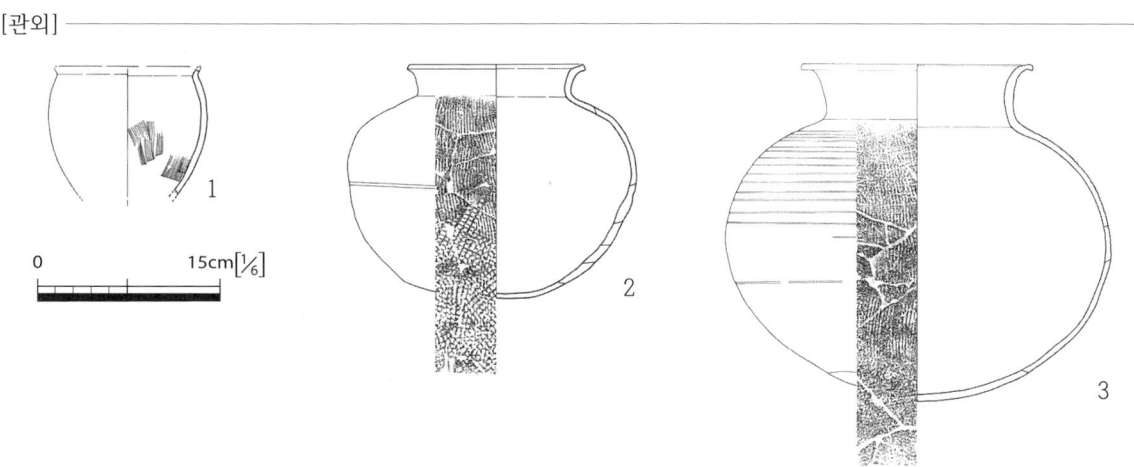

0   15cm [1/6]

5호 주구토광묘

(단위 : cm)

묘광	크 기 (길이×너비×깊이)	270×130×(60+)	목관	크 기 (길이×너비×높이)	175×72×?
	장폭비	2.08:1		장폭비	2.43:1
	장축방향	N-45°-E	목곽	크 기 (길이×너비×높이)	-
	두 향	?		장폭비	-
	주구크기 (길이×너비×깊이)	400×115×(25+)	주구평면형태		(ㄷ형)
유물	토 기	경질무문 심발(1), 단경호(3)			
	철 기	모(1), 단조철부(1)			
	청동기	-			
	옥석류	-			
	기 타	-			
	특기사항				

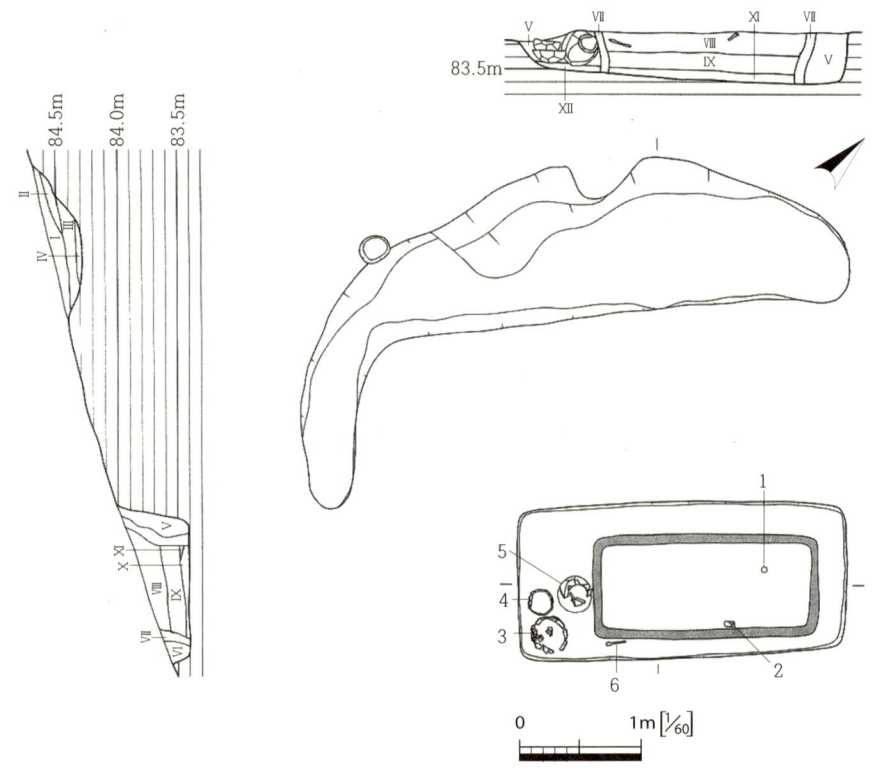

I : 갈색 사질점토
II : 황색 사질점토
III : 황갈색 사질점토
IV : 회황색 사질점토
V : 암갈색 사질점토
VI : 명황갈색 사질점토
VII : 암회갈색 사질점토
VIII : 암갈색 사질점토
IX : 암갈색 사질점토
X : 암황갈색 사질점토
XI : 암회갈색 사질점토
XII : 암회갈색 사질점토

0   1m [1/60]

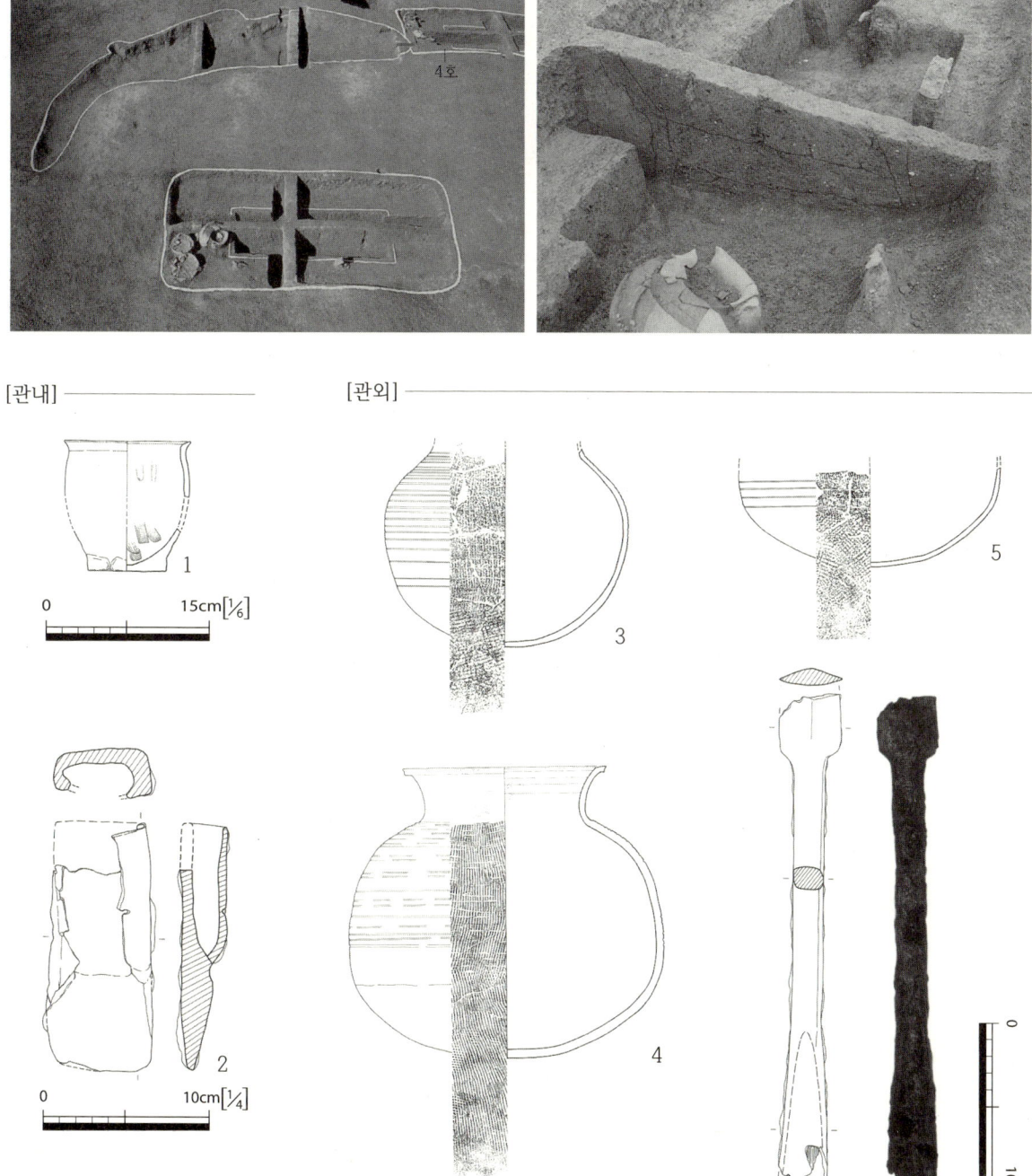

[관내]

[관외]

1

0   15cm[⅙]

2

0   10cm[¼]

3

4

5

6

0   15cm[⅙]

0   10cm[¼]

6호 주구토광묘

(단위 : cm)

묘광	크 기 (길이×너비×깊이)	380×185×(80+)	목관	크 기 (길이×너비×높이)	170×65×(37+)
	장폭비	2.05:1		장폭비	2.61:1
	장축방향	N-77°-E	목곽	크 기 (길이×너비×높이)	220×120×(60+)
	두 향	?		장폭비	1.83:1
	주구크기 (길이×너비×깊이)	?×80×(50+)	주구평면형태		('ㄷ'형)
유물	토 기	경질무문 심발(1), 단경호(10:주구2), 장경호(2), 저부편(1)			
	철 기	모(1), 축(3), 단조철부(2), 겸(1), 착(1), 도자(4)			
	청동기	-			
	옥석류	-			
	기 타	-			
	특기사항				

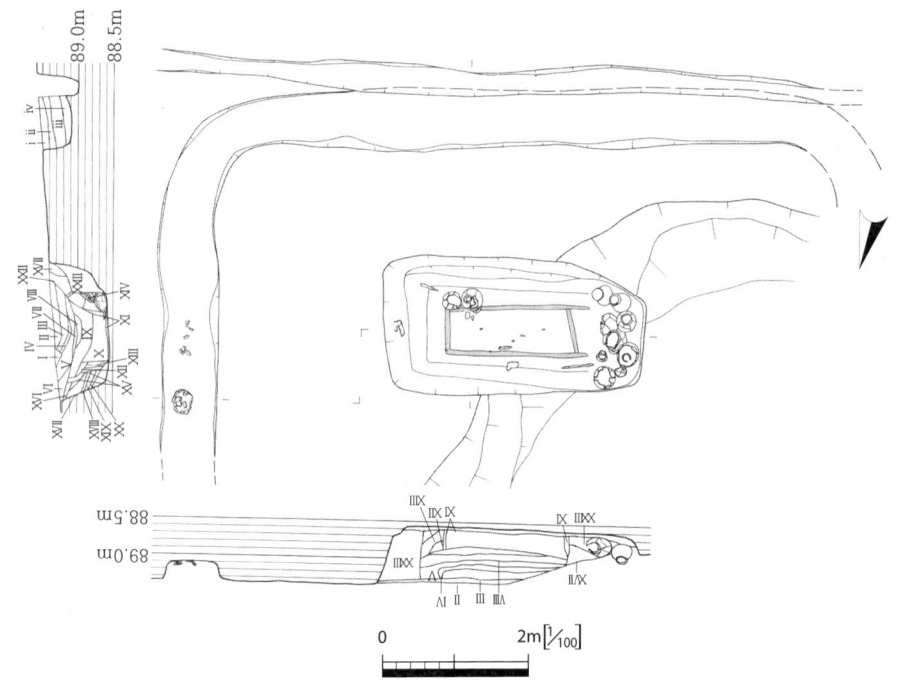

Ⅰ: 흑갈색 부식토　　Ⅱ: 황갈색 사질점토　　Ⅲ: 암갈색 사질점토　　Ⅳ: 갈색 사질점토　　Ⅴ: 회황색 사질점토
Ⅵ: 황갈색 사질점토　　Ⅶ: 흑갈색 사질점토　　Ⅷ: 갈색 사질점토　　Ⅸ: 회갈색 사질점토　　Ⅹ: 황갈색 사질점토
Ⅺ: 회백색 니질점토　　Ⅻ: 황갈색 사질점토　　ⅩⅢ: 갈색 사질점토　　ⅩⅣ: 암갈색 사질점토　　ⅩⅤ: 회황색 니질점토
ⅩⅥ: 회갈색 사질점토　　ⅩⅦ: 황갈색 사질점토　　ⅩⅧ: 암갈색 사질점토　　ⅩⅨ: 갈색 사질점토　　ⅩⅩ: 암갈색 점질토
ⅩⅪ, ⅩⅩⅢ: 명갈색 암반풍화토 + 흑갈색점질토　　ⅩⅩⅡ: 암갈색 사질점토　　ⅩⅩⅣ: 암황색 사질점토
ⅰ: 흑색부식토　　ⅱ: 흑황색 사질점토　　ⅲ: 명황색 풍화토　　ⅳ: 명황색 사질점토

[관내]

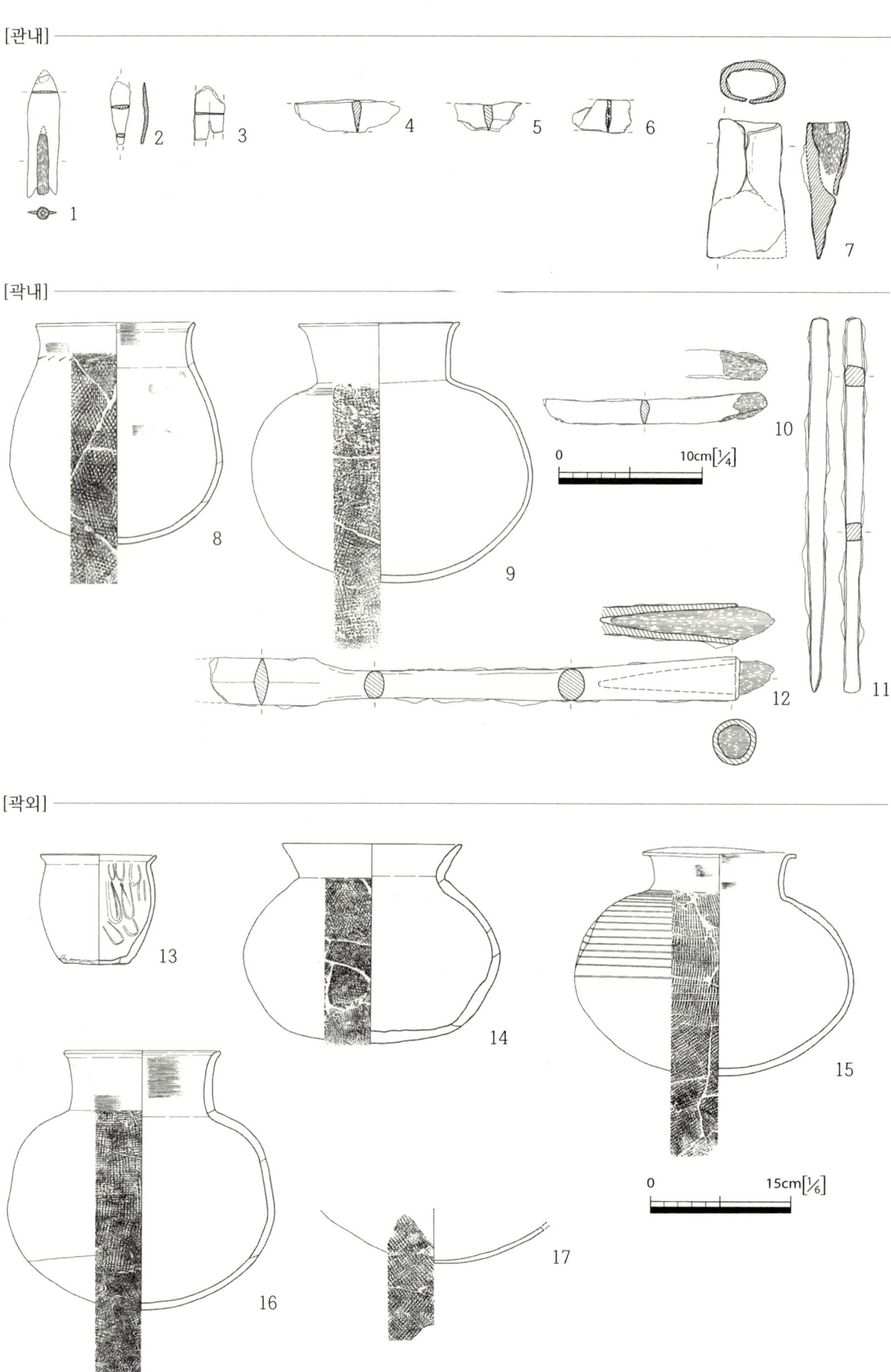

1

2

3

4

5

6

7

[곽내]

8

9

10

0   10cm[¼]

11

12

[곽외]

13

14

15

16

17

0   15cm[⅙]

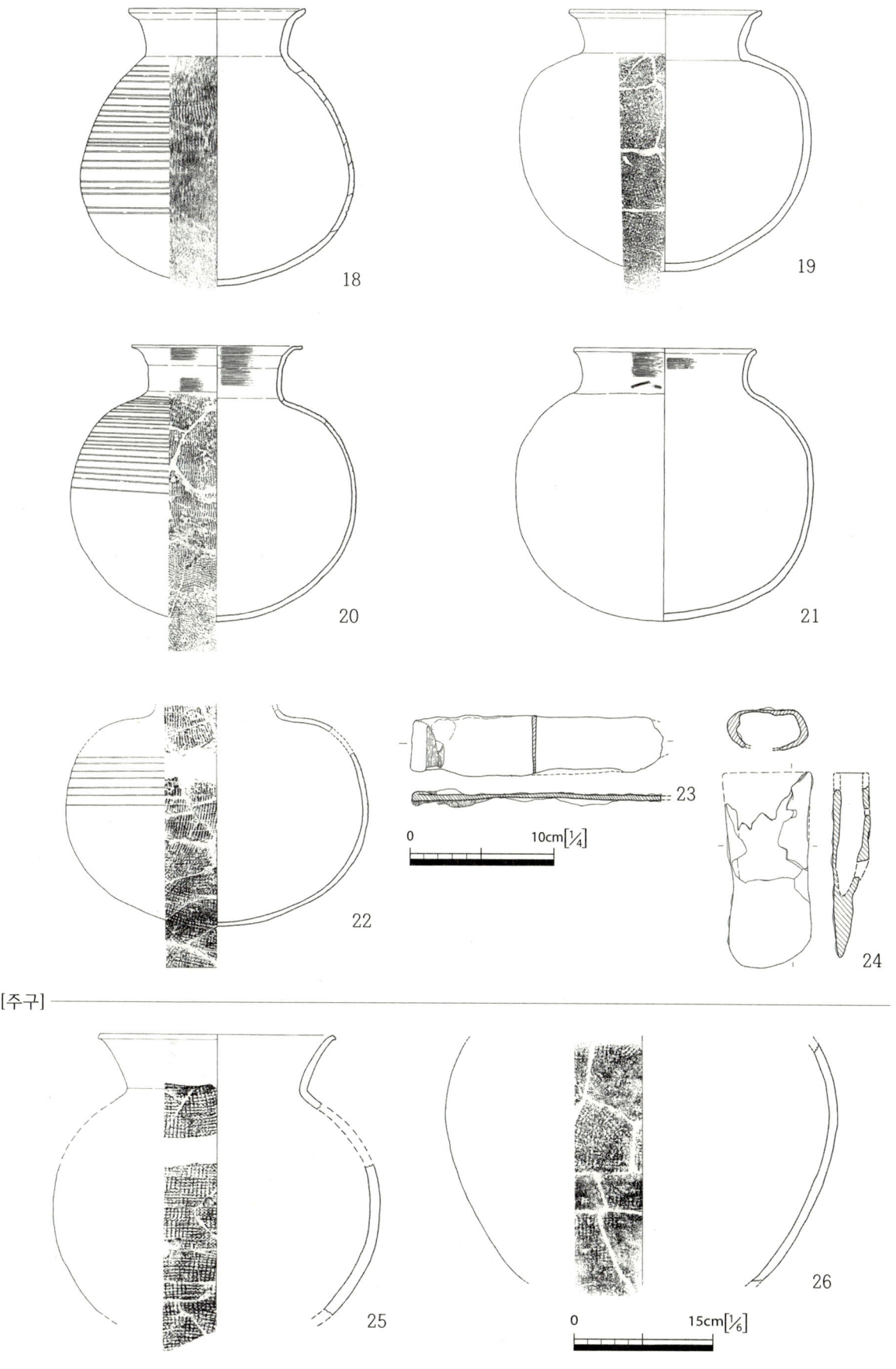

18

19

20

21

22

23

0   10cm[¼]

24

25

26

0   15cm[⅙]

천안 용원리유적 天安 龍院里遺蹟

조사사유	온천개발에 따른 구제발굴조사
조사연혁	지표조사 : 1996. 12. (公州大學校博物館) 시굴조사 : 1997. 07. ~ 1997. 09. (公州大學校博物館) 발굴조사 : B지구 - 1997. 12. ~ 1998. 06. (公州大學校博物館) 　　　　　　 C지구 - 1997. 11. 25. ~ 1998. 04. 03. (서울대학교인문학연구소)

유적위치	충청남도 천안시 성남면 용원리 산직마을 동쪽 야산 일대	
	경·위도 127°13'32.03"E / 36°45'21.81"N	GPS 127.225563 / 36.756058

유적입지	용원리 고분군이 자리한 성남면은 차령산맥의 남쪽 사면에 해당하는데 산세가 험한 북서쪽과는 달리 미호천에 합류되는 작은 하천이 흐르며 낮은 구릉과 저평한 평야지대가 형성되어 있다. 조사구역은 용원리의 동쪽에 있는 백운산(243m) 정상에서 서북쪽으로 길게 흘러내린 능선의 남·서쪽 사면의 말단부에 위치한다. A~D의 총 4구역으로 나뉘어 조사되었는데 그 중 대규모 분묘군은 구릉의 중간부인 표고 약 140m 지점에서 서쪽으로 110m까지의 범위에 해당하는 B지점에서 확인되었다. B지점에서 북쪽으로 약 100m 떨어진 완만한 구릉(해발 112m)에 해당하는 C지점에서도 백제 석실묘와 석곽묘가 확인되었으나 유구의 빈도가 매우 낮으며 토광묘군은 확인되지 않았다.

유구현황	초기철기시대	-
	원삼국시대	-
	삼 국 시 대	B지구 : 토광묘(135), 옹관묘(2), 석곽묘(13), 주거지(1) C지구 : 석곽묘(1), 석실묘(1), 주거지(1), 숯가마(1), 수혈(1)
	기　　　　타	C지구 : 통일신라시대 석곽묘(2), 조선시대 토광묘(3), 아궁이(1)

주요유물	흑유계수호, 직구단경호, 광구장경호, 유견호, 난형호, 심발형토기, 장란형토기, 금동장 환두도, 소환두도, 철도, 철모, 철촉, 철도자, 철부, 철겸, 철착, 재갈, 등자, 교구, 행엽, 안교편, 성시구, 금동관모편

시대·성격	백제 한성기에 조영된 천안지역의 최대 중심고분군으로서, 당시 지방지배와 관련하여 주목되는 유적이다. 특히 B지구는 토광묘 135기와 석곽묘 14기, 석실묘 1기가 조사되었지만 이보다 훨씬 많은 수의 분묘가 존재하는 것으로 추정된다. 분묘는 등고선과 평행을 이루며 순차적으로 질서정연하게 조성되어 있어 당시 가계집단과 장제 등을 추정할 수 있는 자료를 제공해주고 있다. 이 중 B지구 9호 석곽묘는 군집된 나머지 무덤들과는 달리 능선 끝에 독립적으로 조영되어 있고 부장품의 양과 질도 탁월하여, 이 고분군 피장자 가운데 최고 수장의 모습을 잘 보여주고 있다. 출토유물로 보아 한성기 후반에 조영된 것으로 보인다.

참고문헌	公州大學校博物館, 2000, 『龍院里 古墳群』, 學術叢書00-03. 서울대학교박물관, 2001, 『龍院里遺蹟 C地區 發掘調查報告書』.

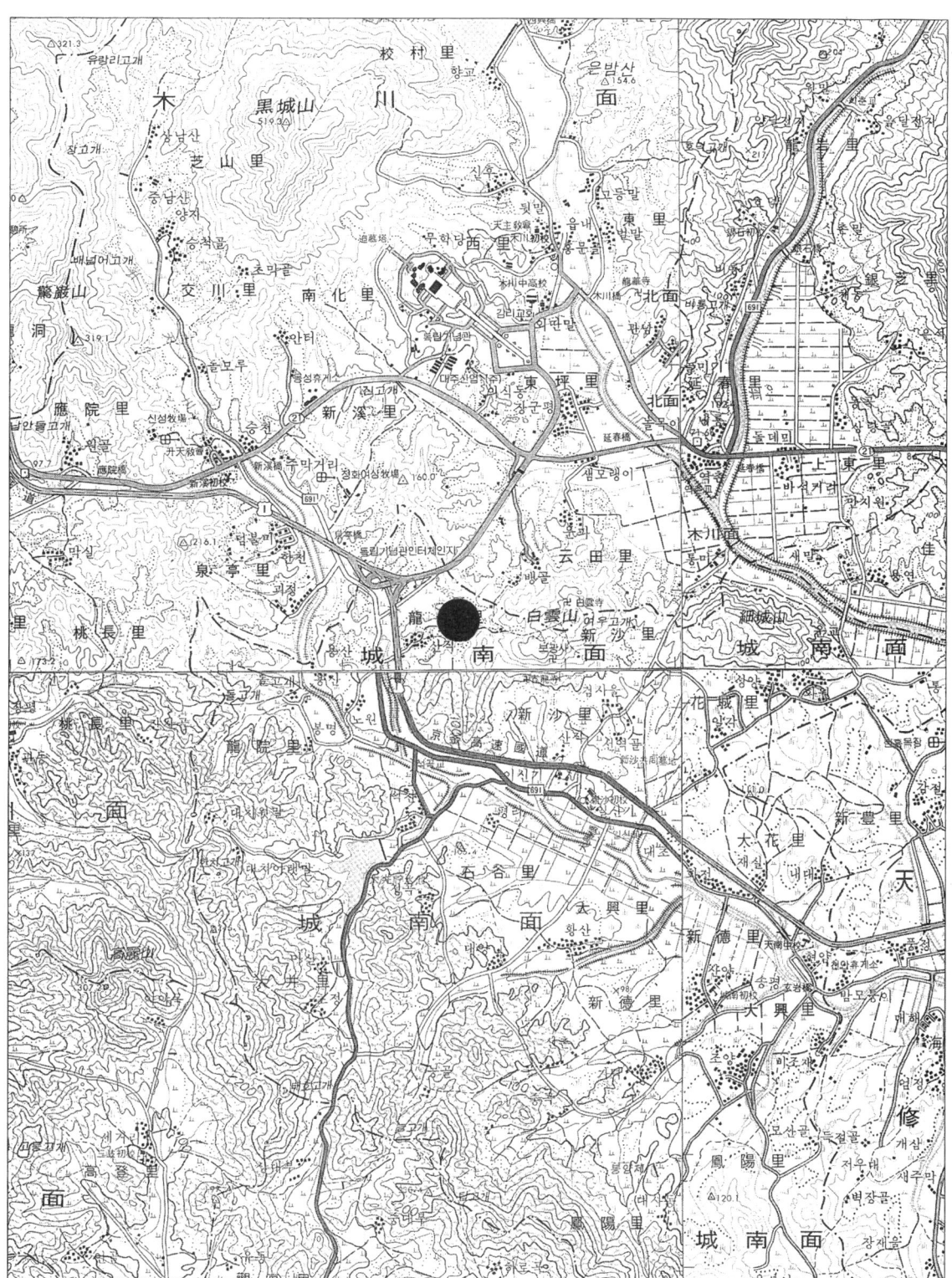

천안 용원리유적 위치도

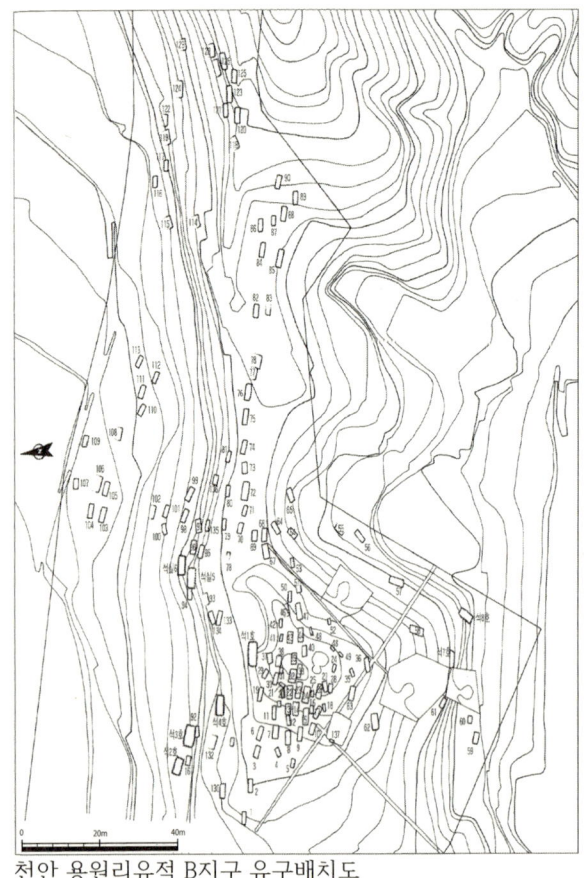

천안 용원리유적 B지구 유구배치도

천안 용원리유적 B지구 전경

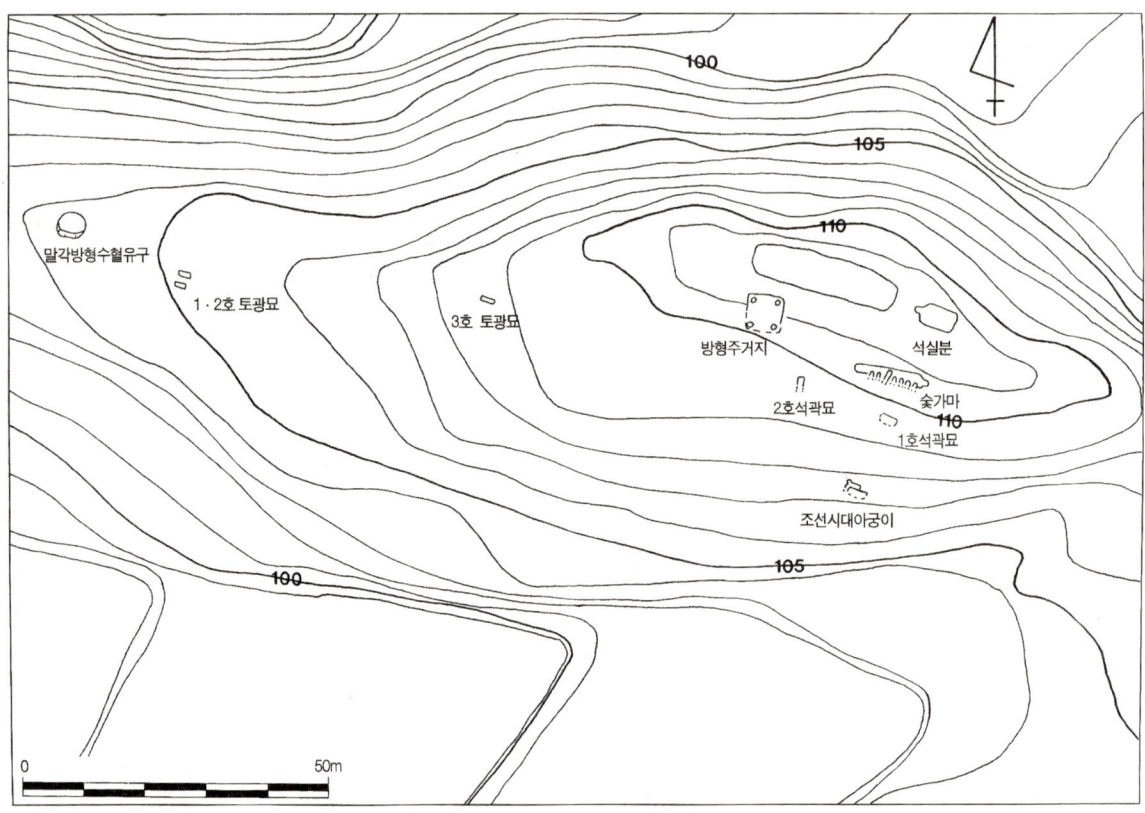

천안 용원리유적 C지구 유구배치도

B지구 1호 석곽묘

(단위 : cm)

묘광	크 기 (길이×너비×깊이)	620×300×(140+)	주체부	크 기 (길이×너비×높이)	460×145×(140+)
	장폭비	2.06:1		장폭비	3.17:1
	장축방향	N-10°-W	시상·관대	크 기 (길이×너비×두께)	300×120×?
	두 향	서쪽	벽석종류		할석
유물	토 기	심발형토기(1), 직구단경호(2), 단경호(2), 호·옹(3), 유견호(1)			
	철 기	환두도(1), 도자(1), 모(1), 살포(1), 겸(1), 단조철부(1), 마구[복륜](1), 내연금구(2), 재갈(1), 등자병부편(4), 교구(7), 환형운주(3), 책금구(3), 행엽(1)l, 성시구[교구(3), 규형판(2), 심엽형금구(4)], 꺾쇠(150), 관정(66), 미상철기(17)			
	청동기	-			
	옥석류	-			
	기 타	금동제 이식(2)			
	특기사항				

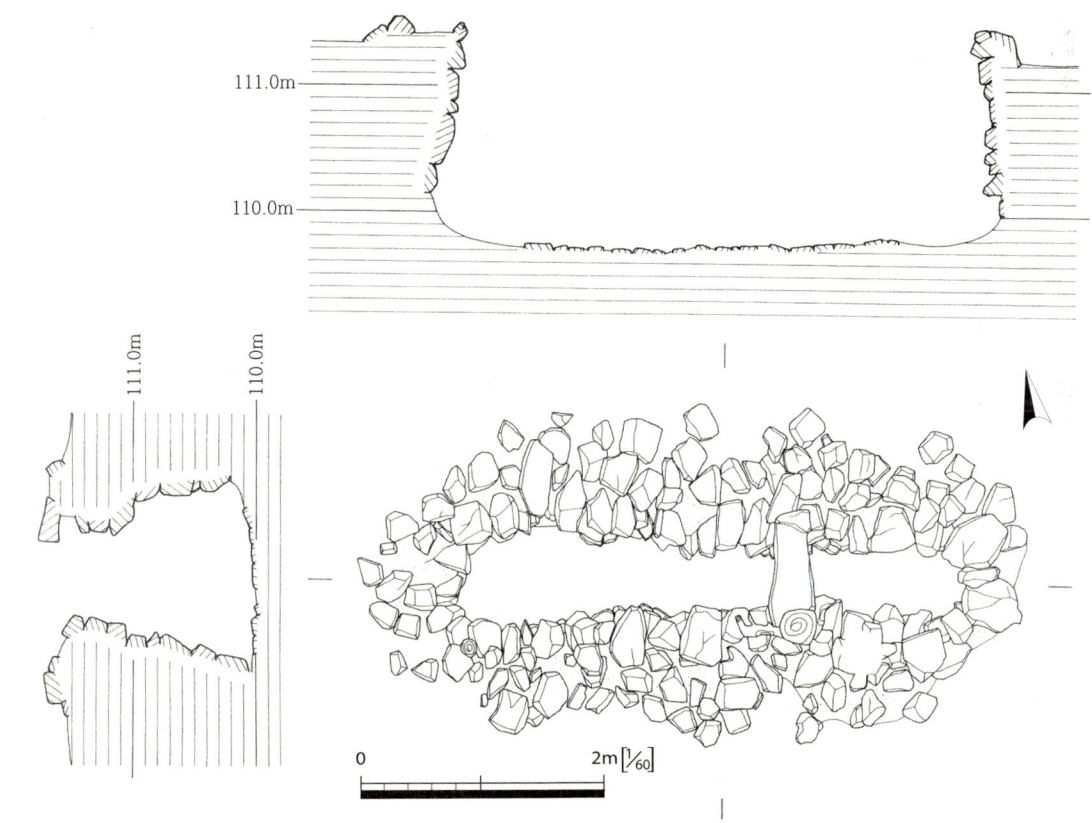

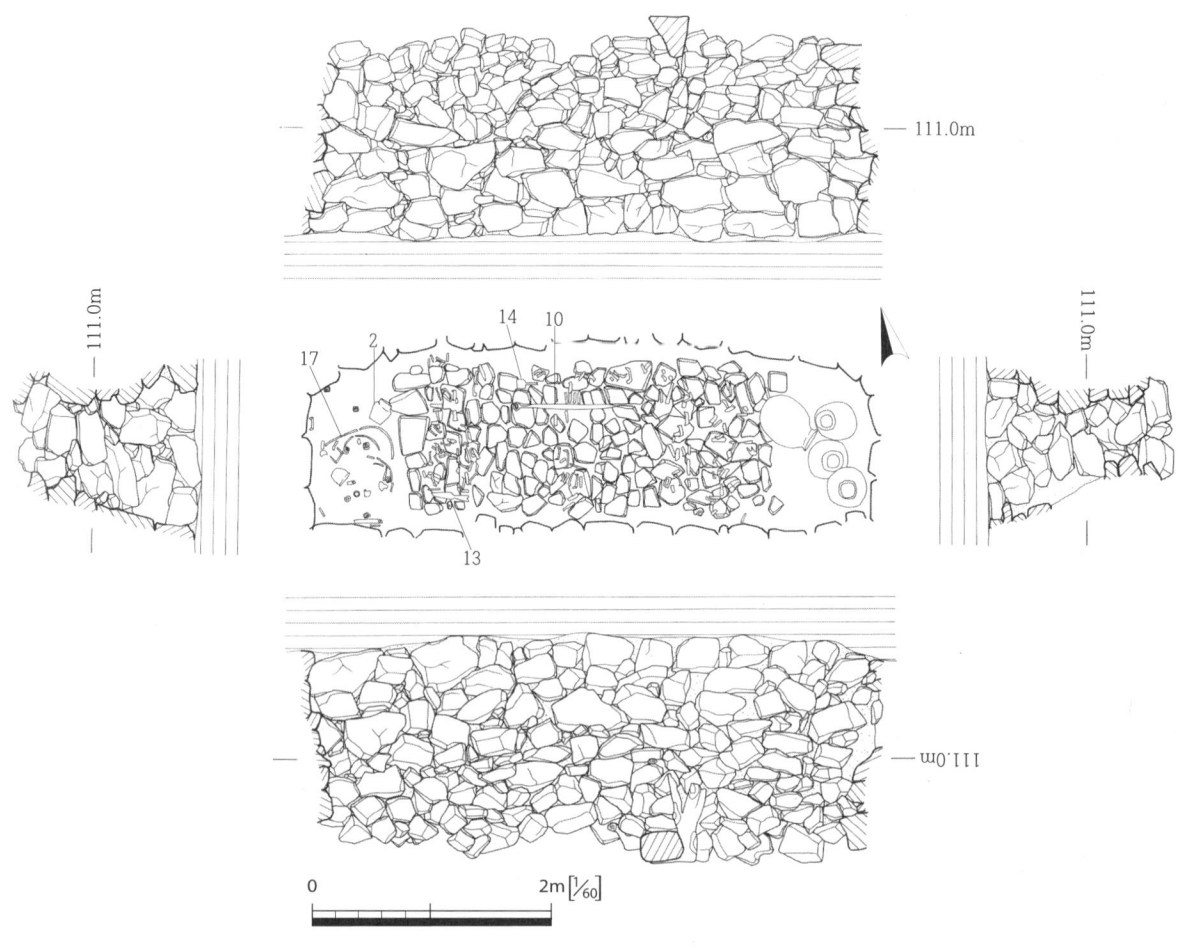

[유구사진]

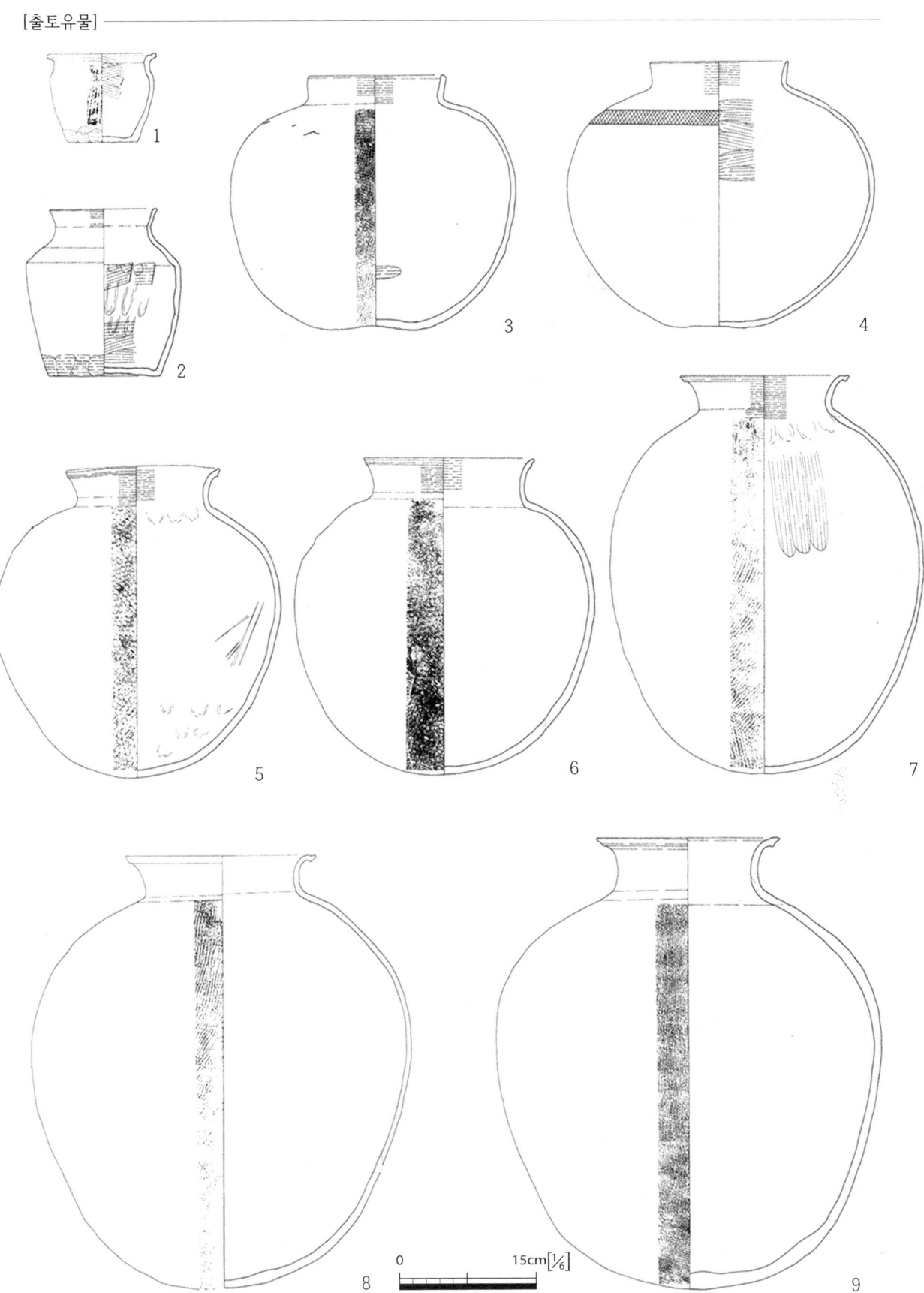

1

2

3

4

5

6

7

8

9

0   15cm[⅙]

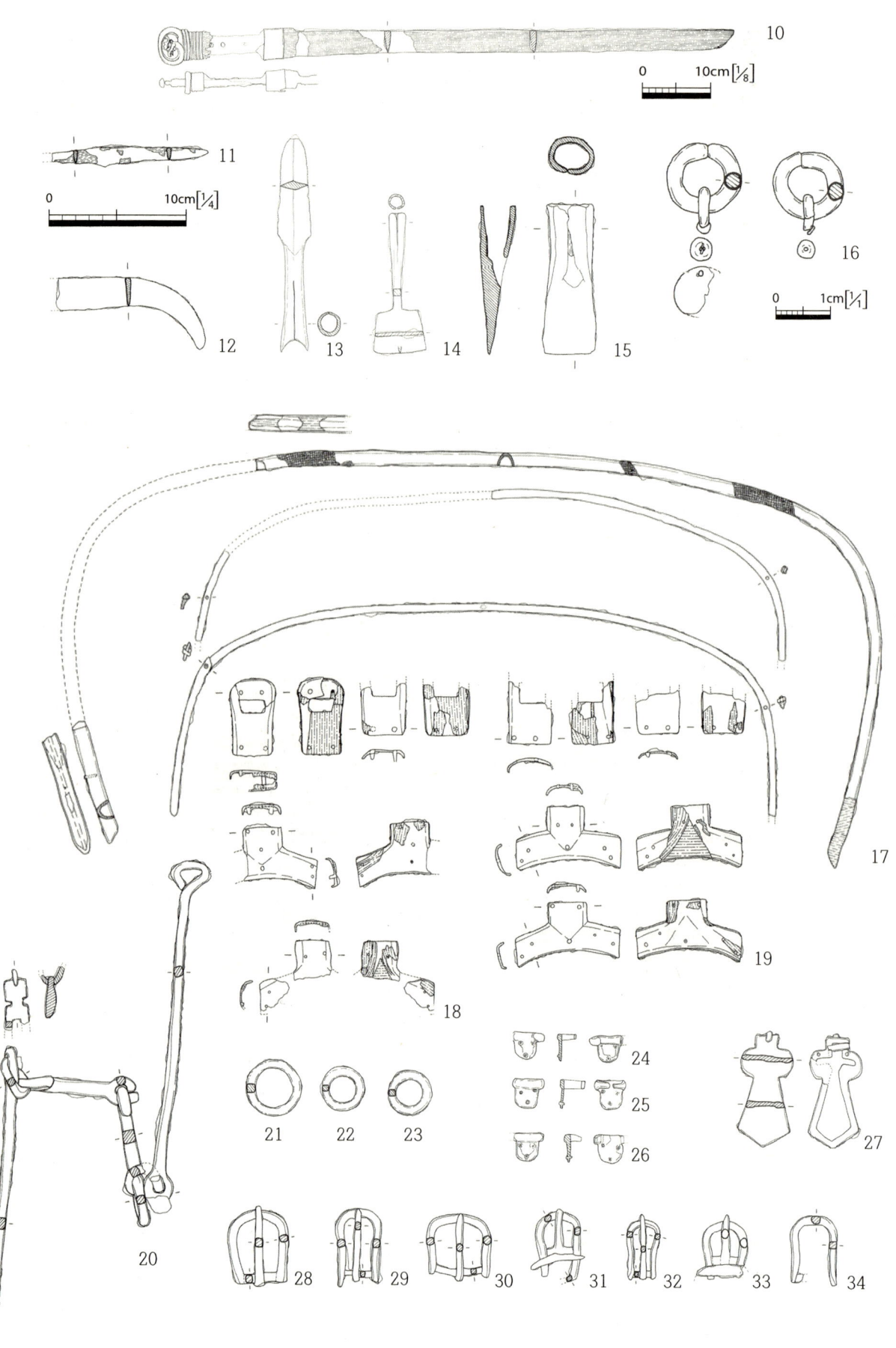

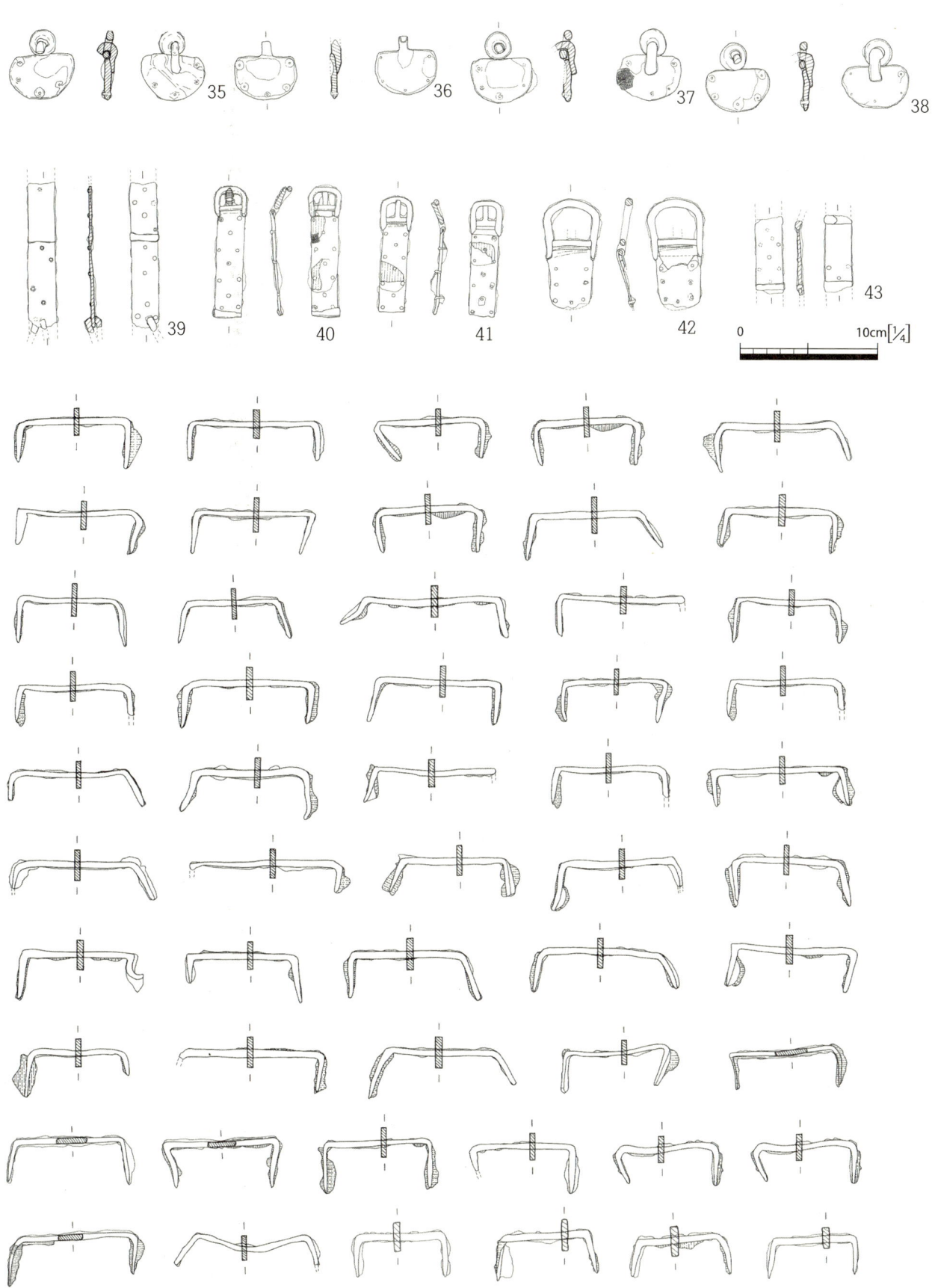

35

36

37

38

39

40

41

42

43

0   10cm[¼]

44

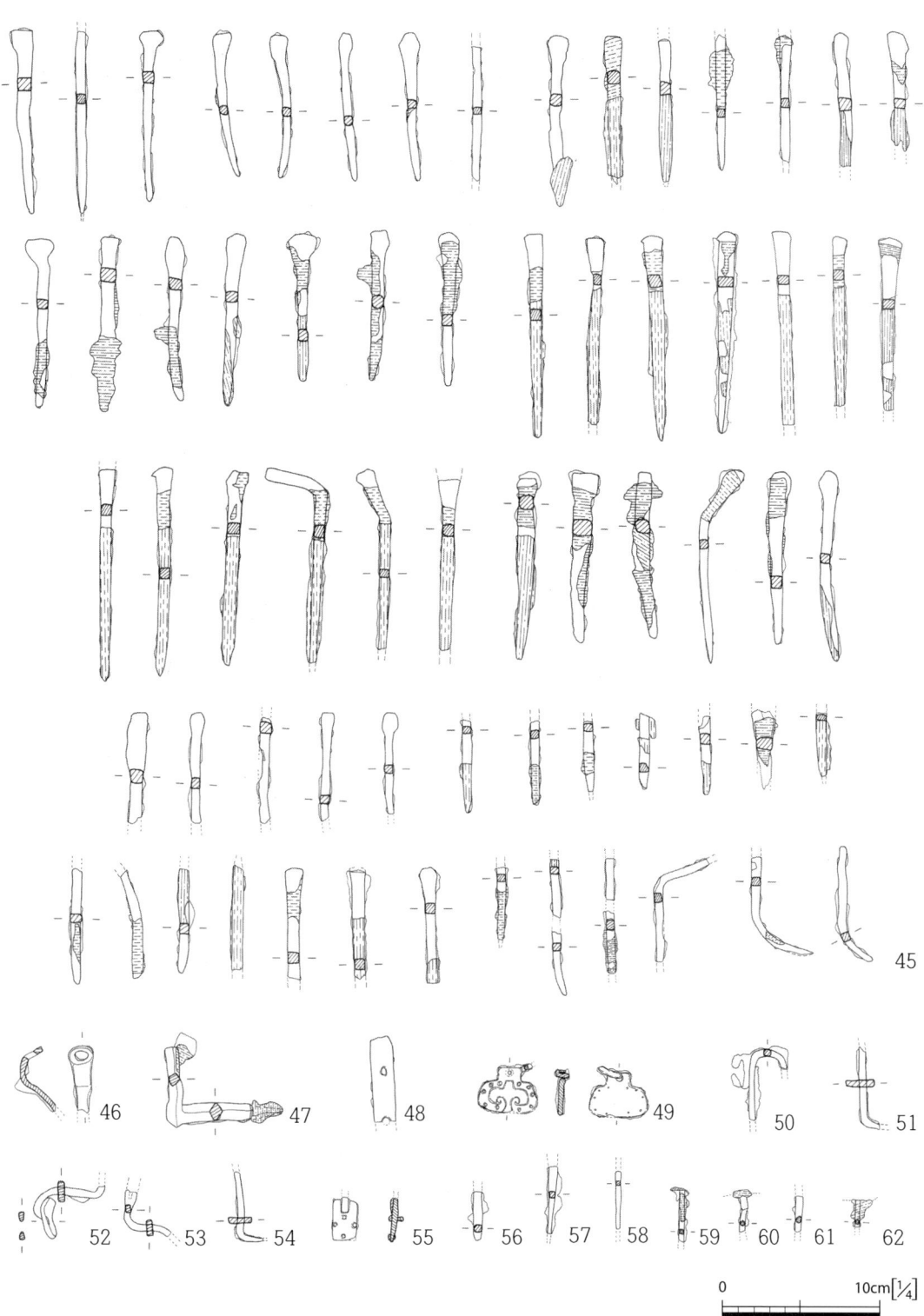

45

46 47 48 49 50 51

52 53 54 55 56 57 58 59 60 61 62

0 10cm[¼]

B지구 2호 석곽묘

(단위 : cm)

묘광	크 기 (길이×너비×깊이)	410×240×(110+)	주체부	크 기 (길이×너비×높이)	305×90×(85+)
	장폭비	1.70:1		장폭비	3.38:1
	장축방향	N-65°-W	시상·관대	크 기 (길이×너비×두께)	-
	두 향	?		벽석종류	할석
유물	토 기	단경호(1)			
	철 기	-			
	청 동 기	-			
	옥 석 류	-			
	기 타	-			
	특기사항				

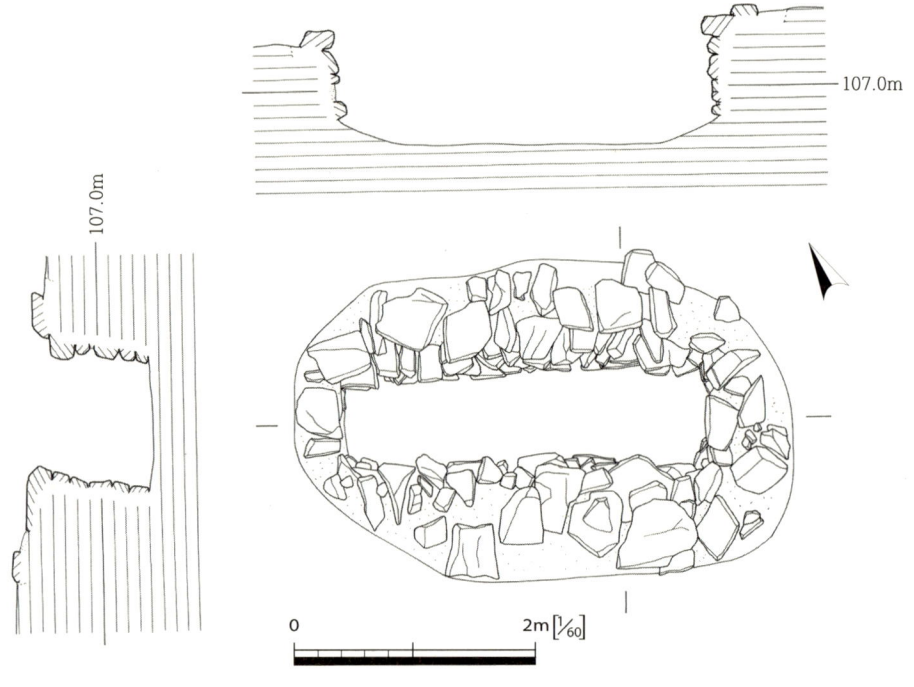

107.0m

107.0m

0   2m [1/60]

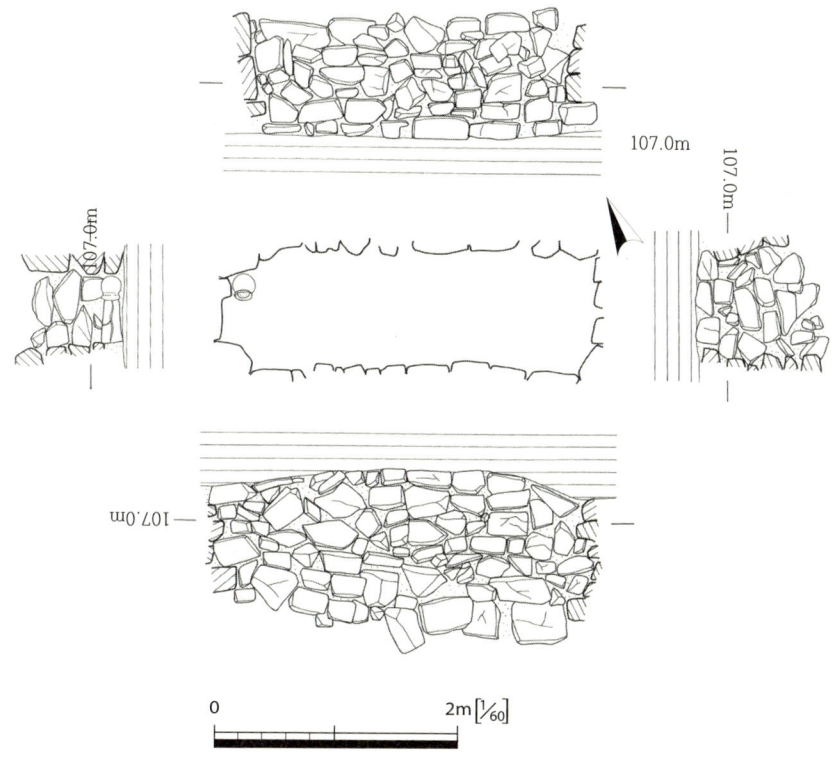

107.0m

107.0m

107.0m

107.0m

0   2m[1/60]

[유구사진]

[출토유물]

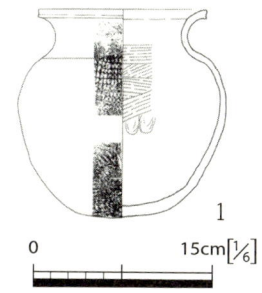

1

0   15cm[1/6]

B지구 3호 석곽묘

(단위 : cm)

묘광	크 기 (길이×너비×깊이)	480×300×(120+)	주체부	크 기 (길이×너비×높이)	380×95×(120+)
	장폭비	1.60:1		장폭비	4.00:1
	장축방향	N-69°-W	시상·관대	크 기 (길이×너비×두께)	230×95×?
	두 향	?	벽석종류		할석
유물	토 기	단경호(2), 방추차(1)			
	철 기		-		
	청동기		-		
	옥석류		-		
	기 타		-		
	특기사항				

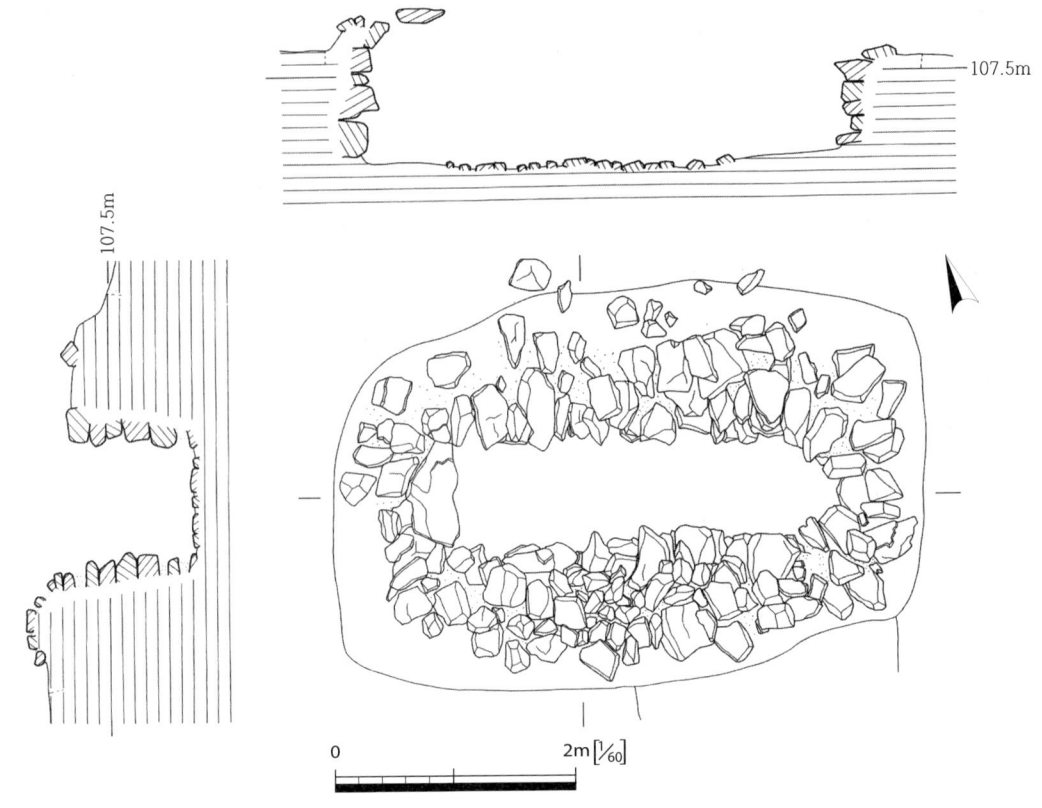

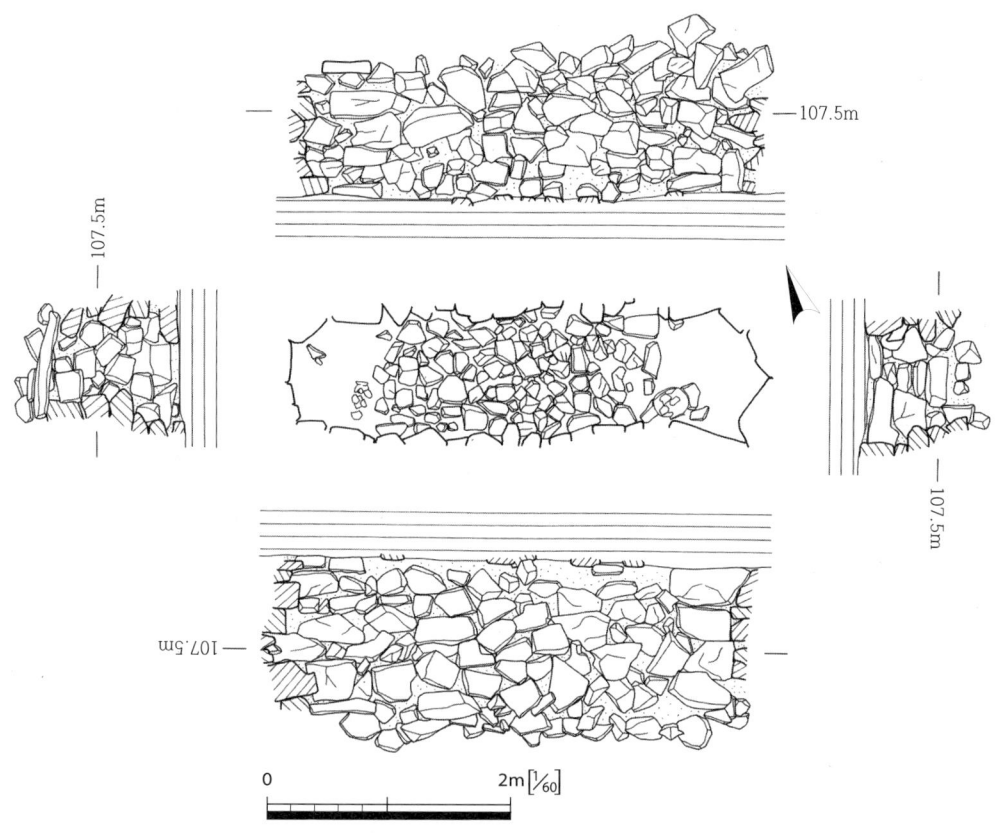

107.5m

107.5m

107.5m

107.5m

0   2m[¹⁄₆₀]

[출토유물]

1

0   15cm[¹⁄₆]

2

3

0   5cm[¹⁄₄]

B지구 4호 석곽묘

(단위 : cm)

묘광	크 기 (길이×너비×깊이)	480×250×(100+)	주체부	크 기 (길이×너비×높이)	380×110×(140+)
	장 폭 비	1.92:1		장 폭 비	3.45:1
	장축방향	N-81°-W	시상·관대	크 기 (길이×너비×두께)	240×110×?
	두 향	?	벽석종류		할석
유물	토 기	심발형토기편(1), 장경호(1)			
	철 기	꺾쇠(20)			
	청 동 기	-			
	옥석류	구슬(10)			
	기 타	-			
	특기사항	구슬 재질에 대한 설명이 없음. 심발형토기편 1점 도면 미게재.			

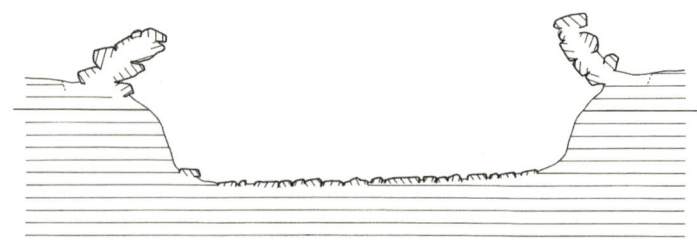

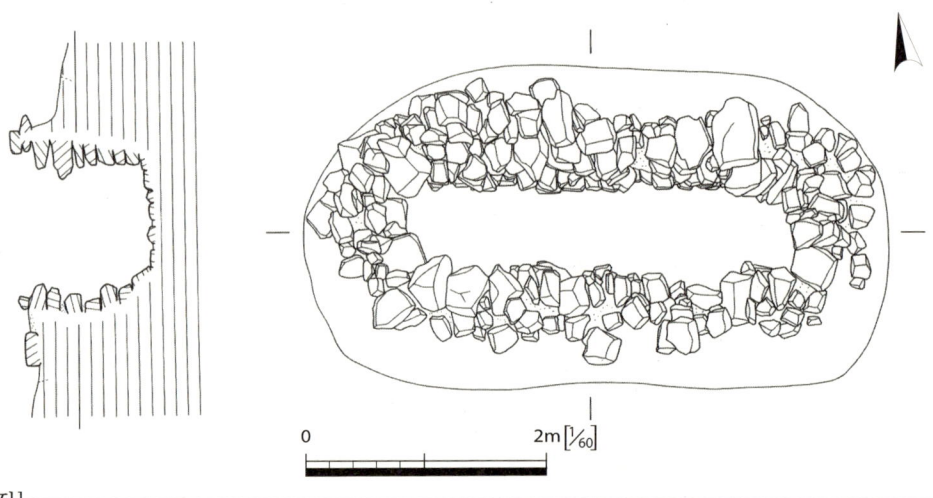

0   2m [1/60]

[유구사진]

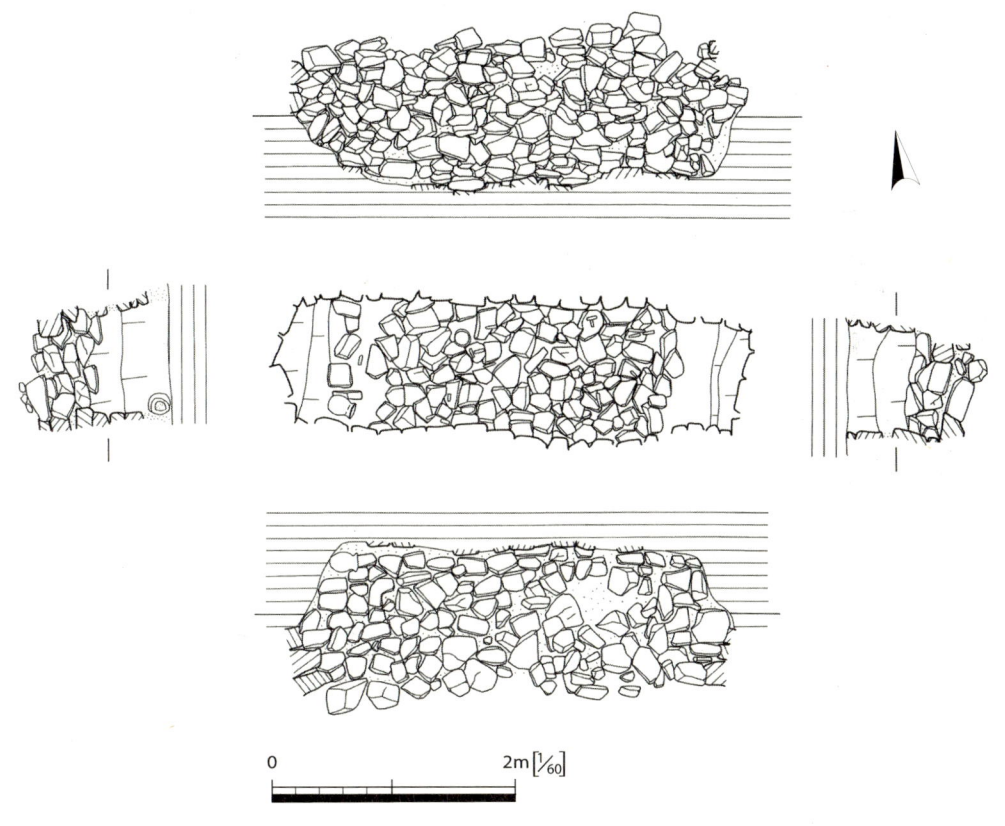

[출토유물]

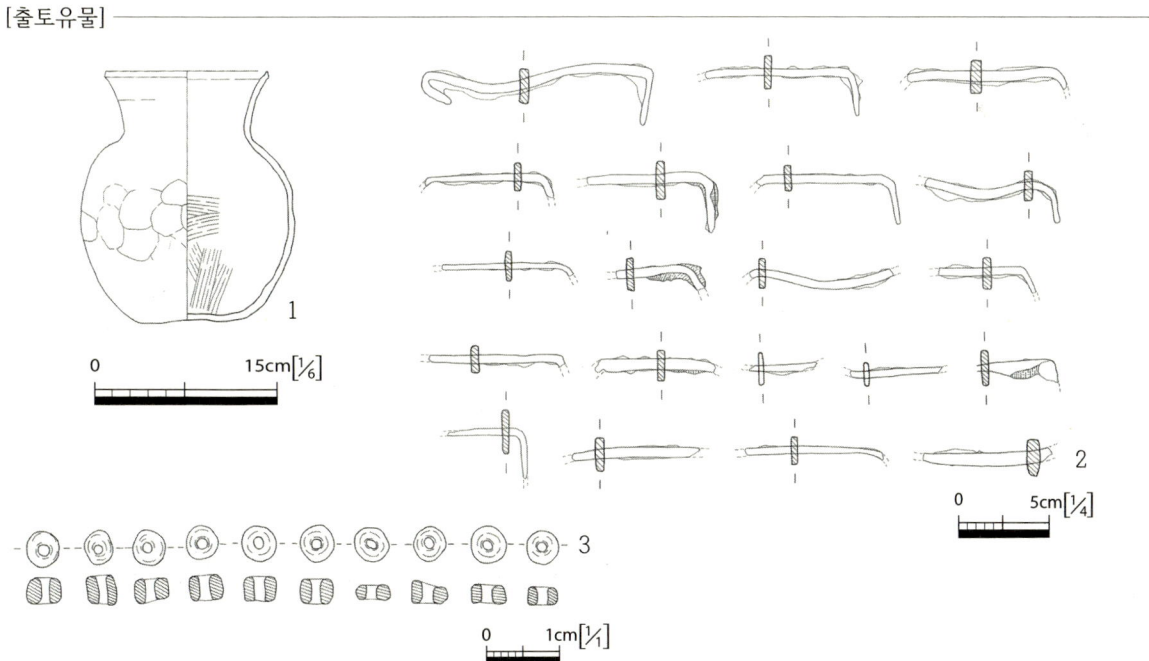

0   2m[1/60]

1

0   15cm[1/6]

2

0   5cm[1/4]

3

0   1cm[1/1]

B지구 5호 석곽묘

(단위 : cm)

묘광	크 기 (길이×너비×깊이)	440×220×40	주체부	크 기 (길이×너비×높이)	360×85×100
	장폭비	2.00:1		장폭비	4.23:1
	장축방향	N-86°-W	시상·관대	크 기 (길이×너비×두께)	?
	두 향	서쪽	벽석종류		할석
유물	토 기	심발형토기(1), 직구단경호(1)			
	철 기	환두도(1), 도자(1), 촉(3), 재갈(1), 미상철기(12)			
	청동기	-			
	옥석류	-			
	기 타	-			
	특기사항				

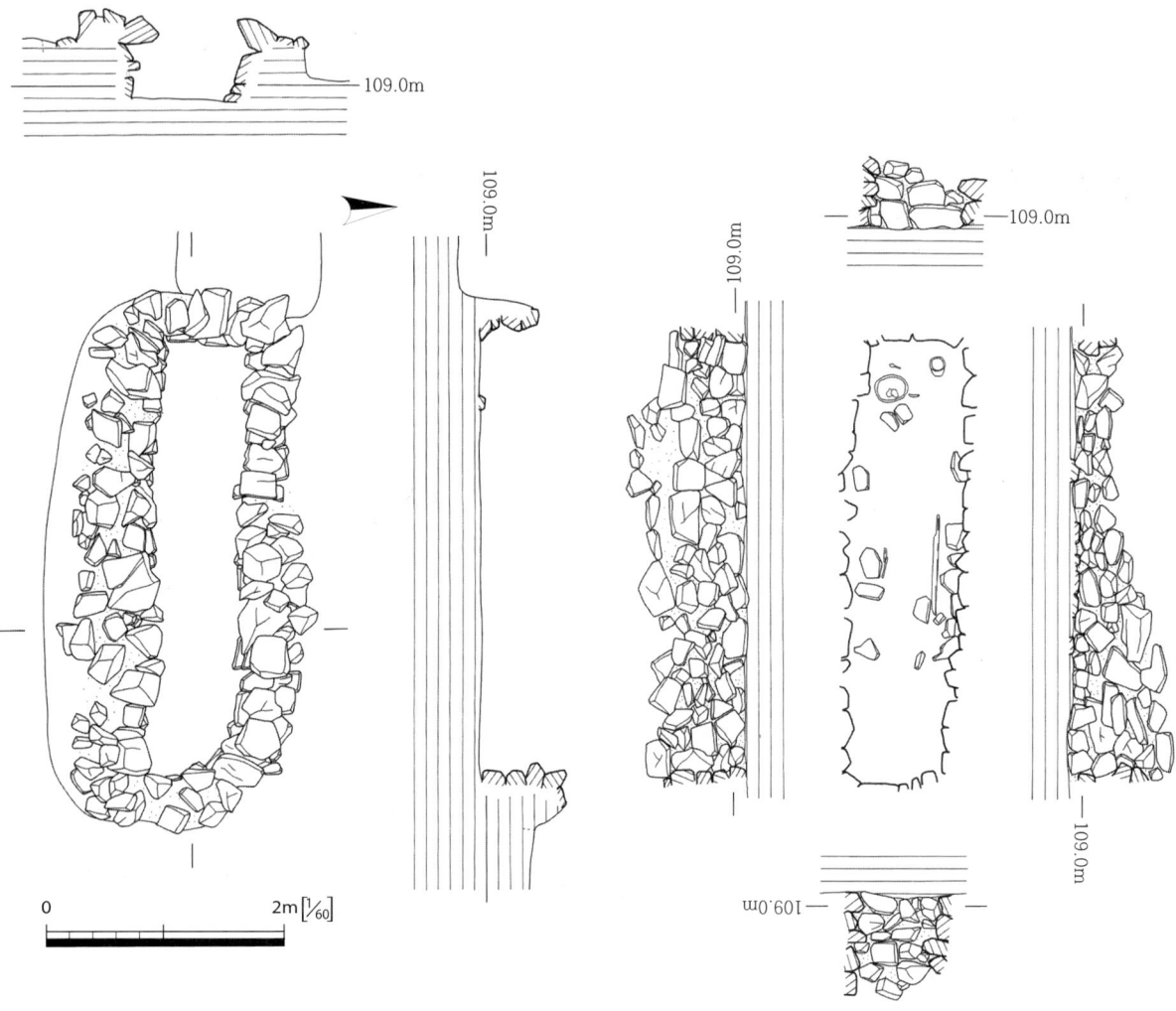

109.0m

0 ────────── 2m [1/60]

[출토유물]

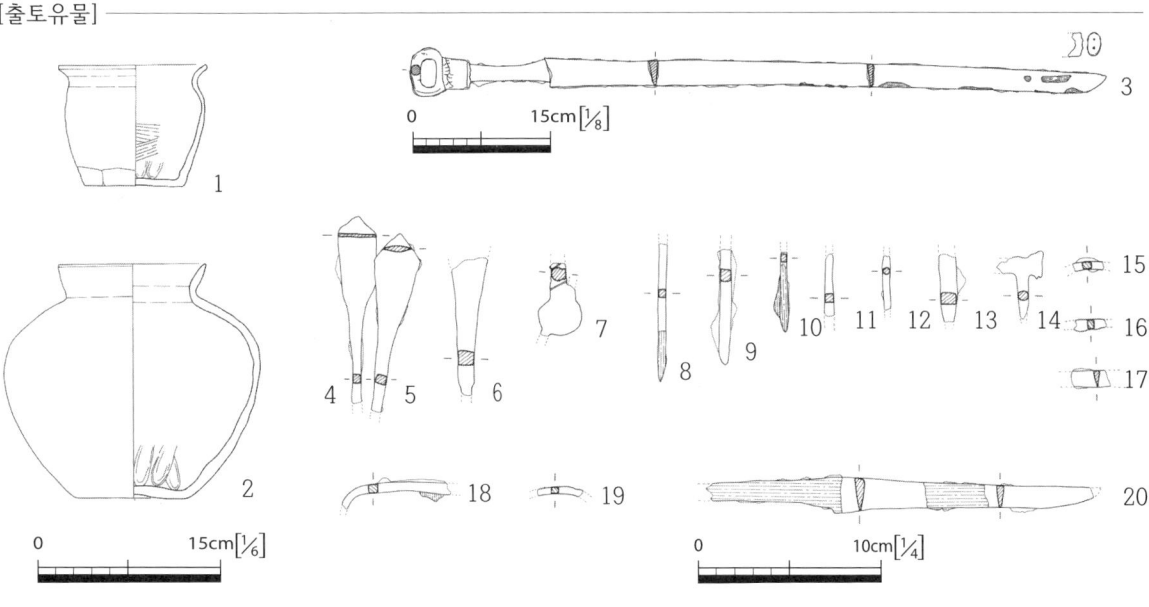

0 15cm[1/8]

0 15cm[1/6]

0 10cm[1/4]

B지구 6호 석곽묘

(단위 : cm)

묘광	크 기 (길이×너비×깊이)	450×250×(90+)	주체부	크 기 (길이×너비×높이)	365×95×(110+)
	장폭비	1.8:1		장폭비	3.84:1
	장축방향	N-77°-W	시상·관대	크 기 (길이×너비×두께)	-
	두 향	?		벽석종류	할석
유물	토 기	심발형토기(1), 단경호(1)			
	철 기	-			
	청 동 기	-			
	옥 석 류	-			
	기 타	-			
	특기사항				

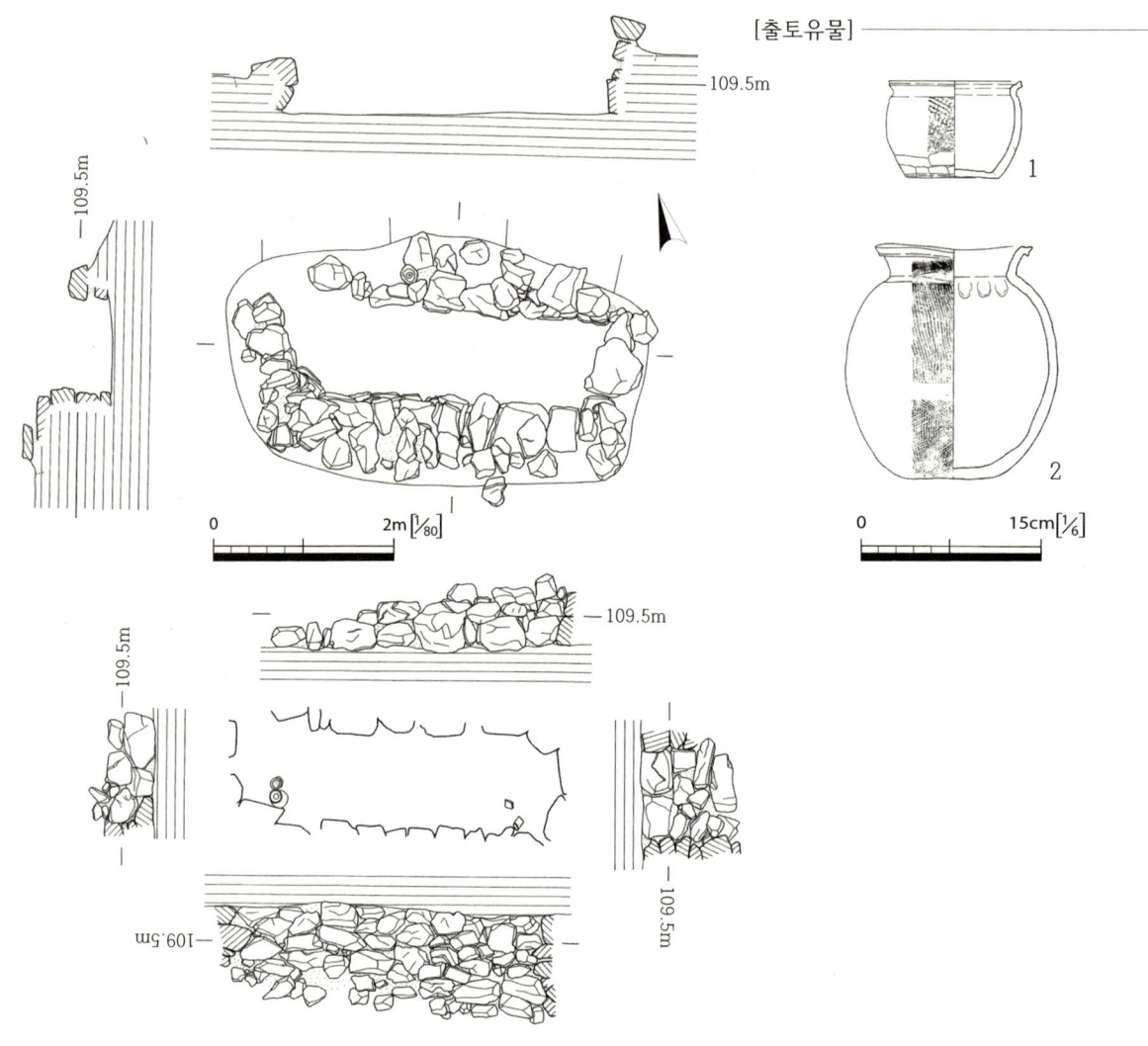

[출토유물]

109.5m

0　　　　　2m[1/80]

0　　　　15cm[1/6]

B지구 7호 석곽묘

(단위 : cm)

묘광	크 기 (길이×너비×깊이)	500×(260+)×(50+)	주체부	크 기 (길이×너비×높이)	305×(160+)×(60+)
	장폭비	?		장폭비	?
	장축방향	N-87°-E	시상·관대	크 기 (길이×너비×두께)	?
	두 향	?	벽석종류		할석
유물	토 기	심발형토기(1), 단경호(1)			
	철 기	-			
	청동기	-			
	옥석류	-			
	기 타	-			
	특기사항				

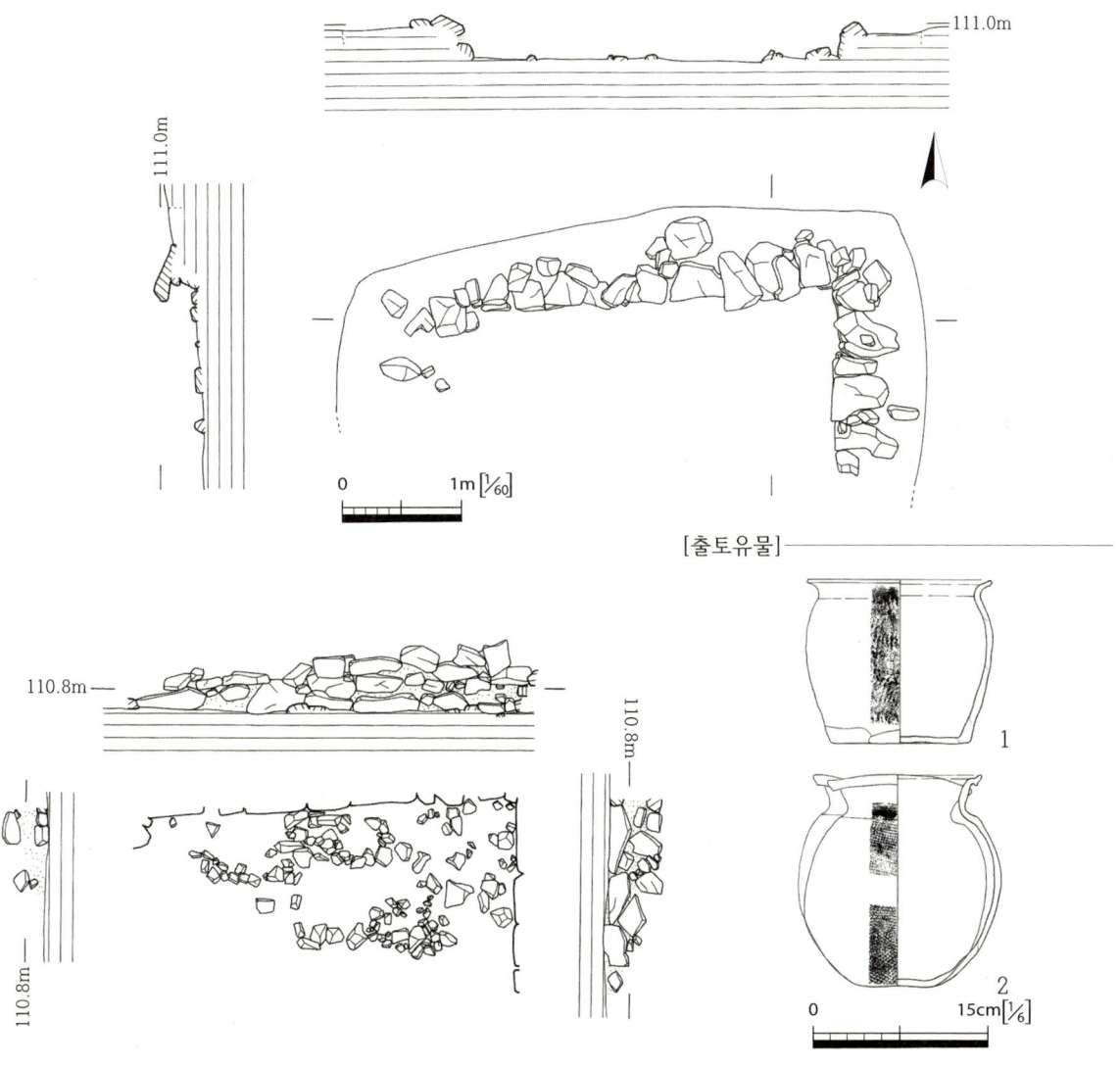

[출토유물]

B지구 8호 석곽묘

(단위 : cm)

묘광	크 기 (길이×너비×깊이)	385×(180+)×(70+)	주체부	크 기 (길이×너비×높이)	310×(90+)×(65+)
	장 폭 비	?		장 폭 비	?
	장축방향	N-53°-E	시상·관대	크 기 (길이×너비×두께)	200×(90+)×?
	두 향	?	벽석종류		할석
유물	토 기	심발형토기(1), 완(1), 단경호(1)			
	철 기	-			
	청 동 기	-			
	옥 석 류	-			
	기 타	-			
	특기사항				

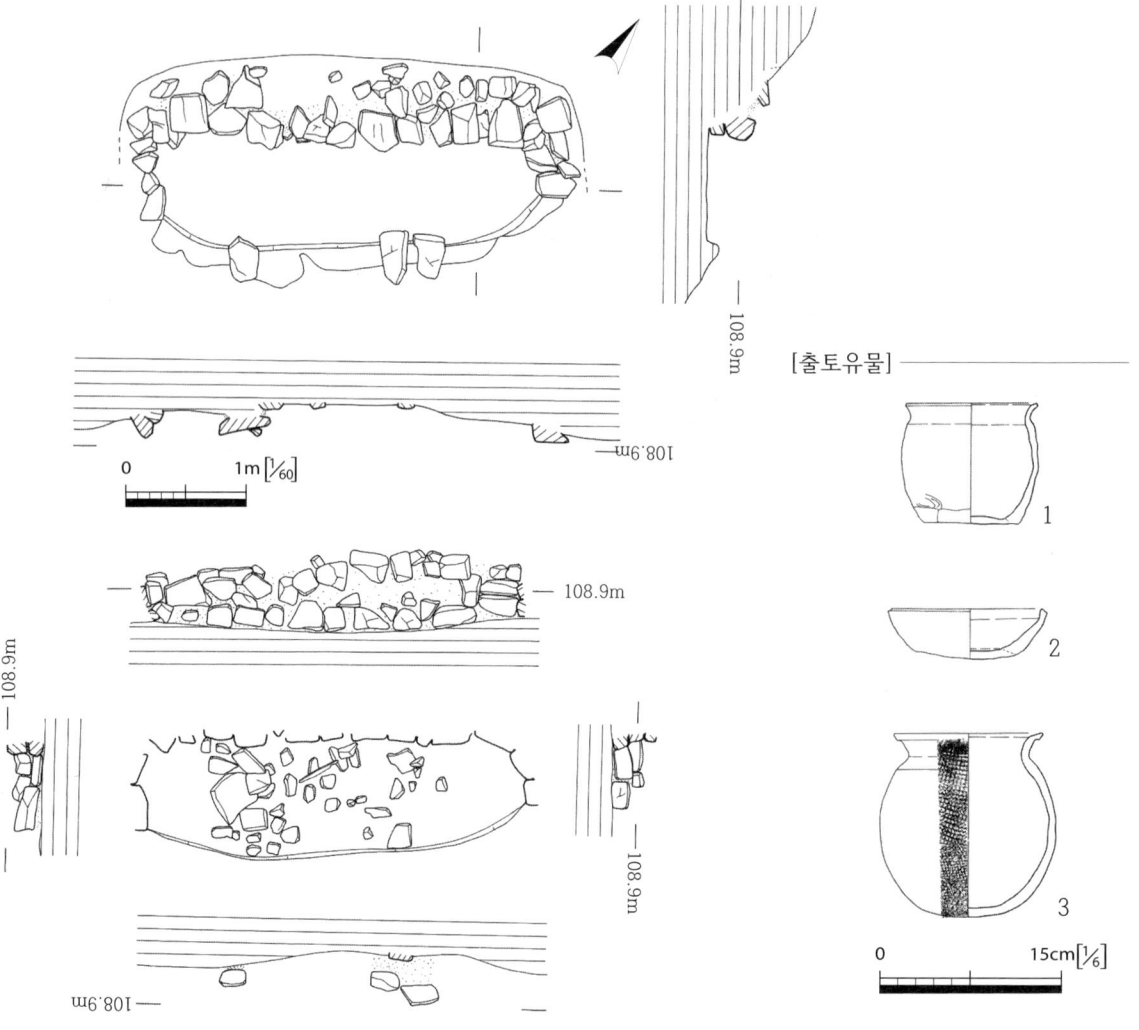

[출토유물]

0   15cm[1/6]

B지구 9호 석곽묘

(단위 : cm)

묘광	크 기 (길이×너비×깊이)	540×350×(160+)	주체부	크 기 (길이×너비×높이)	445×115×(190+)
	장폭비	1.54:1		장폭비	3.86:1
	장축방향	N-21°-W	시상·관대	크 기 (길이×너비×두께)	445×115×?
	두 향	(북서쪽?)		벽석종류	할석
유물	토 기	심발형토기(1), 개(1), 합(1), 직구단경호(1), 직구호(1), 단경호(1), 호·옹(4)			
	철 기	환두도(1), 모(2), 단조철부(2), 성시구[교구(3), 심엽형금구(4), 대선금구(1), 산형금구(1), 'ㄷ'자형금구(3)], 마구[등자(2), 재갈(1), 교구(5)], 꺾쇠(137), 관정(11), 미상철기(11)			
	청동기	-			
	옥석류	-			
	기 타	흑유 계수호(1), 금동제 이식(2), 금동제 금구(1), 금동제 관모장식(1), 동판제 관모장식(1)			
	특기사항				

Ⅰ: 회갈색 사질점토
Ⅱ: 생토부스러기 포함 회갈색 사질점토
Ⅲ: 생토부스러기 포함 황색 사질점토
Ⅳ: 황색 점질토
Ⅴ: 황백색 점토 부스러기
Ⅵ: 황갈색 사질점토

Ⅶ: 황색 사질점토
Ⅷ: 생토부스러기 포함 황갈색 사질점토
Ⅸ: 회갈색 사질토
Ⅹ: 황갈색 점질토
ⅩⅠ: 생토부스러기 포함 황갈색 점질토

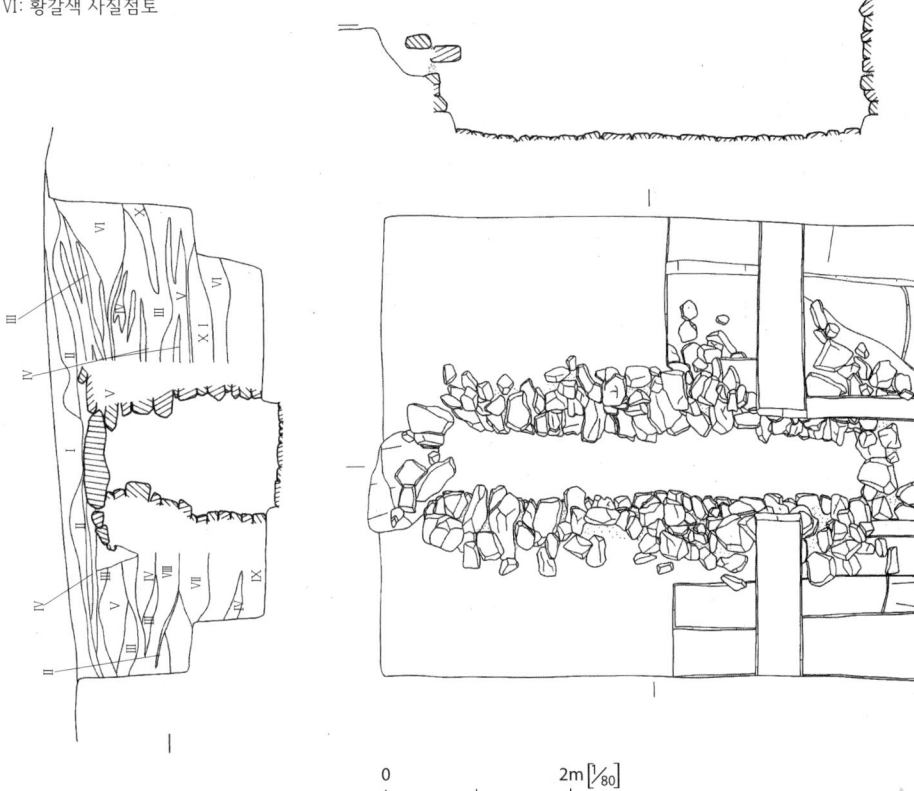

0   2m [1/80]

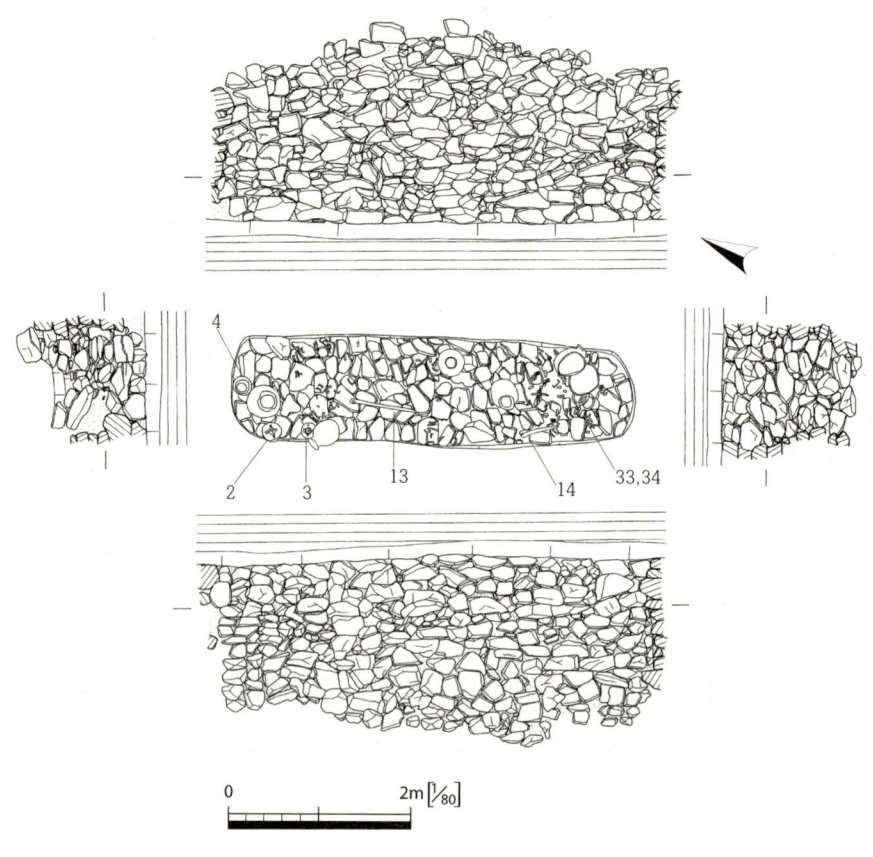

0　　　　　　　2m[1/80]

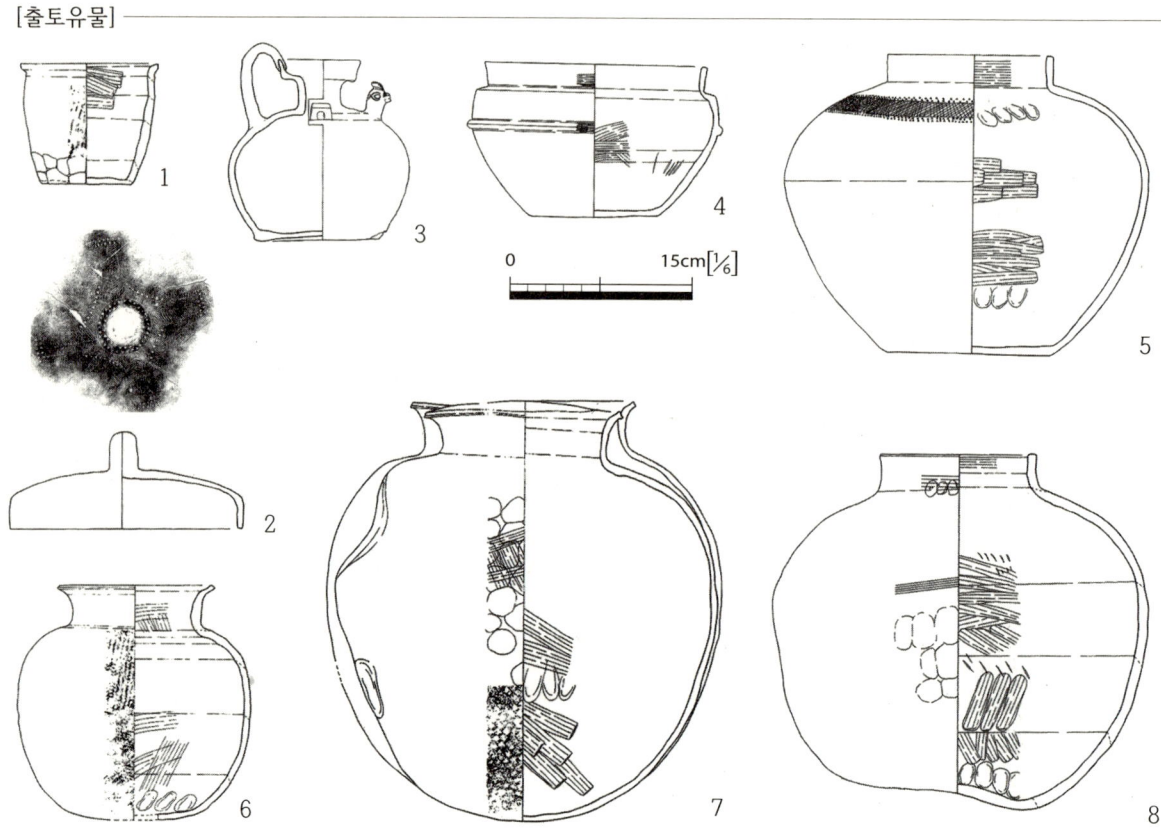

[출토유물]

0　　　　　　　15cm[1/6]

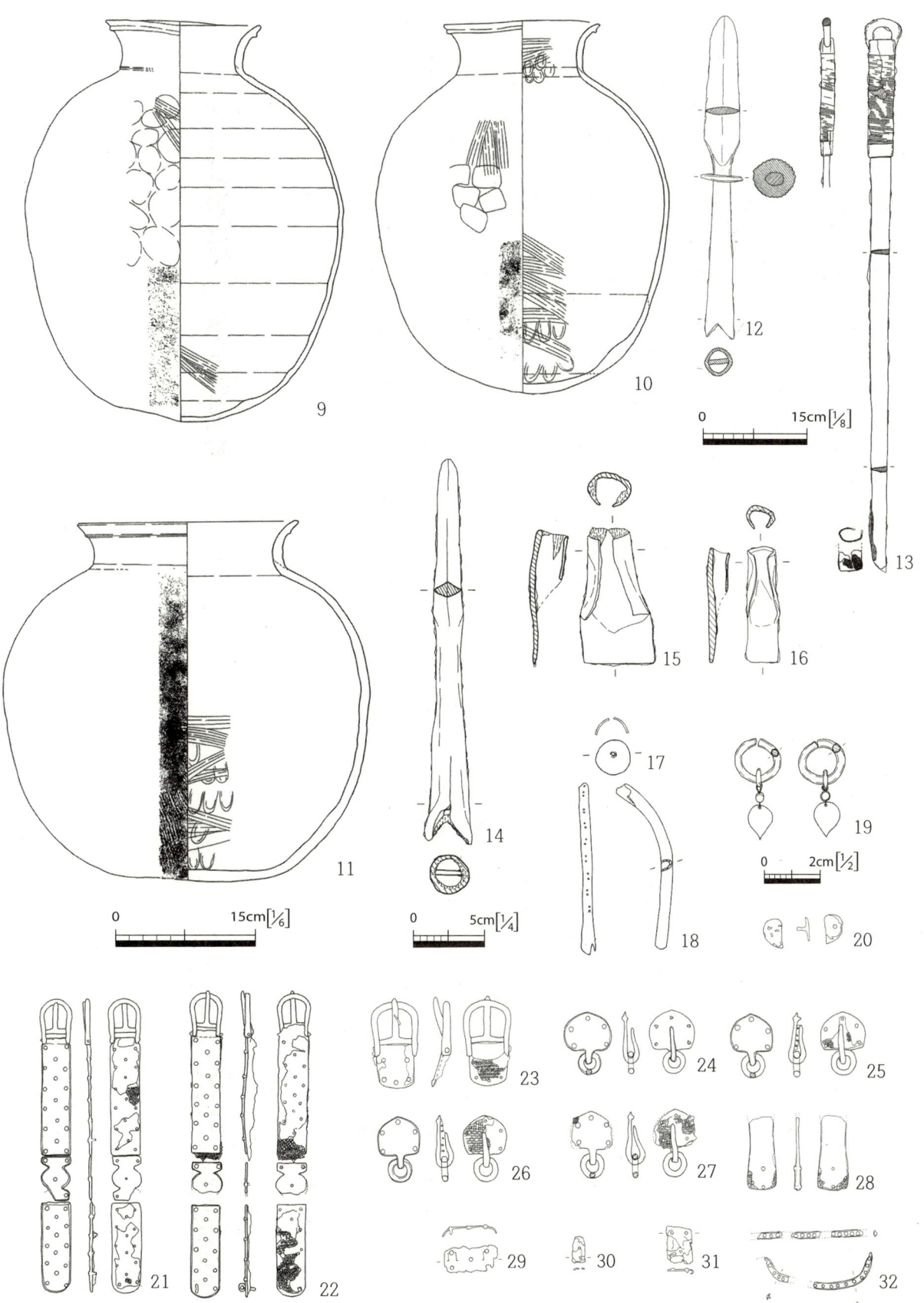

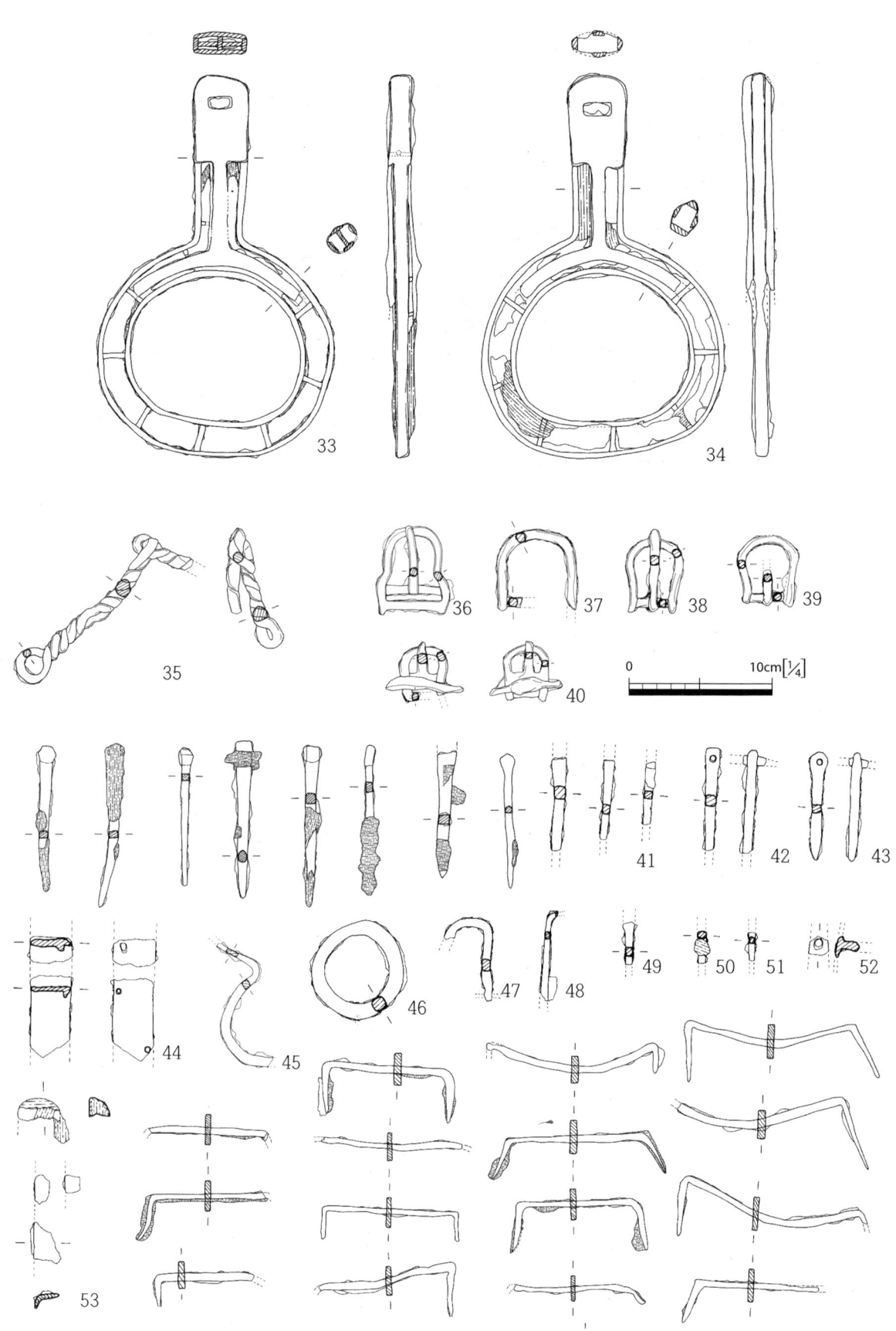

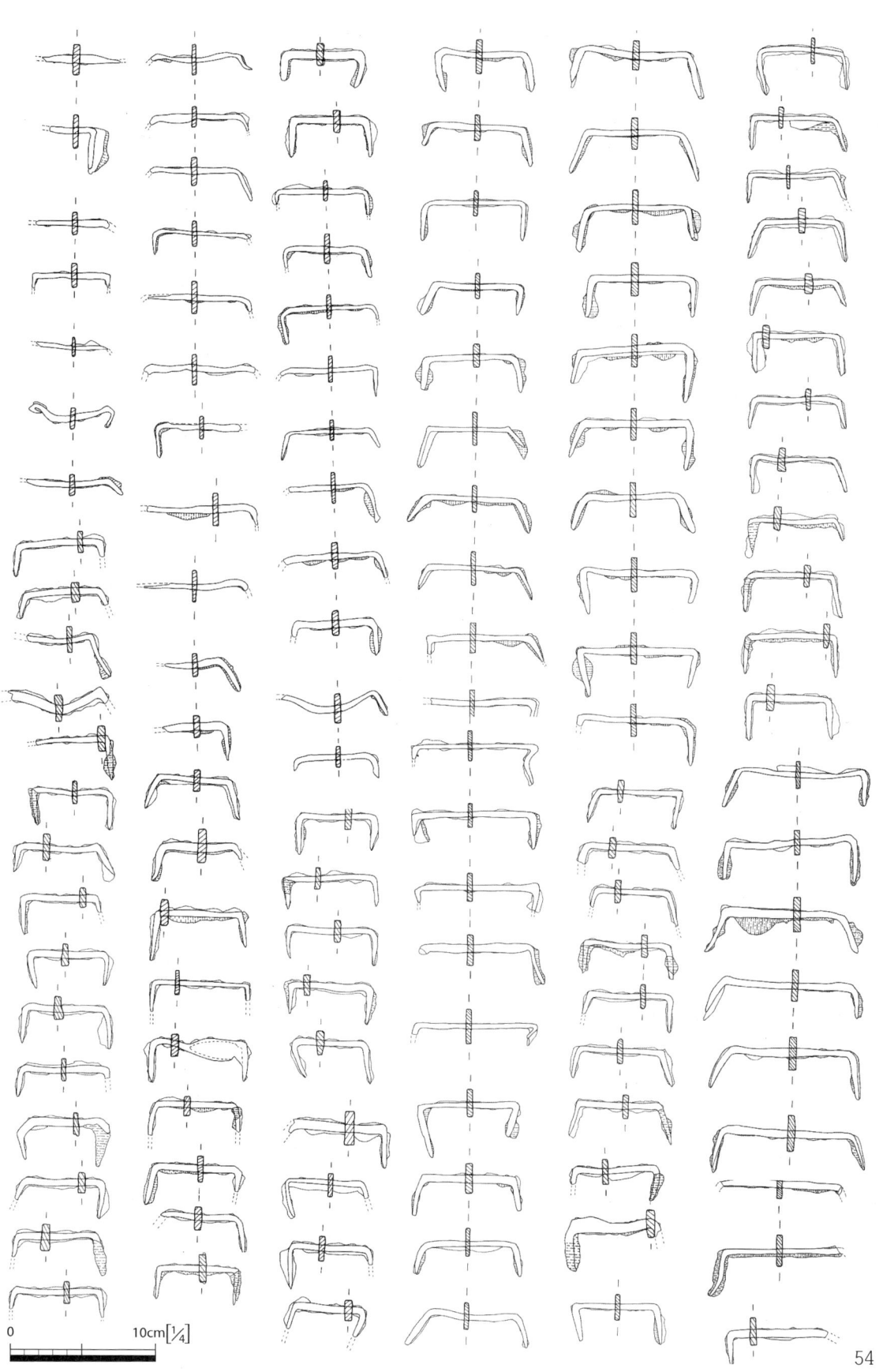

0　　　　　　10cm[¼]

54

B지구 10호 석곽묘

(단위 : cm)

묘광	크 기 (길이×너비×깊이)	225×100×(30+)	주체부	크 기 (길이×너비×높이)	190×60×(30+)
	장폭비	2.25:1		장폭비	3.16:1
	장축방향	N-69°-W	시상·관대	크 기 (길이×너비×두께)	100×60×?
	두 향	?	벽석종류		할석
유물	토 기	단경소호(1), 단경호(1)			
	철 기	-			
	청동기	-			
	옥석류	-			
	기 타	-			
	특기사항	보고서 기술과 유구 도면의 축척이 상이하여 보고서 기술에 따라 축척을 조정하였음.			

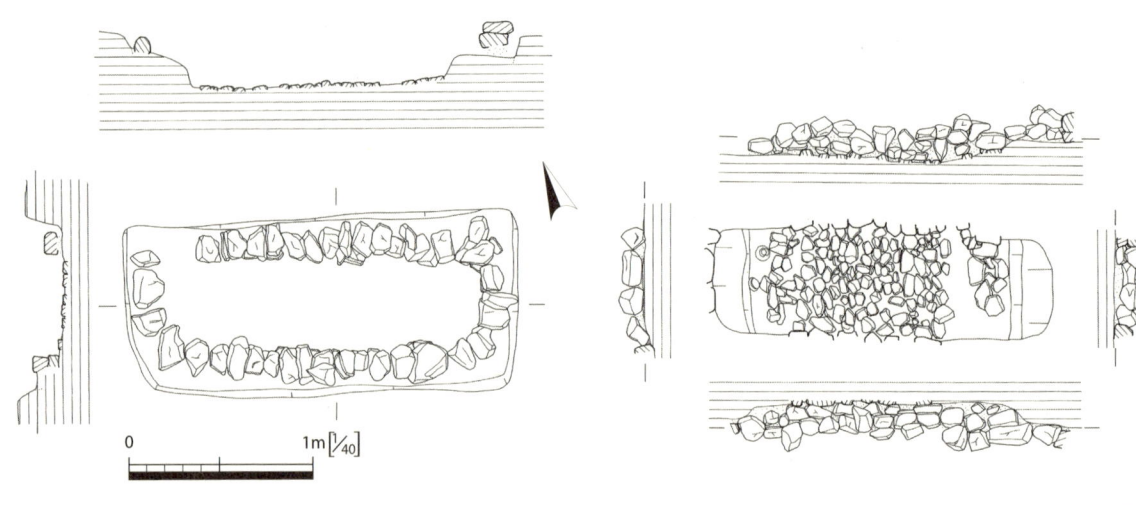

0   1m[1/40]

[유구사진]

[출토유물]

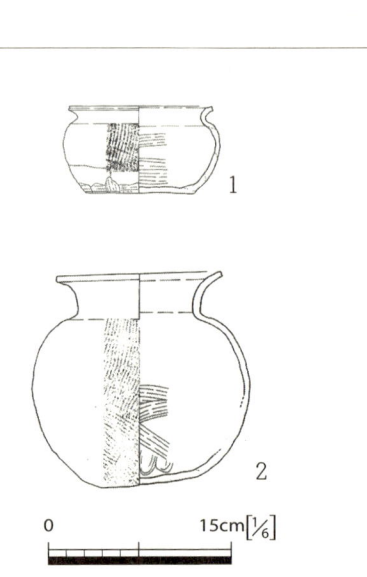

1

2

0   15cm[1/6]

B지구 11호 석곽묘

묘광	크 기 (길이×너비×깊이)	223×106×(50+)	주체부	크 기 (길이×너비×높이)	198×51×(50+)
	장폭비	2.10:1		장폭비	3.88:1
	장축방향	N-85°-W	시상·관대	크 기 (길이×너비×두께)	(80+)×(35+)×?
	두 향	?		벽석종류	할석
유물	토 기	단경호소(1), 단경호(1)			
	철 기	-			
	청 동 기	-			
	옥 석 류	-			
	기 타	-			
	특기사항	보고서 기술과 유구도면의 축척이 상이하여 보고서 기술에 따라 축척을 조정하였음.			

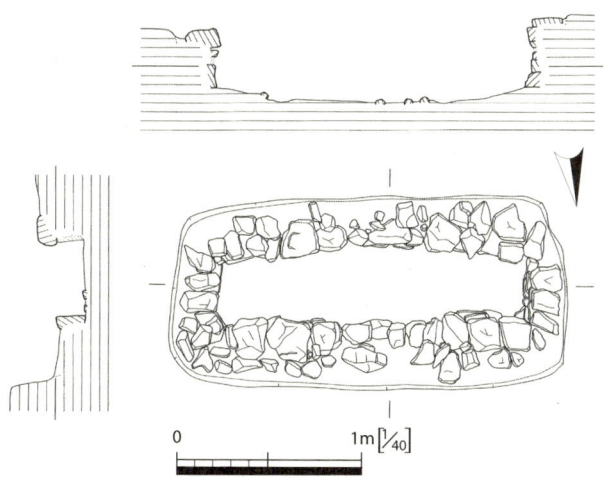

0   1m[1/40]

[유구사진]

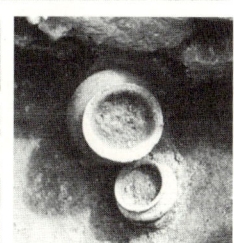

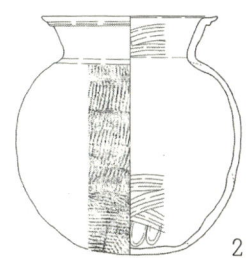

[출토유물]

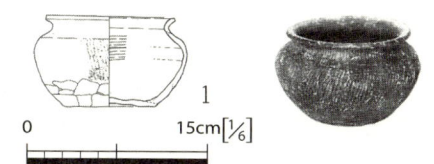

0   15cm[1/6]

1

2

B지구 12호 석곽묘

(단위 : cm)

묘광	크 기 (길이×너비×깊이)	470×280×90	주체부	크 기 (길이×너비×높이)	370×86×110
	장폭비	1.67:1		장폭비	4.30:1
	장축방향	N-68°-W	시상·관대	크 기 (길이×너비×두께)	185×86×?
	두 향	?	벽석종류		할석
유물	토 기	단경호(2)			
	철 기	도자(14), 모(2), 환두도(1), 촉(25), 단조철부(1), 겸(3), 착(1), 교구(3), 마구[등자(2), 재갈(1), 교구(2), 환형운주(4), 책금구(6)]			
	청 동 기	-			
	옥 석 류	-			
	기 타	-			
	특기사항				

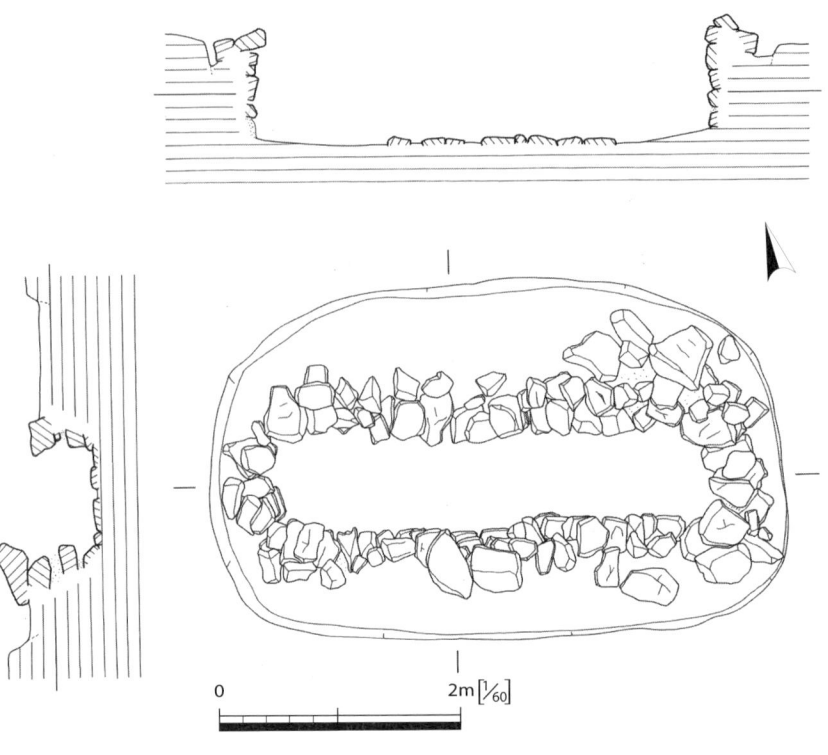

[유구사진]

1
31,32
2
7
0
2m[1/60]

[출토유물]

0
15cm[1/6]
0
10cm[1/4]
0
15cm[1/8]
0
5cm[1/4]

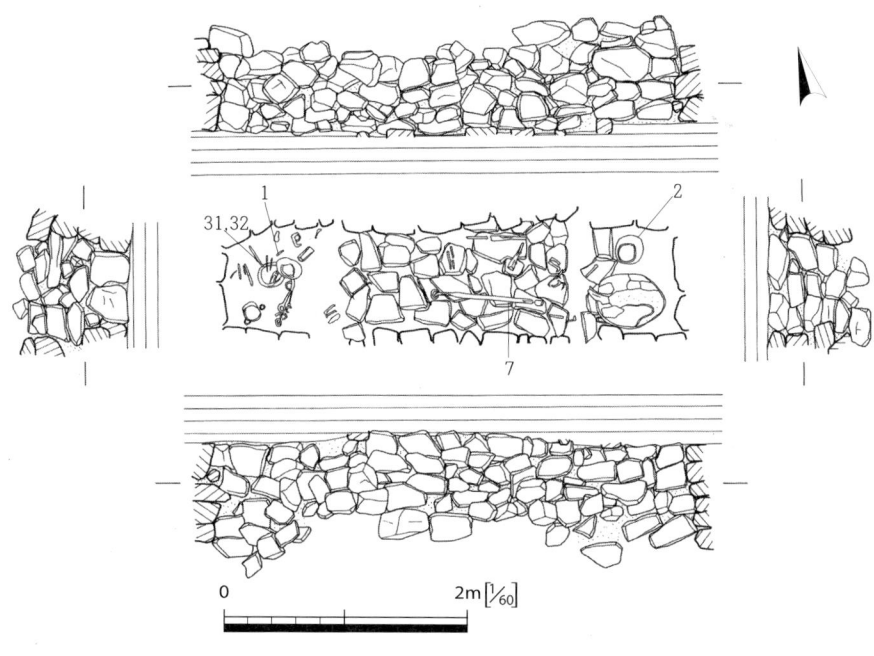

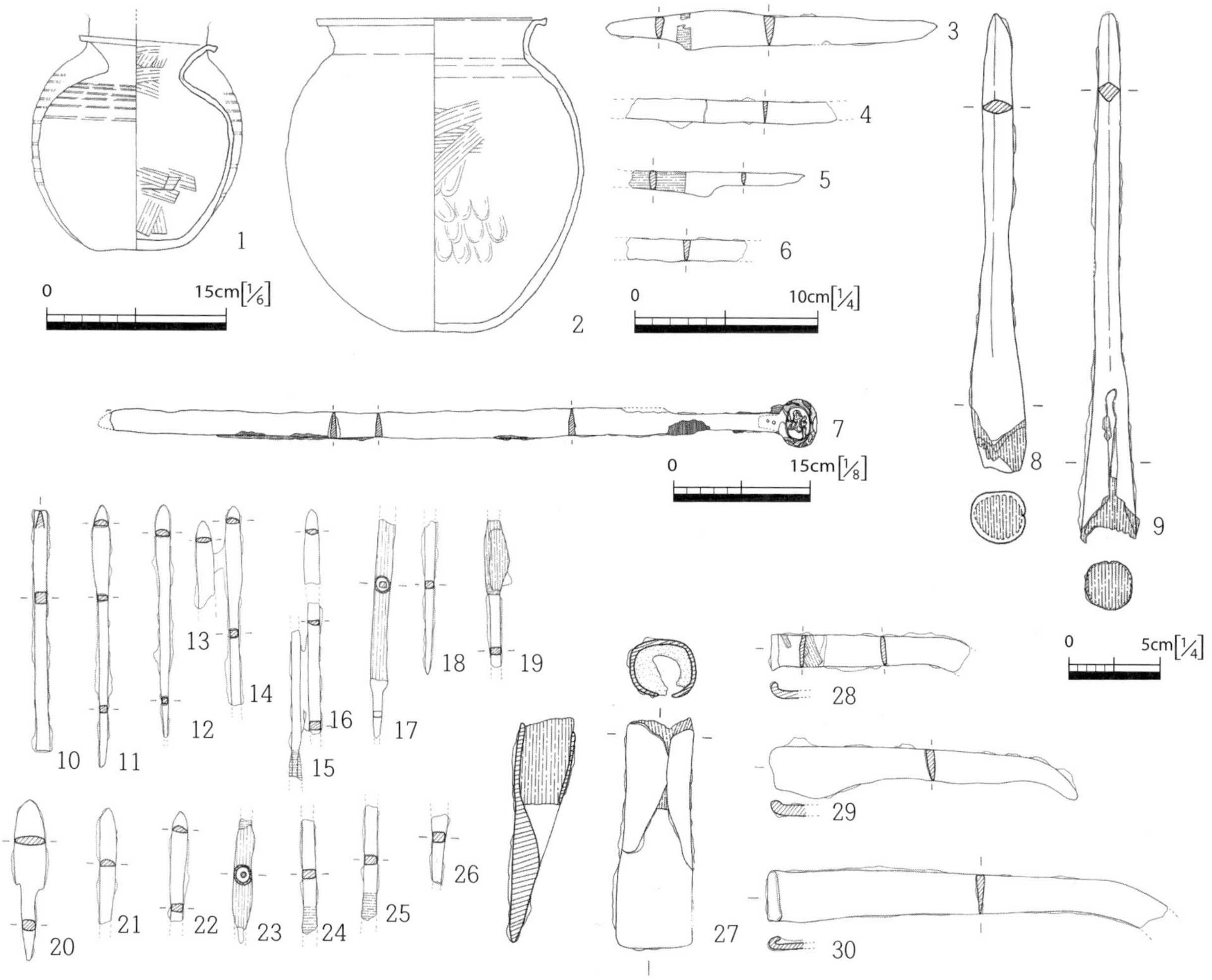

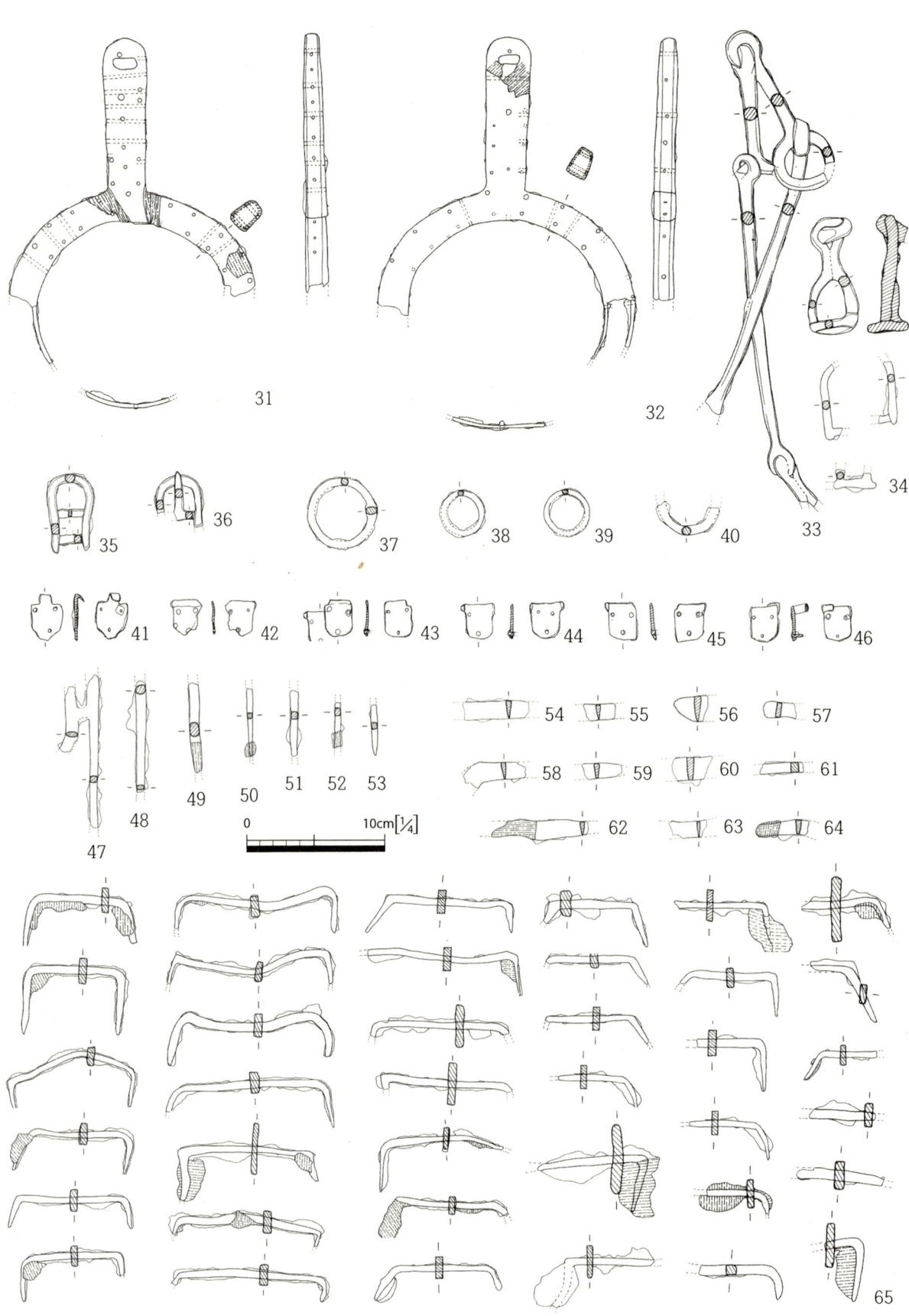

31

32

33

34

35 36 37 38 39 40

41 42 43 44 45 46

47 48 49 50 51 52 53

54 55 56 57

58 59 60 61

62 63 64

0   10cm[¼]

65

B지구 13호 석곽묘

(단위 : cm)

묘광	크 기 (길이×너비×깊이)	410×230×(50+)	주체부	크 기 (길이×너비)	360×88×(130+)
	장폭비	1.78:1		장폭비	4.09:1
	장축방향	N-85°-W	시상·관대	크 기 (길이×너비×두께)	-
	두 향	?	벽석종류		할석
유물	토 기	단경소호(1), 광구단경호(1), 단경호(1), 병(1)			
	철 기	모(1), 착(1), 겸(1)			
	청동기	-			
	옥석류	-			
	기 타	-			
	특기사항	보고서 기술과 유구도면의 축척이 상이하여 보고서 기술에 따라 축척을 조정하였음.			

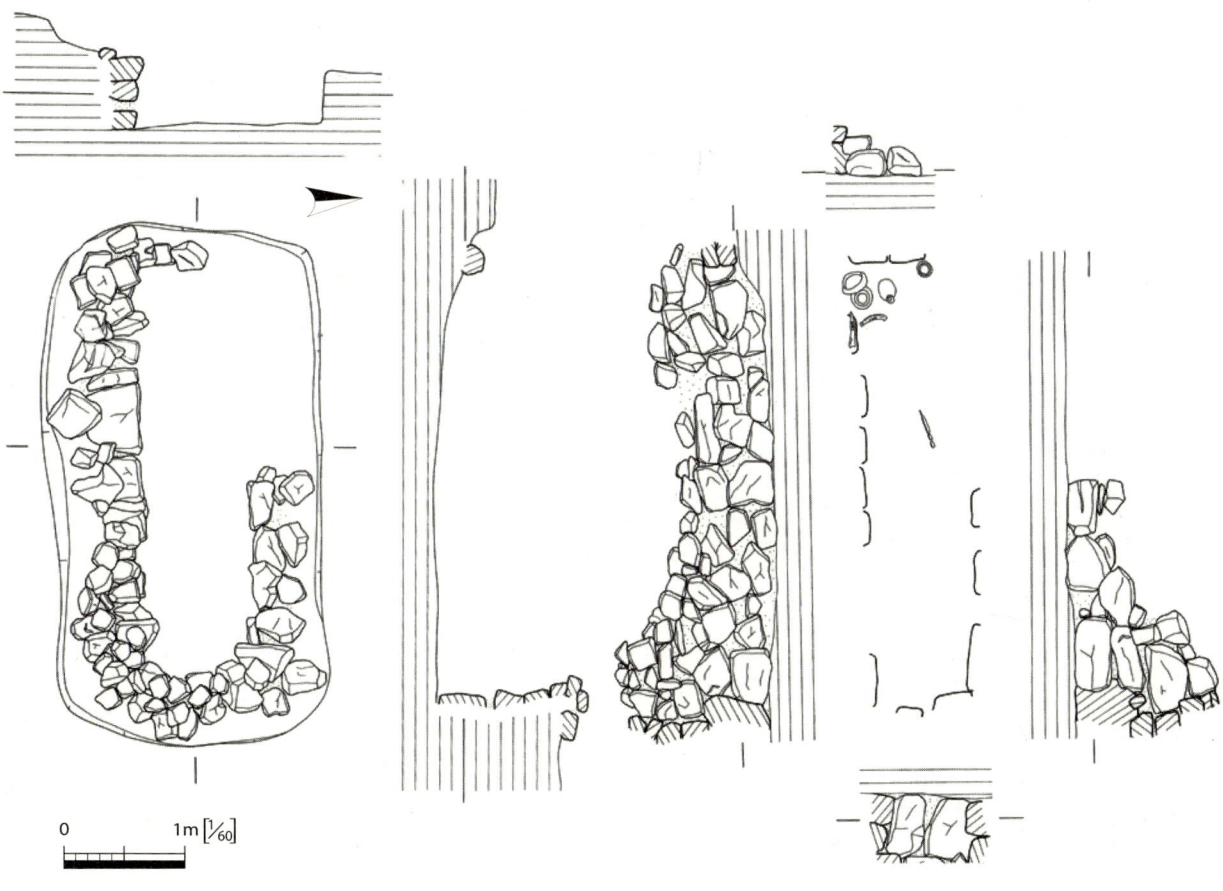

0   1m [1/60]

[출토유물]

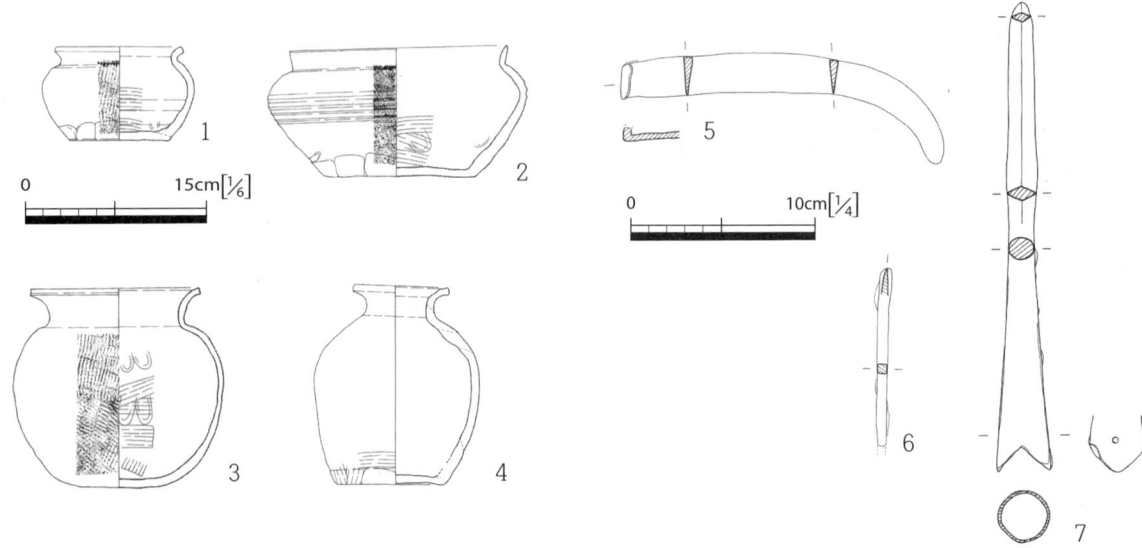

B지구 1호 토광묘

(단위 : cm)

묘광	크 기 (길이×너비×깊이)	265×98×(28+)	목관	크 기 (길이×너비×높이)	194×52×?
	장폭비	2.70:1		장폭비	3.73:1
	장축방향	N-80°-W	목곽	크 기 (길이×너비×높이)	-
	두 향	?		장폭비	-
유물	토 기	토기편			
	철 기	-			
	청동기	-			
	옥석류	-			
	기 타	-			
	특기사항	토기편 도면 미게재.			

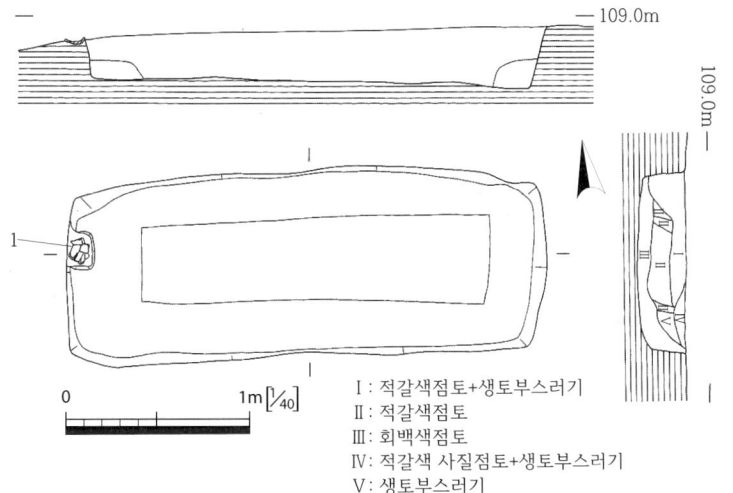

— 109.0m

109.0m —

Ⅰ: 적갈색점토+생토부스러기
Ⅱ: 적갈색점토
Ⅲ: 회백색점토
Ⅳ: 적갈색 사질점토+생토부스러기
Ⅴ: 생토부스러기

0   1m [1/40]

[유구사진]

[출토유물]

1

B지구 2호 토광묘

(단위 : cm)

묘광	크 기 (길이×너비×깊이)	320×110×?	목관	크 기 (길이×너비×높이)	220×50×?
	장폭비	2.90:1		장폭비	4.40:1
	장축방향	N-85°-E	목곽	크 기 (길이×너비×높이)	-
	두 향	?		장폭비	-
유물	토 기	심발형토기(1), 단경호(1), 장경호(1), 직구단경호(1)			
	철 기	도자(1), 겸(1), 단조철부(1), 촉(2)			
	청 동 기	-			
	옥 석 류	-			
	기 타	-			
	특기사항				

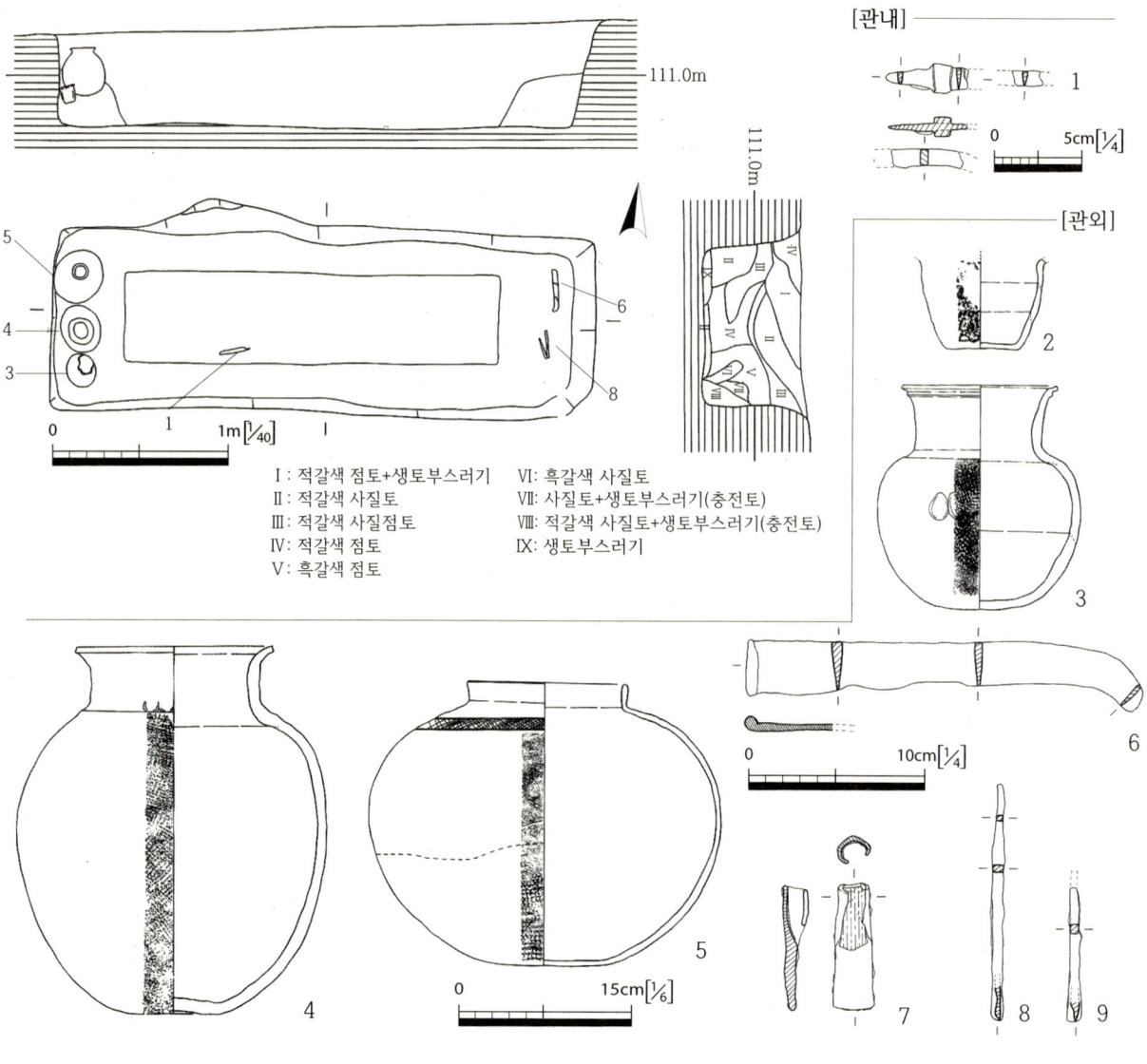

Ⅰ: 적갈색 점토+생토부스러기 Ⅵ: 흑갈색 사질토
Ⅱ: 적갈색 사질토 Ⅶ: 사질토+생토부스러기(충전토)
Ⅲ: 적갈색 사질점토 Ⅷ: 적갈색 사질토+생토부스러기(충전토)
Ⅳ: 적갈색 점토 Ⅸ: 생토부스러기
Ⅴ: 흑갈색 점토

B지구 3호 토광묘

(단위 : cm)

묘광	크 기 (길이×너비×깊이)	295×112×(65+)	목관	크 기 (길이×너비×높이)	200×52×?
	장폭비	2.63:1		장폭비	3.84:1
	장축방향	N-70°-W	목곽	크 기 (길이×너비×높이)	-
	두 향	?		장폭비	-
유물	토 기	심발형토기(1), 단경호(1)			
	철 기	도자(1), 모(1), 단조철부(1), 착(1), 겸(1)			
	청동기	-			
	옥석류	-			
	기 타	-			
	특기사항	도자 1점 도면 미게재.			

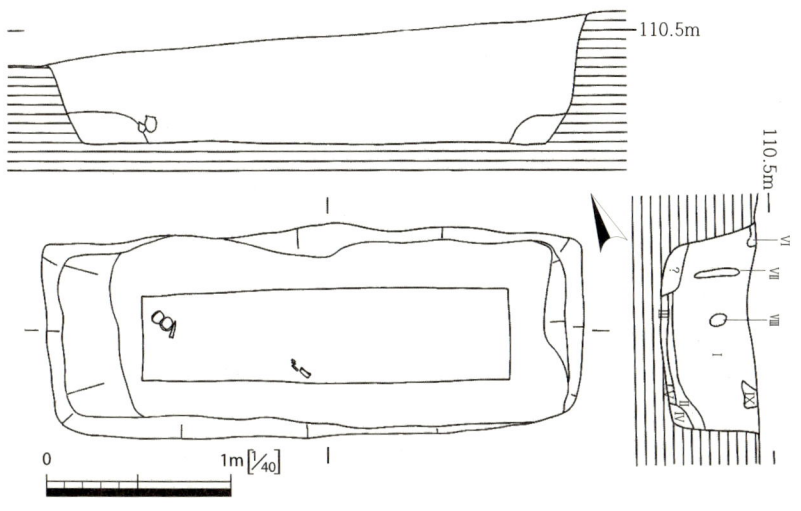

110.5m

110.5m

Ⅰ: 적갈색 점토+생토부스러기
Ⅱ: 적갈색 점토
Ⅲ: 회갈색 점토
Ⅳ: 생토부스러기
Ⅴ: 회갈색사질토
Ⅵ: 흑갈색 점토+생토부스러기
Ⅶ: 적갈색 사질점토
Ⅷ: 회갈색 점토
Ⅸ: 황갈색 사질토

0   1m[1/40]

[출토유물]

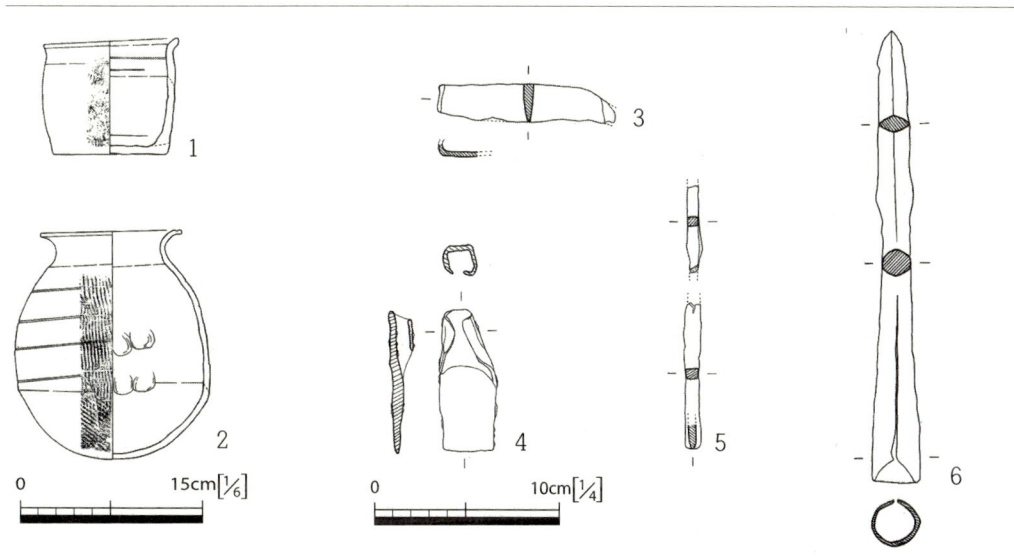

0   15cm[1/6]

0   10cm[1/4]

B지구 4호 토광묘

(단위 : cm)

묘광	크 기 (길이×너비×깊이)	260×110×(57+)	목관	크 기 (길이×너비×높이)	187×42×?
	장폭비	2.36:1		장폭비	4.45:1
	장축방향	N-90°-E	목곽	크 기 (길이×너비×높이)	-
	두 향	?		장폭비	-
유물	토 기	-			
	철 기	겸(1)			
	청동기	-			
	옥석류	-			
	기 타	-			
	특기사항				

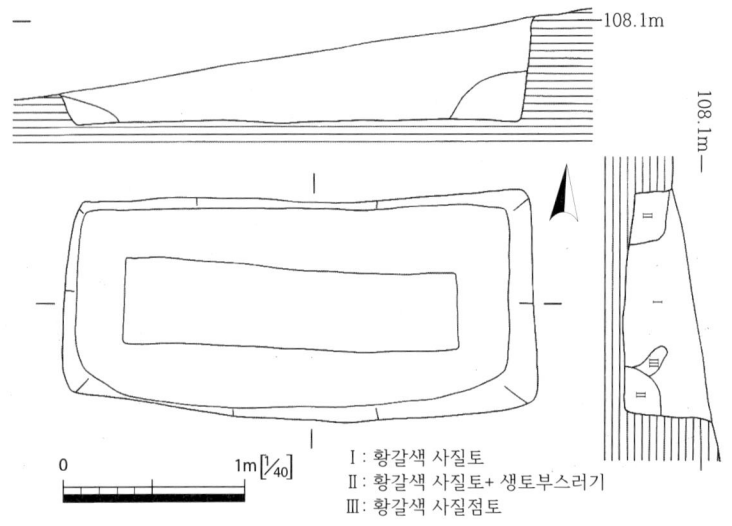

I : 황갈색 사질토
II: 황갈색 사질토+ 생토부스러기
III: 황갈색 사질점토

[유구사진]

[출토유물]

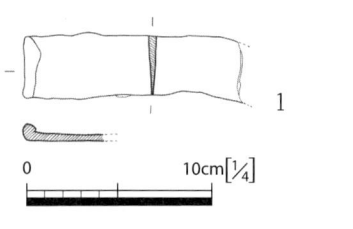

1

B지구 5호 토광묘

(단위 : cm)

묘광	크 기 (길이×너비×깊이)	110×108×?	목관	크 기 (길이×너비×높이)	?
	장폭비	?		장폭비	?
	장축방향	N-87°-E	목곽	크 기 (길이×너비×높이)	-
	두 향	?		장폭비	-
유물	토 기	단경호(2)			
	철 기	-			
	청 동 기	-			
	옥석류	-			
	기 타	-			
	특기사항				

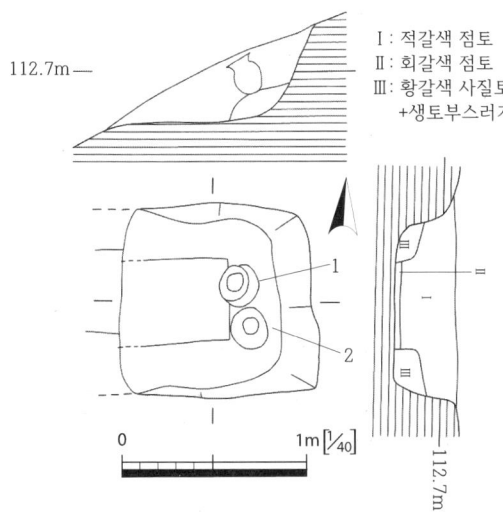

112.7m —

Ⅰ: 적갈색 점토
Ⅱ: 회갈색 점토
Ⅲ: 황갈색 사질토
　+생토부스러기

0　　　　　　1m[1/40]

112.7m

[유구사진]

[관외]

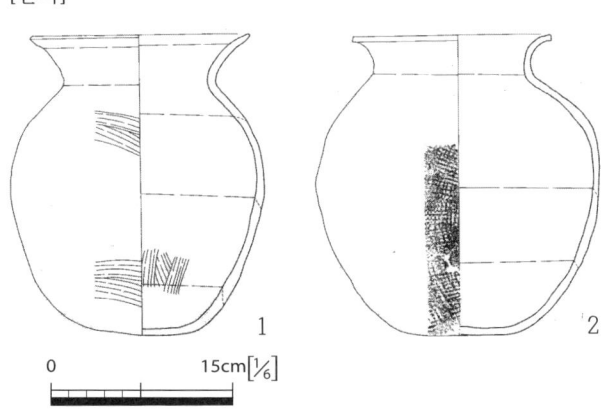

1　　　　　2

0　　　15cm[1/6]

B지구 6호 토광묘

(단위 : cm)

묘광	크 기 (길이×너비×깊이)	308×110×65	목관	크 기 (길이×너비×높이)	200×45×?
	장폭비	2.80:1		장폭비	4.44:1
	장축방향	N-78°-W	목곽	크 기 (길이×너비×높이)	-
	두 향	?		장폭비	-
유물	토 기	심발형토기(1), 대호(1)			
	철 기	도자(2), 겸(1)			
	청동기	-			
	옥석류	-			
	기 타	-			
	특기사항				

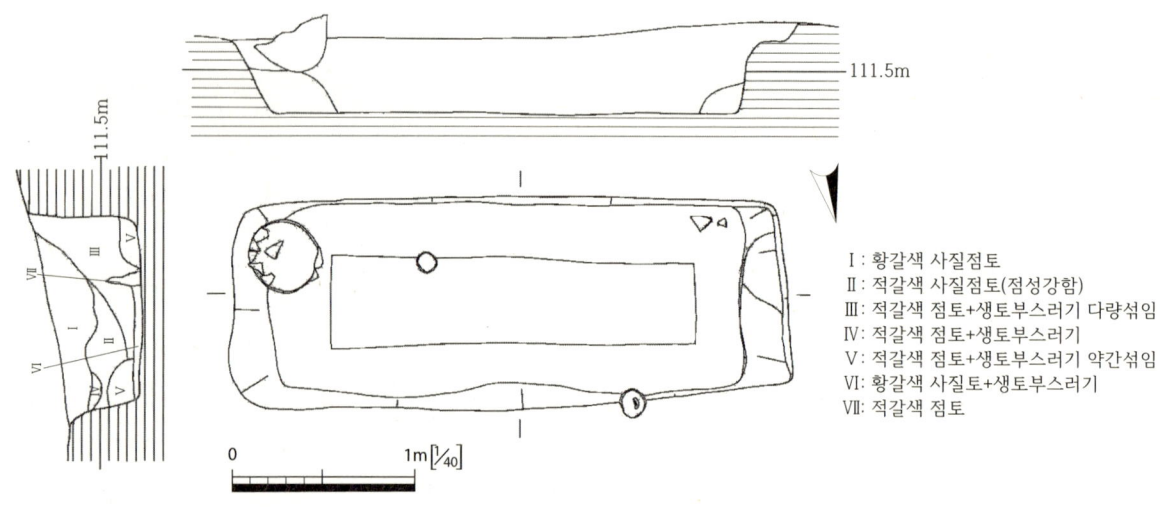

I : 황갈색 사질점토
II : 적갈색 사질점토(점성강함)
III : 적갈색 점토+생토부스러기 다량섞임
IV : 적갈색 점토+생토부스러기
V : 적갈색 점토+생토부스러기 약간섞임
VI : 황갈색 사질토+생토부스러기
VII : 적갈색 점토

0   1m[1/40]

[유구사진]   [출토유물]

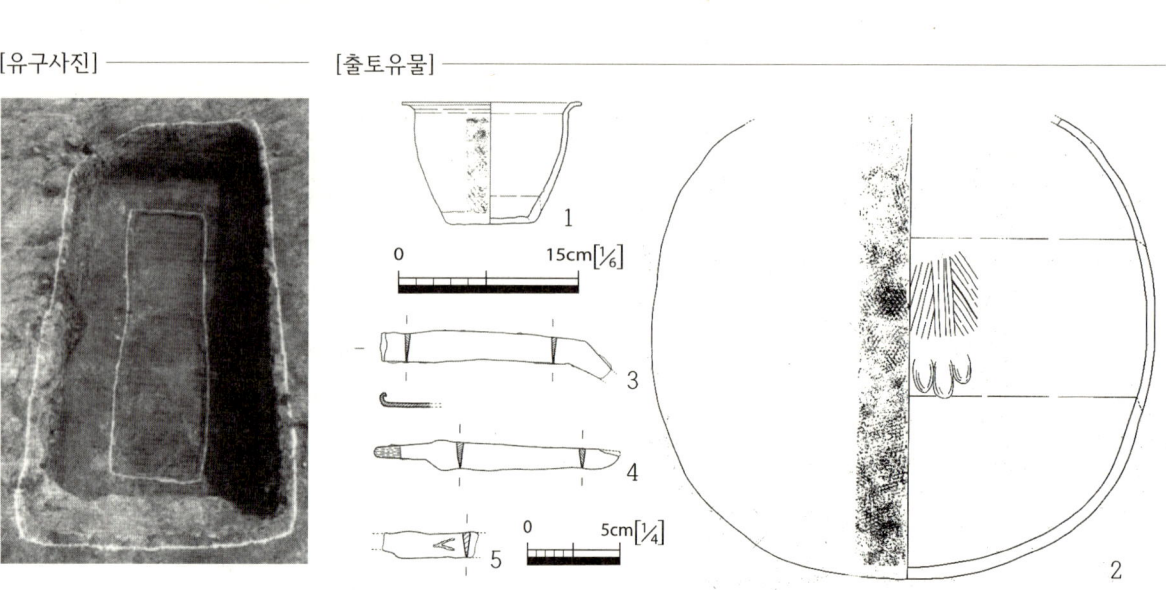

B지구 7호 토광묘

(단위 : cm)

묘광	크 기 (길이×너비×깊이)	288×118×(65+)	목관	크 기 (길이×너비×높이)	170×51×?
	장폭비	2.44:1		장폭비	3.33:1
	장축방향	N-78°-W	목곽	크 기 (길이×너비×높이)	-
	두 향	?		장폭비	-
유물	토 기	심발형토기(1), 단경호(1)			
	철 기	-			
	청동기	-			
	옥석류	-			
	기 타	-			
	특기사항				

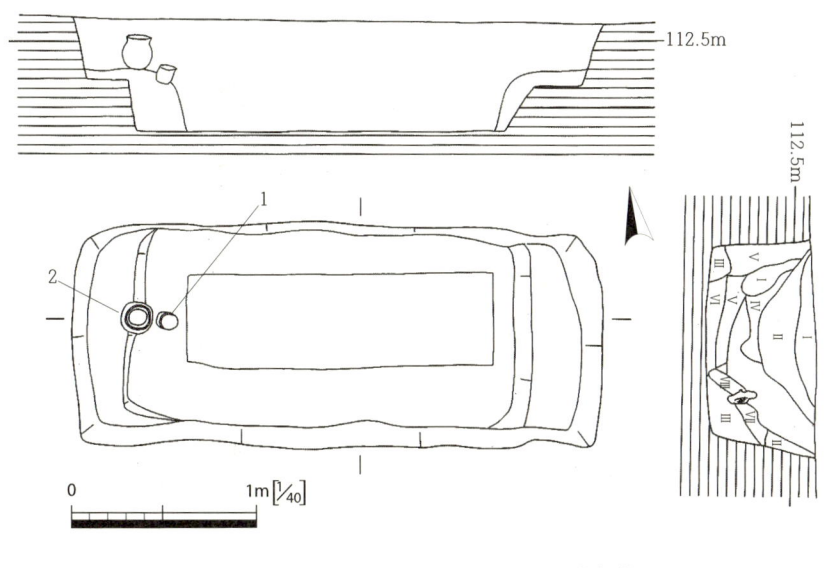

Ⅰ: 황갈색 사질토
Ⅱ: 황갈색 사질점토
Ⅲ: 황갈색 사질점토
 +생토부스러기 포함
Ⅳ: 황갈색점토
Ⅴ: 적갈색 사질토
Ⅵ: 황갈색 사질점토
Ⅶ: 명갈색 사질토
Ⅷ: 흑갈색 점토

[유구사진]

[관외]

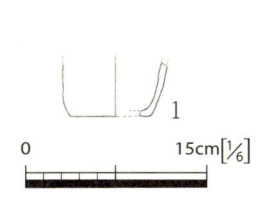

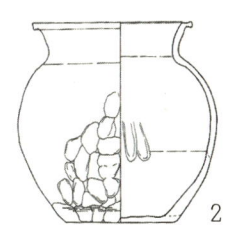

B지구 8호 토광묘

(단위 : cm)

묘광	크 기 (길이×너비×깊이)	287×122×(95+)	목관	크 기 (길이×너비×높이)	187×44×?
	장폭비	2.35:1		장폭비	4.25:1
	장축방향	N-85°-W	목곽	크 기 (길이×너비×높이)	-
	두 향	?		장폭비	-
유물	토 기	심발형토기(1), 단경소호(1), 단경호(1), 저부편(1)			
	철 기	도자(1), 도(1)			
	청 동 기	-			
	옥석류	-			
	기 타	-			
	특기사항				

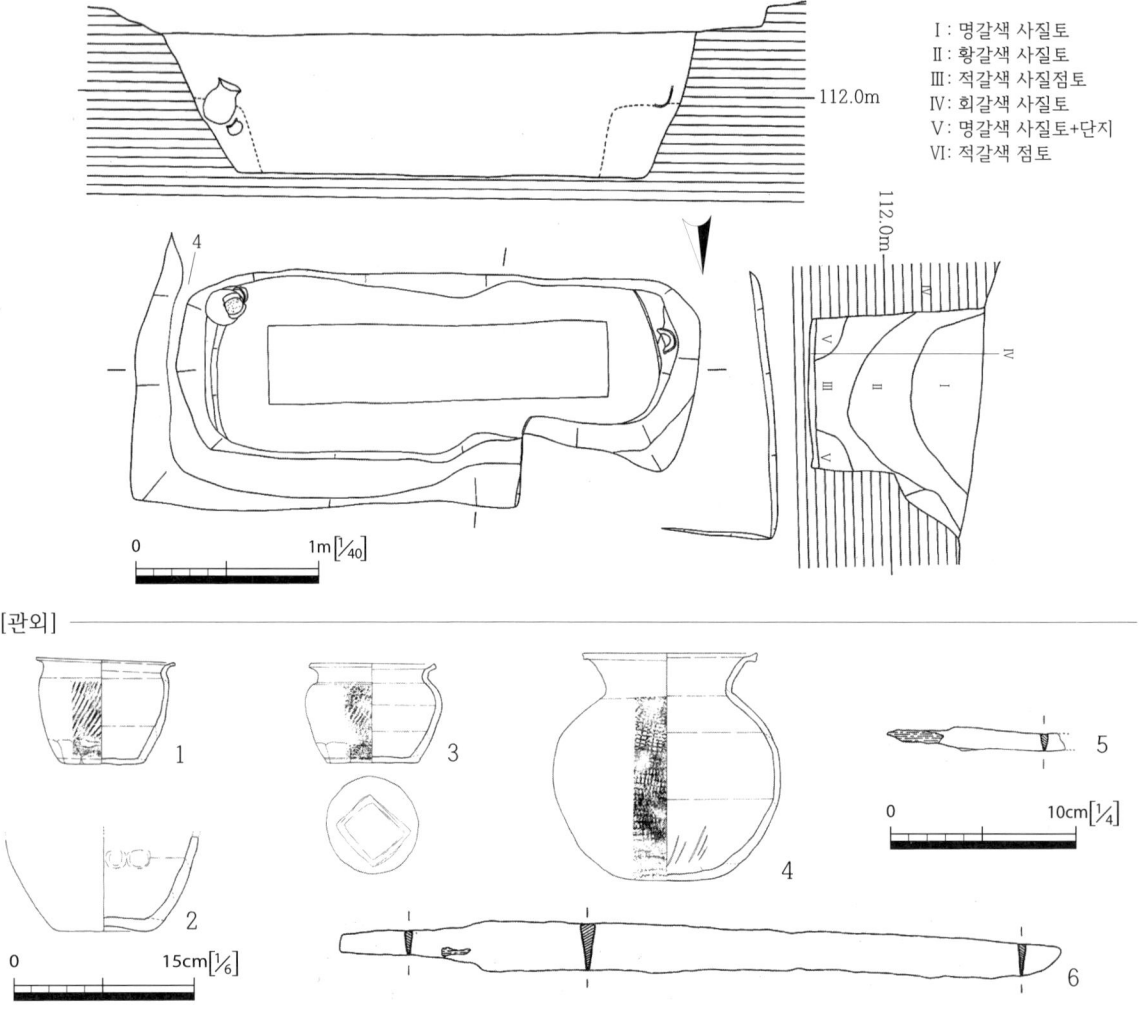

I : 명갈색 사질토
II : 황갈색 사질토
III : 적갈색 사질점토
IV : 회갈색 사질토
V : 명갈색 사질토+단지
VI : 적갈색 점토

112.0m

[관외]

B지구 9호 토광묘

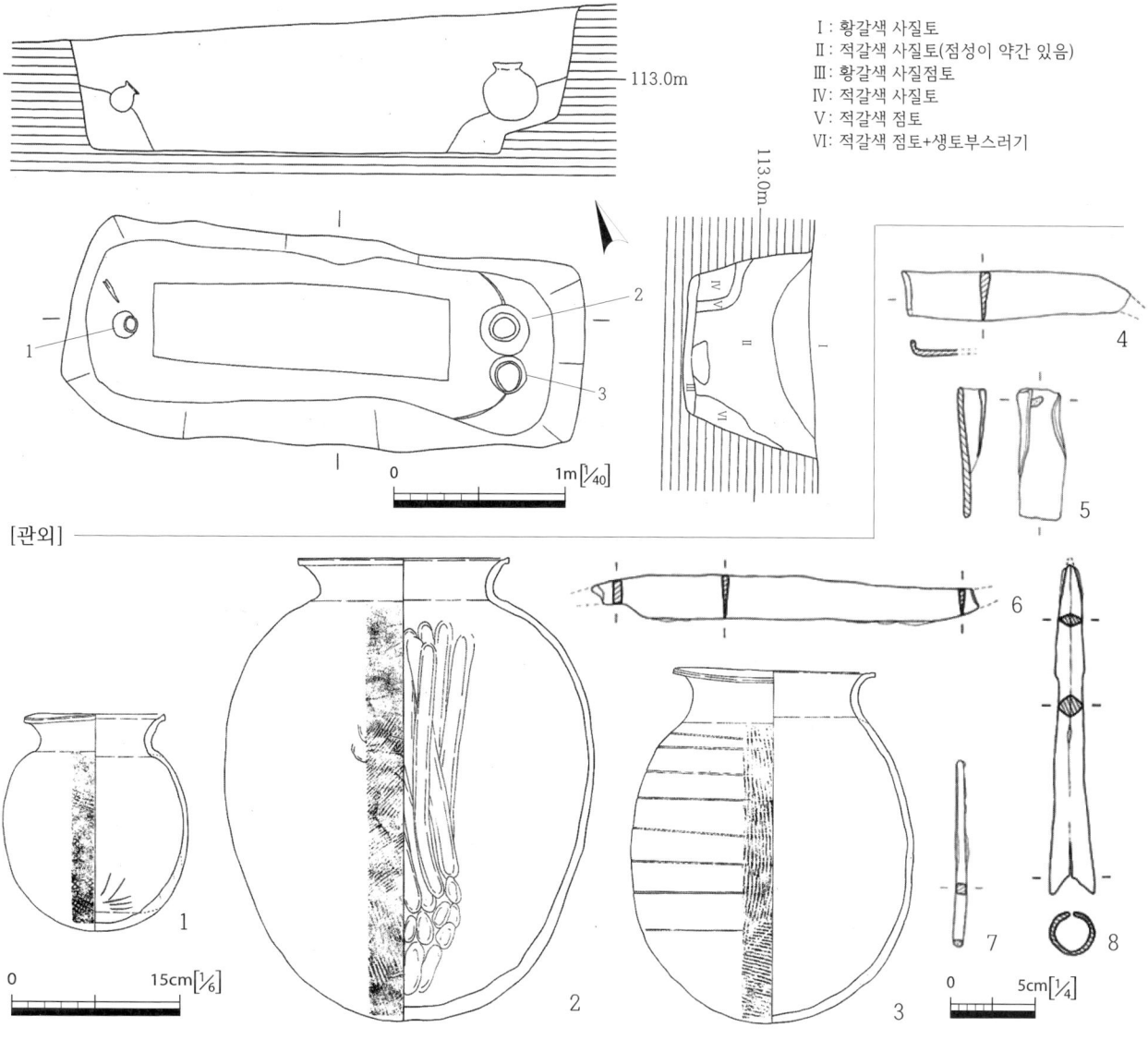

(단위 : cm)

묘광	크 기 (길이×너비×깊이)	305×120×(72+)	목관	크 기 (길이×너비×높이)	173×52×?
	장폭비	2.54:1		장폭비	3.32:1
	장축방향	N-60°-W	목곽	크 기 (길이×너비×높이)	?
	두 향	?		장폭비	?
유물	토 기	단경호(1), 난형호(1), 옹(1)			
	철 기	도(1), 모(1), 겸(1), 단조철부(1), 착(1)			
	청동기	-			
	옥석류	-			
	기 타	-			
	특기사항				

113.0m

Ⅰ : 황갈색 사질토
Ⅱ : 적갈색 사질토(점성이 약간 있음)
Ⅲ : 황갈색 사질점토
Ⅳ : 적갈색 사질토
Ⅴ : 적갈색 점토
Ⅵ : 적갈색 점토+생토부스러기

113.0m

0   1m[1/40]

[관외]

0   15cm[1/6]

0   5cm[1/4]

B지구 10호 토광묘

(단위 : cm)

묘광	크 기 (길이×너비×깊이)	258×107×(25+)	목관	크 기 (길이×너비×높이)	160×54×?
	장폭비	2.41:1		장폭비	2.96:1
	장축방향	N-60°-W	목곽	크 기 (길이×너비×높이)	?
	두 향	?		장폭비	?
유물	토 기	심발형토기(1)			
	철 기	-			
	청 동 기	-			
	옥 석 류	-			
	기 타	-			
	특기사항	심발형토기 1점 도면 미게재.			

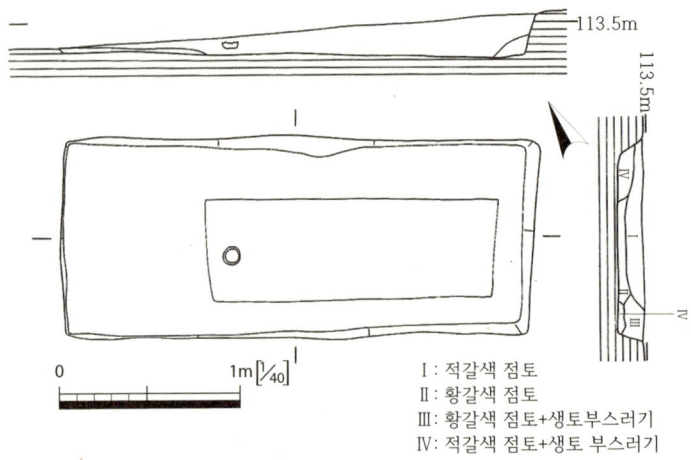

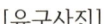

Ⅰ: 적갈색 점토
Ⅱ: 황갈색 점토
Ⅲ: 황갈색 점토+생토부스러기
Ⅳ: 적갈색 점토+생토 부스러기

[유구사진]

B지구 11호 토광묘

(단위 : cm)

묘광	크 기 (길이×너비×깊이)	285×92×(50+)	목관	크 기 (길이×너비×높이)	204×50×?
	장폭비	3.09:1		장폭비	4.08:1
	장축방향	N-77°-W	목곽	크 기 (길이×너비×높이)	?
	두 향	?		장폭비	?
유물	토 기	심발형토기(1), 단경호(1), 호·옹(1)			
	철 기	도자(1), 도(1), 모(1), 착(1)			
	청동기	-			
	옥석류	-			
	기 타	-			
	특기사항				

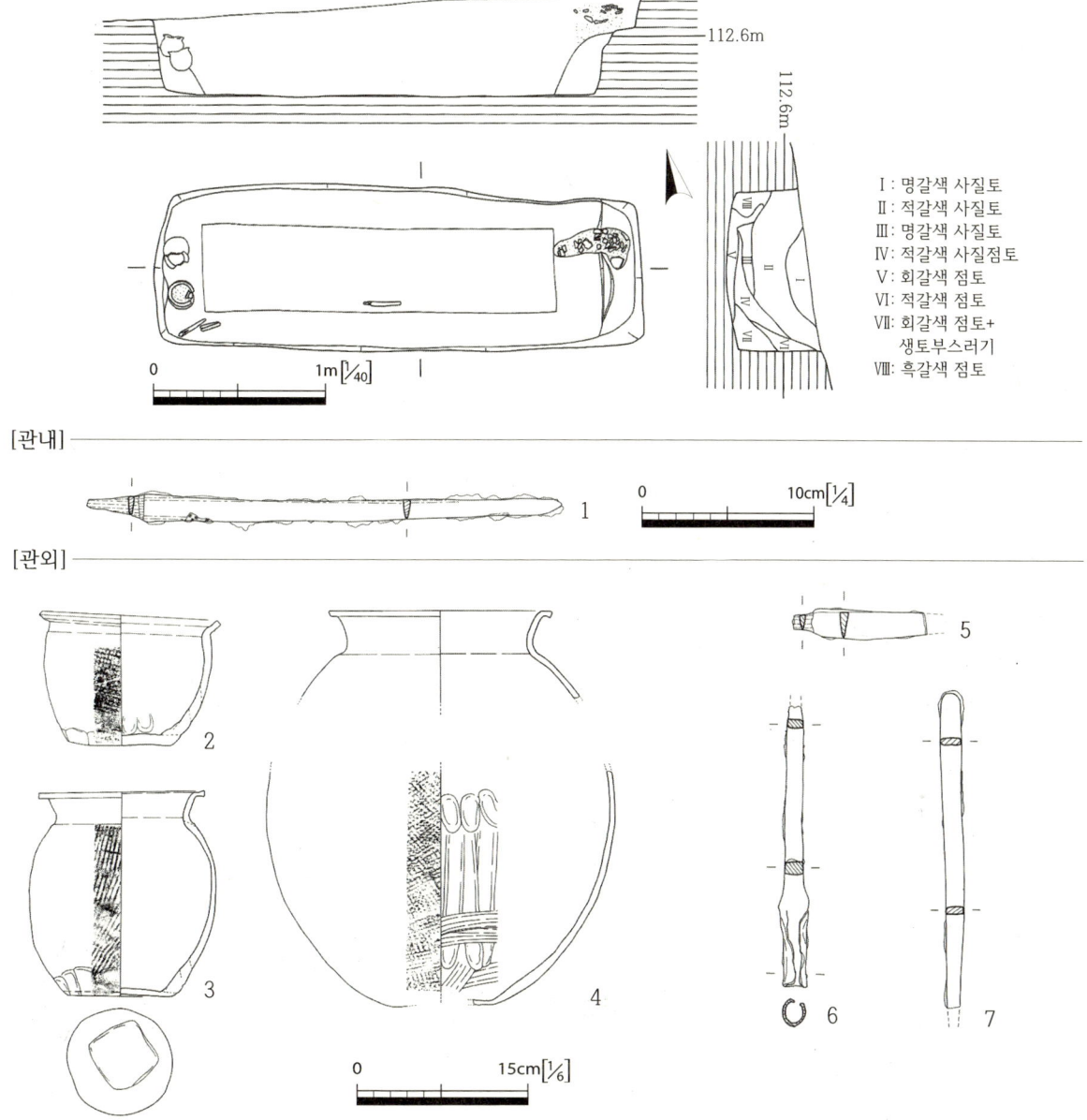

112.6m

112.6m

0   1m[1/40]

Ⅰ: 명갈색 사질토
Ⅱ: 적갈색 사질토
Ⅲ: 명갈색 사질토
Ⅳ: 적갈색 사질점토
Ⅴ: 회갈색 점토
Ⅵ: 적갈색 점토
Ⅶ: 회갈색 점토+
    생토부스러기
Ⅷ: 흑갈색 점토

[관내]

1

0   10cm[1/4]

[관외]

5

2

3

4

6

7

0   15cm[1/6]

B지구 12호 토광묘

(단위 : cm)

묘광	크 기 (길이×너비×깊이)	165×85×?	목관	크 기 (길이×너비×높이)	97×38×?
	장폭비	1.94:1		장폭비	2.55:1
	장축방향	N-86°-E	목곽	크 기 (길이×너비×높이)	-
	두 향	?		장폭비	-
유물	토 기	단경호(1), 장경호(1)			
	철 기	-			
	청 동 기	-			
	옥 석 류	-			
	기 타	-			
	특기사항				

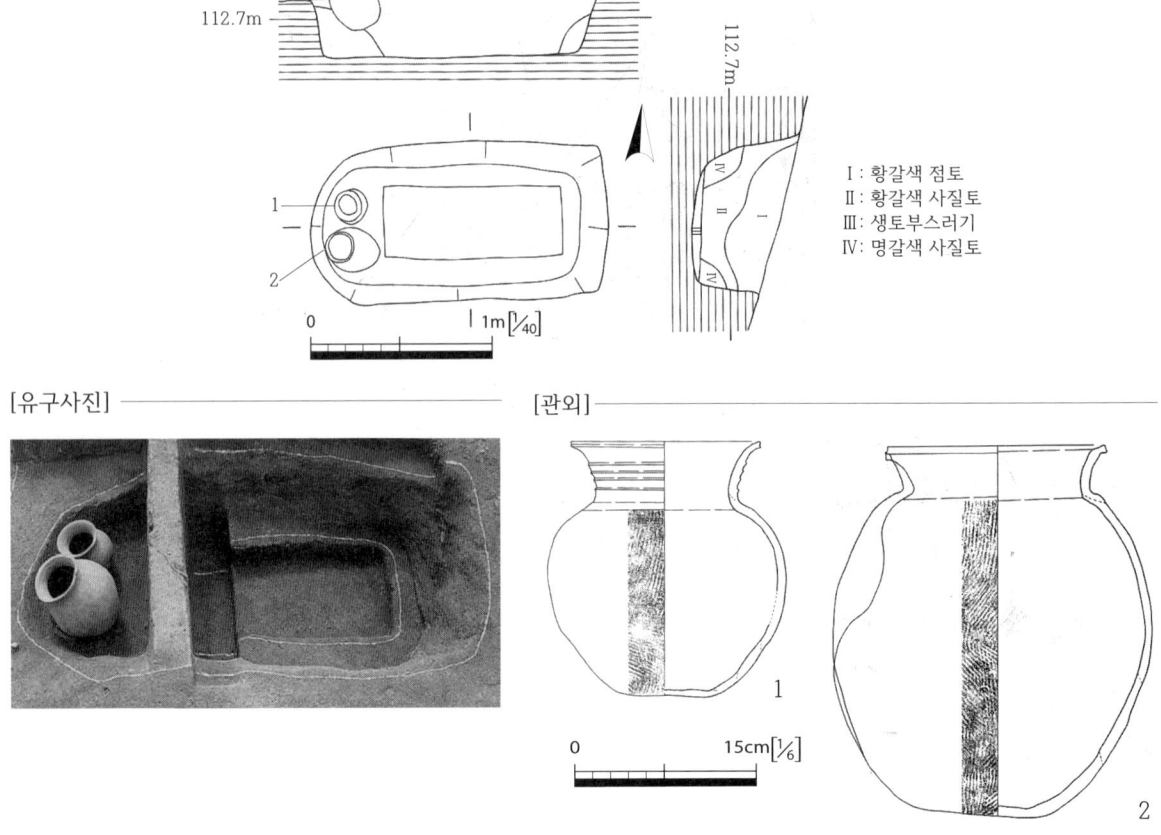

I : 황갈색 점토
II : 황갈색 사질토
III : 생토부스러기
IV : 명갈색 사질토

112.7m

[유구사진]

[관외]

1

2

0   15cm[⅙]

B지구 13호 토광묘

(단위 : cm)

묘광	크 기 (길이×너비×깊이)	235×123×(60+)	목관	크 기 (길이×너비×높이)	155×47×?
	장폭비	1.91:1		장폭비	3.29:1
	장축방향	N°-86-W	목곽	크 기 (길이×너비×높이)	-
	두 향	?		장폭비	-
유물	토 기	심발형토기(1)			
	철 기	-			
	청동기	-			
	옥석류	-			
	기 타	-			
	특기사항				

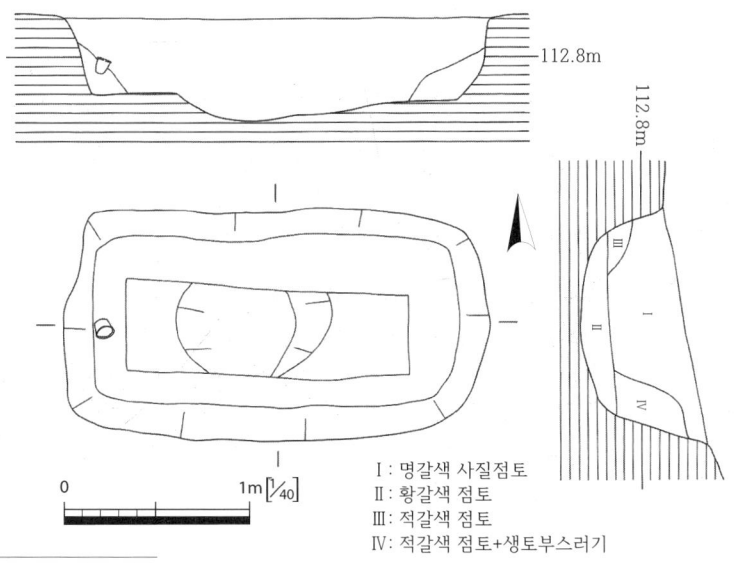

I : 명갈색 사질점토
II : 황갈색 점토
III : 적갈색 점토
IV : 적갈색 점토+생토부스러기

[유구사진]

[관외]

1

B지구 14호 토광묘

(단위 : cm)

묘광	크 기 (길이×너비×깊이)	335×120×(90+)	목관	크 기 (길이×너비×높이)	205×53×?
	장폭비	2.79:1		장폭비	3.86:1
	장축방향	N-80°-W	목곽	크 기 (길이×너비×높이)	?
	두 향	?		장폭비	?
유물	토 기	심발형토기(1), 단경호(1)			
	철 기	도자(1), 촉(2), 겸(1), 단조철부(1), 착(1)			
	청 동 기	-			
	옥석류	-			
	기 타	-			
	특기사항				

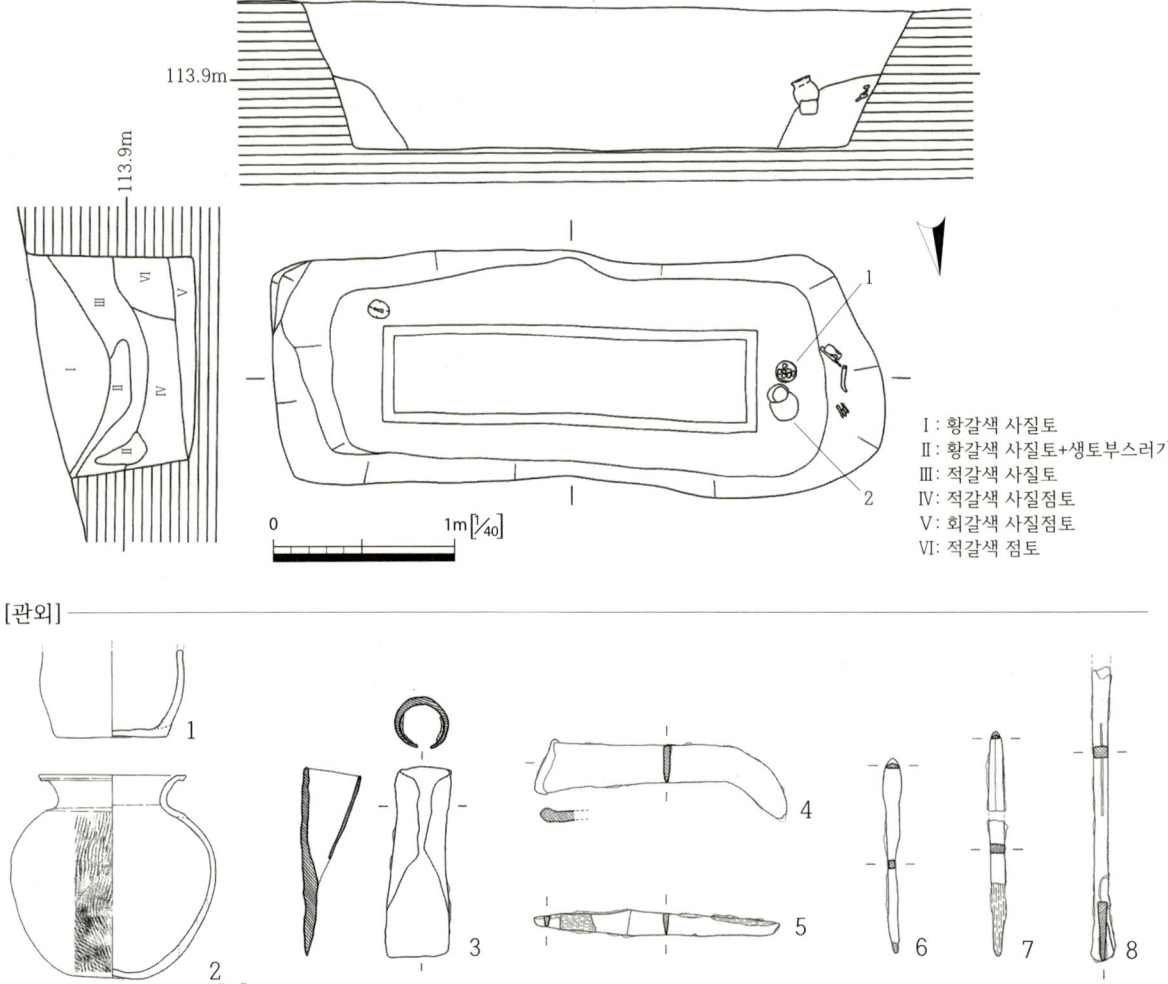

I : 황갈색 사질토
II : 황갈색 사질토+생토부스러기
III : 적갈색 사질토
IV : 적갈색 사질점토
V : 회갈색 사질점토
VI : 적갈색 점토

[관외]

B지구 15호 토광묘

(단위 : cm)

묘광	크 기 (길이×너비×깊이)	370×140×(60+)	목관	크 기 (길이×너비×높이)	245×64×?
	장폭비	2.64:1		장폭비	3.82:1
	장축방향	N-85°-E	목곽	크 기 (길이×너비×높이)	-
	두 향	?		장폭비	-
유물	토 기	단경소호(1), 단경호(1)			
	철 기	겸(1)			
	청동기	-			
	옥석류	-			
	기 타	토제 방추차(1)			
	특기사항				

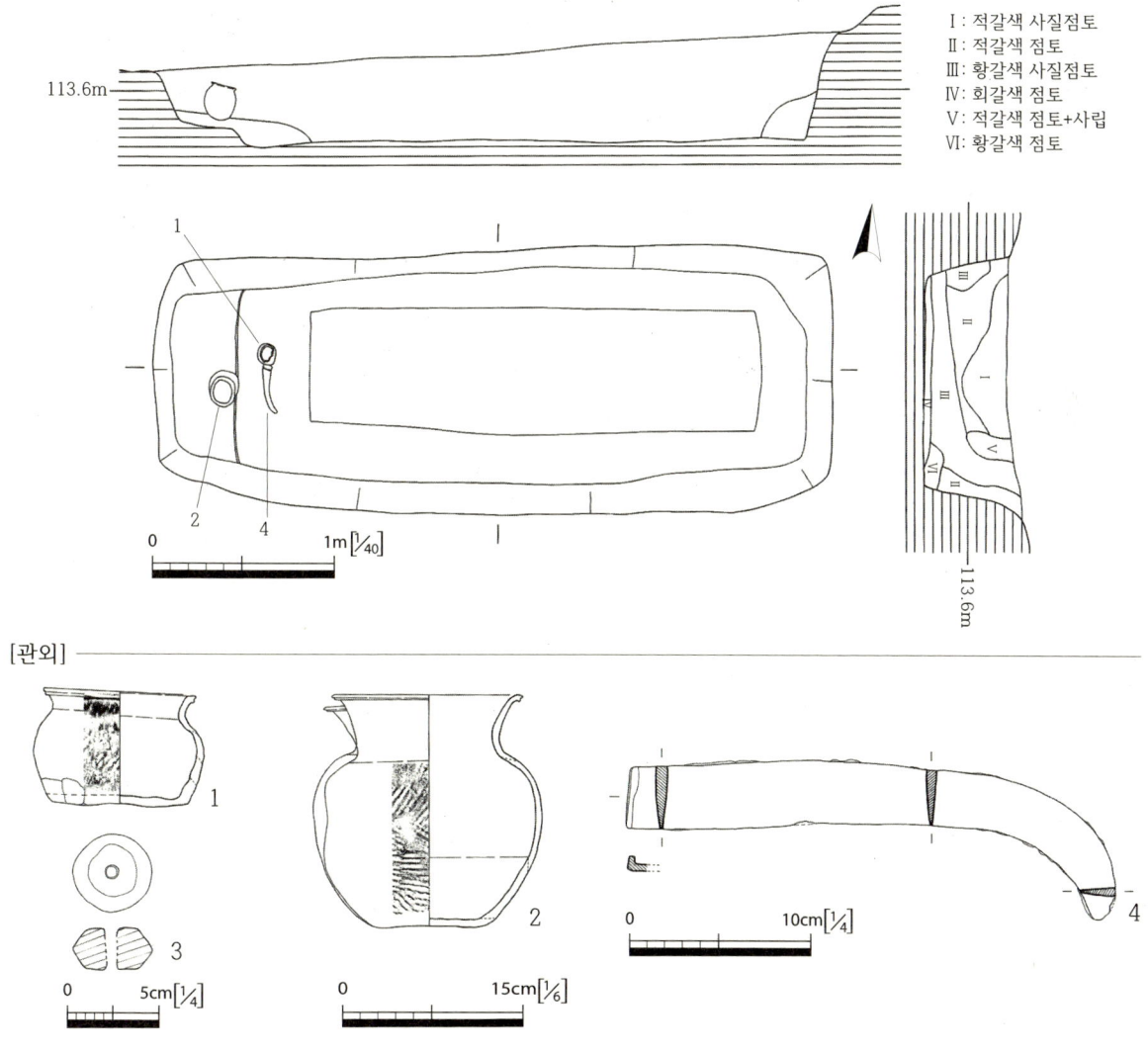

I : 적갈색 사질점토
II : 적갈색 점토
III : 황갈색 사질점토
IV : 회갈색 점토
V : 적갈색 점토+사립
VI : 황갈색 점토

113.6m

113.6m

0   1m[1/40]

[관외]

1

2

3

4

0   5cm[1/4]

0   15cm[1/6]

0   10cm[1/4]

B지구 16호 토광묘

(단위 : cm)

묘광	크 기 (길이×너비×깊이)	180×62×(34+)	목관	크 기 (길이×너비×높이)	100×40×?
	장폭비	2.90:1		장폭비	2.50:1
	장축방향	N-88°-W	목곽	크 기 (길이×너비×높이)	-
	두 향	?		장폭비	-
유물	토 기	단경소호(2), 직구단경호(1), 난형호(1)			
	철 기	-			
	청 동 기	-			
	옥석류	유리제 구슬(1)			
	기 타	-			
	특기사항				

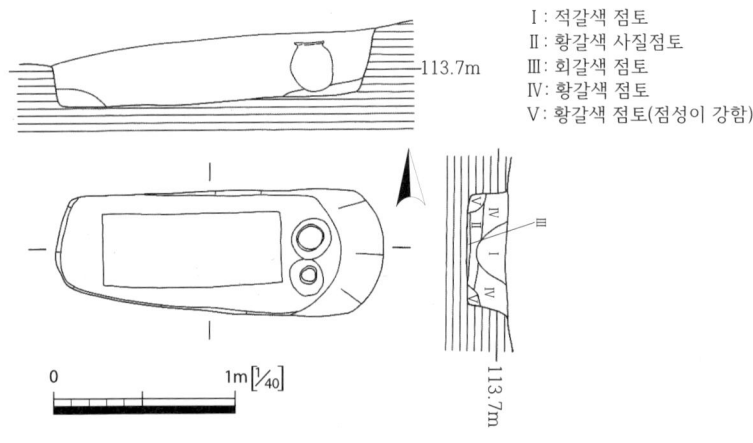

Ⅰ : 적갈색 점토
Ⅱ : 황갈색 사질점토
Ⅲ : 회갈색 점토
Ⅳ : 황갈색 점토
Ⅴ : 황갈색 점토(점성이 강함)

113.7m

0   1m [1/40]

113.7m

[관외]

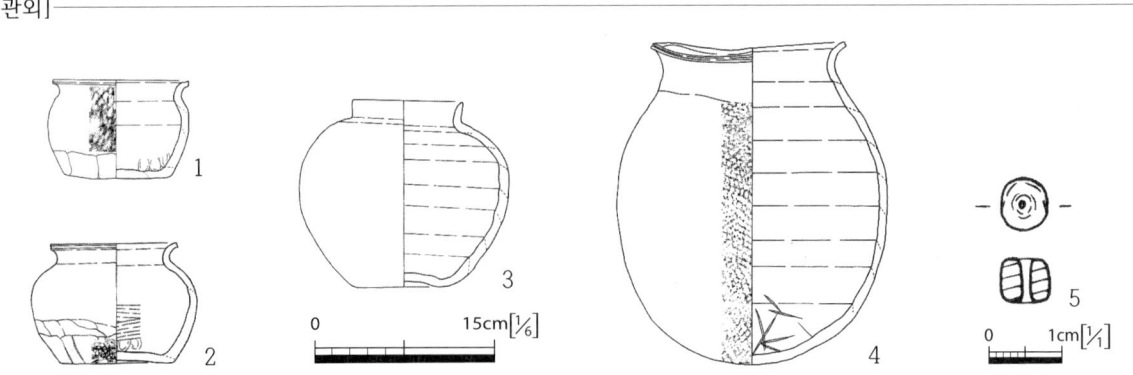

0   15cm[1/6]

0   1cm[1/1]

B지구 17호 토광묘

(단위 : cm)

묘광	크 기 (길이×너비×깊이)	295×105×(85+)	목관	크 기 (길이×너비×높이)	205×53×?
	장폭비	2.80:1		장폭비	3.86:1
	장축방향	N-80°-W	목곽	크 기 (길이×너비×높이)	-
	두 향	?		장폭비	-
유물	토 기	심발형토기(1), 장경호(1), 난형호(1), 옹(1)			
	철 기	-			
	청 동 기	-			
	옥 석 류	-			
	기 타	토제 방추차(1)			
	특기사항				

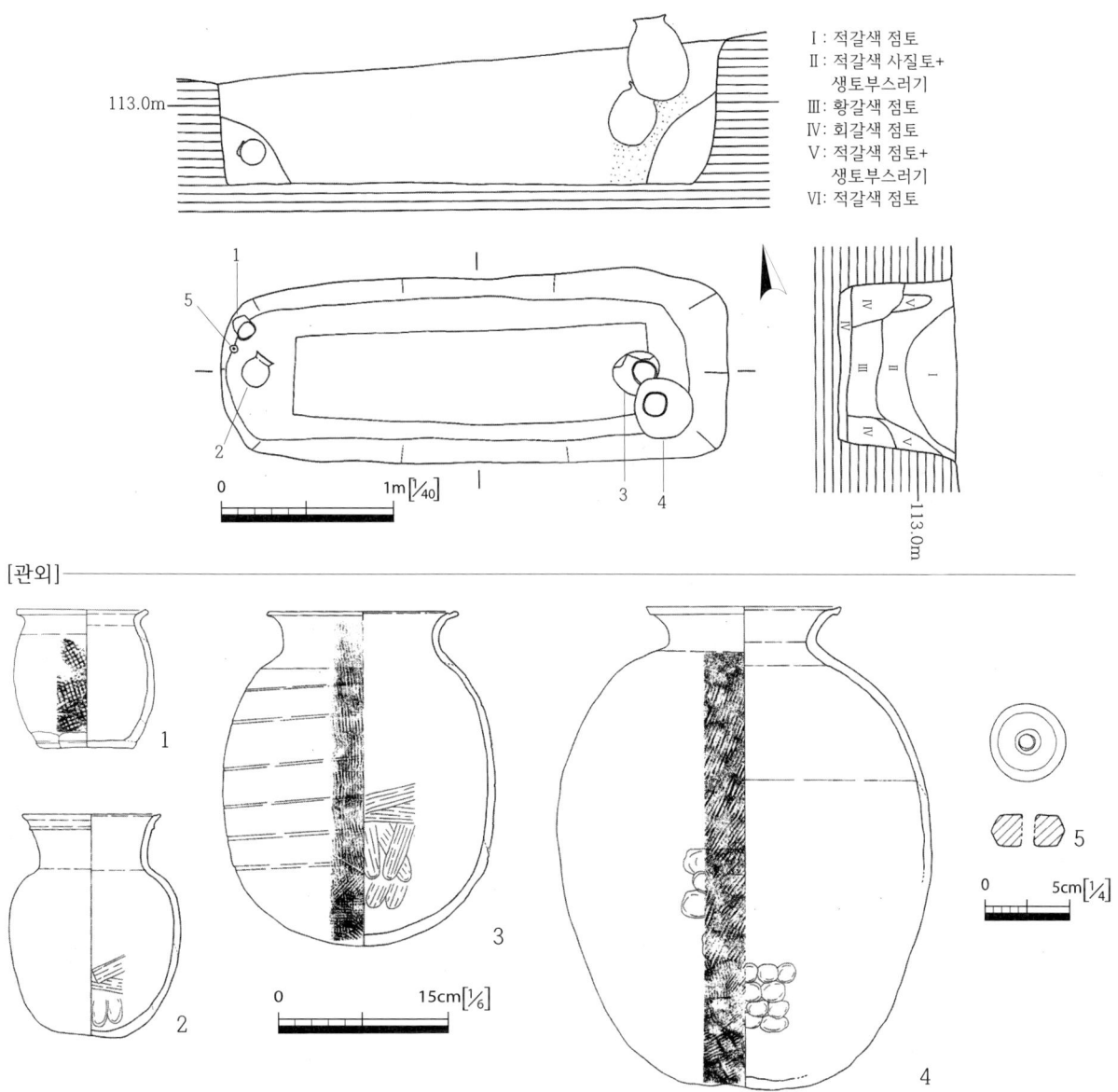

Ⅰ: 적갈색 점토
Ⅱ: 적갈색 사질토+
   생토부스러기
Ⅲ: 황갈색 점토
Ⅳ: 회갈색 점토
Ⅴ: 적갈색 점토+
   생토부스러기
Ⅵ: 적갈색 점토

113.0m

0   1m[1/40]

113.0m

[관외]

1

2

3

4

5

0   15cm[1/6]

0   5cm[1/4]

B지구 18호 토광묘

(단위 : cm)

묘광	크 기 (길이×너비×깊이)	160×58×(32+)	목관	크 기 (길이×너비×높이)	?×32×?
	장폭비	2.75:1		장폭비	?
	장축방향	N-63°-E	목곽	크 기 (길이×너비×높이)	-
	두 향	?		장폭비	-
유물	토 기	단경호(1)			
	철 기	-			
	청 동 기	-			
	옥 석 류	-			
	기 타	-			
	특기사항				

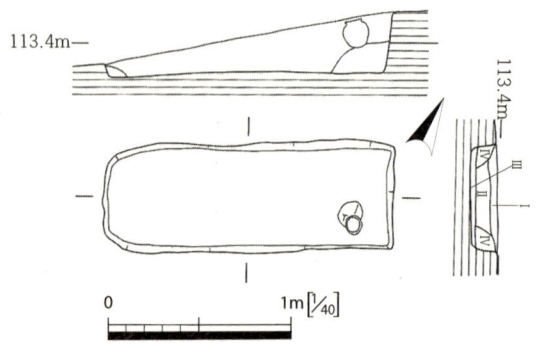

I : 적갈색 사질토
II : 적갈색 사질점토
III: 적갈색 점토
IV: 적갈색 점토+생토부스러기

[유구사진]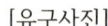

[관외]

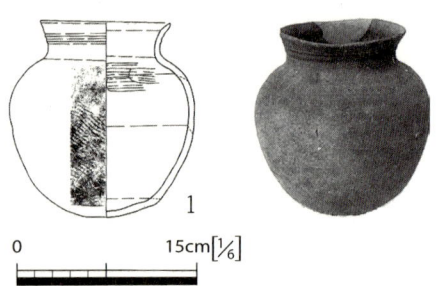

1

B지구 19호 토광묘

(단위 : cm)

묘광	크 기 (길이×너비×깊이)	300×117×(53+)	목관	크 기 (길이×너비×높이)	207×55×?
	장폭비	2.56:1		장폭비	3.76:1
	장축방향	N-86°-E	목곽	크 기 (길이×너비×높이)	-
	두 향	서쪽		장폭비	-
유물	토 기	호(1), 호·옹(1)			
	철 기	도자(1), 도(1), 모(1), 단조철부(1), 겸(1)			
	청동기	-			
	옥석류	-			
	기 타	-			
	특기사항				

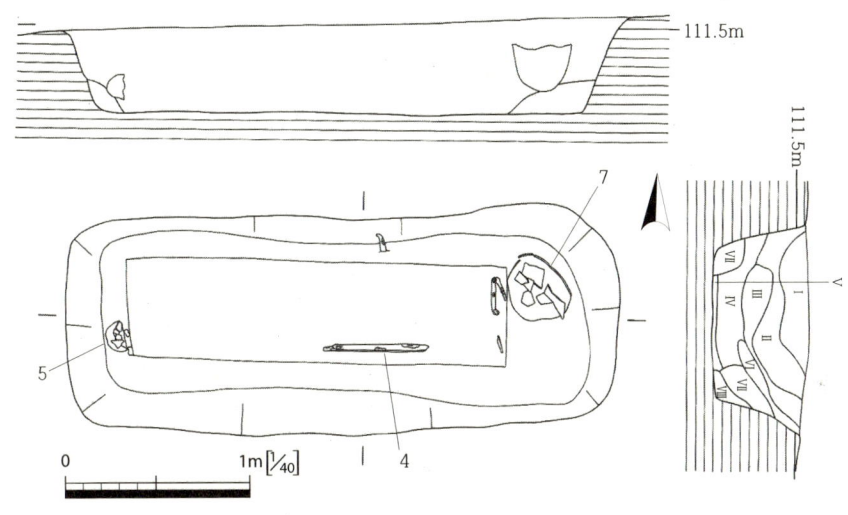

Ⅰ: 황갈색 사질점토(외부유입 부식토층)
Ⅱ: 생토부스러기 및 점토 모래포함 황갈색 사질점토
Ⅲ: 생토부스러기 및 명갈색 사질점토(외부 함몰토)
Ⅳ: 황갈색 사질점토(내부 함몰토)
Ⅴ: 흑갈색 점질토(내부퇴적 침전토)
Ⅵ: 황색 점질토
Ⅶ: 생토부스럭 및 황갈색 다짐층(충전토)
Ⅷ: 생토부스러기 포함 회갈색 사질점토(충전토)

[관내]　　　　　　　　　　　　　　　[관외]

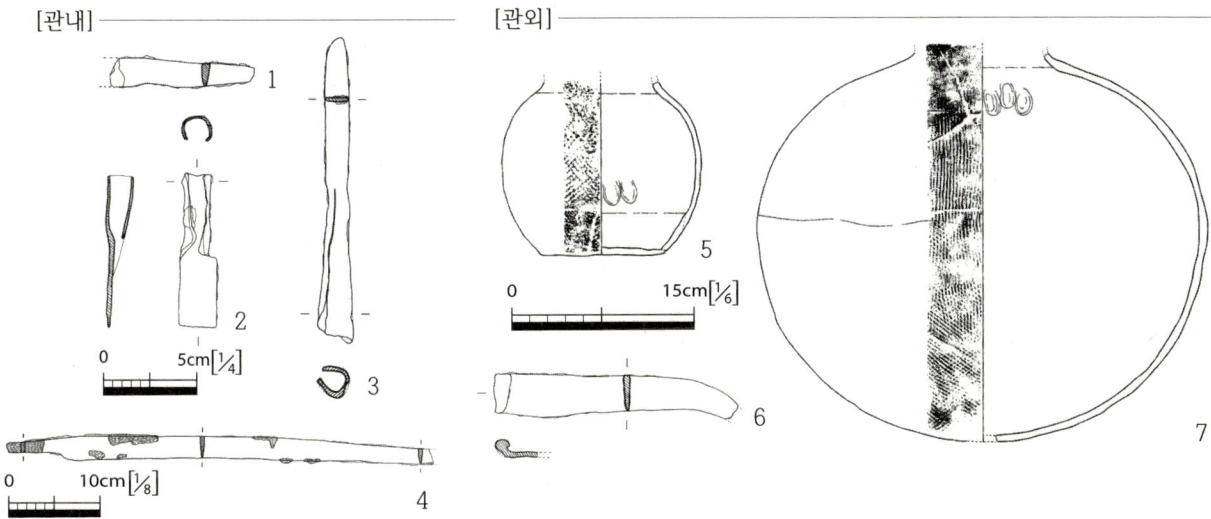

B지구 20호 토광묘

(단위 : cm)

묘광	크 기 (길이×너비×깊이)	200×95×(50+)	목관	크 기 (길이×너비×높이)	133×52×?
	장폭비	2.10:1		장폭비	2.55:1
	장축방향	N-90°-E	목곽	크 기 (길이×너비×높이)	-
	두 향	?		장폭비	-
유물	토 기	발형토기(1), 직구호(1), 단경호(2)			
	철 기	-			
	청동기	-			
	옥석류	-			
	기 타	-			
	특기사항	토층에 대한 기술이 없음.			

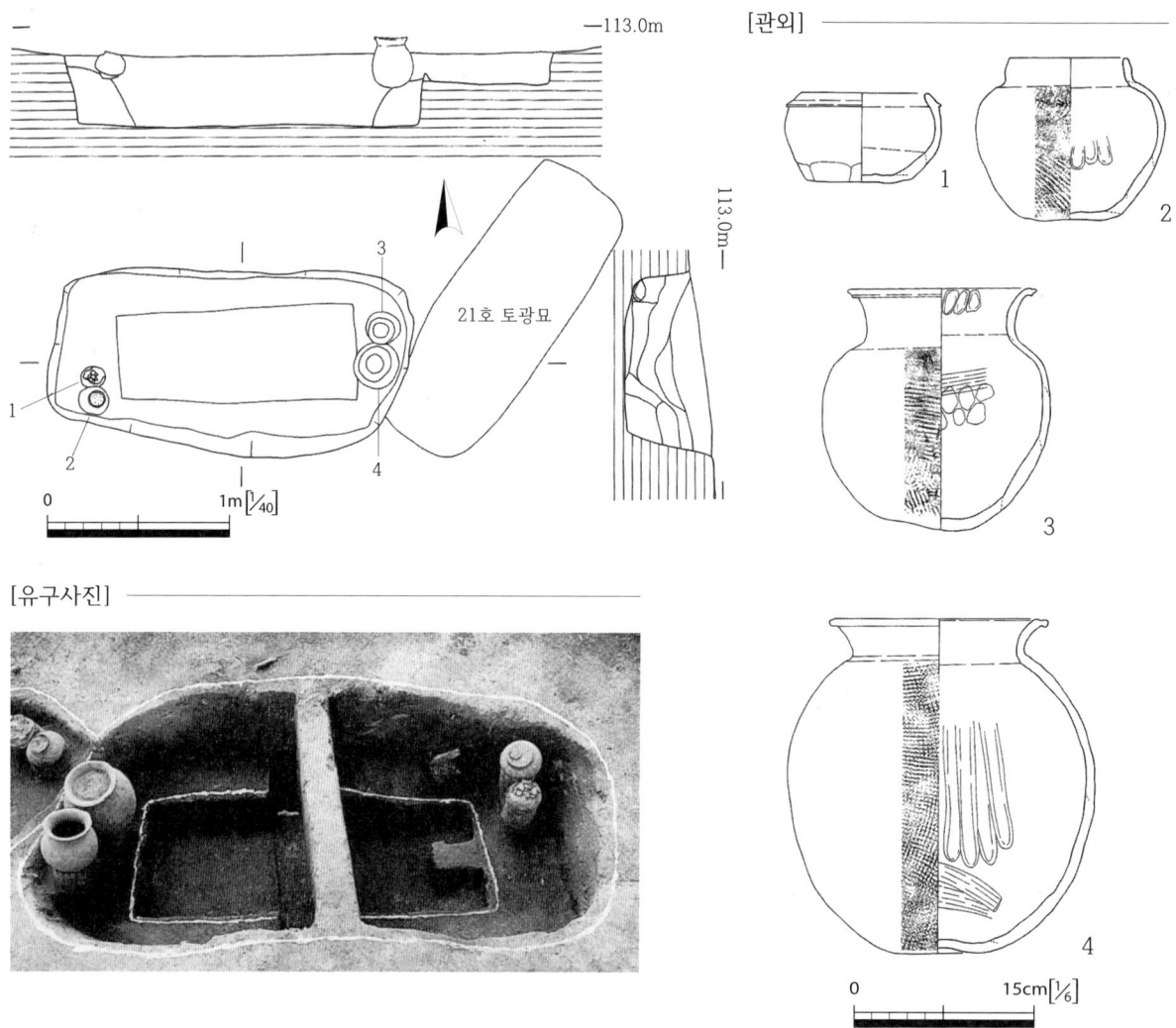

[관외]

[유구사진]

0   1m[1/40]

0   15cm[1/6]

B지구 21호 토광묘

(단위 : cm)

묘광	크 기 (길이×너비×깊이)	172×63×(15+)	목관	크 기 (길이×너비×높이)	?
	장폭비	2.73:1		장폭비	?
	장축방향	N-20°-E	목곽	크 기 (길이×너비×높이)	?
	두 향	?		장폭비	?
유물	토 기	심발형토기(1), 직구단경호(1)			
	철 기	-			
	청동기	-			
	옥석류	-			
	기 타	-			
	특기사항	목관 윤곽선이 도면에는 표시되어 있지 않음.			

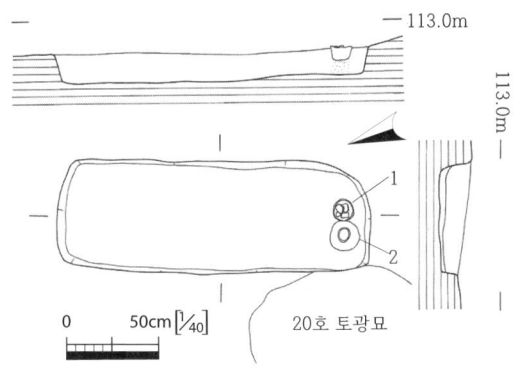

[출토유물]

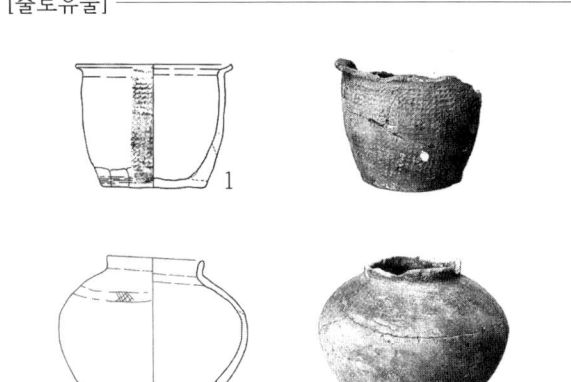

[유구사진]

B지구 22호 토광묘

(단위 : cm)

묘광	크 기 (길이×너비×깊이)	225×110×(70+)	목관	크 기 (길이×너비×높이)	152×46×?
	장폭비	2.04:1		장폭비	3.30:1
	장축방향	N-85°-W	목곽	크 기 (길이×너비×높이)	-
	두 향	?		장폭비	-
유물	토 기	심발형토기(1)			
	철 기	-			
	청 동 기	-			
	옥 석 류	-			
	기 타	-			
	특기사항				

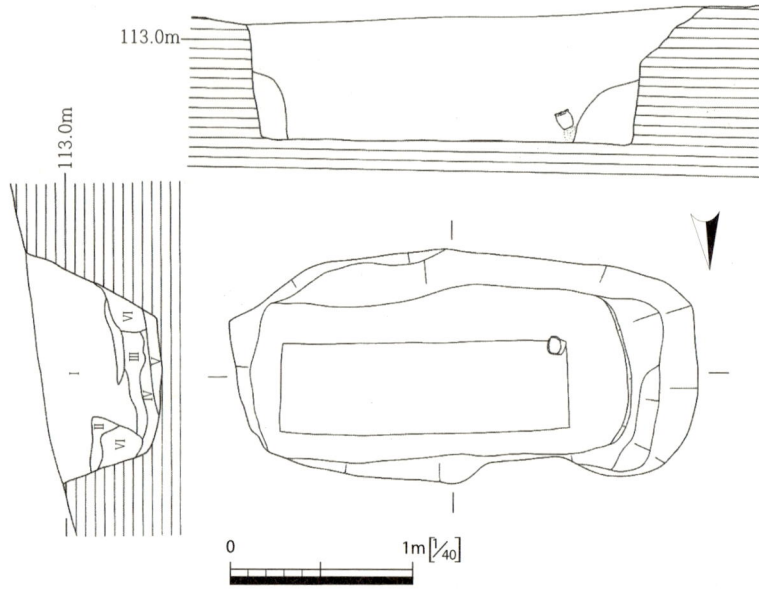

Ⅰ : 황갈색 사질점토(퇴적토)
Ⅱ : 생토부스러기 포함 명갈색 사질점토
Ⅲ : 황갈색 사질점토(내부함몰토)
Ⅳ : 흑갈색 점질토
Ⅴ : 명갈색 사질점토(모래 많이 포함)
Ⅵ : 생토부스러기 포함 황갈색 다짐토(충전토)

113.0m

113.0m

0   1m[1/40]

[유구사진]

[관외]

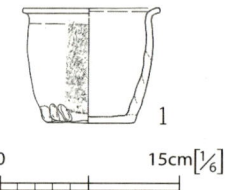

1

0   15cm[1/6]

B지구 23호 토광묘

(단위 : cm)

묘광	크 기 (길이×너비×깊이)	335×120×(86+)	목관	크 기 (길이×너비×높이)	210×56×?
	장폭비	2.79:1		장폭비	3.75:1
	장축방향	N-83°-W	목곽	크 기 (길이×너비×높이)	-
	두 향	?		장폭비	-
유물	토 기	심발형토기(1), 단경호(1)			
	철 기	도자(1), 모(1), 촉(1), 겸(1), 착(1), 모형철기(1)			
	청 동 기	-			
	옥석류	-			
	기 타	-			
	특기사항				

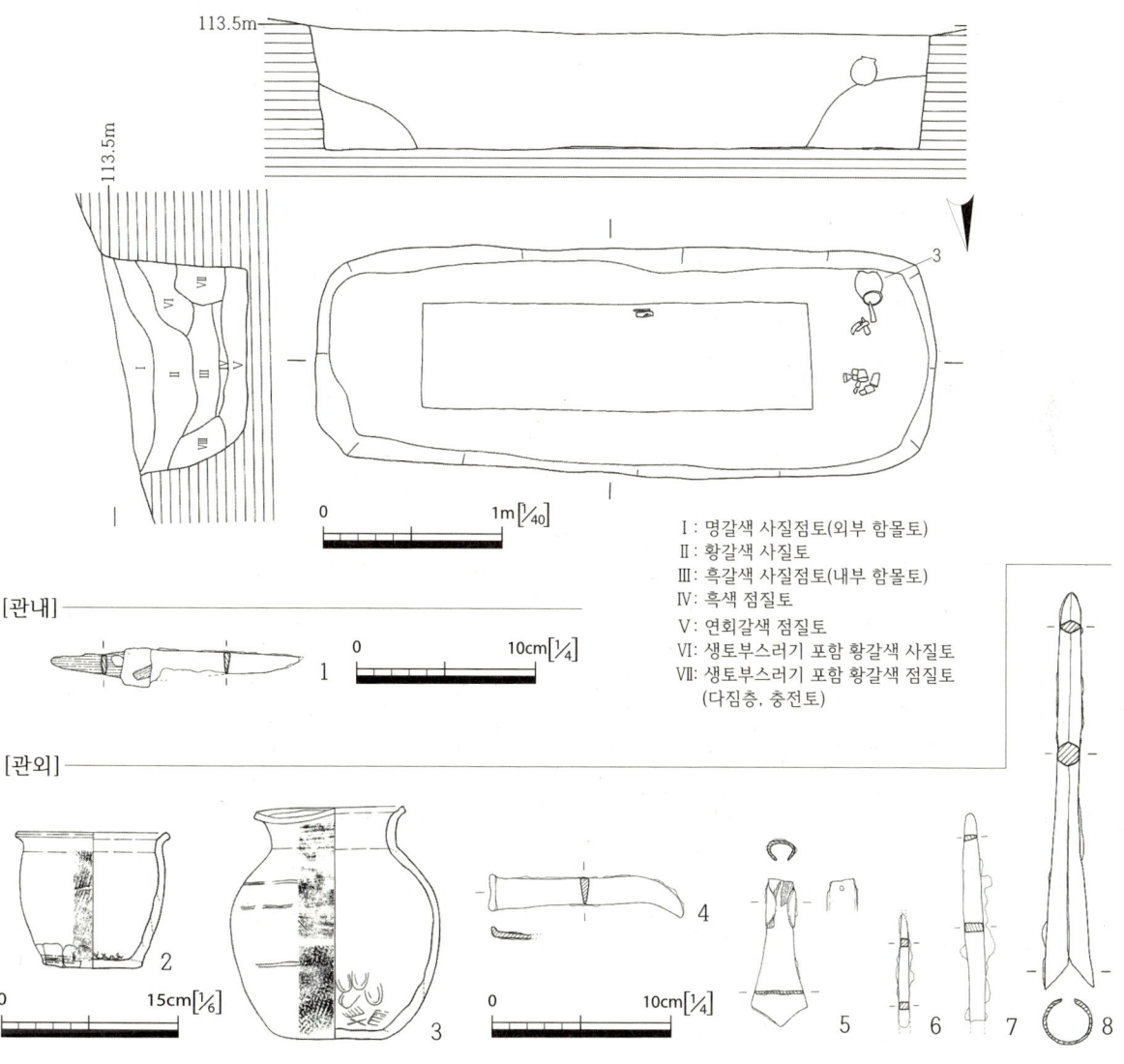

I : 명갈색 사질점토(외부 함몰토)
II : 황갈색 사질토
III : 흑갈색 사질점토(내부 함몰토)
IV : 흑색 점질토
V : 연회갈색 점질토
VI : 생토부스러기 포함 황갈색 사질토
VII : 생토부스러기 포함 황갈색 점질토
　　 (다짐층, 충전토)

[관내]

[관외]

B지구 24호 토광묘

(단위 : cm)

묘광	크 기 (길이×너비×깊이)	340×140×(65+)	목관	크 기 (길이×너비×높이)	215×67×?
	장폭비	2.42:1		장폭비	3.20:1
	장축방향	N-75°-W	목곽	크 기 (길이×너비×높이)	-
	두 향	?		장폭비	-
유물	토 기	심발형토기(1), 장경호(1)			
	철 기	-			
	청동기	-			
	옥석류	-			
	기 타	토제 방추차(1)			
	특기사항				

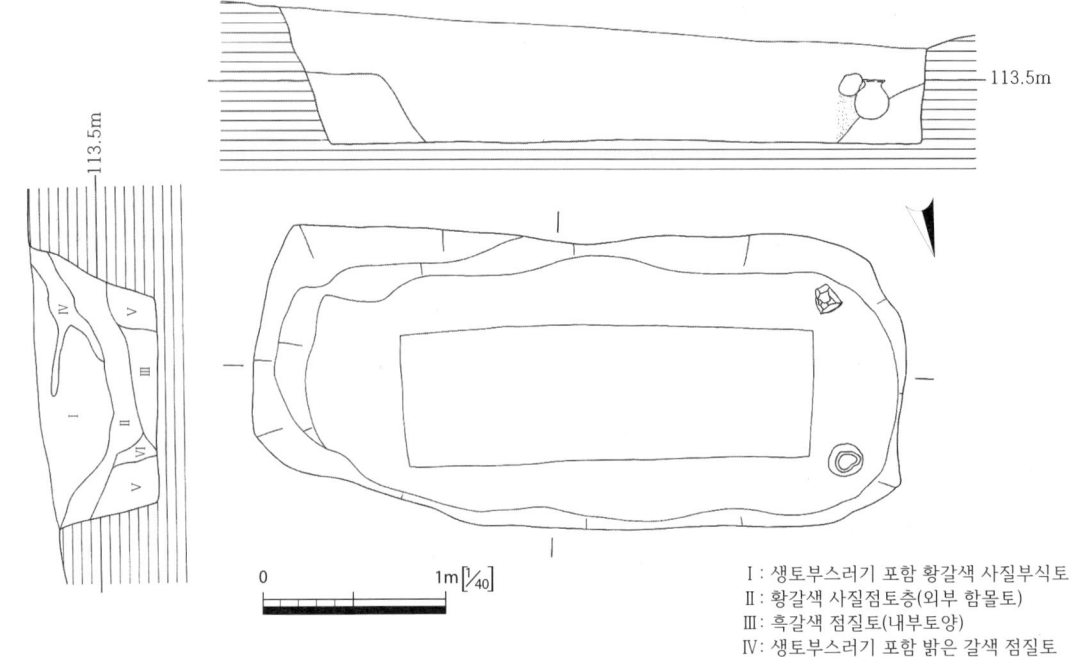

I : 생토부스러기 포함 황갈색 사질부식토
II : 황갈색 사질점토층(외부 함몰토)
III : 흑갈색 점질토(내부토양)
IV : 생토부스러기 포함 밝은 갈색 점질토
V : 생토부스러기 포함 황색 점토층(충전토)
VI : 흑갈색 사질점토층(점성이 강함)

[유구사진]

[관외]

B지구 25호 토광묘

(단위 : cm)

묘광	크 기 (길이×너비×깊이)	150×70×(20+)	목관	크 기 (길이×너비×높이)	?
	장폭비	2.14:1		장폭비	?
	장축방향	N-80°-W	목곽	크 기 (길이×너비×높이)	?
	두 향	?		장폭비	?
유물	토 기	단경소호(1)			
	철 기	-			
	청 동 기	-			
	옥 석 류	-			
	기 타	-			
	특기사항				

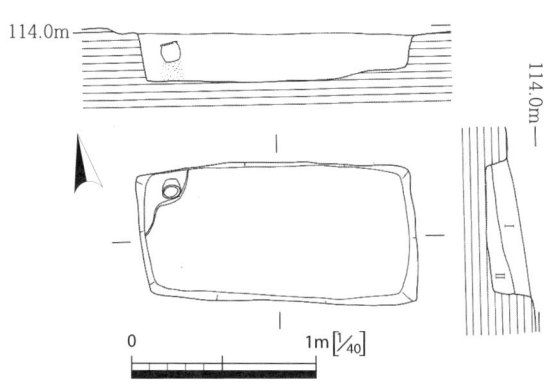

114.0m

Ⅰ : 황갈색 사질점토
Ⅱ : 황갈색 점질토

114.0m

0　　　　　1m[¹/₄₀]

[유구사진]

[출토유물]

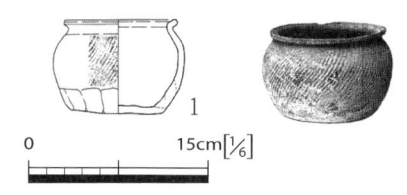

1

0　　　　　15cm[¹/₆]

B지구 26호 토광묘

(단위 : cm)

묘광	크 기 (길이×너비×깊이)	287×134×(8+)	목관	크 기 (길이×너비×높이)	?×63×?
	장폭비	2.14:1		장폭비	?
	장축방향	N-75°-W	목곽	크 기 (길이×너비×높이)	-
	두 향	?		장폭비	-
유물	토 기	심발형토기(1)			
	철 기	-			
	청 동 기	-			
	옥 석 류	-			
	기 타	토제 방추차(1)			
	특기사항				

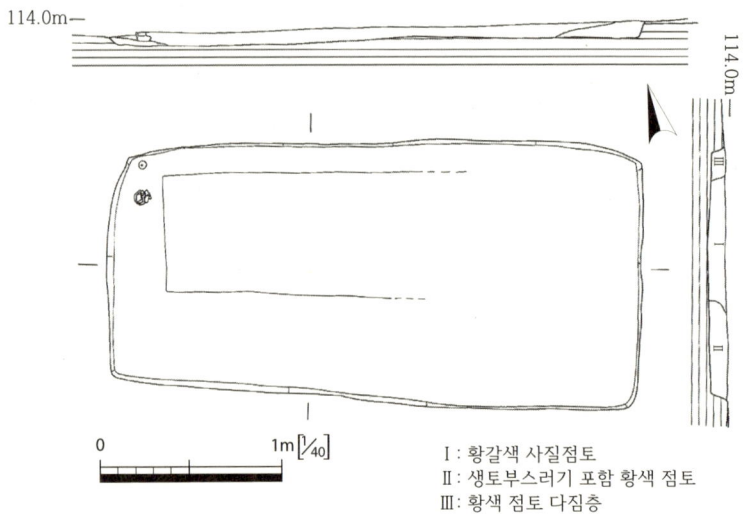

114.0m—

114.0m—

0　　　　　　　　1m[1/40]

Ⅰ : 황갈색 사질점토
Ⅱ : 생토부스러기 포함 황색 점토
Ⅲ : 황색 점토 다짐층

[유구사진]

[관외]

0　　　　15cm[1/6]　　　　1

0　　5cm[1/4]　　　2

B지구 27호 토광묘

(단위 : cm)

묘광	크 기 (길이×너비×깊이)	242×93×(45+)	목관	크 기 (길이×너비×높이)	154×50×?
	장폭비	2.60:1		장폭비	3.08:1
	장축방향	N-85°-E	목곽	크 기 (길이×너비×높이)	-
	두 향	?		장폭비	-
유물	토 기	심발형토기(1), 옹(1), 토기편(1)			
	철 기	-			
	청 동 기	-			
	옥 석 류	-			
	기 타	-			
	특기사항				

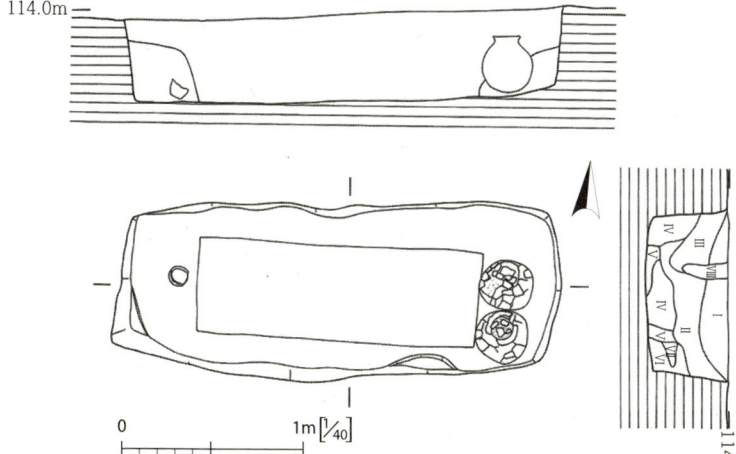

I : 황갈색 사질점토(부식층)
II : 황색 점토층
III : 생토부스러기 포함 황색 점토층
IV : 황색 점질토(내부 함몰토)
V : 흑갈색 점질토(관 부식토)
VI : 생토부스러기 포함 황색점질토 다짐층(충전토)
VII : 생토부스러기 포함 황갈색 사질토
VIII : 흑갈색 부식토(말목으로 인한 외부 유입토)

[유구사진]

[관외]

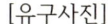
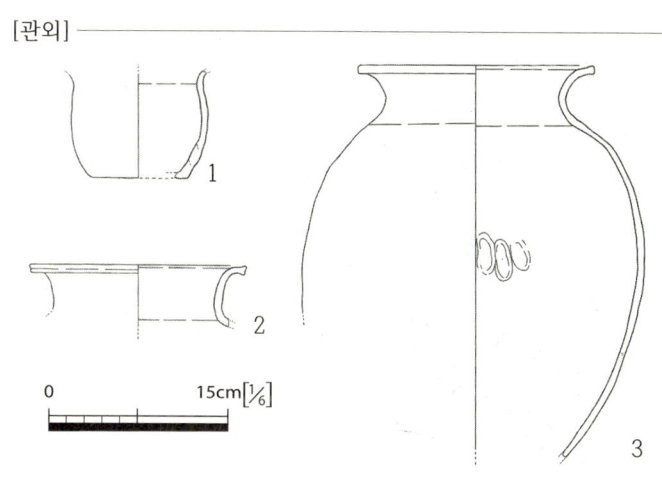

B지구 28호 토광묘

(단위 : cm)

묘광	크 기 (길이×너비×깊이)	170×77×(25+)	목관	크 기 (길이×너비×높이)	115×42×?
	장폭비	2.20:1		장폭비	2.73:1
	장축방향	N-80°-W	목곽	크 기 (길이×너비×높이)	-
	두 향	?		장폭비	-
유물	토 기	심발형토기(1), 단경호(2)			
	철 기	-			
	청동기	-			
	옥석류	-			
	기 타	-			
	특기사항				

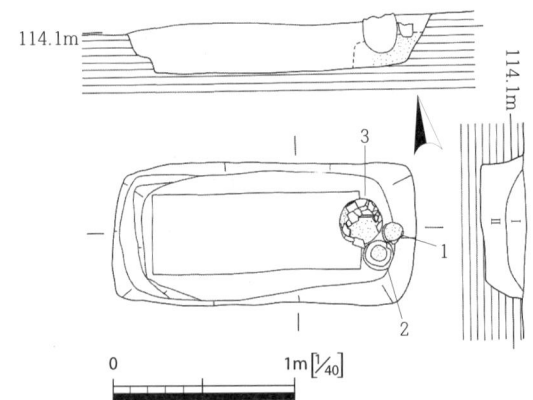

Ⅰ : 황갈색 사질점토(부식토층)
Ⅱ : 짙은 황갈색 점질토

[유구사진]

[관외]

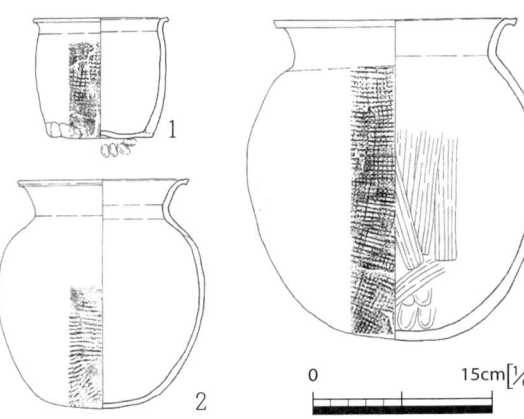

B지구 29호 토광묘

(단위 : cm)

묘광	크 기 (길이×너비×깊이)	203×71×(44+)	목관	크 기 (길이×너비×높이)	125×40×?
	장폭비	2.85:1		장폭비	3.12:1
	장축방향	N-50°-W	목곽	크 기 (길이×너비×높이)	-
	두 향	?		장폭비	-
유물	토 기	심발형토기(1), 호·옹(2), 장경호(1)			
	철 기	-			
	청동기	-			
	옥석류	-			
	기 타	-			
	특기사항				

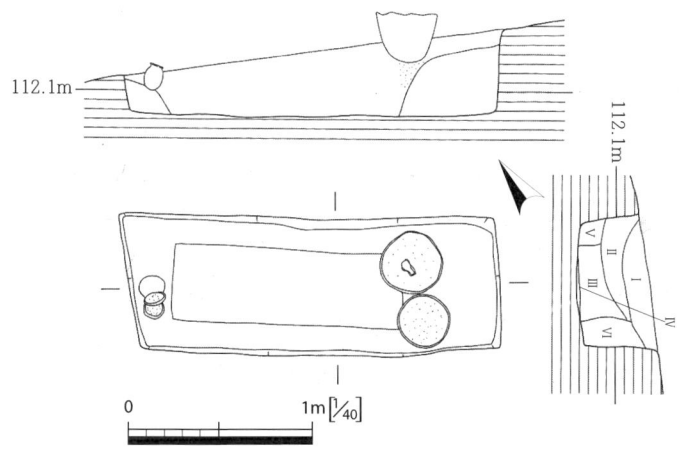

112.1m

112.1m

Ⅰ: 가는 모래 포함 황갈색 사질점토(부식토층)
Ⅱ: 흑갈색 사질점토
Ⅲ: 황갈색 사질점토(내부 퇴적토)
Ⅳ: 명갈색 사질점토(굵은 생토부스러기 포함)
Ⅴ: 생토부스러기 포함 명갈색 사질점토(다짐층)
Ⅵ: 생토부스러기 포함 황갈색 사질점토(다짐층)

0   1m[¹/₄₀]

[관외]

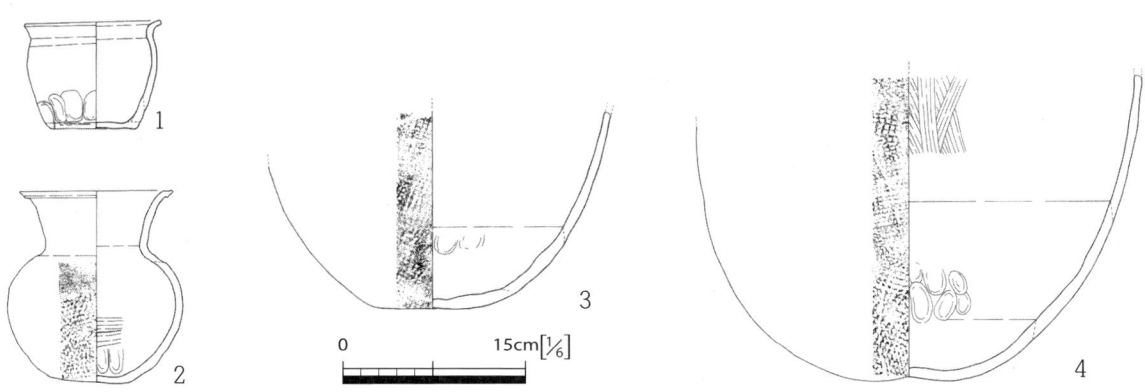

1

2

3

0   15cm[¹/₆]

4

B지구 30호 토광묘

(단위 : cm)

묘광	크 기 (길이×너비×깊이)	267×96×(27+)	목관	크 기 (길이×너비×높이)	171×53×?
	장폭비	2.78:1		장폭비	3.22:1
	장축방향	N-83°-W	목곽	크 기 (길이×너비×높이)	-
	두 향	?		장폭비	-
유물	토 기	심발형토기(1)			
	철 기	-			
	청 동 기	-			
	옥석류	-			
	기 타	-			
	특기사항				

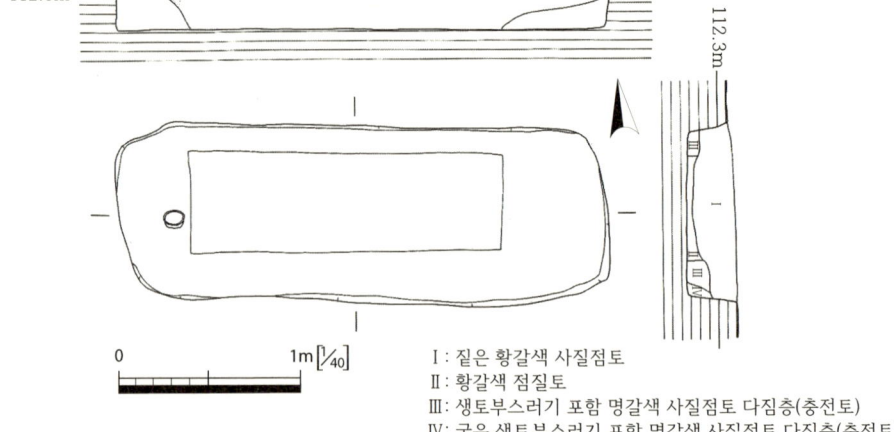

112.3m

112.3m

0   1m [1/40]

Ⅰ: 짙은 황갈색 사질점토
Ⅱ: 황갈색 점질토
Ⅲ: 생토부스러기 포함 명갈색 사질점토 다짐층(충전토)
Ⅳ: 굵은 생토부스러기 포함 명갈색 사질점토 다짐층(충전토)

[유구사진]

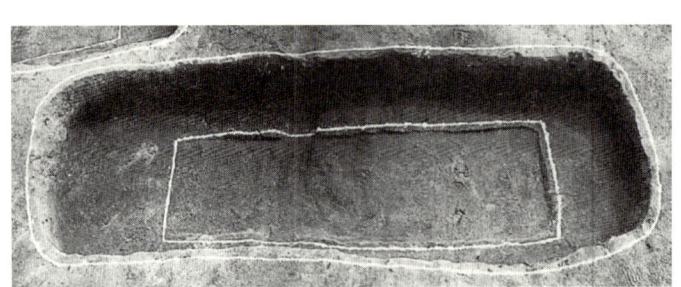

[관외]

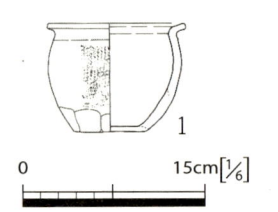

1

0   15cm [1/6]

B지구 31호 토광묘

(단위 : cm)

묘광	크 기 (길이×너비×깊이)	187×75×(19+)	목관	크 기 (길이×너비×높이)	112×35×?
	장폭비	2.49:1		장폭비	3.20:1
	장축방향	N-88°-W	목곽	크 기 (길이×너비×높이)	-
	두 향	?		장폭비	-
유물	토 기	심발형토기(1), 단경호(1), 호·옹(2)			
	철 기	-			
	청 동 기	-			
	옥 석 류	-			
	기 타	-			
	특기사항				

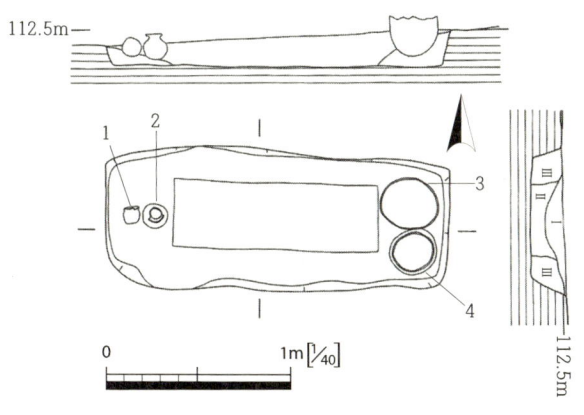

I : 흑갈색 사질점토(외부유입 퇴적토)
II : 명갈색 사질점토(내부퇴적토)
III : 생토부스러기 포함 황갈색 사질점토 다짐층(충전토)

[유구사진]

[관외]

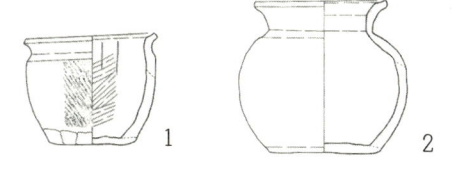

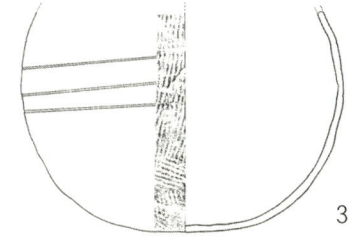

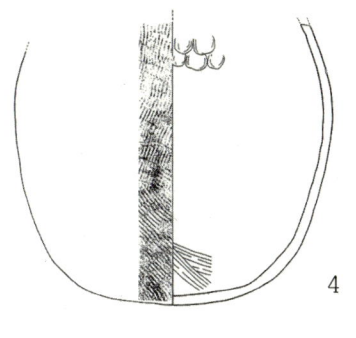

B지구 32호 토광묘

(단위 : cm)

묘광	크 기 (길이×너비×깊이)	327×137×(91+)	목관	크 기 (길이×너비×높이)	171×53×?
	장폭비	2.38:1		장폭비	3.22:1
	장축방향	N-80°-W	목곽	크 기 (길이×너비×높이)	-
	두 향	서쪽		장폭비	-
유물	토 기	심발형토기(1), 단경호(1)			
	철 기	도자(1), 도(2), 단조철부(1), 착(2), 미상철기(2)			
	청동기	-			
	옥석류	-			
	기 타	-			
	특기사항				

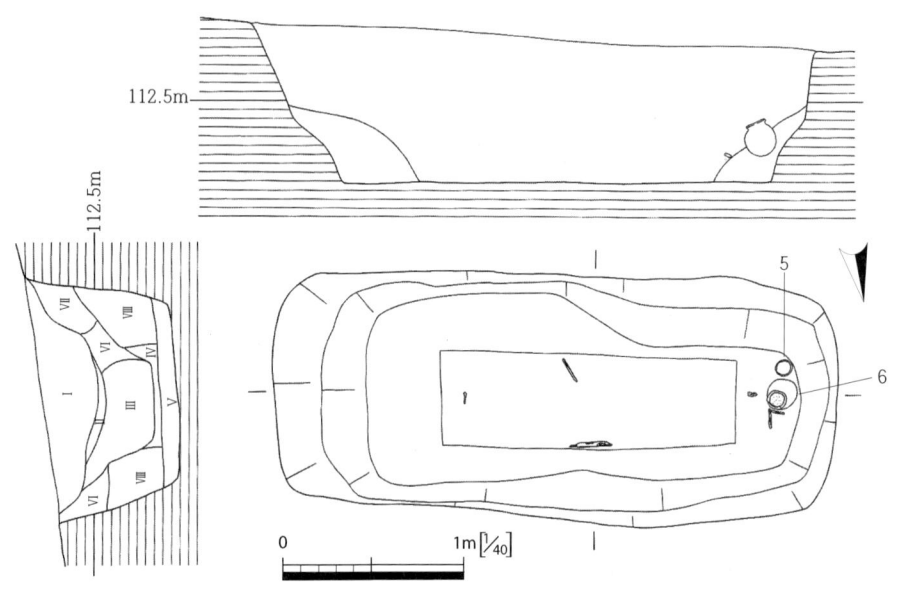

I : 흑갈색 사질점토(부식토)
II : 황색 점질토(간층)
III : 생토부스러기 포함
　　황갈색 사질점토
IV : 황백색 점질토
V : 황갈색 점질토(내부 퇴적토)
VI : 황색 사질점토
VII : 생토부스러기 포함
　　황갈색 사질점토
VIII : 생토부스러기 포함
　　황갈색 사질점토
　　(다짐층 충전토)

[관내]　　　　　　　　　　　　　　　[관외]

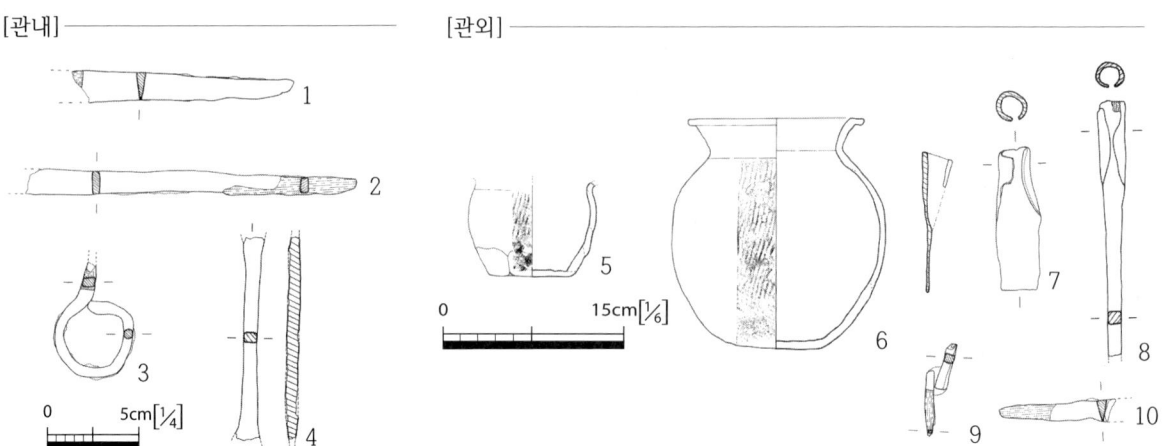

B지구 33호 토광묘

(단위 : cm)

묘광	크 기 (길이×너비×깊이)	290×114×(60+)	목관	크 기 (길이×너비×높이)	212×60×?
	장폭비	2.54:1		장폭비	3.53:1
	장축방향	N-90°-E	목곽	크 기 (길이×너비×높이)	-
	두 향	?		장폭비	-
유물	토 기	단경호(1), 호·옹(1)			
	철 기	-			
	청동기	-			
	옥석류	-			
	기 타	토제 방추차(1)			
	특기사항				

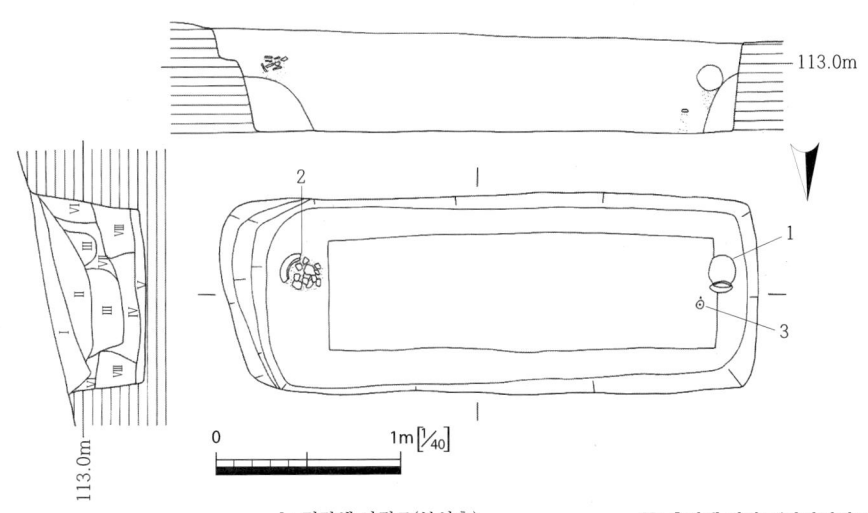

Ⅰ : 명갈색 사질토(부식층) Ⅴ : 흑갈색 점질토(바닥퇴적토)
Ⅱ : 황갈색 사질점토 Ⅵ : 생토부스러기 포함 황갈색 점토
Ⅲ : 가는 모래가 많이 포함된 황갈색 사질토 Ⅶ : 흑갈색 사질점토
Ⅳ : 황백색 점질토(내부퇴적토) Ⅷ : 생토부스러기 포하 황색 점토 다짐층(충전토)

[유구사진]

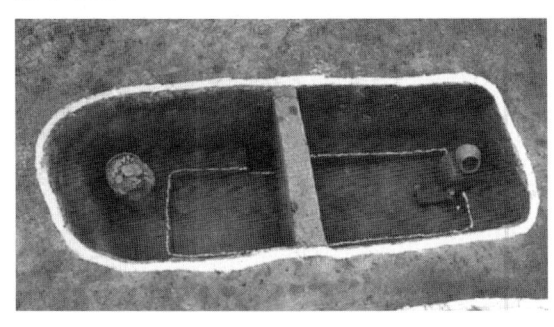

[관외]

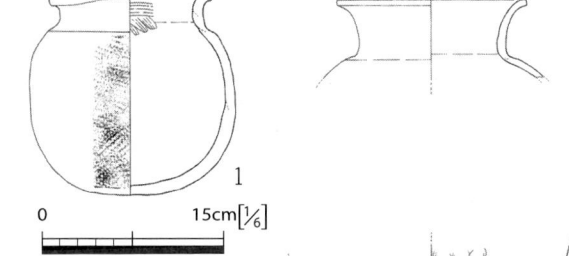

B지구 34호 토광묘

(단위 : cm)

묘광	크 기 (길이×너비×깊이)	192×83×(32+)	목관	크 기 (길이×너비×높이)	120×44×?
	장폭비	2.31:1		장폭비	2.72:1
	장축방향	N-78°-W	목곽	크 기 (길이×너비×높이)	-
	두 향	?		장폭비	-
유물	토 기	심발형토기(1), 단경호(2)			
	철 기	-			
	청동기	-			
	옥석류	-			
	기 타	-			
	특기사항				

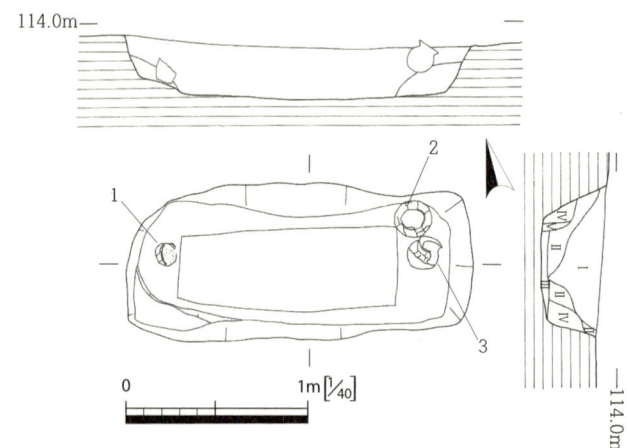

Ⅰ : 생토부스러기 포함 다갈색 점질토(부식층)
Ⅱ : 황색 점질토(내부 함몰층)
Ⅲ : 흑갈색 점질토(바닥면 퇴적토)
Ⅳ : 황색 점토 다짐층(충전토)
Ⅴ : 황백색 점토(관재 흔적)

114.0m

0   1m[1/40]

114.0m

[유구사진]

[관외]

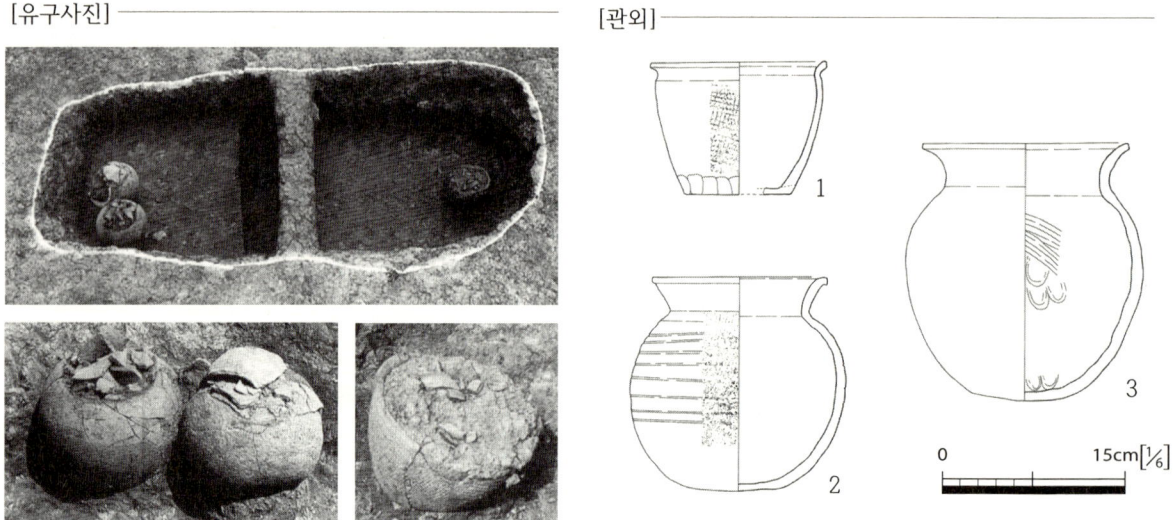

0   15cm[1/6]

B지구 35호 토광묘

(단위 : cm)

묘광	크 기 (길이×너비×깊이)	140×72×(19+)	목관	크 기 (길이×너비×높이)	110×56×?
	장폭비	1.94:1		장폭비	1.96:1
	장축방향	N-80°-E	목곽	크 기 (길이×너비×높이)	-
	두 향	?		장폭비	-
유물	토 기	컵형토기(1), 토기편(1)			
	철 기	-			
	청 동 기	-			
	옥석류	유리제 구슬(6)			
	기 타	-			
	특기사항				

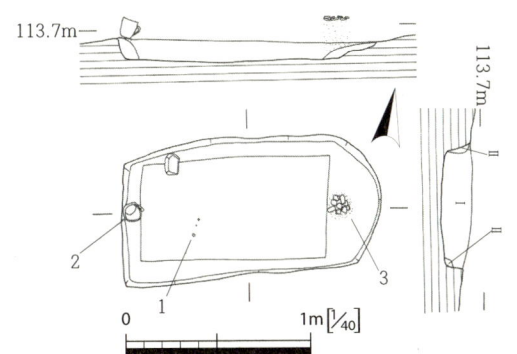

I : 흑갈색 점질토
II : 생토부스러기 포함 황갈색

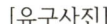

[유구사진]

[관내]

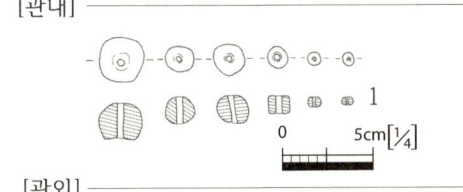

[관외]

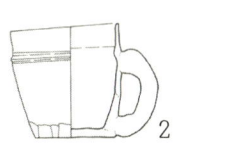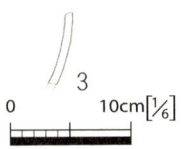

B지구 36호 토광묘

(단위 : cm)

묘광	크 기 (길이×너비×깊이)	287×85×(54+)	목관	크 기 (길이×너비×높이)	193×47×?
	장폭비	3.37:1		장폭비	4.10:1
	장축방향	N-88°-W	목곽	크 기 (길이×너비×높이)	-
	두 향	?		장폭비	-
유물	토 기	심발형토기(1), 단경호(1), 유견호(1), 호·옹(1)			
	철 기	-			
	청 동 기	-			
	옥 석 류	-			
	기 타	-			
	특기사항				

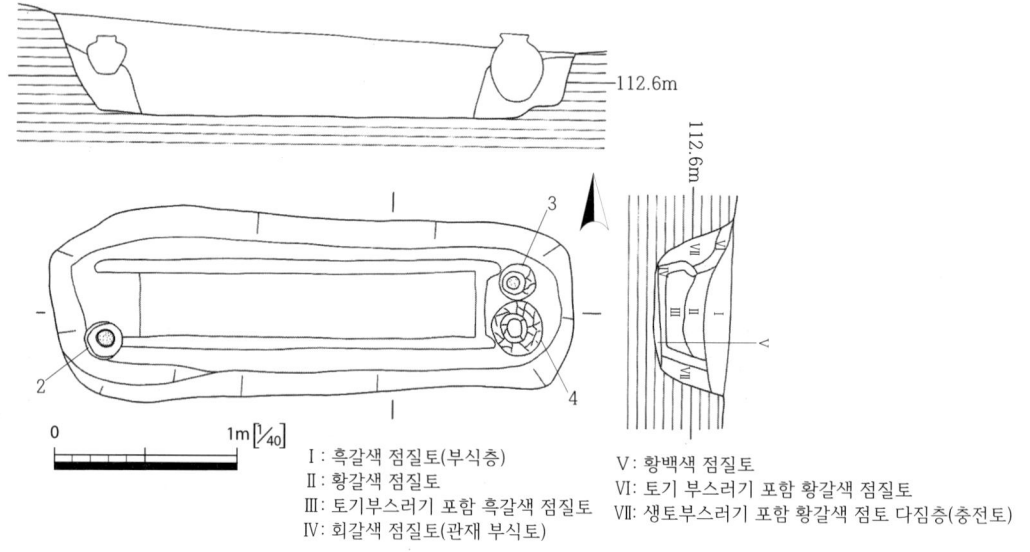

112.6m

Ⅰ: 흑갈색 점질토(부식층)
Ⅱ: 황갈색 점질토
Ⅲ: 토기부스러기 포함 흑갈색 점질토
Ⅳ: 회갈색 점질토(관재 부식토)

Ⅴ: 항백색 점질토
Ⅵ: 토기 부스러기 포함 황갈색 점질토
Ⅶ: 생토부스러기 포함 황갈색 점토 다짐층(충전토)

[관외]

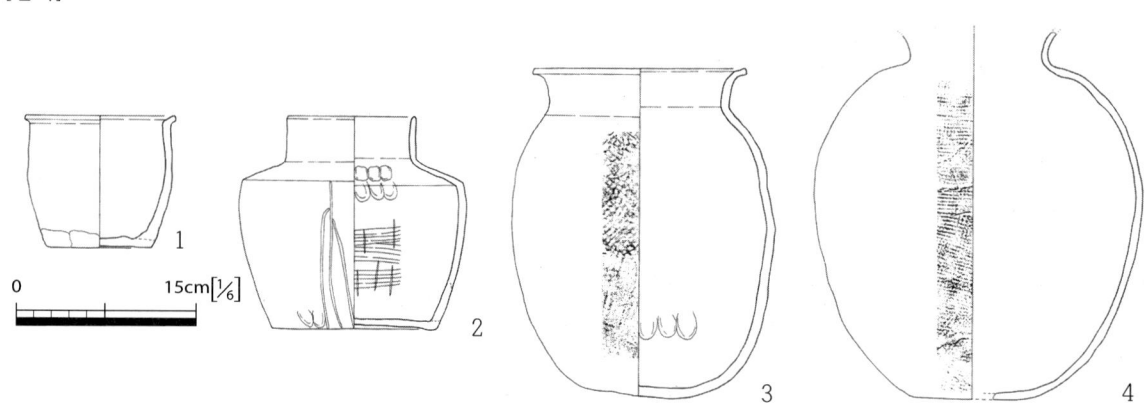

174

마한·백제의 분묘 문화 Ⅲ- 충남Ⅱ: 천안 편 -

B지구 37호 토광묘

(단위 : cm)

묘광	크 기 (길이×너비×깊이)	275×74×(74+)	목관	크 기 (길이×너비×높이)	170×79×(42+)
	장폭비	3.71:1		장폭비	2.15:1
	장축방향	N-80°-E	목곽	크 기 (길이×너비×높이)	-
	두 향	?		장폭비	-
유물	토 기	단경소호(1), 단경호(1)			
	철 기	도자(1)			
	청동기	-			
	옥석류	곡옥(1), 유리제 구슬(20)			
	기 타	금동제 이식(2), 토제 방추차(1)			
	특기사항				

112.0m

Ⅰ : 모래가 많이 포함된 명갈색 사질점토(부식토층)
Ⅱ : 굵은 모래 포함한 황갈색 사질점토
Ⅲ : 흑갈색 사질점토
Ⅳ : 황갈색 사질점토(내부 퇴적토)
Ⅴ : 생토부스러기 포함 흑갈색 사질점토다짐층(충전토)
Ⅵ : 명갈색 사질토(바닥면 퇴적토)

0   1m [1/40]

112.0m

[관내]

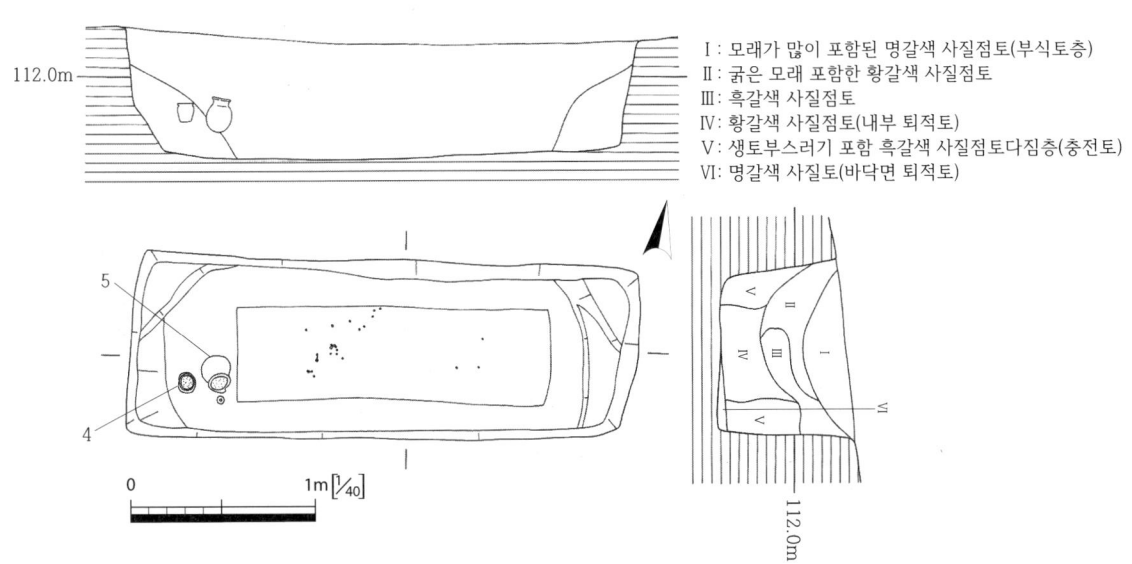

[관외]

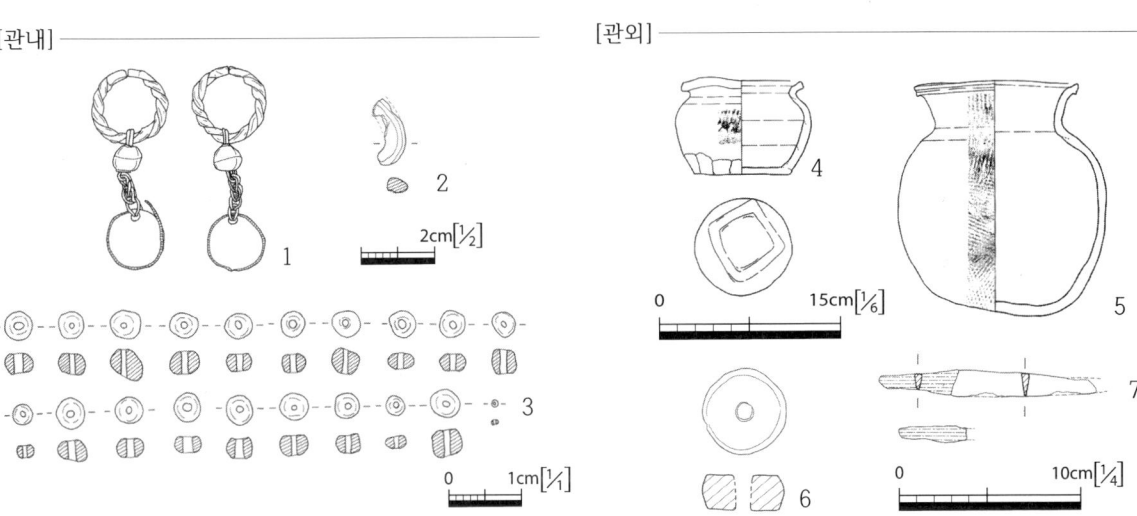

B지구 38호 토광묘

(단위 : cm)

묘광	크 기 (길이×너비×깊이)	237×110×(63+)	목관	크 기 (길이×너비×높이)	155×50×?
	장폭비	2.15:1		장폭비	3.10:1
	장축방향	N-78°-E	목곽	크 기 (길이×너비×높이)	-
	두 향	?		장폭비	-
유물	토 기	발형토기(2), 단경호(2), 옹(1)			
	철 기	도자(1)			
	청동기	-			
	옥석류	유리제 구슬(17)			
	기 타	-			
	특기사항				

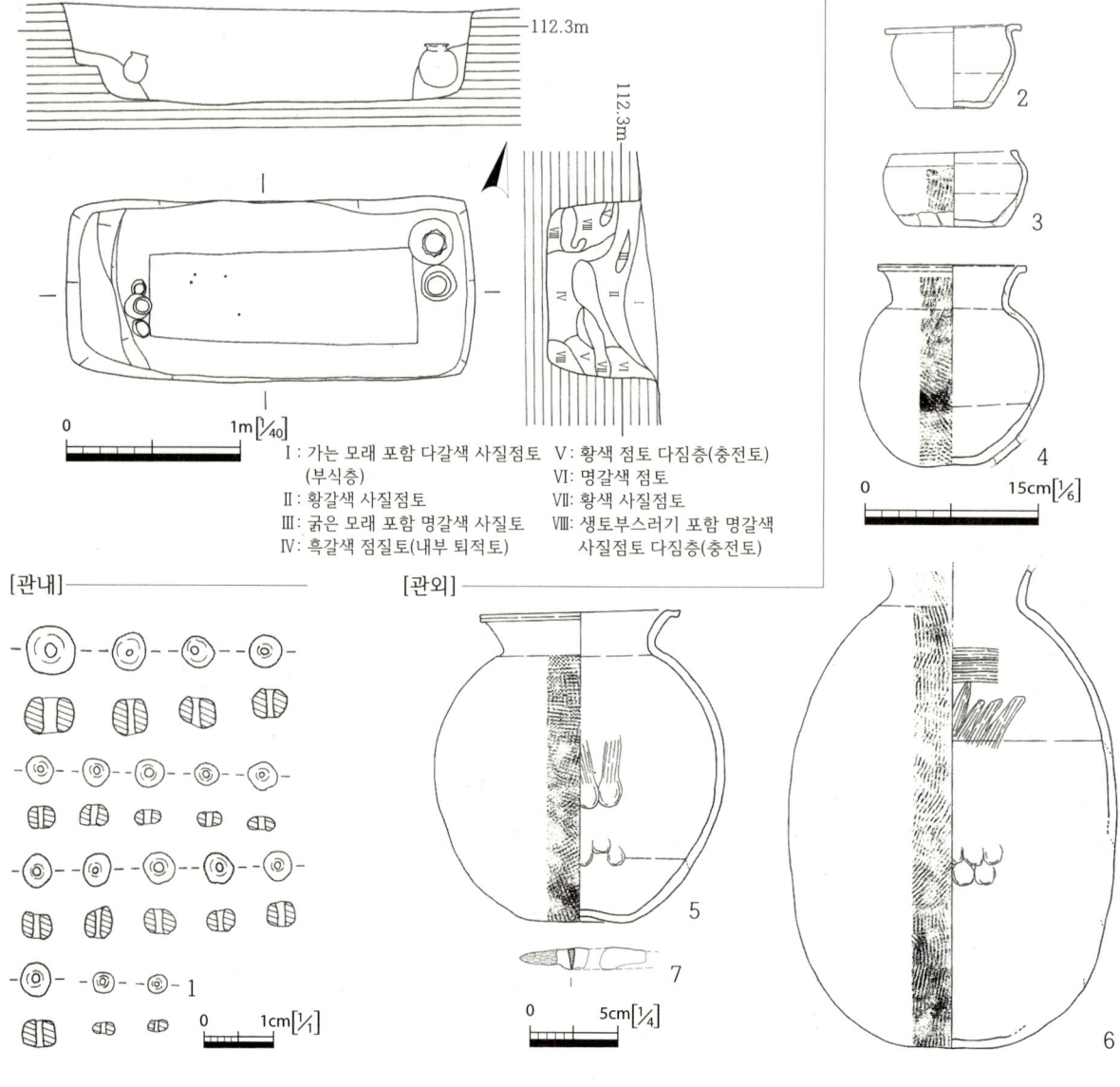

Ⅰ : 가는 모래 포함 다갈색 사질점토 (부식층)
Ⅱ : 황갈색 사질점토
Ⅲ : 굵은 모래 포함 명갈색 사질토
Ⅳ : 흑갈색 점질토(내부 퇴적토)
Ⅴ : 황색 점토 다짐층(충전토)
Ⅵ : 명갈색 점토
Ⅶ : 황색 사질점토
Ⅷ : 생토부스러기 포함 명갈색 사질점토 다짐층(충전토)

[관내]

[관외]

B지구 39호 토광묘

(단위 : cm)

묘광	크 기 (길이×너비×깊이)	304×113×(74+)	목관	크 기 (길이×너비×높이)	169×54×?
	장폭비	2.69:1		장폭비	3.12:1
	장축방향	N-87°-W	목곽	크 기 (길이×너비×높이)	-
	두 향	?		장폭비	-
유물	토 기	심발형토기(1), 직구호(1)			
	철 기	도자(1), 촉(2), 모(1), 미상철기(1)			
	청동기	-			
	옥석류	-			
	기 타	-			
	특기사항	미상철기 1점 도면 미게재.			

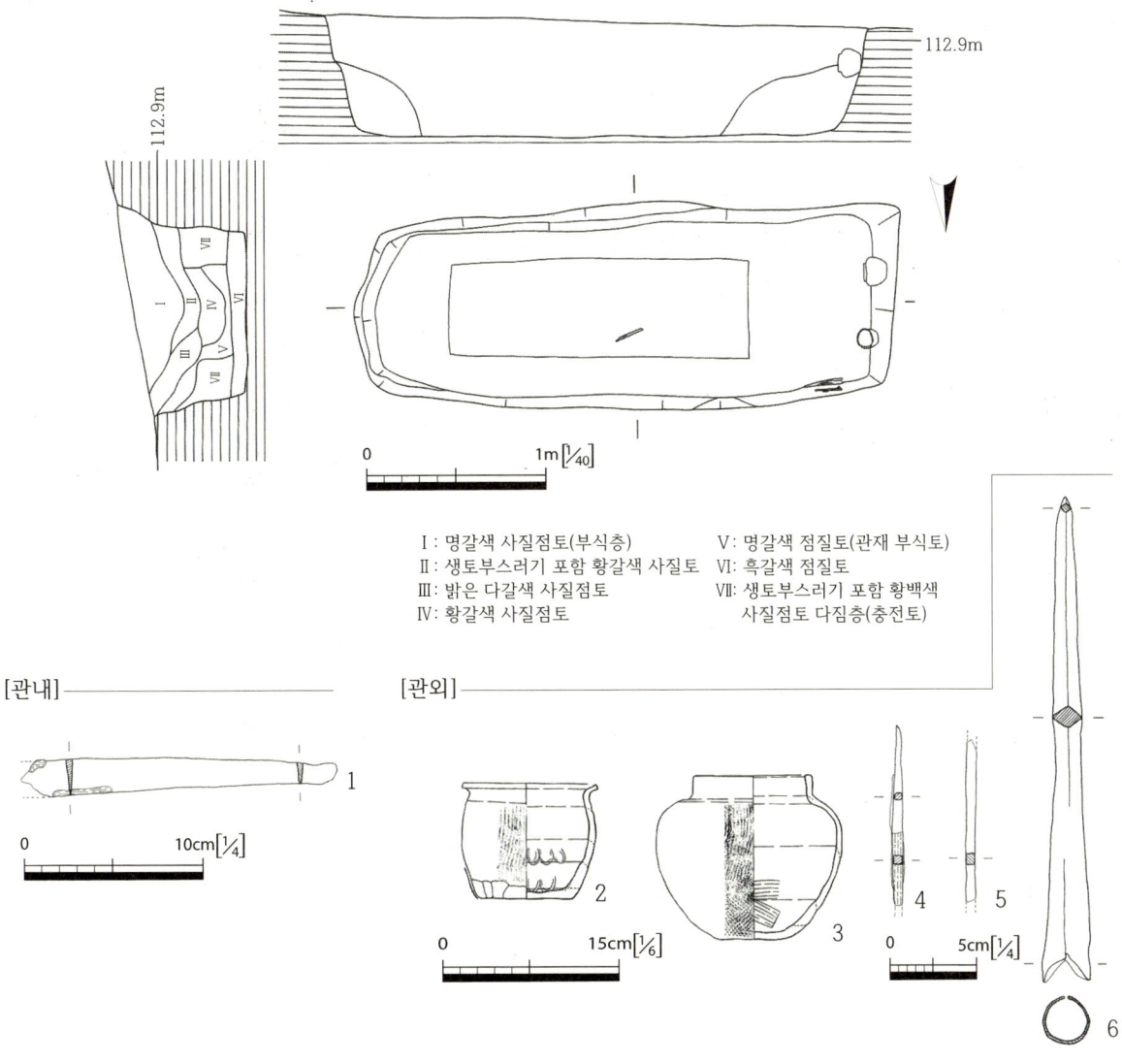

112.9m

112.9m

0   1m[1/40]

Ⅰ : 명갈색 사질점토(부식층)   Ⅴ : 명갈색 점질토(관재 부식토)
Ⅱ : 생토부스러기 포함 황갈색 사질토   Ⅵ : 흑갈색 점질토
Ⅲ : 밝은 다갈색 사질점토   Ⅶ : 생토부스러기 포함 황백색
Ⅳ : 황갈색 사질점토   사질점토 다짐층(충전토)

[관내]

1

0   10cm[1/4]

[관외]

2

3

4   5

0   15cm[1/6]

0   5cm[1/4]

6

B지구 40호 토광묘

(단위 : cm)

묘광	크 기 (길이×너비×깊이)	294×120×(32+)	목관	크 기 (길이×너비×높이)	198×70×?
	장폭비	2.45:1		장폭비	2.82:1
	장축방향	N-85°-E	목곽	크 기 (길이×너비×높이)	-
	두 향	?		장폭비	-
유물	토 기	심발형토기(1), 단경호(1)			
	철 기	-			
	청동기	-			
	옥석류	-			
	기 타	-			
	특기사항				

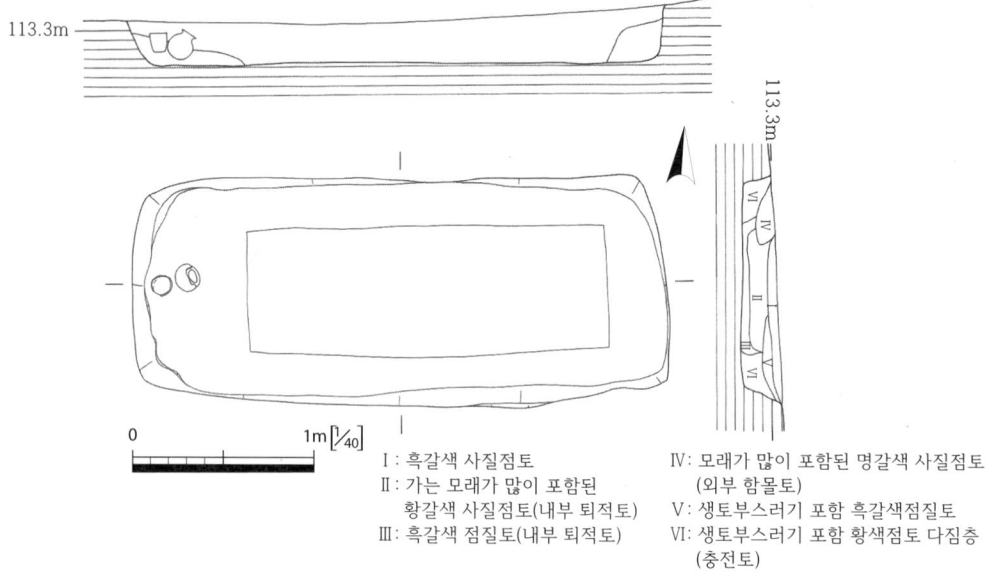

113.3m

0   1m [1/40]

Ⅰ: 흑갈색 사질점토
Ⅱ: 가는 모래가 많이 포함된
　　황갈색 사질점토(내부 퇴적토)
Ⅲ: 흑갈색 점질토(내부 퇴적토)

Ⅳ: 모래가 많이 포함된 명갈색 사질점토
　　(외부 함몰토)
Ⅴ: 생토부스러기 포함 흑갈색점질토
Ⅵ: 생토부스러기 포함 황색점토 다짐층
　　(충전토)

[유구사진]

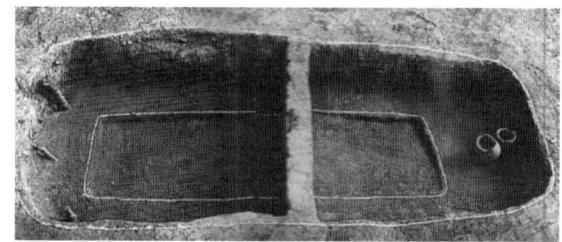

[관외]

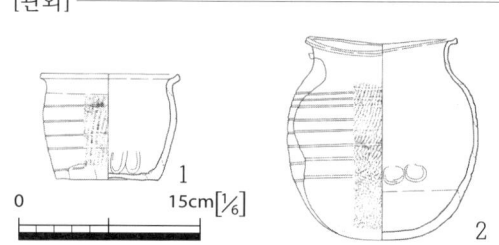

0   15cm[1/6]

B지구 42호 토광묘

(단위 : cm)

묘광	크 기 (길이×너비×깊이)	170×60×(20+)	목관	크 기 (길이×너비×높이)	114×31×?
	장폭비	2.83:1		장폭비	3.67:1
	장축방향	N-85°-W	목곽	크 기 (길이×너비×높이)	-
	두 향	?		장폭비	-
유물	토 기	심발형토기(1), 단경소호(1), 호(1)			
	철 기	-			
	청 동 기	-			
	옥석류	-			
	기 타	-			
	특기사항				

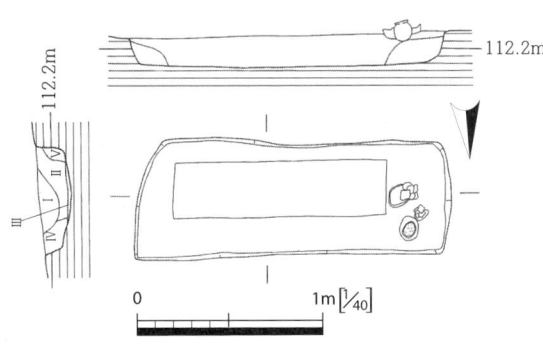

Ⅰ: 생토부스러기 포함 황백색 사질토
Ⅱ: 다갈색 점질토
Ⅲ: 회백색 점질토(내부퇴적토)
Ⅳ: 황갈색 사질점토
Ⅴ: 생토부스러기 포함 명갈색 사질점토

[유구사진]

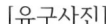

[관외]

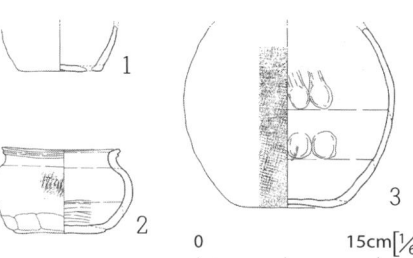

B지구 43호 토광묘

(단위 : cm)

묘광	크 기 (길이×너비×깊이)	210×114×(78+)	목관	크 기 (길이×너비×높이)	123×31×(30+)
	장폭비	1.84:1		장폭비	3.96:1
	장축방향	N-90°-E	목곽	크 기 (길이×너비×높이)	-
	두 향	?		장폭비	-
유물	토 기	심발형토기(1)			
	철 기	-			
	청동기	-			
	옥석류	-			
	기 타	-			
	특기사항				

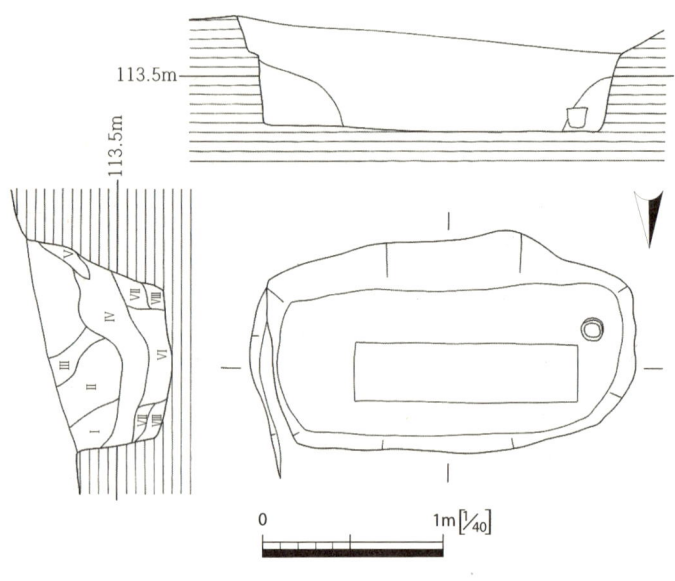

Ⅰ: 황갈색 사질토(부식토)
Ⅱ: 탄재 포함 흑갈색 사질점토
Ⅲ: 명갈색 사질점토
Ⅳ: 생토부스러기 포함 황백색 사질점토
Ⅴ: 황색 점질토
Ⅵ: 밝은 황백색 점질토
Ⅶ: 황갈색 사질점토 다짐층(충전토)
Ⅷ: 생토부스러기 포함 명갈색 사질점토 다짐층(충전토)

113.5m

113.5m

0   1m[⅟₄₀]

[유구사진] ─────────

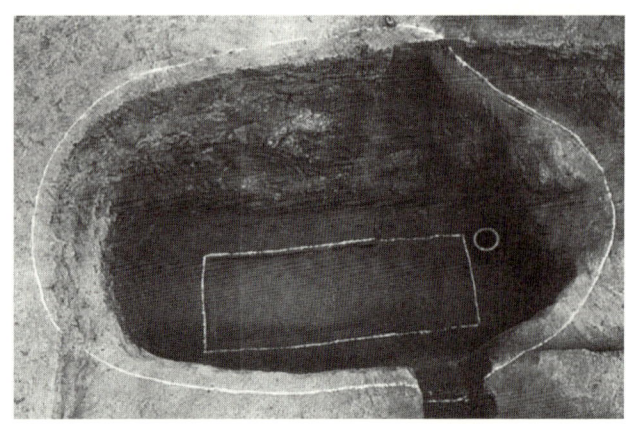

[관외] ─────────

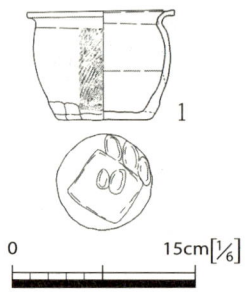

1

0   15cm[⅟₆]

B지구 44호 토광묘

(단위 : cm)

묘광	크 기 (길이×너비×깊이)	297×104×(61+)	목관	크 기 (길이×너비×높이)	150×56×(30+)
	장폭비	2.85:1		장폭비	2.67:1
	장축방향	N-85°-W	목곽	크 기 (길이×너비×높이)	-
	두 향	?		장폭비	-
유물	토 기	심발형토기(1), 장경호(1)			
	철 기	-			
	청동기	-			
	옥석류	석제 방추차(1)			
	기 타	금동제 이식(1)			
	특기사항				

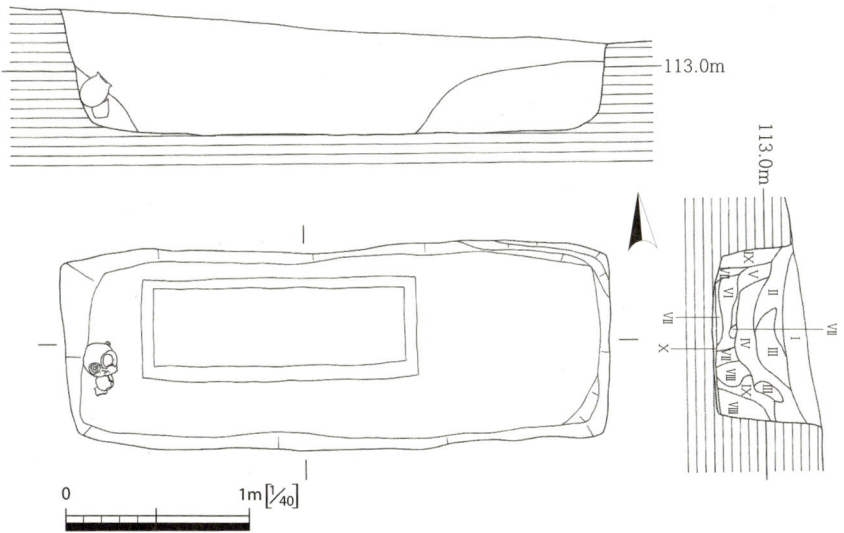

—113.0m

113.0m

Ⅰ : 흑갈색 사질점토
Ⅱ : 가는 모래 포함 명갈색 사질점토
Ⅲ : 생토부스러기 포함 황색 점토층
Ⅳ : 다갈색 사질점토
Ⅴ : 다갈색 점질토(외부 함몰토)
Ⅵ : 황갈색 점질토(내부 퇴적토)
Ⅶ : 황백색 점질토(관재부식토)
Ⅷ : 굵은 모래 포함
　　황갈색 사질점토 다짐층(충전토)
Ⅸ : 황갈색 사질점토 다짐층(충전토)
Ⅹ : 회갈색 점질토

0　　　　　　　1m[1/40]

[유구사진]

[출토유물]

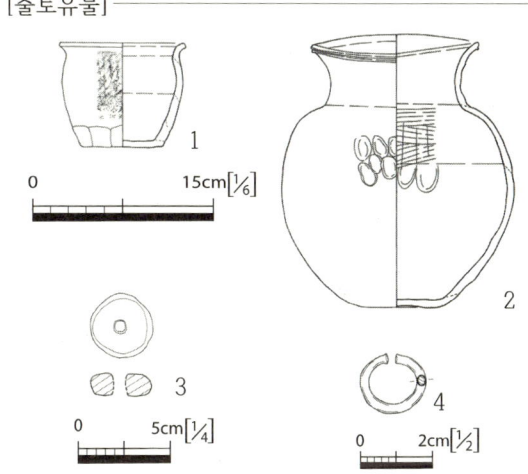

1

0　　　15cm[1/6]

2

3

0　5cm[1/4]

4

0　2cm[1/2]

B지구 45호 토광묘

(단위 : cm)

묘광	크 기 (길이×너비×깊이)	195×75×(45+)	목관	크 기 (길이×너비×높이)	?
	장폭비	2.60:1		장폭비	?
	장축방향	N-85°-E	목곽	크 기 (길이×너비×높이)	?
	두 향	?		장폭비	?
유물	토 기	심발형토기(1)			
	철 기	-			
	청동기	-			
	옥석류	-			
	기 타	-			
	특기사항	보고서 기술과 유구 도면의 축척이 상이하여 보고서 기술을 따라 가로 세로 축척을 조정하였음.			

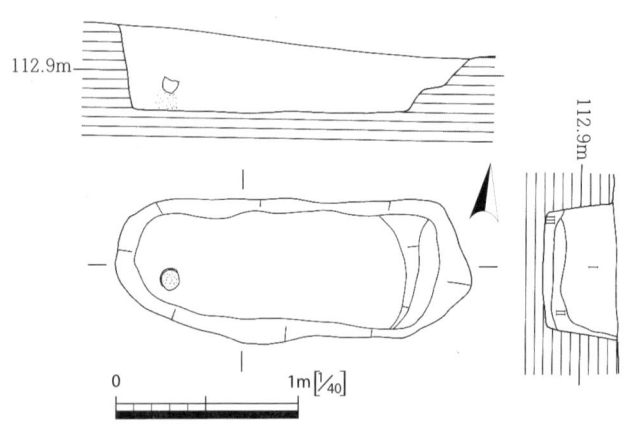

Ⅰ : 다갈색 사질토
Ⅱ : 가는 모래 포함 황색 점질토
Ⅲ : 회갈색 사질점토

112.9m

112.9m

0   1m [1/40]

[유구사진]

[출토유물]

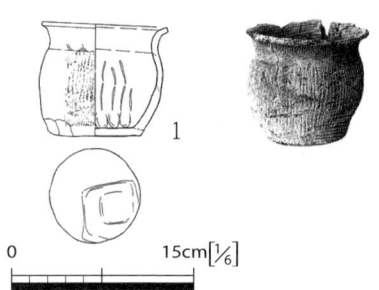

1

0   15cm [1/6]

B지구 46호 토광묘

(단위 : cm)

묘광	크 기 (길이×너비×깊이)	205×108×(20+)	목관	크 기 (길이×너비×높이)	144×42×?
	장폭비	1.89:1		장폭비	3.42:1
	장축방향	N-75°-W	목곽	크 기 (길이×너비×높이)	-
	두 향	?		장폭비	-
유물	토 기	장경호(1), 호(1)			
	철 기	-			
	청동기	-			
	옥석류	-			
	기 타	-			
	특기사항				

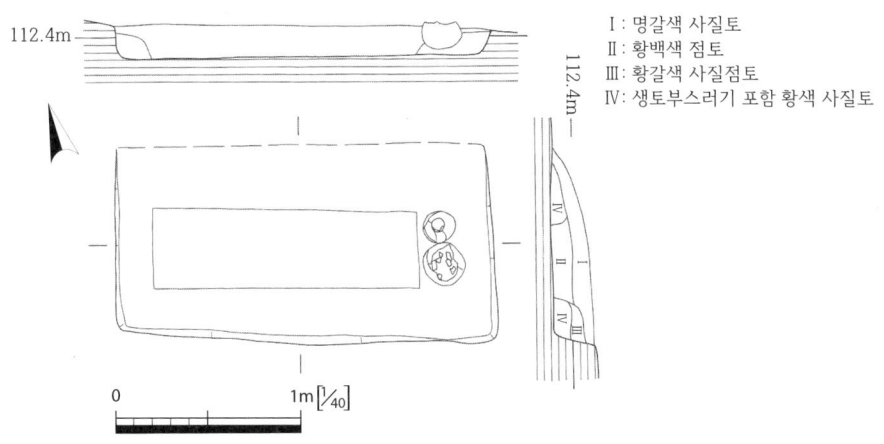

Ⅰ : 명갈색 사질토
Ⅱ : 황백색 점토
Ⅲ : 황갈색 사질점토
Ⅳ : 생토부스러기 포함 황색 사질토

[유구사진]

[관외]

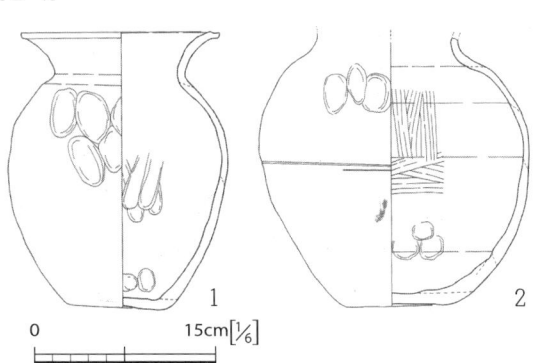

B지구 47호 토광묘

(단위 : cm)

묘광	크 기 (길이×너비×깊이)	303×95×(53+)	목관	크 기 (길이×너비×높이)	213×45×?
	장폭비	3.18:1		장폭비	4.73:1
	장축방향	N-82°-E	목곽	크 기 (길이×너비×높이)	-
	두 향	?		장폭비	-
유물	토 기	경질무문 심발(1), 심발형토기(1), 단경호(1)			
	철 기	도자(1), 도(1), 촉(1), 미상철기(1)			
	청동기	-			
	옥석류	-			
	기 타	-			
	특기사항	도자 1점과 미상철기 1점 도면 미게재.			

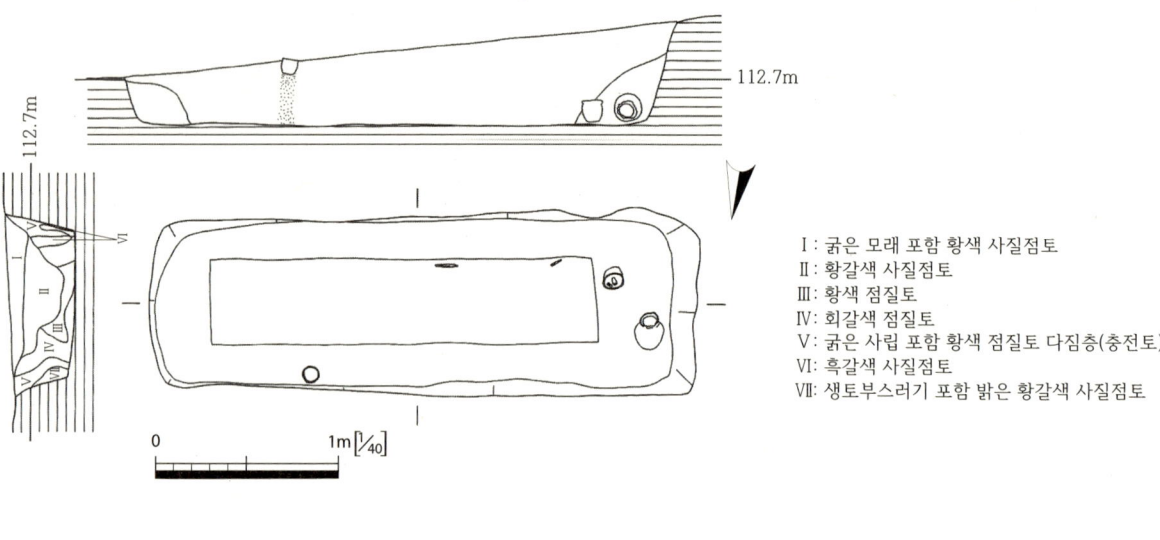

112.7m

112.7m

Ⅰ: 굵은 모래 포함 황색 사질점토
Ⅱ: 황갈색 사질점토
Ⅲ: 황색 점질토
Ⅳ: 회갈색 점질토
Ⅴ: 굵은 사립 포함 황색 점질토 다짐층(충전토)
Ⅵ: 흑갈색 사질점토
Ⅶ: 생토부스러기 포함 밝은 황갈색 사질점토

0   1m[1/40]

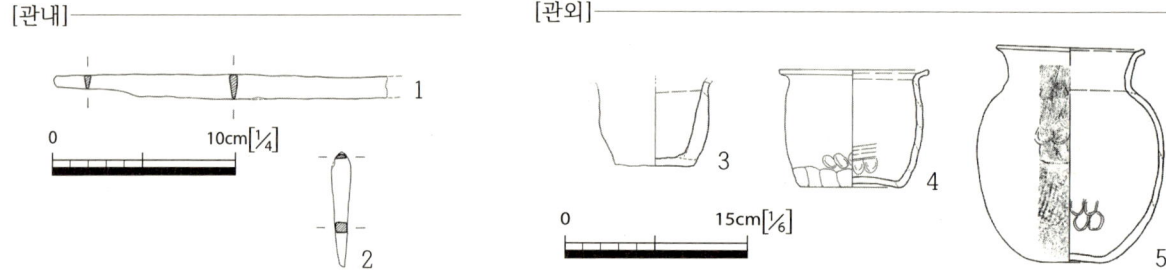

[관내]

0   10cm[1/4]

1

2

[관외]

0   15cm[1/6]

3

4

5

B지구 48호 토광묘

(단위 : cm)

묘광	크 기 (길이×너비×깊이)	214×78×(47+)	목관	크 기 (길이×너비×높이)	135×33×?
	장폭비	2.74:1		장폭비	4.09:1
	장축방향	N-50°-E	목곽	크 기 (길이×너비×높이)	-
	두 향	?		장폭비	-
유물	토 기	심발형토기(1), 호(1)			
	철 기	-			
	청 동 기	-			
	옥 석 류	-			
	기 타	-			
	특기사항				

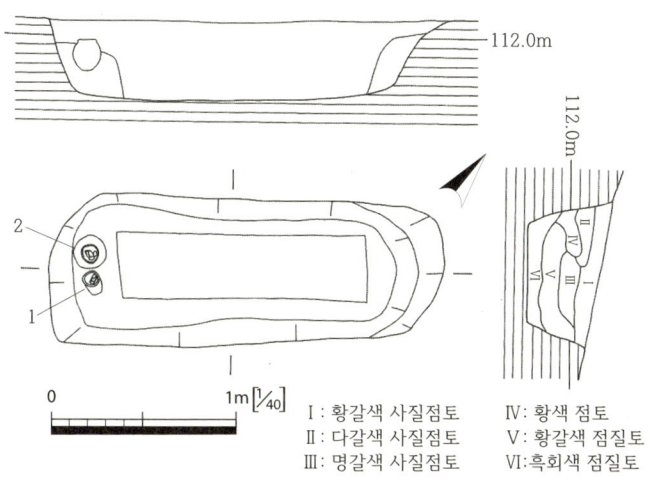

I : 황갈색 사질점토
II : 다갈색 사질점토
III : 명갈색 사질점토
IV: 황색 점토
V : 황갈색 점질토
VI:흑회색 점질토

[유구사진]

B지구 49호 토광묘

(단위 : cm)

묘광	크 기 (길이×너비×깊이)	190×99×(35+)	목관	크 기 (길이×너비×높이)	135×42×?
	장폭비	1.91:1		장폭비	3.21:1
	장축방향	N-50°-E	목곽	크 기 (길이×너비×높이)	-
	두 향	?		장폭비	-
유물	토 기	발형토기(2), 소호(2)			
	철 기	-			
	청 동 기	-			
	옥 석 류	-			
	기 타	-			
	특기사항				

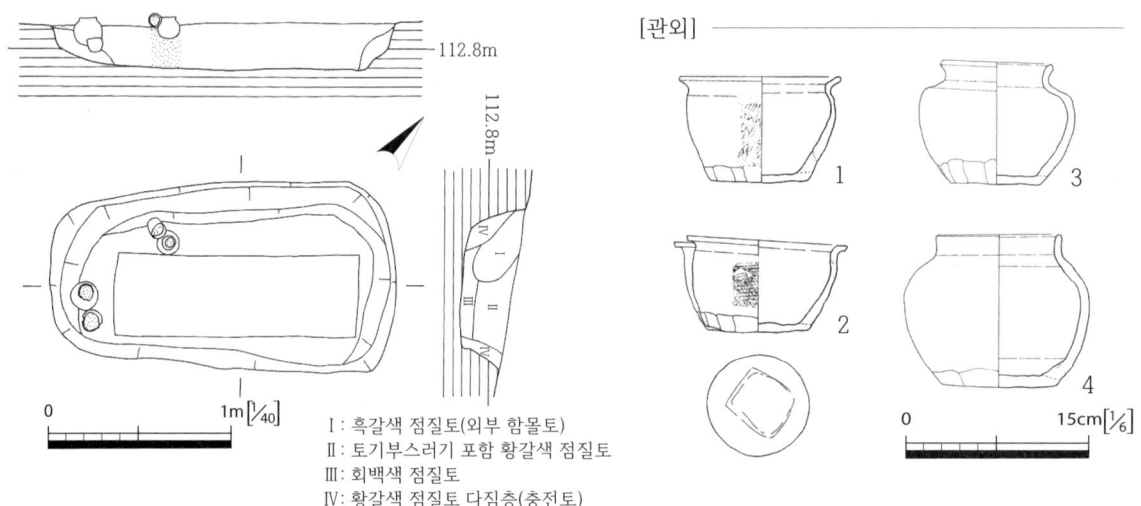

Ⅰ : 흑갈색 점질토(외부 함몰토)
Ⅱ : 토기부스러기 포함 황갈색 점질토
Ⅲ : 회백색 점질토
Ⅳ : 황갈색 점질토 다짐층(충전토)

[유구사진]

B지구 50호 토광묘

(단위 : cm)

묘광	크 기 (길이×너비×깊이)	306×114×(35+)	목관	크 기 (길이×너비×높이)	247×63×?
	장 폭 비	2.68:1		장 폭 비	3.92:1
	장축방향	N-90°-E	목곽	크 기 (길이×너비×높이)	-
	두 향	?		장 폭 비	-
유물	토 기	심발형토기(1), 단경호(1)			
	철 기	도자(1), 준(1), 촉(1), 착(1)			
	청 동 기	-			
	옥 석 류	-			
	기 타	-			
	특기사항				

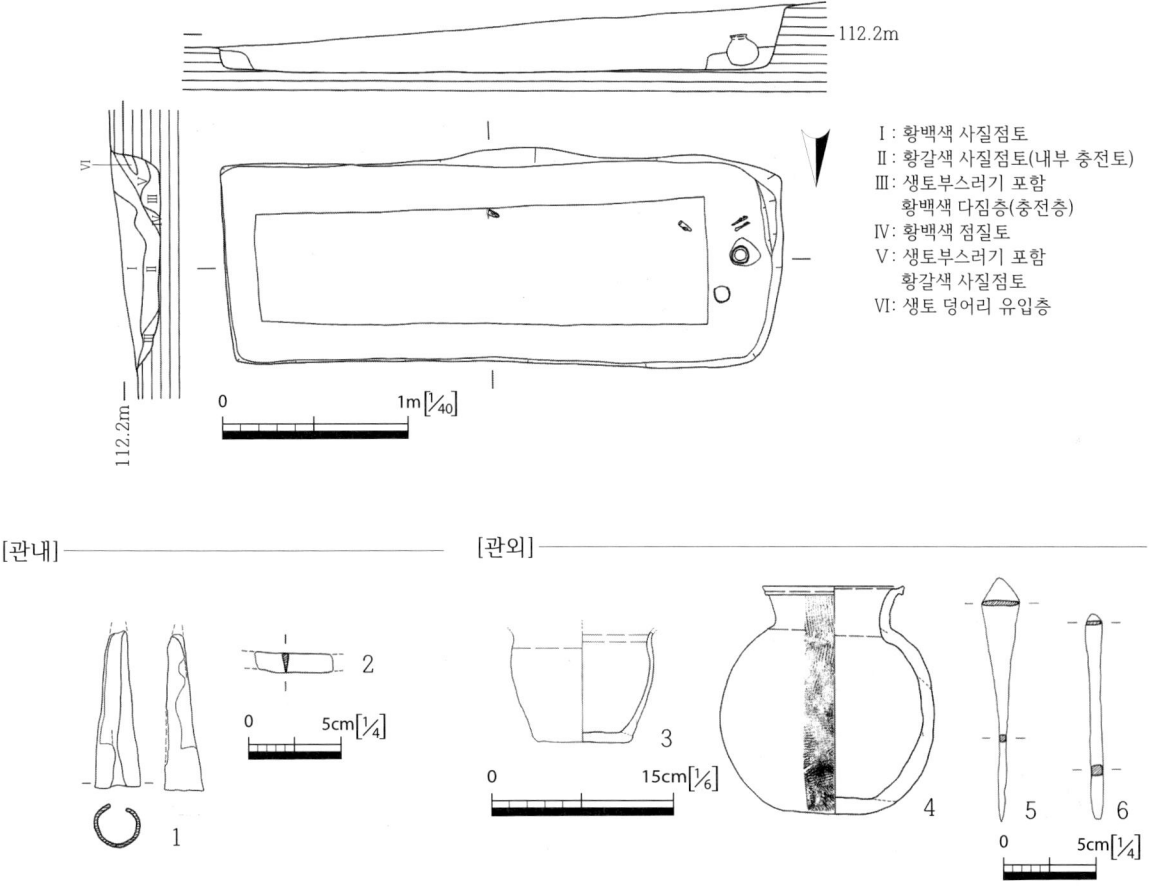

Ⅰ: 황백색 사질점토
Ⅱ: 황갈색 사질점토(내부 충전토)
Ⅲ: 생토부스러기 포함
    황백색 다짐층(충전층)
Ⅳ: 황백색 점질토
Ⅴ: 생토부스러기 포함
    황갈색 사질점토
Ⅵ: 생토 덩어리 유입층

[관내] [관외]

B지구 51호 토광묘

(단위 : cm)

묘광	크 기 (길이×너비×깊이)	(200+)×123×(20+)	목관	크 기 (길이×너비×높이)	(150+)×45×?
	장폭비	?		장폭비	?
	장축방향	N-85°-E	목곽	크 기 (길이×너비×높이)	?
	두 향	?		장폭비	?
유물	토 기	단경호(1)			
	철 기	-			
	청 동 기	-			
	옥석류	-			
	기 타	-			
	특기사항				

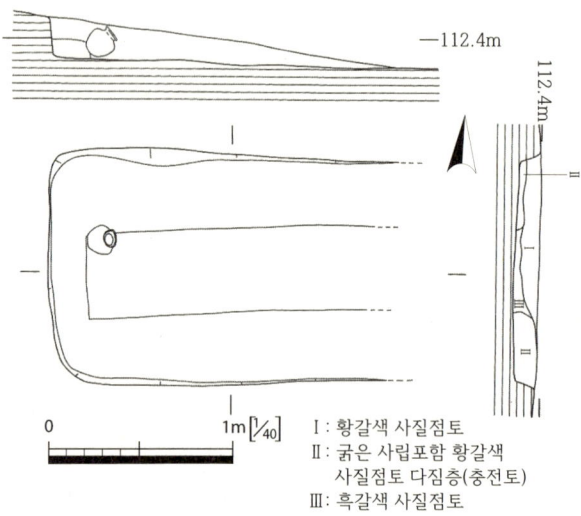

—112.4m

112.4m

0   1m[¼₀]

Ⅰ: 황갈색 사질점토
Ⅱ: 굵은 사립포함 황갈색
　 사질점토 다짐층(충전토)
Ⅲ: 흑갈색 사질점토

[관외]

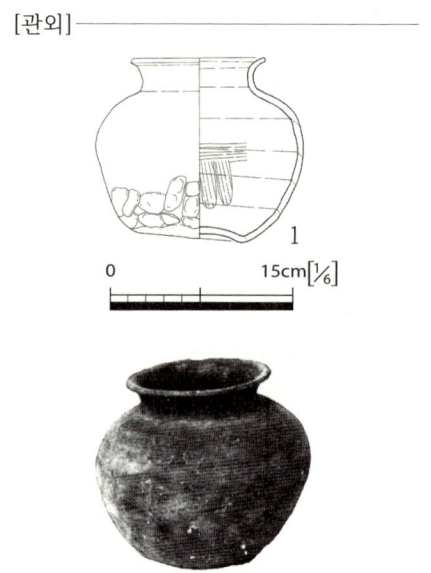

1

0   15cm[⅙]

[유구사진]

B지구 53호 토광묘

(단위 : cm)

묘광	크 기 (길이×너비×깊이)	144×76×(15+)	목관	크 기 (길이×너비×높이)	120×39×?
	장폭비	1.89:1		장폭비	3.07:1
	장축방향	N-85°-E	목곽	크 기 (길이×너비×높이)	-
	두 향	?		장폭비	-
유물	토 기	-			
	철 기	도자(1)			
	청동기	-			
	옥석류	-			
	기 타	-			
	특기사항	도자 1점 도면 미게재.			

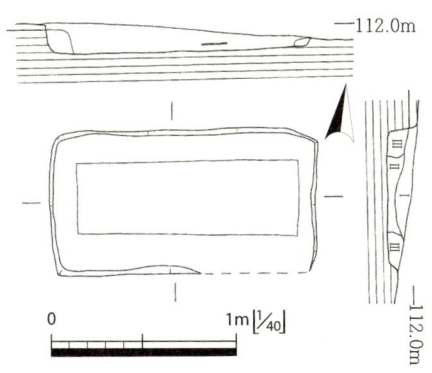

—112.0m

Ⅰ: 황갈색 사질점토
Ⅱ: 생토부스러기 포함 황백색 사질점토
Ⅲ: 생토부스러기 포함 황색 점질토 다짐층

—112.0m

0　　　　　1m |1/40|

[유구사진]

B지구 54호 토광묘

(단위 : cm)

묘광	크 기 (길이×너비×깊이)	224×97×(30+)	목관	크 기 (길이×너비×높이)	127×39×?
	장폭비	2.30:1		장폭비	3.25:1
	장축방향	N-65°-E	목곽	크 기 (길이×너비×높이)	-
	두 향	?		장폭비	-
유물	토 기	심발형토기(1)			
	철 기	겸(1), 단조철부(1), 미상철기(2)			
	청동기	-			
	옥석류	-			
	기 타	-			
	특기사항				

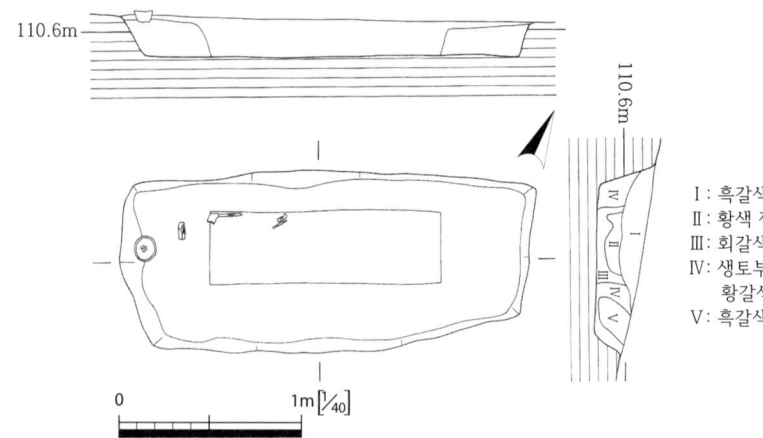

I : 흑갈색 사질점토
II : 황색 점질토
III : 회갈색 점질토
IV : 생토부스러기 포함
　　 황갈색 점질토 다짐층(충전토)
V : 흑갈색 부식토(외부 유입)

[유구사진]

[관내]

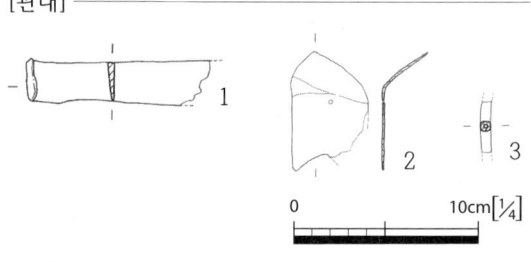

[관외]

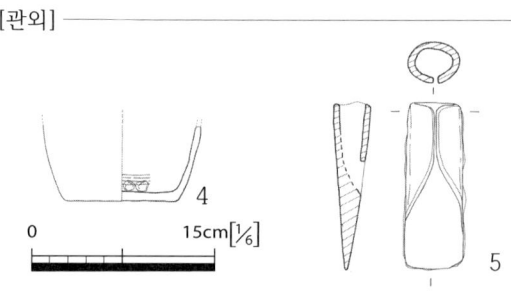

B지구 55호 토광묘

(단위 : cm)

묘광	크 기 (길이×너비×깊이)	250×110×(15+)	목관	크 기 (길이×너비×높이)	161×53×?
	장폭비	2.27:1		장폭비	3.03:1
	장축방향	N-73°-E	목곽	크 기 (길이×너비×높이)	-
	두 향	?		장폭비	-
유물	토 기	-			
	철 기	-			
	청동기	-			
	옥석류	-			
	기 타	-			
	특기사항	-			

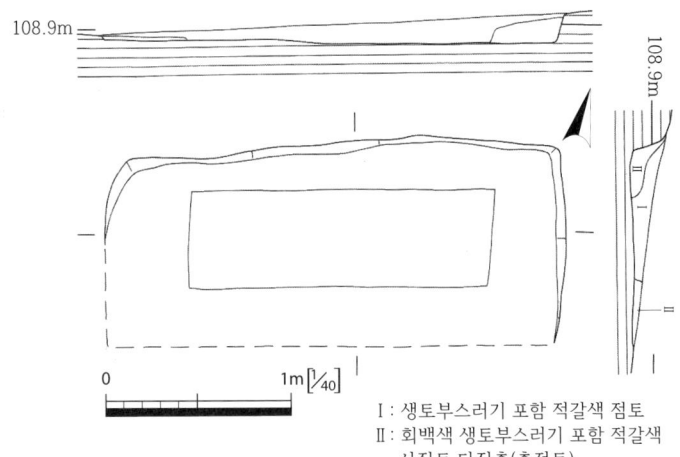

108.9m

108.9m

0   1m [1/40]

I : 생토부스러기 포함 적갈색 점토
II : 회백색 생토부스러기 포함 적갈색
    사질토 다짐층(충전토)

[유구사진]

B지구 56호 토광묘

(단위 : cm)

묘광	크 기 (길이×너비×깊이)	301×123×(51+)	목관	크 기 (길이×너비×높이)	200×46×?
	장폭비	2.44:1		장폭비	4.34:1
	장축방향	N-57°-E	목곽	크 기 (길이×너비×높이)	-
	두 향	?		장폭비	-
유물	토 기	호(2)			
	철 기	도자(1)			
	청 동 기	-			
	옥 석 류	-			
	기 타	-			
	특기사항				

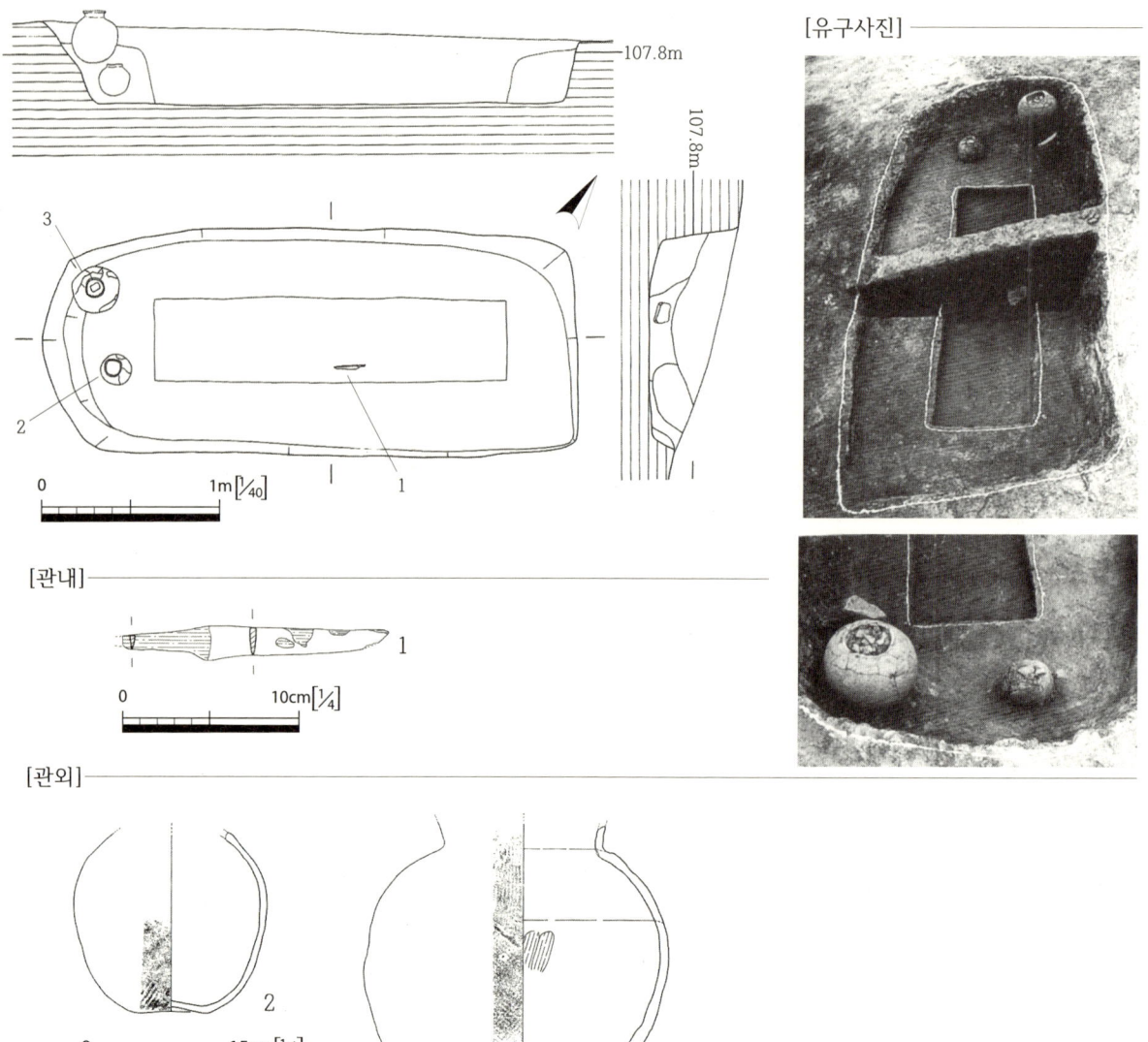

107.8m

[유구사진]

[관내]

1

[관외]

2

3

B지구 57호 토광묘

(단위 : cm)

묘광	크 기 (길이×너비×깊이)	302×136×(43+)	목관	크 기 (길이×너비×높이)	186×58×30
	장폭비	2.22:1		장폭비	3.20:1
	장축방향	N-22°-E	목곽	크 기 (길이×너비×높이)	-
	두 향	?		장폭비	-
유물	토 기	심발형토기(2), 단경호(2), 유견호(1), 저부편(1)			
	철 기	겸(1)			
	청 동 기	-			
	옥석류	-			
	기 타	-			
	특기사항	토기 1점 도면 미게재.			

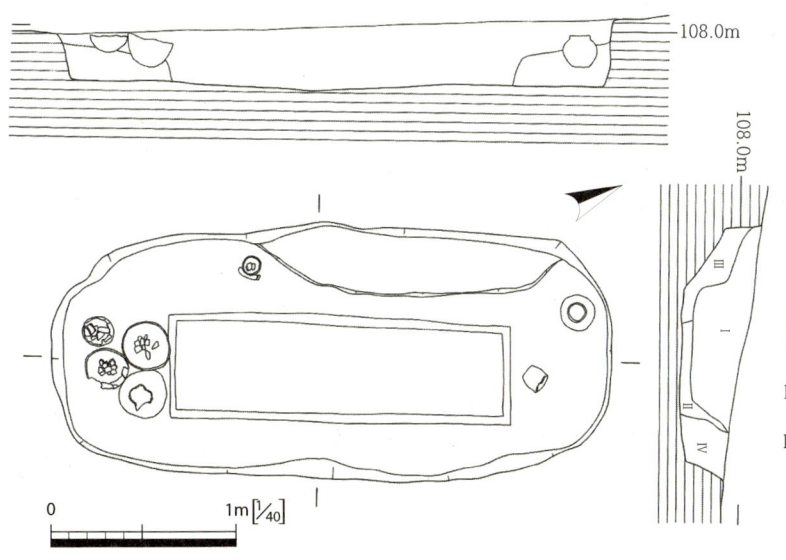

108.0m

108.0m

Ⅰ : 황갈색 사질점토
Ⅱ : 회갈색 점질토
    (점성이 강한 관재 부식토)
Ⅲ : 생토부스러기 포함 밝은
    황갈색 다짐층(충전토)
Ⅳ : 생토부스러기 포함 황색
    점질토 다짐층(충전토)

0   1m[1/40]

[관외]

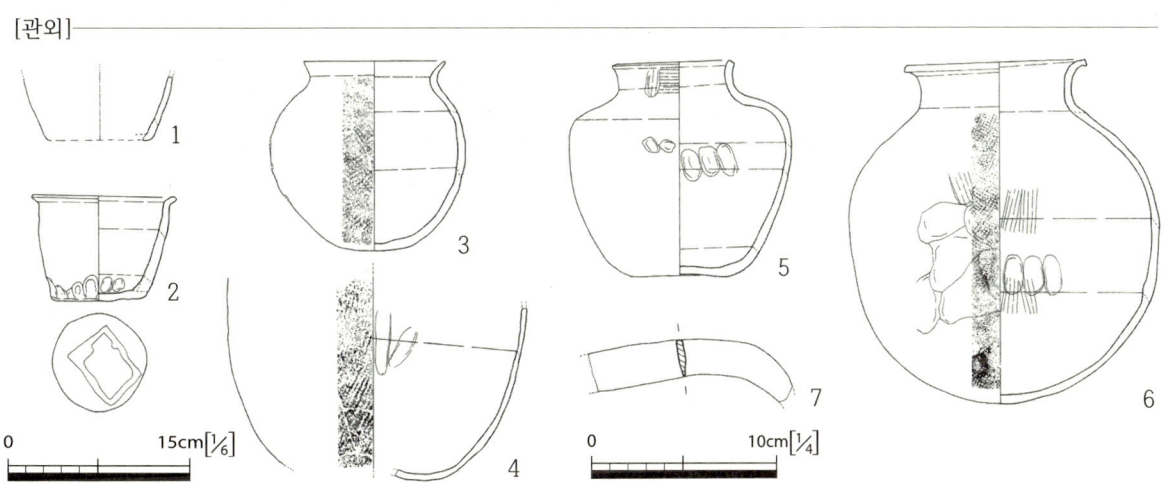

0   15cm[1/6]

0   10cm[1/4]

B지구 58호 토광묘

(단위 : cm)

묘광	크 기 (길이×너비×깊이)	323×118×(82+)	목관	크 기 (길이×너비×높이)	196×53×?
	장폭비	2.73:1		장폭비	3.69:1
	장축방향	N-36°-E	목곽	크 기 (길이×너비×높이)	-
	두 향	?		장폭비	-
유물	토 기	심발형토기(1), 단경호(1)			
	철 기	도자(2), 도(2), 겸(1), 착(4), 집게(1)			
	청동기	-			
	옥석류	-			
	기 타	-			
	특기사항				

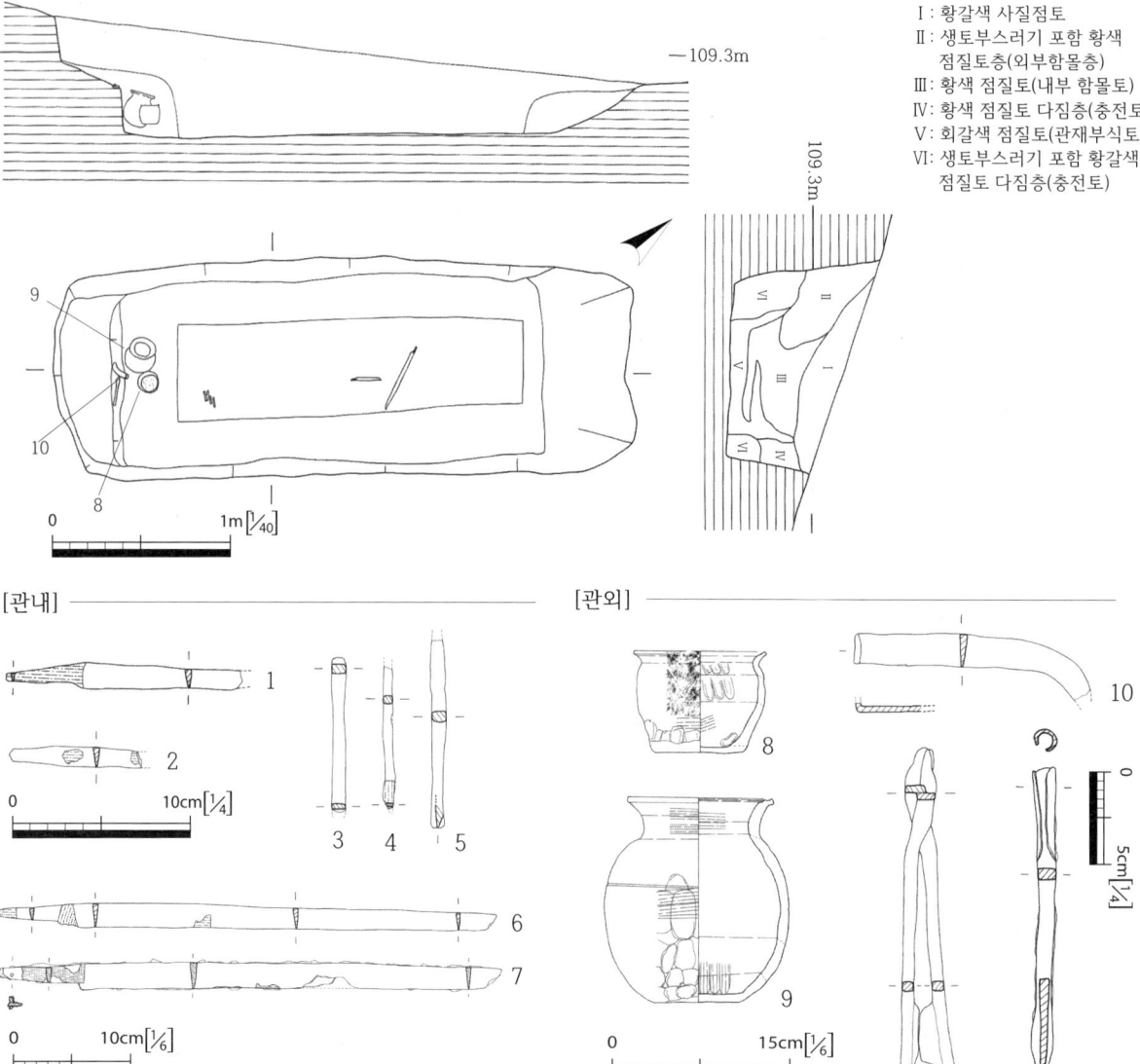

I : 황갈색 사질점토
II : 생토부스러기 포함 황색
　점질토층(외부함몰층)
III : 황색 점질토(내부 함몰토)
IV : 황색 점질토 다짐층(충전토)
V : 회갈색 점질토(관재부식토)
VI : 생토부스러기 포함 황갈색
　점질토 다짐층(충전토)

[관내]

[관외]

B지구 59호 토광묘

(단위 : cm)

묘광	크 기 (길이×너비×깊이)	278×87×(35+)	목관	크 기 (길이×너비×높이)	179×40×?
	장폭비	3.19:1		장폭비	4.47:1
	장축방향	N-80°-W	목곽	크 기 (길이×너비×높이)	-
	두 향	?		장폭비	-
유물	토 기	심발형토기(1), 저부편(1)			
	철 기	도자(1), 도(1), 겸(1)			
	청 동 기	-			
	옥석류	-			
	기 타	-			
	특기사항				

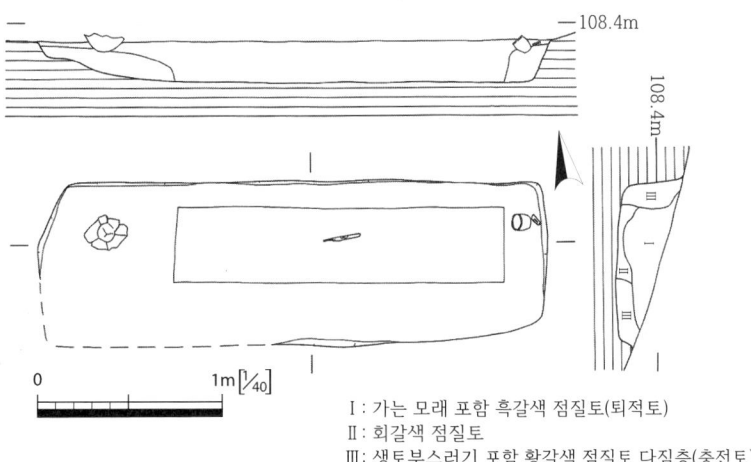

Ⅰ: 가는 모래 포함 흑갈색 점질토(퇴적토)
Ⅱ: 회갈색 점질토
Ⅲ: 생토부스러기 포함 황갈색 점질토 다짐층(충전토)

[관내]

[관외]

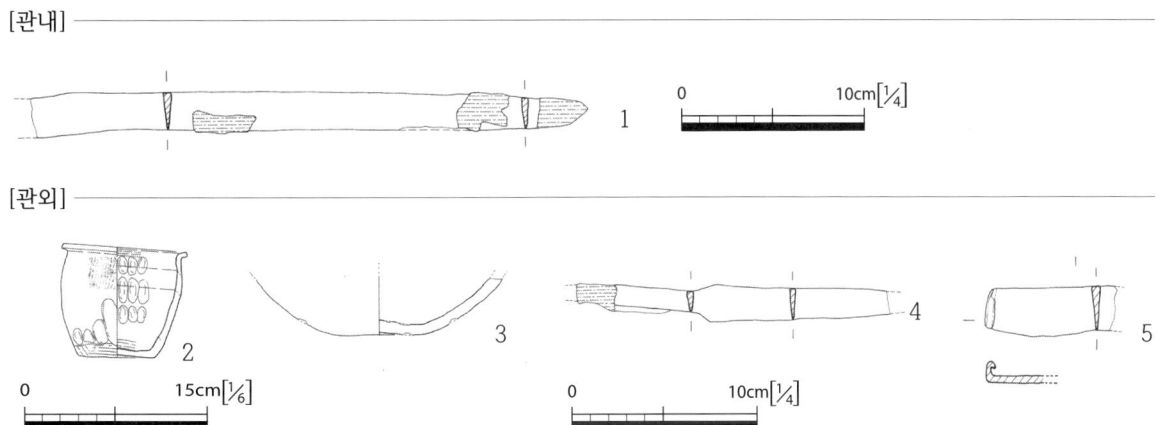

B지구 60호 토광묘

(단위 : cm)

묘광	크 기 (길이×너비×깊이)	167×71×(31+)	목관	크 기 (길이×너비×높이)	?
	장폭비	2.35:1		장폭비	?
	장축방향	N-60°-W	목곽	크 기 (길이×너비×높이)	?
	두 향	?		장폭비	?
유물	토 기	토기편			
	철 기	-			
	청 동 기	-			
	옥 석 류	-			
	기 타	-			
	특기사항	토기편 도면 미게재.			

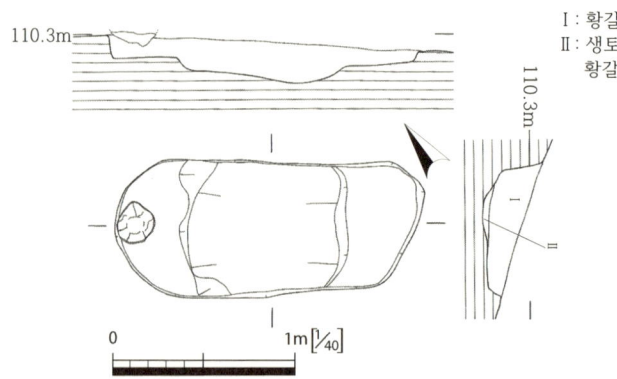

Ⅰ : 황갈색 사질점토층
Ⅱ : 생토부스러기 포함
    황갈색 다짐층(바닥면)

110.3m

0   1m [¼₀]

[유구사진]

[출토유물]

1

B지구 61호 토광묘

(단위 : cm)

묘광	크 기 (길이×너비×깊이)	230×90×(30+)	목관	크 기 (길이×너비×높이)	155×60×?
	장폭비	2.55:1		장폭비	2.58:1
	장축방향	N-50°-W	목곽	크 기 (길이×너비×높이)	-
	두 향	?		장폭비	-
유물	토 기	심발형토기(1), 호(1), 토기편(3)			
	철 기	모(1), 단조철부(1)			
	청동기	-			
	옥석류	-			
	기 타	-			
	특기사항	심발형토기 1점 도면 미게재.			

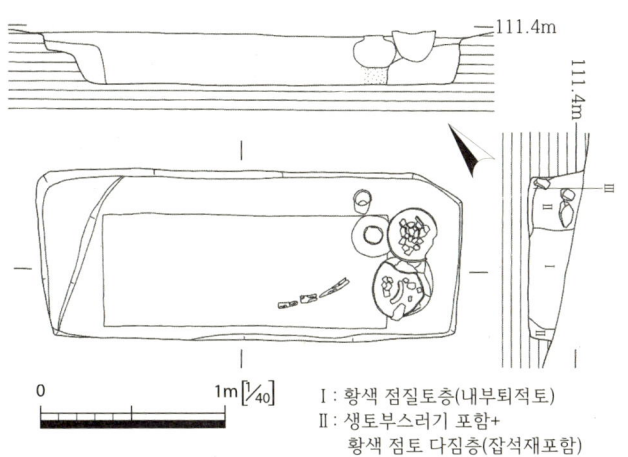

I : 황색 점질토층(내부퇴적토)
II : 생토부스러기 포함+
　 황색 점토 다짐층(잡석재포함)
III : 생토부스러기

[관내]

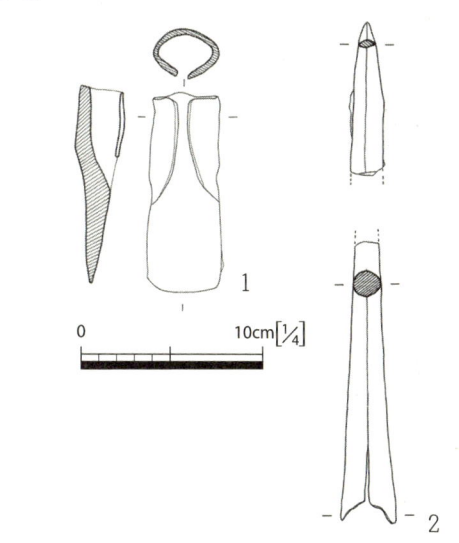

[유구사진]

[관외]

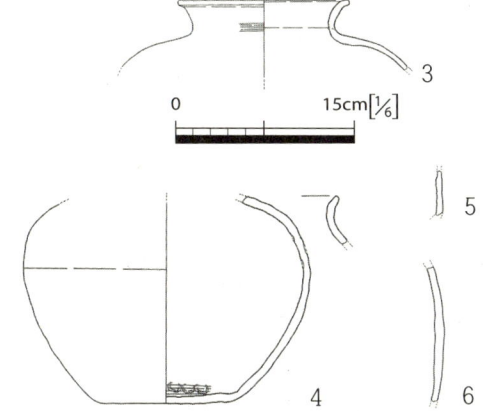

B지구 62호 토광묘

(단위 : cm)

묘광	크 기 (길이×너비×깊이)	301×115×(51+)	목관	크 기 (길이×너비×높이)	202×69×?
	장폭비	2.61:1		장폭비	2.92:1
	장축방향	N-85°-W	목곽	크 기 (길이×너비×높이)	-
	두 향	?		장폭비	-
유물	토 기	심발형토기(1), 단경호(1), 장경호(1), 옹-(1)			
	철 기	-			
	청동기	-			
	옥석류	-			
	기 타	토제 방추차(1)			
	특기사항				

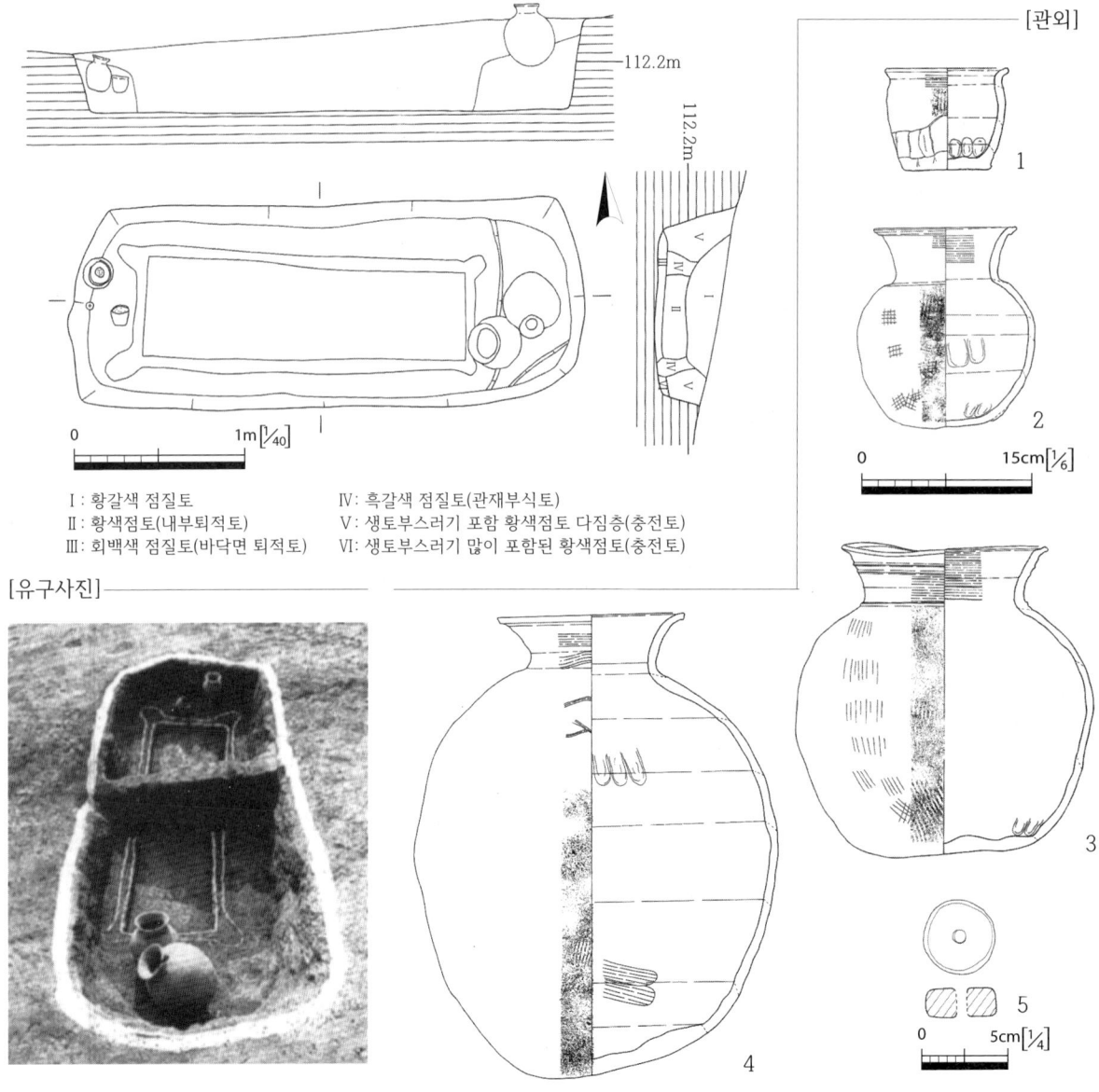

Ⅰ : 황갈색 점질토　　　　Ⅳ : 흑갈색 점질토(관재부식토)
Ⅱ : 황색점토(내부퇴적토)　Ⅴ : 생토부스러기 포함 황색점토 다짐층(충전토)
Ⅲ : 회백색 점질토(바닥면 퇴적토)　Ⅵ : 생토부스러기 많이 포함된 황색점토(충전토)

[유구사진]

B지구 63호 토광묘

(단위 : cm)

묘광	크 기 (길이×너비×깊이)	282×126×(55+)	목관	크 기 (길이×너비×높이)	200×57×?
	장폭비	2.23:1		장폭비	3.50:1
	장축방향	N-77°-W	목곽	크 기 (길이×너비×높이)	?
	두 향	?		장폭비	?
유물	토 기	호·옹(1)			
	철 기	-			
	청 동 기	-			
	옥 석 류	-			
	기 타	-			
	특기사항	호·옹 1점 도면 미게재.			

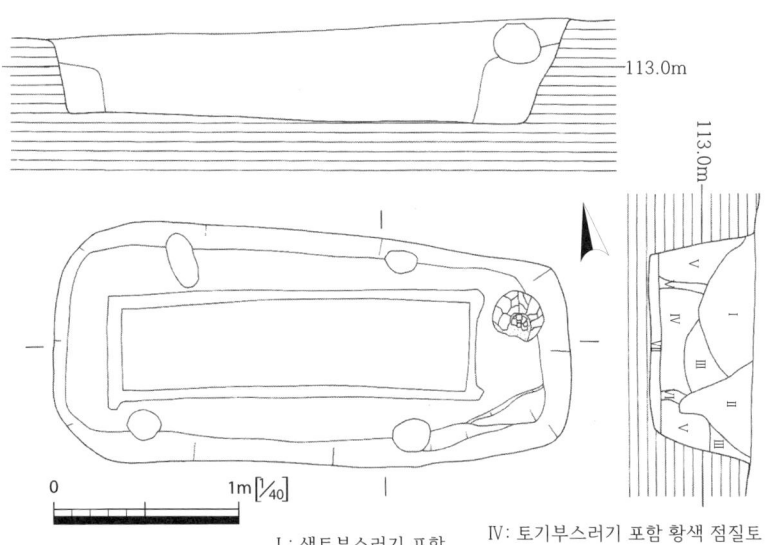

113.0m

113.0m

Ⅰ: 생토부스러기 포함
　밝은 다갈색 사질점토
Ⅱ: 흑색 부식토
Ⅲ: 황갈색 점질토

Ⅳ: 토기부스러기 포함 황색 점질토
Ⅴ: 황색 점질토 다짐층(충전토)
Ⅵ: 회갈색 점질토(관재부식토)
Ⅶ: 회백색 점질토

0　　　　　　1m [1/40]

[유구사진]

[관외]

1

B지구 64호 토광묘

(단위 : cm)

묘광	크 기 (길이×너비×깊이)	219×84×(37+)	목관	크 기 (길이×너비×높이)	140×44×?
	장폭비	2.60:1		장폭비	3.18:1
	장축방향	N-82°-E	목곽	크 기 (길이×너비×높이)	-
	두 향	?		장폭비	-
유물	토 기	심발형토기(1), 단경호(1)			
	철 기	-			
	청 동 기	-			
	옥 석 류	유리제 구슬(3)			
	기 타	토제 방추차(1)			
	특기사항	층위에 대한 설명이 없음.			

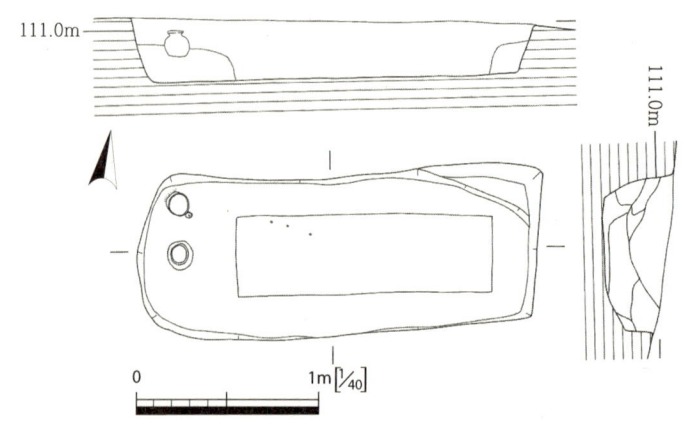

[유구사진]

[관내]

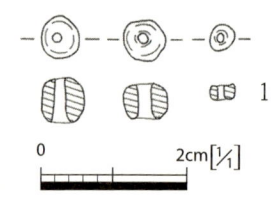

[관내]

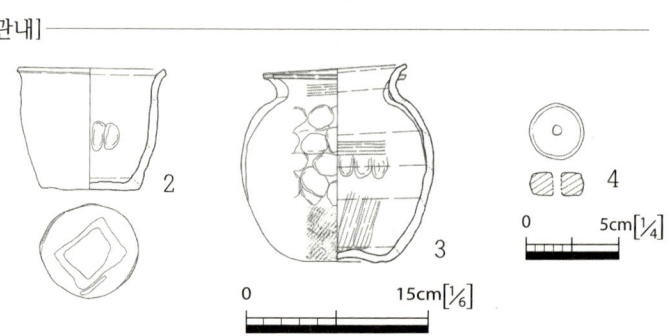

B지구 65호 토광묘

(단위 : cm)

묘광	크 기 (길이×너비×깊이)	250×90×(25+)	목관	크 기 (길이×너비×높이)	171×44×?
	장폭비	2.77:1		장폭비	3.88:1
	장축방향	N-78°-E	목곽	크 기 (길이×너비×높이)	-
	두 향	?		장폭비	-
유물	토 기	심발형토기(1), 단경호(1), 토기편(1)			
	철 기	-			
	청 동 기	-			
	옥석류	-			
	기 타	토제 방추차(1)			
	특기사항	토제 방추차 1점 도면 미게재.			

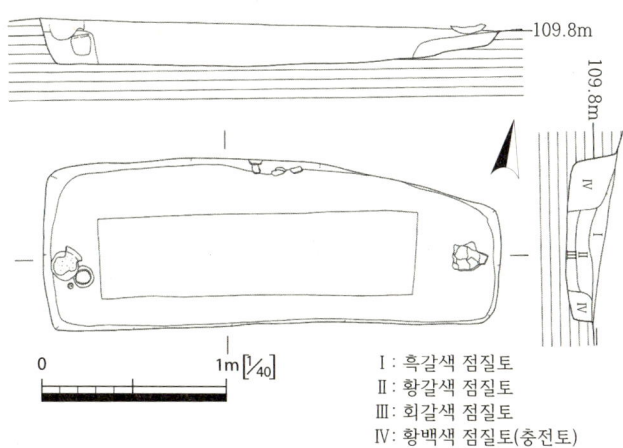

0   1m [1/40]

I : 흑갈색 점질토
II : 황갈색 점질토
III: 회갈색 점질토
IV: 황백색 점질토(충전토)

[유구사진]

[관외]

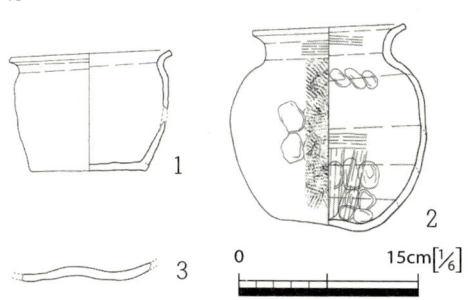

1

2

3

0   15cm [1/6]

B지구 66호 토광묘

(단위 : cm)

묘광	크 기 (길이×너비×깊이)	206×94×(27+)	목관	크 기 (길이×너비×높이)	138×45×?
	장폭비	2.19:1		장폭비	3.06:1
	장축방향	N-86°-E	목곽	크 기 (길이×너비×높이)	-
	두 향	(서쪽?)		장폭비	-
유물	토 기	단경호(1), 토기편			
	철 기	-			
	청동기	-			
	옥석류	구슬(12)			
	기 타	-			
	특기사항	토기편 도면 미게재. 구슬 재질에 대한 설명이 없음.			

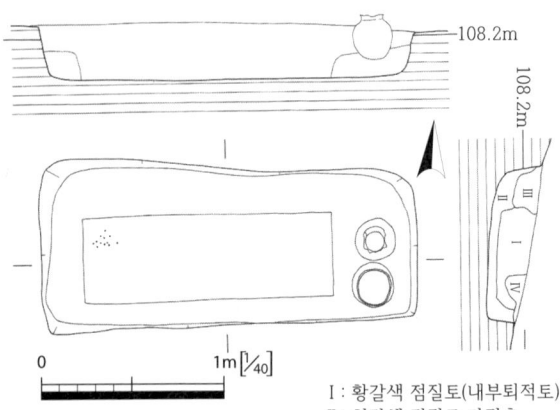

I : 황갈색 점질토(내부퇴적토)
II : 회갈색 점질토 다짐층
III : 흑갈색 점질토
IV : 생토부스러기 포함 황백색 점질토

[관내]

[관외]

[유구사진]

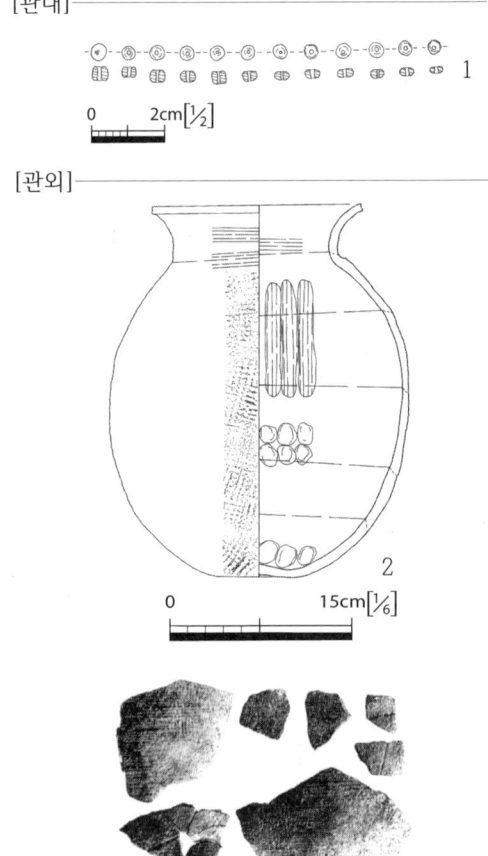

B지구 67호 토광묘

(단위 : cm)

묘광	크 기 (길이×너비×깊이)	269×110×(45+)	목관	크 기 (길이×너비×높이)	214×62×?
	장폭비	2.44:1		장폭비	3.45:1
	장축방향	N-90°-E	목곽	크 기 (길이×너비×높이)	-
	두 향	?		장폭비	-
유물	토 기	심발형토기(1), 단경호(1)			
	철 기	촉(1), 겸(2), 착(1), 축소모형철기(1)			
	청 동 기	-			
	옥석류	-			
	기 타	-			
	특기사항	층위에 대한 설명이 없음.			

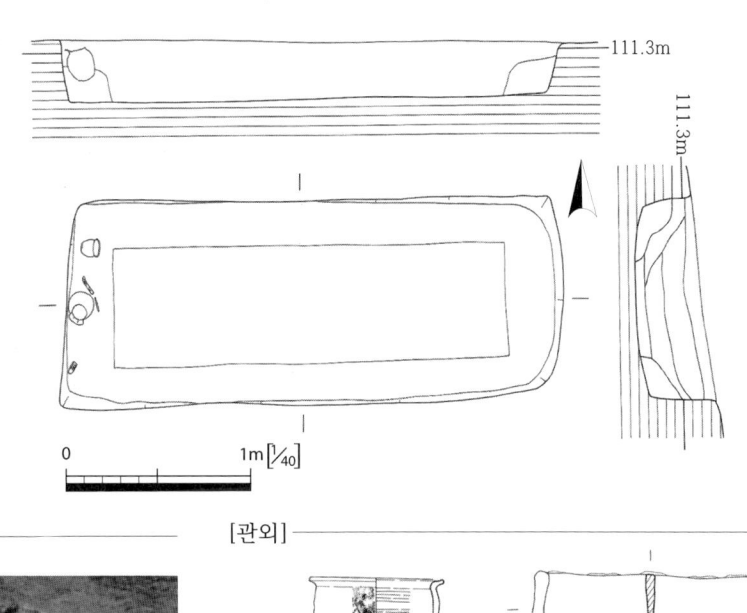

111.3m

111.3m

0   1m[1/40]

[유구사진]

[관외]

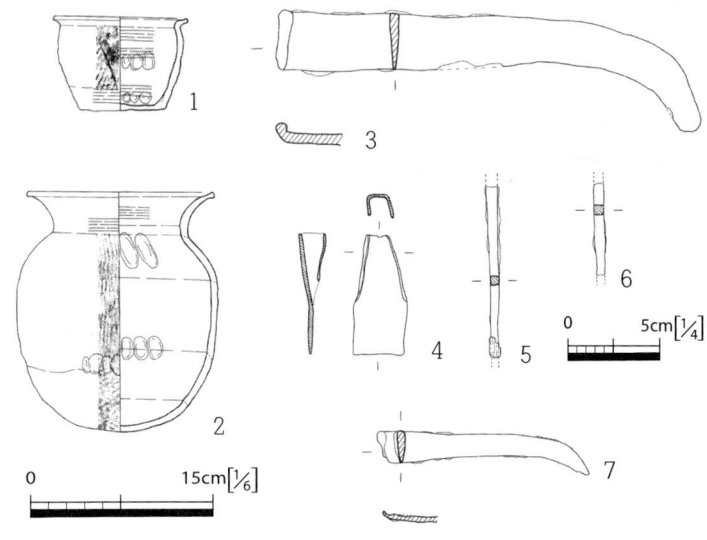

1

2

3

4

5

6

7

0   15cm[1/6]

0   5cm[1/4]

B지구 68호 토광묘

(단위 : cm)

묘광	크 기 (길이×너비×깊이)	295×111×(40+)	목관	크 기 (길이×너비×높이)	207×61×?
	장폭비	2.65:1		장폭비	3.39:1
	장축방향	N-78°-W	목곽	크 기 (길이×너비×높이)	-
	두 향	?		장폭비	-
유물	토 기	토기편(1)			
	철 기	-			
	청동기	-			
	옥석류	-			
	기 타	토제 방추차(1)			
	특기사항	토기편 1점 도면 미게재.			

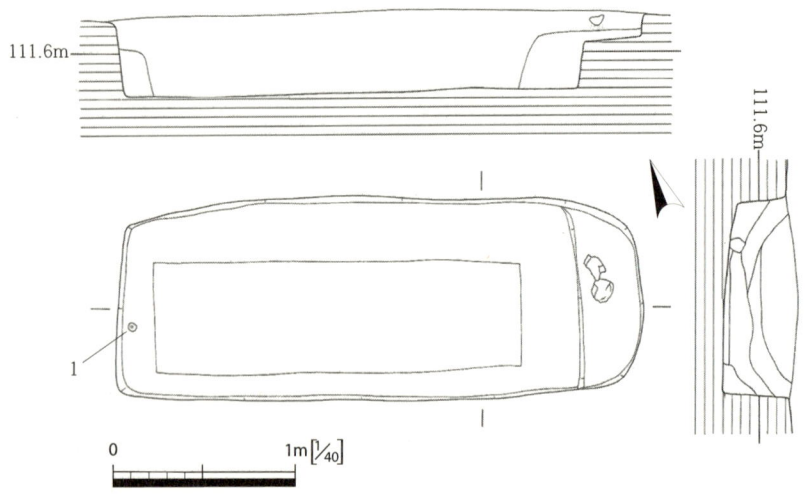

[유구사진]

[관외]

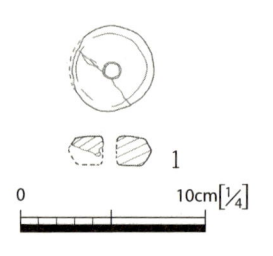

B지구 69호 토광묘

(단위 : cm)

묘광	크 기 (길이×너비×깊이)	282×104×(40+)	목관	크 기 (길이×너비×높이)	189×71×?
	장폭비	2.71:1		장폭비	2.66:1
	장축방향	N-90°-E	목곽	크 기 (길이×너비×높이)	-
	두 향	?		장폭비	-
유물	토 기	심발형토기(1), 개(1), 직구호(1), 장경호(1), 토기편(1)			
	철 기	-			
	청 동 기	-			
	옥석류	-			
	기 타	토제 방추차(1)			
	특기사항				

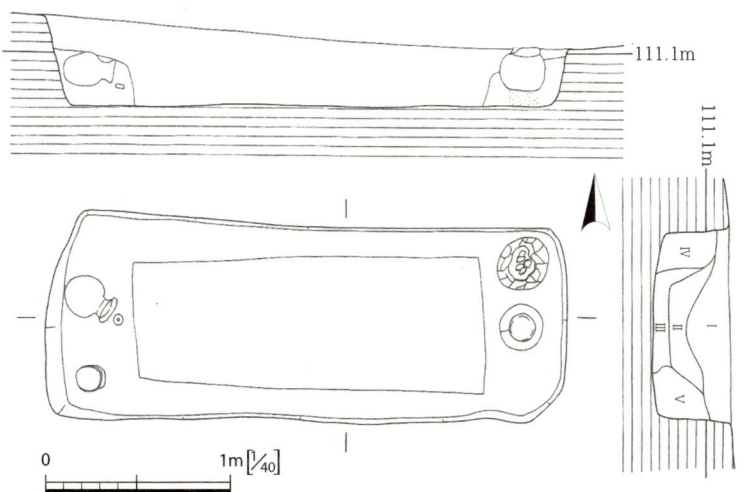

Ⅰ : 황갈색 사질토(부식토층)
Ⅱ : 명갈색 사질점토(내부퇴적토)
Ⅲ : 흑갈색 점질토
Ⅳ : 생토부스러기 포함
　　흑갈색 다짐층(충전토)
Ⅴ : 생토부스러기 많이 포함된
　　명갈색 다짐층(충전토)

[관외]

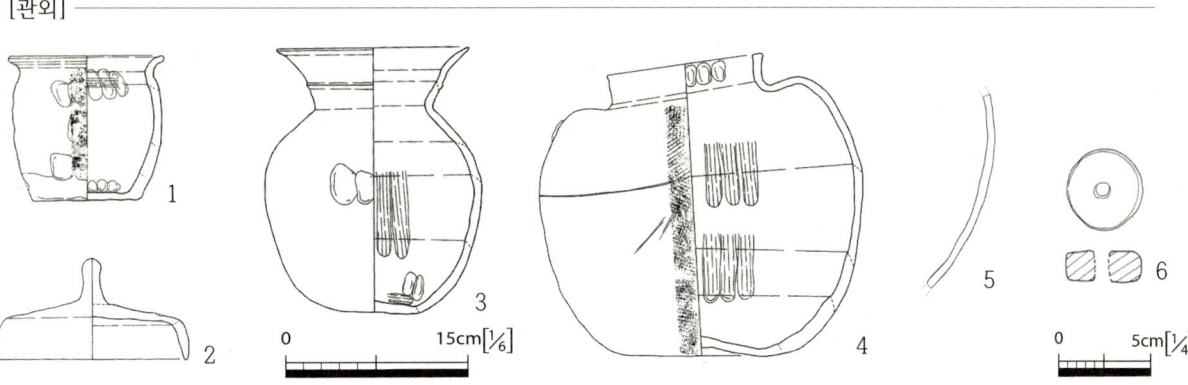

B지구 70호 토광묘

묘광	크 기 (길이×너비×깊이)	242×90×(20+)	목관	크 기 (길이×너비×높이)	155×51×?
	장 폭 비	2.68:1		장 폭 비	3.03:1
	장축방향	N-70°-W	목곽	크 기 (길이×너비×높이)	-
	두 향	?		장 폭 비	-
유물	토 기	-			
	철 기	-			
	청 동 기	-			
	옥 석 류	-			
	기 타	-			
	특기사항	출토유물 없음.			

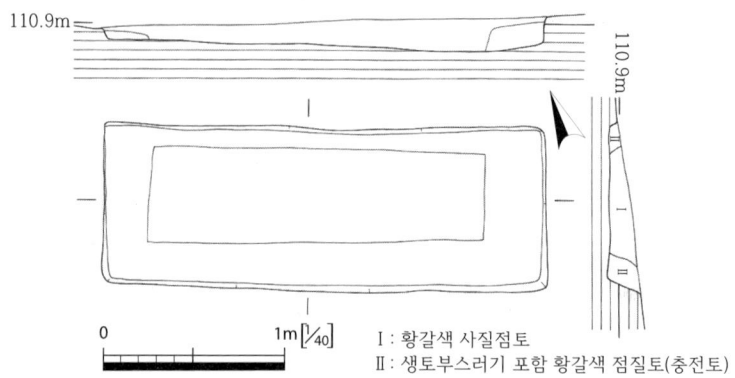

Ⅰ : 황갈색 사질점토
Ⅱ : 생토부스러기 포함 황갈색 점질토(충전토)

[유구사진]

B지구 71호 토광묘

(단위 : cm)

묘광	크 기 (길이×너비×깊이)	235×80×(29+)	목관	크 기 (길이×너비×높이)	172×42×?
	장폭비	2.93:1		장폭비	4.09:1
	장축방향	N-72°-W	목곽	크 기 (길이×너비×높이)	-
	두 향	?		장폭비	-
유물	토 기	심발형토기(1), 단경호(2), 소호(1)			
	철 기	-			
	청 동 기	-			
	옥석류	-			
	기 타	토제 방추차(1)			
	특기사항				

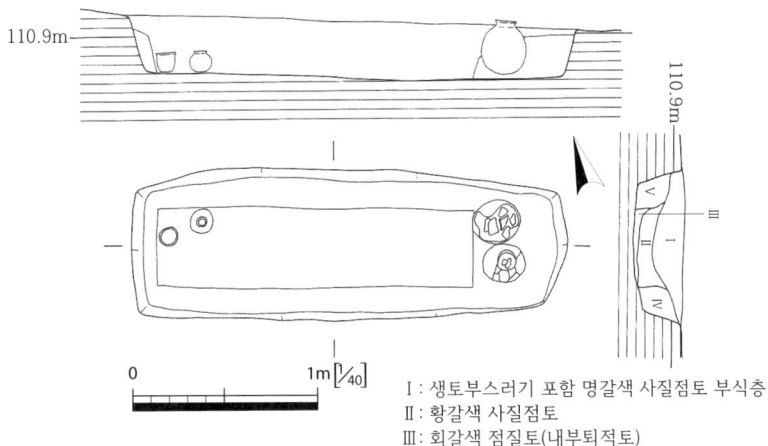

Ⅰ : 생토부스러기 포함 명갈색 사질점토 부식층
Ⅱ : 황갈색 사질점토
Ⅲ : 회갈색 점질토(내부퇴적토)
Ⅳ : 생토부스러기 포함 황갈색 사질점토 다짐층

[관내]   [관외]

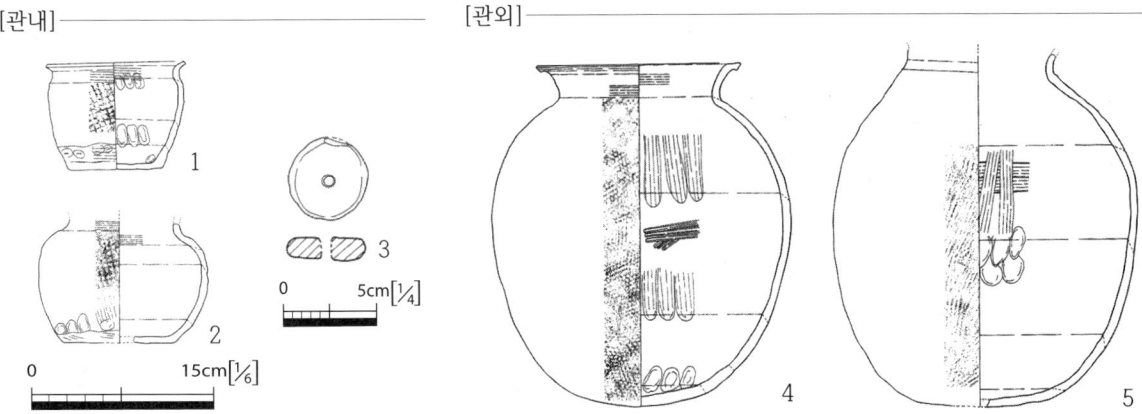

B지구 72호 토광묘

(단위 : cm)

묘광	크 기 (길이×너비×깊이)	391×146×(54+)	목관	크 기 (길이×너비×높이)	242×64×?
	장폭비	2.67:1		장폭비	3.78:1
	장축방향	N-78°-W	목곽	크 기 (길이×너비×높이)	-
	두 향	?		장폭비	-
유물	토 기	심발형토기(1), 개(1), 직구단경호(1), 호·옹(2)			
	철 기	도자(2), 모(1), 겸(1), 단조철부(1), 마구[재갈(1), 등자(2), 교구(5)], 미상철기(4)			
	청 동 기	-			
	옥 석 류	-			
	기 타	금동제 이식(2)			
	특기사항				

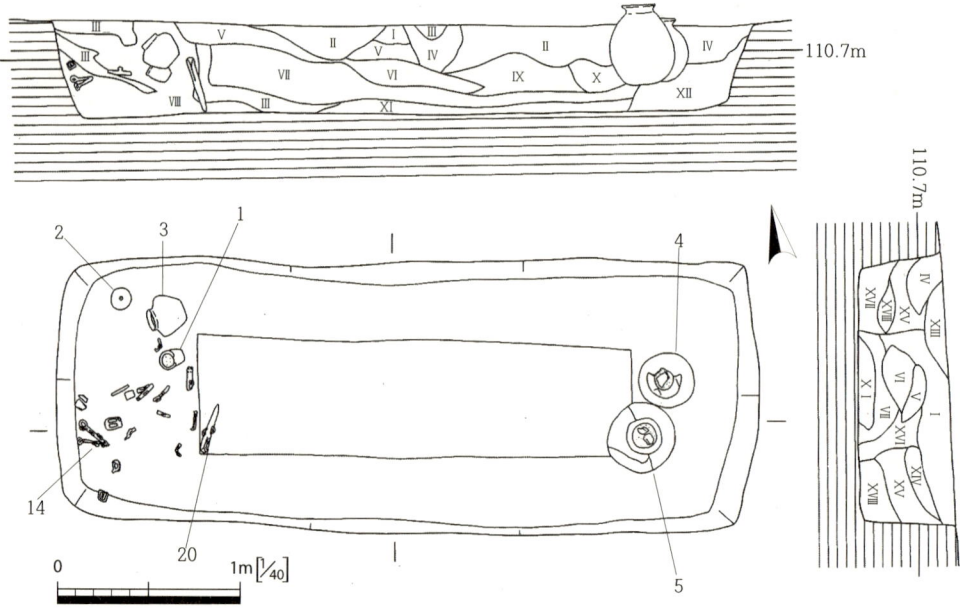

Ⅰ: 생토부스러기 포함 다갈색 사질점토
Ⅱ: 황갈색 사질점토
Ⅲ: 황색점토
Ⅳ: 회백색 사질토
Ⅴ: 흑갈색 사질점토
Ⅵ: 생토부스러기 포함 황백색 점질토
Ⅶ: 밝은 황색 사질토

Ⅷ: 생토부스러기 포함
　 황백색 사질점토 다짐층
Ⅸ: 굵은 모래 포함 황색 사질점토
Ⅹ: 다갈색 사질점토
ⅩⅠ: 황백색 점질토
ⅩⅡ: 생토부스러기 포함
　 녹갈색 사질점토 다짐층

ⅩⅢ: 생토부스러기 포함 황갈색 사질점토
ⅩⅣ: 생토부스러기 포함 적색 점질토
ⅩⅤ: 생토부스러기 포함
　 다갈색 사질점토 다짐층
ⅩⅥ: 황갈색 점질토
ⅩⅦ: 생토부스러기 포함 명갈색 점질토
ⅩⅧ: 다갈색 점질토

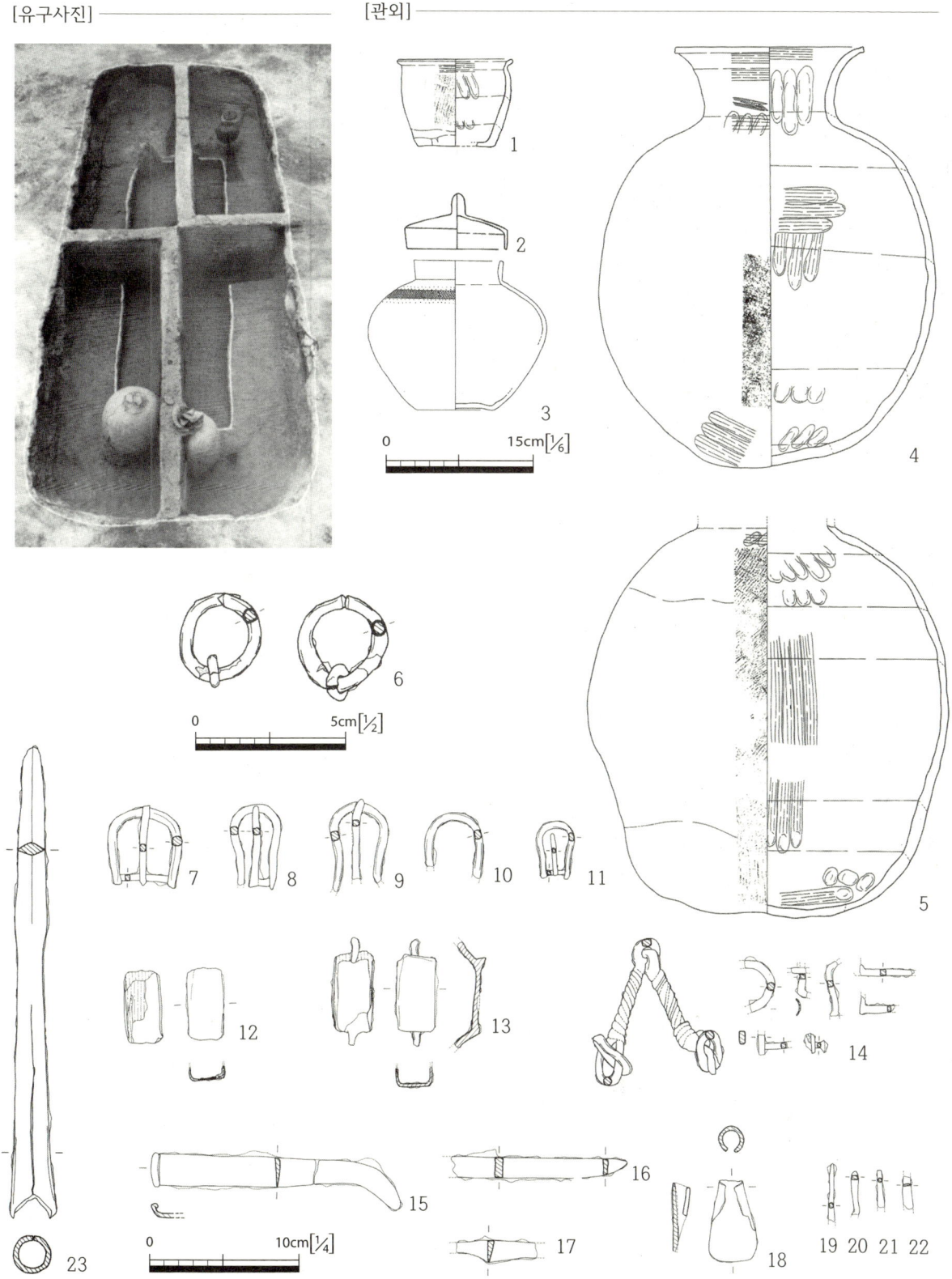

B지구 73호 토광묘

(단위 : cm)

묘광	크 기 (길이×너비×깊이)	246×101×(33+)	목관	크 기 (길이×너비×높이)	206×66×?
	장폭비	2.43:1		장폭비	3.12:1
	장축방향	N-89°-W	목곽	크 기 (길이×너비×높이)	-
	두 향	?		장폭비	-
유물	토 기	-			
	철 기	-			
	청동기	-			
	옥석류	-			
	기 타	-			
	특기사항	출토유물 없음.			

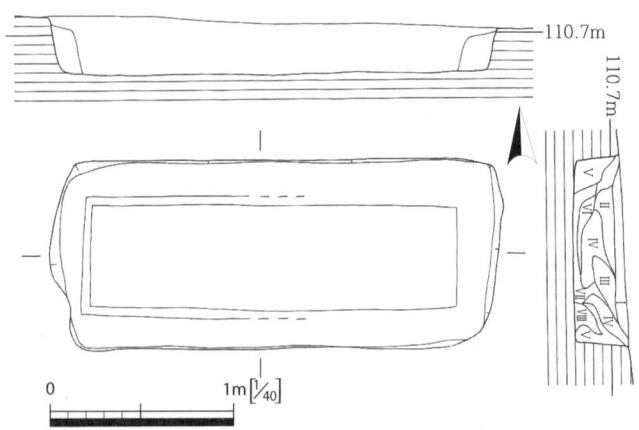

Ⅰ : 가는 모래 포함 밝은 황갈색 사질점토 부식층
Ⅱ : 황갈색 사질점토층
Ⅲ : 다갈색 사질토
Ⅳ : 황갈색 점질토(내부 함몰토)
Ⅴ : 생토부스러기 포함 명갈색 다짐층(충전토)
Ⅵ : 황색 점질토(내부 함몰토)
Ⅶ : 회갈색 점질토(내부퇴적토)
Ⅷ : 생토부스러기 포함 황색다짐층(충전토)

[유구사진]

B지구 74호 토광묘

(단위 : cm)

묘광	크 기 (길이×너비×깊이)	280×83×(32+)	목관	크 기 (길이×너비×높이)	194×45×?
	장폭비	3.37:1		장폭비	4.31:1
	장축방향	N-72°-W	목곽	크 기 (길이×너비×높이)	-
	두 향	?		장폭비	-
유물	토 기	심발형토기(1), 직구호(1)			
	철 기	-			
	청 동 기	-			
	옥 석 류	-			
	기 타	토제 방추차(1)			
	특기사항				

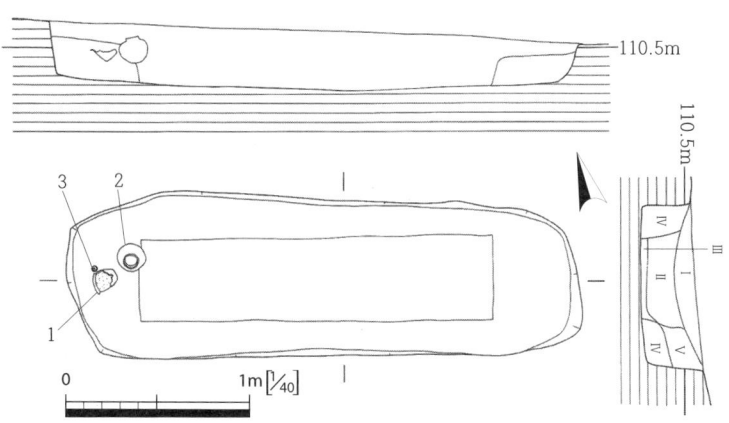

Ⅰ : 생토부스러기 포함 다갈색 사질점토 부식토층
Ⅱ : 황갈색 사질점토(내부함몰토)
Ⅲ : 밝은 황갈색 점질토
Ⅳ : 생토부스러기 포함 황색 다짐층(충전토)
Ⅴ : 황색점질토 다짐층(충전토)

[유구사진]

[관외]

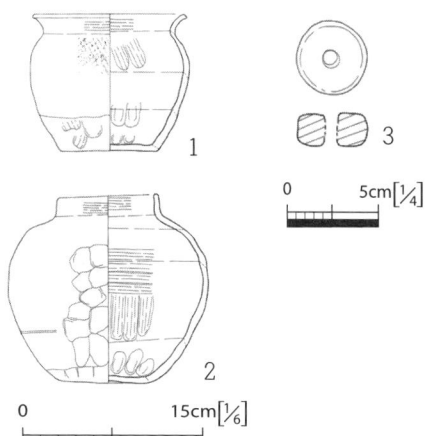

B지구 75호 토광묘

(단위 : cm)

묘광	크 기 (길이×너비×깊이)	340×103×(38+)	목관	크 기 (길이×너비×높이)	220×67×?
	장폭비	3.30:1		장폭비	3.28:1
	장축방향	N-79°-W	목곽	크 기 (길이×너비×높이)	-
	두 향	?		장폭비	-
유물	토 기	심발형토기(1), 단경호(1), 호·옹(1)			
	철 기	-			
	청 동 기	-			
	옥 석 류	유리제 구슬(1)			
	기 타	토제 방추차(1)			
	특기사항				

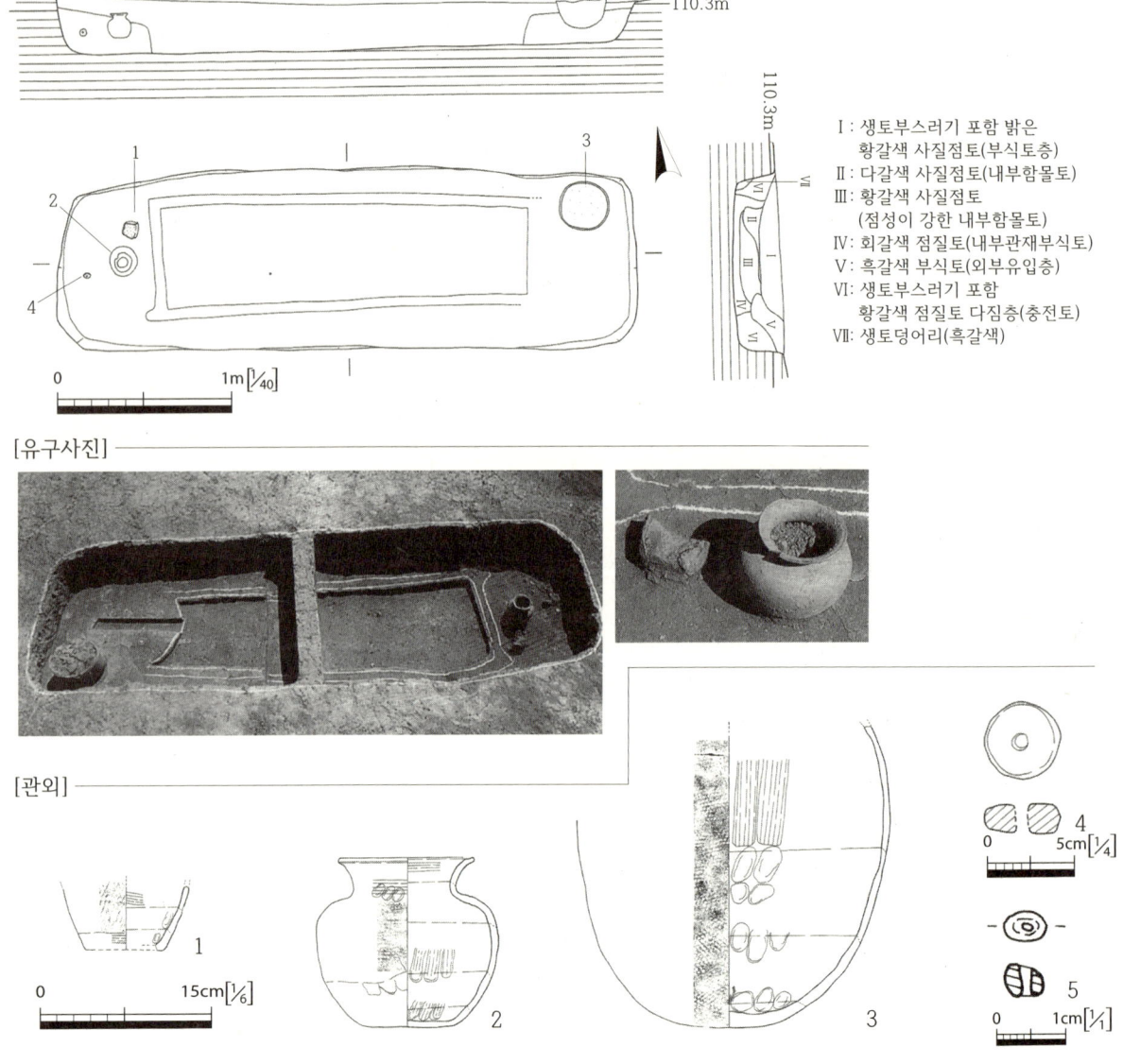

I : 생토부스러기 포함 밝은
　　황갈색 사질점토(부식토층)
II : 다갈색 사질점토(내부함몰토)
III : 황갈색 사질점토
　　 (점성이 강한 내부함몰토)
IV : 회갈색 점질토(내부관재부식토)
V : 흑갈색 부식토(외부유입층)
VI : 생토부스러기 포함
　　 황갈색 점질토 다짐층(충전토)
VII : 생토덩어리(흑갈색)

[유구사진]

[관외]

B지구 76호 토광묘

(단위 : cm)

묘광	크 기 (길이×너비×깊이)	343×120×(46+)	목관	크 기 (길이×너비×높이)	214×62×?
	장폭비	2.85:1		장폭비	3.45:1
	장축방향	N-74°-W	목곽	크 기 (길이×너비×높이)	-
	두 향	?		장폭비	-
유물	토 기	심발형토기(1), 단경호(1)			
	철 기	도자(2)			
	청동기	-			
	옥석류	-			
	기 타	-			
	특기사항	도자 1점 도면 미게재.			

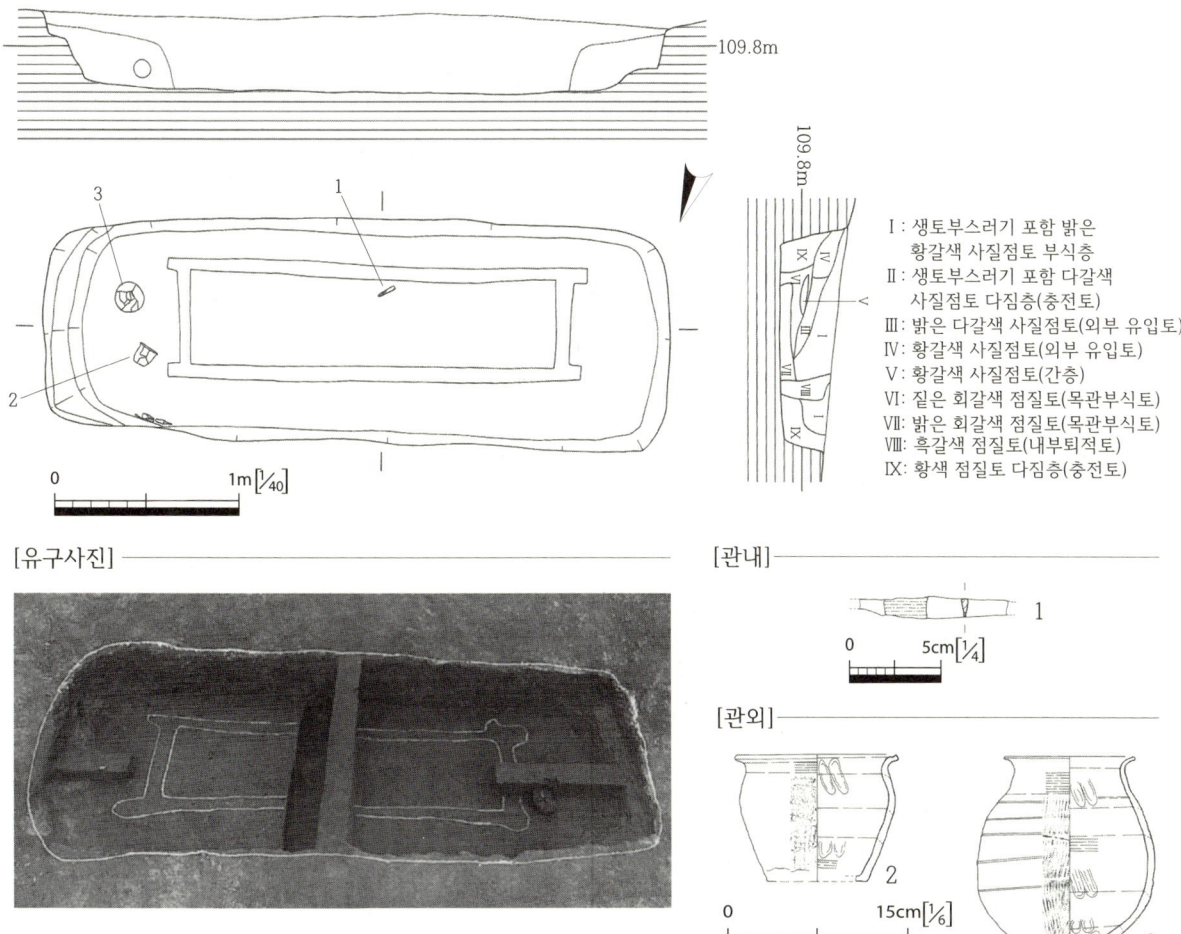

109.8m

109.8m

Ⅰ : 생토부스러기 포함 밝은
　　황갈색 사질점토 부식층
Ⅱ : 생토부스러기 포함 다갈색
　　사질점토 다짐층(충전토)
Ⅲ : 밝은 다갈색 사질점토(외부 유입토)
Ⅳ : 황갈색 사질점토(외부 유입토)
Ⅴ : 황갈색 사질점토(간층)
Ⅵ : 짙은 회갈색 점질토(목관부식토)
Ⅶ : 밝은 회갈색 점질토(목관부식토)
Ⅷ : 흑갈색 점질토(내부퇴적토)
Ⅸ : 황색 점질토 다짐층(충전토)

0　　　　　1m[1/40]

[유구사진]

[관내]

0　　5cm[1/4]

1

[관외]

0　　　　　15cm[1/6]

2

3

B지구 77호 토광묘

(단위 : cm)

묘광	크 기 (길이×너비×깊이)	265×101×(20+)	목관	크 기 (길이×너비×높이)	156×60×?
	장 폭 비	2.62:1		장 폭 비	2.60:1
	장축방향	N-56°-W	목곽	크 기 (길이×너비×높이)	-
	두 향	?		장 폭 비	-
유물	토 기	토기편(1)			
	철 기	-			
	청 동 기	-			
	옥 석 류	-			
	기 타	토제 방추차(1)			
	특기사항				

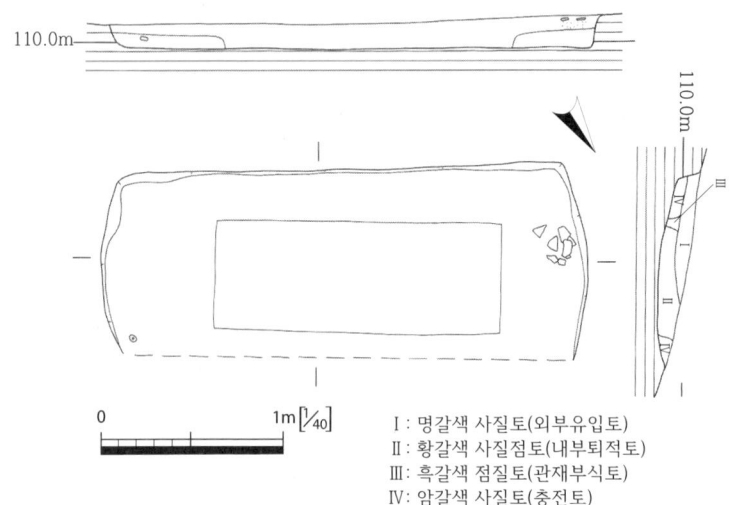

110.0m

0   1m [1/40]

Ⅰ : 명갈색 사질토(외부유입토)
Ⅱ : 황갈색 사질점토(내부퇴적토)
Ⅲ : 흑갈색 점질토(관재부식토)
Ⅳ : 암갈색 사질토(충전토)

[유구사진]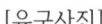

[관외]

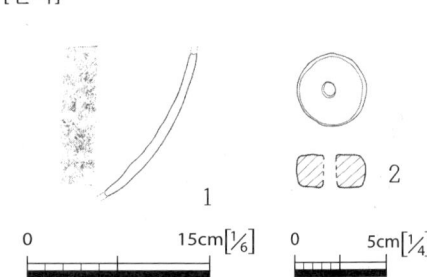

1

2

0   15cm[1/6]   0   5cm[1/4]

B지구 78호 토광묘

(단위 : cm)

묘광	크 기 (길이×너비×깊이)	(175+)×102×(20+)	목관	크 기 (길이×너비×높이)	?×50×?
	장폭비	?		장폭비	?
	장축방향	N-79°-E	목곽	크 기 (길이×너비×높이)	-
	두 향	?		장폭비	-
유물	토 기	호·옹(2)			
	철 기	-			
	청동기	-			
	옥석류	-			
	기 타	-			
	특기사항				

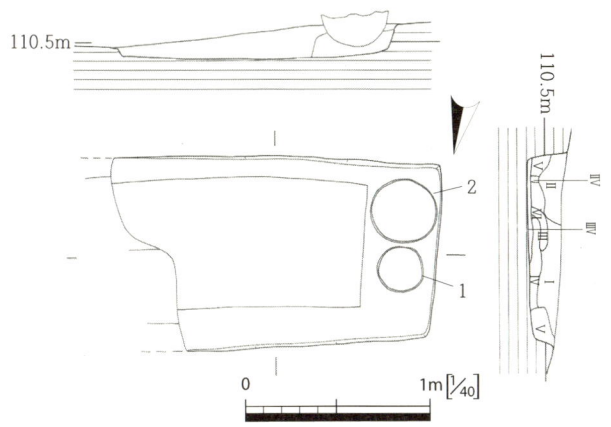

110.5m

110.5m

Ⅰ : 황갈색 사질점토(부식토)
Ⅱ : 회흑색 사질점토(부식토)
Ⅲ : 황색점질토
Ⅳ : 흑갈색 사질점토(내부퇴적토)
Ⅴ : 생토부스러기 포함
　　회갈색 다짐층(충전토)
Ⅵ : 밝은 갈색 점질토
Ⅶ : 회갈색 점질토
Ⅷ : 회색 점질토(바닥면)

0　　　　　　　　1m[1/40]

[유구사진]

[관외]

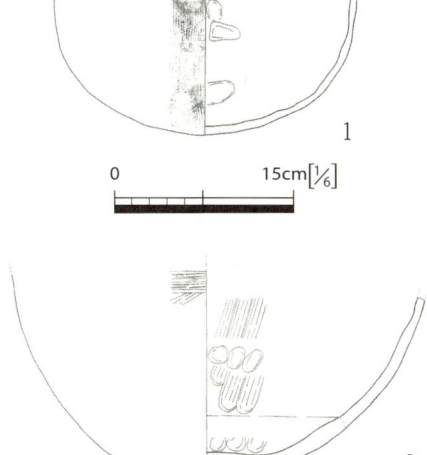

1

0　　　　15cm[1/6]

2

B지구 79호 토광묘

(단위 : cm)

묘광	크 기 (길이×너비×깊이)	263×96×(35+)	목관	크 기 (길이×너비×높이)	188×57×?
	장폭비	2.73:1		장폭비	3.29:1
	장축방향	N-80°-E	목곽	크 기 (길이×너비×높이)	-
	두 향	?		장폭비	-
유물	토 기	심빌형토기(1), 단경호(1)			
	철 기	-			
	청동기	-			
	옥석류	-			
	기 타	토제 방추차(1)			
	특기사항				

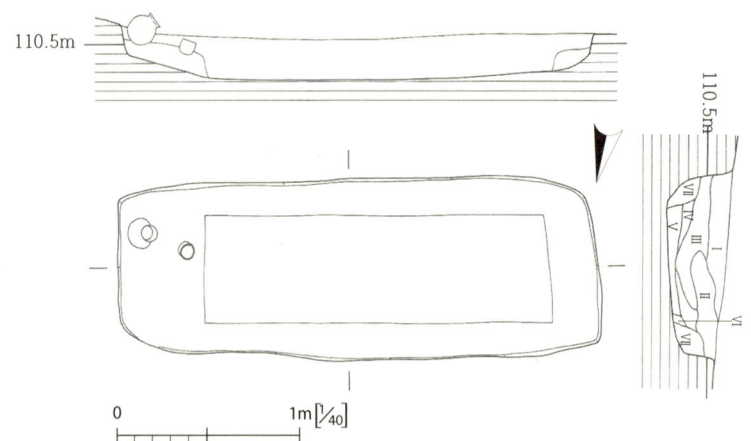

I : 명갈색 사질 부식토(외부함몰토)
II : 굵은 모래 포함 사질토층
III : 굵은 모래 포함 황갈색 사질점토층
IV : 밝은 황갈색 사질점토
V : 회갈색 점질토(바닥면)
VI : 흑갈색 점질토
VII : 생토부스러기 포함 명갈색
      사질점토 다짐층(충전토)

[유구사진]

[관외]

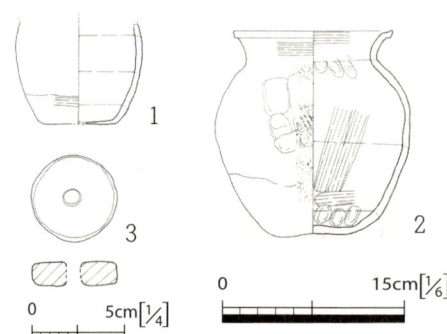

B지구 80호 토광묘

(단위 : cm)

묘광	크 기 (길이×너비×깊이)	227×85×(10+)	목관	크 기 (길이×너비×높이)	172×44×?
	장폭비	2.67:1		장폭비	3.90:1
	장축방향	N-68°-W	목곽	크 기 (길이×너비×높이)	-
	두 향	?		장폭비	-
유물	토 기	심발형토기(1)			
	철 기	도자(1)			
	청동기	-			
	옥석류	-			
	기 타	-			
	특기사항				

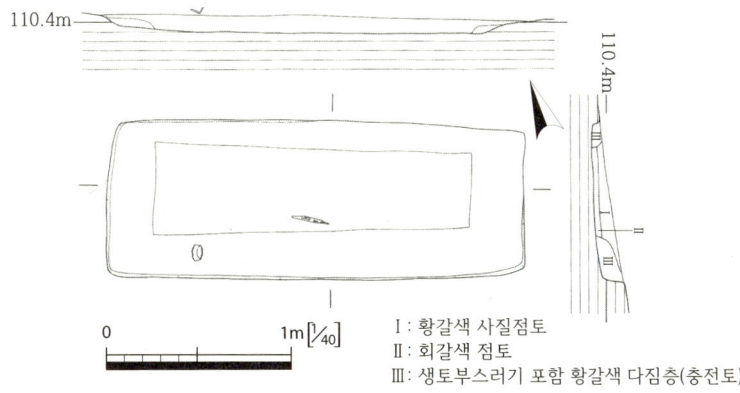

Ⅰ: 황갈색 사질점토
Ⅱ: 회갈색 점토
Ⅲ: 생토부스러기 포함 황갈색 다짐층(충전토)

[유구사진]

[관내]

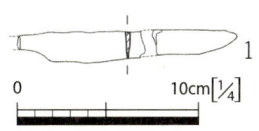

[관외]

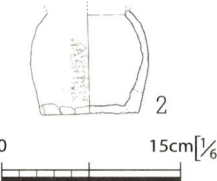

B지구 81호 토광묘

(단위 : cm)

묘광	크 기 (길이×너비×깊이)	290×108×(30+)	목관	크 기 (길이×너비×높이)	169×52×?
	장폭비	2.68:1		장폭비	3.25:1
	장축방향	N-58°-W	목곽	크 기 (길이×너비×높이)	-
	두 향	남서쪽		장폭비	-
유물	토 기	심발형토기(1), 호(1)			
	철 기	환두도(1)			
	청동기	-			
	옥석류	-			
	기 타	-			
	특기사항				

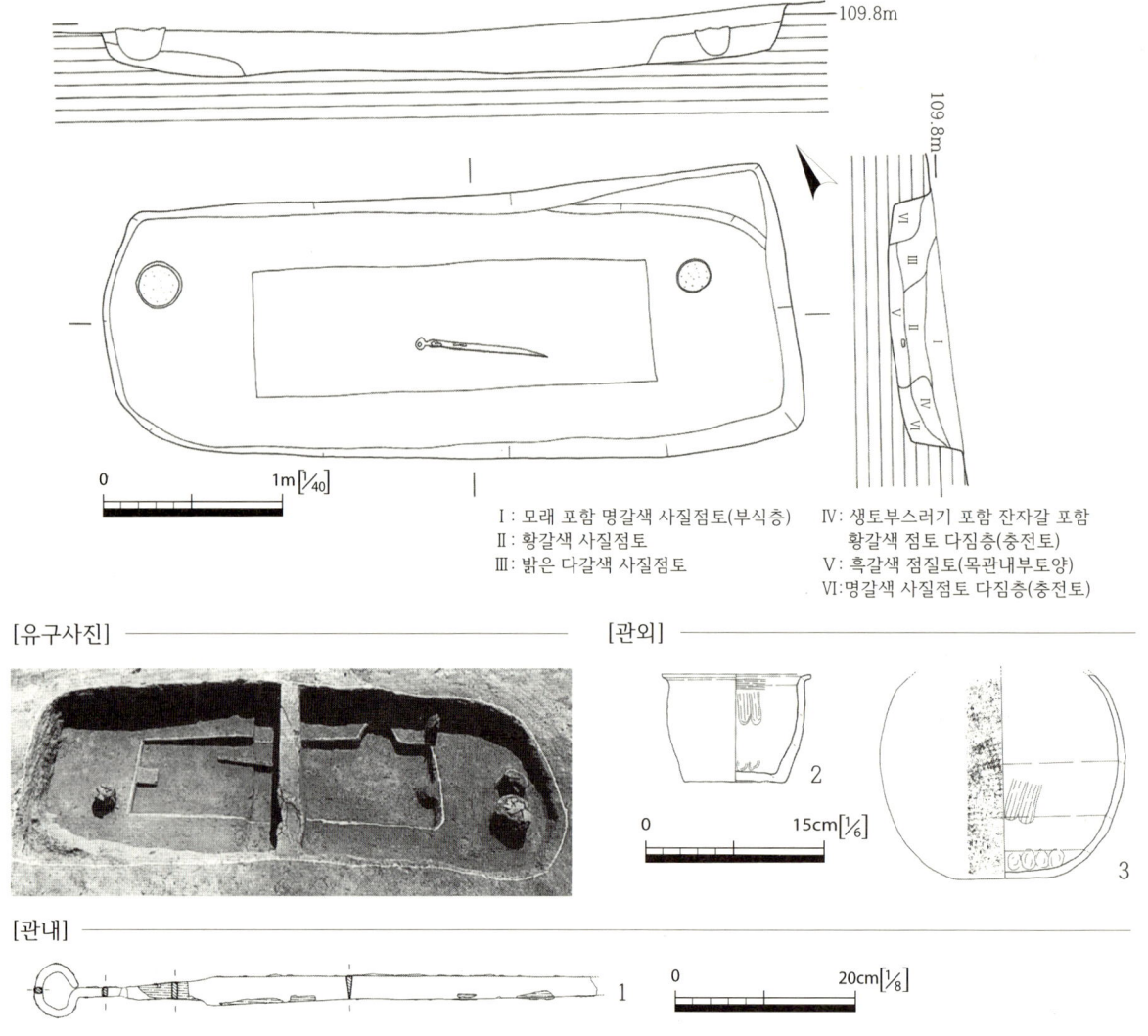

I : 모래 포함 명갈색 사질점토(부식층)
II : 황갈색 사질점토
III : 밝은 다갈색 사질점토
IV : 생토부스러기 포함 잔자갈 포함
　　황갈색 점토 다짐층(충전토)
V : 흑갈색 점질토(목관내부토양)
VI : 명갈색 사질점토 다짐층(충전토)

[유구사진]　　　　　　　　　　　　　　　[관외]

[관내]

B지구 82호 토광묘

(단위 : cm)

묘광	크 기 (길이×너비×깊이)	301×146×(76+)	목관	크 기 (길이×너비×높이)	196×61×?
	장폭비	2.06:1		장폭비	3.21:1
	장축방향	N-65°-E	목곽	크 기 (길이×너비×높이)	-
	두 향	?		장폭비	-
유물	토 기	심발형토기(1), 단경호(1)			
	철 기	-			
	청동기	-			
	옥석류	-			
	기 타	토제 방추차(1)			
	특기사항				

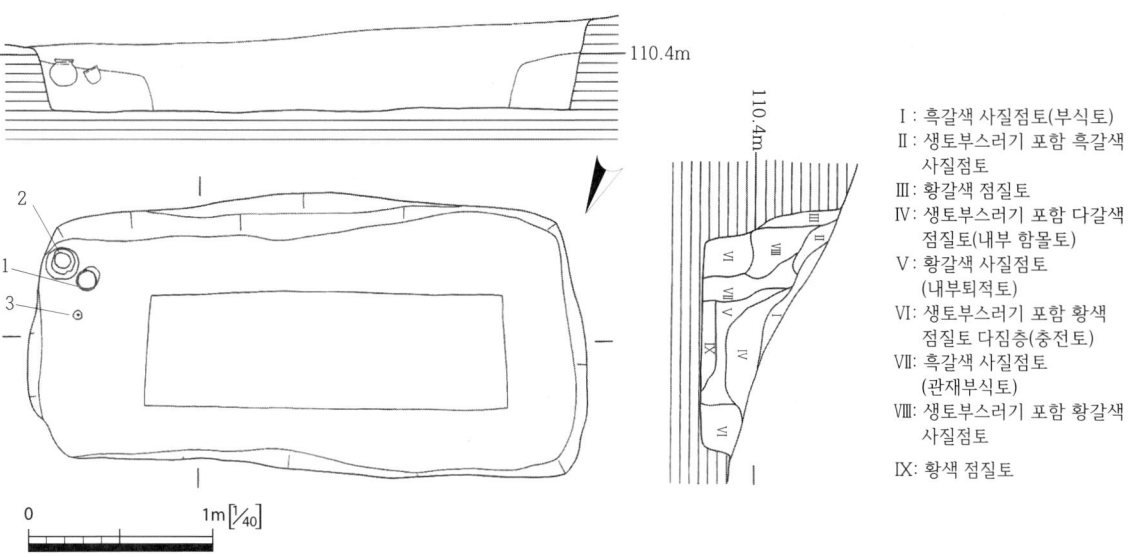

110.4m

Ⅰ : 흑갈색 사질점토(부식토)
Ⅱ : 생토부스러기 포함 흑갈색
　　사질점토
Ⅲ : 황갈색 점질토
Ⅳ : 생토부스러기 포함 다갈색
　　점질토(내부 함몰토)
Ⅴ : 황갈색 사질점토
　　(내부퇴적토)
Ⅵ : 생토부스러기 포함 황색
　　점질토 다짐층(충전토)
Ⅶ : 흑갈색 사질점토
　　(관재부식토)
Ⅷ : 생토부스러기 포함 황갈색
　　사질점토
Ⅸ : 황색 점질토

0　　　　　　1m [1/40]

[유구사진]

[관외]

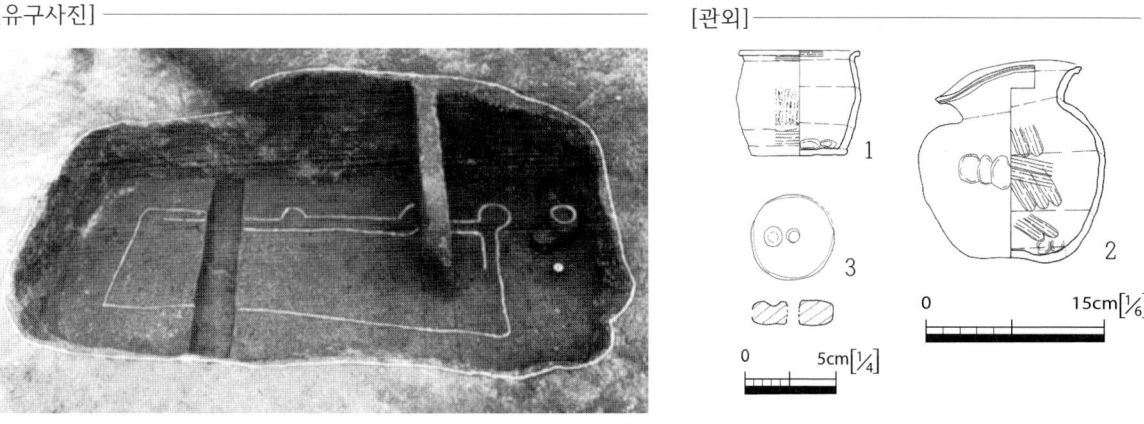

B지구 83호 토광묘

(단위 : cm)

묘광	크 기 (길이×너비×깊이)	(210+)×130×(30+)	목관	크 기 (길이×너비×높이)	(145+)×57×?
	장폭비	?		장폭비	?
	장축방향	N-66°-W	목곽	크 기 (길이×너비×높이)	-
	두 향	?		장폭비	-
유물	토 기	단경소호(1), 대부호(1)			
	철 기	-			
	청 동 기	-			
	옥 석 류	-			
	기 타	토제 방추차(1)			
	특기사항				

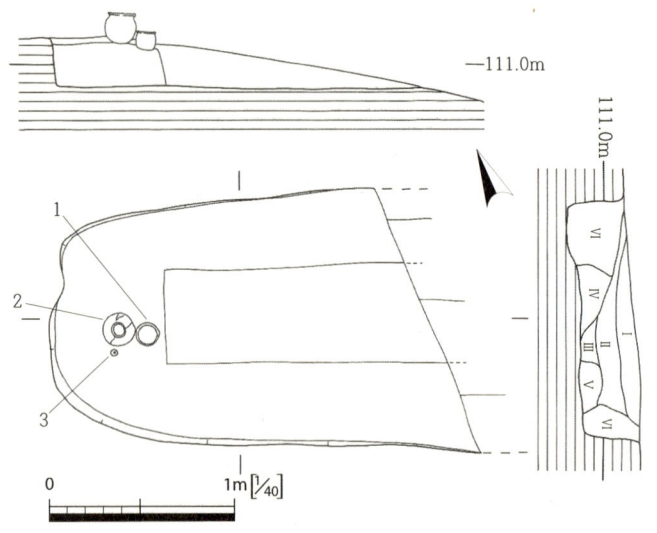

—111.0m

111.0m

Ⅰ : 흑갈색 사질점토
Ⅱ : 생토부스러기 포함 다갈색 사질점토
Ⅲ : 생토부스러기 포함 황색 점토
Ⅳ : 생토부스러기 포함 황갈색 점질토
Ⅴ : 암맥부스러기 포함 황갈색 점질토 다짐층(충전토)
Ⅵ : 황색 점질토 다짐층(충전토)

0   1m[1/40]

[유구사진]

[관외]

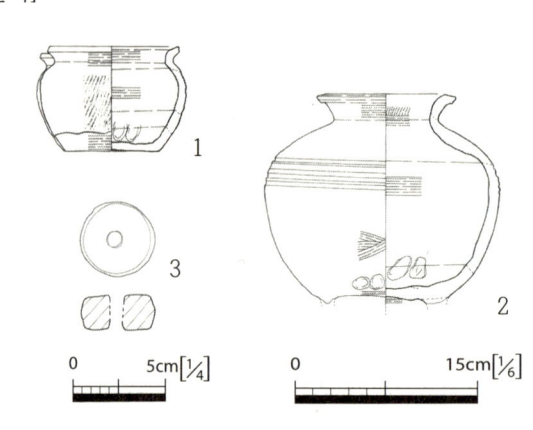

0   5cm[1/4]   0   15cm[1/6]

B지구 84호 토광묘

(단위 : cm)

묘광	크 기 (길이×너비×깊이)	342×115×(62+)	목관	크 기 (길이×너비×높이)	215×71×?
	장폭비	2.97:1		장폭비	3.02:1
	장축방향	N-77°-E	목곽	크 기 (길이×너비×높이)	-
	두 향	서쪽		장폭비	-
유물	토 기	심발형토기(1), 토기편(1)			
	철 기	도자(1), 도(1)			
	청동기	-			
	옥석류	-			
	기 타	토제 방추차(1)			
	특기사항				

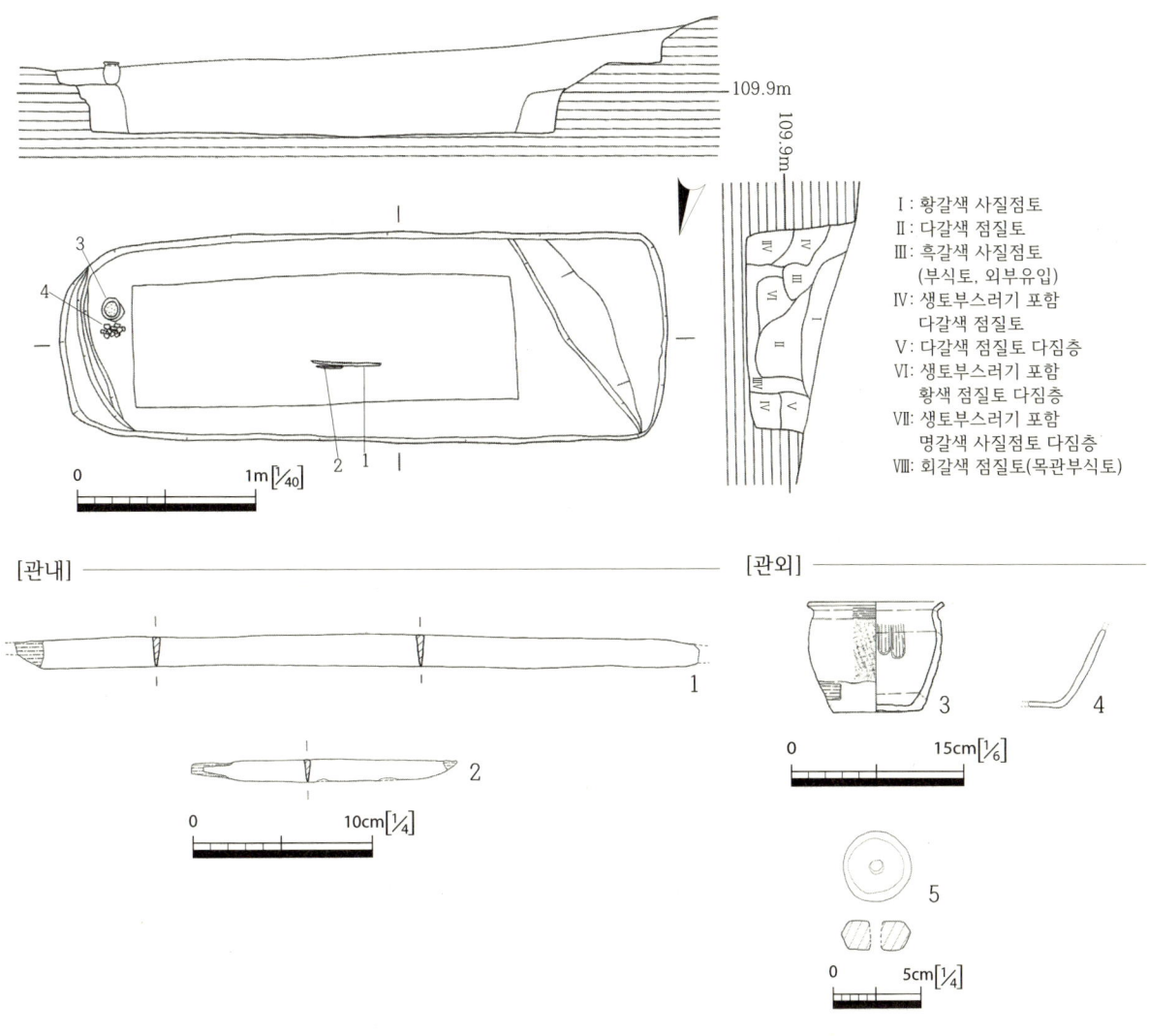

109.9m

109.9m

Ⅰ: 황갈색 사질점토
Ⅱ: 다갈색 점질토
Ⅲ: 흑갈색 사질점토
　(부식토, 외부유입)
Ⅳ: 생토부스러기 포함
　다갈색 점질토
Ⅴ: 다갈색 점질토 다짐층
Ⅵ: 생토부스러기 포함
　황색 점질토 다짐층
Ⅶ: 생토부스러기 포함
　명갈색 사질점토 다짐층
Ⅷ: 회갈색 점질토(목관부식토)

0　　　　　1m[1/40]

[관내]

1

2

0　　　　10cm[1/4]

[관외]

3

4

0　　　　15cm[1/6]

5

0　　5cm[1/4]

B지구 85호 토광묘

(단위 : cm)

묘광	크 기 (길이×너비×깊이)	330×140×(91+)	목관	크 기 (길이×너비×높이)	216×56×?
	장폭비	2.35:1		장폭비	3.85:1
	장축방향	N-76°-E	목곽	크 기 (길이×너비×높이)	-
	두 향	?		장폭비	-
유물	토 기	심발형토기(1), 유견호(1)			
	철 기	도(1), 촉(1), 겸(1), 단조철부(1), 착(1)			
	청 동 기	-			
	옥 석 류	-			
	기 타	-			
	특기사항				

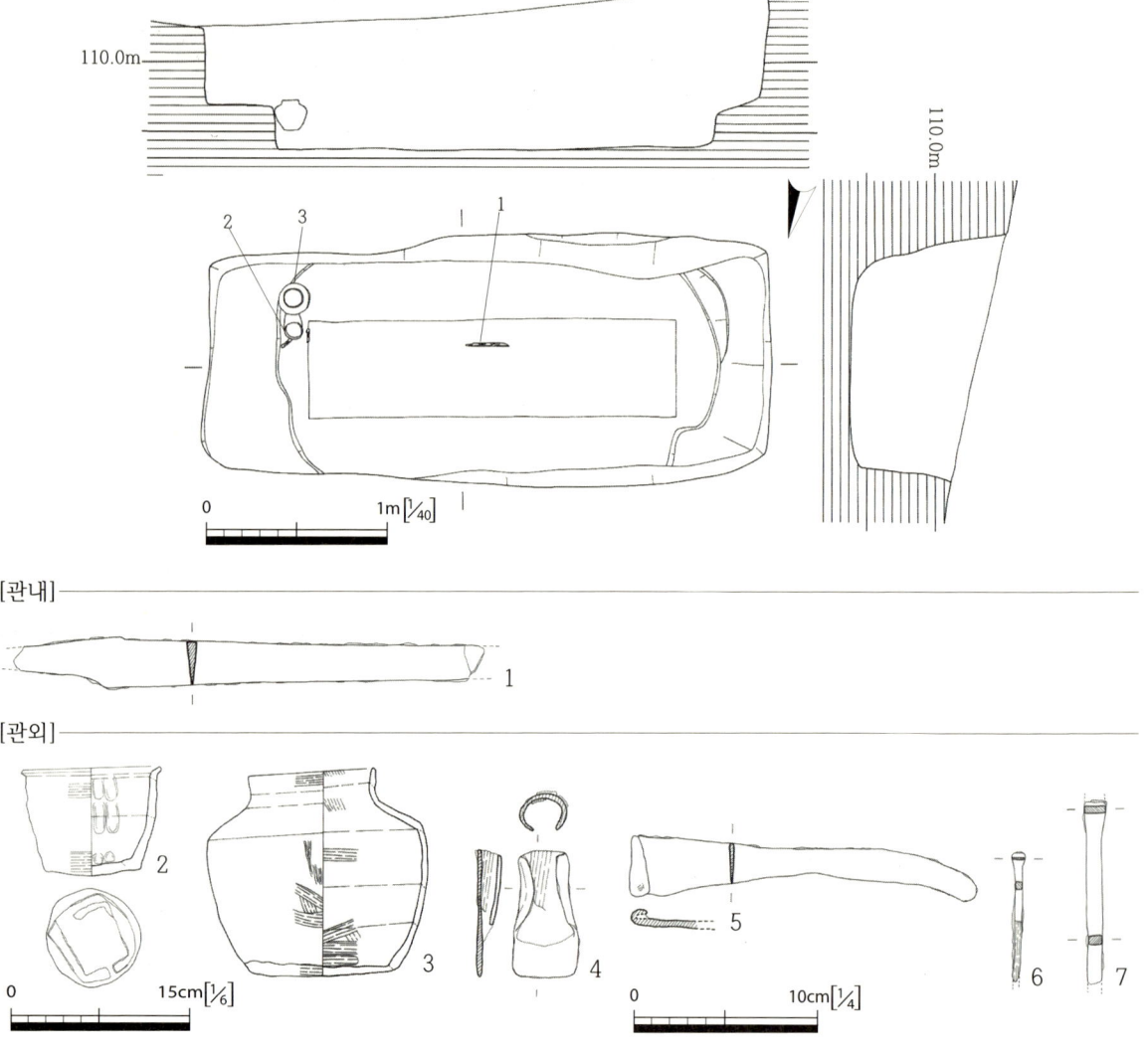

[관내]

[관외]

B지구 86호 토광묘

(단위 : cm)

묘광	크 기 (길이×너비×깊이)	303×128×(50+)	목관	크 기 (길이×너비×높이)	205×48×?
	장폭비	2.36:1		장폭비	4.27:1
	장축방향	N-76°-W	목곽	크 기 (길이×너비×높이)	-
	두 향	?		장폭비	-
유물	토 기	심발형토기(1), 광구장경호(1)			
	철 기	축(3), 겸(1), 단조철부(1), 착(2), 교구(1)			
	청동기	-			
	옥석류	-			
	기 타	-			
	특기사항				

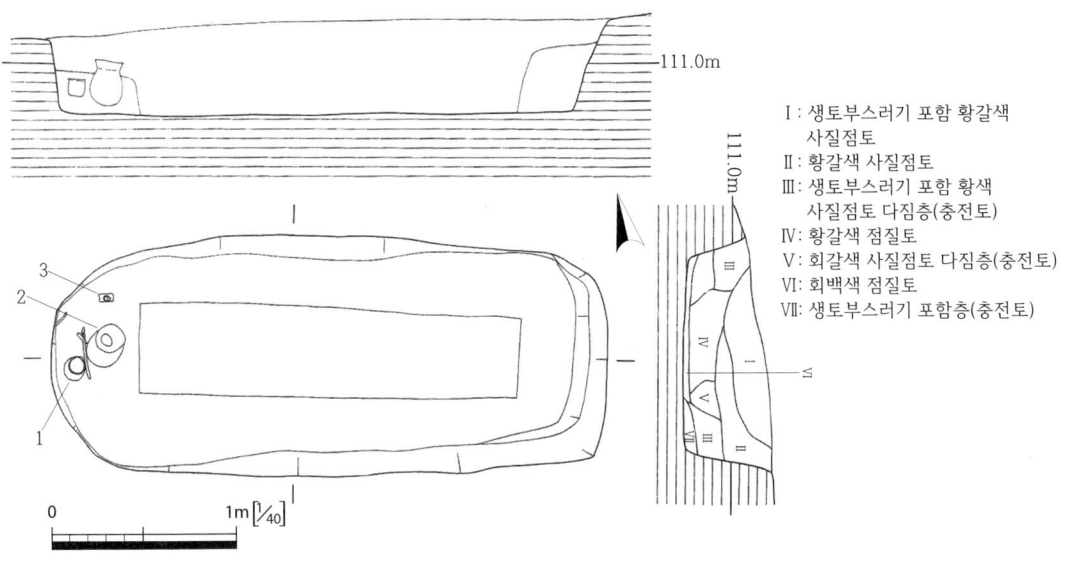

Ⅰ : 생토부스러기 포함 황갈색
　　사질점토
Ⅱ : 황갈색 사질점토
Ⅲ : 생토부스러기 포함 황색
　　사질점토 다짐층(충전토)
Ⅳ : 황갈색 점질토
Ⅴ : 회갈색 사질점토 다짐층(충전토)
Ⅵ : 회백색 점질토
Ⅶ : 생토부스러기 포함층(충전토)

[관외]

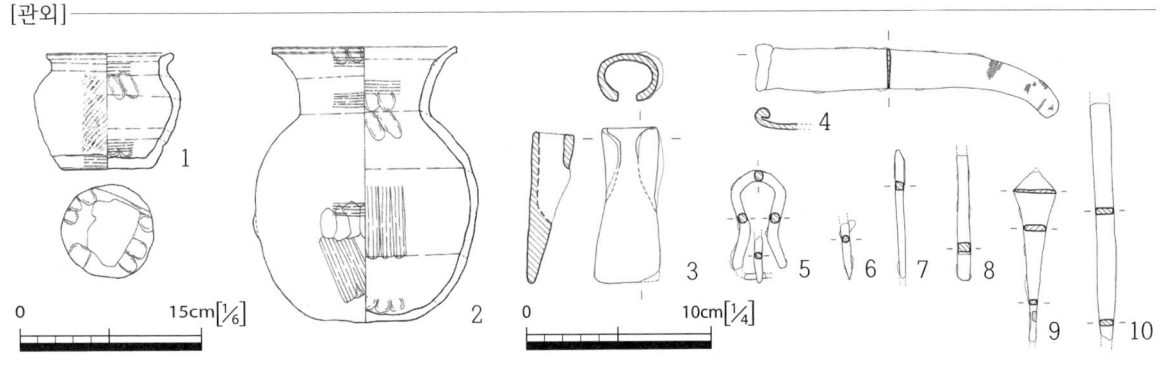

B지구 87호 토광묘

(단위 : cm)

묘광	크 기 (길이×너비×깊이)	205×98×?	목관	크 기 (길이×너비×높이)	156×50×
	장폭비	2.09:1		장폭비	3.12:1
	장축방향	N-90°-E	목곽	크 기 (길이×너비×높이)	-
	두 향	?		장폭비	-
유물	토 기	심발형토기(1), 단경호(1), 옹(1)			
	철 기	도자(1), 도(1)			
	청동기	-			
	옥석류	-			
	기 타	-			
	특기사항				

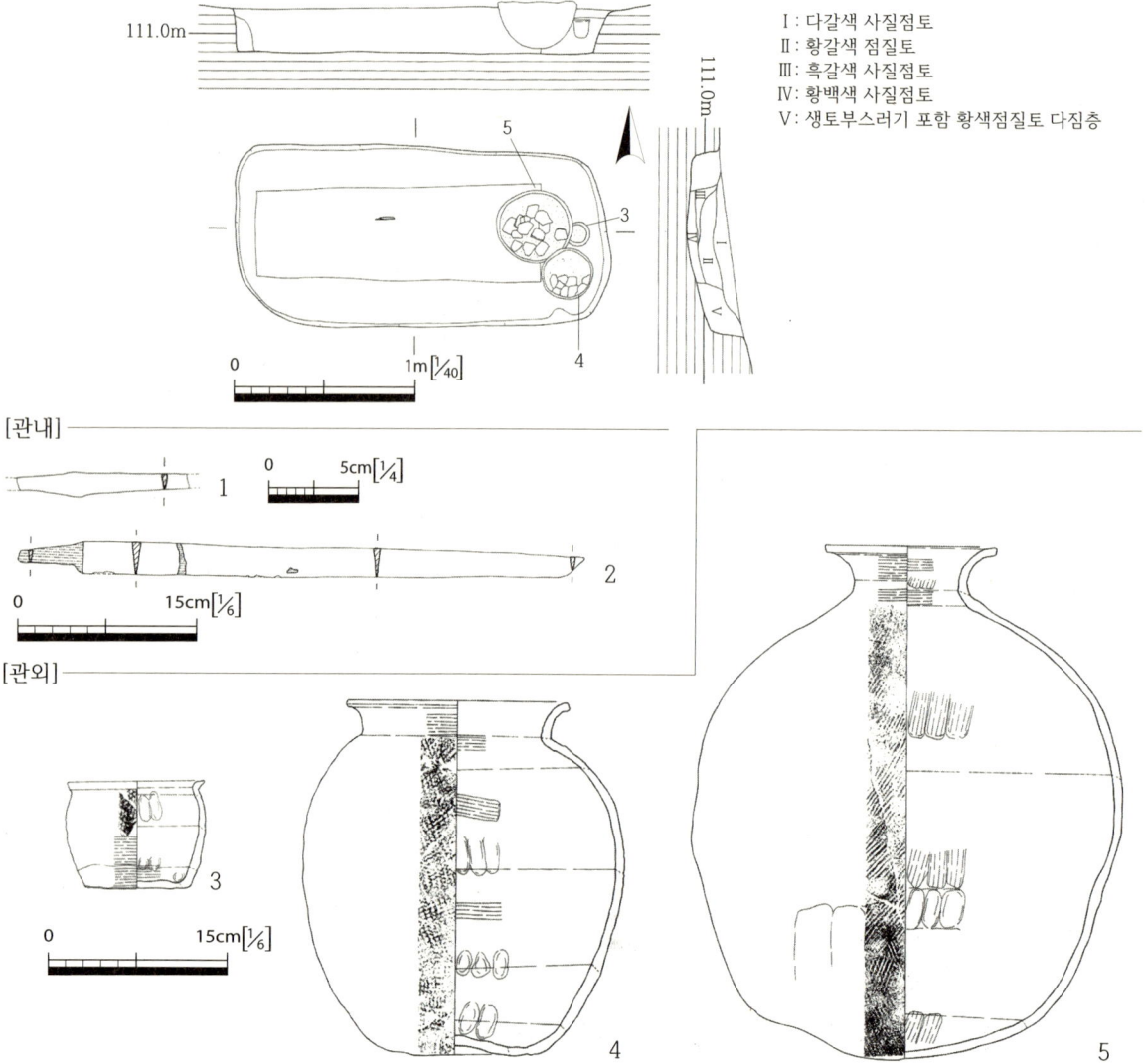

Ⅰ: 다갈색 사질점토
Ⅱ: 황갈색 점질토
Ⅲ: 흑갈색 사질점토
Ⅳ: 황백색 사질점토
Ⅴ: 생토부스러기 포함 황색점질토 다짐층

B지구 88호 토광묘

(단위 : cm)

묘광	크 기 (길이×너비×깊이)	362×137×(20+)	목관	크 기 (길이×너비×높이)	216×63×?
	장폭비	2.64:1		장폭비	3.42:1
	장축방향	N-80°-W	목곽	크 기 (길이×너비×높이)	-
	두 향	?		장폭비	-
유물	토 기	토기편(2)			
	철 기	도자(1)			
	청동기	-			
	옥석류	-			
	기 타	토제 방추차(1)			
	특기사항				

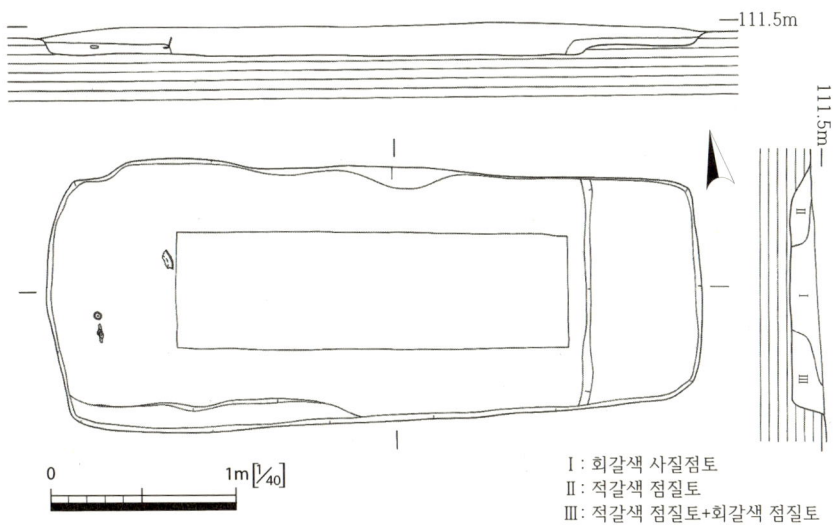

—111.5m

111.5m—

Ⅰ : 회갈색 사질점토
Ⅱ : 적갈색 점질토
Ⅲ : 적갈색 점질토+회갈색 점질토

0   1m[1/40]

[관외]

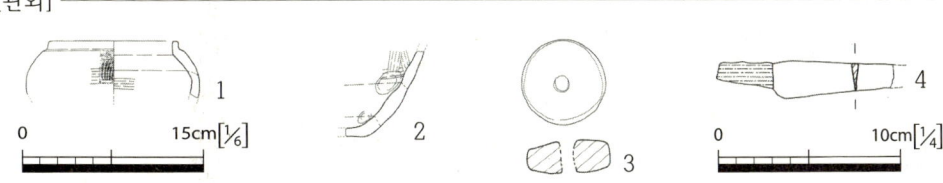

1

2

3

4

0   15cm[1/6]

0   10cm[1/4]

B지구 89호 토광묘

(단위 : cm)

묘광	크 기 (길이×너비×깊이)	260×106×(10+)	목관	크 기 (길이×너비×높이)	203×64×?
	장폭비	2.45:1		장폭비	3.17:1
	장축방향	N-84°-E	목곽	크 기 (길이×너비×높이)	-
	두 향	서쪽		장폭비	-
유물	토 기	심발형토기(1), 단경호(1)			
	철 기	도자(1), 도(1)			
	청동기	-			
	옥석류	-			
	기 타	-			
	특기사항				

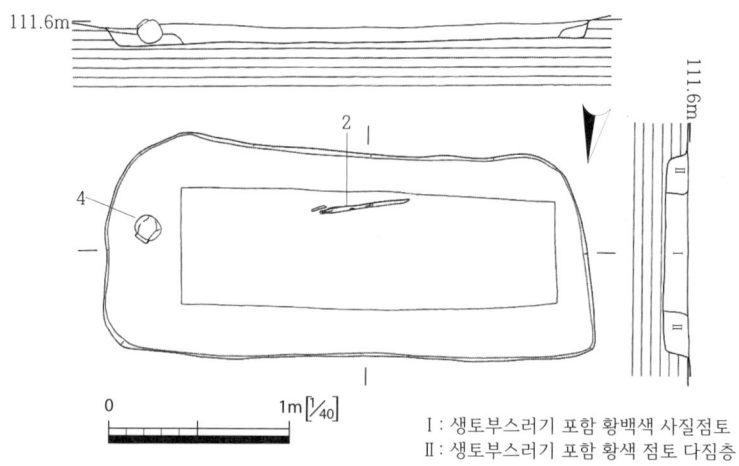

Ⅰ : 생토부스러기 포함 황백색 사질점토
Ⅱ : 생토부스러기 포함 황색 점토 다짐층

[유구사진]

[관내]

1

2

[관외]

3

4

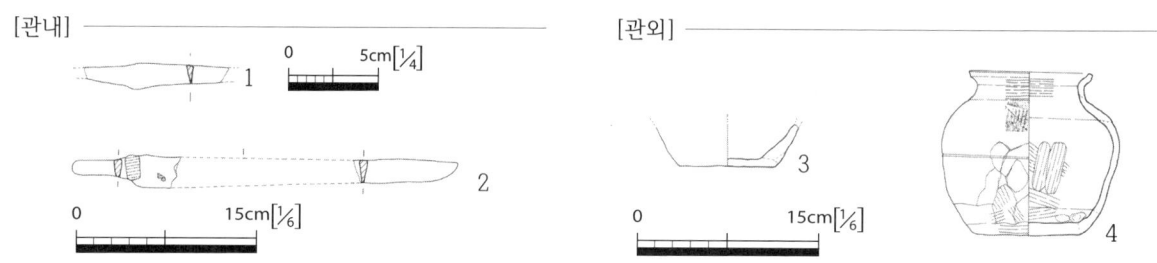

B지구 90호 토광묘

(단위 : cm)

묘광	크 기 (길이×너비×깊이)	315×104×(30+)	목관	크 기 (길이×너비×높이)	230×70×?
	장폭비	3.02:1		장폭비	3.28:1
	장축방향	N-87°-W	목곽	크 기 (길이×너비×높이)	-
	두 향	?		장폭비	-
유물	토 기	저부편(2)			
	철 기	도자(2)			
	청 동 기	-			
	옥 석 류	-			
	기 타	-			
	특기사항				

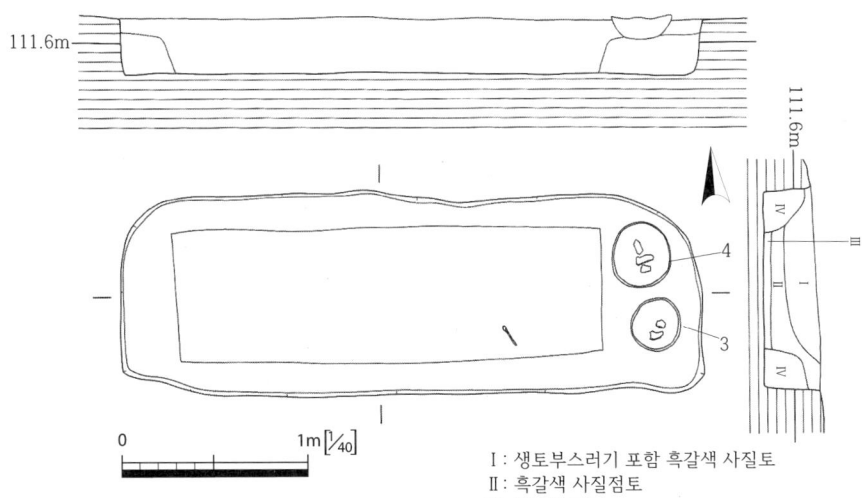

Ⅰ : 생토부스러기 포함 흑갈색 사질토
Ⅱ : 흑갈색 사질점토
Ⅲ: 회갈색 점토
Ⅳ: 생토부스러기 포함 회갈색 사질토

[관내]   [관외]

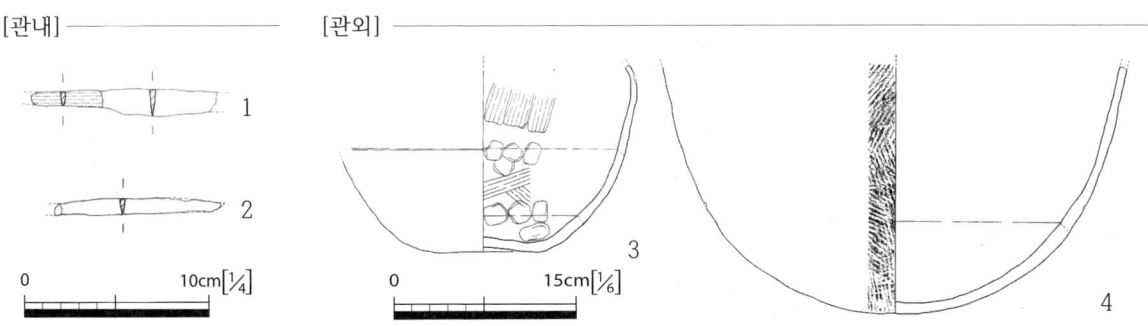

B지구 91호 토광묘

(단위 : cm)

묘광	크 기 (길이×너비×깊이)	?	목관	크 기 (길이×너비×높이)	?
	장 폭 비	?		장 폭 비	?
	장축방향	?	목곽	크 기 (길이×너비×높이)	?
	두 향	?		장 폭 비	?
유물	토 기	심발형토기(1), 단경호(2)			
	철 기	-			
	청 동 기	-			
	옥 석 류	-			
	기 타	-			
	특기사항	유구도면 미게재.			

[유구사진]

[출토유물]

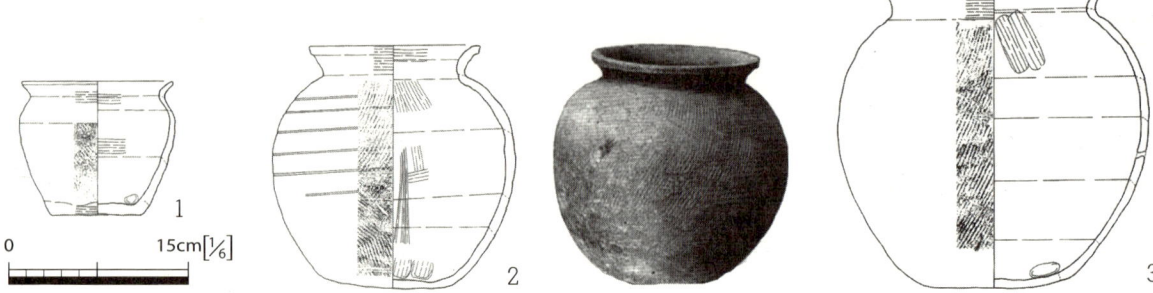

0   15cm[⅙]

1

2

3

B지구 92호 토광묘

(단위 : cm)

묘광	크 기 (길이×너비×깊이)	219×91×(25+)	목관	크 기 (길이×너비×높이)	134×42×?
	장폭비	2.40:1		장폭비	3.19:1
	장축방향	N-85°-E	목곽	크 기 (길이×너비×높이)	-
	두 향	?		장폭비	-
유물	토 기	심발형토기(1), 옹(1), 단경호(1)			
	철 기	도자(1)			
	청동기	-			
	옥석류	유리제 구슬(6)			
	기 타	-			
	특기사항				

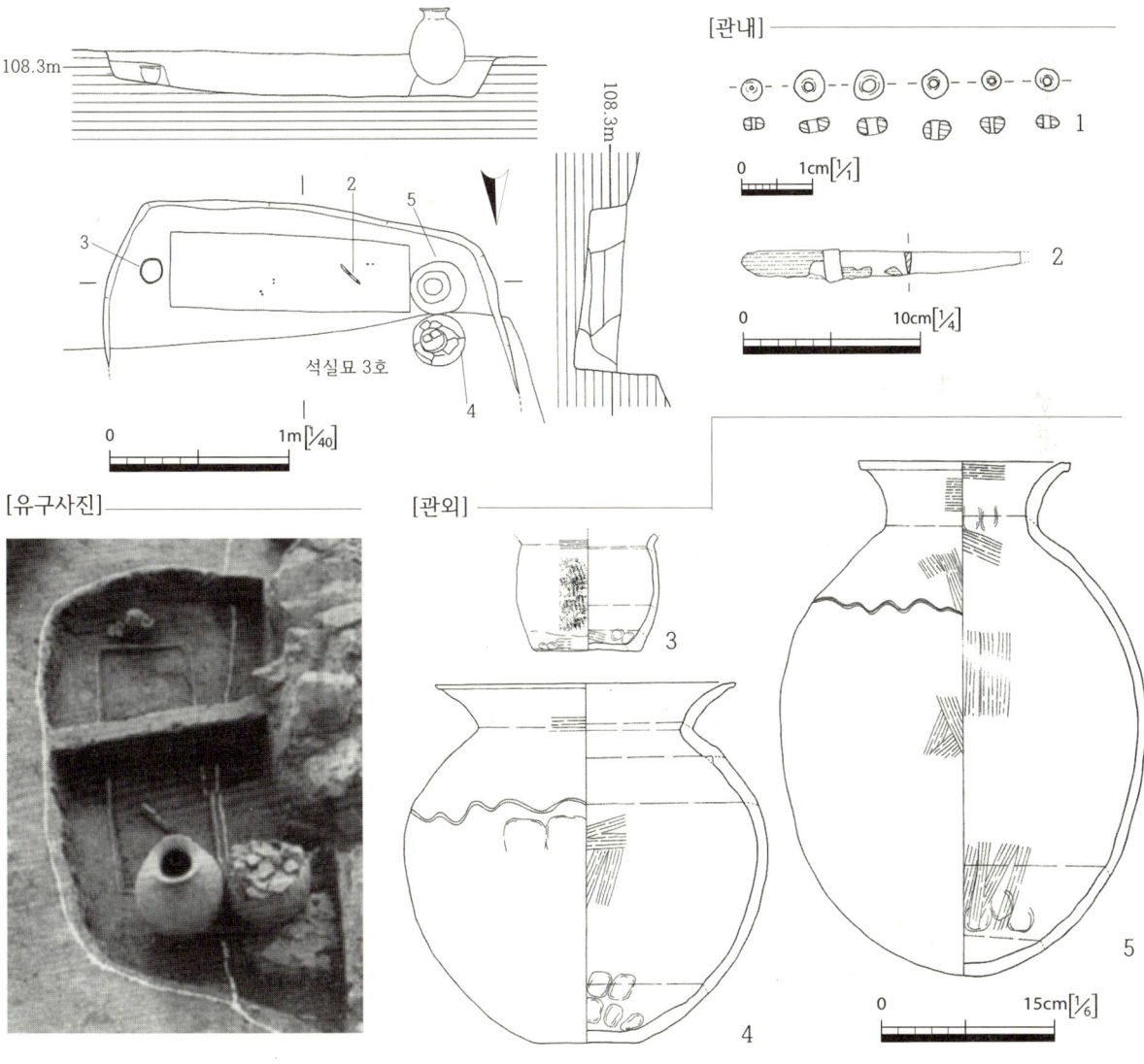

[관내]

[유구사진]

[관외]

석실묘 3호

108.3m

B지구 93호 토광묘

(단위 : cm)

묘광	크 기 (길이×너비×깊이)	256×(76+)×(15+)	목관	크 기 (길이×너비×높이)	199×(57+)×?
	장폭비	?		장폭비	?
	장축방향	N-87°-E	목곽	크 기 (길이×너비×높이)	-
	두 향	?		장폭비	-
유물	토 기	단경호(1), 토기편(1)			
	철 기	-			
	청동기	-			
	옥석류	-			
	기 타	-			
	특기사항				

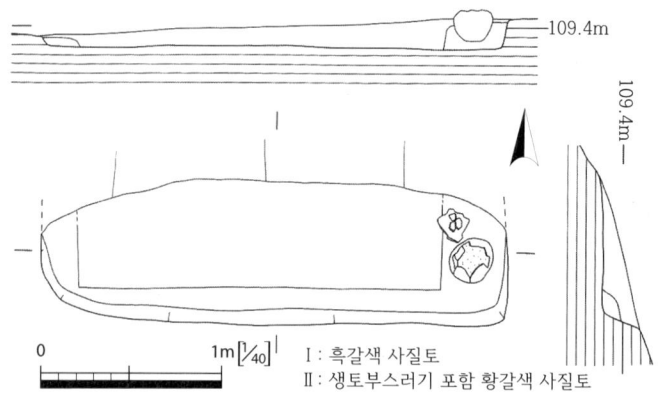

Ⅰ : 흑갈색 사질토
Ⅱ : 생토부스러기 포함 황갈색 사질토

[관외]

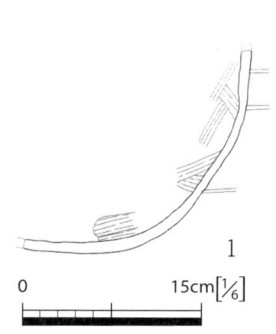

1

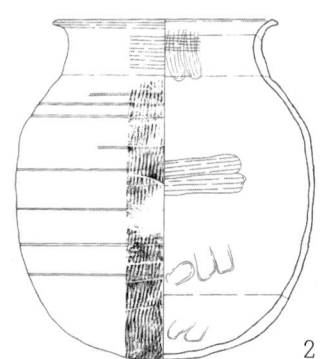

2

B지구 94호 토광묘

(단위 : cm)

묘광	크 기 (길이×너비×깊이)	(250+)×110×(30+)	목관	크 기 (길이×너비×높이)	132×54×?
	장폭비	?		장폭비	2.44:1
	장축방향	N-88°-E	목곽	크 기 (길이×너비×높이)	-
	두 향	?		장폭비	-
유물	토 기	심발형토기(1), 단경소호(1), 직구단경호(1), 직구장경호(1), 난형호(1), 토기편(1)			
	철 기	-			
	청동기	-			
	옥석류	-			
	기 타	토제 방추차(1)			
	특기사항				

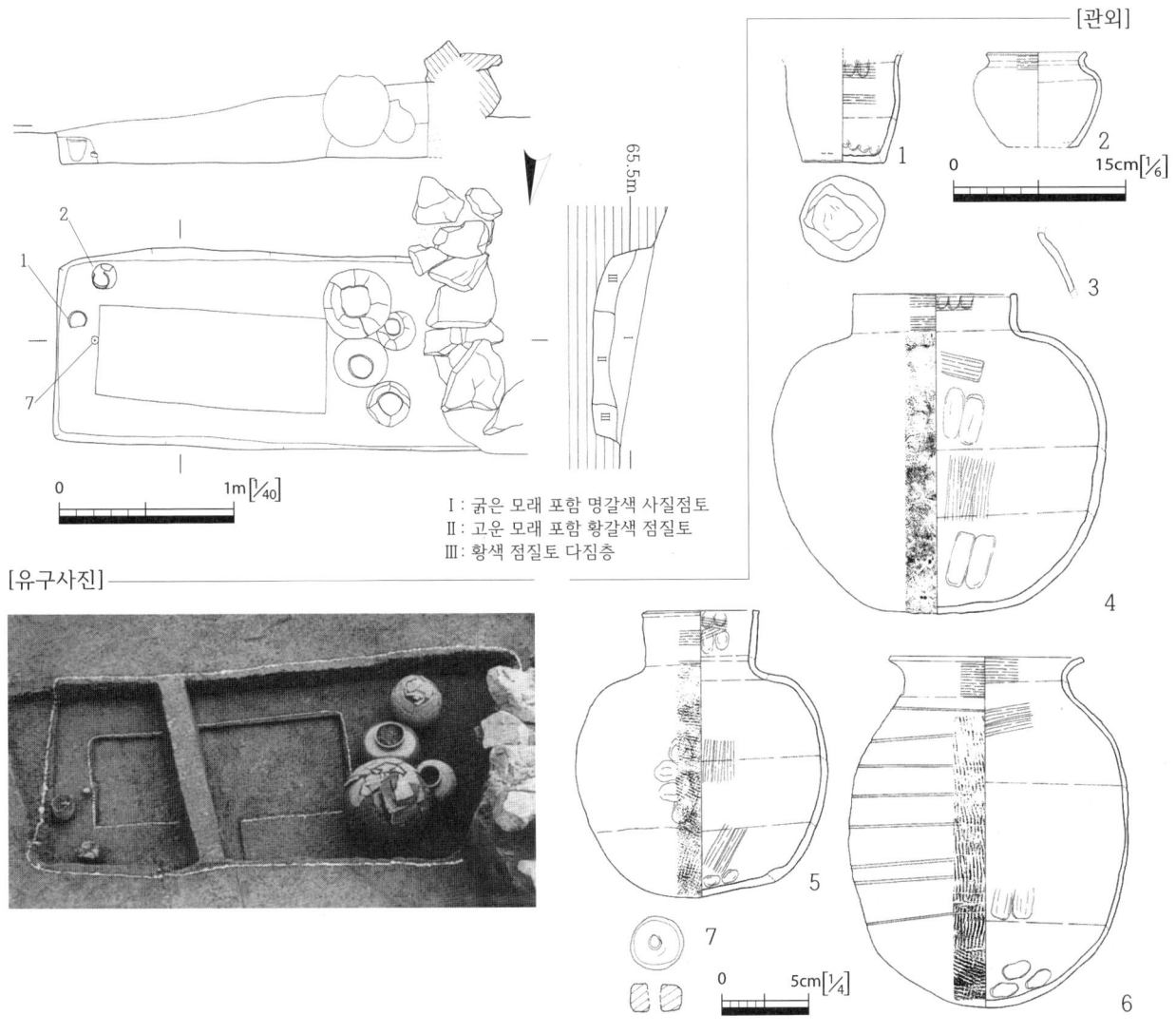

[관외]

Ⅰ : 굵은 모래 포함 명갈색 사질점토
Ⅱ : 고운 모래 포함 황갈색 점질토
Ⅲ : 황색 점질토 다짐층

[유구사진]

B지구 95호 토광묘

(단위 : cm)

묘광	크 기 (길이×너비×깊이)	316×119×(71+)	목관	크 기 (길이×너비×높이)	201×59×?
	장폭비	2.65:1		장폭비	3.40:1
	장축방향	N-76°-W	목곽	크 기 (길이×너비×높이)	-
	두 향	?		장폭비	-
유물	토 기	심발형토기(1) 광구장경호(1)			
	철 기	모(1), 겸(1), 단조철부(1), 미상철기(1)			
	청 동 기	-			
	옥 석 류	-			
	기 타	-			
	특기사항				

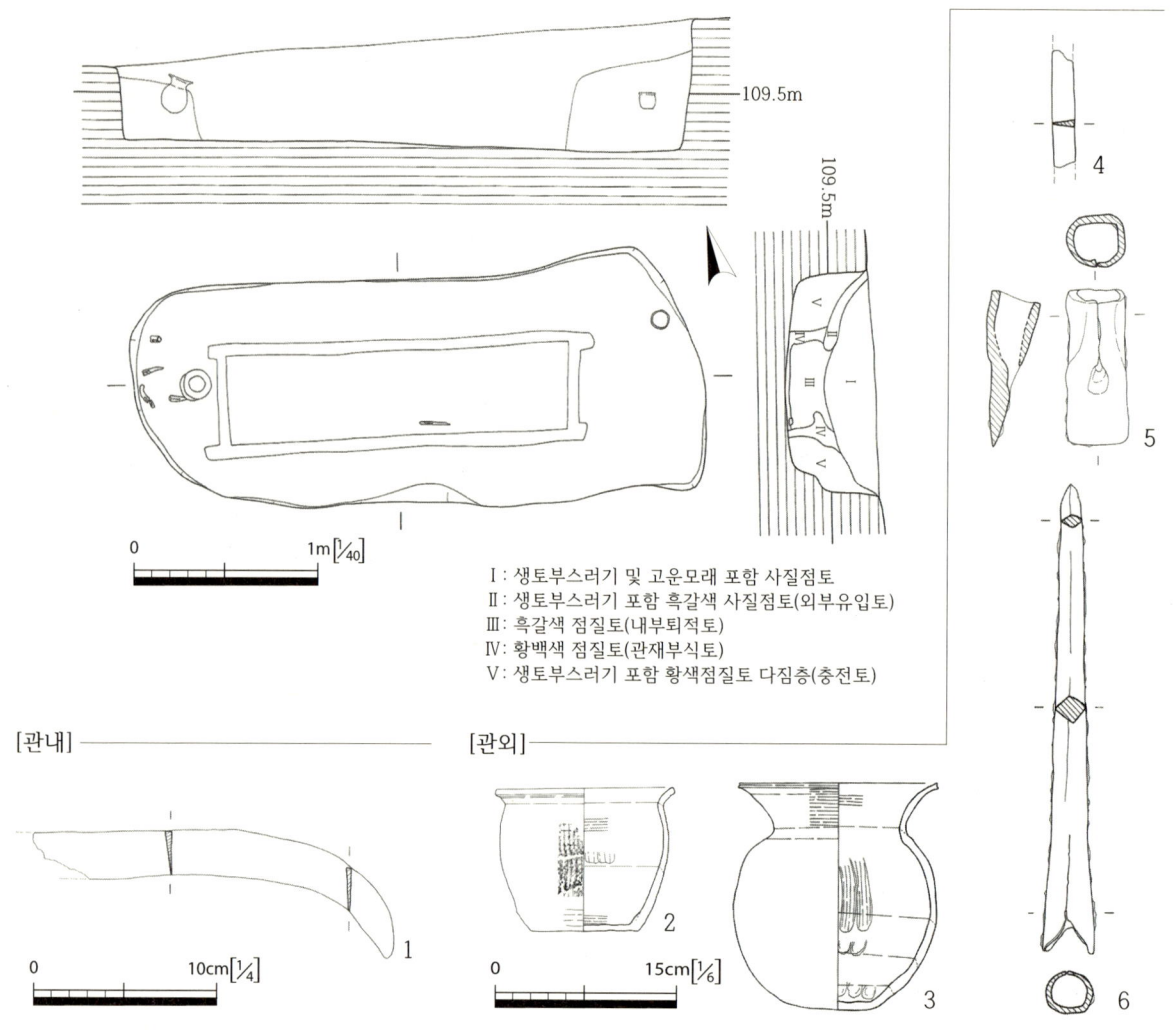

109.5m

109.5m

Ⅰ : 생토부스러기 및 고운모래 포함 사질점토
Ⅱ : 생토부스러기 포함 흑갈색 사질점토(외부유입토)
Ⅲ : 흑갈색 점질토(내부퇴적토)
Ⅳ : 황백색 점질토(관재부식토)
Ⅴ : 생토부스러기 포함 황색점질토 다짐층(충전토)

[관내]

0   1m[1/40]

[관외]

0   10cm[1/4]   1

0   15cm[1/6]   2   3

4

5

6

B지구 96호 토광묘

(단위 : cm)

묘광	크 기 (길이×너비×깊이)	305×141×(55+)	목관	크 기 (길이×너비×높이)	197×53×?
	장폭비	2.16:1		장폭비	3.71:1
	장축방향	N-76°-W	목곽	크 기 (길이×너비×높이)	-
	두 향	?		장폭비	-
유물	토 기	심발형토기(1), 장경호(1)			
	철 기	-			
	청 동 기	-			
	옥 석 류	-			
	기 타	토제 방추차(1)			
	특기사항				

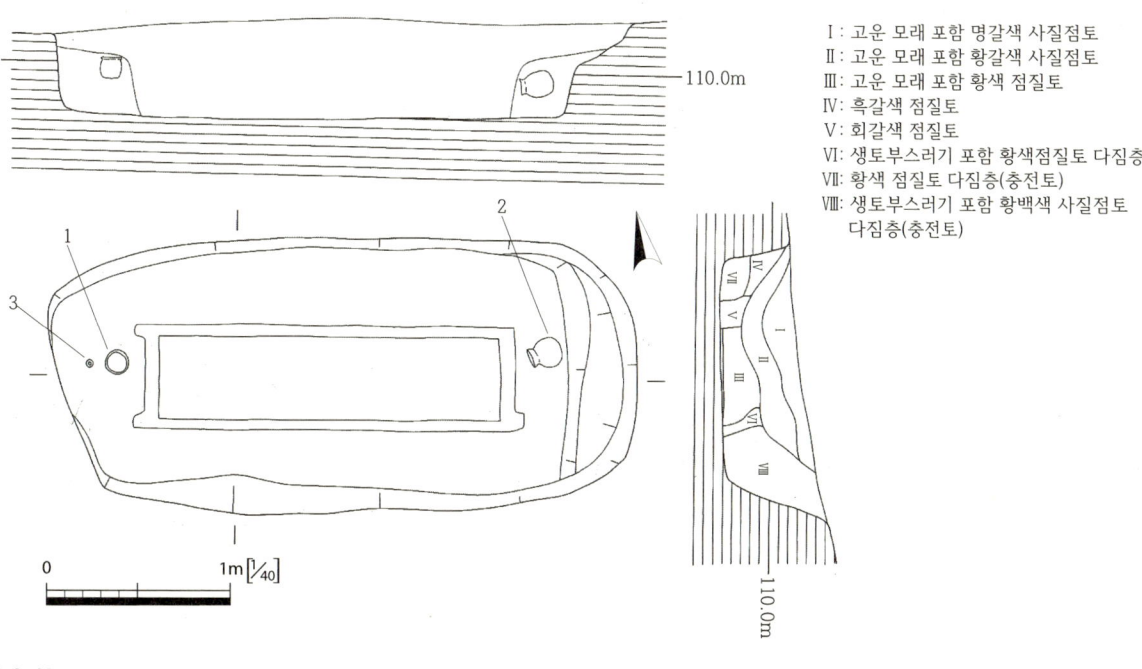

Ⅰ: 고운 모래 포함 명갈색 사질점토
Ⅱ: 고운 모래 포함 황갈색 사질점토
Ⅲ: 고운 모래 포함 황색 점질토
Ⅳ: 흑갈색 점질토
Ⅴ: 회갈색 점질토
Ⅵ: 생토부스러기 포함 황색점질토 다짐층
Ⅶ: 황색 점질토 다짐층(충전토)
Ⅷ: 생토부스러기 포함 황백색 사질점토
　　다짐층(충전토)

— 110.0m

110.0m

[관외]

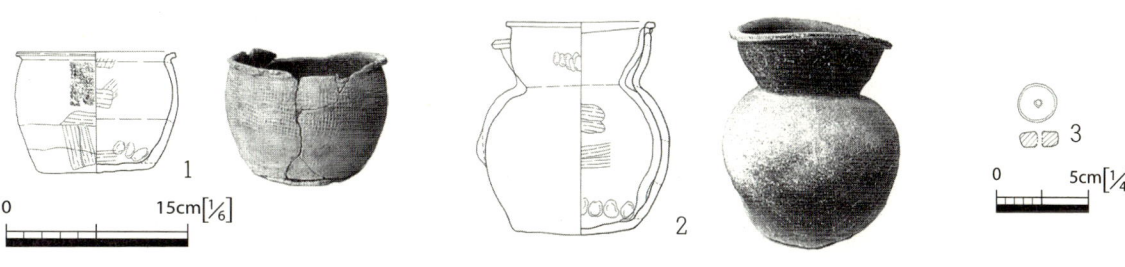

1

2

3

B지구 97호 토광묘

(단위 : cm)

묘광	크 기 (길이×너비×깊이)	290×130×(70+)	목관	크 기 (길이×너비×높이)	220×69×?
	장폭비	2.23:1		장폭비	3.18:1
	장축방향	N-90°-E	목곽	크 기 (길이×너비×높이)	-
	두 향	?		장폭비	-
유물	토 기	심발형토기(1), 단경호(1)			
	철 기	도자(2), 모(1), 단조철부(1), 착(1)			
	청동기	-			
	옥석류	-			
	기 타	-			
	특기사항				

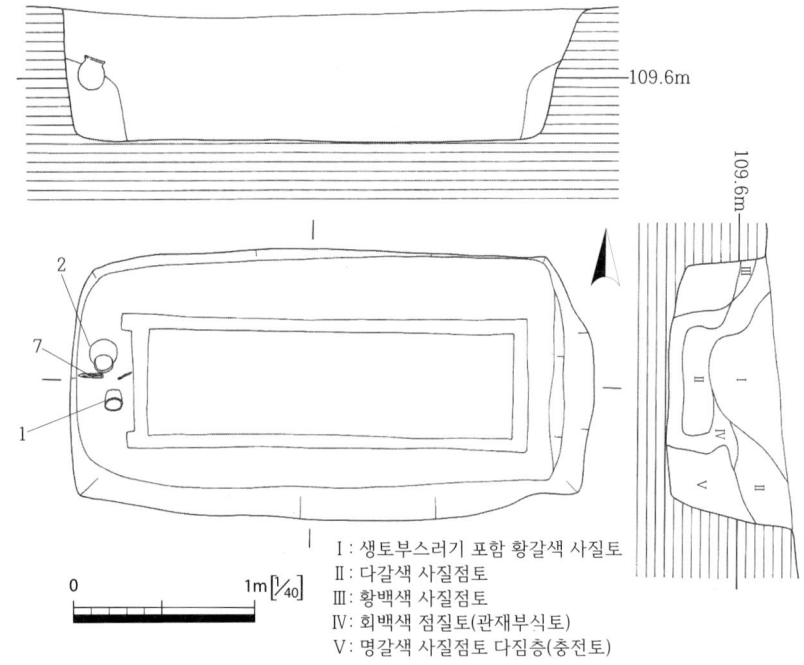

Ⅰ : 생토부스러기 포함 황갈색 사질토
Ⅱ : 다갈색 사질점토
Ⅲ : 황백색 사질점토
Ⅳ : 회백색 점질토(관재부식토)
Ⅴ : 명갈색 사질점토 다짐층(충전토)

[관외]

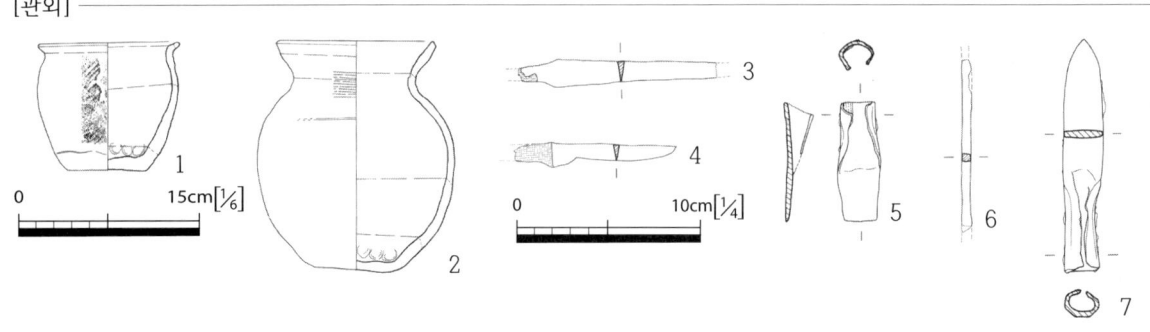

B지구 98호 토광묘

(단위 : cm)

묘광	크 기 (길이×너비×깊이)	313×91×(60+)	목관	크 기 (길이×너비×높이)	142×50×?
	장폭비	3.43:1		장폭비	2.84:1
	장축방향	N-56°-W	목곽	크 기 (길이×너비×높이)	-
	두 향	?		장폭비	-
유물	토 기	심발형토기(1), 유견호(1), 토기편(1)			
	철 기	촉(1), 축소모형철기(1)			
	청동기	-			
	옥석류	-			
	기 타	-			
	특기사항				

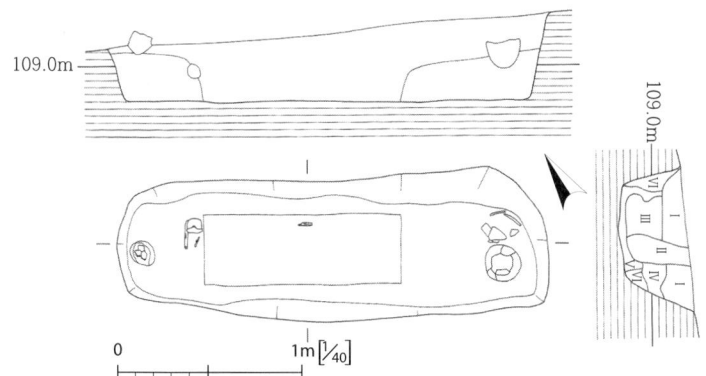

109.0m

109.0m

Ⅰ : 밝은 명갈색 사질점토
Ⅱ : 흑갈색 사질점토(외부유입부식토)
Ⅲ : 굵은 모래 포함 황갈색 점질토
Ⅳ : 황갈색 사질점토
Ⅴ : 회갈색 점질토
Ⅵ : 생토부스러기 포함 황색 점토 다짐층

0   1m [1/40]

[유구사진]

[관내]   [관외]

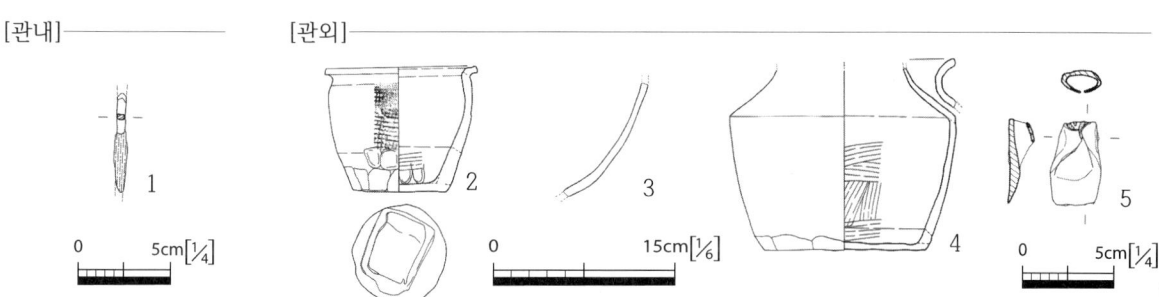

1

2

3

4

5

0   5cm[1/4]   0   15cm[1/6]   0   5cm[1/4]

B지구 99호 토광묘

(단위 : cm)

묘광	크 기 (길이×너비×깊이)	340×118×(90+)	목관	크 기 (길이×너비×높이)	186×65×?
	장폭비	2.88:1		장폭비	2.86:1
	장축방향	N-46°-W	목곽	크 기 (길이×너비×높이)	-
	두 향	?		장폭비	-
유물	토 기	심발형토기(1), 단경호(1)			
	철 기	-			
	청동기	-			
	옥석류	-			
	기 타	-			
	특기사항	토층에 대한 설명이 없음.			

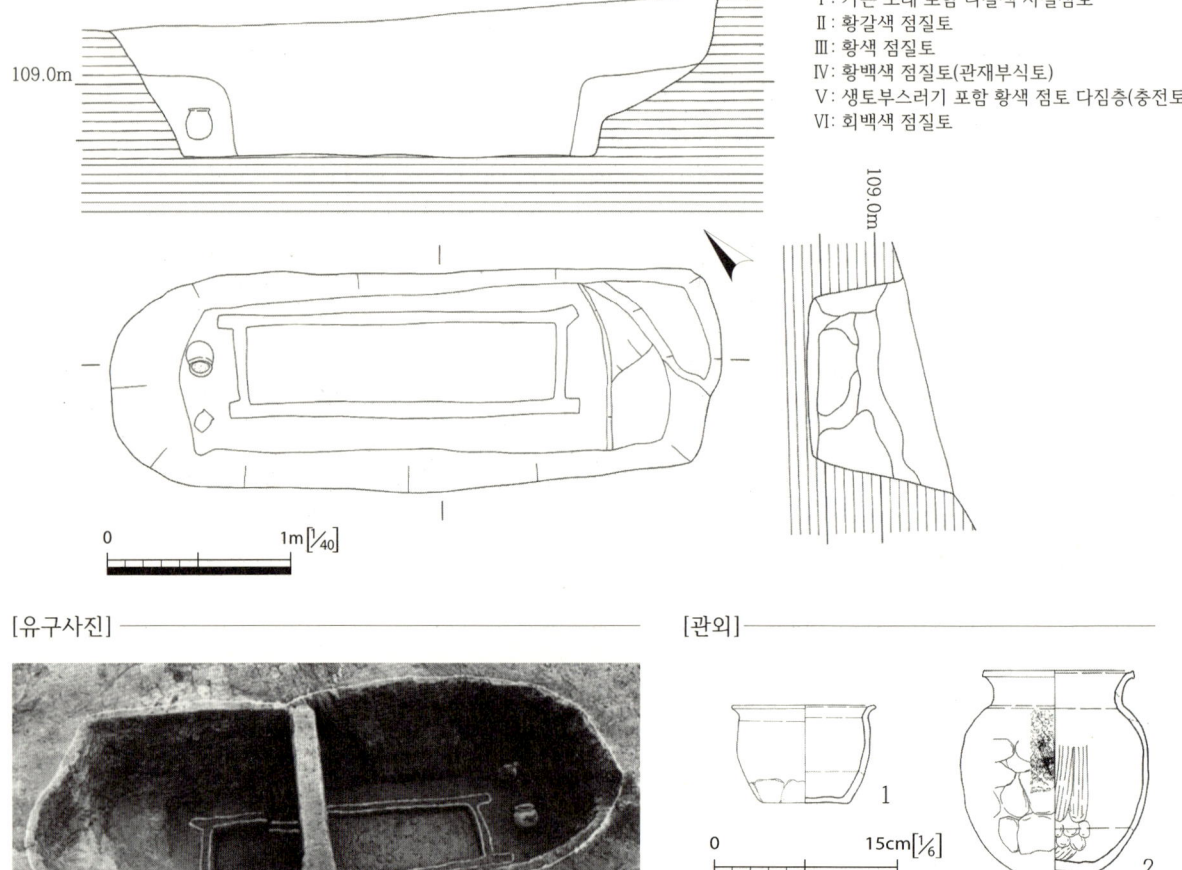

Ⅰ: 가는 모래 포함 다갈색 사질점토
Ⅱ: 황갈색 점질토
Ⅲ: 황색 점질토
Ⅳ: 황백색 점질토(관재부식토)
Ⅴ: 생토부스러기 포함 황색 점토 다짐층(충전토)
Ⅵ: 회백색 점질토

109.0m

0   1m[1/40]

109.0m

[유구사진]

[관외]

0   15cm[1/6]

1

2

B지구 100호 토광묘

(단위 : cm)

묘광	크 기 (길이×너비×깊이)	217×84×(30+)	목관	크 기 (길이×너비×높이)	140×55×?
	장폭비	2.58:1		장폭비	2.54:1
	장축방향	N-75°-W	목곽	크 기 (길이×너비×높이)	-
	두 향	?		장폭비	-
유물	토 기	심발형토기(1), 직구단경호(1), 토기편(1)			
	철 기	도자(1)			
	청동기	-			
	옥석류	-			
	기 타	-			
	특기사항				

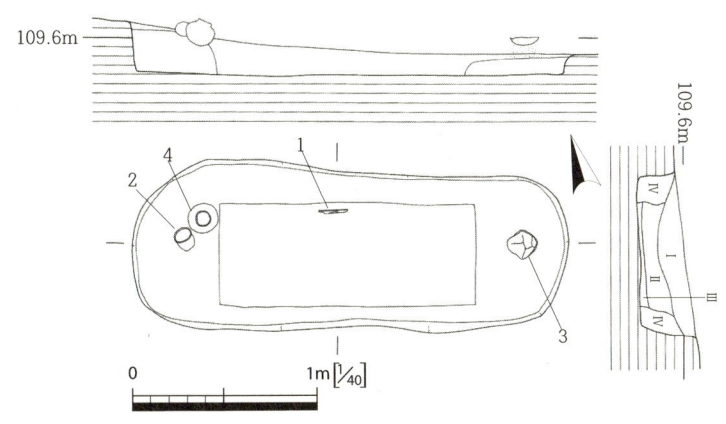

Ⅰ : 굵은 모래 포함 황갈색 사질점토
Ⅱ : 황갈색 점질토
Ⅲ : 흑갈색 점질토
Ⅳ : 생토부스러기 포함 황갈색 점질토(충전토)

109.6m

0   1m [1/40]

[유구사진]

[관내]   [관외]

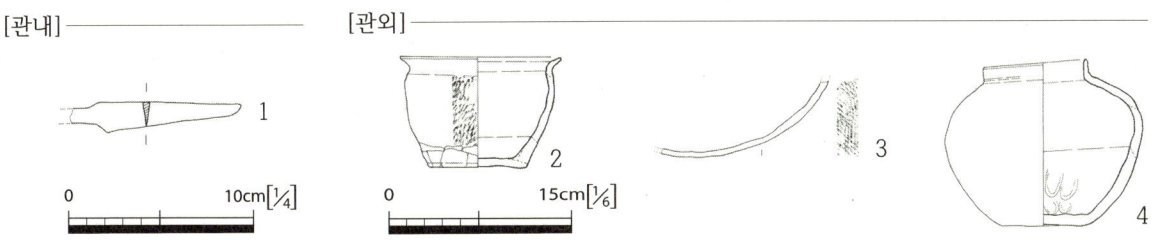

0   10cm[1/4]   0   15cm[1/6]

B지구 101호 토광묘

(단위 : cm)

묘광	크 기 (길이×너비×깊이)	305×107×(78+)	목관	크 기 (길이×너비×높이)	187×55×?
	장폭비	2.85:1		장폭비	3.40:1
	장축방향	N-64°-W	목곽	크 기 (길이×너비×높이)	?
	두 향	?		장폭비	?
유물	토 기	-			
	철 기	-			
	청동기	-			
	옥석류	-			
	기 타	-			
	특기사항	목관 주변에서 기둥구멍이 4개 확인됨. 출토유물 없음.			

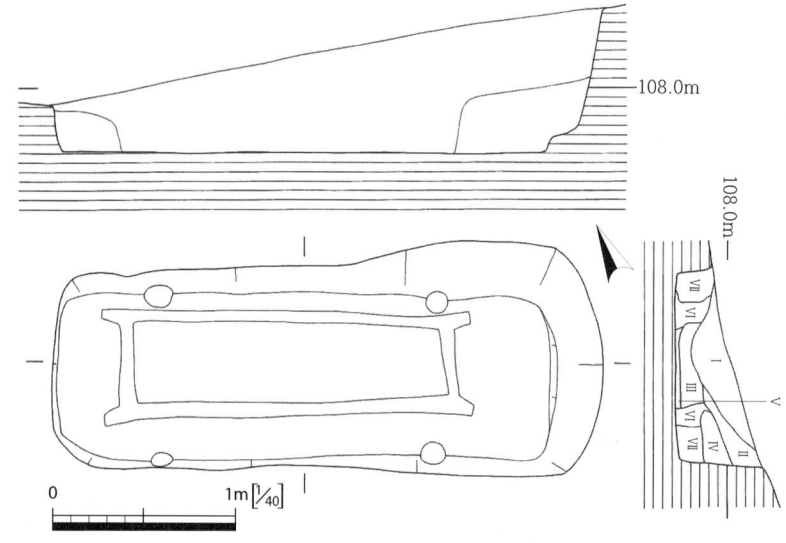

108.0m

108.0m

Ⅰ : 굵은 모래포함
    황갈색 사질점토
Ⅱ : 다갈색 점질토
Ⅲ : 흑갈색 점질토(가는 모래 포함)
Ⅳ : 흑갈색 점질토
Ⅴ : 회갈색 점질토
Ⅵ : 회청색 점질토(관재부식토)
Ⅶ : 생토부스러기 포함 황색점토
    다짐층(충전토)

0   1m |1/40|

[유구사진]

B지구 102호 토광묘

묘광	크 기 (길이×너비×깊이)	283×118×(46+)	목관	크 기 (길이×너비×높이)	120×47×?
	장폭비	2.39:1		장폭비	2.55:1
	장축방향	N-73°-W	목곽	크 기 (길이×너비×높이)	-
	두 향	?		장폭비	-
유물	토 기	심발형토기(1), 호(2), 토기편(3)			
	철 기	도자(1), 겸(1), 단조철부(1)			
	청 동 기	-			
	옥 석 류	-			
	기 타	-			
	특기사항	토기편 3점 도면 미게재.			

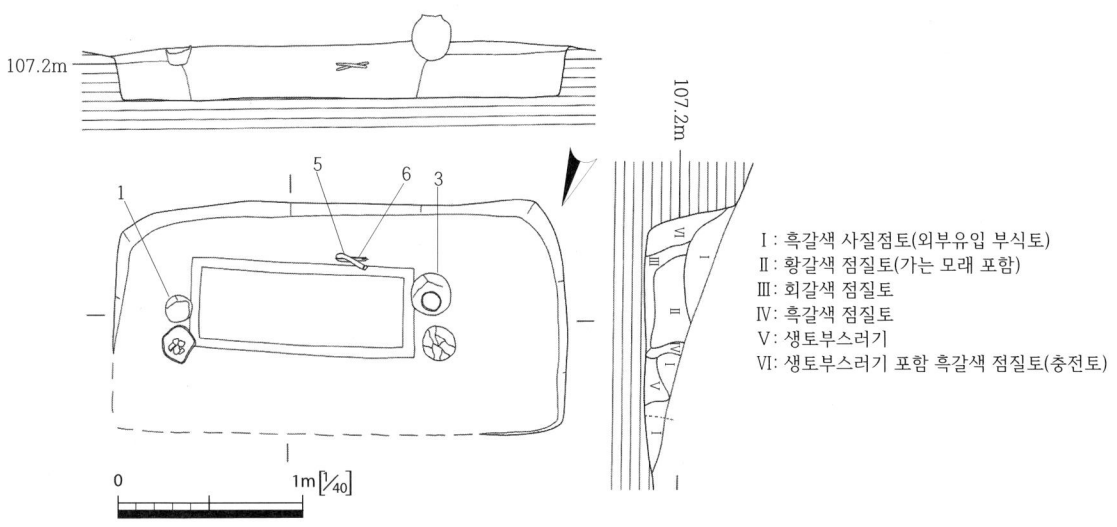

Ⅰ : 흑갈색 사질점토(외부유입 부식토)
Ⅱ : 황갈색 점질토(가는 모래 포함)
Ⅲ : 회갈색 점질토
Ⅳ : 흑갈색 점질토
Ⅴ : 생토부스러기
Ⅵ : 생토부스러기 포함 흑갈색 점질토(충전토)

[관외]

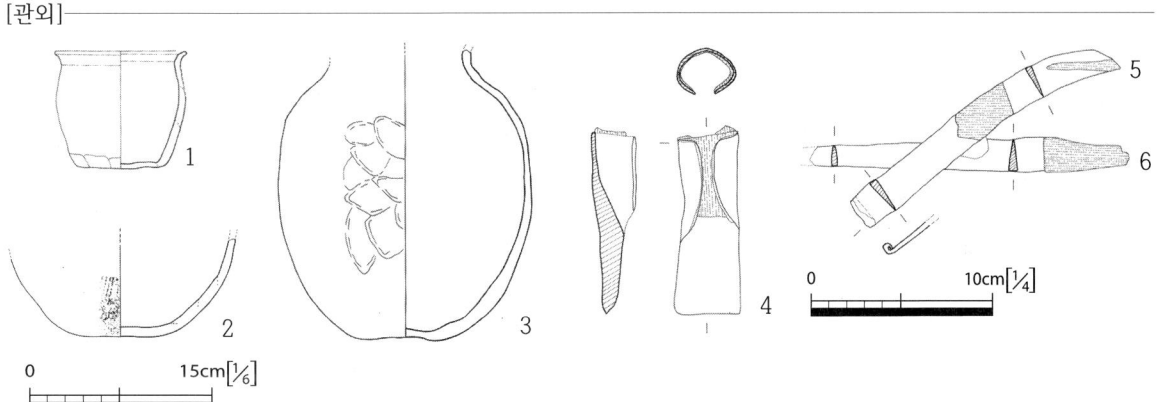

B지구 103호 토광묘

(단위 : cm)

묘광	크 기 (길이×너비×깊이)	315×130×(65+)	목관	크 기 (길이×너비×높이)	172×44×?
	장폭비	2.42:1		장폭비	3.90:1
	장축방향	N-67°-E	목곽	크 기 (길이×너비×높이)	-
	두 향	서쪽		장폭비	-
유물	토 기	심발형토기(1)			
	철 기	-			
	청 동 기	-			
	옥 석 류	유리제 구슬(26)			
	기 타	-			
	특기사항				

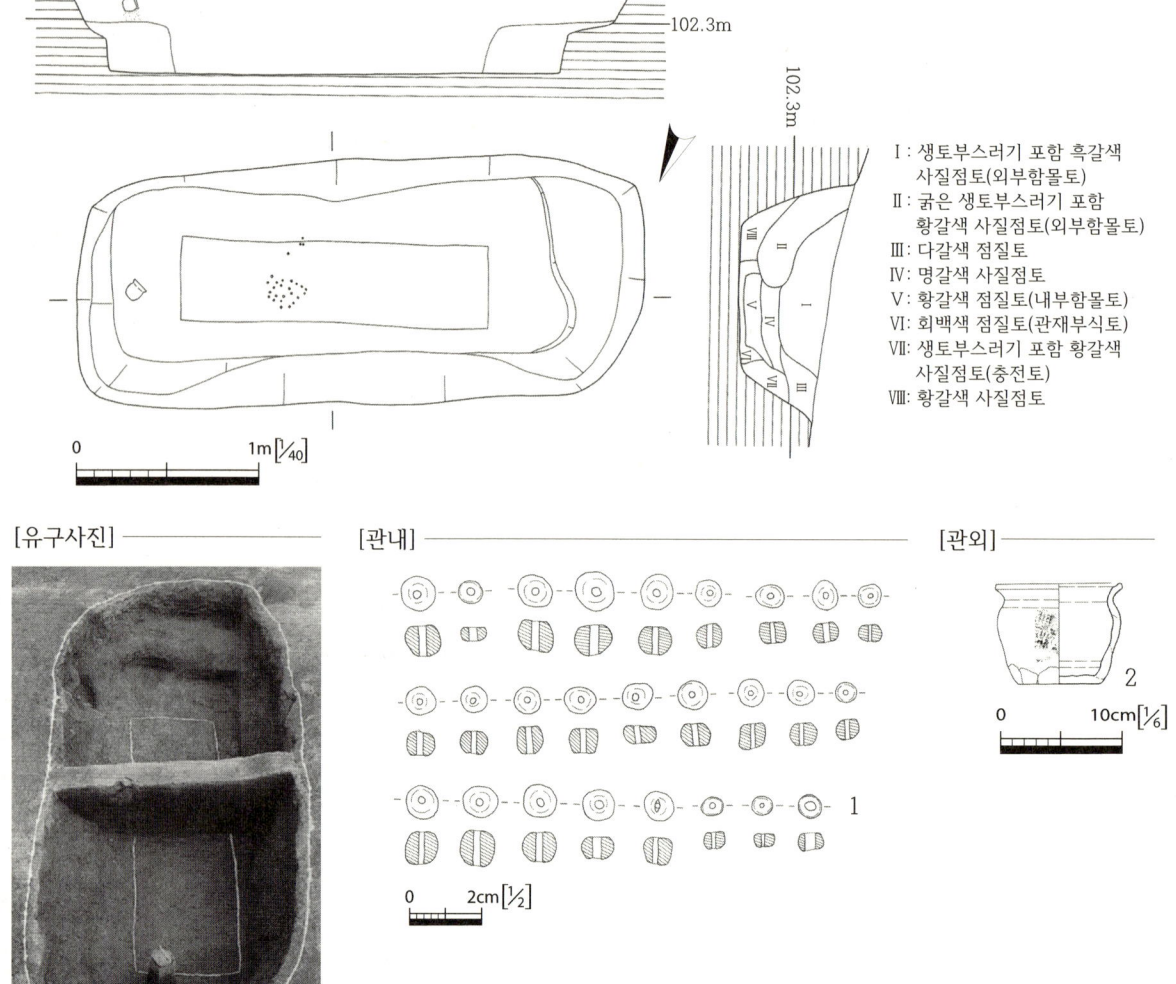

102.3m

102.3m

Ⅰ : 생토부스러기 포함 흑갈색
　　사질점토(외부함몰토)
Ⅱ : 굵은 생토부스러기 포함
　　황갈색 사질점토(외부함몰토)
Ⅲ : 다갈색 점질토
Ⅳ : 명갈색 사질점토
Ⅴ : 황갈색 점질토(내부함몰토)
Ⅵ : 회백색 점질토(관재부식토)
Ⅶ : 생토부스러기 포함 황갈색
　　사질점토(충전토)
Ⅷ : 황갈색 사질점토

0　　　　　　　1m[1/40]

[유구사진]　　　　　　　　[관내]　　　　　　　　　　　　　　[관외]

1

2

0　　　10cm[1/6]

0　　2cm[1/2]

B지구 104호 토광묘

(단위 : cm)

묘광	크 기 (길이×너비×깊이)	282×110×(65+)	목관	크 기 (길이×너비×높이)	180×47×?
	장폭비	2.56:1		장폭비	3.82:1
	장축방향	N-72°-W	목곽	크 기 (길이×너비×높이)	-
	두 향	서쪽		장폭비	-
유물	토 기	심발형토기(1), 단경호(2), 장경호(1)			
	철 기	도자(1)			
	청 동 기	-			
	옥 석 류	-			
	기 타	토제 방추차(1)			
	특기사항				

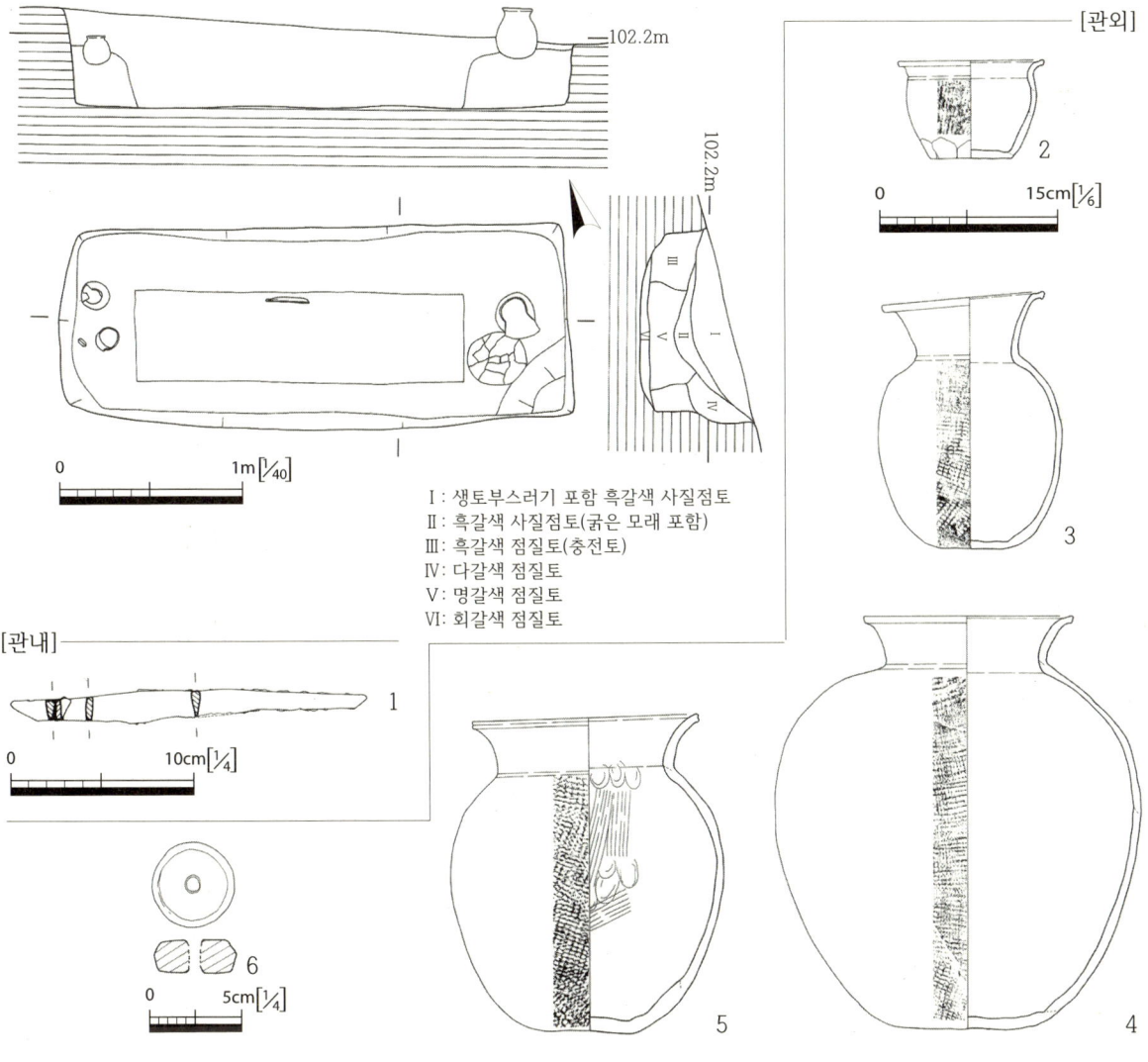

I : 생토부스러기 포함 흑갈색 사질점토
II : 흑갈색 사질점토(굵은 모래 포함)
III : 흑갈색 점질토(충전토)
IV : 다갈색 점질토
V : 명갈색 점질토
VI : 회갈색 점질토

[관외]

[관내]

B지구 105호 토광묘

(단위 : cm)

묘광	크 기 (길이×너비×깊이)	317×131×(50+)	목관	크 기 (길이×너비×높이)	203×62×?
	장폭비	2.41:1		장폭비	3.27:1
	장축방향	N-60°-E	목곽	크 기 (길이×너비×높이)	-
	두 향	서남쪽		장폭비	-
유물	토 기	심발형토기(1), 병(1)			
	철 기	도(1), 미상철기(1)			
	청동기	-			
	옥석류	-			
	기 타	-			
	특기사항	미상철기 1점 도면 미게재.			

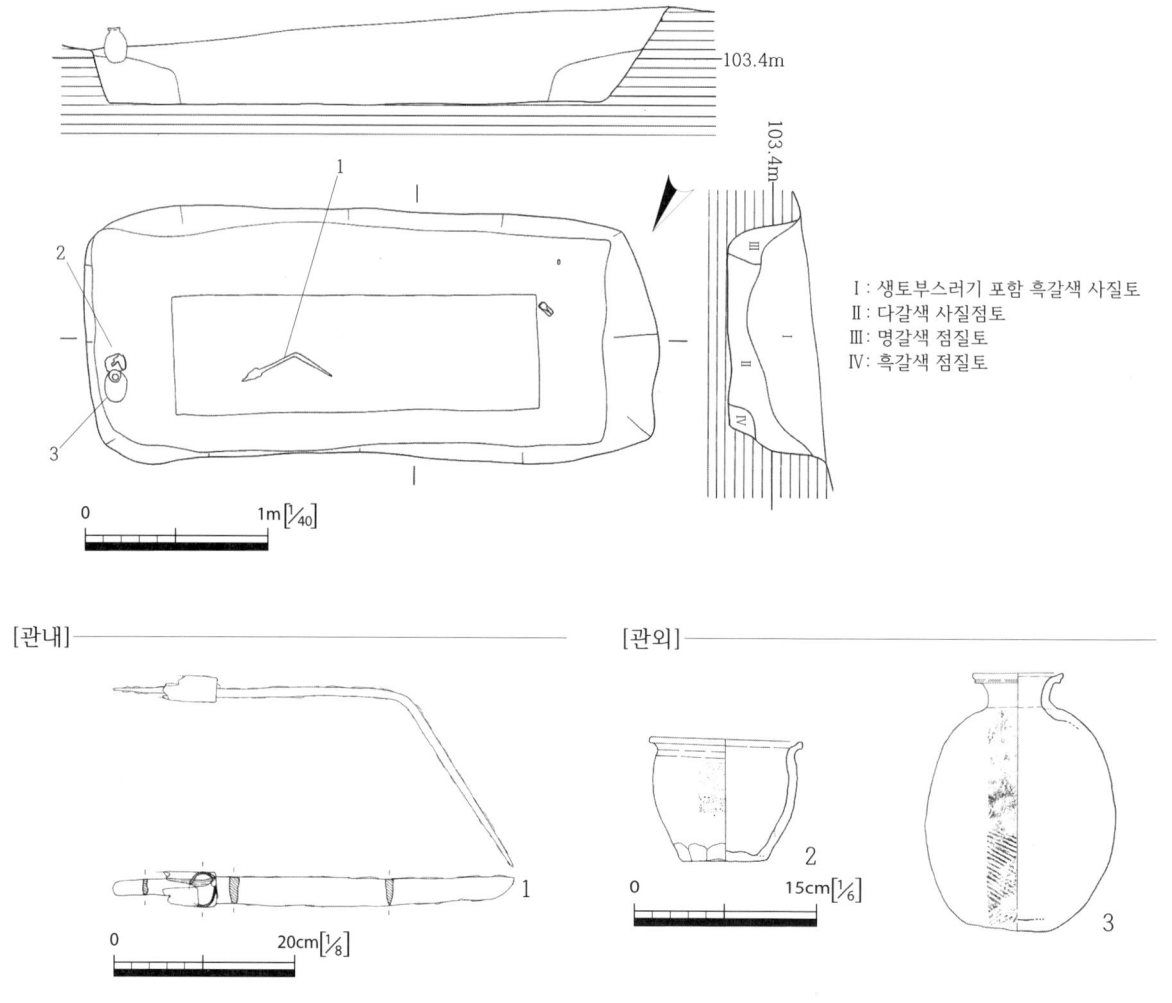

103.4m

103.4m

Ⅰ : 생토부스러기 포함 흑갈색 사질토
Ⅱ : 다갈색 사질점토
Ⅲ : 명갈색 점질토
Ⅳ : 흑갈색 점질토

0   1m [1/40]

[관내]

0   20cm [1/8]

[관외]

0   15cm [1/6]

B지구 106호 토광묘

(단위 : cm)

묘광	크 기 (길이×너비×깊이)	302×(100+)×(15+)	목관	크 기 (길이×너비×높이)	210×55×?
	장폭비	?		장폭비	3.81:1
	장축방향	N-63°-W	목곽	크 기 (길이×너비×높이)	-
	두 향	?		장폭비	-
유물	토 기	단경소호(1)			
	철 기	-			
	청 동 기	-			
	옥석류	-			
	기 타	토제 방추차(1)			
	특기사항				

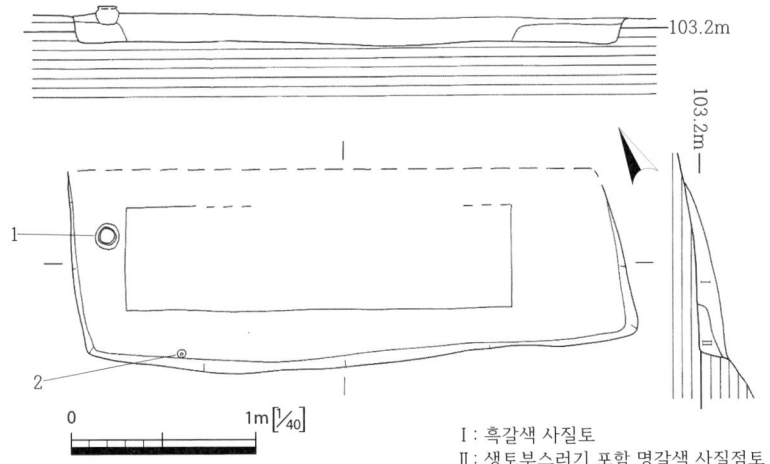

Ⅰ: 흑갈색 사질토
Ⅱ: 생토부스러기 포함 명갈색 사질점토

[관외]

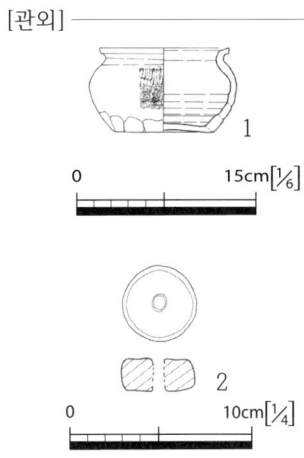

B지구 107호 토광묘

(단위 : cm)

묘광	크 기 (길이×너비×깊이)	?	목관	크 기 (길이×너비×높이)	?
	장폭비	?		장폭비	?
	장축방향	?	목곽	크 기 (길이×너비×높이)	?
	두 향	?		장폭비	?
유물	토 기	난형호(1)			
	철 기	-			
	청동기	-			
	옥석류				
	기 타	-			
	특기사항	표토 제거시 토기편이 흩어진 채 확인되어 토광묘로 추정하였으나 조사결과 유구의 흔적이 전혀 남아있지 않았음.			

[출토유물]

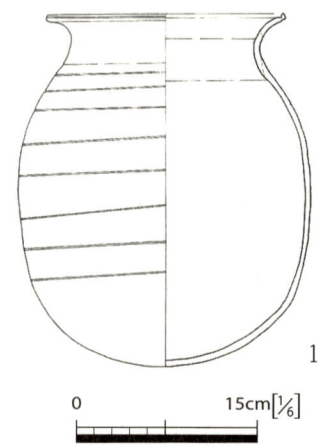

1

0   15cm[⅙]

B지구 108호 토광묘

(단위 : cm)

묘광	크 기 (길이×너비×깊이)	290×85×(25+)	목관	크 기 (길이×너비×높이)	156×50×?
	장폭비	3.41:1		장폭비	3.12:1
	장축방향	N-66°-W	목곽	크 기 (길이×너비×높이)	-
	두 향	서남쪽		장폭비	-
유물	토 기	단경소호(3)			
	철 기	도자(1), 도(1), 착(1), 겸(1), 단조철부(1), 마구[재갈(2), 교구(2), 띠금구(1)]			
	청 동 기	-			
	옥 석 류	-			
	기 타	-			
	특기사항				

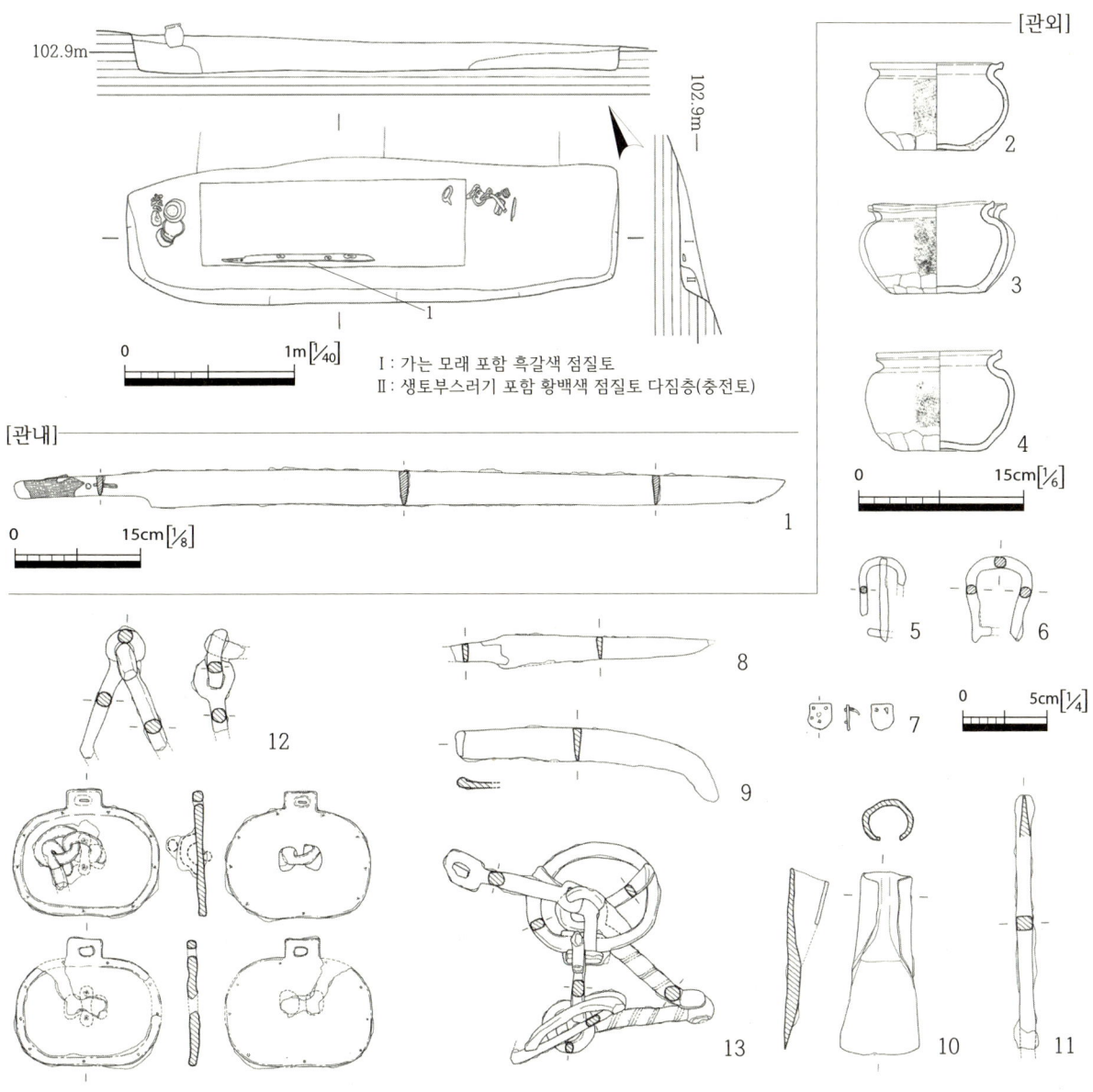

I : 가는 모래 포함 흑갈색 점질토
II : 생토부스러기 포함 황백색 점질토 다짐층(충전토)

B지구 109호 토광묘

(단위 : cm)

묘광	크 기 (길이×너비×깊이)	285×102×(40+)	목관	크 기 (길이×너비×높이)	187×56×?
	장폭비	2.79:1		장폭비	3.33:1
	장축방향	N-69°-E	목곽	크 기 (길이×너비×높이)	-
	두 향	?		장폭비	-
유물	토 기	단경호(1), 호(1)			
	철 기	도자(2), 검(1), 촉(1), 겸(1), 착(1), 축소모형철기(1), 미상철기(2)			
	청동기	-			
	옥석류	-			
	기 타	-			
	특기사항				

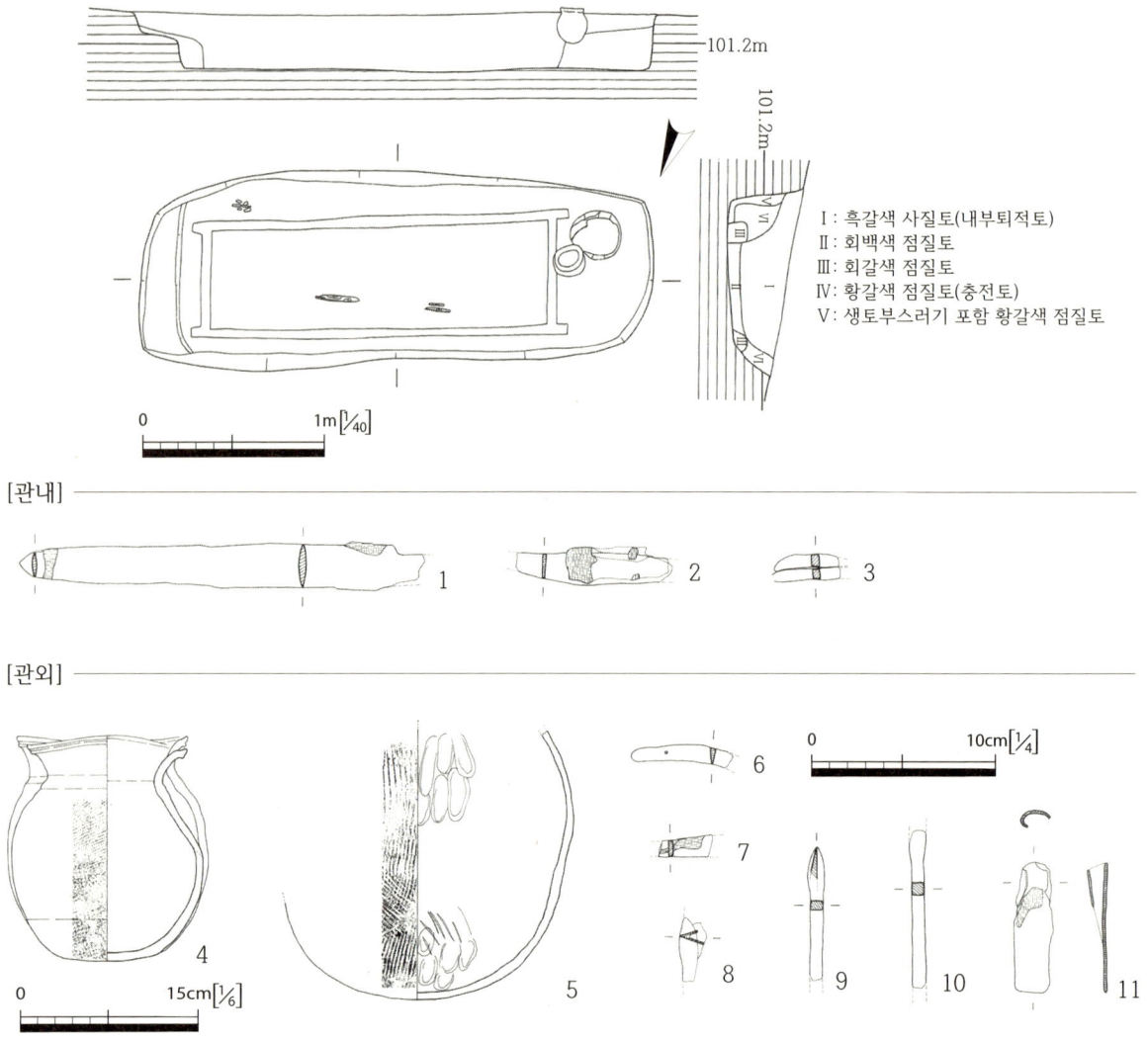

I : 흑갈색 사질토(내부퇴적토)
II : 회백색 점질토
III : 회갈색 점질토
IV : 황갈색 점질토(충전토)
V : 생토부스러기 포함 황갈색 점질토

[관내]

[관외]

B지구 110호 토광묘

(단위 : cm)

묘광	크 기 (길이×너비×깊이)	294×116×(55+)	목관	크 기 (길이×너비×높이)	196×61×?
	장폭비	2.53:1		장폭비	3.21:1
	장축방향	N-87°-W	목곽	크 기 (길이×너비×높이)	-
	두 향	?		장폭비	-
유물	토 기	단경호(1), 호·옹(1)			
	철 기	-			
	청 동 기	-			
	옥석류	-			
	기 타	-			
	특기사항				

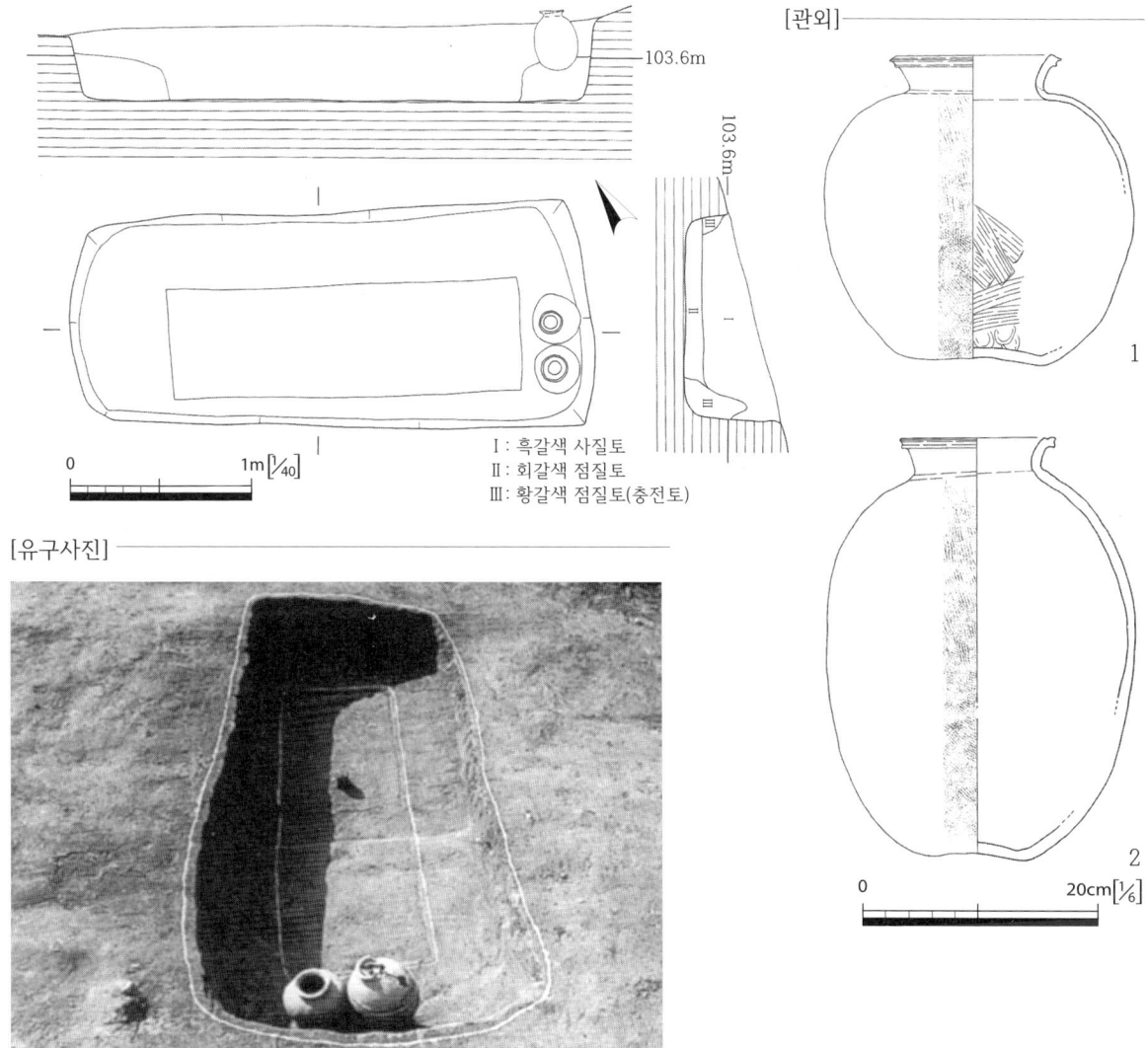

103.6m

103.6m

Ⅰ : 흑갈색 사질토
Ⅱ : 회갈색 점질토
Ⅲ : 황갈색 점질토(충전토)

0   1m[1/40]

[관외]

1

2

0   20cm[1/6]

[유구사진]

B지구 111호 토광묘

(단위 : cm)

묘광	크 기 (길이×너비×깊이)	276×107×(34+)	목관	크 기 (길이×너비×높이)	190×57×?
	장폭비	2.57:1		장폭비	3.33:1
	장축방향	N-60°-W	목곽	크 기 (길이×너비×높이)	-
	두 향	?		장폭비	-
유물	토 기	광구장경호(1), 저부편(1), 토기편			
	철 기	-			
	청 동 기	-			
	옥 석 류	-			
	기 타	-			
	특기사항	토기편 도면 미게재.			

103.2m

103.2m

Ⅰ: 황갈색 점질토
Ⅱ: 황백색 점질토
Ⅲ: 흑갈색 점질토

0   1m[1/40]

[유구사진]

[관외]

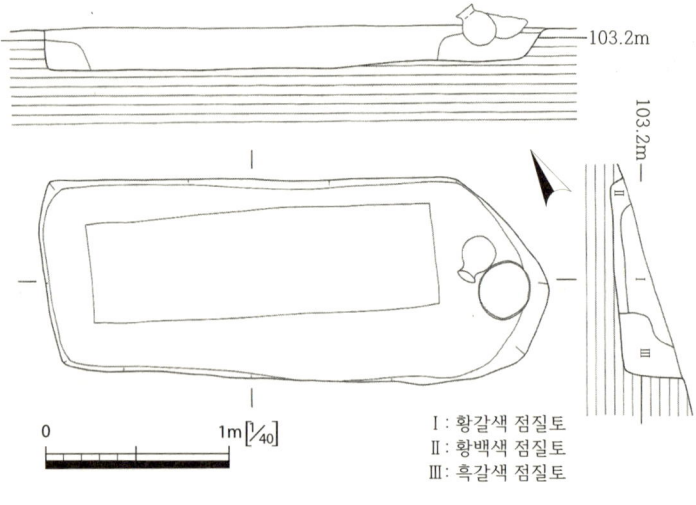

1

2

0   15cm[1/6]

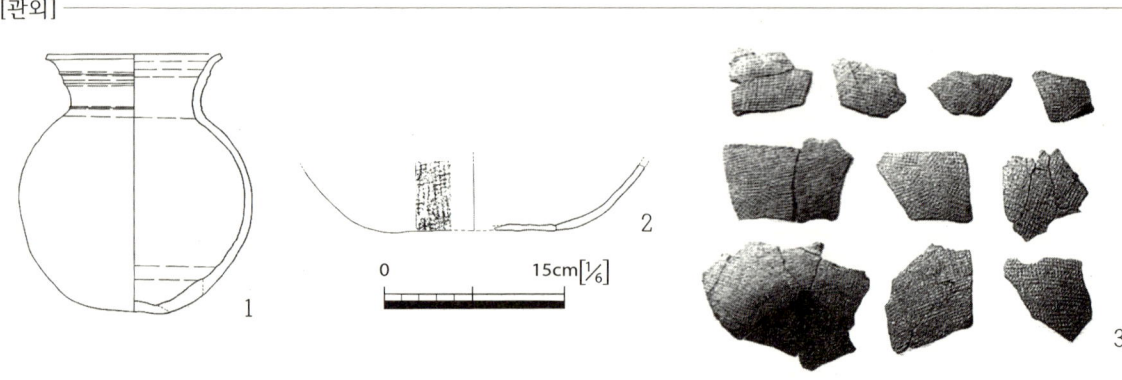

3

B지구 112호 토광묘

(단위 : cm)

묘광	크 기 (길이×너비×깊이)	273×92×(25+)	목관	크 기 (길이×너비×높이)	193×60×?
	장폭비	2.96:1		장폭비	3.21:1
	장축방향	N-61°-E	목곽	크 기 (길이×너비×높이)	-
	두 향	?		장폭비	-
유물	토 기	심발형토기(1)			
	철 기	-			
	청 동 기	-			
	옥 석 류	-			
	기 타	토제 방추차(1)			
	특기사항				

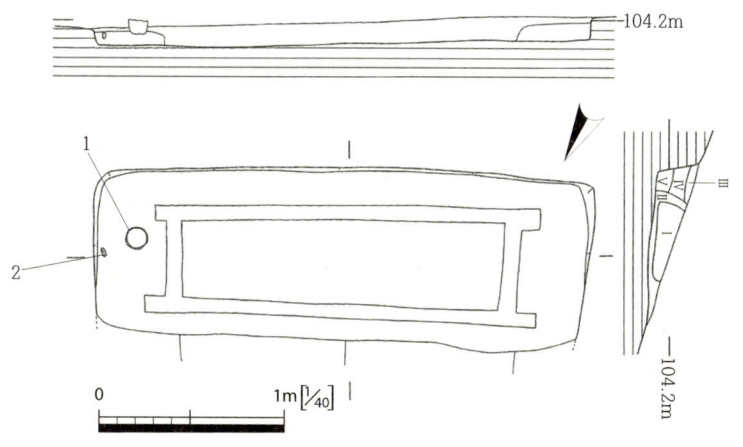

— 104.2m

I : 황색 점질토
II : 회갈색 점질토
III : 다갈색 점질토
IV : 명갈색 점질토
V : 황갈색 점질토 다짐층

— 104.2m

0　　　　1m[1/40]

[유구사진]

[관외]

1

0　　　　15cm[1/6]

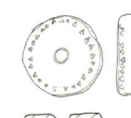

2

0　　5cm[1/4]

B지구 113호 토광묘

묘광	크 기 (길이×너비×깊이)	266×94×(17+)	목관	크 기 (길이×너비×높이)	183×59×?
	장폭비	2.82:1		장폭비	3.10:1
	장축방향	N-69°-W	목곽	크 기 (길이×너비×높이)	-
	두 향	?		장폭비	-
유물	토 기	심발형토기(1), 단경호(1)			
	철 기	도자(1)			
	청동기		-		
	옥석류		-		
	기 타		-		
	특기사항				

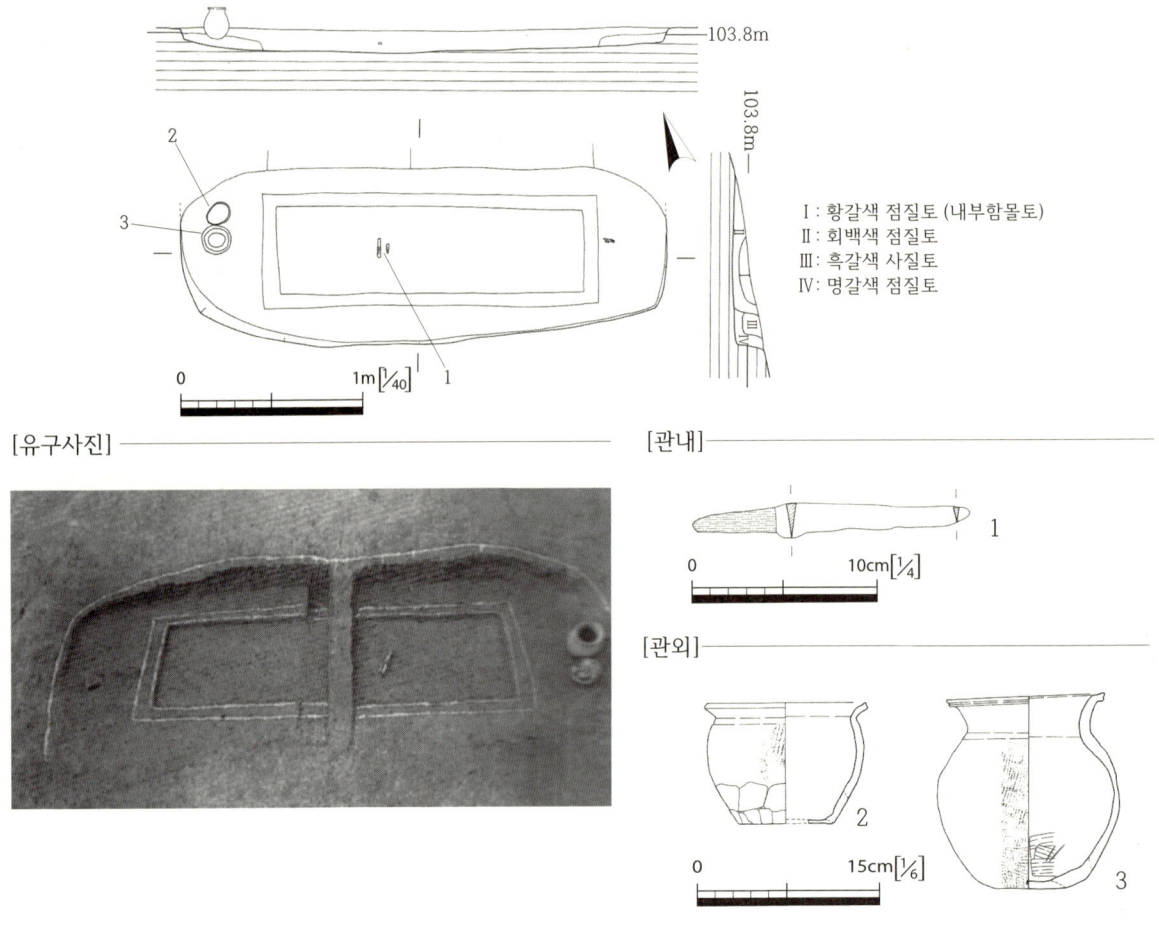

I : 황갈색 점질토 (내부함몰토)
II : 회백색 점질토
III : 흑갈색 사질토
IV : 명갈색 점질토

[유구사진]

[관내]

[관외]

마한·백제의 분묘 문화 III- 충남II: 천안 편 -

B지구 114호 토광묘

(단위 : cm)

묘광	크 기 (길이×너비×깊이)	244×100×(25+)	목관	크 기 (길이×너비×높이)	186×47×?
	장폭비	2.44:1		장폭비	3.95:1
	장축방향	N-84°-E	목곽	크 기 (길이×너비×높이)	-
	두 향	?		장폭비	-
유물	토 기	호·옹(1)			
	철 기	도자(1)			
	청동기	-			
	옥석류	-			
	기 타	-			
	특기사항				

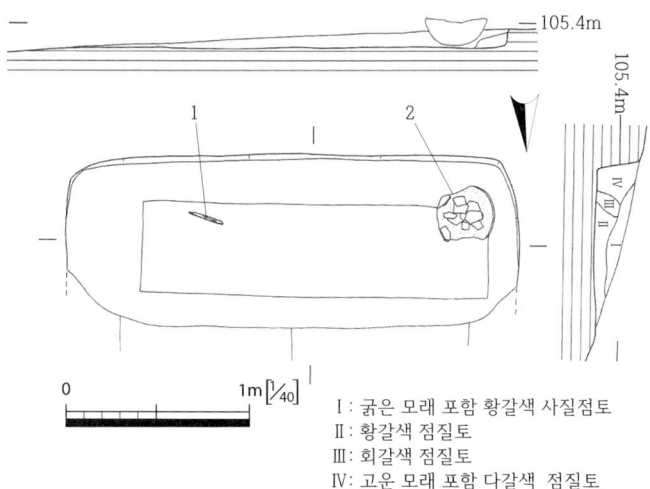

I : 굵은 모래 포함 황갈색 사질점토
II : 황갈색 점질토
III : 회갈색 점질토
IV : 고운 모래 포함 다갈색 점질토

[관내]

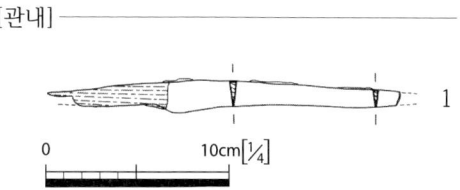

[관외]

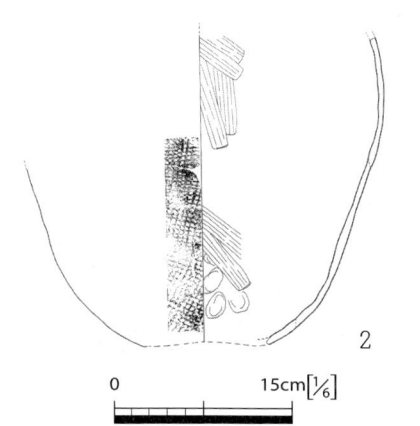

[유구사진]

B지구 115호 토광묘

(단위 : cm)

묘광	크 기 (길이×너비×깊이)	217×(90+)×(30+)	목관	크 기 (길이×너비×높이)	145×50×?
	장 폭 비	?		장 폭 비	2.90:1
	장축방향	N-88°-E	목곽	크 기 (길이×너비×높이)	-
	두 향	?		장 폭 비	-
유물	토 기	심발형토기(1), 단경호(1)			
	철 기	-			
	청 동 기	-			
	옥 석 류	-			
	기 타	토제 방추차(1)			
	특기사항				

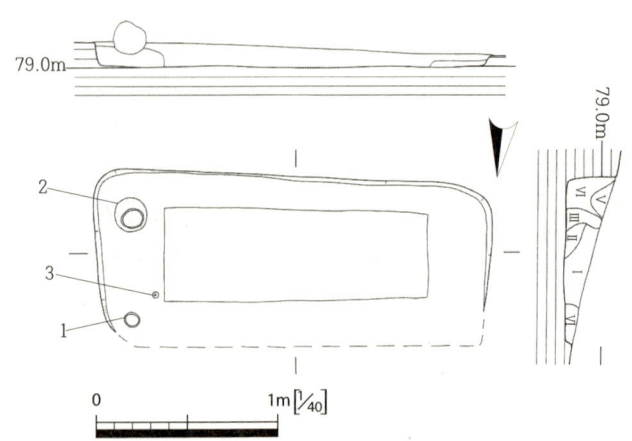

Ⅰ: 명갈색 점질토(내부퇴적토)
Ⅱ: 회갈색 점질토(내부퇴적토)
Ⅲ: 흑갈색 점질토(관재부식토)
Ⅳ: 황갈색 점질토(충전토)
Ⅴ: 흑갈색 사질점토(점성이 강한 외부유입토)

79.0m

0   1m[1/40]

[유구사진]

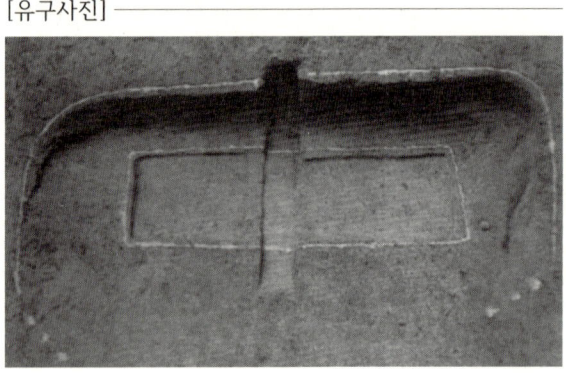

[관외]

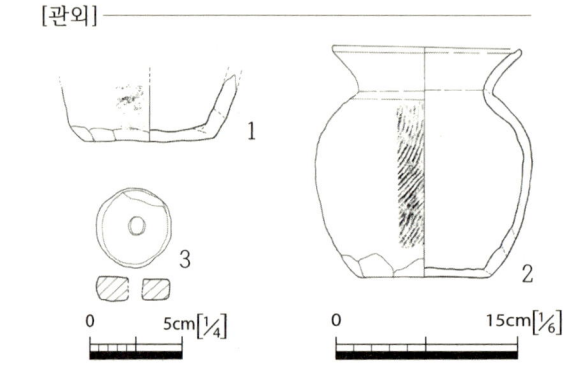

0   5cm[1/4]   0   15cm[1/6]

B지구 116호 토광묘

(단위 : cm)

묘광	크 기 (길이×너비×깊이)	260×94×(30+)	목관	크 기 (길이×너비×높이)	170×44×?
	장폭비	2.76:1		장폭비	3.86:1
	장축방향	N-88°-E	목곽	크 기 (길이×너비×높이)	-
	두 향	서쪽		장폭비	-
유물	토 기	심발형토기(1), 장경호(1)			
	철 기	도자(1), 도(1), 모(1), 겸(1), 단조철부(1)			
	청동기	탁(1)			
	옥석류	-			
	기 타	-			
	특기사항				

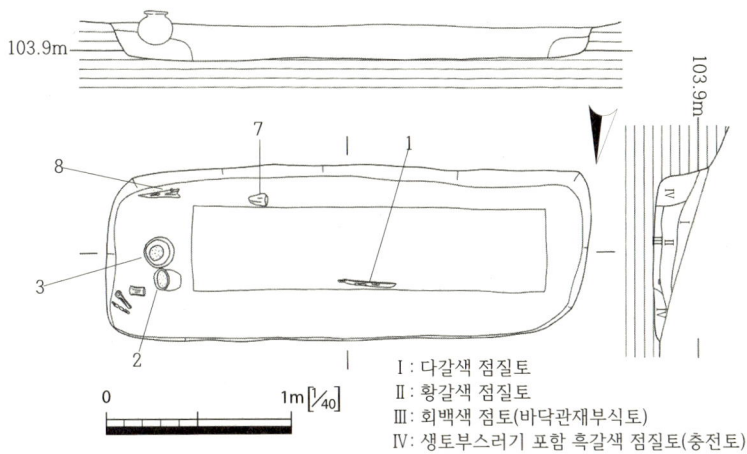

103.9m
103.9m

Ⅰ : 다갈색 점질토
Ⅱ : 황갈색 점질토
Ⅲ : 회백색 점토(바닥관재부식토)
Ⅳ : 생토부스러기 포함 흑갈색 점질토(충전토)

0   1m [1/40]

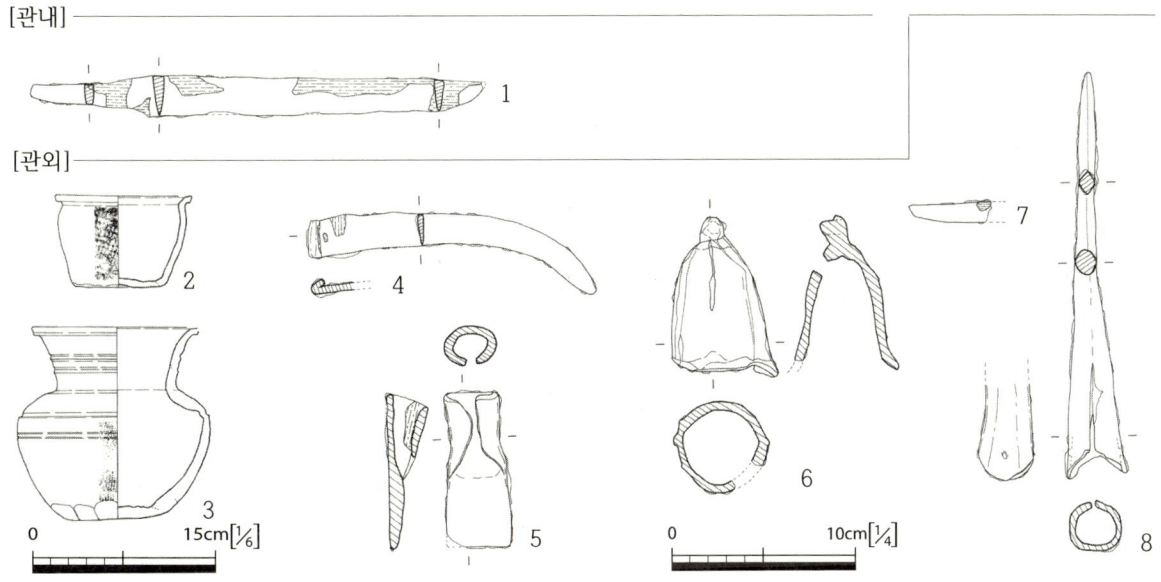

[관내]

1

[관외]

2

3

4

5

6

7

8

0   15cm [1/6]

0   10cm [1/4]

B지구 117호 토광묘

(단위 : cm)

묘광	크 기 (길이×너비×깊이)	271×110×(30+)	목관	크 기 (길이×너비×높이)	203×46×?
	장폭비	2.46:1		장폭비	4.41:1
	장축방향	N-77°-W	목곽	크 기 (길이×너비×높이)	-
	두 향	?		장폭비	-
유물	토 기	심발형토기(1), 단경호(1)			
	철 기	-			
	청 동 기	-			
	옥 석 류	-			
	기 타	-			
	특기사항				

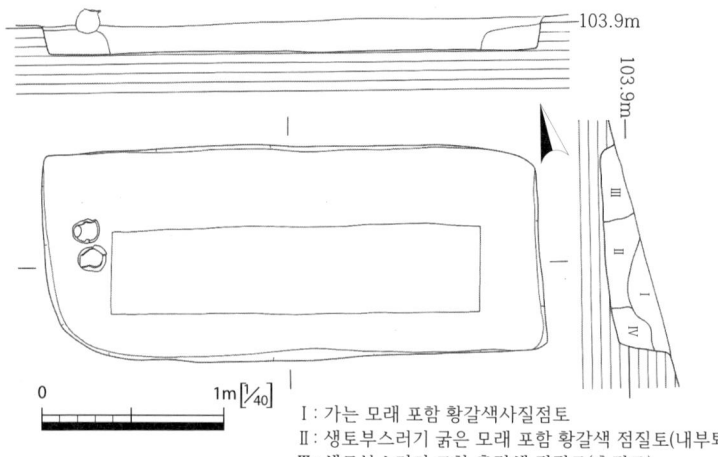

Ⅰ : 가는 모래 포함 황갈색사질점토
Ⅱ : 생토부스러기 굵은 모래 포함 황갈색 점질토(내부퇴적토)
Ⅲ : 생토부스러기 포함 흑갈색 점질토(충전토)
Ⅳ : 황색 점질토(충전토)

[유구사진]

[관외]

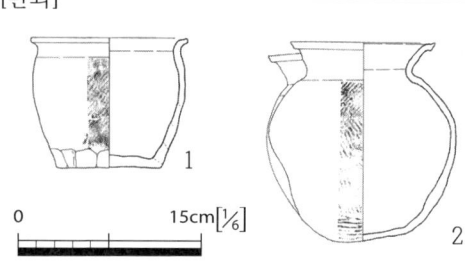

B지구 118호 토광묘

(단위 : cm)

묘광	크 기 (길이×너비×깊이)	279×(70+)×(30+)	목관	크 기 (길이×너비×높이)	192×(44+)×?
	장폭비	?		장폭비	?
	장축방향	N-82°-E	목곽	크 기 (길이×너비×높이)	-
	두 향	?		장폭비	-
유물	토 기	심발형토기(1), 유견호(1)			
	철 기	축소모형철기(1)			
	청동기	-			
	옥석류	-			
	기 타	-			
	특기사항				

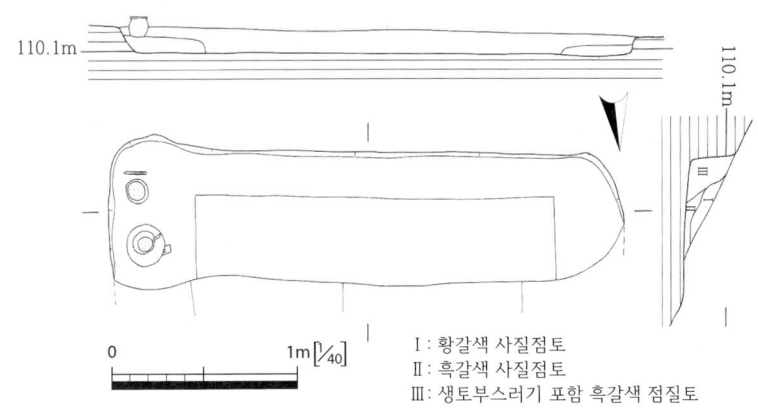

110.1m
110.1m

0   1m[1/40]

Ⅰ : 황갈색 사질점토
Ⅱ : 흑갈색 사질점토
Ⅲ : 생토부스러기 포함 흑갈색 점질토

[유구사진]

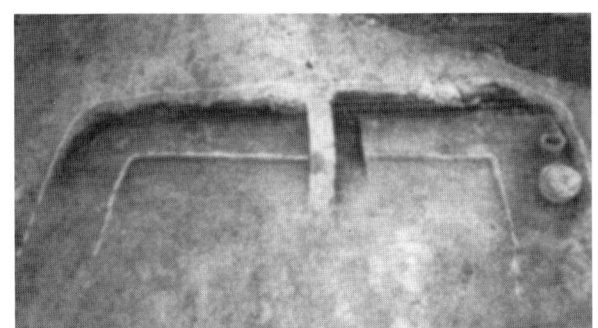
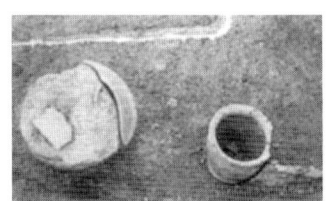

[관외]

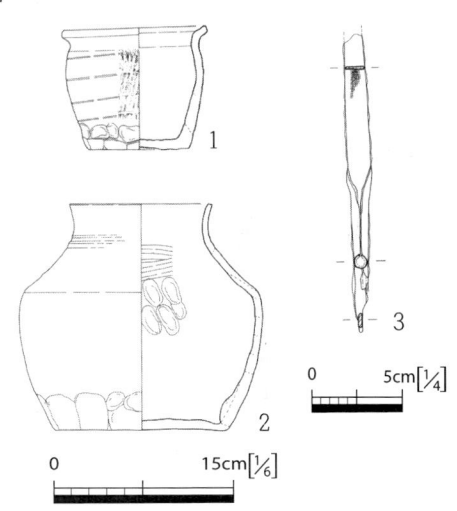

1

2

3

0   5cm[1/4]

0   15cm[1/6]

B지구 119호 토광묘

(단위 : cm)

묘광	크 기 (길이×너비×깊이)	297×126×(59+)	목관	크 기 (길이×너비×높이)	214×58×?
	장폭비	2.35:1		장폭비	3.68:1
	장축방향	N-86°-E	목곽	크 기 (길이×너비×높이)	-
	두 향	?		장폭비	-
유물	토 기	심발형토기(1), 장경호(1)			
	철 기	겸(1), 축소모형철기(1)			
	청동기	-			
	옥석류	-			
	기 타	-			
	특기사항				

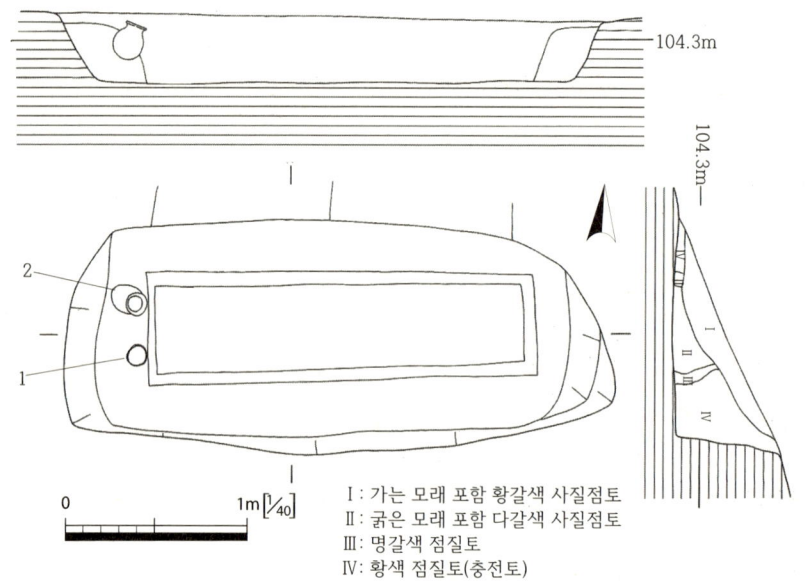

Ⅰ : 가는 모래 포함 황갈색 사질점토
Ⅱ : 굵은 모래 포함 다갈색 사질점토
Ⅲ : 명갈색 점질토
Ⅳ : 황색 점질토(충전토)

[관외]　　　　　　　　　　　　　　　　　[출토유물]

B지구 120호 토광묘

(단위 : cm)

묘광	크 기 (길이×너비×깊이)	332×112×(40+)	목관	크 기 (길이×너비×높이)	190×56×?
	장폭비	2.96:1		장폭비	3.39:1
	장축방향	N-85°-W	목곽	크 기 (길이×너비×높이)	-
	두 향	?		장폭비	-
유물	토 기	심발형토기(1), 단경호(1)			
	철 기	도자(1)			
	청 동 기	-			
	옥석류	-			
	기 타	토제 방추차(1)			
	특기사항				

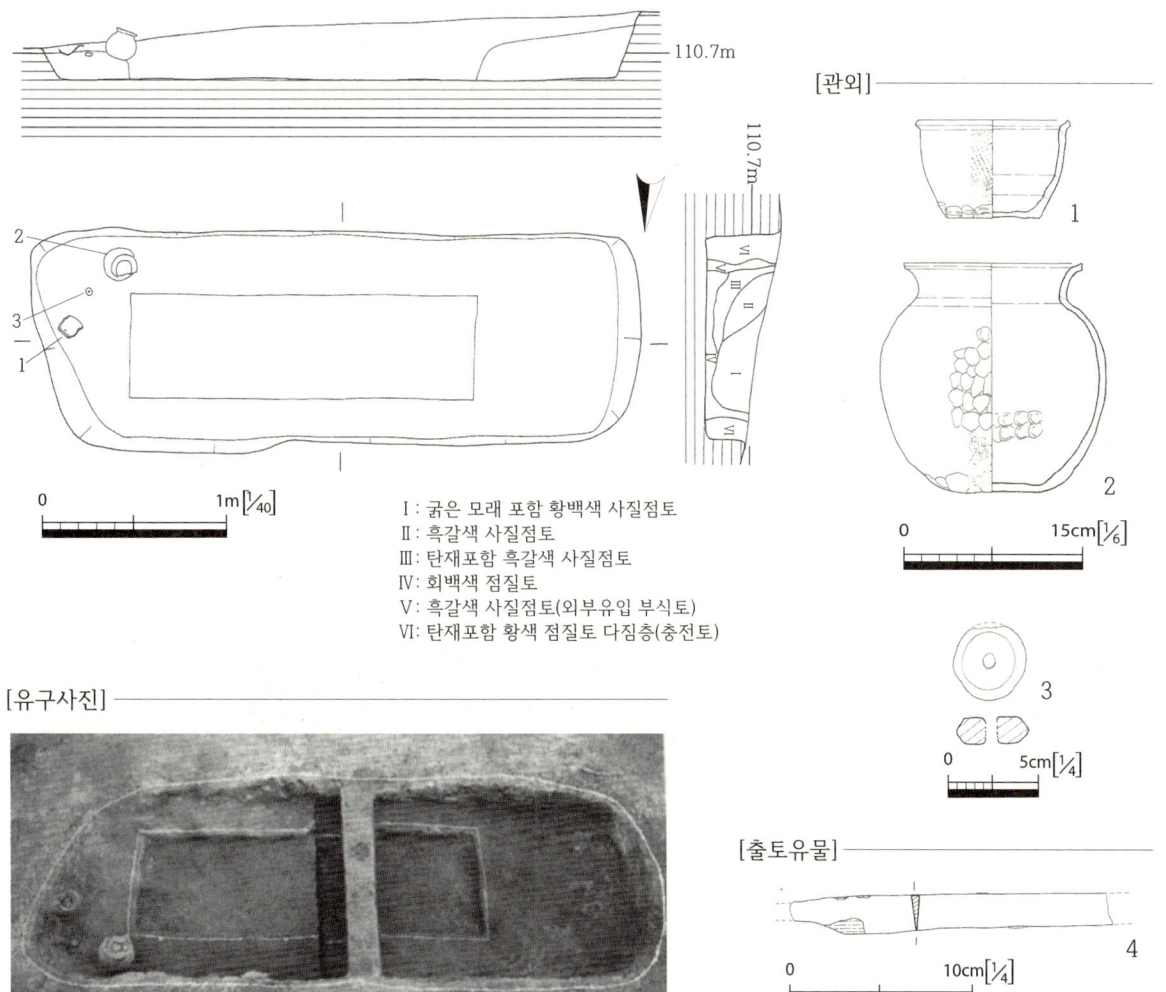

110.7m

110.7m

Ⅰ: 굵은 모래 포함 황백색 사질점토
Ⅱ: 흑갈색 사질점토
Ⅲ: 탄재포함 흑갈색 사질점토
Ⅳ: 회백색 점질토
Ⅴ: 흑갈색 사질점토(외부유입 부식토)
Ⅵ: 탄재포함 황색 점질토 다짐층(충전토)

0   1m[1/40]

[관외]

1

2

3

0   15cm[1/6]

0   5cm[1/4]

[출토유물]

4

0   10cm[1/4]

[유구사진]

B지구 121호 토광묘

(단위 : cm)

묘광	크 기 (길이×너비×깊이)	306×(127+)×(90+)	목관	크 기 (길이×너비×높이)	203×78×?
	장폭비	?		장폭비	2.60:1
	장축방향	N-90°-E	목곽	크 기 (길이×너비×높이)	-
	두 향	서쪽		장폭비	-
유물	토 기	심발형토기(1), 장경호(1)			
	철 기	도자(1), 도(1), 겸(1), 모(1), 착(2), 교구(1), 축소모형철기(1)			
	청동기	-			
	옥석류	-			
	기 타	-			
	특기사항				

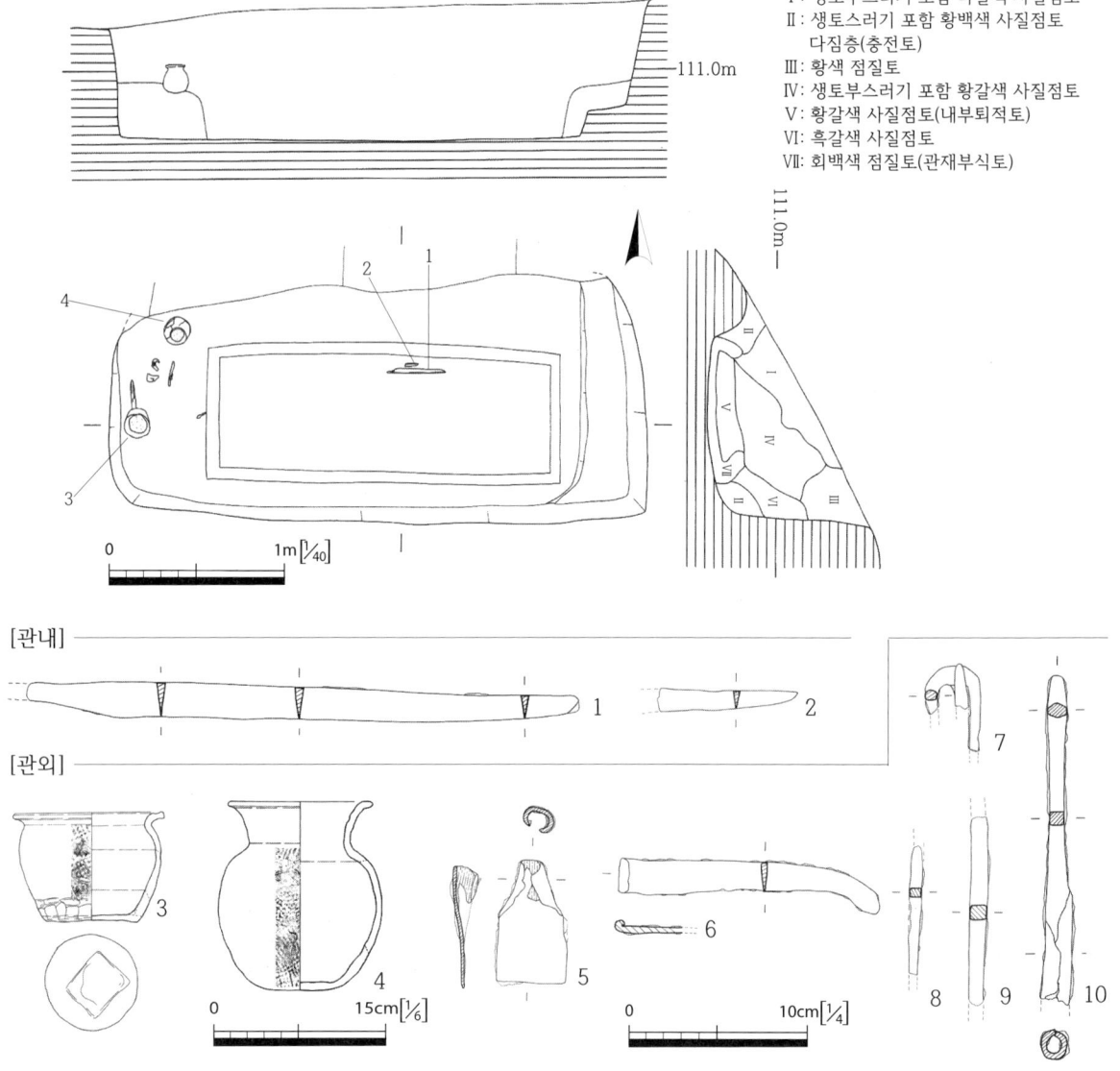

Ⅰ: 생토부스러기 포함 다갈색 사질점토
Ⅱ: 생토스러기 포함 황백색 사질점토
   다짐층(충전토)
Ⅲ: 황색 점질토
Ⅳ: 생토부스러기 포함 황갈색 사질점토
Ⅴ: 황갈색 사질점토(내부퇴적토)
Ⅵ: 흑갈색 사질점토
Ⅶ: 회백색 점질토(관재부식토)

[관내]

[관외]

B지구 122호 토광묘

(단위 : cm)

묘광	크 기 (길이×너비×깊이)	249×(90+)×(35+)	목관	크 기 (길이×너비×높이)	135×52×?
	장폭비	?		장폭비	2.59:1
	장축방향	N-73°-W	목곽	크 기 (길이×너비×높이)	-
	두 향	?		장폭비	-
유물	토 기	심발형토기(1), 장경호(1), 호(1)			
	철 기	미상철기(3)			
	청동기	-			
	옥석류	-			
	기 타	-			
	특기사항				

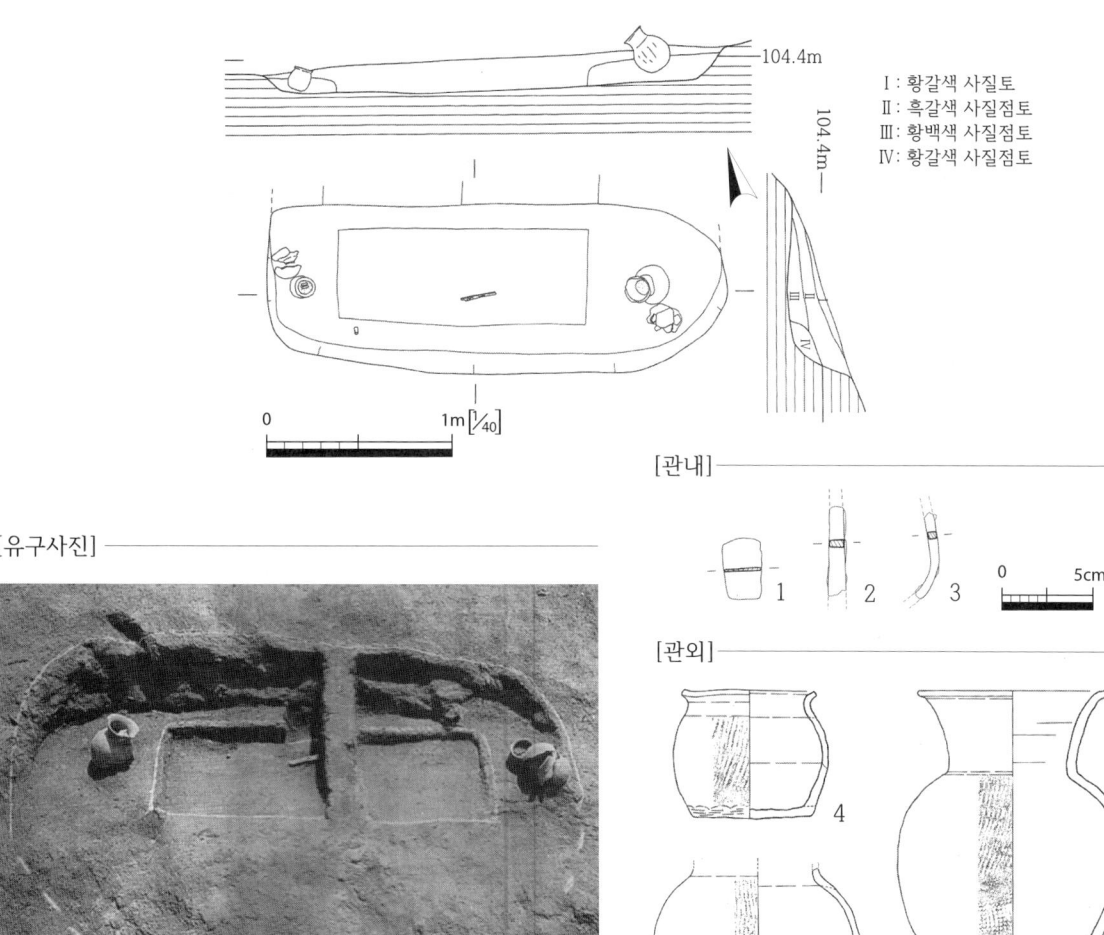

104.4m

Ⅰ : 황갈색 사질토
Ⅱ : 흑갈색 사질점토
Ⅲ : 황백색 사질점토
Ⅳ : 황갈색 사질점토

104.4m

0　　　　　　1m[1/40]

[관내]

1　2　3　　0　　　5cm[1/4]

[유구사진]

[관외]

4

5　6

0　　　15cm[1/6]

B지구 123호 토광묘

(단위 : cm)

묘광	크 기 (길이×너비×깊이)	334×124×(81+)	목관	크 기 (길이×너비×높이)	239×63×?
	장폭비	2.69:1		장폭비	3.79:1
	장축방향	N-84°-E	목곽	크 기 (길이×너비×높이)	-
	두 향	?		장폭비	-
유물	토 기	심발형토기(1), 장경호(1)			
	철 기	도자(1)			
	청 동 기	-			
	옥 석 류	-			
	기 타	-			
	특기사항	도자 1점 도면 미게재.			

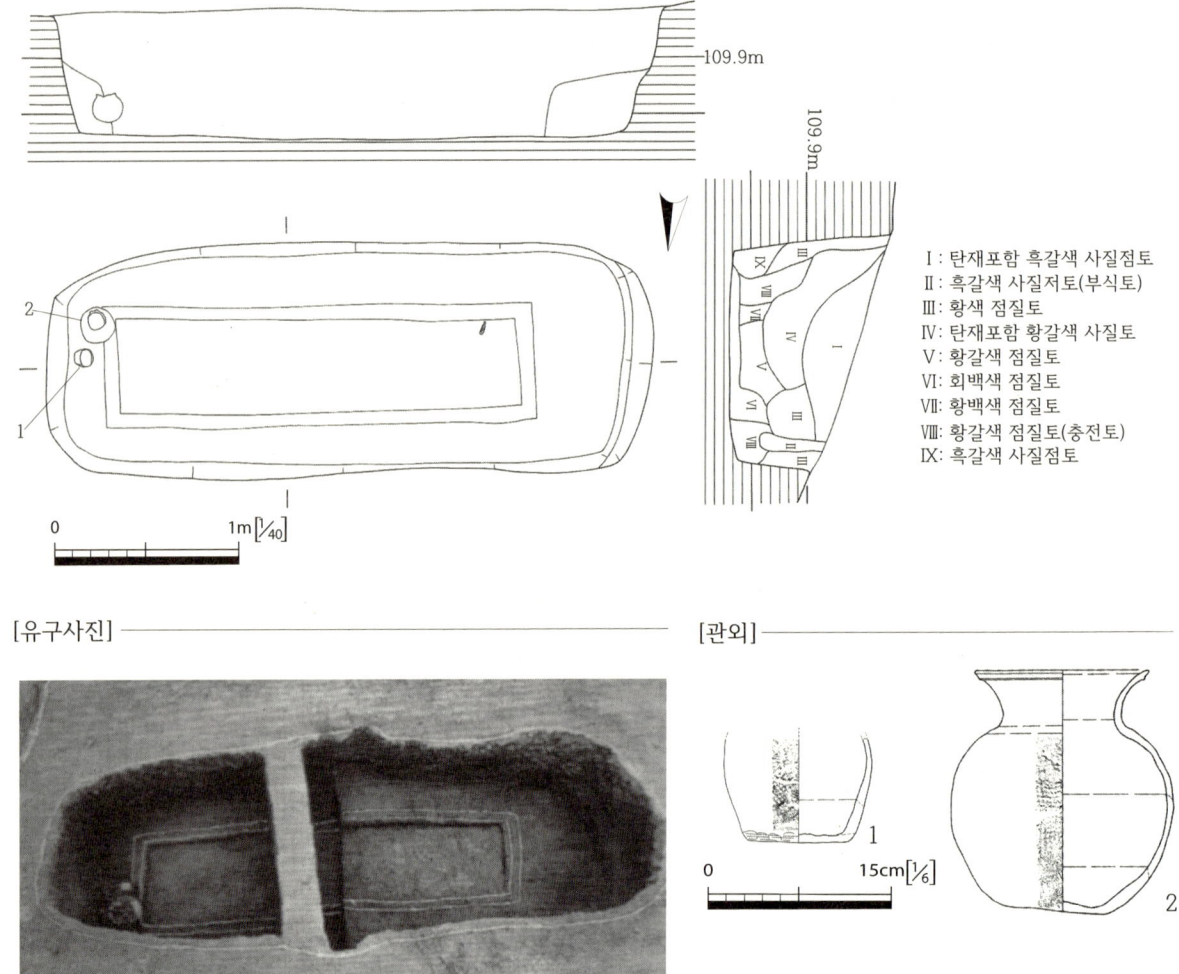

Ⅰ: 탄재포함 흑갈색 사질점토
Ⅱ: 흑갈색 사질저토(부식토)
Ⅲ: 황색 점질토
Ⅳ: 탄재포함 황갈색 사질토
Ⅴ: 황갈색 점질토
Ⅵ: 회백색 점질토
Ⅶ: 황백색 점질토
Ⅷ: 황갈색 점질토(충전토)
Ⅸ: 흑갈색 사질점토

[유구사진]

[관외]

B지구 124호 토광묘

(단위 : cm)

묘광	크 기 (길이×너비×깊이)	350×(103+)×(50+)	목관	크 기 (길이×너비×높이)	210×(45+)×?
	장폭비	?		장폭비	?
	장축방향	N-84°-W	목곽	크 기 (길이×너비×높이)	-
	두 향	서쪽		장폭비	-
유물	토 기	심발형토기(1), 호(1)			
	철 기	도자(1), 환두도(1), 모(1)			
	청 동 기	-			
	옥 석 류	-			
	기 타	-			
	특기사항				

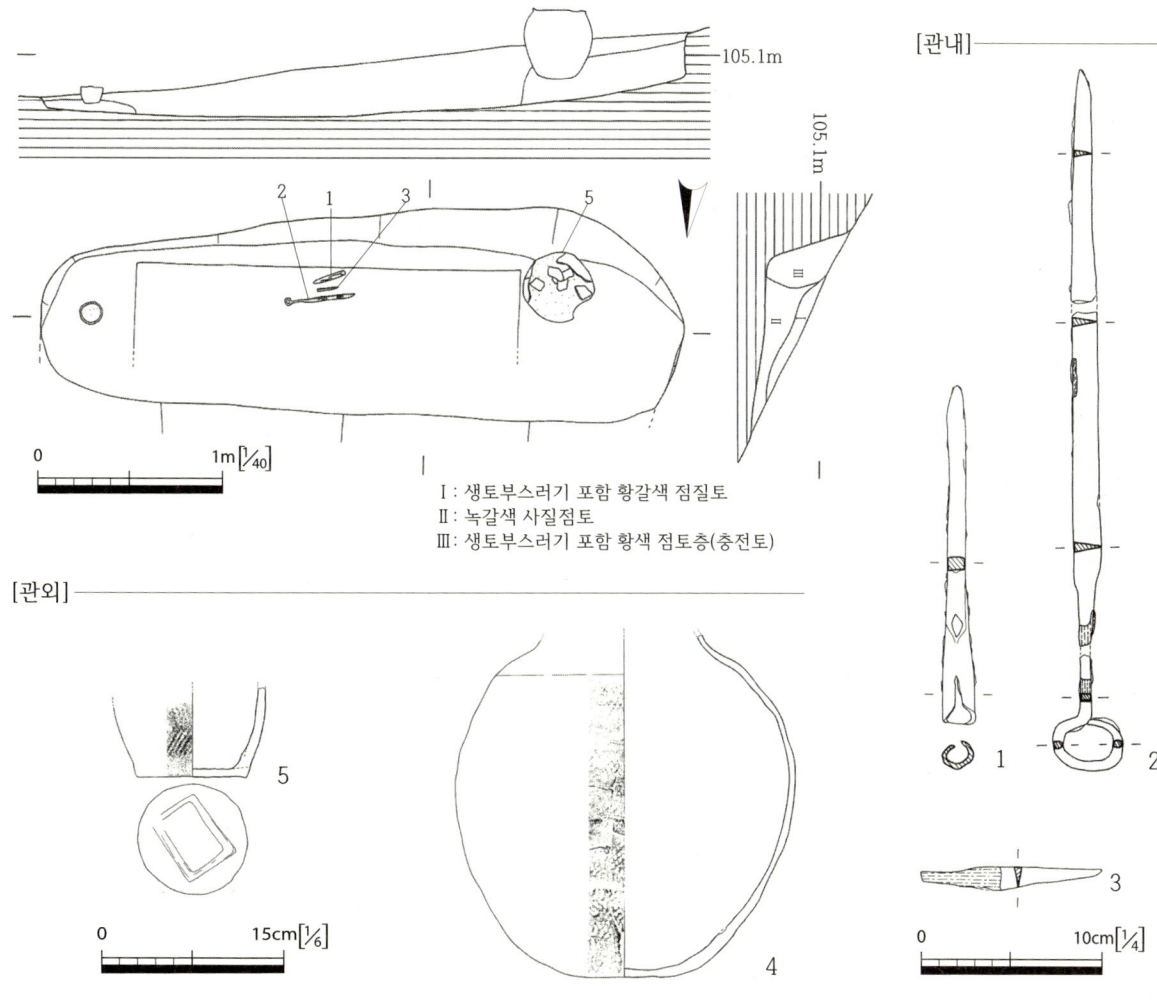

Ⅰ : 생토부스러기 포함 황갈색 점질토
Ⅱ : 녹갈색 사질점토
Ⅲ : 생토부스러기 포함 황색 점토층(충전토)

[관내]

[관외]

B지구 125호 토광묘

(단위 : cm)

묘광	크 기 (길이×너비×깊이)	264×109×(45+)	목관	크 기 (길이×너비×높이)	202×62×?
	장폭비	2.42:1		장폭비	3.25:1
	장축방향	N-81°-E	목곽	크 기 (길이×너비×높이)	-
	두 향	서쪽		장폭비	-
유물	토 기	심발형토기(1), 직구단경호(1)			
	철 기	도자(2), 도(1), 착(2), 축소모형철기(1)			
	청동기	-			
	옥석류	-			
	기 타	-			
	특기사항				

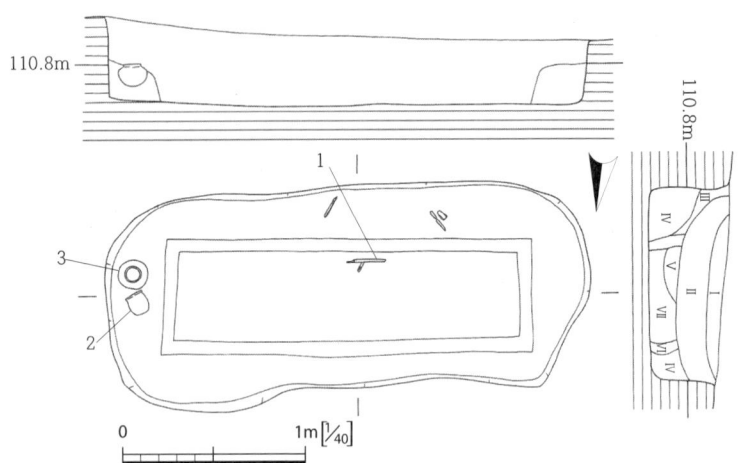

Ⅰ: 생토부스러기·목찬 포함 황갈색 점질토
Ⅱ: 생토부스러기 포함 흑갈색 점질토
Ⅲ: 생토부스러기 포함 황갈색 점질토
Ⅳ: 황갈색 점질토(충전토)
Ⅴ: 흑갈색 점질토
Ⅵ: 명갈색 점질토
Ⅶ: 생토부스러기 포함 다갈색 점질토

[유구사진]

[관내]

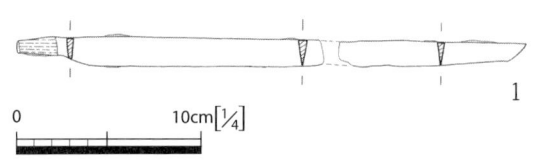

[관외]

[출토유물]

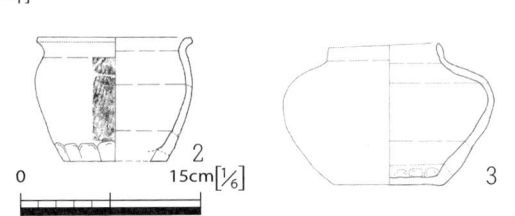

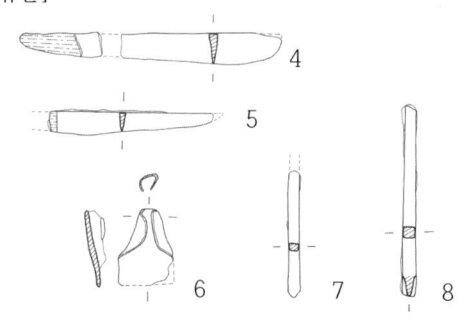

B지구 126호 토광묘

(단위 : cm)

묘광	크 기 (길이×너비×깊이)	284×116×(35+)	목관	크 기 (길이×너비×높이)	202×65×?
	장폭비	2.44:1		장폭비	3.10:1
	장축방향	N-78°-E	목곽	크 기 (길이×너비×높이)	-
	두 향	?		장폭비	-
유물	토 기	심발형토기(1), 광구장경호(1)			
	철 기	-			
	청동기	-			
	옥석류	-			
	기 타	토제 방추차(1)			
	특기사항				

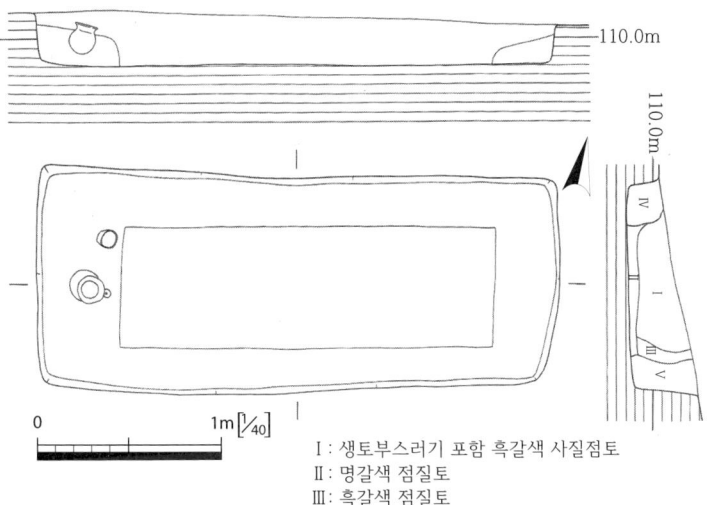

110.0m

110.0m

Ⅰ : 생토부스러기 포함 흑갈색 사질점토
Ⅱ : 명갈색 점질토
Ⅲ : 흑갈색 점질토
Ⅳ : 황색 점질토(충전토)
Ⅴ : 생토부스러기 포함 황갈색 사질점토(충전토)

0   1m [1/40]

[관외]

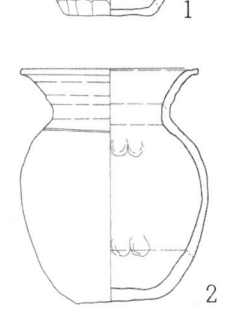

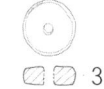

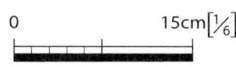

0   15cm [1/6]

[유구사진]

B지구 127호 토광묘

(단위 : cm)

묘광	크 기 (길이×너비×깊이)	348×(60+)×(20+)	목관	크 기 (길이×너비×높이)	219×(40+)×?
	장폭비	?		장폭비	?
	장축방향	N-77°-E	목곽	크 기 (길이×너비×높이)	-
	두 향	?		장폭비	-
유물	토 기	단경호(1), 장경호(1)			
	철 기	도자(1), 모(1), 촉(6)			
	청동기	-			
	옥석류	-			
	기 타	-			
	특기사항				

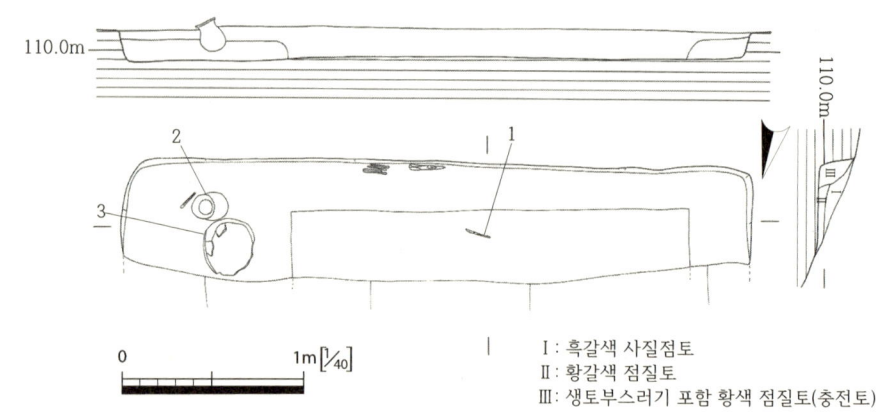

110.0m

Ⅰ : 흑갈색 사질점토
Ⅱ : 황갈색 점질토
Ⅲ : 생토부스러기 포함 황색 점질토(충전토)

0　　　　　　　1m[1/40]

[관내]

0　　　　　　　10cm[1/4]

[관외]

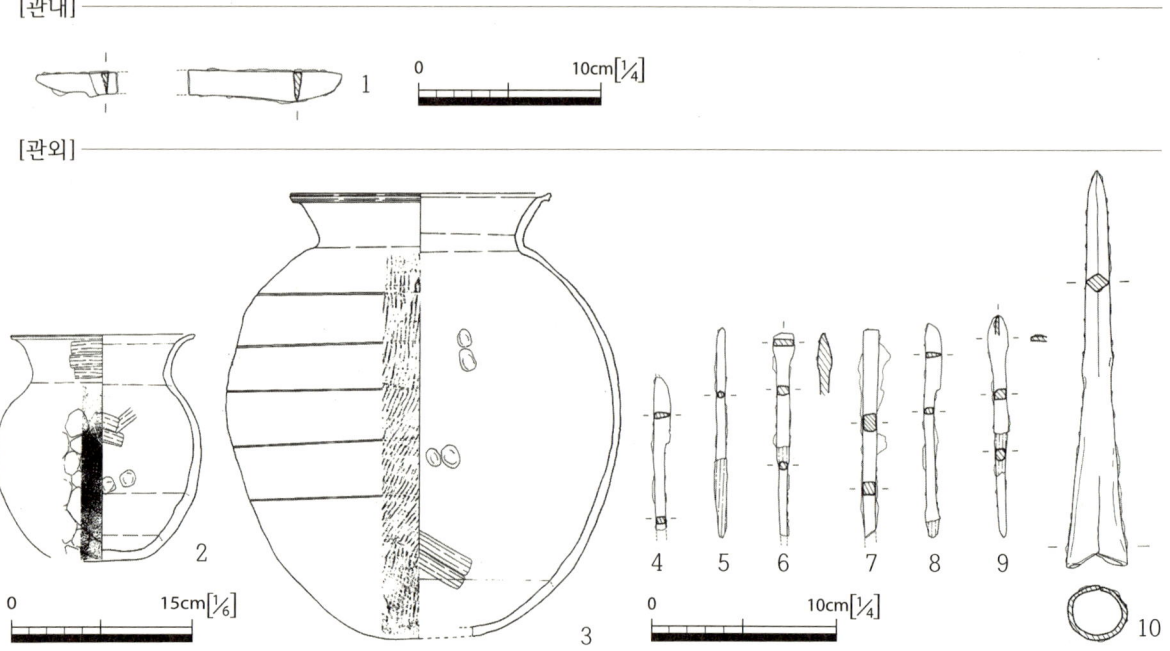

0　　　15cm[1/6]

0　　　　　　10cm[1/4]

B지구 128호 토광묘

(단위 : cm)

묘광	크 기 (길이×너비×깊이)	299×116×(40+)	목관	크 기 (길이×너비×높이)	201×63×?
	장폭비	2.57:1		장폭비	3.19:1
	장축방향	N-86°-W	목곽	크 기 (길이×너비×높이)	-
	두 향	?		장폭비	-
유물	토 기	심발형토기(1), 호(1), 저부편(1)			
	철 기	겸(1)			
	청동기	-			
	옥석류	-			
	기 타	-			
	특기사항				

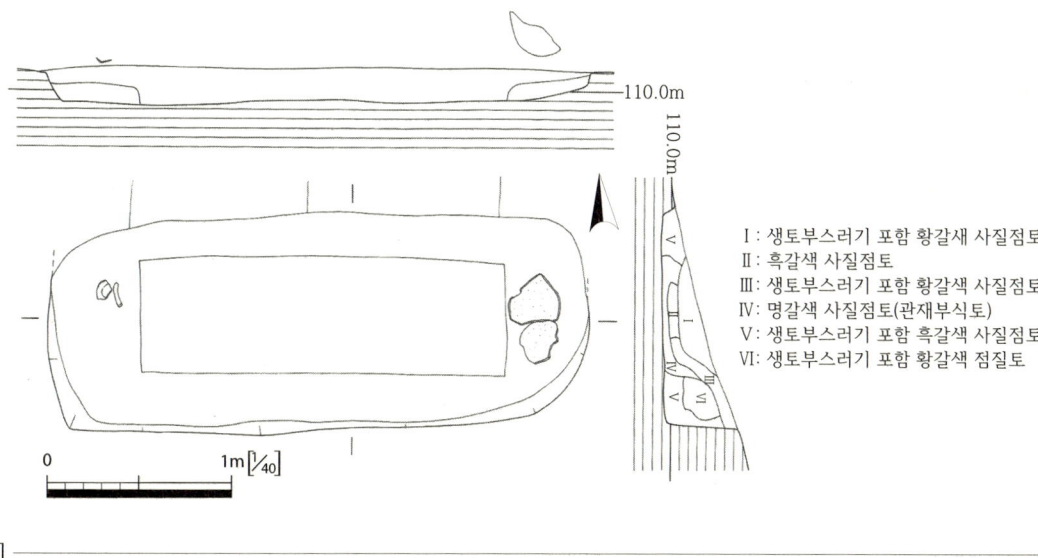

110.0m

110.0m

Ⅰ: 생토부스러기 포함 황갈새 사질점토
Ⅱ: 흑갈색 사질점토
Ⅲ: 생토부스러기 포함 황갈색 사질점토
Ⅳ: 명갈색 사질점토(관재부식토)
Ⅴ: 생토부스러기 포함 흑갈색 사질점토
Ⅵ: 생토부스러기 포함 황갈색 점질토

0   1m [1/40]

[관외]

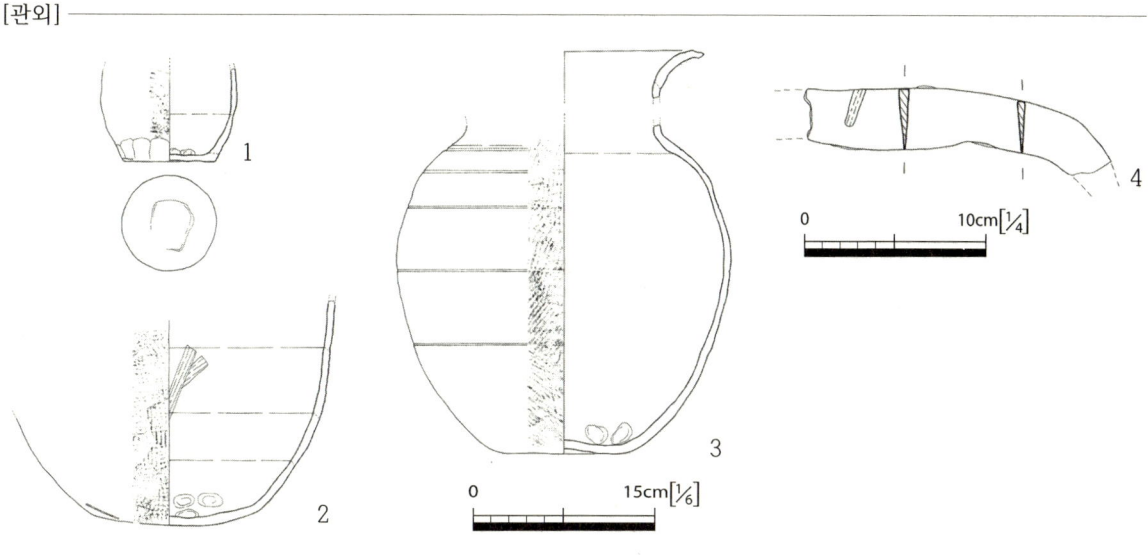

1

2

3

4

0   10cm[1/4]

0   15cm[1/6]

B지구 129호 토광묘

(단위 : cm)

묘광	크 기 (길이×너비×깊이)	(246+)×(108+)×(50+)	목관	크 기 (길이×너비×높이)	?
	장폭비	?		장폭비	?
	장축방향	N-79°-W	목곽	크 기 (길이×너비×높이)	-
	두 향	서쪽		장폭비	-
유물	토 기	심발형토기(1), 단경호(1)			
	철 기	도자(1), 환두도(1), 겸(1)			
	청 동 기	-			
	옥 석 류	-			
	기 타	금동제 이식(1)			
	특기사항				

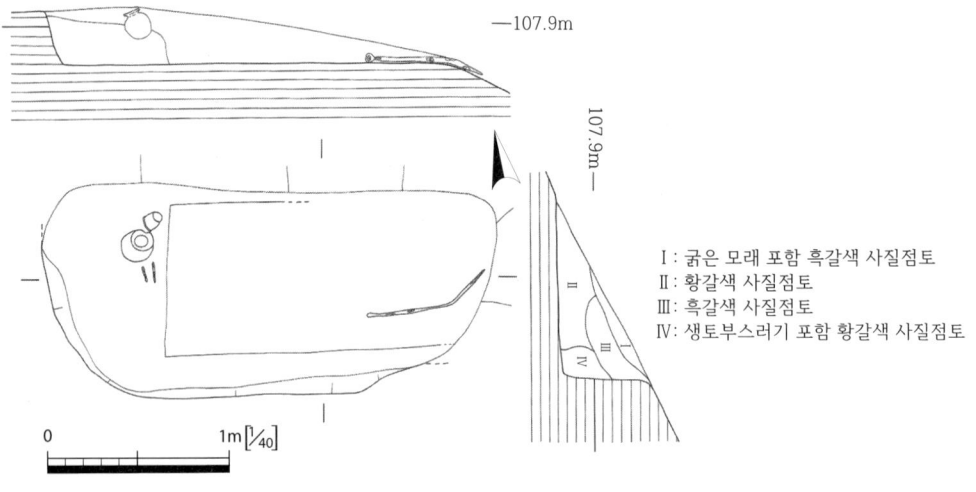

―107.9m

107.9m―

Ⅰ: 굵은 모래 포함 흑갈색 사질점토
Ⅱ: 황갈색 사질점토
Ⅲ: 흑갈색 사질점토
Ⅳ: 생토부스러기 포함 황갈색 사질점토

0　　　　　1m[1/40]

[관내]　　　　　　　　　　　　　　　　　　　[관외]

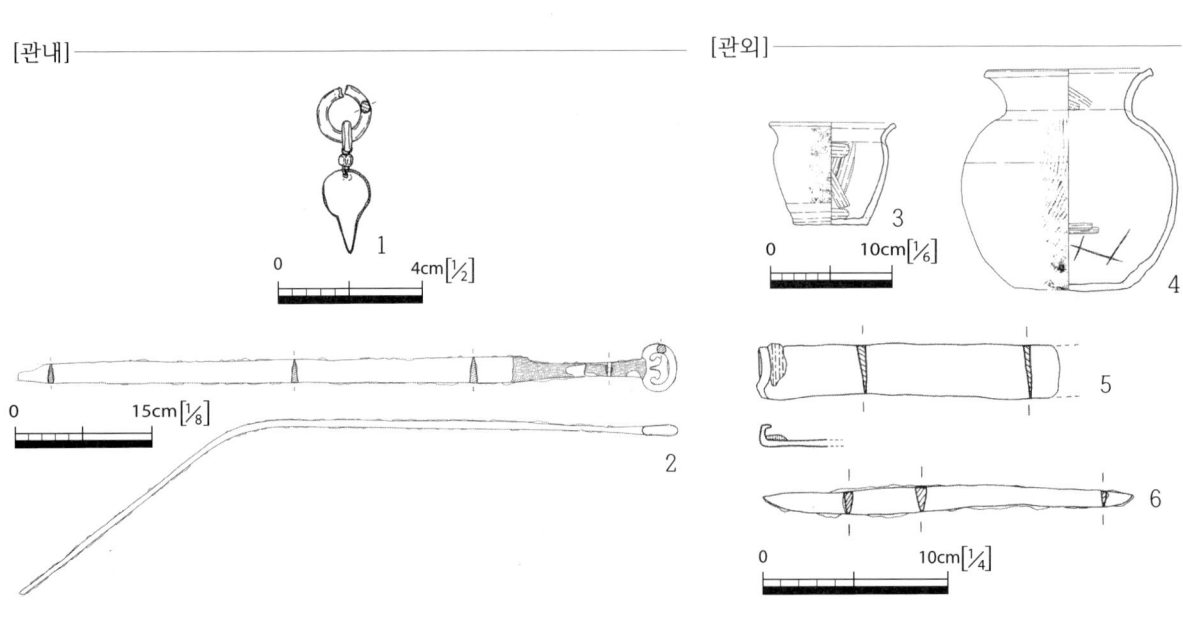

1

0　　　　4cm[1/2]

2

0　　　15cm[1/8]

3

0　　10cm[1/6]

4

5

6

0　　　　10cm[1/4]

B지구 130호 토광묘

(단위 : cm)

묘광	크 기 (길이×너비×깊이)	356×122×(90+)	목관	크 기 (길이×너비×높이)	230×61×?
	장폭비	2.91:1		장폭비	3.77:1
	장축방향	N-82°-W	목곽	크 기 (길이×너비×높이)	-
	두 향	서쪽		장폭비	-
유물	토 기	심발형토기(1), 단경호(1), 장경호(1), 저부편(1)			
	철 기	도자(1), 환두도(1), 미상철기(1)			
	청동기	-			
	옥석류	-			
	기 타	-			
	특기사항	미상철기 1점 도면 미게재.			

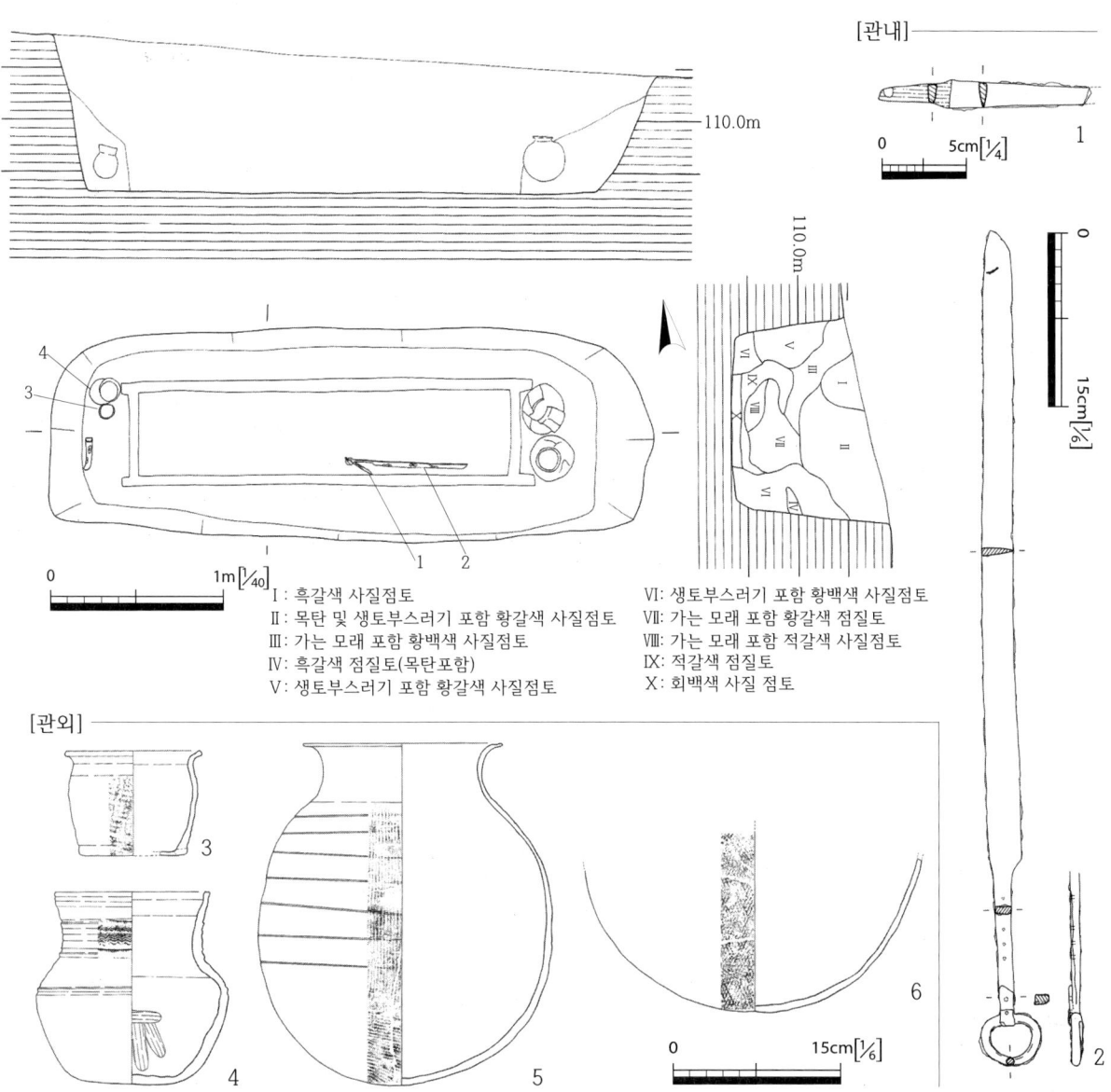

I : 흑갈색 사질점토
II : 목탄 및 생토부스러기 포함 황갈색 사질점토
III : 가는 모래 포함 황백색 사질점토
IV : 흑갈색 점질토(목탄포함)
V : 생토부스러기 포함 황갈색 사질점토
VI : 생토부스러기 포함 황백색 사질점토
VII : 가는 모래 포함 황갈색 점질토
VIII : 가는 모래 포함 적갈색 사질점토
IX : 적갈색 점질토
X : 회백색 사질 점토

[관내]

[관외]

B지구 131호 토광묘

(단위 : cm)

묘광	크 기 (길이×너비×깊이)	193×67×(20+)	목관	크 기 (길이×너비×높이)	113×39×?
	장폭비	2.88:1		장폭비	2.89:1
	장축방향	N-82°-W	목곽	크 기 (길이×너비×높이)	-
	두 향	?		장폭비	-
유물	토 기	토기편(2)			
	철 기	-			
	청동기	-			
	옥석류	유리제 구슬(2)			
	기 타	-			
	특기사항				

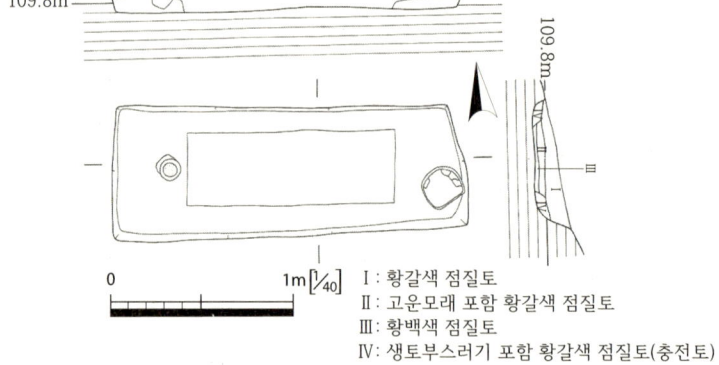

Ⅰ : 황갈색 점질토
Ⅱ : 고운모래 포함 황갈색 점질토
Ⅲ : 황백색 점질토
Ⅳ : 생토부스러기 포함 황갈색 점질토(충전토)

[유구사진]

[출토유물]

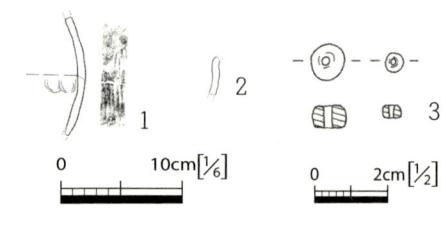

B지구 132호 토광묘

묘광	크 기 (길이×너비×깊이)	260×(108+)×(30+)	목관	크 기 (길이×너비×높이)	196×74×?
	장폭비	?		장폭비	2.64:1
	장축방향	N-72°-W	목곽	크 기 (길이×너비×높이)	-
	두 향	?		장폭비	-
유물	토 기	저부편(2)			
	철 기	-			
	청동기	-			
	옥석류	-			
	기 타	-			
	특기사항				

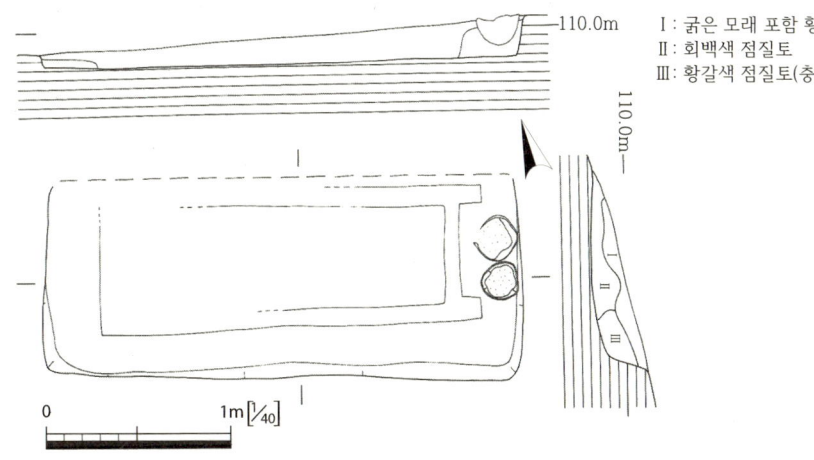

Ⅰ: 굵은 모래 포함 황갈색 점질토
Ⅱ: 회백색 점질토
Ⅲ: 황갈색 점질토(충전토)

0   1m[1/40]

[유구사진]

[관외]

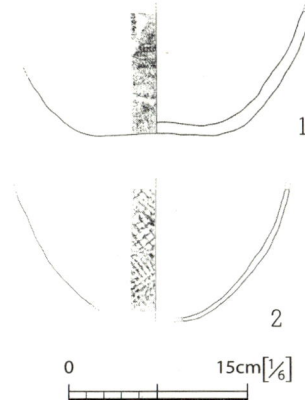

1

2

0   15cm[1/6]

B지구 133호 토광묘

(단위 : cm)

묘광	크 기 (길이×너비×깊이)	305×133×(95+)	목관	크 기 (길이×너비×높이)	214×73×?
	장폭비	2.29:1		장폭비	2.93:1
	장축방향	N-77°-W	목곽	크 기 (길이×너비×높이)	-
	두 향	?		장폭비	-
유물	토 기	심발형토기(1), 장경호(1)			
	철 기	축(1), 도자(1), 겸(1), 단조철부(1)			
	청동기	-			
	옥석류	-			
	기 타	-			
	특기사항				

Ⅰ: 가는 모래 포함 황갈색 사질점토
Ⅱ: 가는 모래 포함 흑갈색 점질토(간층)
Ⅲ: 흑갈색 사질점토
Ⅳ: 생토부스러기 포함 황백색 사질점토(충전토)
Ⅴ: 가는 모래 포함 흑갈색 사질점토
Ⅵ: 굵은 모래 포함 황갈색 사질점토
Ⅶ: 흑갈색 점질토
Ⅷ: 황색 점질토
Ⅸ: 회갈색 점질토(관재부식토)
Ⅹ: 생토부스러기 포함 회갈색 사질점토(충전토)
Ⅺ: 생토부스러기 포함 흑갈색 점질토

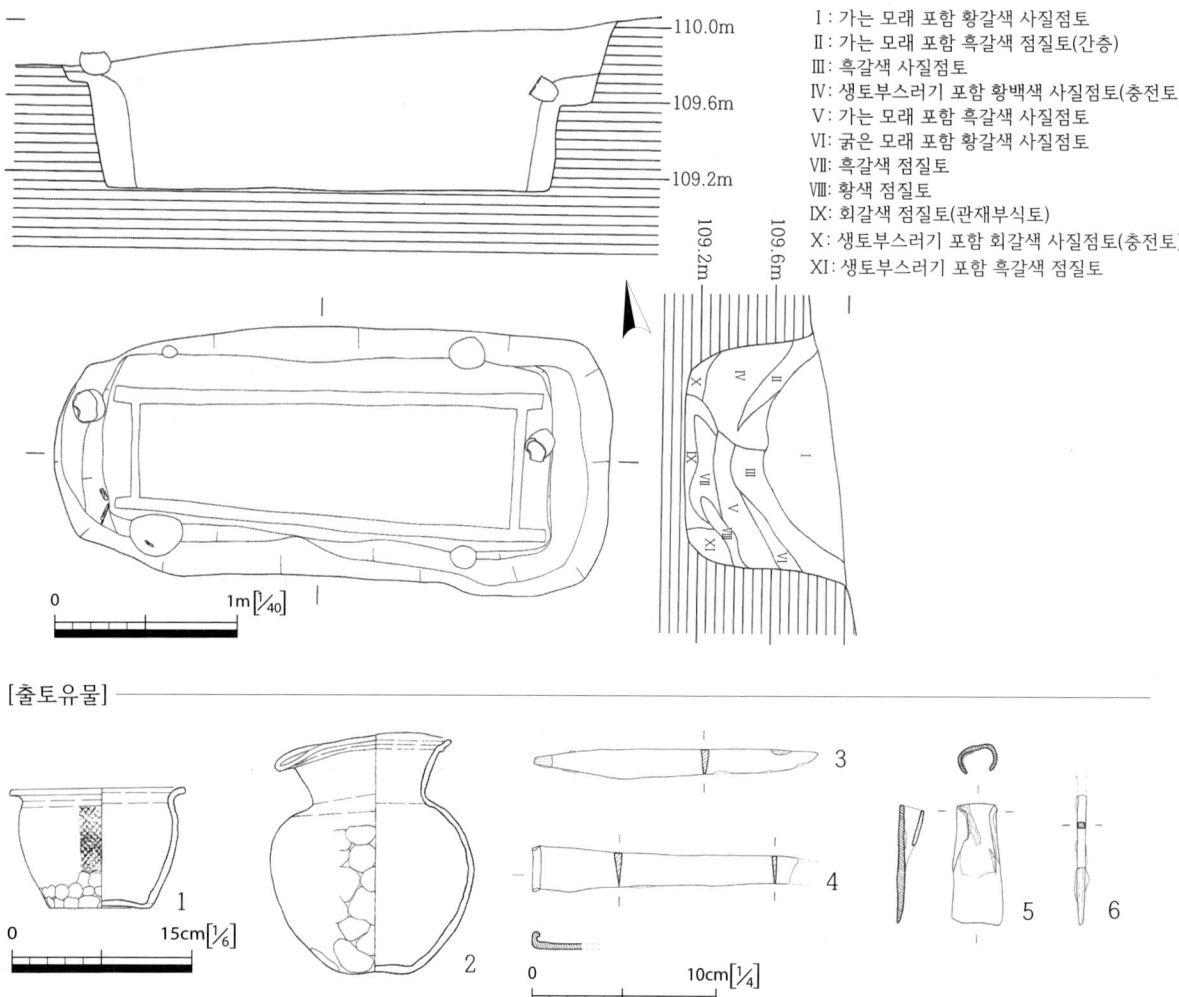

[출토유물]

B지구 134호 토광묘

(단위 : cm)

묘광	크 기 (길이×너비×깊이)	323×(93+)×(18+)	목관	크 기 (길이×너비×높이)	210×55×?
	장폭비	?		장폭비	3.81:1
	장축방향	N-80°-E	목곽	크 기 (길이×너비×높이)	-
	두 향	?		장폭비	-
유물	토 기	심발형토기(1)			
	철 기	-			
	청동기	-			
	옥석류	-			
	기 타	-			
	특기사항				

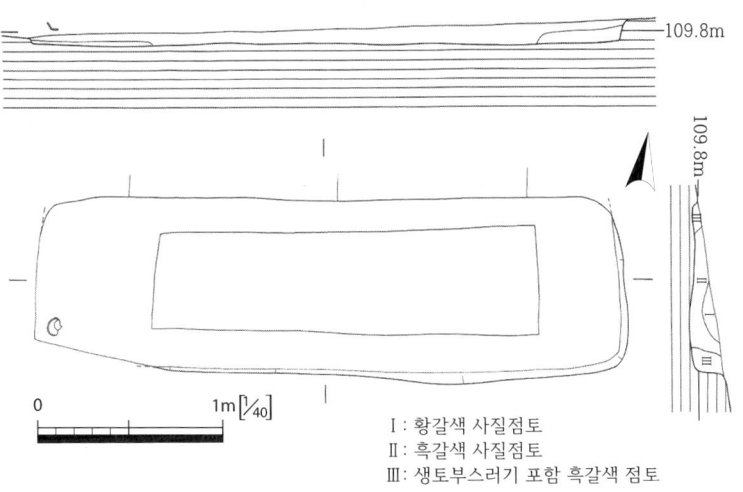

109.8m

109.8m

Ⅰ : 황갈색 사질점토
Ⅱ : 흑갈색 사질점토
Ⅲ : 생토부스러기 포함 흑갈색 점토

0   1m[1/40]

[유구사진]

[관외]

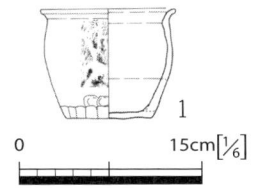

1

0   15cm[1/6]

B지구 135호 토광묘

(단위 : cm)

묘광	크 기 (길이×너비×깊이)	210×98×(20+)	목관	크 기 (길이×너비×높이)	153×54×?
	장폭비	2.14:1		장폭비	2.83:1
	장축방향	N-74°-W	목곽	크 기 (길이×너비×높이)	-
	두 향	?		장폭비	-
유물	토 기	배(1), 호(1)			
	철 기	도자(1)			
	청 동 기	-			
	옥 석 류	-			
	기 타	토제 방추차(1)			
	특기사항	보고서 기술과 유구도면·스케일바 비율이 모두 상이함.			

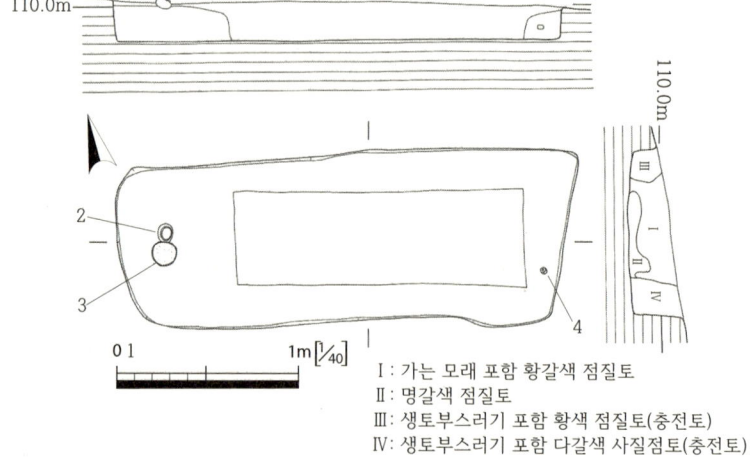

Ⅰ: 가는 모래 포함 황갈색 점질토
Ⅱ: 명갈색 점질토
Ⅲ: 생토부스러기 포함 황색 점질토(충전토)
Ⅳ: 생토부스러기 포함 다갈색 사질점토(충전토)

[유구사진]

[관내]

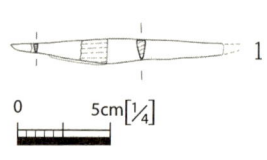

[관외]

B지구 136호 토광묘

(단위 : cm)

묘광	크 기 (길이×너비×깊이)	243×90×(30+)	목관	크 기 (길이×너비×높이)	158×49×?
	장폭비	2.70:1		장폭비	3.22:1
	장축방향	N-70°-W	목곽	크 기 (길이×너비×높이)	-
	두 향	?		장폭비	-
유물	토 기	심발형토기(1), 호(1)			
	철 기	도자(1)			
	청 동 기	-			
	옥석류	유리제 구슬(1)			
	기 타	토제 방추차(1)			
	특기사항	보고서 기술과 유구도면·스케일바 비율이 모두 상이함.			

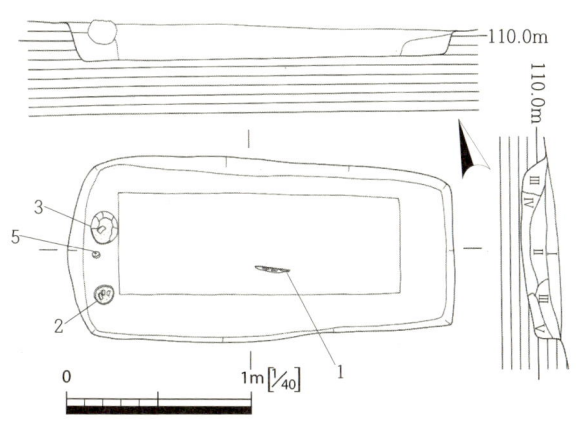

I : 가는 모래 및 생토부스러기 포함
    황갈색 사질점토
II : 황갈색 점질토
III : 황색 점질토(충전토)
IV : 회갈색 점질토
V : 생토부스러기 포함 회갈색 사질점토(충전토)

[유구사진]

[관내]

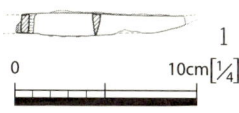

[관외]

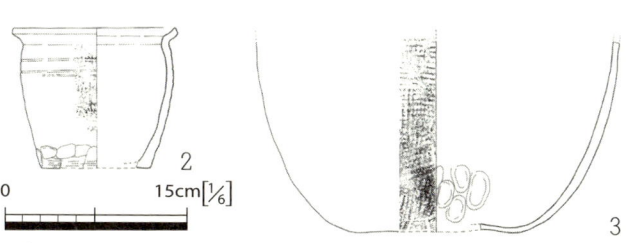

[출토유물]

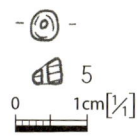

B지구 137호 토광묘

(단위 : cm)

묘광	크 기 (길이×너비×깊이)	220×80×(45+)	목관	크 기 (길이×너비×높이)	140×44×?
	장폭비	2.75:1		장폭비	3.18:1
	장축방향	N-80°-E	목곽	크 기 (길이×너비×높이)	-
	두 향	?		장폭비	-
유물	토 기	-			
	철 기	-			
	청 동 기	-			
	옥석류	-			
	기 타	-			
	특기사항	출토유물 없음.			

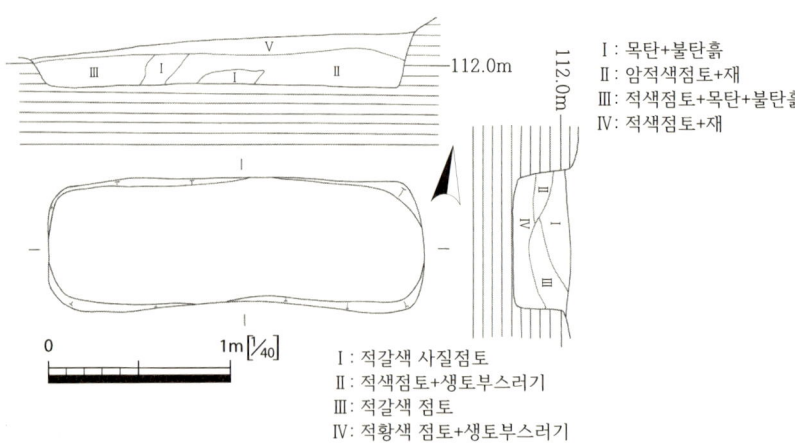

I : 목탄+불탄흙
II : 암적색점토+재
III : 적색점토+목탄+불탄흙
IV : 적색점토+재

I : 적갈색 사질점토
II : 적색점토+생토부스러기
III : 적갈색 점토
IV : 적황색 점토+생토부스러기

[유구사진]

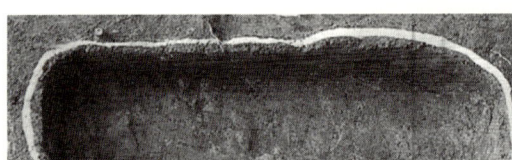

B지구 41호 옹관묘

(단위 : cm)

묘광	크 기 (길이×너비×깊이)	100×57×(15+)	옹관길이	79
	장폭비	1.75:1	결합형식	합구식
	장축방향	N-78°-W	안치형태	횡치
	두 향	?		
유물	토 기	장란형토기(2)		
	철 기	-		
	청 동 기	-		
	옥 석 류	-		
	기 타	-		
	특기사항			

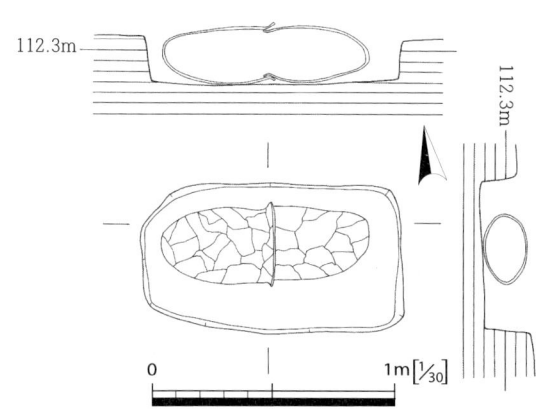

[옹관]

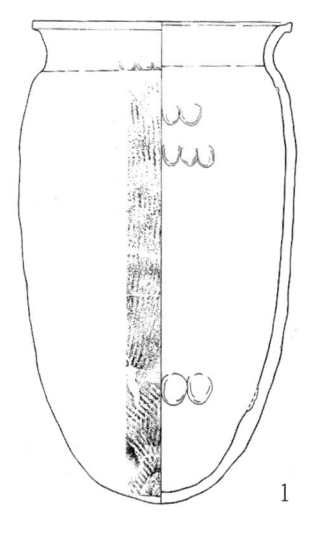

1

[유구사진]

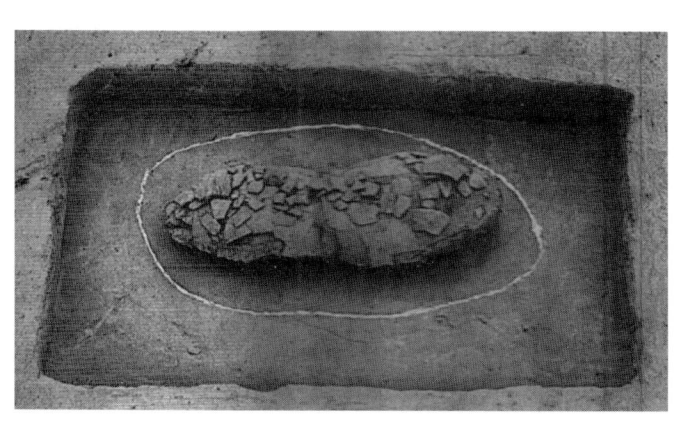

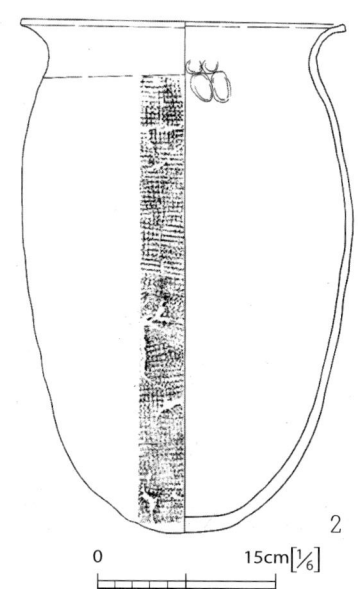

2

B지구 52호 옹관묘

(단위 : cm)

묘광	크 기 (길이×너비×깊이)	105×61×(25+)	옹관길이	(76+)
	장폭비	1.72:1	결합형식	합구식
	장축방향	N-80°-W	안치형태	횡치
	두 향	?		
유물	토 기	장란형토기(1), 심발형토기(1), 단경호(1), 호(1), 호·옹(1)		
	철 기	-		
	청 동 기	-		
	옥석류	-		
	기 타	-		
	특기사항			

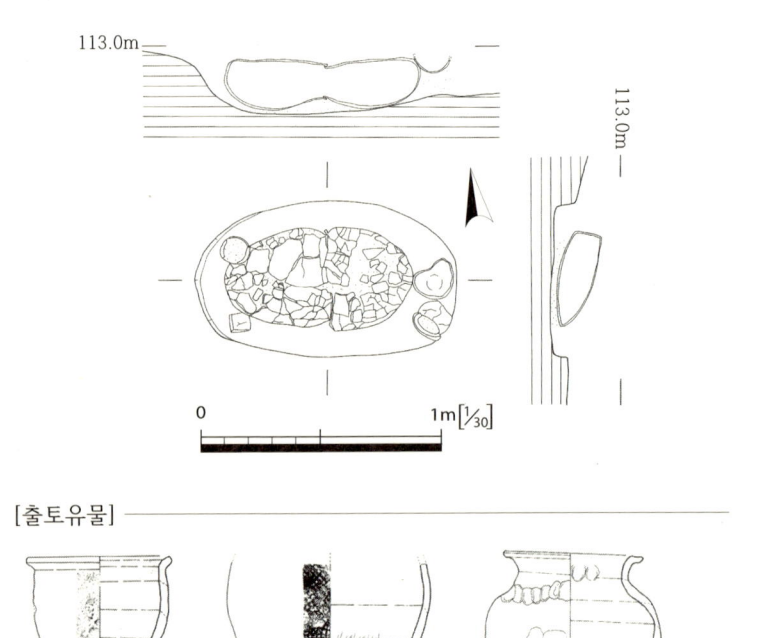

113.0m

113.0m

0   1m[1/30]

[옹관]

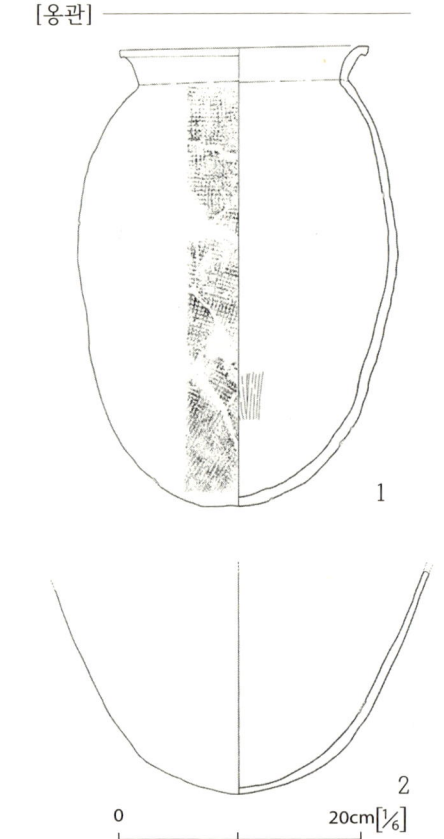

1

2

0   20cm[1/6]

[출토유물]

3

4

5

0   15cm[1/6]

C지구 1호 석곽묘

(단위 : cm)

묘광	크 기 (길이×너비×깊이)	?	주체부	크 기 (길이×너비)	(310+)×(90+)×?
	장폭비	?		장폭비	?
	장축방향	N-88°-E	시상·관대	크 기 (길이×너비×두께)	?
	두 향	?	벽석종류		판석, 할석
유물	토 기	심발형토기(1), 직구소호(1), 소호(1), 이형토기(1), 토기편(2)			
	철 기	도자(3), 촉(1), 마구(재갈(1), 등자(1), 좌목선금구(2), 좌목선교구(1), 교구(2)], 축소모형철기(1), 관정(3), 꺾쇠(10)			
	청 동 기	-			
	옥 석 류	-			
	기 타	-			
	특기사항				

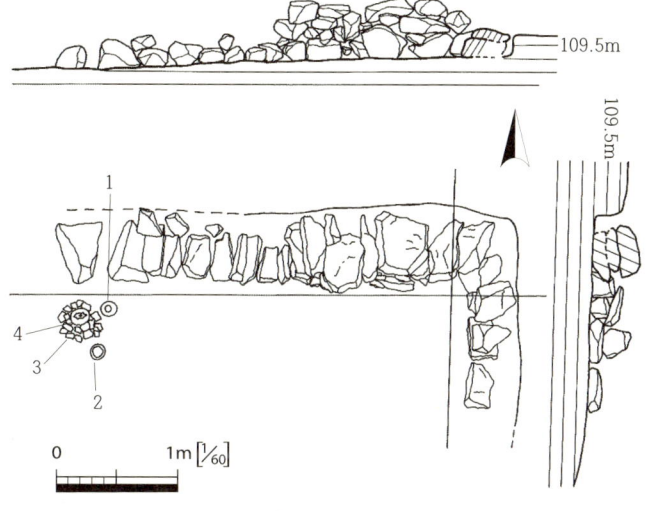

109.5m

109.5m

0   1m [1/60]

[유구사진]

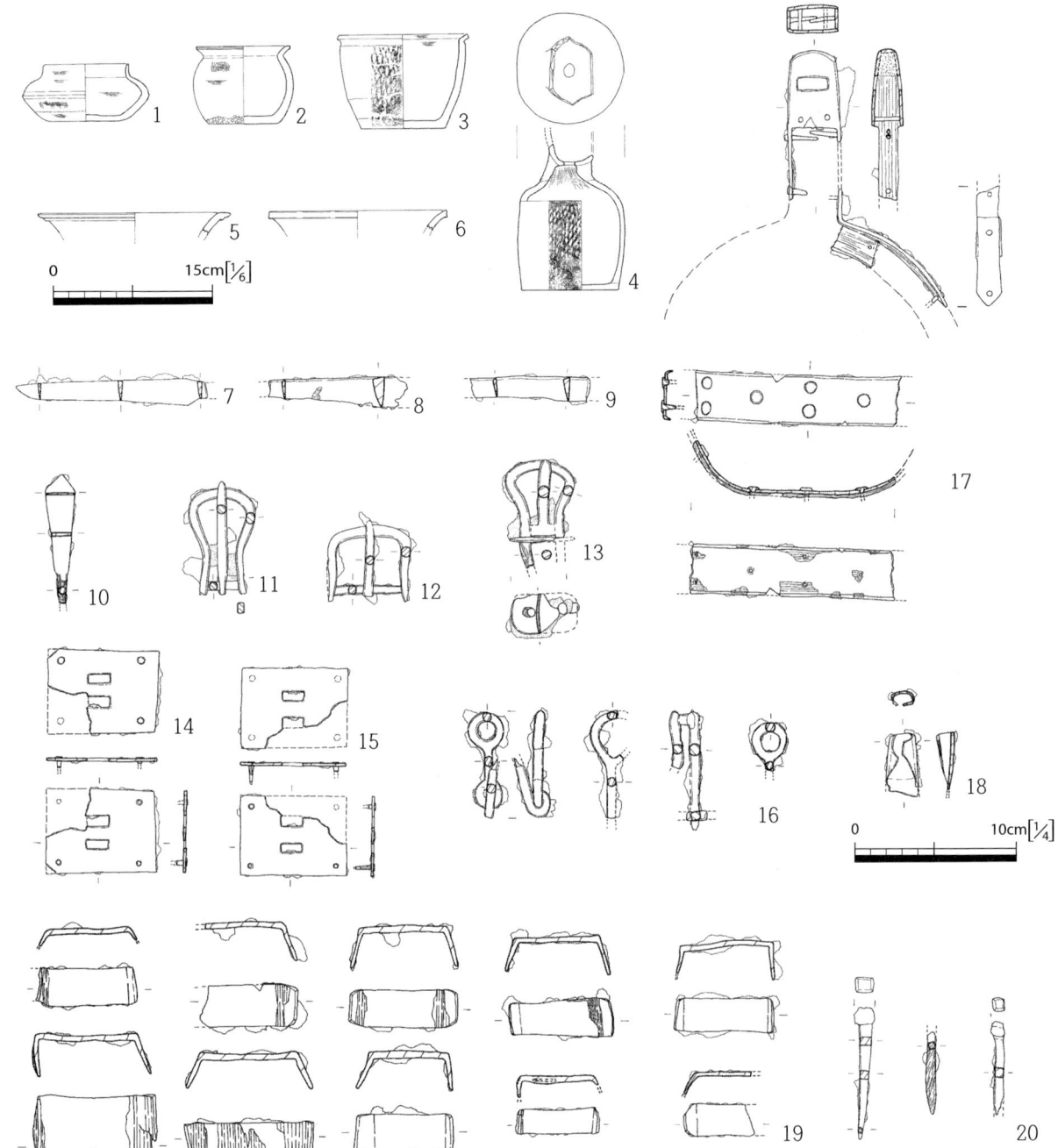

C지구 석실묘

(단위 : cm)

봉토	크 기 (길이×너비×높이)	?	묘광	크 기 (길이×너비×깊이)	900×420×?
	평면형태	?		장폭비	?
현실	크 기 (길이×너비×높이)	600×230×(75+)		천장형태	?
	평면형태	장방형		연도위치	중앙
연도	크 기 (길이×너비×높이)	(105+)×(100+)×?		묘도크기 (길이×너비)	?
	장폭비	?		배수시설 (길이×너비×깊이)	696×65×(50+)
시상/관대크기 (길이×너비×높이)		540×230×?	두 향		?
장축방향		N-55°-W	벽석종류		할석
유물	토 기	심발형토기(1), 발형토기(1), 소호(1), 토기편(4)			
	철 기	도(1), 촉(3), 도자(3), 겸(3), 단조철부(1), 착(2), 마구재갈(1), 등자편(2), 교구(3)l, 성시구금구(10), 관정(14), 꺾쇠(33)			
	청동기	-			
	옥석류	-			
	기 타	중국제 청자발(1), 중국제 청자완(2), 토제 방추차(1)			
특기사항					

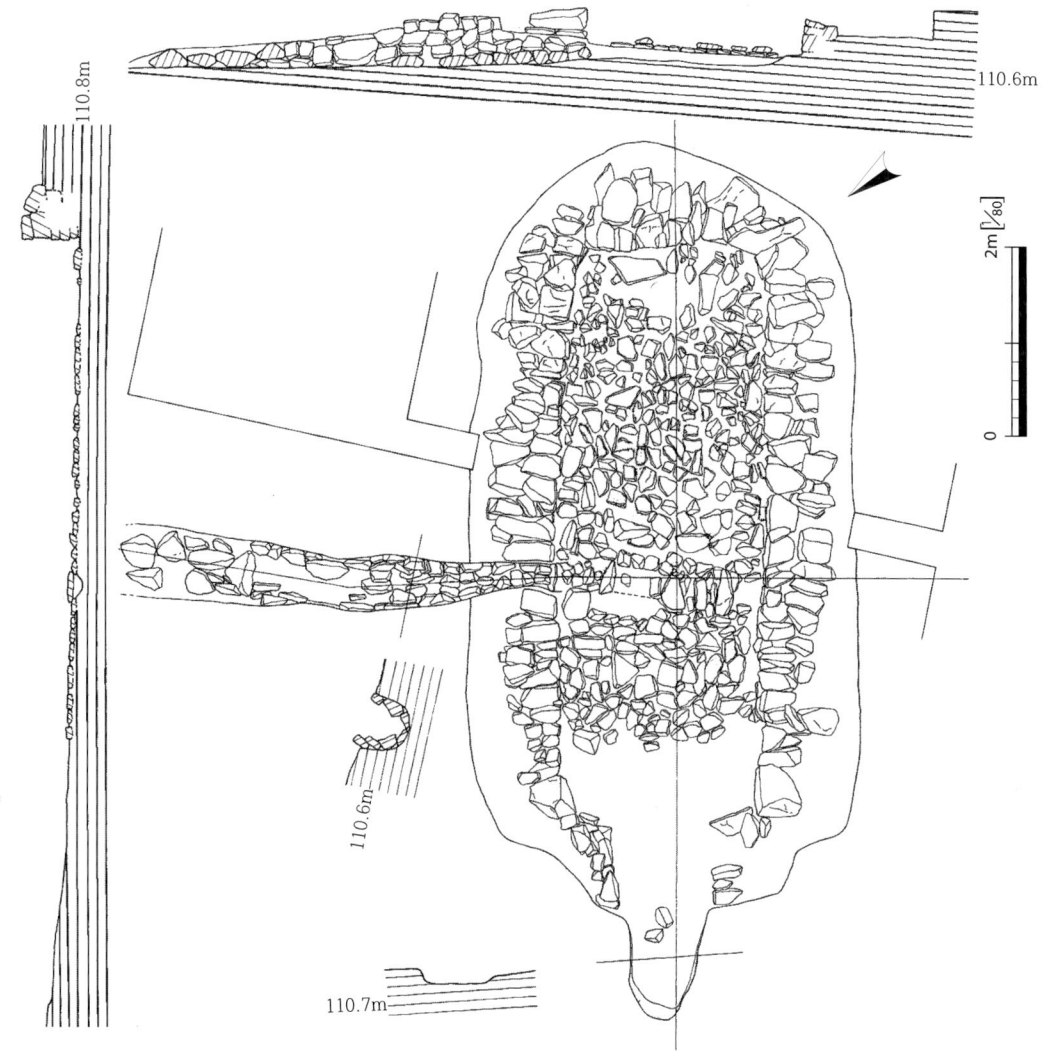

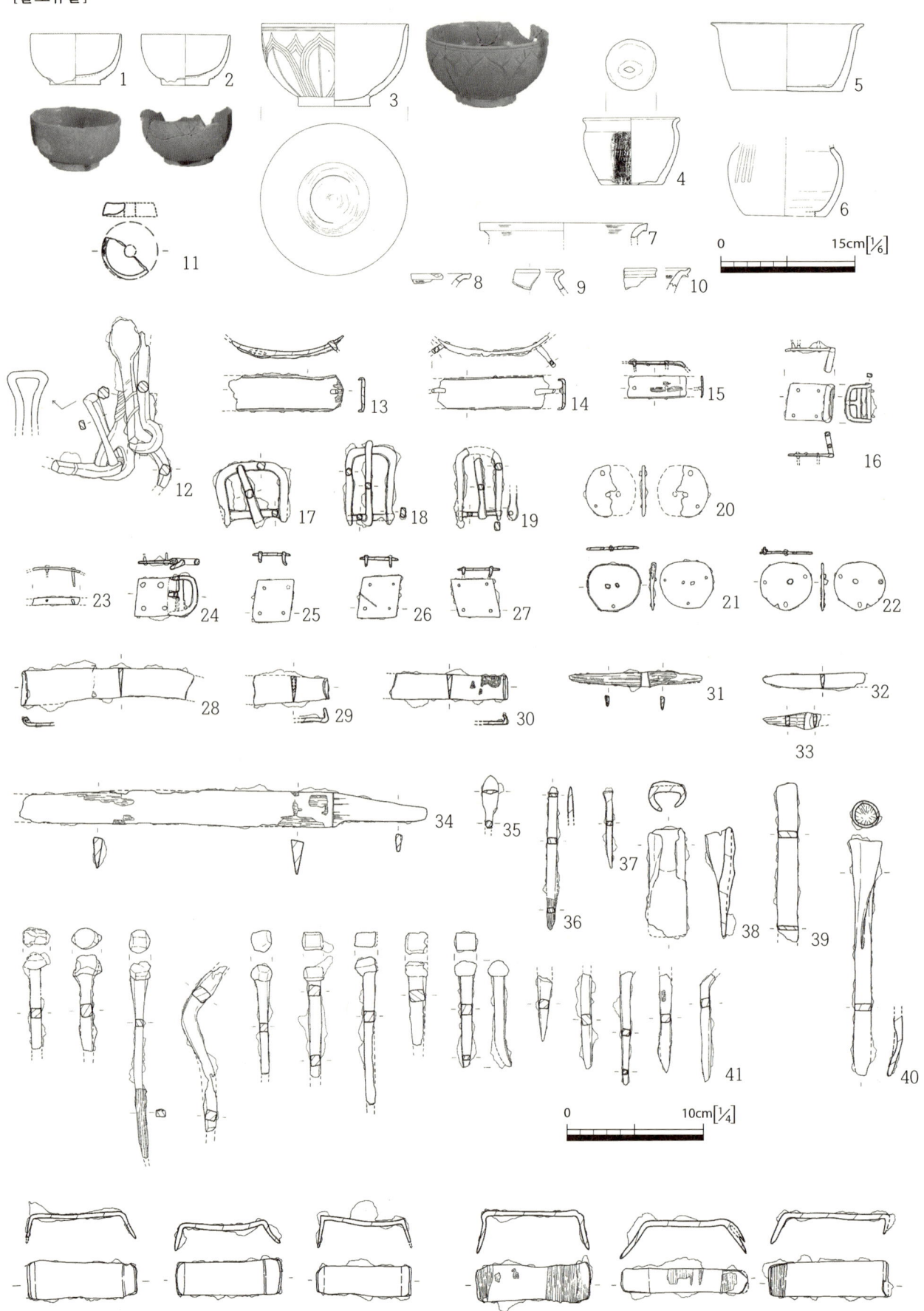

천안 운전리유적 天安 云田里遺蹟

조사사유	천안~병천간 도로 확장공사에 따른 구제발굴조사	
조사연혁	지표조사 : 2001. (충청문화재연구원) 시굴조사 : 2001. 07. 23. ~ 2001. 08. 31. (충청문화재연구원) 발굴조사 : 2002. 03. 04. ~ 2002. 10. 29. (충청문화재연구원)	
유적위치	충청남도 천안시 동남구 목천읍 운전리 232-2	
	경·위도 127°14'5.28"E / 36°45'54.95"N	GPS 127.234801 / 36.765265
유적입지	백운산(243m)에서 북쪽으로 분기되어 형성된 능선의 하단부로 비교적 평탄한 지형을 이루고 있으며, 조사지역의 북서쪽 전방으로 산방천이 북서쪽에서 남동쪽으로 흐르고 있다. 유적의 주변은 대부분 산지이지만, 북쪽으로 넓은 평야가 형성되어 있다.	
유구현황	초기철기시대	-
	원삼국시대	A지구 : 주구토광묘(19) B지구 : 토광묘(3)
	삼국시대	-
	기타	A지구 : 청동기시대 주거지(4)·주구석관묘(1), 조선시대 주거지(5)·수혈(2), 시대미상 석곽묘(2)·탄요(1) B지구 : 청동기시대 주거지(6)·수혈(5) C지구 : 청동기시대 주거지(3)·수혈(5)
주요유물	원저단경호, 양이부호, 경질무문 심발, 철모, 철부, 철겸, 양단환봉	
시대·성격	주구토광묘와 토광묘 모두 중복관계 없이 일정한 독립적 묘역을 가지고 있으며, 묘광의 장축방향은 등고선과 평행하게 되어 있다. 주구의 깊이가 주변의 다른 분묘군에서 확인되는 것보다 깊고 면적도 넓은 편이다. 부장품은 원저단경호와 경질무문 심발 등의 토기와 함께 소수의 철기가 공반되고 있어 비교적 단순하고 빈약한 조합을 보이고 있다. 대략 3세기대에 조영된 것으로 추정된다.	
참고문헌	忠淸文化財研究院, 2004, 『天安 云田里 遺蹟』忠淸文化財研究院 文化遺蹟 調査報告 第38輯.	

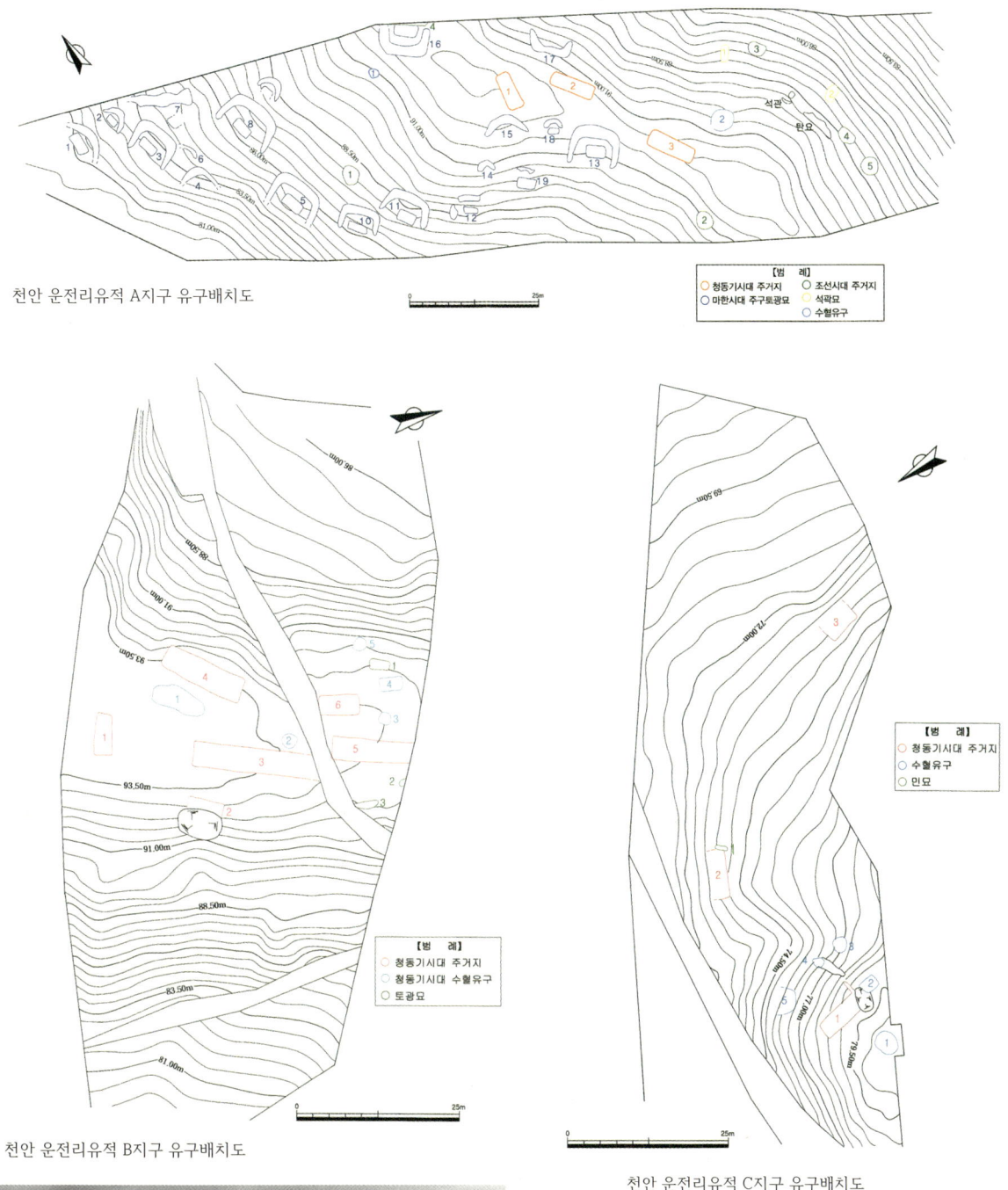

천안 운전리유적 A지구 유구배치도

【범 례】
○ 청동기시대 주거지 ○ 조선시대 주거지
○ 마한시대 주구토광묘 ○ 석곽묘
○ 수혈유구

천안 운전리유적 B지구 유구배치도

【범 례】
○ 청동기시대 주거지
○ 청동기시대 수혈유구
○ 토광묘

천안 운전리유적 C지구 유구배치도

【범 례】
○ 청동기시대 주거지
○ 수혈유구
○ 민묘

천안 운전리유적 전경

A지구 1호 주구토광묘

(단위 : cm)

묘광	크 기 (길이×너비×깊이)	382×164×(44+)	목관	크 기 (길이×너비×높이)	220×83×?
	장폭비	2.32:1		장폭비	2.65:1
	장축방향	N-9°-E	목곽	크 기 (길이×너비×높이)	320×124×?
	두 향	?		장폭비	2.58:1
	주구크기 (길이×너비×깊이)	?×(212+)×(68+)	주구평면형태		('ㄱ'형)
유물	토 기	단경호(4)			
	철 기	모(1), 준(1), 촉(1), 단조철부(1)			
	청동기		-		
	옥석류		-		
	기 타		-		
	특기사항				

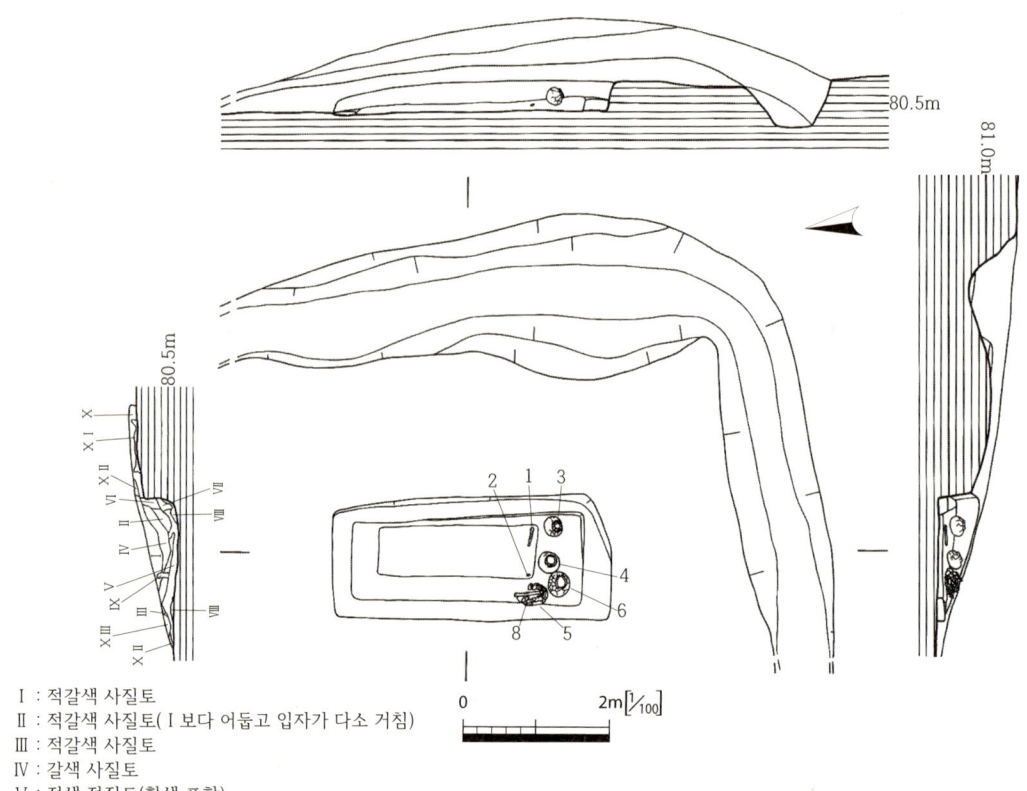

Ⅰ : 적갈색 사질토
Ⅱ : 적갈색 사질토(Ⅰ보다 어둡고 입자가 다소 거침)
Ⅲ : 적갈색 사질토
Ⅳ : 갈색 사질토
Ⅴ : 적색 점질토(황색 포함)
Ⅵ : 명갈색 사질토(고운 편이나 입자가 약간 굵고 거침)
Ⅶ : Ⅵ보다 점성이 있다.
Ⅷ : 갈색 점질토(붉은 빛을 띠며 암반부스러기 포함)
Ⅸ : 황적갈색 사질토(추정 목관선)
Ⅹ : 적색 점질토
Ⅺ : 황갈색 점질토(사질토와 자갈 혼입, 황색이 강함)
Ⅻ : 흑갈색 점질토
ⅩⅢ : 흑갈색 점질토(Ⅻ보다 어두움)

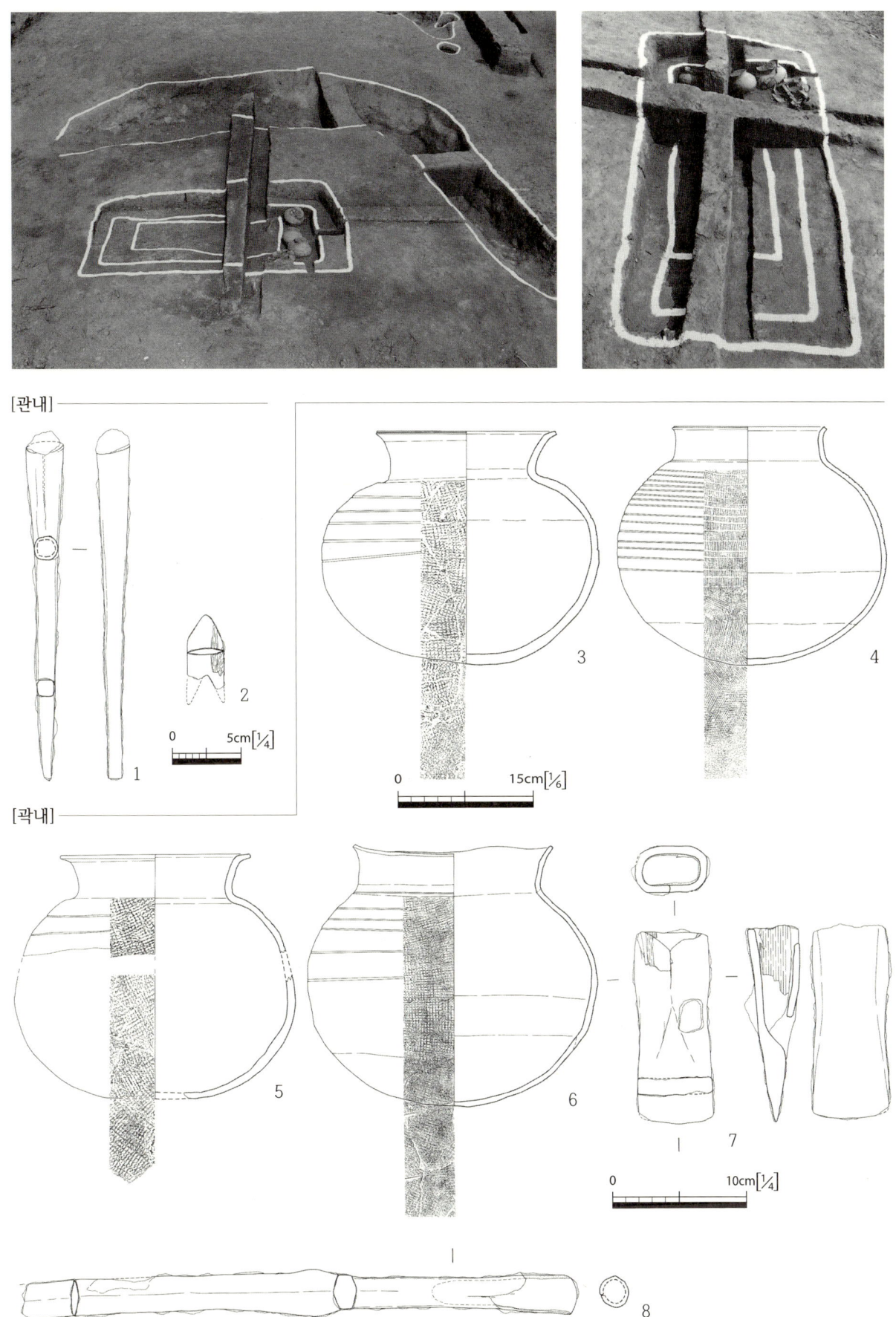

[관내]

[곽내]

A지구 2호 주구토광묘

(단위 : cm)

묘광	크 기 (길이×너비×깊이)	162×80×(12+)	목관	크 기 (길이×너비×높이)	-
	장폭비	2.02:1		장폭비	-
	장축방향	N-8°-E	목곽	크 기 (길이×너비×높이)	-
	두 향	?		장폭비	-
	주구크기 (길이×너비×깊이)	?×98×(29+)	주구평면형태		('ㄷ'형)
유물	토 기	-			
	철 기	-			
	청동기	-			
	옥석류	-			
	기 타	-			
	특기사항	출토유물 없음.			

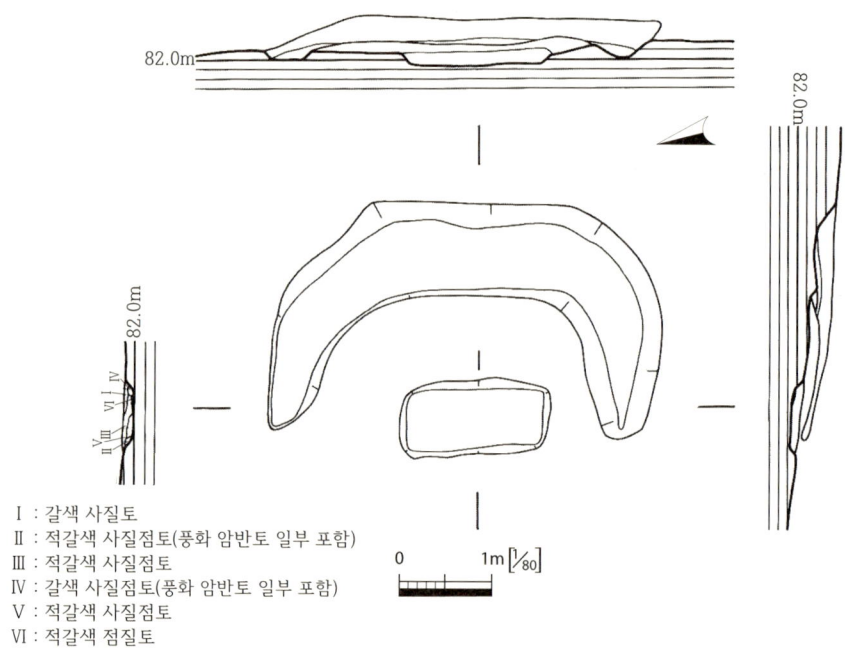

Ⅰ : 갈색 사질토
Ⅱ : 적갈색 사질점토(풍화 암반토 일부 포함)
Ⅲ : 적갈색 사질점토
Ⅳ : 갈색 사질점토(풍화 암반토 일부 포함)
Ⅴ : 적갈색 사질점토
Ⅵ : 적갈색 점질토

0   1m [1/80]

[유구사진]

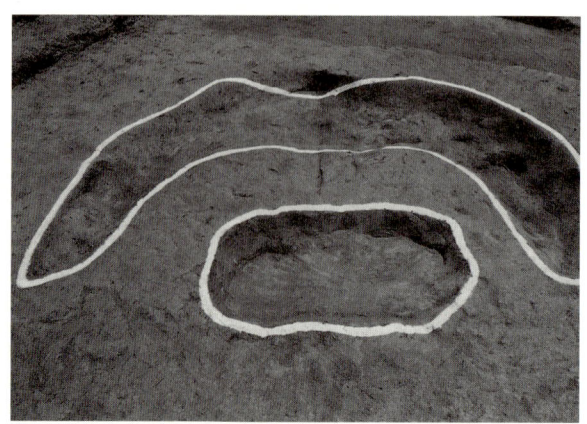

A지구 3호 주구토광묘

(단위 : cm)

묘광	크 기 (길이×너비×깊이)	336×160×(50+)	목관	크 기 (길이×너비×높이)	-
	장폭비	2.10:1		장폭비	-
	장축방향	N-6°-E	목곽	크 기 (길이×너비×높이)	255×102×?
	두 향	?		장폭비	2.50:1
	주구크기 (길이×너비×깊이)	?×242×(116+)	주구평면형태		('ㄷ'형)
유물	토 기	경질무문 심발(1), 단경호(4)			
	철 기	-			
	청 동 기	-			
	옥석류	-			
	기 타	-			
	특기사항				

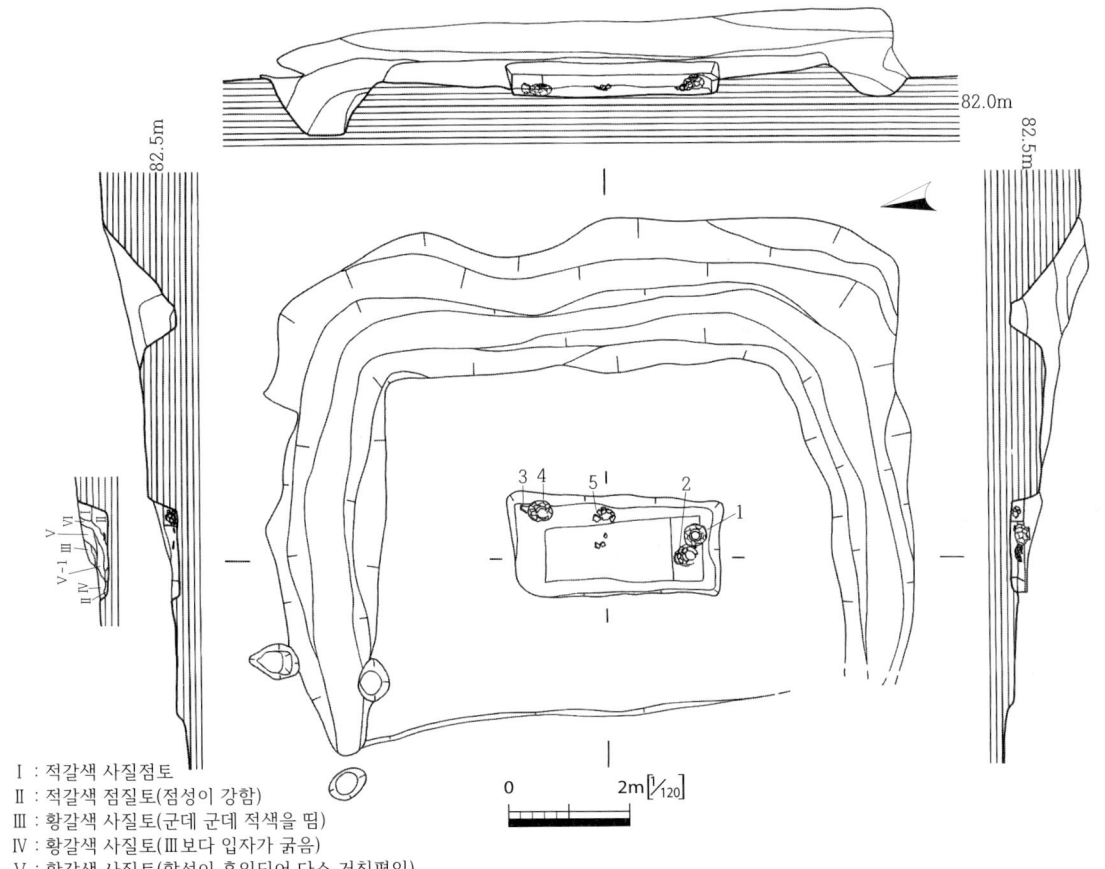

Ⅰ : 적갈색 사질점토
Ⅱ : 적갈색 점질토(점성이 강함)
Ⅲ : 황갈색 사질토(군데 군데 적색을 띰)
Ⅳ : 황갈색 사질토(Ⅲ보다 입자가 굵음)
Ⅴ : 황갈색 사질토(할석이 혼입되어 다소 거친편임)
Ⅴ-1 : Ⅴ와 유사하나 색조가 다소 밝다.
Ⅵ : 황갈색 사질점토(입자가 다소 굵으며, 약간 점성을 띰)

[유구사진]

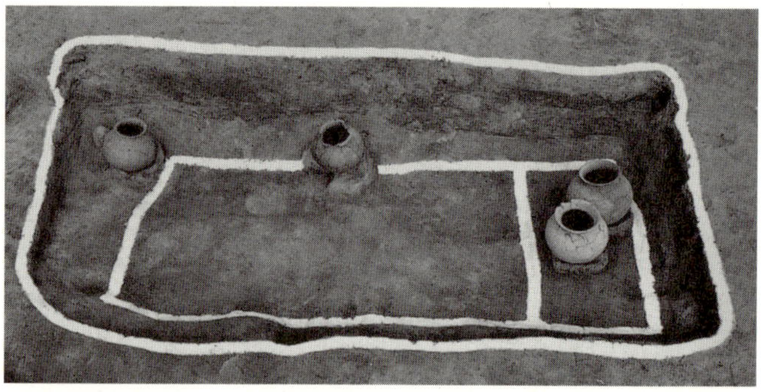

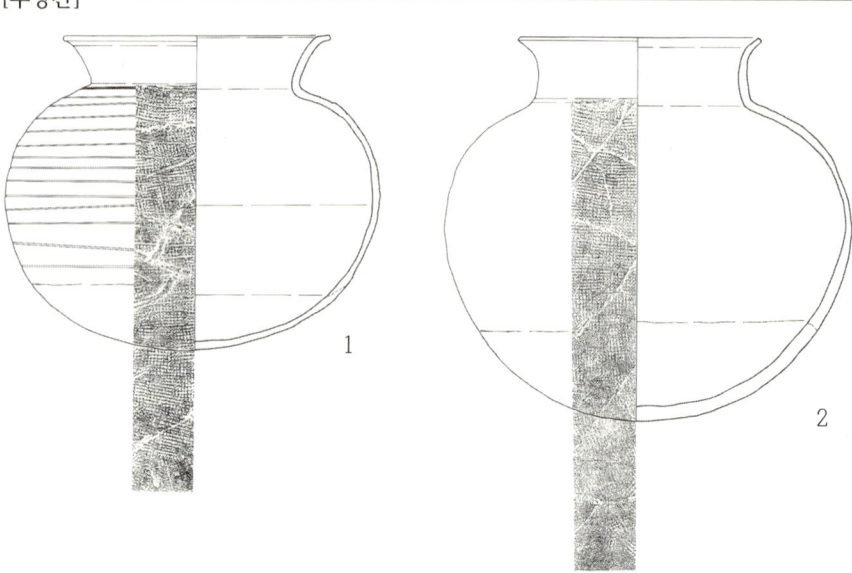

[부장칸]

1

2

[곽외]

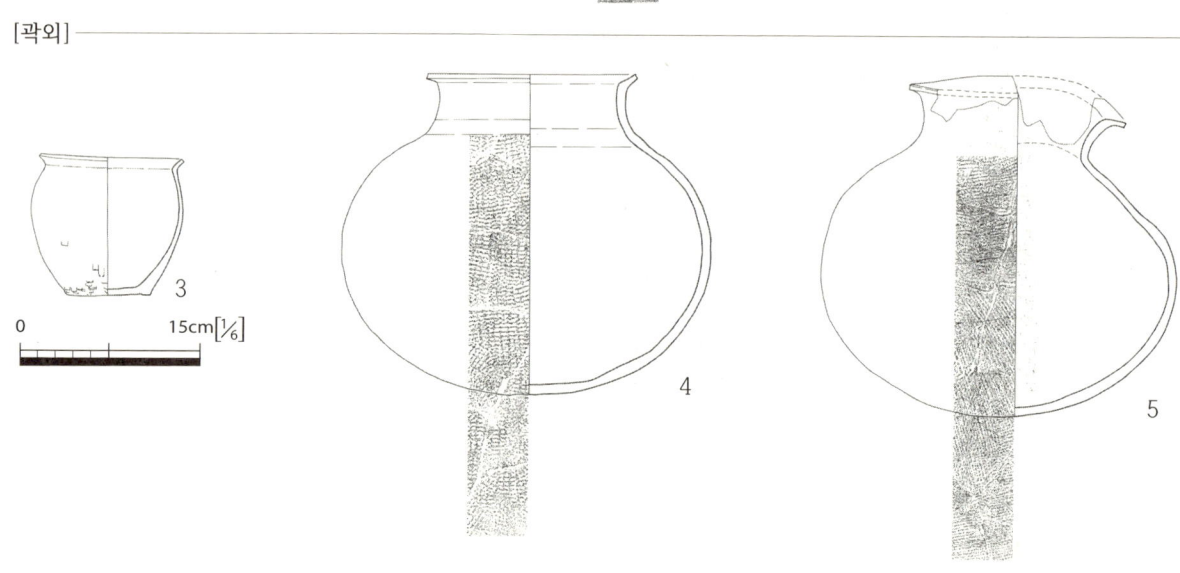

3

0   15cm[1/6]

4

5

A지구 4호 주구토광묘

(단위 : cm)

묘광	크 기 (길이×너비×깊이)	?	목관	크 기 (길이×너비×높이)	?
	장 폭 비	?		장 폭 비	?
	장축방향	?	목곽	크 기 (길이×너비×높이)	?
	두 향	?		장 폭 비	?
	주구크기 (길이×너비×깊이)	?×(136+)×(92+)	주구평면형태		('ㄷ'형)
유물	토 기	단경호(1:주구1)			
	철 기	-			
	청 동 기	-			
	옥 석 류	-			
	기 타	-			
	특기사항	매장주체부는 삭평되고, 주구만 잔존함.			

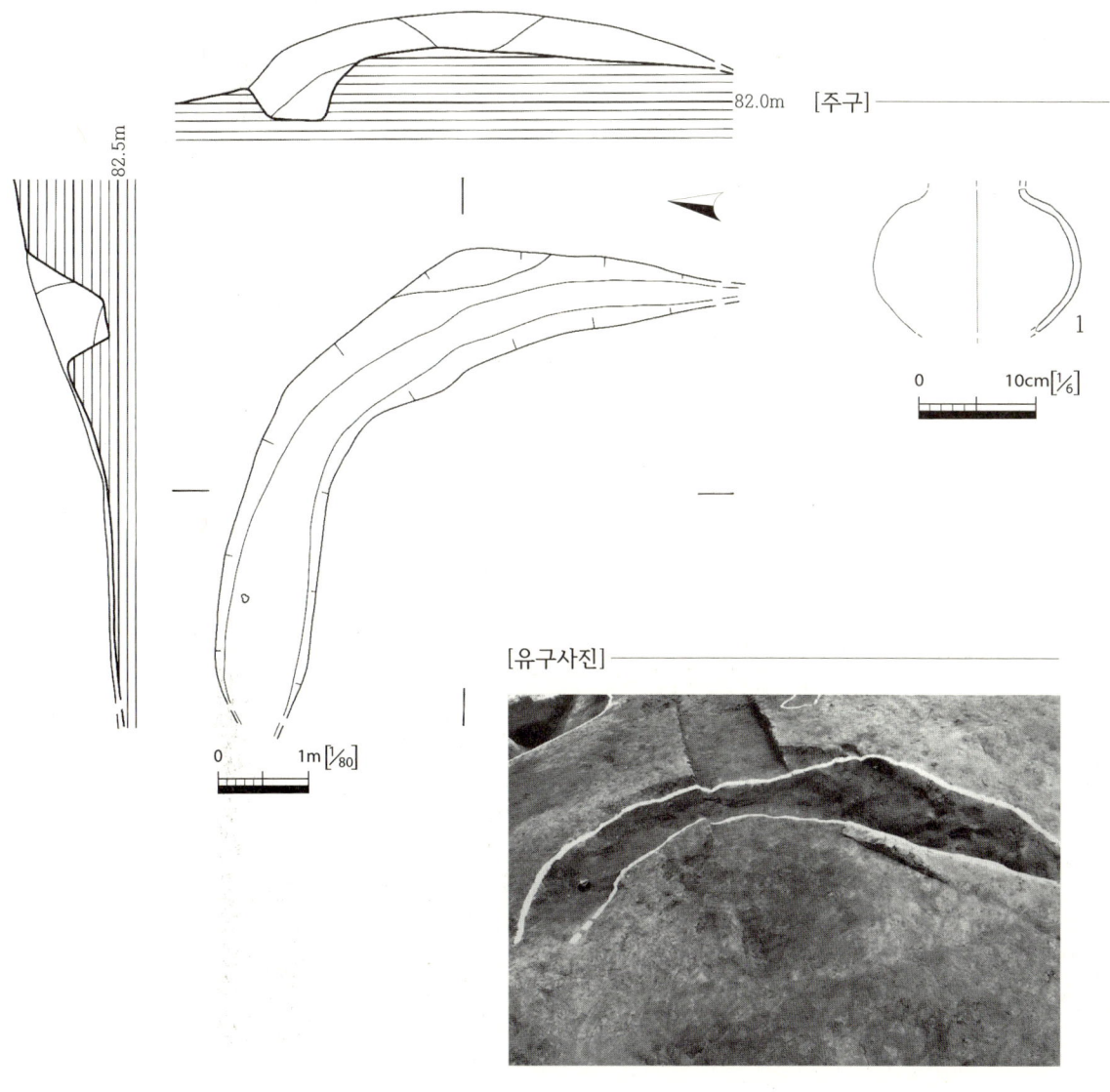

82.5m

82.0m [주구]

1

0   10cm[⅙]

0   1m[⅛₀]

[유구사진]

A지구 5호 주구토광묘

(단위 : cm)

묘광	크 기 (길이×너비×깊이)	408×164×(51+)	목관	크 기 (길이×너비×높이)	206×48×?
	장폭비	2.48:1		장폭비	4.29:1
	장축방향	N-0°-S	목곽	크 기 (길이×너비×높이)	325×113×?
	두 향	?		장폭비	2.87:1
	주구크기 (길이×너비×깊이)	?×282×(118+)	주구평면형태		('ㄇ'형)
유물	토 기	단경호(3), 두형토기(4:주구4), 파수(2:주구2)			
	철 기	모(1), 양단환봉(1)			
	청 동 기	-			
	옥 석 류	-			
	기 타	-			
	특기사항				

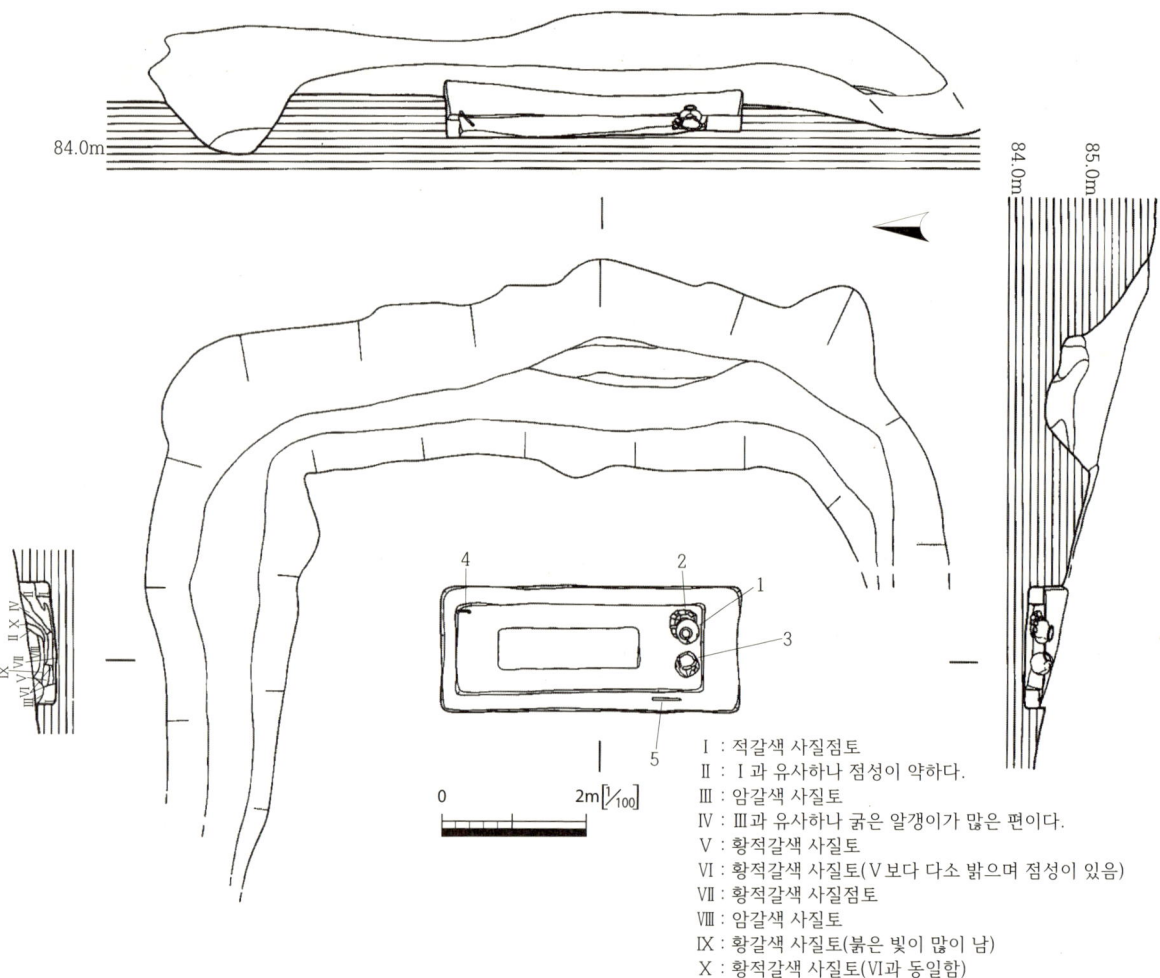

Ⅰ : 적갈색 사질점토
Ⅱ : Ⅰ과 유사하나 점성이 약하다.
Ⅲ : 암갈색 사질토
Ⅳ : Ⅲ과 유사하나 굵은 알갱이가 많은 편이다.
Ⅴ : 황적갈색 사질토
Ⅵ : 황적갈색 사질토(Ⅴ보다 다소 밝으며 점성이 있음)
Ⅶ : 황적갈색 사질점토
Ⅷ : 암갈색 사질토
Ⅸ : 황갈색 사질토(붉은 빛이 많이 남)
Ⅹ : 황적갈색 사질토(Ⅵ과 동일함)

[곽내]

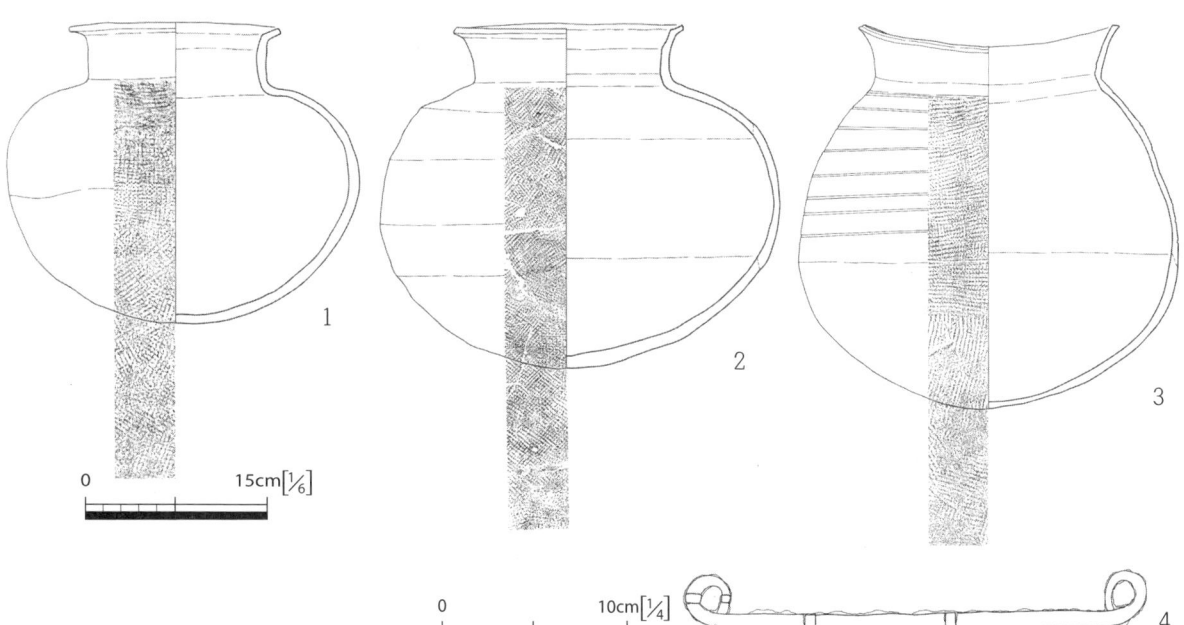

1

2

3

0   15cm[⅙]

0   10cm[¼]

4

[곽외]

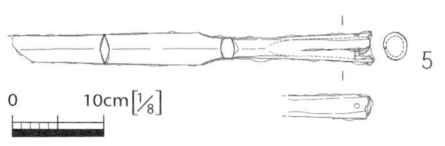

5

0   10cm[⅛]

[주구]

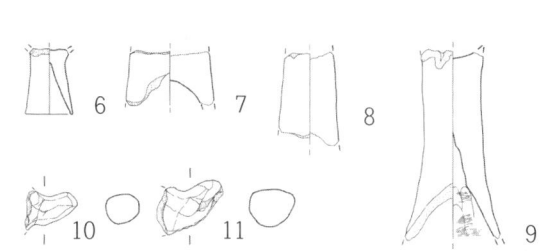

6

7

8

10

11

9

A지구 6호 주구토광묘

(단위 : cm)

묘광	크 기 (길이×너비×깊이)	?	목관	크 기 (길이×너비×높이)	?
	장폭비	?		장폭비	?
	장축방향	?	목곽	크 기 (길이×너비×높이)	?
	두 향	?		장폭비	?
	주구크기 (길이×너비×깊이)	?×(90+)×(40+)		주구평면형태	?
유물	토 기	-			
	철 기	-			
	청동기	-			
	옥석류	-			
	기 타	-			
	특기사항	매장주체부는 삭평되고, 주구만 잔존함.			

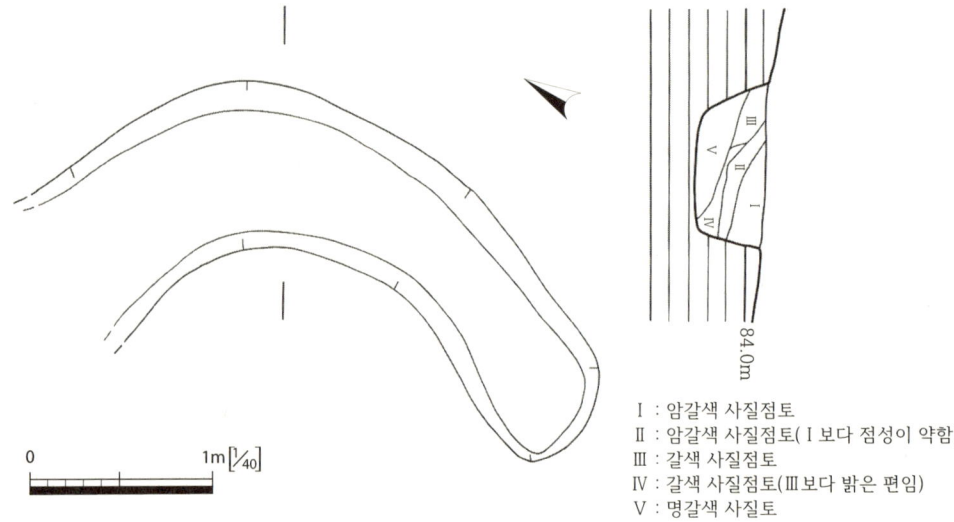

I : 암갈색 사질점토
II : 암갈색 사질점토(I보다 점성이 약함)
III : 갈색 사질점토
IV : 갈색 사질점토(III보다 밝은 편임)
V : 명갈색 사질토

84.0m

0   1m (1/40)

[유구사진]

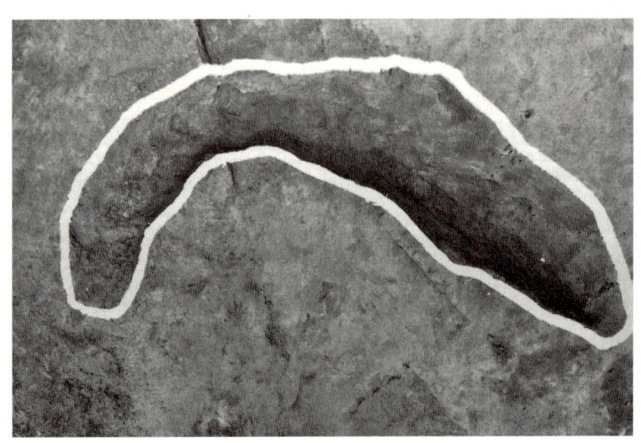

A지구 7호 주구토광묘

(단위 : cm)

묘광	크 기 (길이×너비×깊이)	?	목관	크 기 (길이×너비×높이)	?
	장폭비	?		장폭비	?
	장축방향	?	목곽	크 기 (길이×너비×높이)	?
	두 향	?		장폭비	?
	주구크기 (길이×너비×깊이)	?×(252+)×(56+)		주구평면형태	?
유물	토 기	-			
	철 기	-			
	청동기	-			
	옥석류	-			
	기 타	-			
	특기사항	매장주체부는 삭평되고, 주구만 잔존함.			

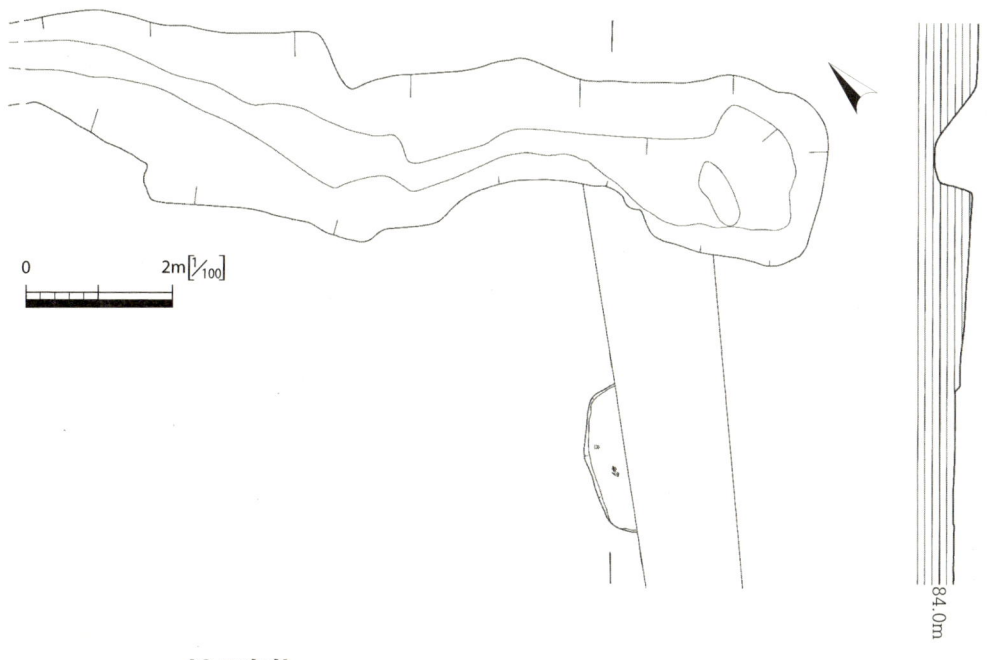

0   2m[¹/₁₀₀]

84.0m

[유구사진]

A지구 8호 주구토광묘

(단위 : cm)

묘광	크 기 (길이×너비×깊이)	376×160×(49+)	목관	크 기 (길이×너비×높이)	168×74×?
	장폭비	2.35:1		장폭비	2.27:1
	장축방향	N-14°-E	목곽	크 기 (길이×너비×높이)	302×120×?
	두 향	?		장폭비	2.51:1
	주구크기 (길이×너비×깊이)	?×(232+)×(153+)		주구평면형태	'冂'형
유물	토 기	단경호(4:주구1), 호·옹(1:주구1), 삼족토기(1:주구1)			
	철 기	모(1)			
	청동기	-			
	옥석류	-			
	기 타	-			
	특기사항	격벽을 설치하여 부장칸(90×140)을 마련함.			

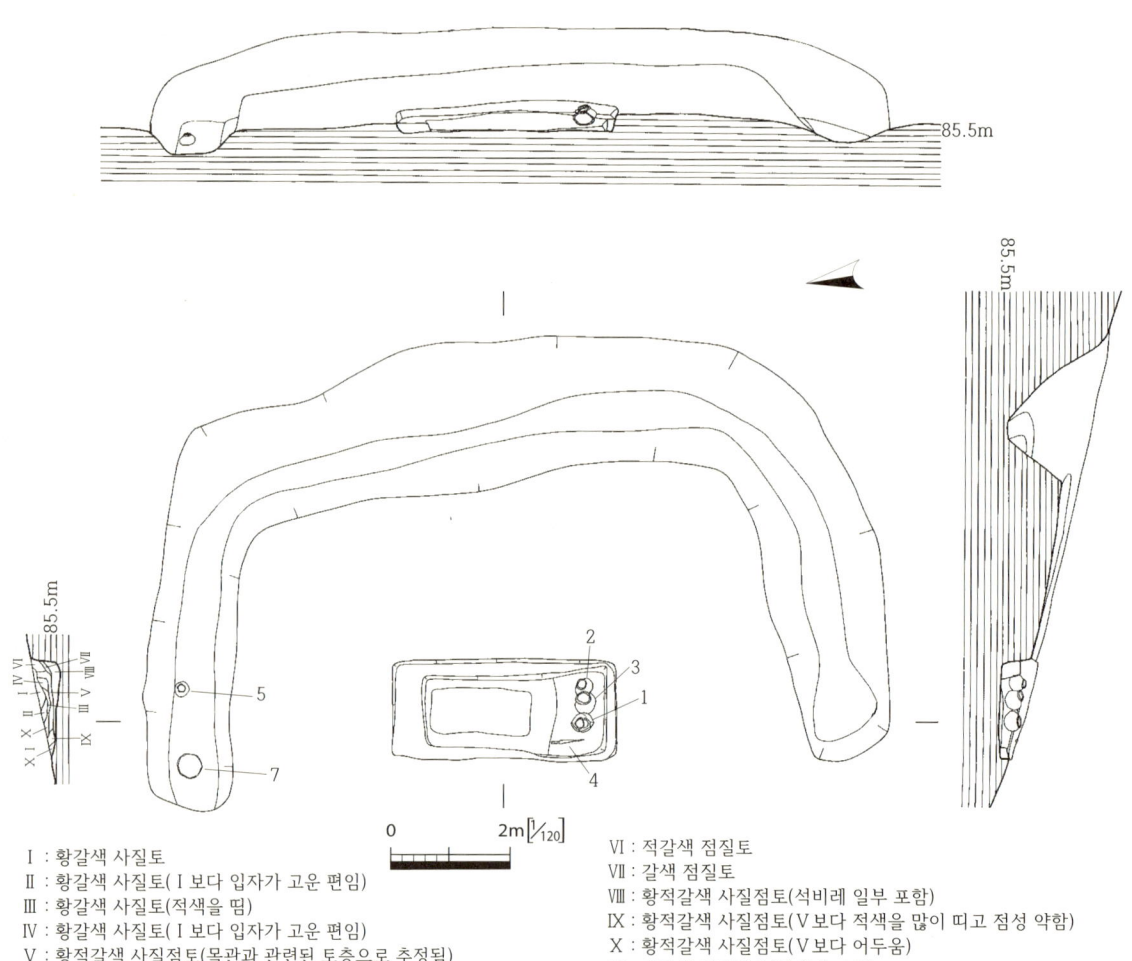

Ⅰ : 황갈색 사질토
Ⅱ : 황갈색 사질토(Ⅰ보다 입자가 고운 편임)
Ⅲ : 황갈색 사질토(적색을 띰)
Ⅳ : 황갈색 사질토(Ⅰ보다 입자가 고운 편임)
Ⅴ : 황적갈색 사질점토(목관과 관련된 토층으로 추정됨)

Ⅵ : 적갈색 점질토
Ⅶ : 갈색 점질토
Ⅷ : 황적갈색 사질점토(석비레 일부 포함)
Ⅸ : 황적갈색 사질점토(Ⅴ보다 적색을 많이 띠고 점성 약함)
Ⅹ : 황적갈색 사질점토(Ⅴ보다 어두움)
Ⅺ : 적갈색 사질점토(석비레 포함)

[유구사진]

[부장칸]

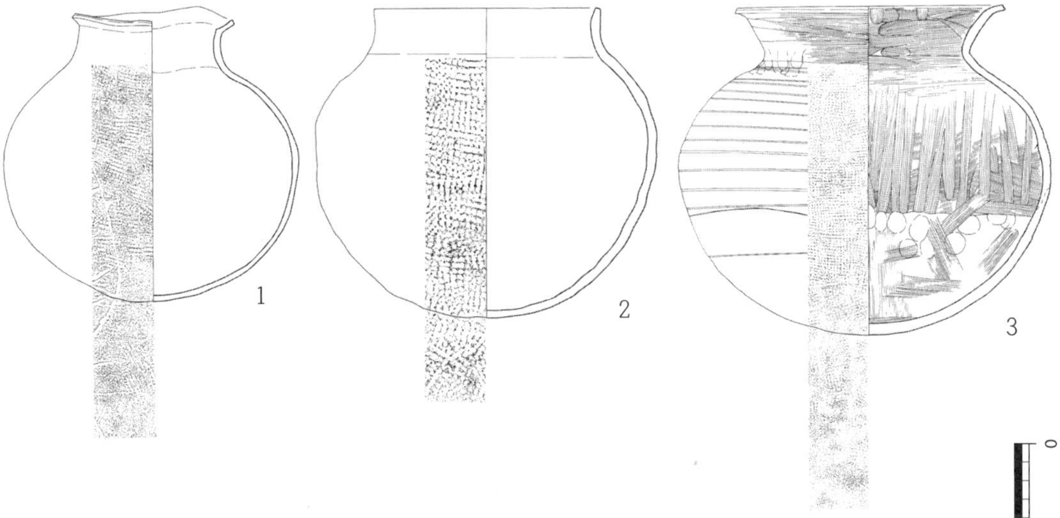

1

2

3

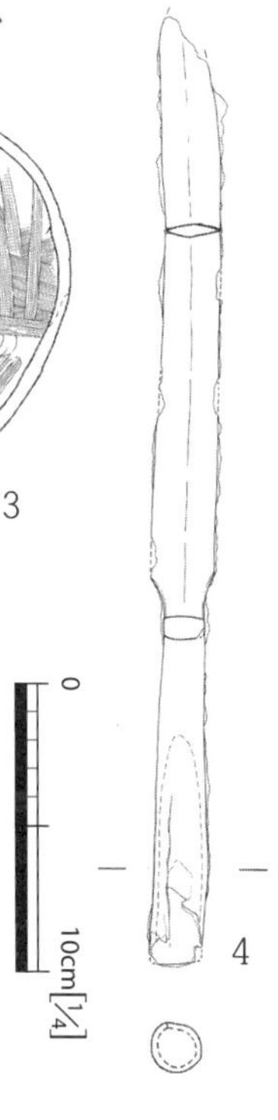

0

10cm[¼]

4

[주구]

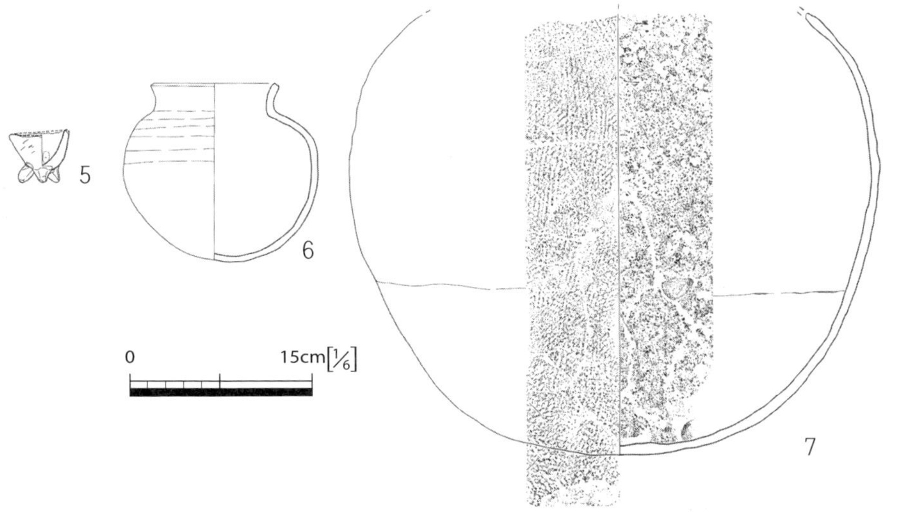

5

6

0   15cm[⅙]

7

A지구 9호 주구토광묘

(단위 : cm)

묘광	크 기 (길이×너비×깊이)	162×80×(40+)	목관	크 기 (길이×너비×높이)	120×70×?
	장폭비	2.02:1		장폭비	1.17:1
	장축방향	N-5°-W	목곽	크 기 (길이×너비×높이)	-
	두 향	?		장폭비	-
	주구크기 (길이×너비×깊이)	?×778×(24+)		주구평면형태	눈썹형
유물	토 기	-			
	철 기	-			
	청동기	-			
	옥석류	-			
	기 타	-			
	특기사항	출토유물 없음.			

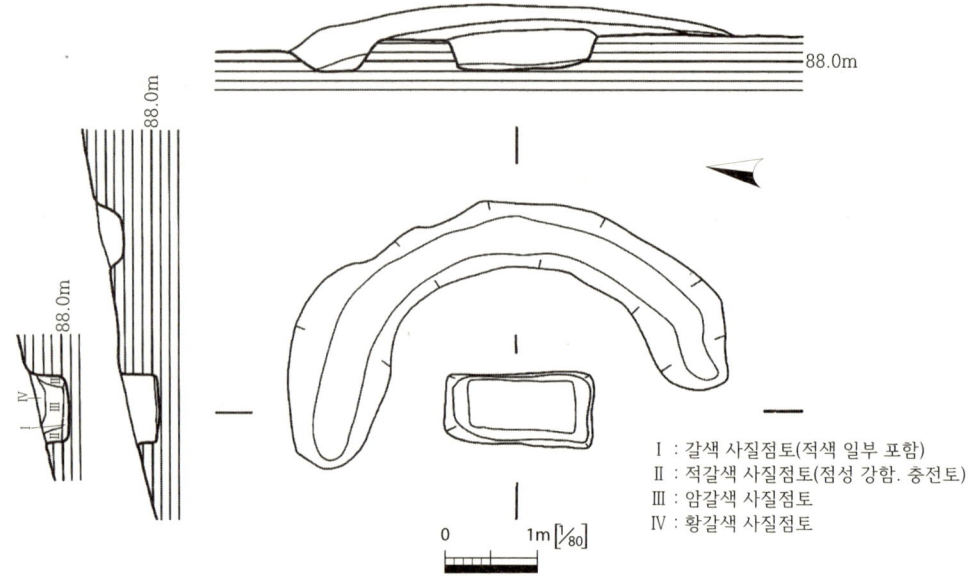

Ⅰ : 갈색 사질점토(적색 일부 포함)
Ⅱ : 적갈색 사질점토(점성 강함. 충전토)
Ⅲ : 암갈색 사질점토
Ⅳ : 황갈색 사질점토

0   1m [1/80]

[유구사진]

A지구 10호 주구토광묘

(단위 : cm)

묘광	크 기 (길이×너비×깊이)	374×150×(59+)	목관	크 기 (길이×너비×높이)	-
	장폭비	2.49:1		장폭비	-
	장축방향	N-14°-W	목곽	크 기 (길이×너비×높이)	303×96×?
	두 향	?		장폭비	2.82:1
	주구크기 (길이×너비×깊이)	?×212×(94+)	주구평면형태		'ㄷ'형
유물	토 기	단경호(2)			
	철 기	-			
	청동기	-			
	옥석류	-			
	기 타	-			
	특기사항	격벽을 설치하여 부장칸(80×100)을 마련함.			

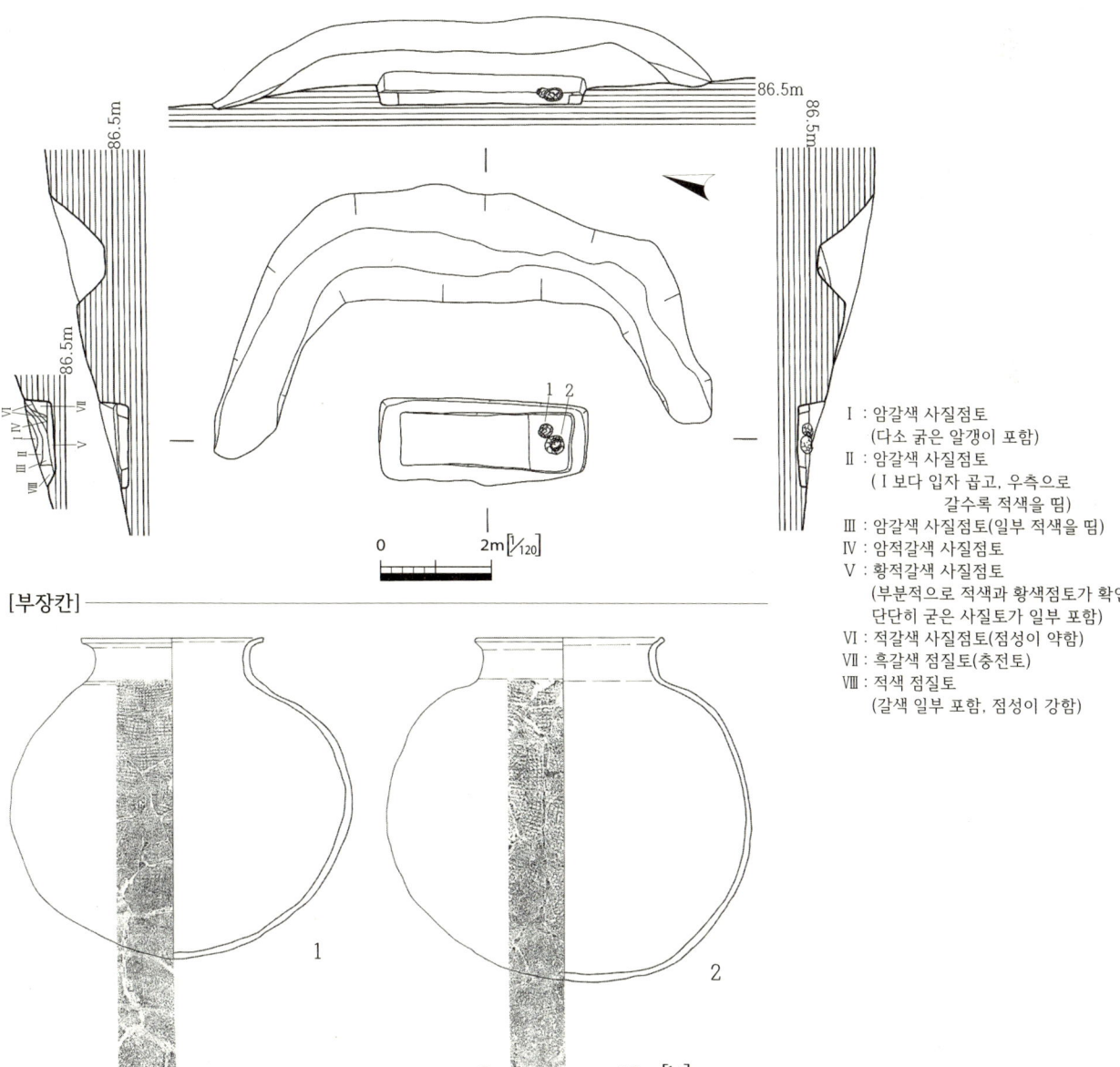

I : 암갈색 사질점토
(다소 굵은 알갱이 포함)
II : 암갈색 사질점토
(I보다 입자 곱고, 우측으로
갈수록 적색을 띰)
III : 암갈색 사질점토(일부 적색을 띰)
IV : 암적갈색 사질점토
V : 황적갈색 사질점토
(부분적으로 적색과 황색점토가 확인,
단단히 굳은 사질토가 일부 포함)
VI : 적갈색 사질점토(점성이 약함)
VII : 흑갈색 점질토(충전토)
VIII : 적색 점질토
(갈색 일부 포함, 점성이 강함)

[부장칸]

0   2m[1/120]

0   15cm[1/6]

A지구 11호 주구토광묘

(단위 : cm)

묘광	크 기 (길이×너비×깊이)	328×152×(46+)	목관	크 기 (길이×너비×높이)	240×110×?
	장폭비	2.15:1		장폭비	2.18:1
	장축방향	N-19°-W	목곽	크 기 (길이×너비×높이)	-
	두 향	?		장폭비	-
	주구크기 (길이×너비×깊이)	?×158×(76+)		주구평면형태	'ㄷ'형
유물	토 기	경질무문 심발(2), 단경호(2·주구1)			
	철 기	단조철부(1), 겸(1)			
	청동기	-			
	옥석류	-			
	기 타	-			
	특기사항				

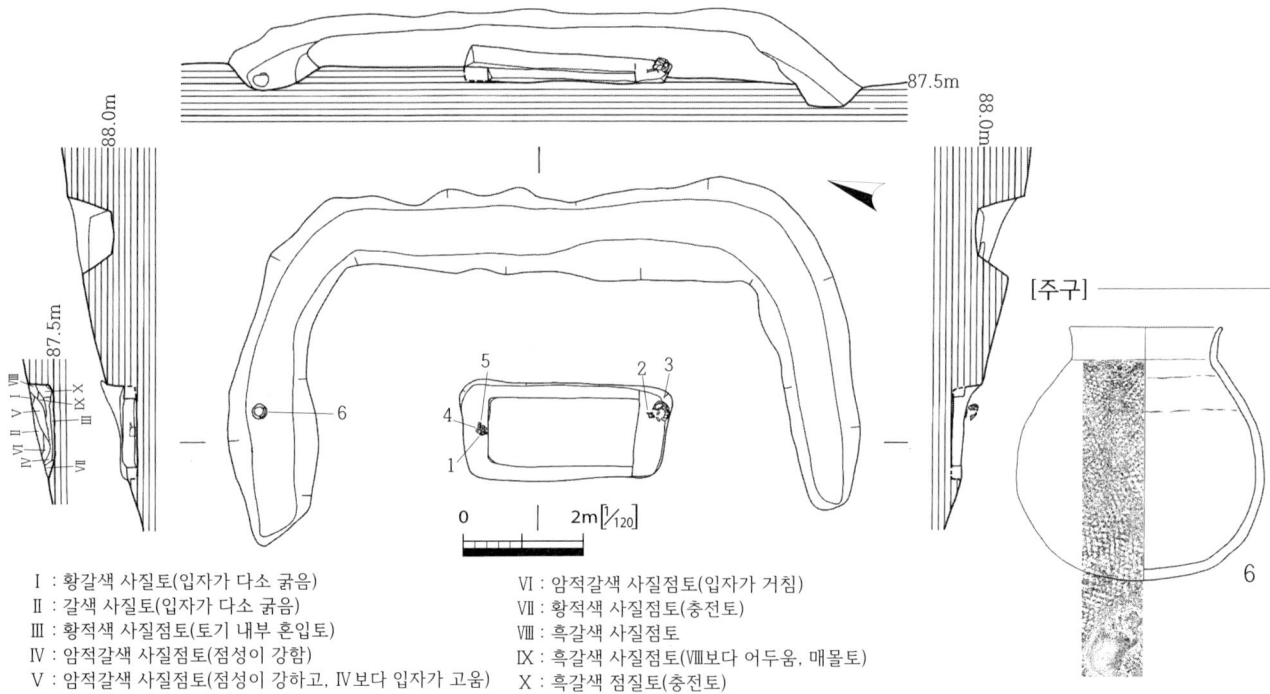

I : 황갈색 사질토(입자가 다소 굵음)
II : 갈색 사질토(입자가 다소 굵음)
III : 황적색 사질점토(토기 내부 혼입토)
IV : 암적갈색 사질점토(점성이 강함)
V : 암적갈색 사질점토(점성이 강하고, IV보다 입자가 고움)
VI : 암적갈색 사질점토(입자가 거침)
VII : 황적색 사질점토(충전토)
VIII : 흑갈색 사질점토
IX : 흑갈색 사질점토(VIII보다 어두움, 매몰토)
X : 흑갈색 점질토(충전토)

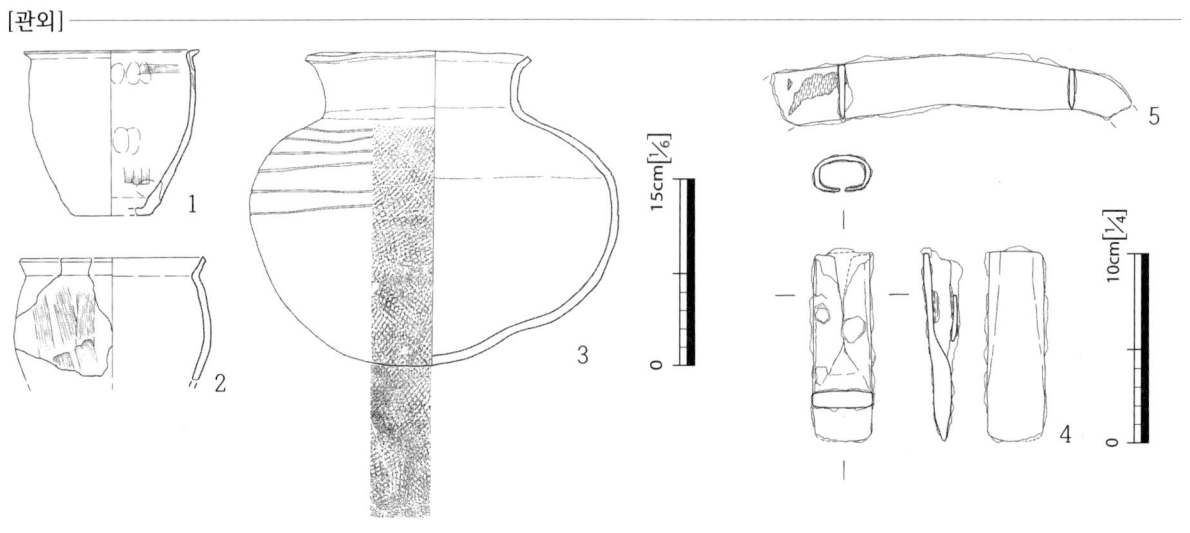

A지구 12호 주구토광묘

(단위 : cm)

묘광	크 기 (길이×너비×깊이)	242×94×(24+)	목관	크 기 (길이×너비×높이)	?
	장폭비	2.57:1		장폭비	?
	장축방향	N-42°-E	목곽	크 기 (길이×너비×높이)	?
	두 향	?		장폭비	?
	주구크기 (길이×너비×깊이)	?×(140+)×(60+)	주구평면형태		방형
유물	토 기	양이부호(1)			
	철 기	-			
	청동기	-			
	옥석류	-			
	기 타	-			
	특기사항				

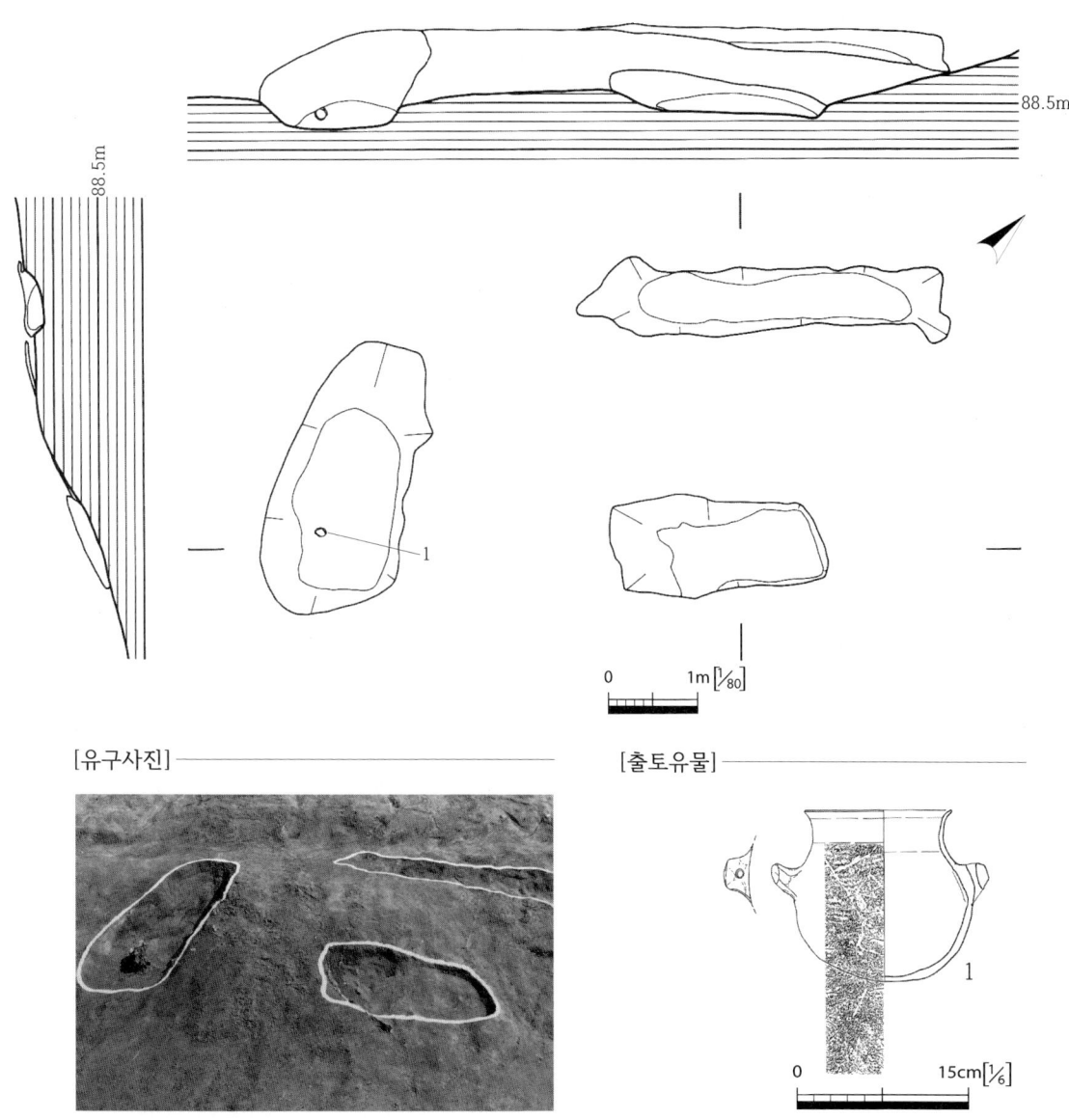

[유구사진]

[출토유물]

A지구 13호 주구토광묘

(단위 : cm)

묘광	크 기 (길이×너비×깊이)	384×150×(30+)	목관	크 기 (길이×너비×높이)	230×98×?
	장폭비	2.56:1		장폭비	2.34:1
	장축방향	N-18°-W	목곽	크 기 (길이×너비×높이)	-
	두 향	?		장폭비	-
	주구크기 (길이×너비×깊이)	?×136×(56+)		주구평면형태	'ㄇ'형
유물	토 기	경질무문 심발(1), 단경호(3)			
	철 기	-			
	청동기	-			
	옥석류	-			
	기 타	-			
	특기사항				

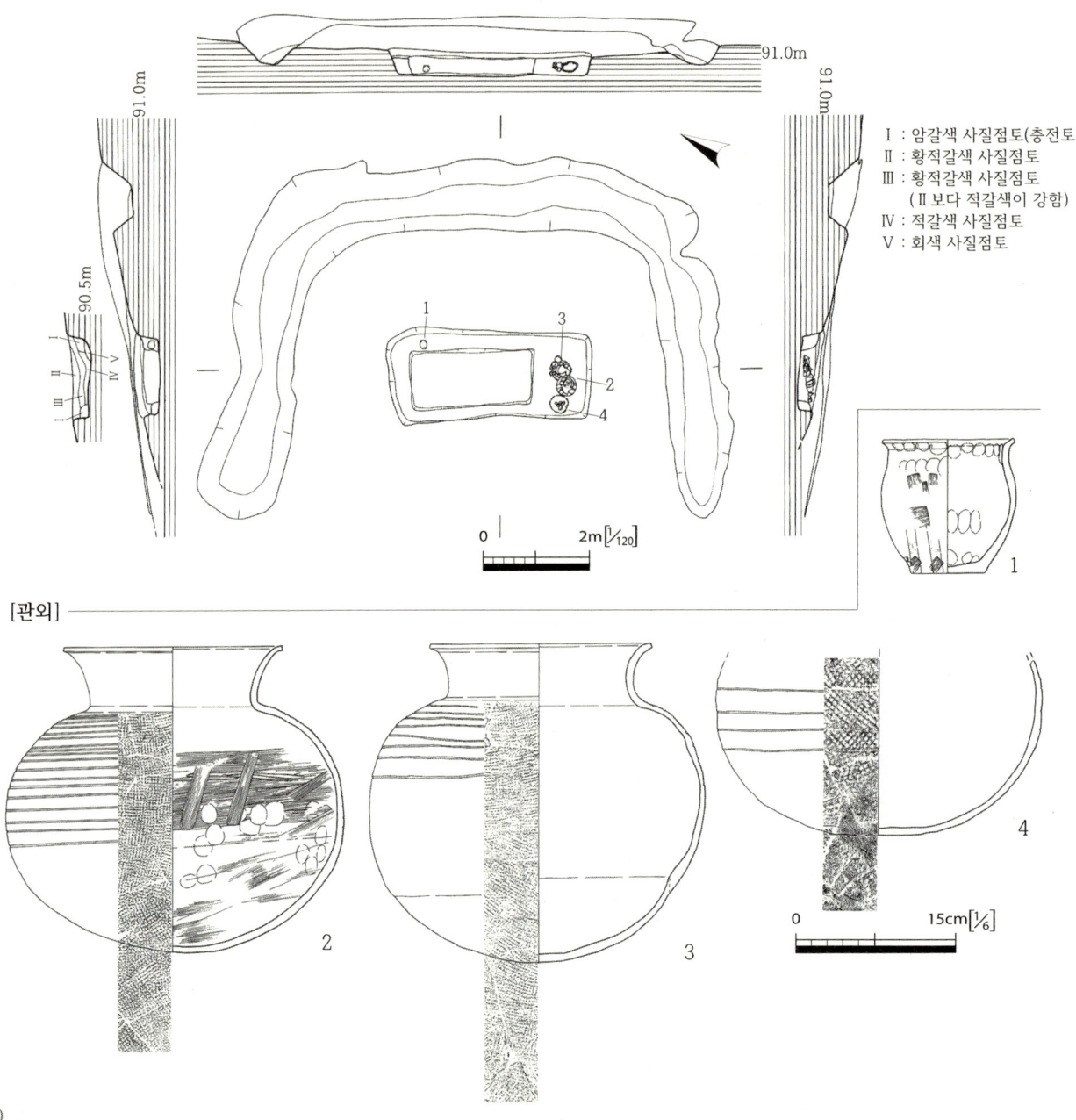

Ⅰ : 암갈색 사질점토(충전토)
Ⅱ : 황적갈색 사질점토
Ⅲ : 황적갈색 사질점토
　　(Ⅱ보다 적갈색이 강함)
Ⅳ : 적갈색 사질점토
Ⅴ : 회색 사질점토

0　　　　　　2m[1/120]

[관외]

0　　　　15cm[1/6]

A지구 14호 주구토광묘

(단위 : cm)

묘광	크 기 (길이×너비×깊이)	?	목관	크 기 (길이×너비×높이)	?
	장폭비	?		장폭비	?
	장축방향	?	목곽	크 기 (길이×너비×높이)	?
	두 향	?		장폭비	?
	주구크기 (길이×너비×깊이)	?×90×(24+)	주구평면형태		눈썹형
유물	토 기	-			
	철 기	-			
	청동기	-			
	옥석류	-			
	기 타	-			
	특기사항	매장주체부는 삭평되고, 주구만 잔존함.			

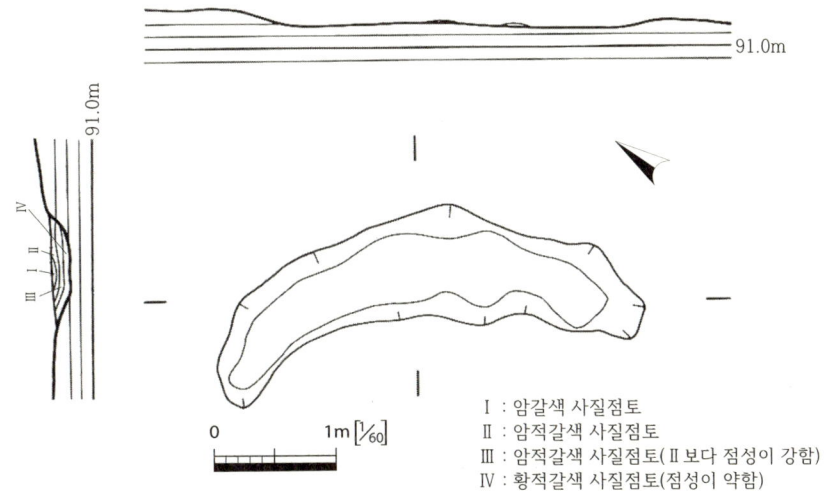

Ⅰ : 암갈색 사질점토
Ⅱ : 암적갈색 사질점토
Ⅲ : 암적갈색 사질점토(Ⅱ보다 점성이 강함)
Ⅳ : 황적갈색 사질점토(점성이 약함)

0   1m [1/60]

[유구사진]

A지구 15호 주구토광묘

(단위 : cm)

묘광	크 기 (길이×너비×깊이)	?	목관	크 기 (길이×너비×높이)	?
	장 폭 비	?		장 폭 비	?
	장축방향	?	목곽	크 기 (길이×너비×높이)	?
	두 향	?		장 폭 비	?
	주구크기 (길이×너비×깊이)	?×132×(18+)		주구평면형태	?
유물	토 기	-			
	철 기	-			
	청동기	-			
	옥석류	-			
	기 타	-			
	특기사항	매장주체부는 삭평되고, 주구만 잔존함.			

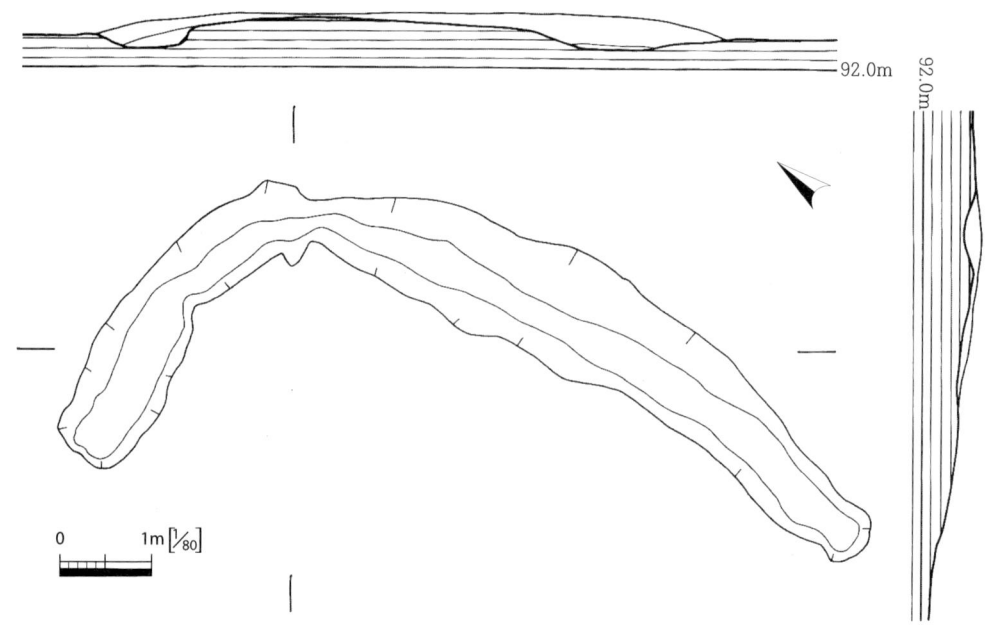

[유구사진]

A지구 16호 주구토광묘

(단위 : cm)

묘광	크 기 (길이×너비×깊이)	440×172×(60+)	목관	크 기 (길이×너비×높이)	208×78×?
	장폭비	2.55:1		장폭비	2.66:1
	장축방향	N-25°-W	목곽	크 기 (길이×너비×높이)	355×115×?
	두 향	?		장폭비	3.08:1
	주구크기 (길이×너비×깊이)	?×150×(4+)		주구평면형태	'ㄷ'형
유물	토 기	경질무문 심발(1), 단경호(4:주구1)			
	철 기	-			
	청 동 기	-			
	옥석류	-			
	기 타	-			
	특기사항	-			

I : 갈색 사질점토
II : 갈색 사질점토
(I보다 적색을 많이 띰)
III : 암갈색 사질점토
(다소 점성이 있음)
IV : 암황갈색 사질점토
(바닥을 다진 정지토로 추정됨)
V : II와 비슷하나 점성이 강하며
색조도 다소 어두운 편이다.
VI : V보다 어둡다.
VII : 암갈색 사질점토(충전토)
VIII : 적색 사질토

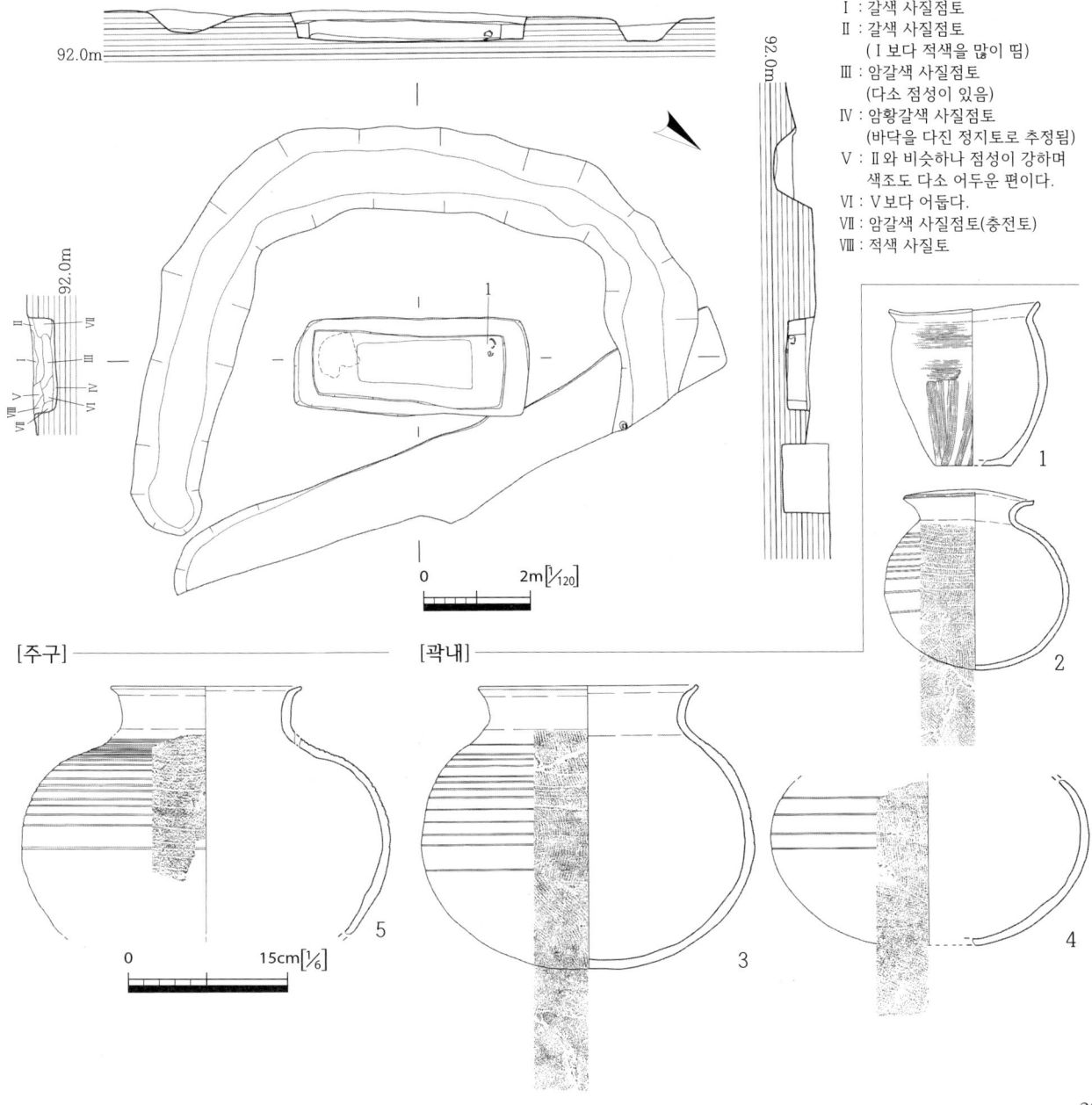

[주구]   [곽내]

A지구 17호 주구토광묘

(단위 : cm)

묘광	크 기 (길이×너비×깊이)	?	목관	크 기 (길이×너비×높이)	?
	장폭비	?		장폭비	?
장축방향		?	목곽	크 기 (길이×너비×높이)	?
두 향		?		장폭비	?
주구크기 (길이×너비×깊이)		?×140×(70+)	주구평면형태		'⊓'형
유물	토 기	-			
	철 기	-			
	청동기	-			
	옥석류	-			
	기 타	-			
특기사항		매장주체부는 삭평되고, 주구만 잔존함.			

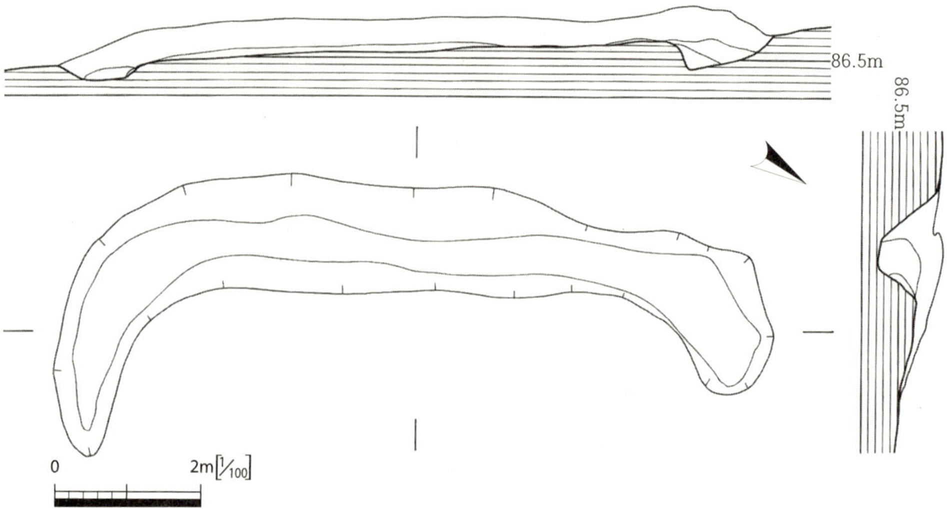

[유구사진]

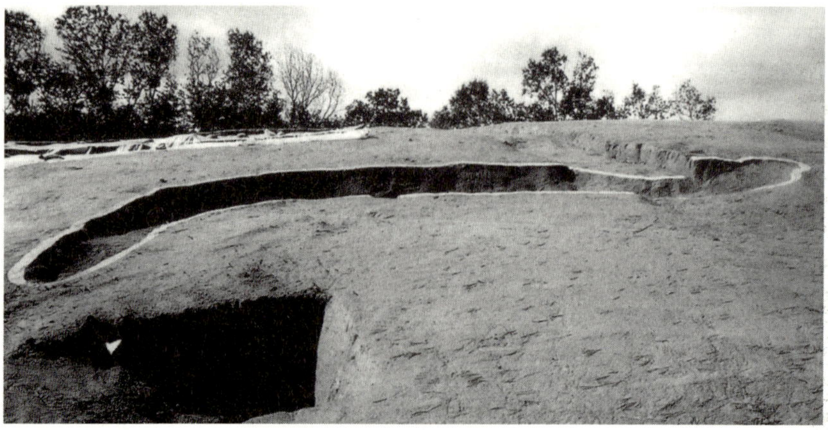

A지구 18호 주구토광묘

(단위 : cm)

묘광	크 기 (길이×너비×깊이)	170×110×(30+)	목관	크 기 (길이×너비×높이)	120×58×?
	장폭비	1.54:1		장폭비	2.06:1
	장축방향	N-35°-W	목곽	크 기 (길이×너비×높이)	-
	두 향	?		장폭비	-
	주구크기 (길이×너비×깊이)		주구평면형태		눈썹형
유물	토 기	-			
	철 기	-			
	청동기	-			
	옥석류	-			
	기 타	-			
	특기사항	출토유물 없음.			

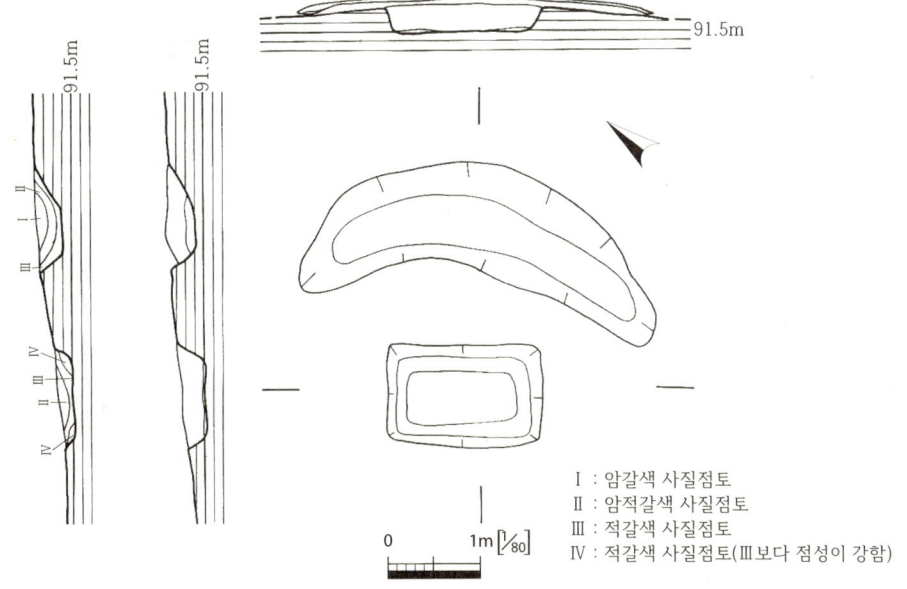

91.5m

Ⅰ : 암갈색 사질점토
Ⅱ : 암적갈색 사질점토
Ⅲ : 적갈색 사질점토
Ⅳ : 적갈색 사질점토(Ⅲ보다 점성이 강함)

0   1m [1/80]

[유구사진]

A지구 19호 주구토광묘

(단위 : cm)

묘광	크 기 (길이×너비×깊이)	384×183×(29+)	목관	크 기 (길이×너비×높이)	230×108×?
	장폭비	2.09:1		장폭비	2.12:1
	장축방향	N-44°-W	목곽	크 기 (길이×너비×높이)	-
	두 향	?		장폭비	-
	주구크기 (길이×너비×깊이)	?×(58+)×(14+)	주구평면형태		(눈썹형)
유물	토 기	경질무문 심발(1), 단경호(3:주구1)			
	철 기	단조철부(1), 겸(1)			
	청동기	-			
	옥석류	-			
	기 타	-			
	특기사항				

Ⅰ : 흑갈색 부식토
Ⅱ : 암갈색 사질점토
Ⅲ : 암갈색 사질점토(입자가 거침)
Ⅳ : 회갈색 사질점토(바닥 정지흙으로 추정)
Ⅴ : 갈색 사질점토

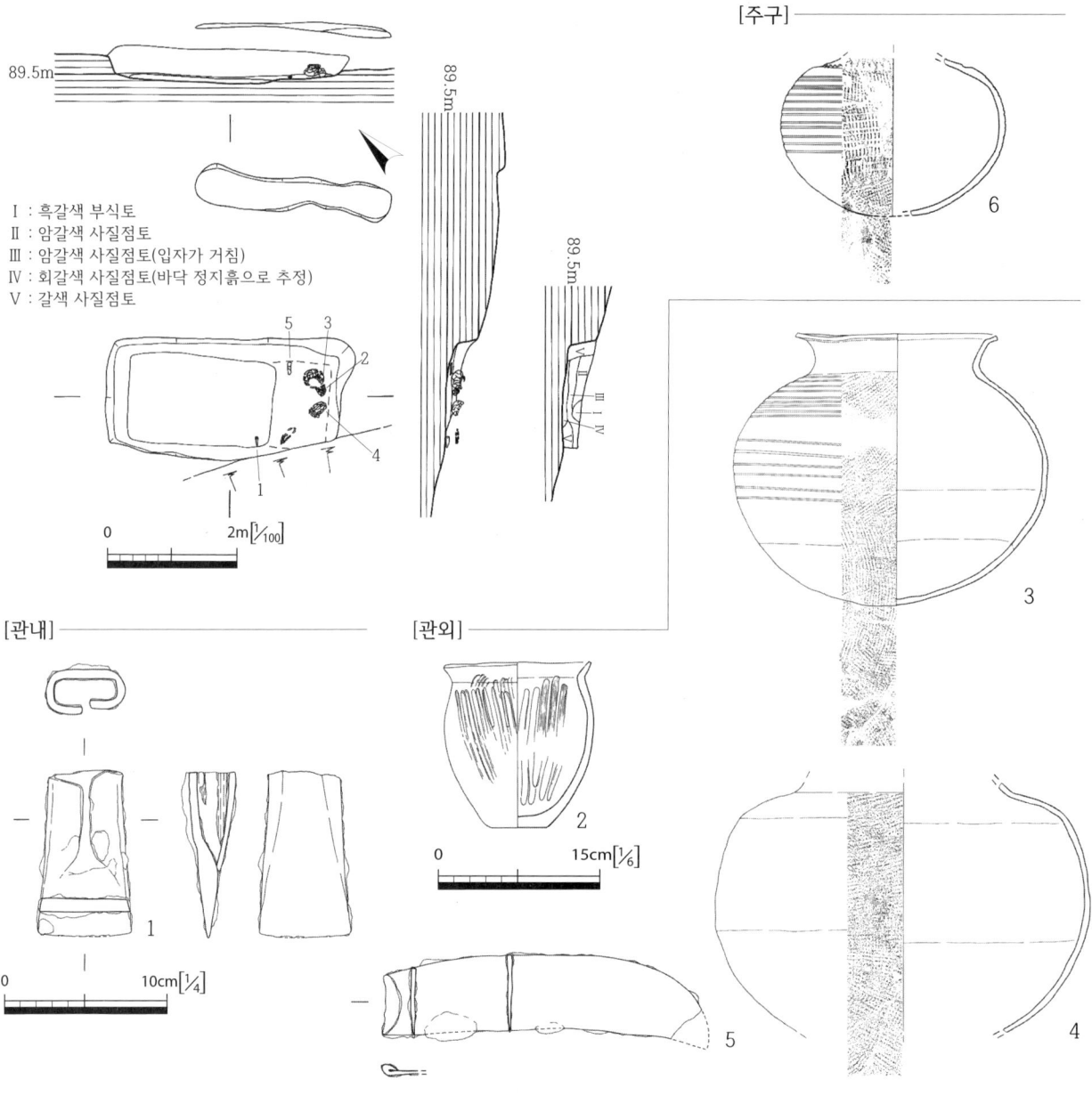

B지구 1호 토광묘

(단위 : cm)

묘광	크 기 (길이×너비×깊이)	240×91×(19+)	목관	크 기 (길이×너비×높이)	193×52×?
	장폭비	2.63:1		장폭비	3.71:1
	장축방향	N-36°-E	목곽	크 기 (길이×너비×높이)	-
	두 향	?		장폭비	-
유물	토 기	단경호(1)			
	철 기	겸(1)			
	청 동 기	-			
	옥 석 류	-			
	기 타	-			
	특기사항				

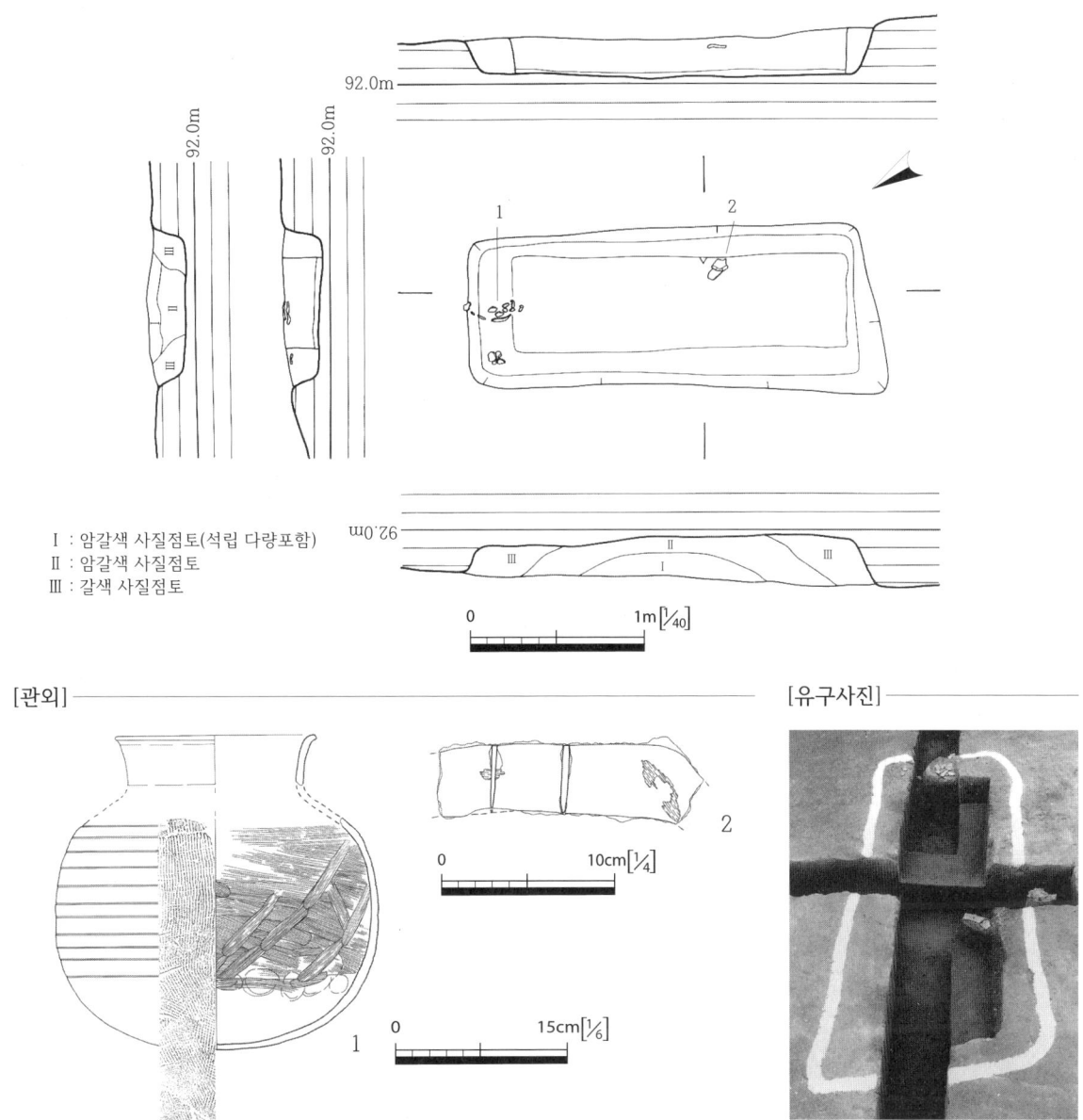

92.0m

92.0m

92.0m

92.0m

Ⅰ : 암갈색 사질점토(석립 다량포함)
Ⅱ : 암갈색 사질점토
Ⅲ : 갈색 사질점토

0   1m[1/40]

[관외]

[유구사진]

0   10cm[1/4]

2

0   15cm[1/6]

1

B지구 2호 토광묘

(단위 : cm)

묘광	크 기 (길이×너비×깊이)	(110+)×(93+)×(10+)	목관	크 기 (길이×너비×높이)	?
	장폭비	?		장폭비	?
	장축방향	N-22°-E	목곽	크 기 (길이×너비×높이)	?
	두 향	?		장폭비	?
유물	토 기	호·옹(1)			
	철 기	-			
	청동기	-			
	옥석류	-			
	기 타	-			
	특기사항				

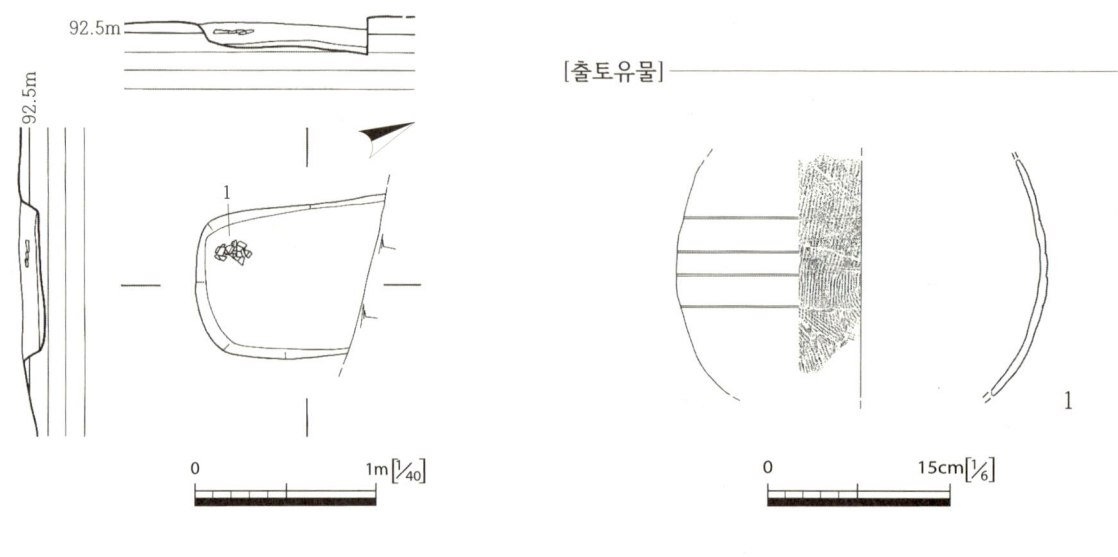

[출토유물]

0   1m[1/40]

0   15cm[1/6]

[유구사진]

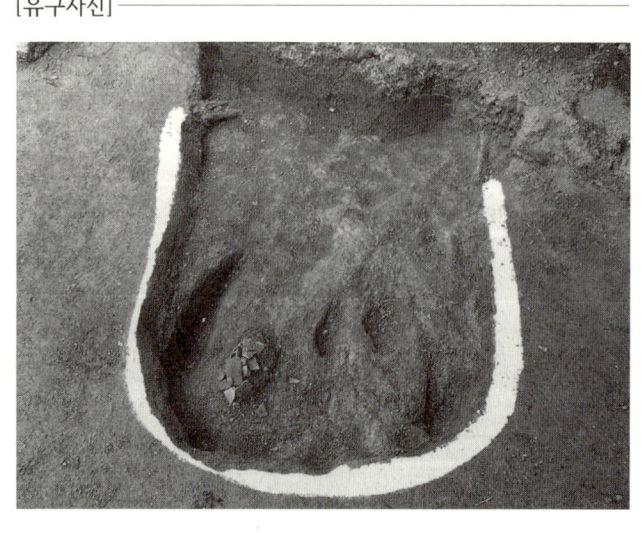

B지구 3호 토광묘

(단위 : cm)

묘광	크 기 (길이×너비×깊이)	360×97×(15+)	목관	크 기 (길이×너비×높이)	218×44×?
	장폭비	3.71:1		장폭비	4.95:1
	장축방향	N-4°-E	목곽	크 기 (길이×너비×높이)	-
	두 향	?		장폭비	-
유물	토 기	-			
	철 기	-			
	청동기	-			
	옥석류	-			
	기 타	-			
	특기사항	출토유물 없음.			

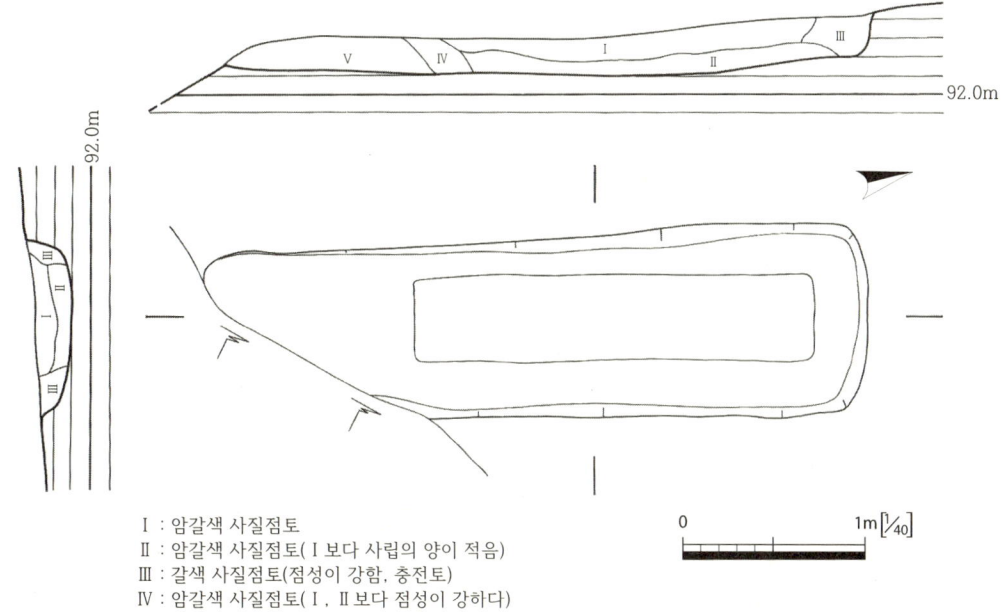

Ⅰ : 암갈색 사질점토
Ⅱ : 암갈색 사질점토(Ⅰ보다 사립의 양이 적음)
Ⅲ : 갈색 사질점토(점성이 강함, 충전토)
Ⅳ : 암갈색 사질점토(Ⅰ, Ⅱ보다 점성이 강하다)

0   1m [1/40]

[유구사진]

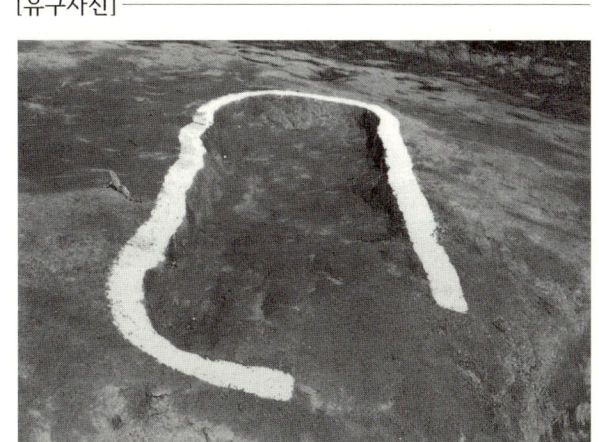

천안 청당동유적 天安 淸堂洞遺蹟

조사사유	안성천 일대의 원삼국시대 문화를 확인하기 위한 학술발굴조사
조사연혁	지표조사 : 1989. 12. (국립중앙박물관) 발굴조사 : 1차 – 1990. 05. 29. ~ 1990. 06. 24. (국립중앙·공주박물관) 　　　　　 2차 – 1990. 08. 12. ~ 1990. 09. 10. (국립중앙박물관) 　　　　　 3차 – 1991. 03. 16. ~ 1991. 04. 25. (국립중앙박물관) 　　　　　 4차 – 1993. 03. 04. ~ 1993. 05. 03. (국립중앙박물관) 　　　　　 5차 – 1994. 04. 18. ~ 1994. 05. 10. (국립중앙박물관)

유적위치	충청남도 천안시 동남구 청당동 69-7번지 일대	
	경·위도 127°9'38.08"E / 36°46'17.16"N	GPS 127.160578 / 36.771433

유적입지	유적은 청당동의 동남쪽에 위치한 해발 106m의 산지에서 서쪽으로 완만하게 뻗은 가지능선의 설상대지 위에 위치한다. 대지는 서쪽으로 300m 가량 뻗어 있는데 유구는 야산의 가파른 경사면이 완만한 대지로 이어지는 지점을 중심으로 정상과 남북 사면에 고루 분포하고 있다.

유구현황	초기철기시대	-
	원삼국시대	주구토광묘(16), 토광묘(8)
	삼국시대	석곽묘(1)
	기타	청동기시대 주거지(3)·야외노지(1), 고려시대 옹관묘(1), 조선시대 토광묘(2), 시대미상 토광묘(1)

주요유물	경질무문 심발, 단경호, 청동제 마형대구, 철모, 환두도, 단조철부, 양단환봉

시대·성격	청당동유적은 중부지역에서 처음 발굴조사된 원삼국시대 분묘 유적으로서, 이 지역 편년의 지표적 역할을 한 유적으로 그 의미가 크다. 모두 24기의 원삼국시대 토광묘가 조사되었는데 이 중 2/3의 유구에서 주구가 확인되었다. 토광묘는 등고선과 평행하게 조영되었으며 중복관계가 보이지 않아 독립적인 묘역을 지니고 있었던 것으로 보이며, 청주·청원·공주 등지에서 보이는 합장묘도 확인되지 않고 있다. 부장품에서 청동대구의 출토비율이 높고 매장주체부의 규모도 비교적 큰 편이다. 출토유물로 보아 3세기대에 집중 조영된 것으로 추정된다.

참고문헌	徐五善·權五榮, 1990, 『休岩里』 국립박물관 고적조사보고 제22책, 국립중앙박물관. 徐五善·權五榮·咸舜燮, 1991, 『松菊里IV』 국립박물관 고적조사보고 제23책, 국립중앙박물관. 徐五善·咸舜燮, 1992, 『固城貝塚』 국립박물관 고적조사보고 제24책, 국립중앙박물관. 韓永熙·咸舜燮, 1993, 『淸堂洞』 국립박물관 고적조사보고 제25책, 국립중앙박물관. 국립중앙박물관, 1995, 『淸堂洞II』 국립박물관 고적조사보고 제27책.

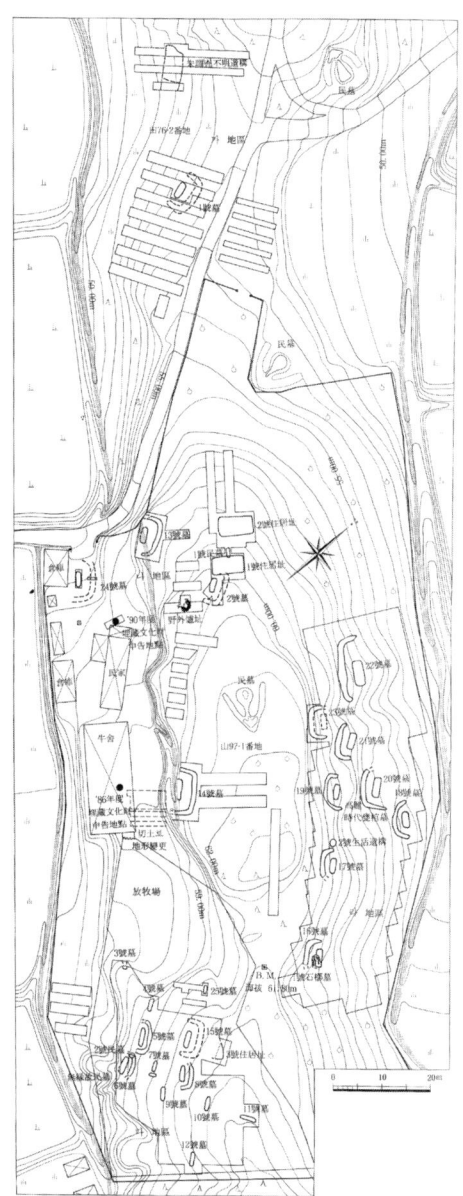

천안 청당동유적 유구배치도

천안 청당동유적 전경(성산에서)

천안 청당동유적 전경(북쪽에서)

천안 청당동유적 전경(남쪽에서)

석곽묘

묘광	크 기 (길이×너비×깊이)	(260+)×(156+)×(58+)	주체부	크 기 (길이×너비×높이)	(139+)×(79+)×(56+)
	장폭비	?		장폭비	?
	장축방향	N-51.5°-W	시상·관대	크 기 (길이×너비×두께)	?
	두 향	?	벽석종류		할석
유물	토 기	-			
	철 기	도자(1), 관정(6)			
	청동기		-		
	옥석류		-		
	기 타		-		
	특기사항				

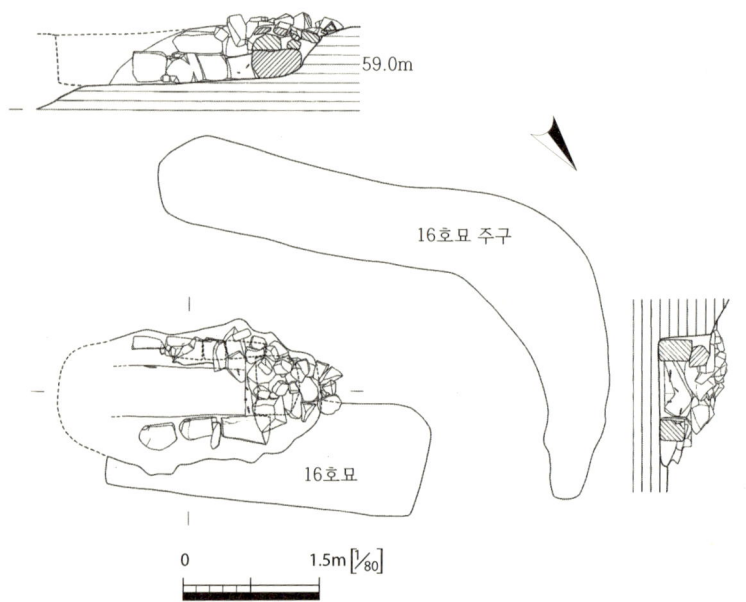

59.0m

16호묘 주구

16호묘

0   1.5m [1/80]

[유구사진]

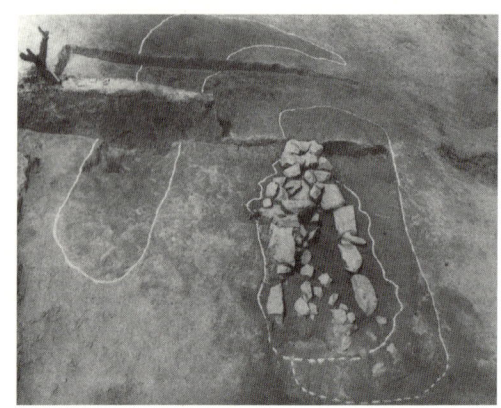

[출토유물]

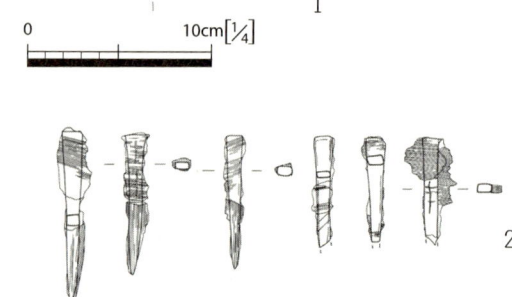

1

0   10cm[1/4]

2

1호 주구토광묘

(단위 : cm)

묘광	크 기 (길이×너비×깊이)	345×120×(37+)	목관	크 기 (길이×너비×높이)	275×65×(37+)
	장폭비	2.87:1		장폭비	4.23:1
	장축방향	N-26°-W	목곽	크 기 (길이×너비×높이)	-
	두 향	?		장폭비	-
유물	토 기	경질무문 심발(1), 단경호(2)			
	철 기	단조철부(1)			
	청 동 기	-			
	옥 석 류	유리제 구슬(10)			
	기 타	-			
	특기사항	주구가 있는 것으로 추가 보고되었음. 해발고도 미기술.			

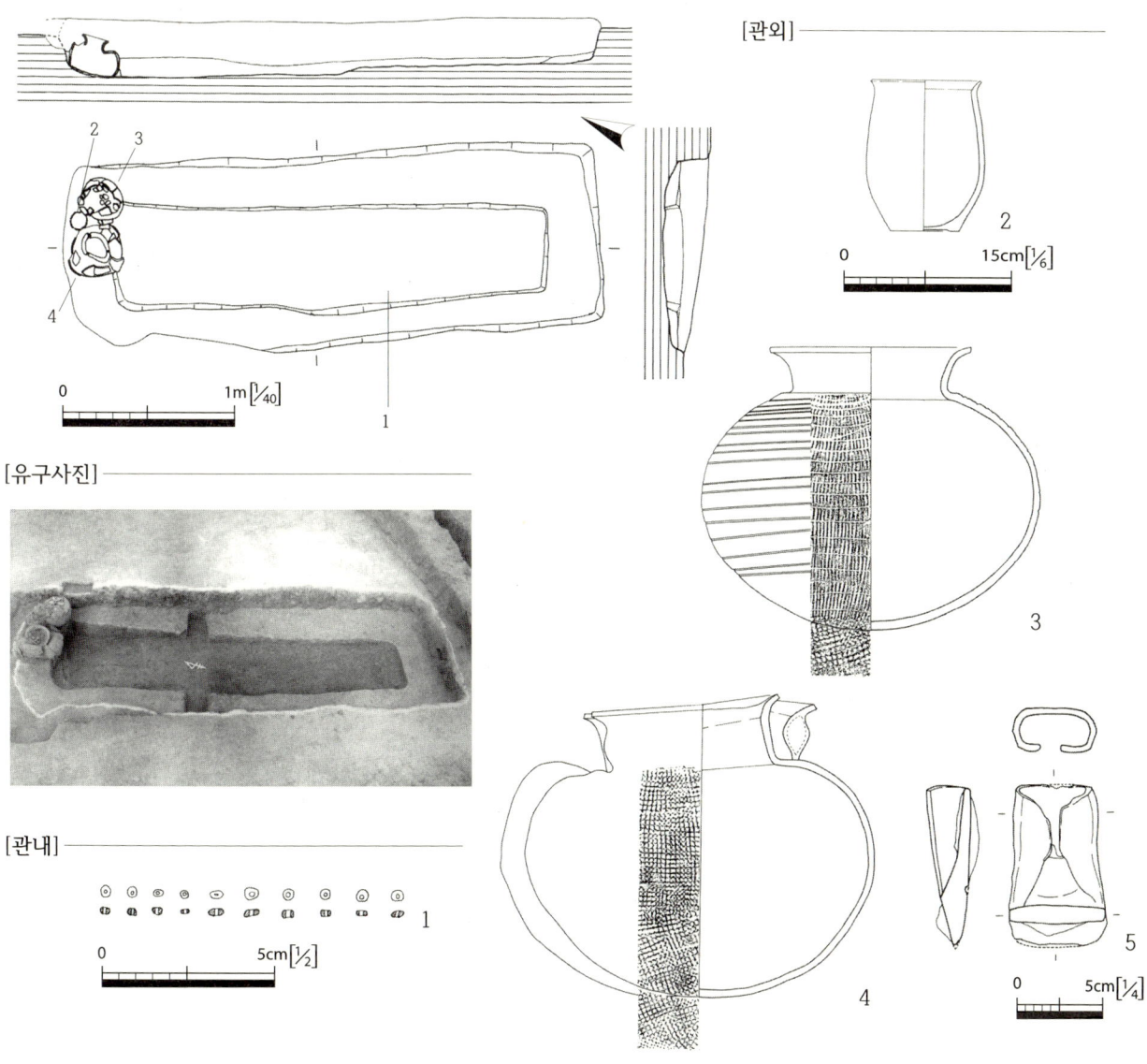

[관외]

[유구사진]

[관내]

2호 토광묘

(단위 : cm)

묘광	크 기 (길이×너비×깊이)	300×108×(40+)	목관	크 기 (길이×너비×높이)	265×77×?
	장폭비	2.77:1		장폭비	3.44:1
	장축방향	N-35°-W	목곽	크 기 (길이×너비×높이)	-
	두 향	동남쪽		장폭비	-
유물	토 기	경질무문 심발(1), 단경호(2), 장경호(1)			
	철 기	도자(1), 대구(1), 양단환봉(2)			
	청동기	-			
	옥석류	-			
	기 타	마노제 구슬(158), 유리제 구슬(90)			
	특기사항	구슬류 180점 도면 미게재. 양단환봉(1)과 유리제(27)·마노제(50) 구슬 등이 추가로 보고되었으나, 추가된 구슬 도면 미게재. 해발고도 미기술.			

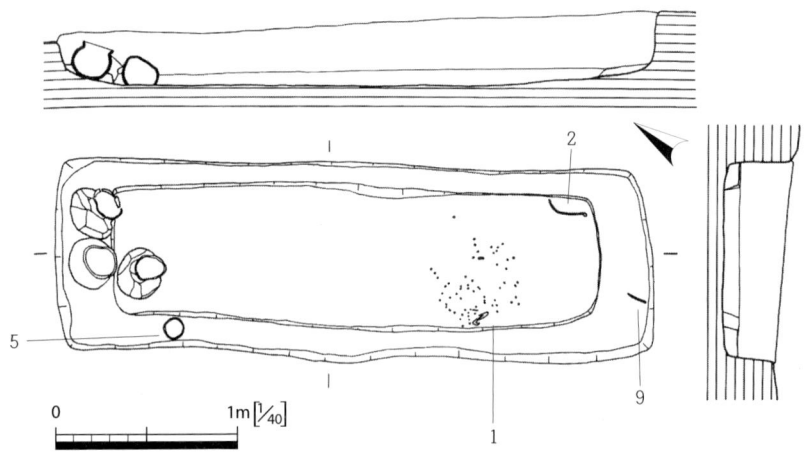

[관내]

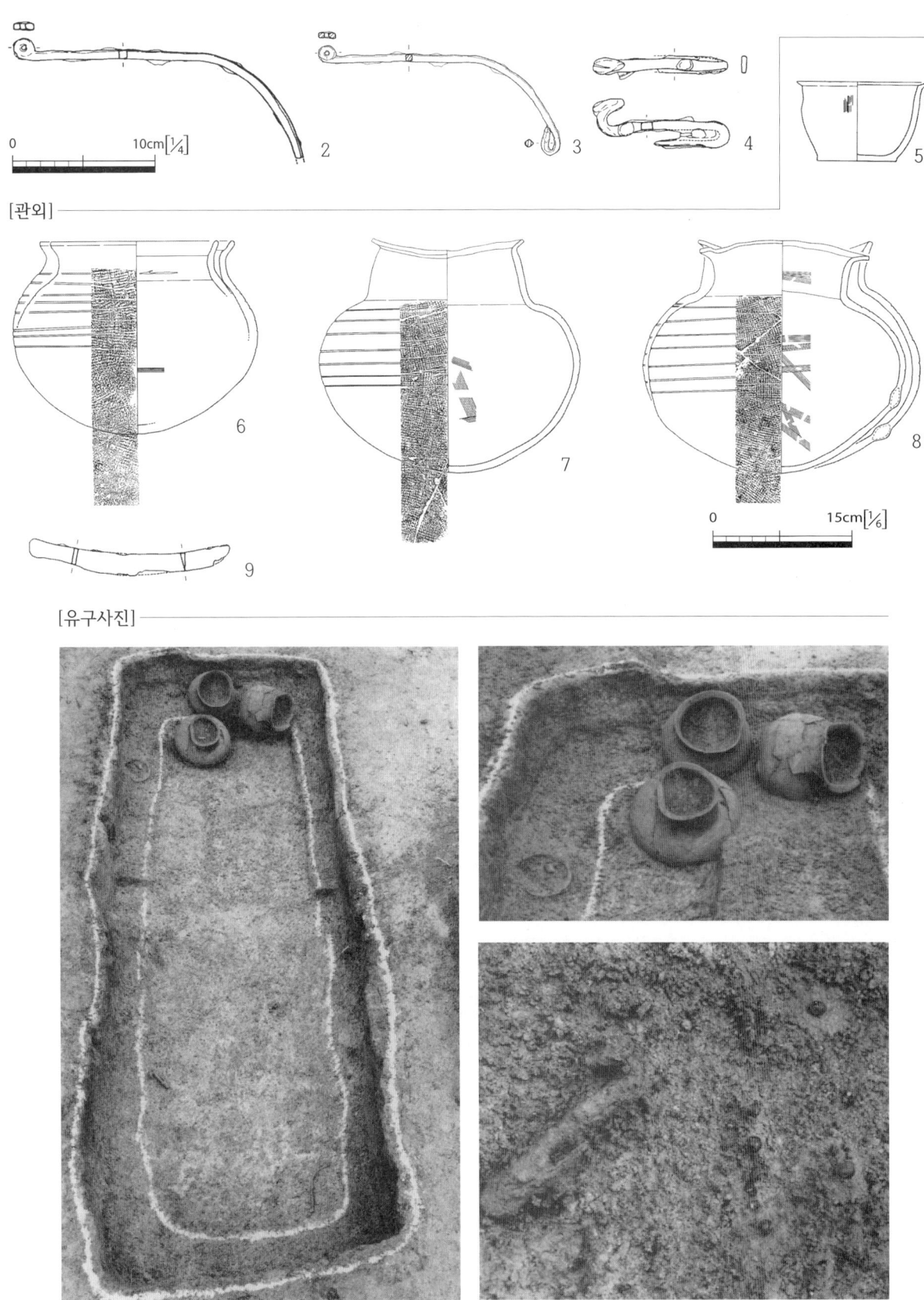

[관외]

[유구사진]

3호 토광묘

(단위 : cm)

묘광	크 기 (길이×너비×깊이)	(65+)×(84+)×(20+)	목관	크 기 (길이×너비×높이)	?×(50+)×?
	장폭비	?		장폭비	?
	장축방향	N-40°-W	목곽	크 기 (길이×너비×높이)	-
	두 향	?		장폭비	-
유물	토 기	-			
	철 기	-			
	청 동 기	-			
	옥 석 류	-			
	기 타	-			
	특기사항				

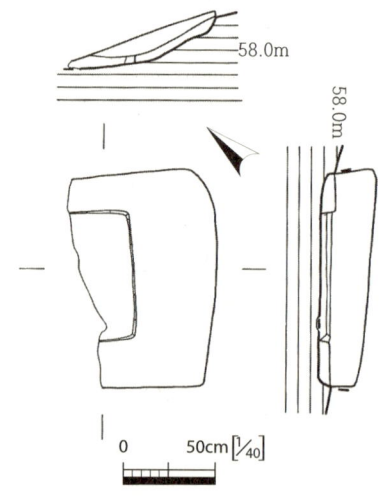

58.0m

58.0m

0   50cm 1/40

[유구사진]

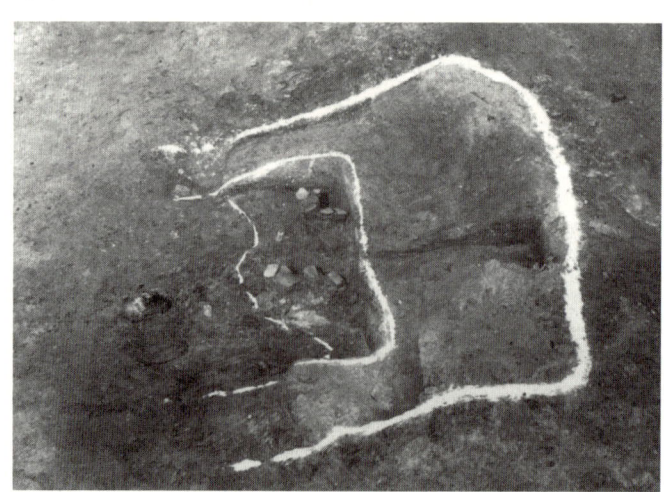

4호 토광묘

(단위 : cm)

묘광	크 기 (길이×너비×깊이)	(271+)×80×(39+)	목관	크 기 (길이×너비×높이)	(244+)×59×?
	장폭비	?		장폭비	?
	장축방향	N-37°-W	목곽	크 기 (길이×너비×높이)	-
	두 향	?		장폭비	-
유물	토 기	경질무문 심발(1), 토기편(1)			
	철 기	철재(3)			
	청동기	-			
	옥석류	-			
	기 타	-			
	특기사항	철재 3점과 토기편 1점 도면 미게재.			

Ⅰ : 황갈색 마사토(표토교란층)
Ⅱ : 회갈색 마사토
Ⅲ : 암갈색 마사토
Ⅳ : 마사포함 회백색 점토
Ⅴ : 마사포함 적색 점질토

59.4m

59.4m

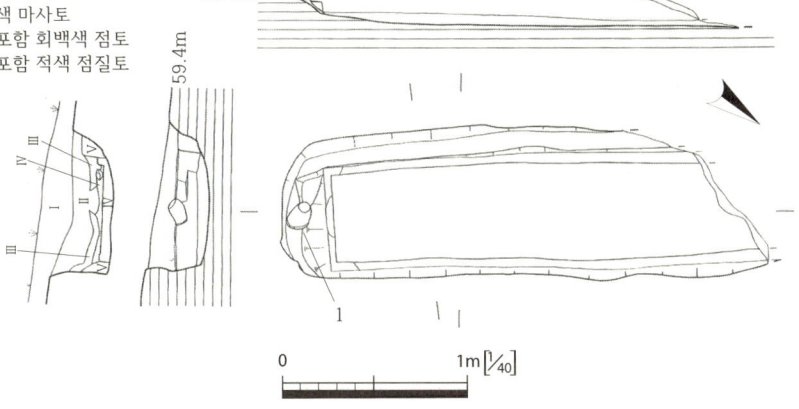

0   1m [1/40]

[유구사진]

[관외]

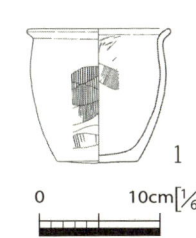

1

0   10cm [1/6]

2

5호 주구토광묘

(단위 : cm)

묘광	크 기 (길이×너비×깊이)	350×107×(35+)	목관	크 기 (길이×너비×높이)	260×65×?
	장 폭 비	3.27:1		장 폭 비	4.00:1
	장축방향	N-40°-W	목곽	크 기 (길이×너비×높이)	-
	두 향	서북쪽		장 폭 비	-
	주구크기 (길이×너비×깊이)	(850+)×83×(20+)		주구평면형태	'ㄷ'형
유물	토 기	경질무문 심발(1), 단경호(1), 토기편(1:주구1)			
	철 기	-			
	청 동 기	마형대구(11)			
	옥석류	유리제 구슬(1,548), 호박제 구슬(1), 석부(1:주구1)			
	기 타	-			
	특기사항	유리제 구슬 1,528점 도면 미게재.			

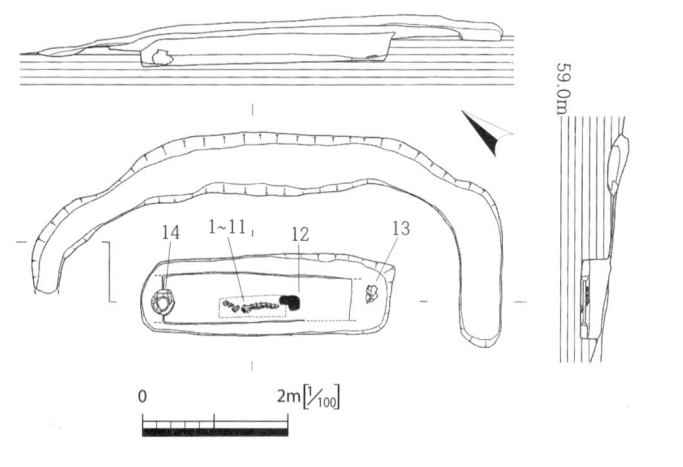

[유구사진]

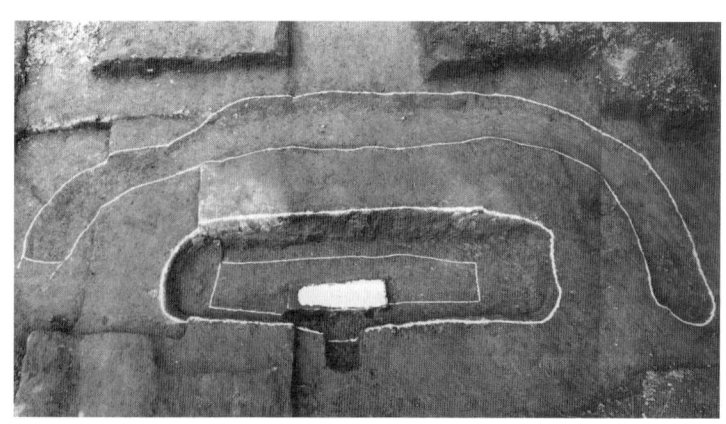

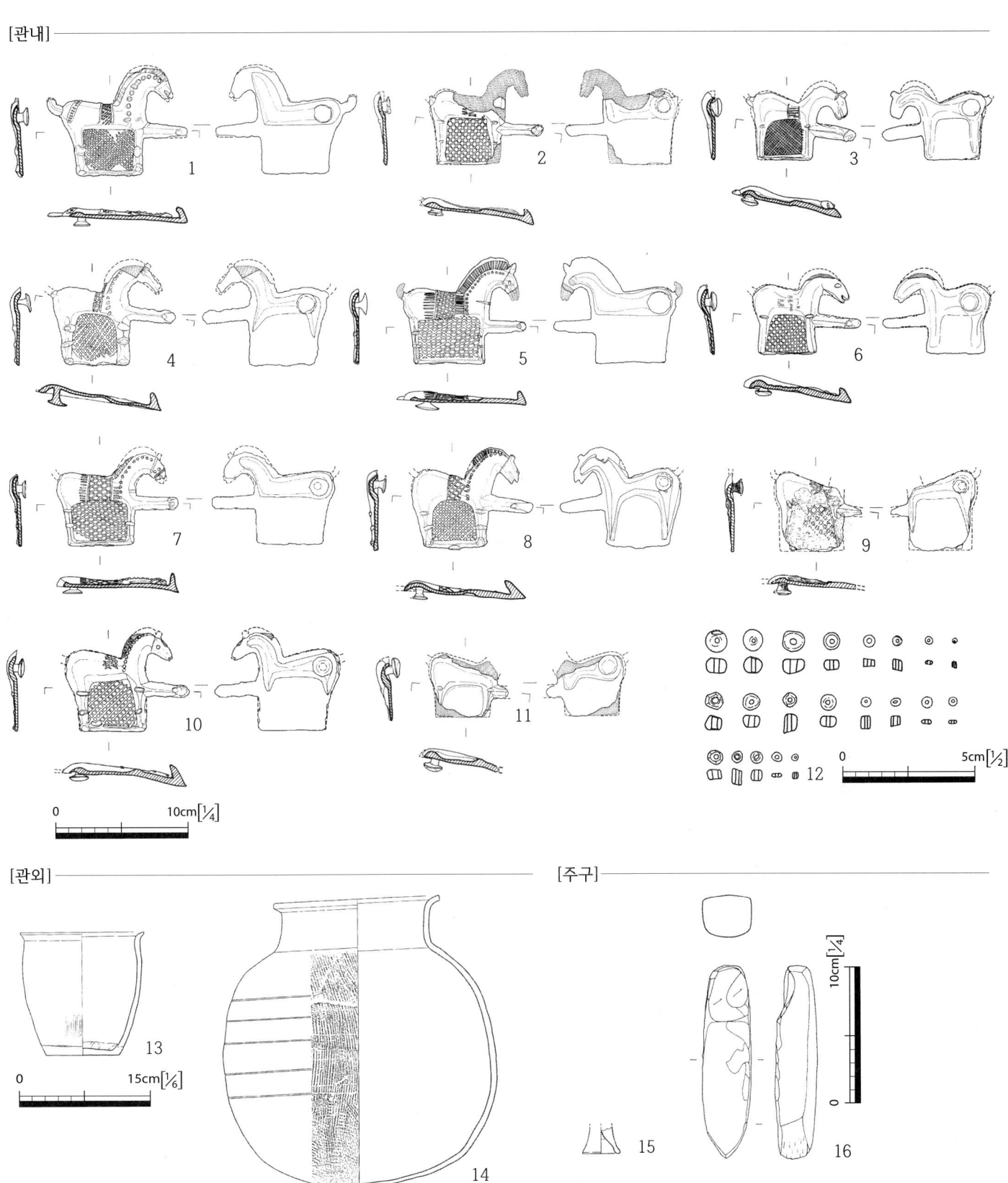

[관내]

1

2

3

4

5

6

7

8

9

10

11

12

0　　　　　　　10cm[¼]

0　　　5cm[½]

[관외]

13

14

0　　　　15cm[⅙]

[주구]

15

16

10cm[¼]

6호 주구토광묘

(단위 : cm)

묘광	크 기 (길이×너비×깊이)	344×114×(34+)	목관	크 기 (길이×너비×높이)	-
	장폭비	3.01:1		장폭비	-
	장축방향	N-22°-W	목곽	크 기 (길이×너비×높이)	218×66×?
	두 향	?		장폭비	3.30:1
	주구크기 (길이×너비×깊이)	(528+)×66×(18+)		주구평면형태	눈썹형
유물	토 기	단경호(1)			
	철 기	-			
	청 동 기	-			
	옥 석 류	-			
	기 타	토제 방추차(1)			
	특기사항	부장곽(40×60)이 따로 확인됨.			

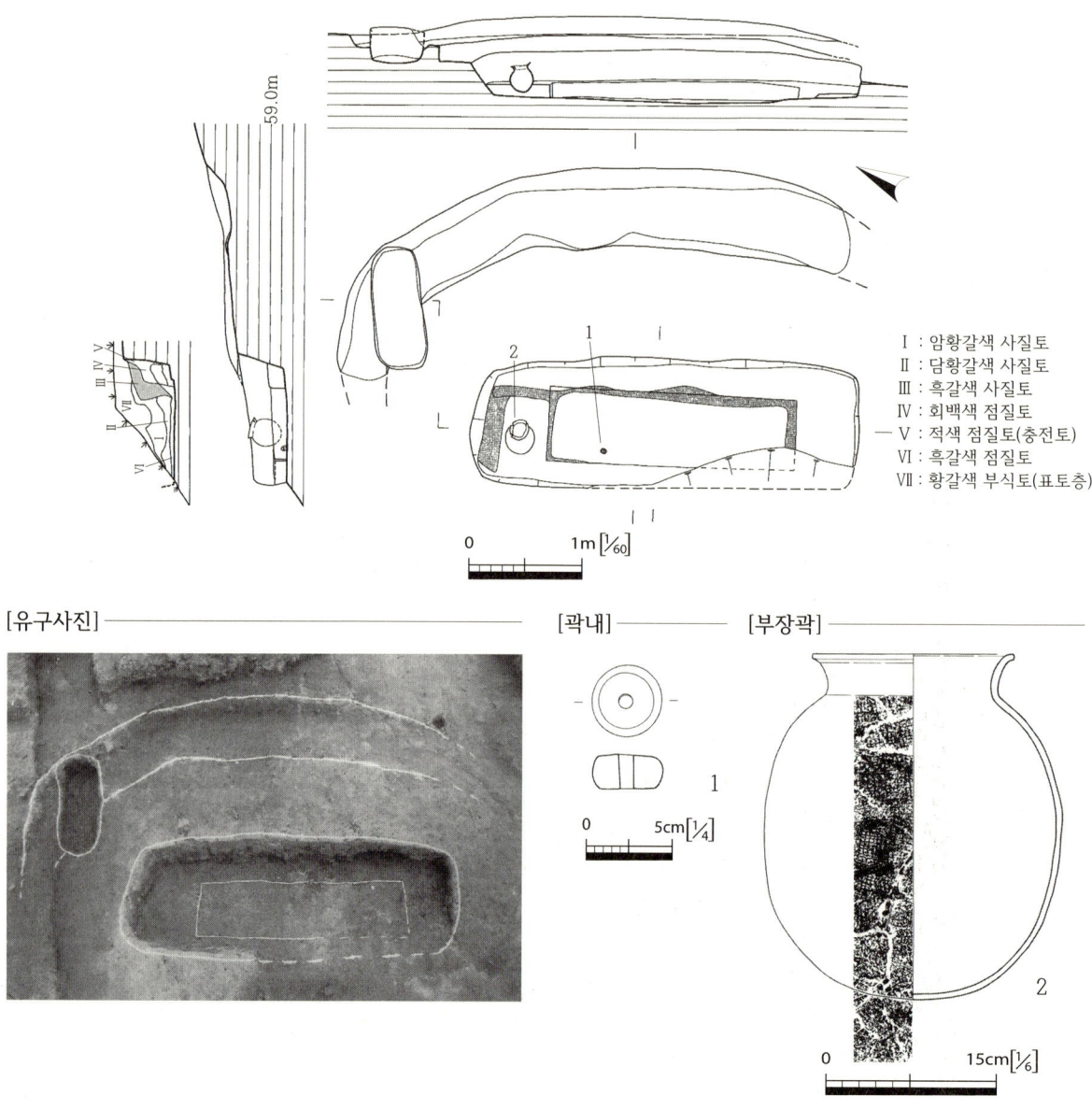

I : 암황갈색 사질토
II : 담황갈색 사질토
III : 흑갈색 사질토
IV : 회백색 점질토
V : 적색 점질토(충전토)
VI : 흑갈색 점질토
VII : 황갈색 부식토(표토층)

0   1m [1/60]

[유구사진]   [곽내]   [부장곽]

0   5cm[1/4]   0   15cm[1/6]

7호 토광묘

묘광	크 기 (길이×너비×깊이)	221×68×(15+)	목관	크 기 (길이×너비×높이)	?
	장폭비	3.25:1		장폭비	?
	장축방향	N-30°-W	목곽	크 기 (길이×너비×높이)	?
	두 향	?		장폭비	?
유물	토 기	-			
	철 기	-			
	청동기	마형대구(2)			
	옥석류	-			
	기 타	-			
	특기사항	직장묘일 가능성이 있음.			

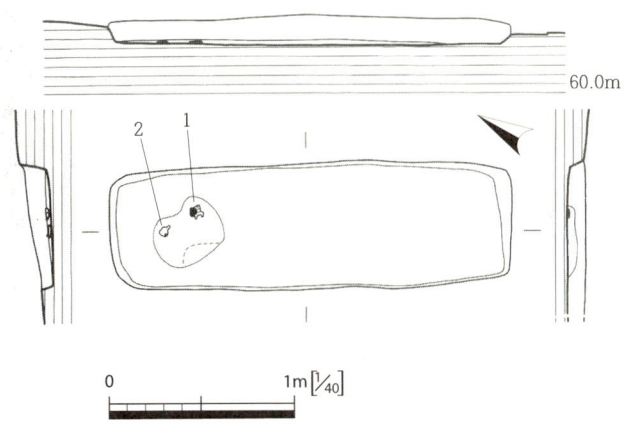

60.0m

0   1m[1/40]

[유구사진]

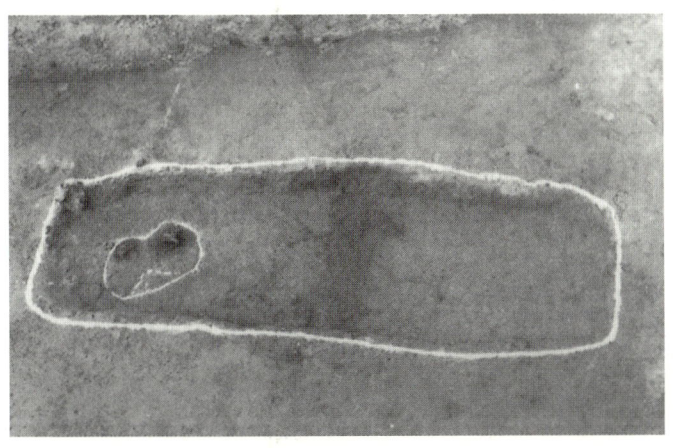

[출토유물]

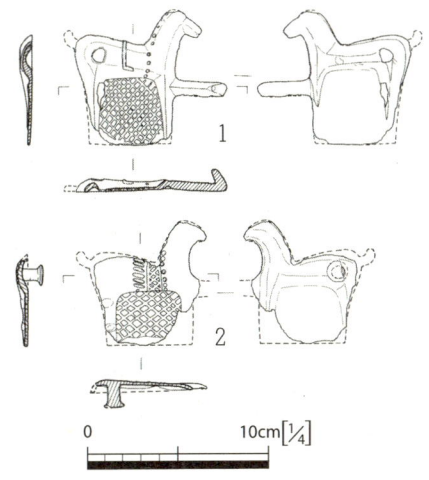

0   10cm[1/4]

8호 주구토광묘

묘광	크 기 (길이×너비×깊이)	312×87×(46+)	목관	크 기 (길이×너비×높이)	245×68×?
	장폭비	3.58:1		장폭비	3.60:1
	장축방향	N-40°-W	목곽	크 기 (길이×너비×높이)	-
	두 향	?		장폭비	-
	주구크기 (길이×너비×깊이)	(560+)×45×(23+)	주구평면형태		('ㄱ'형)
유물	토 기	경질무문 심발(1), 호·옹(1)			
	철 기	-			
	청동기	-			
	옥석류	유리제 구슬(4)			
	기 타	-			
	특기사항				

Ⅰ : 회백색 점토(목관선)
Ⅱ : 회백색 점질토
Ⅲ : 황갈색 점질토(충전토)
Ⅳ1 : 마사포함 황갈색 점질토
Ⅳ2 : 마사포함 황갈색 점질토
　　(회백색 점질토 30%가량 포함)

[유구사진]

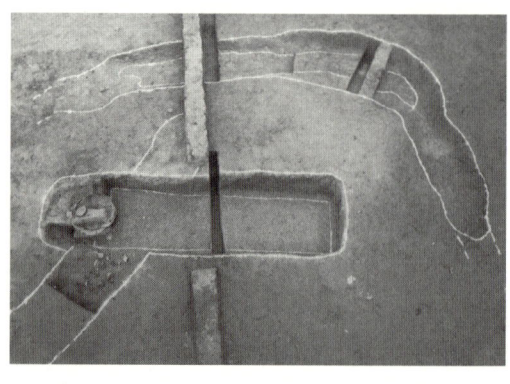

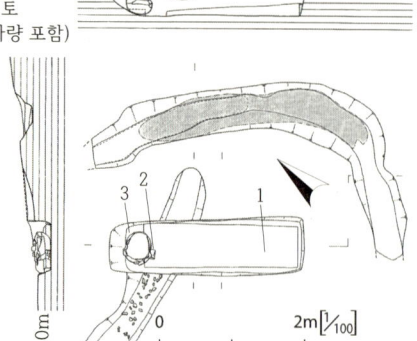

Ⅴ : 황갈색 사질토
Ⅵ1 : 명황갈색 사질토(사립미량)
Ⅵ2 : 명황갈색 사질토(사립다량)
Ⅶ : 흑갈색 사질토
Ⅷ : 황갈색 부식토(표토층)

[관외]

[관내]

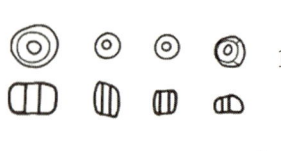

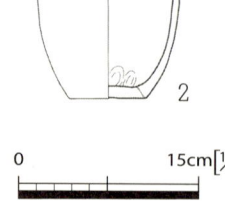

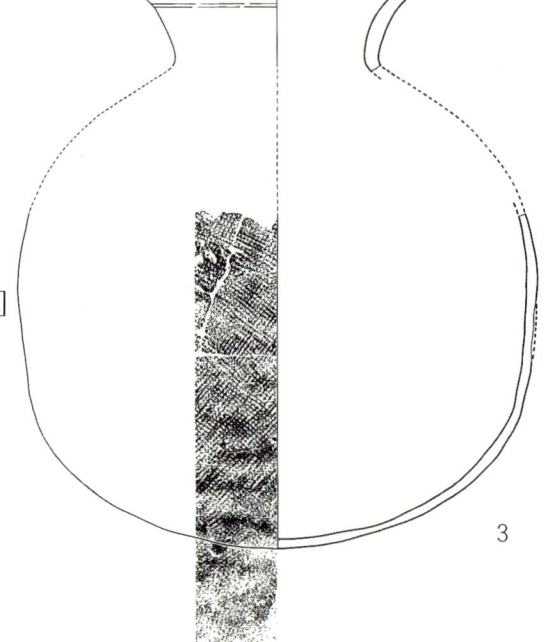

마한·백제의 분묘 문화 Ⅲ-충남Ⅱ: 천안 편-

9호 토광묘

(단위 : cm)

묘광	크 기 (길이×너비×깊이)	275×87×(20+)	목관	크 기 (길이×너비×높이)	209×42×?
	장폭비	3.16:1		장폭비	4.97:1
	장축방향	N-48°-W	목곽	크 기 (길이×너비×높이)	-
	두 향	?		장폭비	-
유물	토 기	단경호(1)			
	철 기	-			
	청 동 기	마형대구(4)			
	옥 석 류	-			
	기 타	-			
	특기사항				

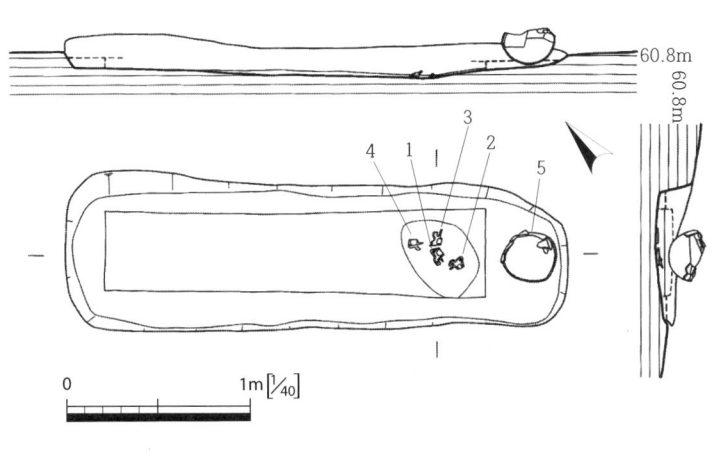

60.8m

60.8m

[관외]

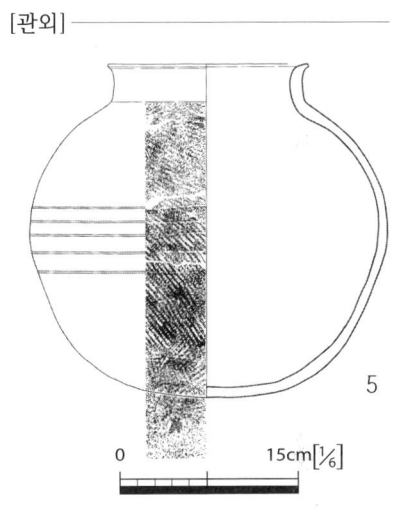

[관내]

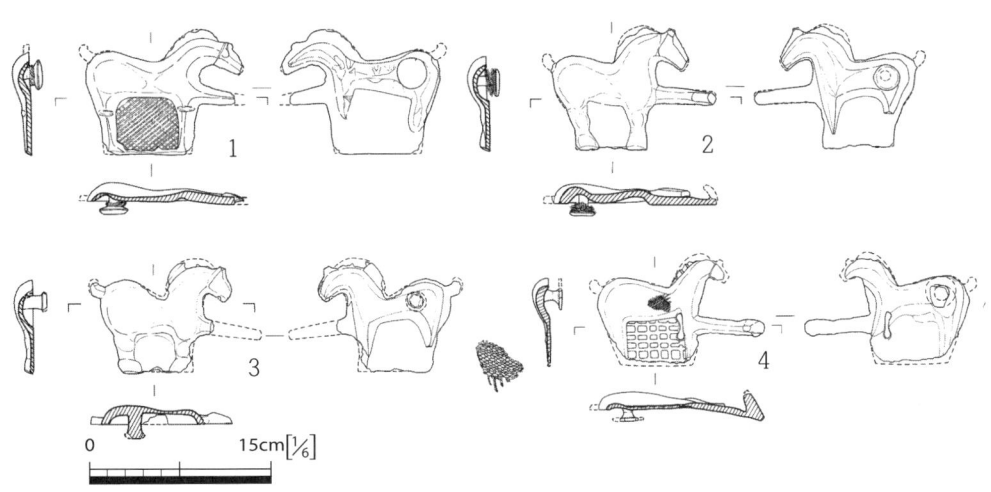

10호 토광묘

(단위 : cm)

묘광	크 기 (길이×너비×깊이)	290×84×(11+)	목관	크 기 (길이×너비×높이)	210×55×?
	장폭비	3.45:1		장폭비	3.81:1
	장축방향	N-34°-W	목곽	크 기 (길이×너비×높이)	-
	두 향	?		장폭비	-
유물	토 기	경질무문 심발(1), 단경호(1)			
	철 기	-			
	청동기	-			
	옥석류	-			
	기 타	-			
	특기사항				

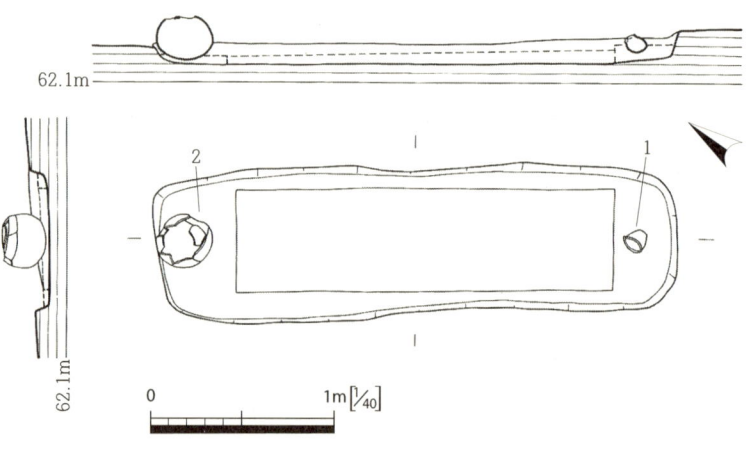

62.1m

62.1m

0   1m[1/40]

[관외]

1

2

0   15cm[1/6]

[유구사진]

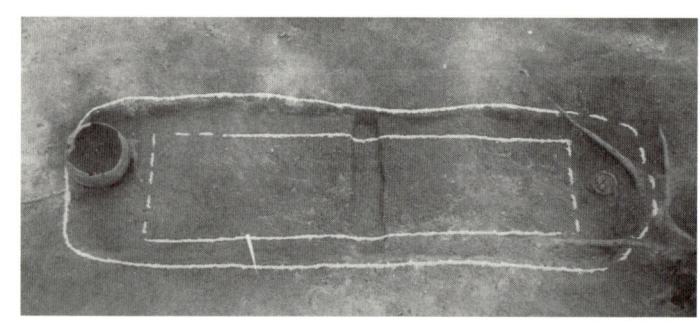

11호 토광묘

(단위 : cm)

묘광	크 기 (길이×너비×깊이)	320×70×(27+)	목관	크 기 (길이×너비×높이)	204×48×?
	장 폭 비	4.57:1		장 폭 비	4.25:1
	장축방향	N-61°-E	목곽	크 기 (길이×너비×높이)	-
	두 향	?		장 폭 비	-
유물	토 기	경질무문 심발(1)			
	철 기	-			
	청 동 기	-			
	옥 석 류	-			
	기 타	-			
	특기사항				

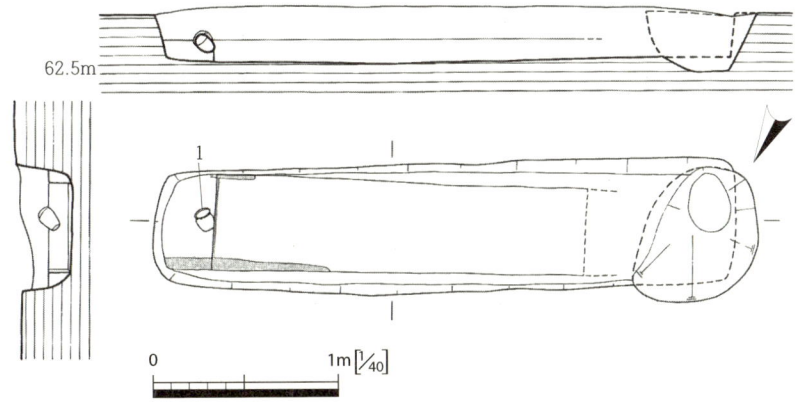

62.5m

0   1m [1/40]

[유구사진]

[관외]

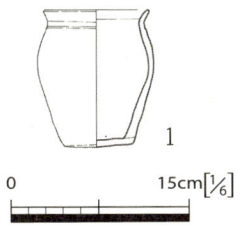

1

0   15cm[1/6]

12호 토광묘

(단위 : cm)

묘광	크 기 (길이×너비×깊이)	273×79×(27+)	목관	크 기 (길이×너비×높이)	?×60×?
	장폭비	3.45:1		장폭비	?
	장축방향	N-39°-W	목곽	크 기 (길이×너비×높이)	-
	두 향	?		장폭비	-
유물	토 기	경질무문 심발(1), 단경호(1)			
	철 기	-			
	청동기	-			
	옥석류	-			
	기 타	-			
	특기사항				

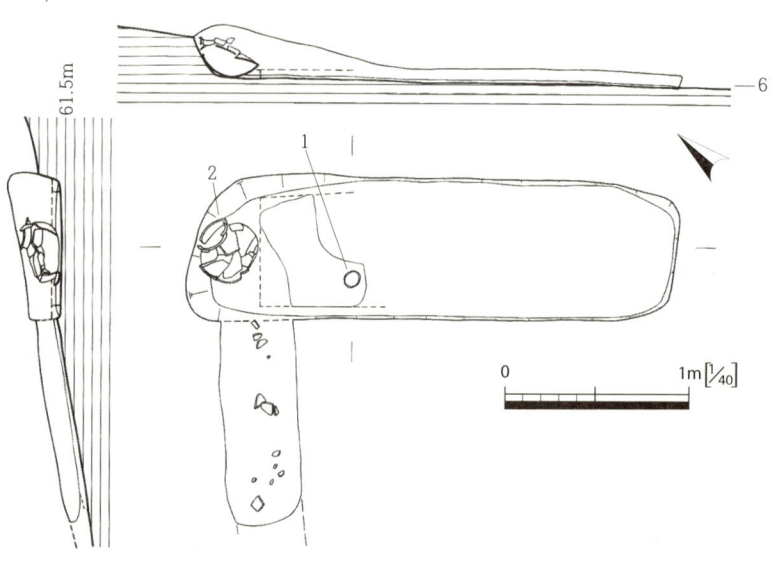

[출토유물]

0 ⎯⎯⎯ 1m [1/40]

0 ⎯⎯⎯ 15cm [1/6]

[유구사진]

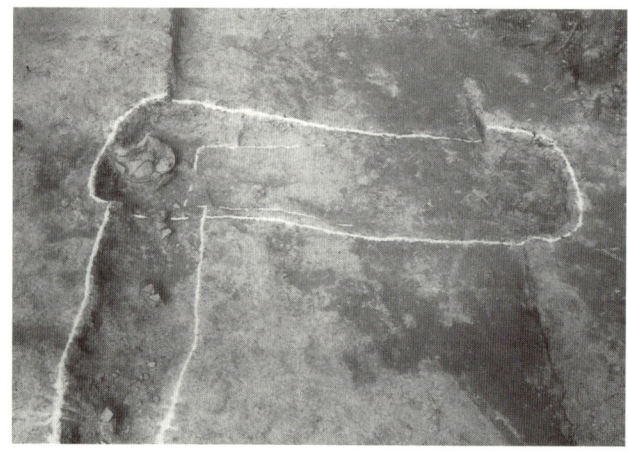

13호 주구토광묘

(단위 : cm)

묘광	크 기 (길이×너비×깊이)	329×133×(69+)	목관	크 기 (길이×너비×높이)	277×75×?
	장 폭 비	2.47:1		장 폭 비	3.69:1
	장축방향	N-40°-W	목곽	크 기 (길이×너비×높이)	-
	두 향	동남쪽		장 폭 비	-
	주구크기 (길이×너비×깊이)	(1190+)×93×(71+)	주구평면형태		('ㄷ'형)
유물	토 기	단경호(1), 장경호(1)			
	철 기	환두도(1), 촉(1), 따비(1)			
	청 동 기	-			
	옥 석 류	-			
	기 타	-			
	특기사항				

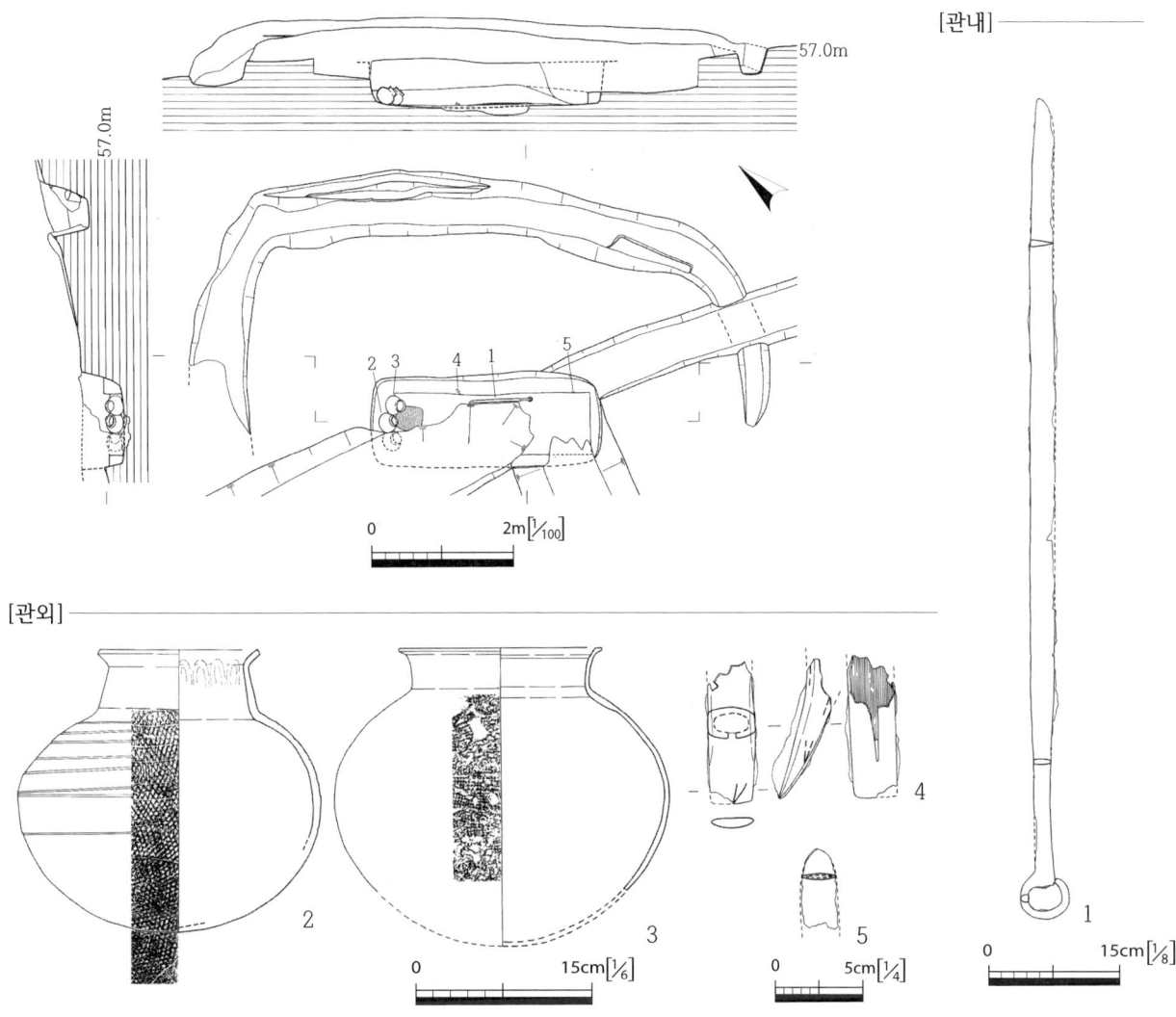

[관내]

[관외]

0   2m[1/100]

0   15cm[1/6]   0   5cm[1/4]   0   15cm[1/8]

14호 주구토광묘

(단위: cm)

묘광	크 기 (길이×너비×깊이)	(403+)×(84+)×(46+)	목관	크 기 (길이×너비×높이)	?
	장폭비	?		장폭비	?
	장축방향	N-47°-W	목곽	크 기 (길이×너비×높이)	(310+)×(69+)×(29+)
	두 향	동남쪽		장폭비	?
	주구크기 (길이×너비×깊이)	(1390+)×115×(58.5+)		주구평면형태	('ㄷ'형)
유물	토 기	심발형토기(1), 단경호(6:주구1), 직구호(1:주구1)			
	철 기	환두도(2), 도자(1), 촉(14), 모(4), 단조철부(3), 착(2), 겸(1)			
	청 동 기	-			
	옥석류	유리제 구슬(53), 마노제 구슬(133)			
	기 타	-			
	특기사항	마노제 구슬 107점과 유리제 구슬 46점 도면 미게재. 주구에서 직구호(1)와 단경호(1)가 출토됨.			

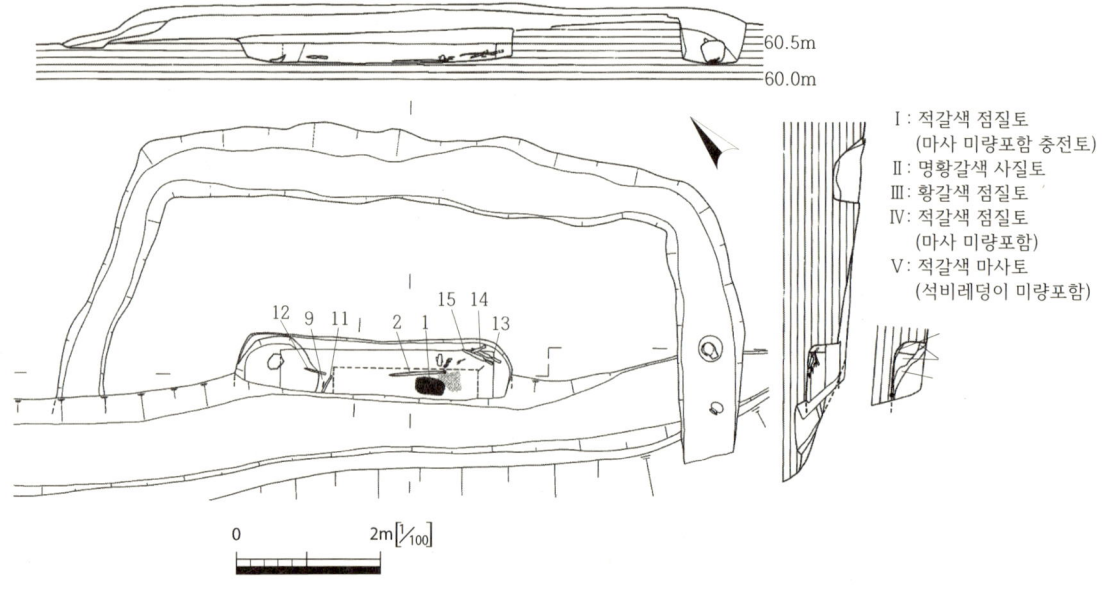

- 60.5m
- 60.0m

Ⅰ : 적갈색 점질토
(마사 미량포함 충전토)
Ⅱ : 명황갈색 사질토
Ⅲ : 황갈색 점질토
Ⅳ : 적갈색 점질토
(마사 미량포함)
Ⅴ : 적갈색 마사토
(석비레덩이 미량포함)

0   2m[1/100]

[유구사진]

[관내]

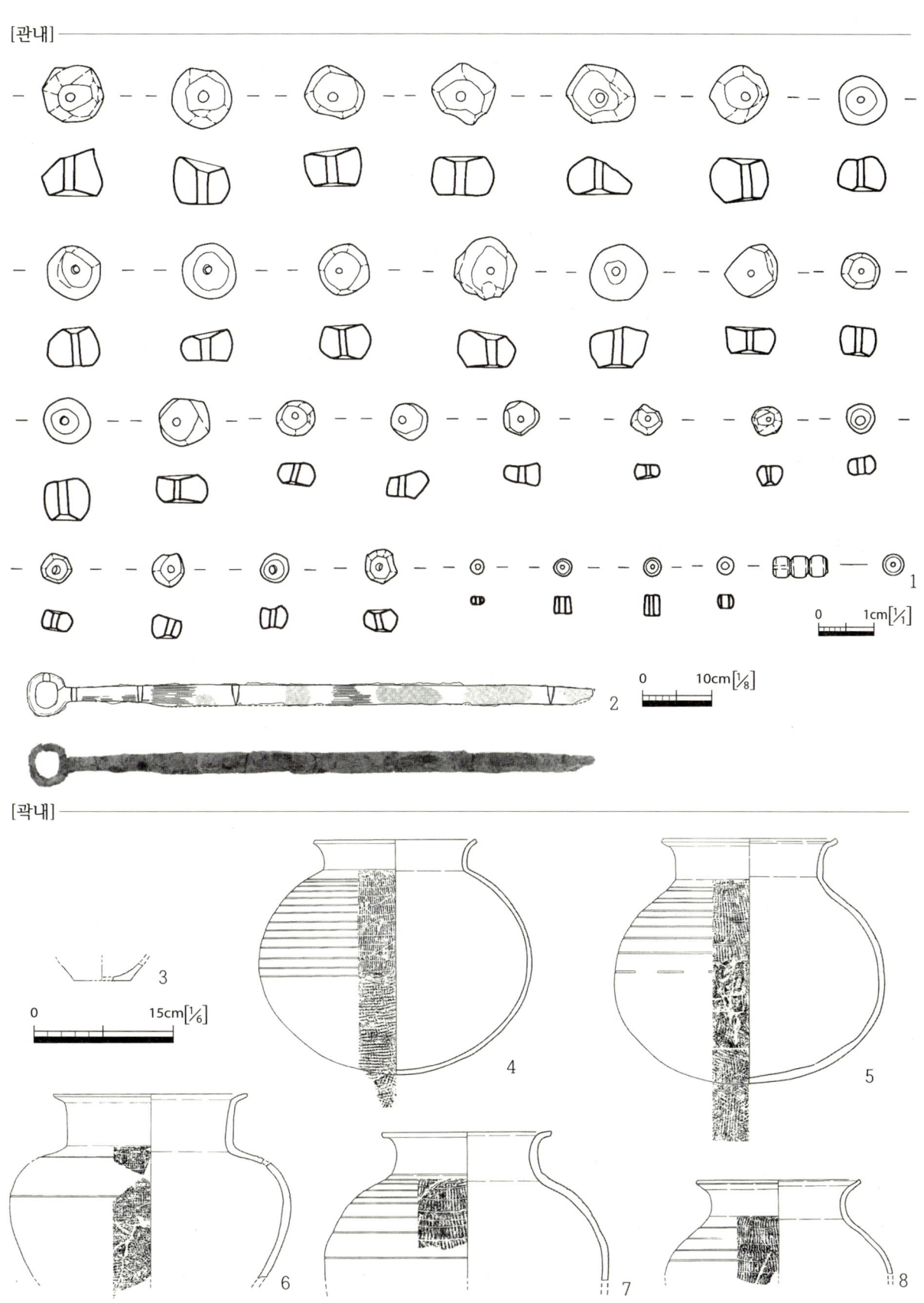

0   1cm[1/1]

2

[곽내]

3

0   15cm[1/6]

0   10cm[1/8]

1

4

5

6

7

8

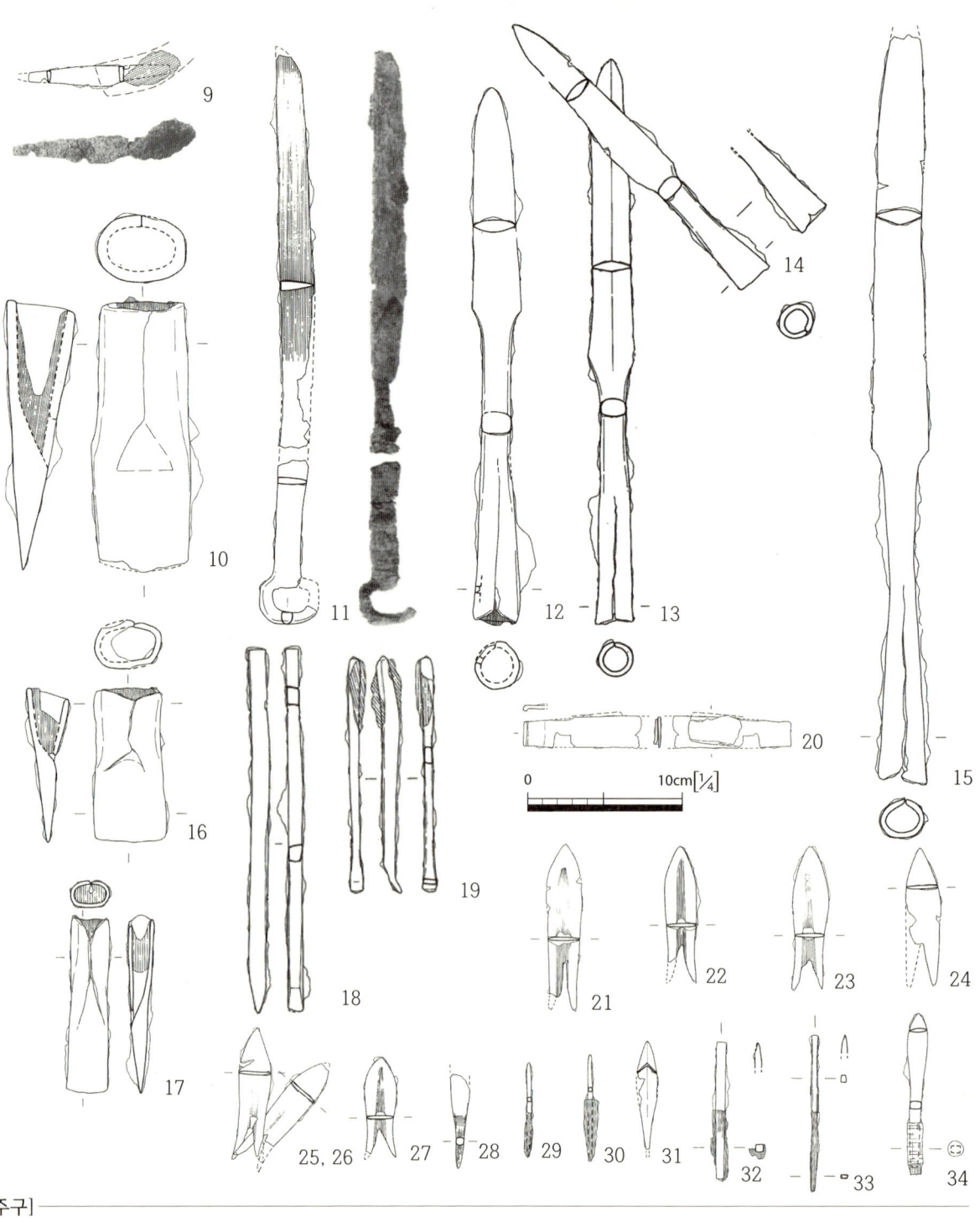

9

10

11

12   13

14

15

16

17

18

19

20

0   10cm[1/4]

21

22

23

24

25, 26   27   28   29   30   31   32   33   34

[주구]

35

36

0   15cm[1/6]

15호 주구토광묘

(단위 : cm)

묘광	크 기 (길이×너비×깊이)	328×115×(61+)	목관	크 기 (길이×너비×높이)	236×63×(30+)
	장폭비	2.85:1		장폭비	3.74:1
	장축방향	N-35°-W	목곽	크 기 (길이×너비×높이)	-
	두 향	?		장폭비	-
	주구크기 (길이×너비×깊이)	?×(100+)×?	주구평면형태		?
유물	토 기	경질무문 심발(1), 단경호(2), 장경호(1)			
	철 기	모(1), 도자(1)			
	청동기	-			
	옥석류	-			
	기 타	-			
	특기사항	미조사 구역에 주구가 있을 것으로 추정함.			

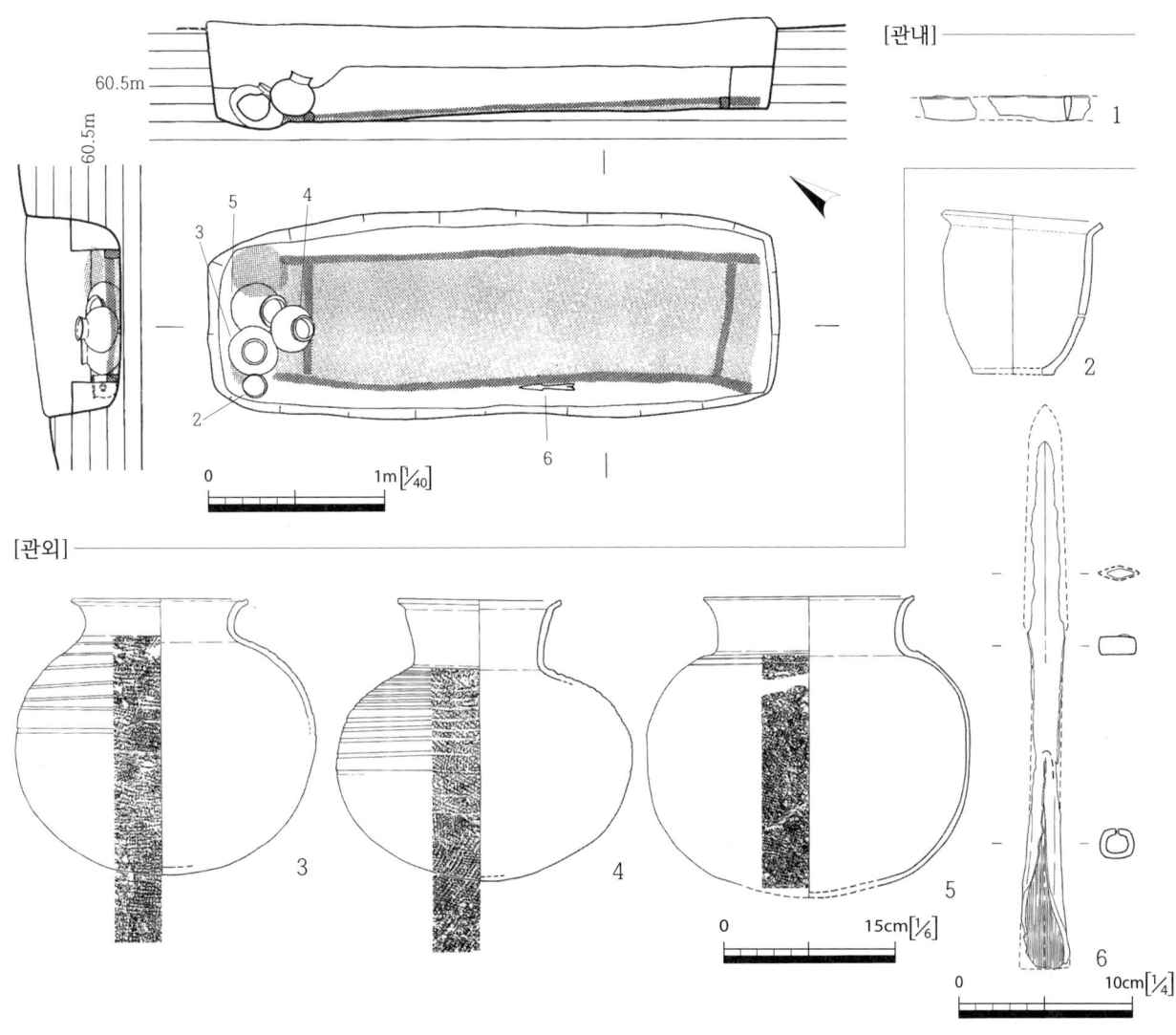

16호 주구토광묘

(단위 : cm)

묘광	크 기 (길이×너비×깊이)	353×121×(73+)	목관	크 기 (길이×너비×높이)	262×79×(19+)
	장폭비	2.91:1		장폭비	3.13:1
	장축방향	N-45°-W	목곽	크 기 (길이×너비×높이)	-
	두 향	?		장폭비	-
	주구크기 (길이×너비×깊이)	(670+)×111×(72+)		주구평면형태	눈썹형
유물	토 기	경질무문 심발(1), 단경호(7), 장경호(1)			
	철 기	단조철부(1), 겸(1)			
	청동기	마형대구(1)			
	옥석류	-			
	기 타	-			
	특기사항				

[관내]

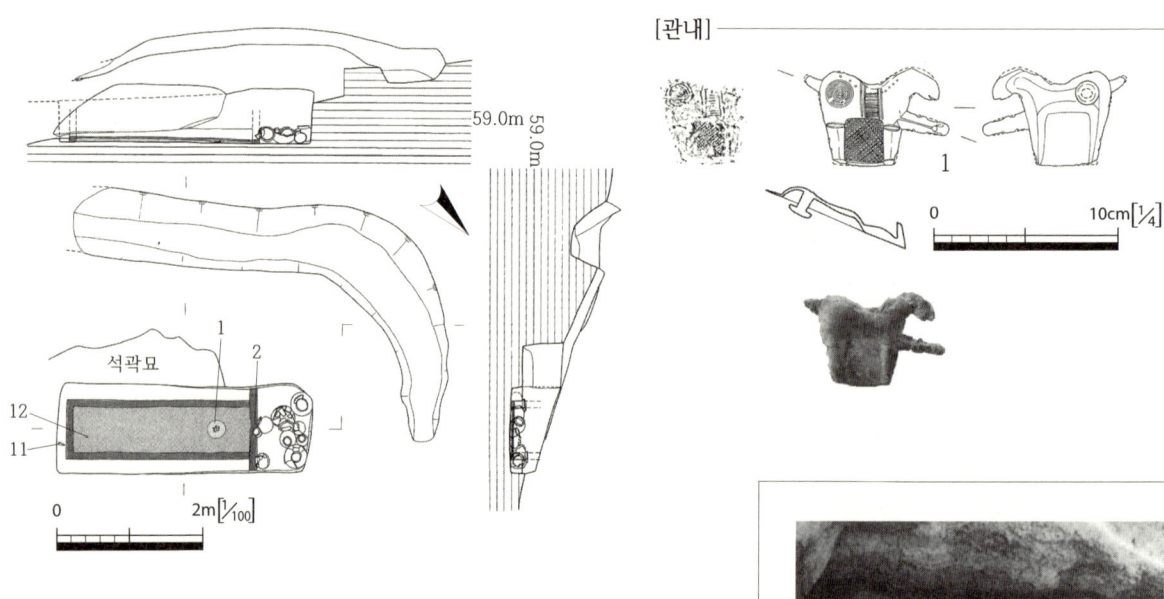

[유구사진]

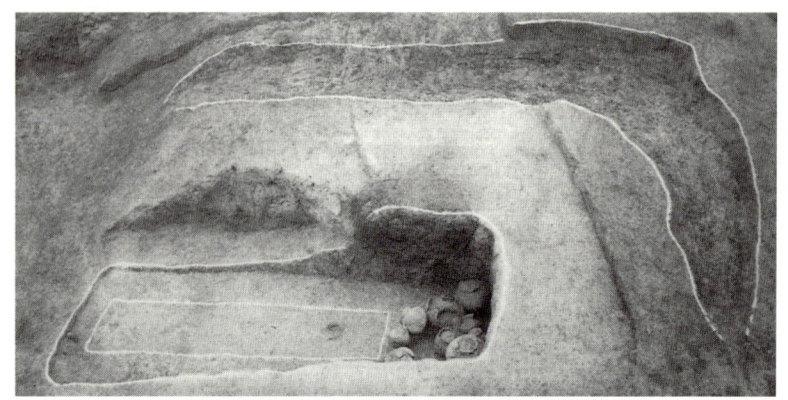

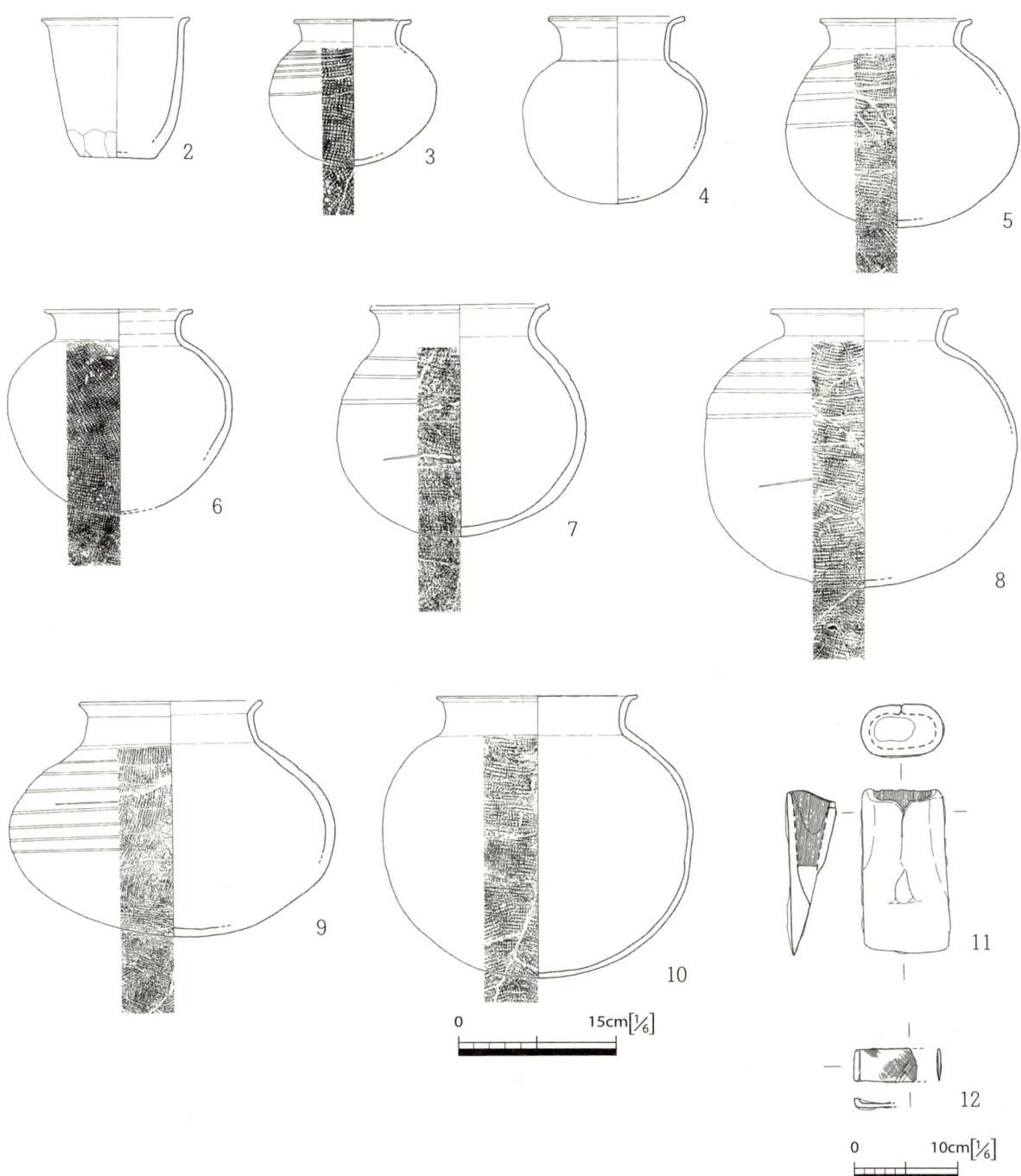

0   15cm[⅙]

0   10cm[⅙]

17호 주구토광묘

(단위 : cm)

묘광	크 기 (길이×너비×깊이)	303×125×(57+)	목관	크 기 (길이×너비×높이)	242×80×(24+)
	장폭비	2.42:1		장폭비	3.02:1
	장축방향	N-44°-W	목곽	크 기 (길이×너비×높이)	-
	두 향	?		장폭비	-
	주구크기 (길이×너비×깊이)	(750+)×99×(29+)	주구평면형태		눈썹형
유물	토 기	경질무문 심발(1), 단경호(1), 토기편(1)			
	철 기	-			
	청 동 기	-			
	옥석류	-			
	기 타	-			
	특기사항				

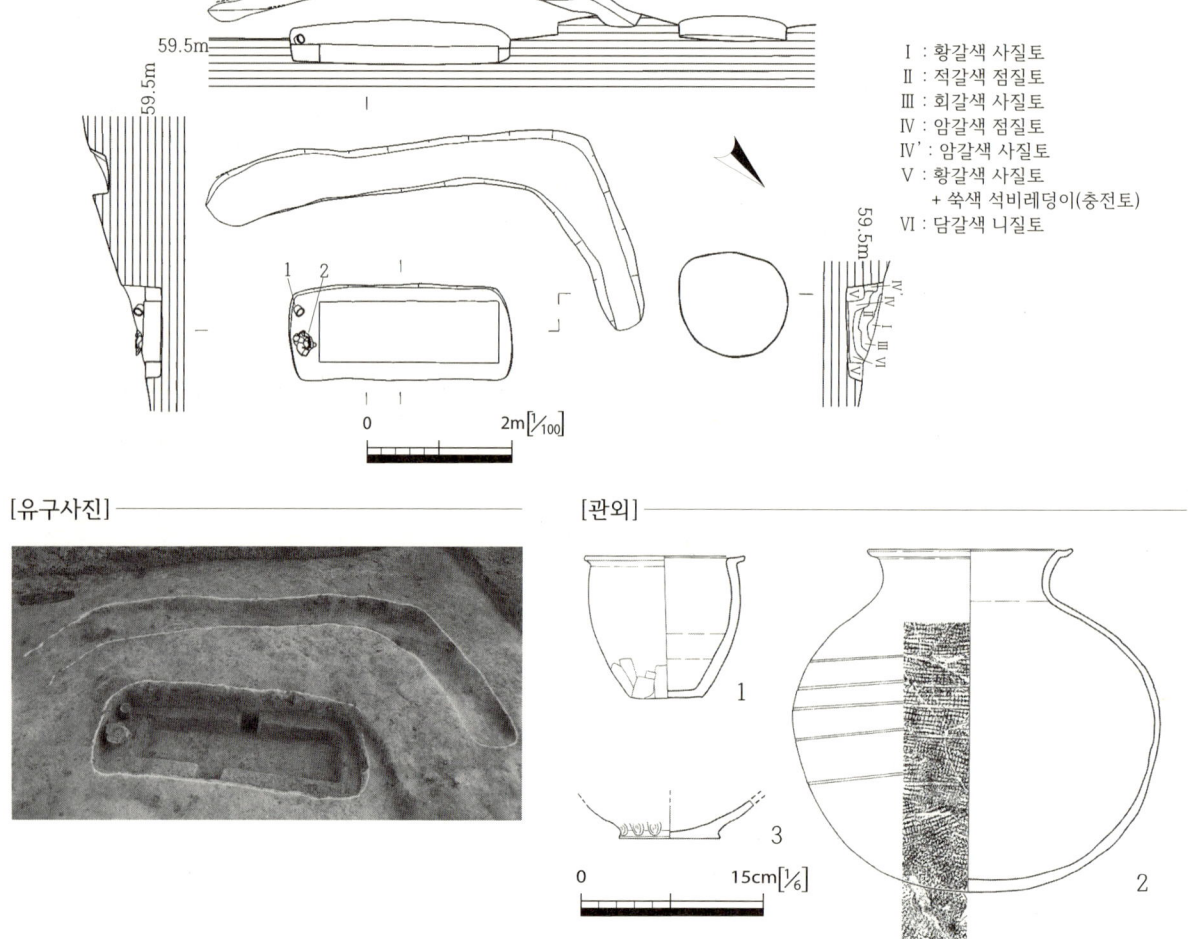

Ⅰ : 황갈색 사질토
Ⅱ : 적갈색 점질토
Ⅲ : 회갈색 사질토
Ⅳ : 암갈색 점질토
Ⅳ': 암갈색 사질토
Ⅴ : 황갈색 사질토
　　 + 쑥색 석비레덩이(충전토)
Ⅵ : 담갈색 니질토

[유구사진]

[관외]

18호 주구토광묘

(단위 : cm)

묘광	크 기 (길이×너비×깊이)	324×144×(61+)	목관	크 기 (길이×너비×높이)	265×90×(19+)
	장폭비	2.25:1		장폭비	2.94:1
	장축방향	N-53°-W	목곽	크 기 (길이×너비×높이)	-
	두 향	동남쪽		장폭비	-
	주구크기 (길이×너비×깊이)	(980+)×87×(40+)	주구평면형태		눈썹형
유물	토 기	경질무문 심발(1), 직구호(1), 단경호(2), 장경호(1)			
	철 기	환두도(1), 모(1), 촉(6), 단조철부(1)			
	청 동 기	-			
	옥 석 류	-			
	기 타	-			
	특기사항	서북쪽의 장측판을 길게 하여 부장 공간을 만듦.			

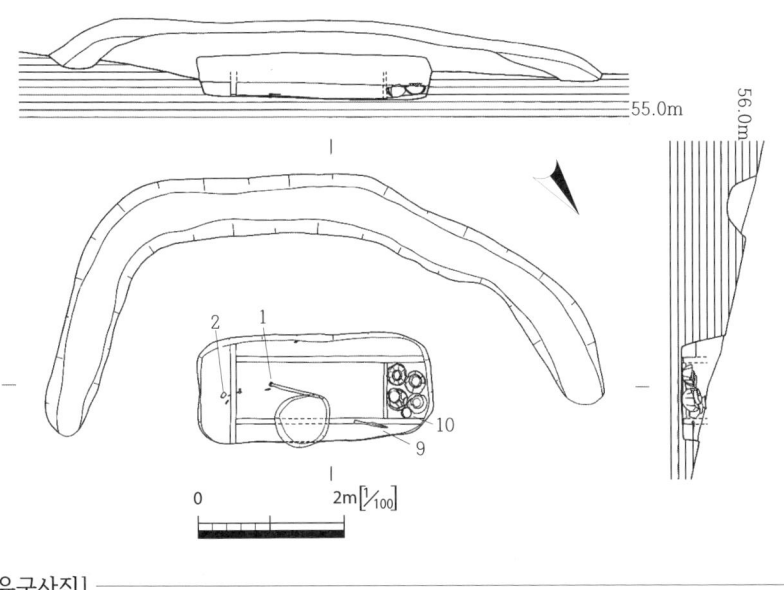

[유구사진]

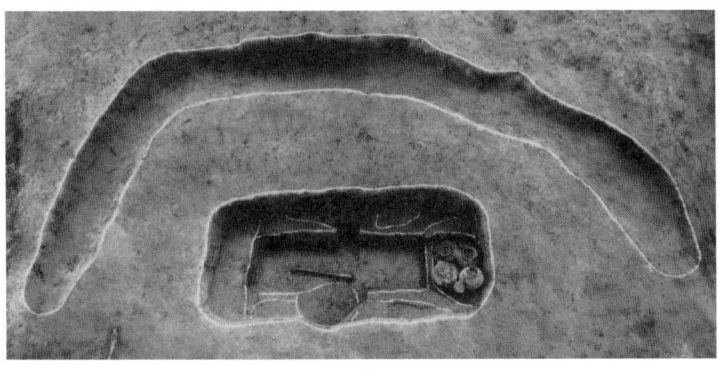

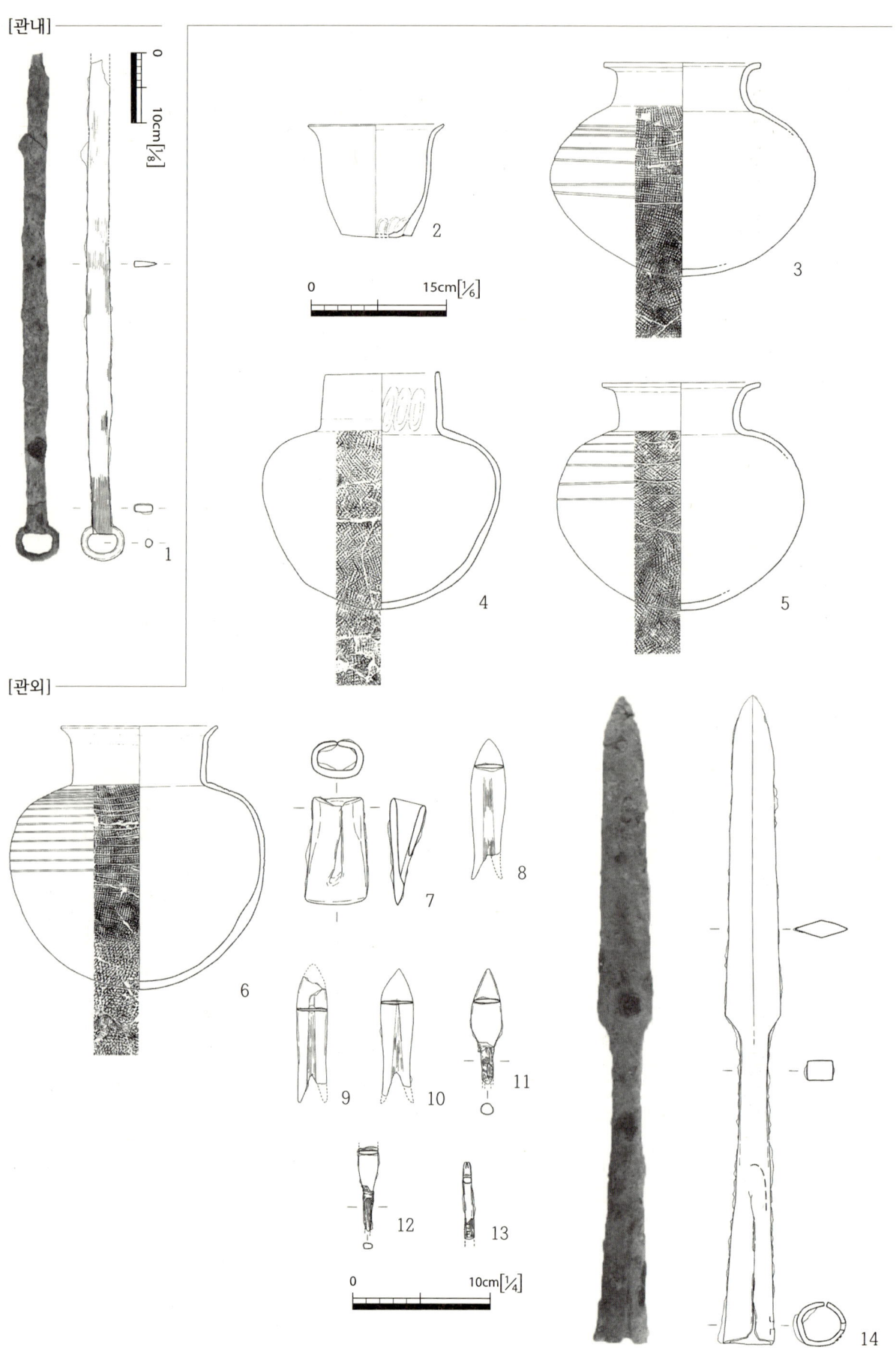

[관내]

0 10cm[⅛]

2

0   15cm[⅙]

3

4

5

[관외]

6

7

8

9

10

11

12

13

0   10cm[¼]

14

19호 주구토광묘

(단위 : cm)

묘광	크 기 (길이×너비×깊이)	256×108×(50+)	목관	크 기 (길이×너비×높이)	260×70×?
	장폭비	2.37:1		장폭비	3.71:1
	장축방향	N-48°-W	목곽	크 기 (길이×너비×높이)	-
	두 향	?		장폭비	-
	주구크기 (길이×너비×깊이)	(1,050+)×75×(68+)		주구평면형태	('ㄷ'형)
유물	토 기	경질무문 심발(1), 단경호(1), 장경호(1)			
	철 기	도자(1), 단조철부(1)			
	청동기	-			
	옥석류	마노제 구슬(1)			
	기 타	-			
	특기사항	동남쪽의 장측판을 길게 하여 부장함.			

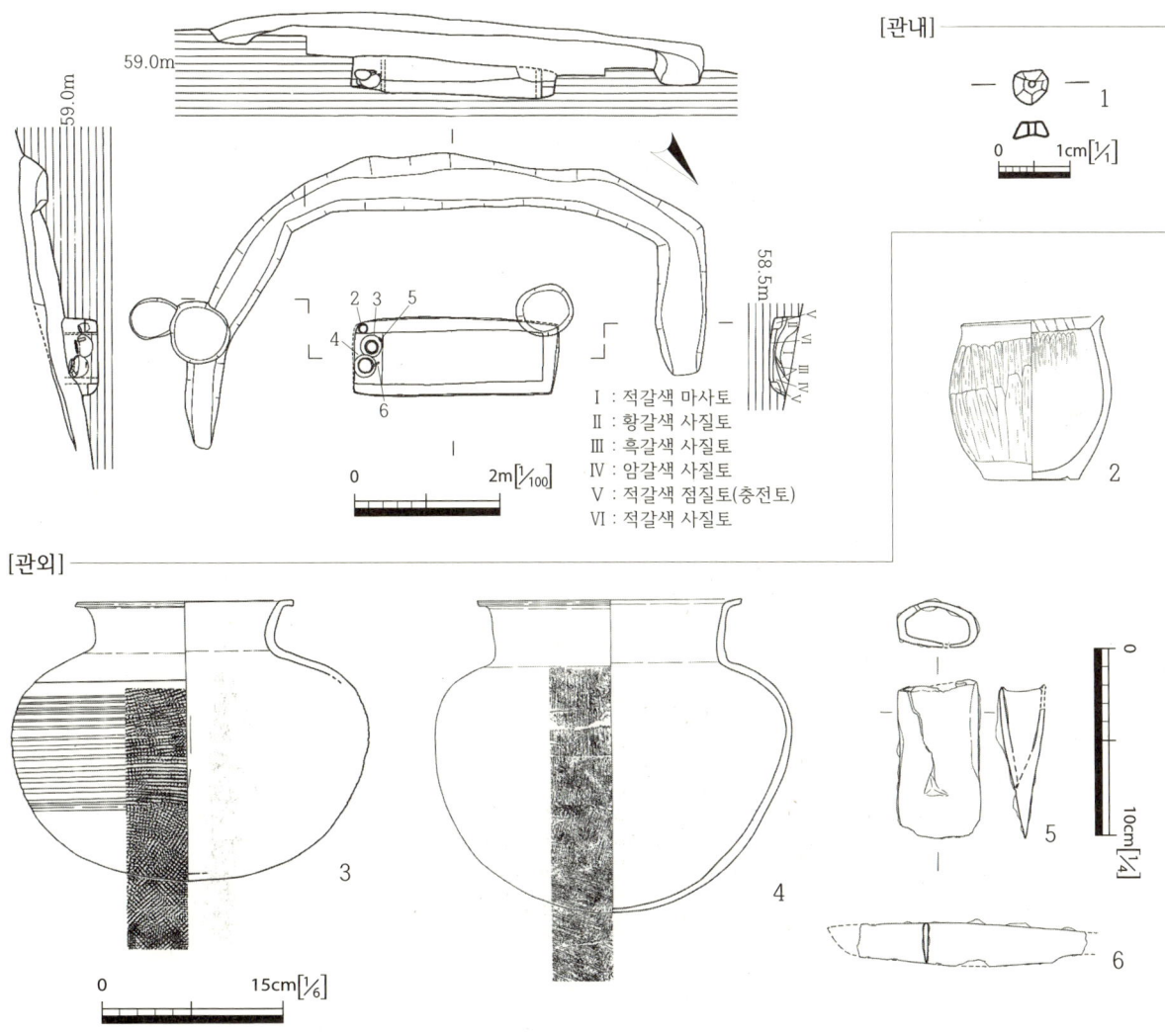

[관내]

[관외]

Ⅰ : 적갈색 마사토
Ⅱ : 황갈색 사질토
Ⅲ : 흑갈색 사질토
Ⅳ : 암갈색 사질토
Ⅴ : 적갈색 점질토(충전토)
Ⅵ : 적갈색 사질토

20호 주구토광묘

(단위 : cm)

묘광	크 기 (길이×너비×깊이)	398×160×(80+)	목관	크 기 (길이×너비×높이)	210×67×?
	장폭비	2.48:1		장폭비	3.13:1
	장축방향	N-45°-W	목곽	크 기 (길이×너비×높이)	318×123×?
	두 향	?		장폭비	2.58:1
	주구크기 (길이×너비×깊이)	(1185+)×106×(69+)	주구평면형태		('ㄱ'형)
유물	토 기	경질무문 심발(1), 단경호(3:주구1), 소호(1:주구1)			
	철 기	도자(1), 단조철부(1), 겸(1), 양단환봉(1), 미상철기(2)			
	청동기	곡봉형대구(1)			
	옥석류	유리제 구슬(20), 마노제 구슬(121)			
	기 타	-			
	특기사항	유리제 구슬 14점과 마노제 구슬 101점 도면 미게재.			

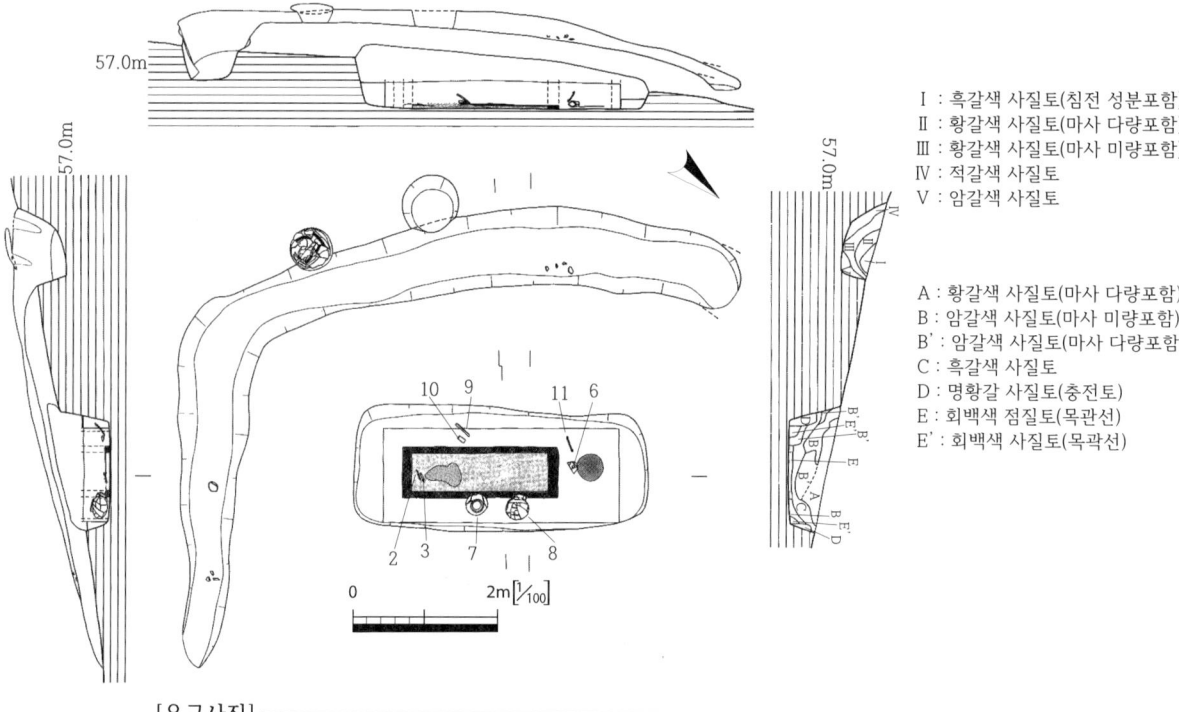

Ⅰ : 흑갈색 사질토(침전 성분포함)
Ⅱ : 황갈색 사질토(마사 다량포함)
Ⅲ : 황갈색 사질토(마사 미량포함)
Ⅳ : 적갈색 사질토
Ⅴ : 암갈색 사질토

A : 황갈색 사질토(마사 다량포함)
B : 암갈색 사질토(마사 미량포함)
B' : 암갈색 사질토(마사 다량포함)
C : 흑갈색 사질토
D : 명황갈 사질토(충전토)
E : 회백색 점질토(목관선)
E' : 회백색 사질토(목곽선)

[유구사진]

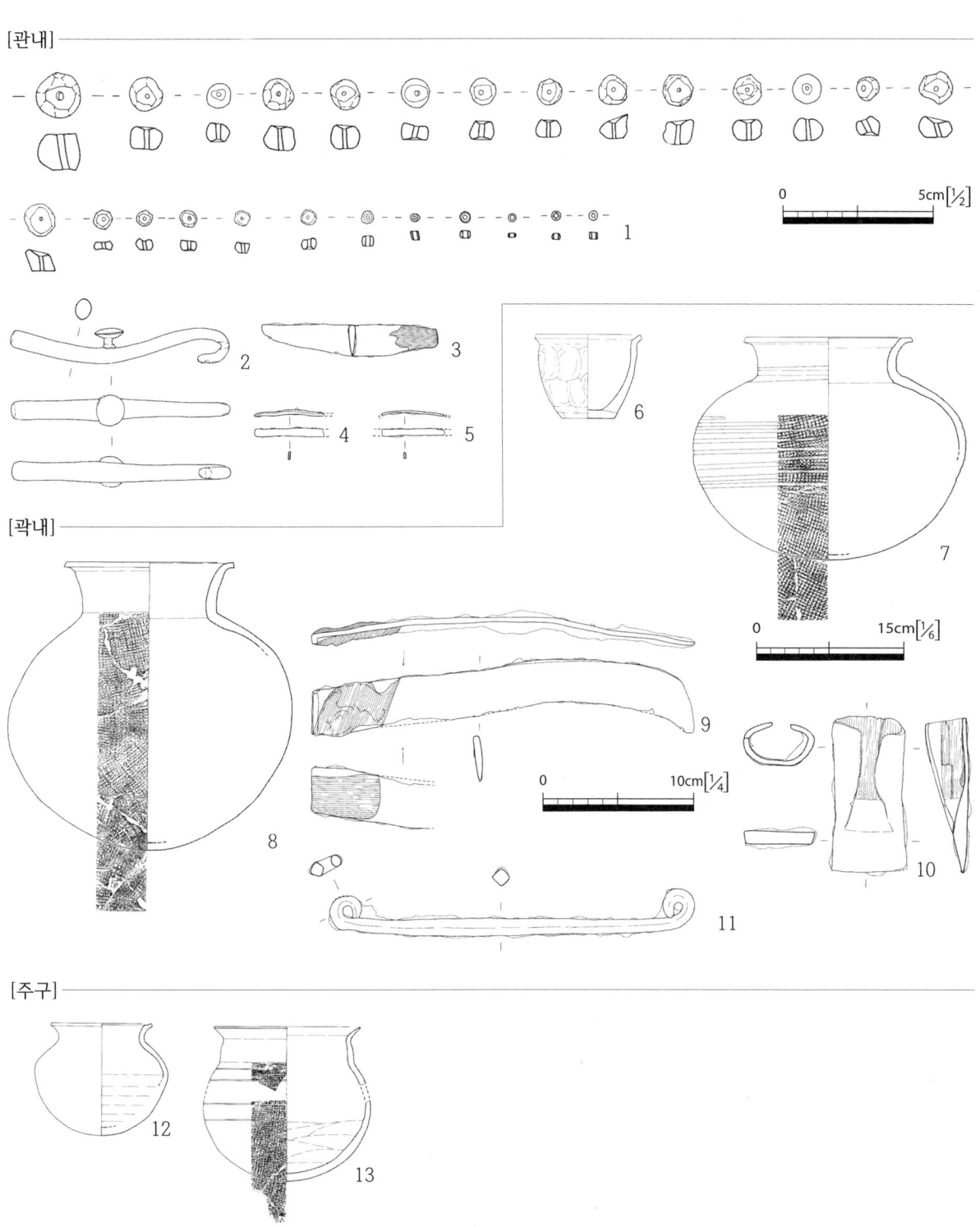

[곽내]

[주구]

0   5cm[½]

0   15cm[⅙]

0   10cm[¼]

21호 주구토광묘

(단위 : cm)

묘광	크 기 (길이×너비×깊이)	315×154×(64+)	목관	크 기 (길이×너비×높이)	277×84×(26+)
	장폭비	2.04:1		장폭비	3.29:1
	장축방향	N-36°-W	목곽	크 기 (길이×너비×높이)	-
	두 향	?		장폭비	-
	주구크기 (길이×너비×깊이)	(905+)×125×(75+)		주구평면형태	('ㄷ'형)
유물	토 기	경질무문 심발(1), 단경호(8)			
	철 기	단조철부(1), 겸(1), 양단환봉(1)			
	청동기	-			
	옥석류	-			
	기 타	-			
	특기사항	남동쪽의 장측판을 길게 하여 부장함.			

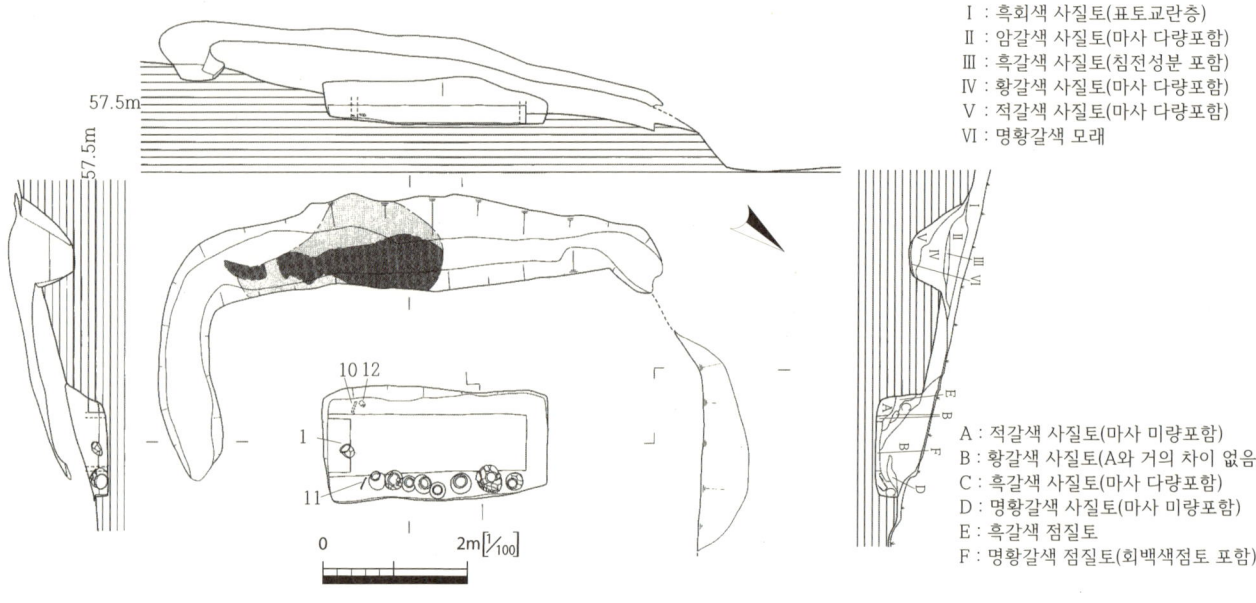

Ⅰ : 흑회색 사질토(표토교란층)
Ⅱ : 암갈색 사질토(마사 다량포함)
Ⅲ : 흑갈색 사질토(침전성분 포함)
Ⅳ : 황갈색 사질토(마사 다량포함)
Ⅴ : 적갈색 사질토(마사 다량포함)
Ⅵ : 명황갈색 모래

A : 적갈색 사질토(마사 미량포함)
B : 황갈색 사질토(A와 거의 차이 없음)
C : 흑갈색 사질토(마사 다량포함)
D : 명황갈색 사질토(마사 미량포함)
E : 흑갈색 점질토
F : 명황갈색 점질토(회백색점토 포함)

57.5m

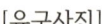

0   2m[1/100]

[유구사진]

[관외]

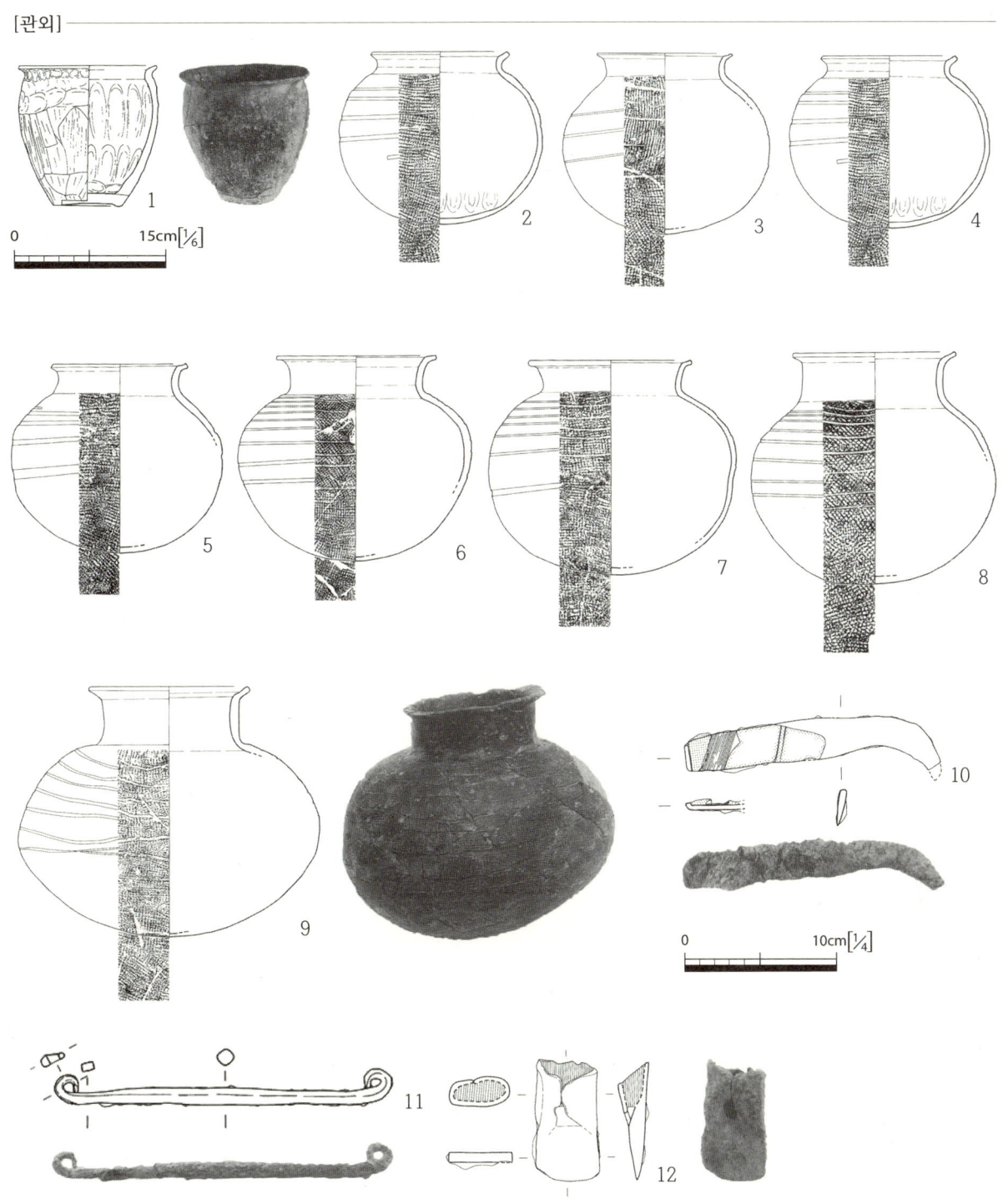

22호 주구토광묘

(단위 : cm)

묘광	크 기 (길이×너비×깊이)	502×237×(117+)	목관	크 기 (길이×너비×높이)	231×88×?
	장폭비	2.15:1		장폭비	2.62:1
	장축방향	N-56°-W	목곽	크 기 (길이×너비×높이)	308×167×?
	두 향	동남쪽		장폭비	1.84:1
	주구크기 (길이×너비×깊이)	(1,596+)×185×(113+)	주구평면형태		눈썹형
유물	토 기	경질무문 심발(1), 단경호(6), 원통형토기(1)			
	철 기	환두도(1), 모(7), 촉(10), 도자(2), 단조철부(2), 착(1), 겸(1), 양단환봉(3), 원통형철기(1)			
	청 동 기	-			
	옥석류	마노제 구슬(1)			
	기 타	-			
	특기사항	격벽을 설치하여 부장곽(173×135)을 마련함.			

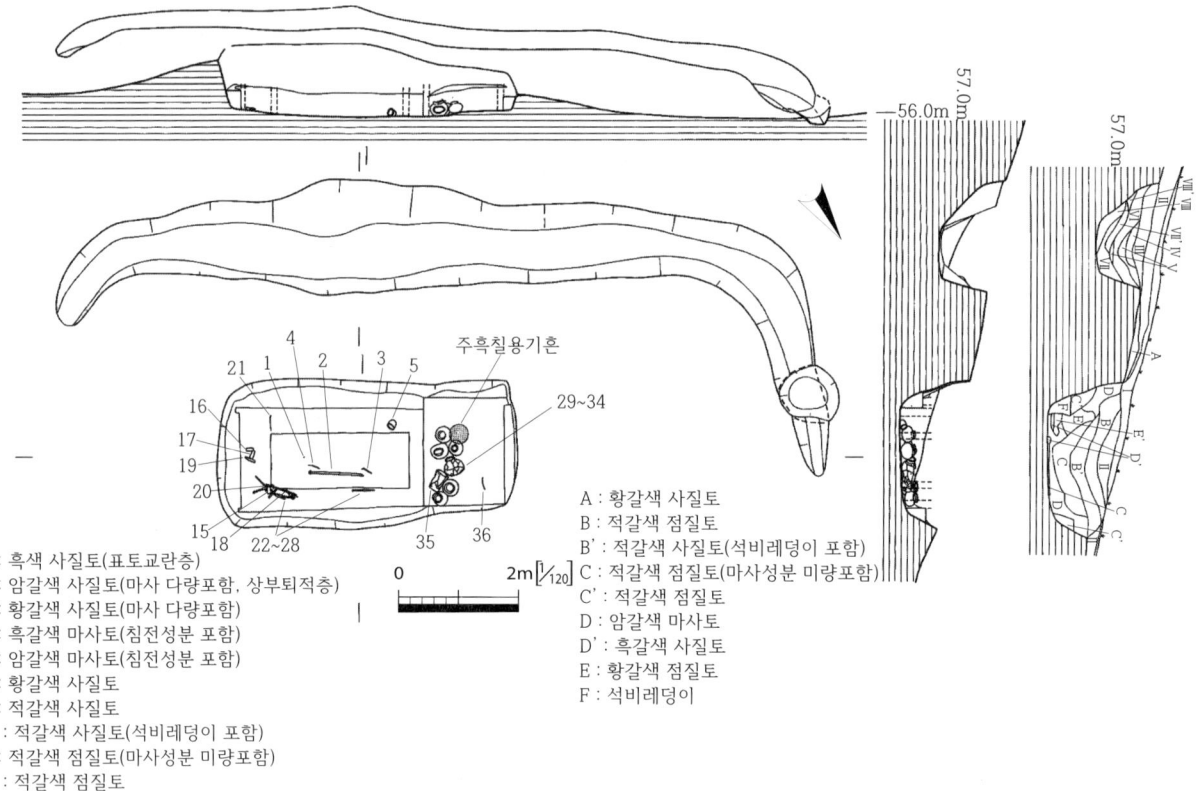

Ⅰ : 흑색 사질토(표토교란층)
Ⅱ : 암갈색 사질토(마사 다량포함, 상부퇴적층)
Ⅲ : 황갈색 사질토(마사 다량포함)
Ⅳ : 흑갈색 마사토(침전성분 포함)
Ⅴ : 암갈색 마사토(침전성분 포함)
Ⅵ : 황갈색 사질토
Ⅶ : 적갈색 사질토
Ⅶ´ : 적갈색 사질토(석비레덩이 포함)
Ⅷ : 적갈색 점질토(마사성분 미량포함)
Ⅷ´ : 적갈색 점질토

A : 황갈색 사질토
B : 적갈색 점질토
B´: 적갈색 사질토(석비레덩이 포함)
C : 적갈색 점질토(마사성분 미량포함)
C´: 적갈색 점질토
D : 암갈색 마사토
D´: 흑갈색 사질토
E : 황갈색 점질토
F : 석비레덩이

[관내]

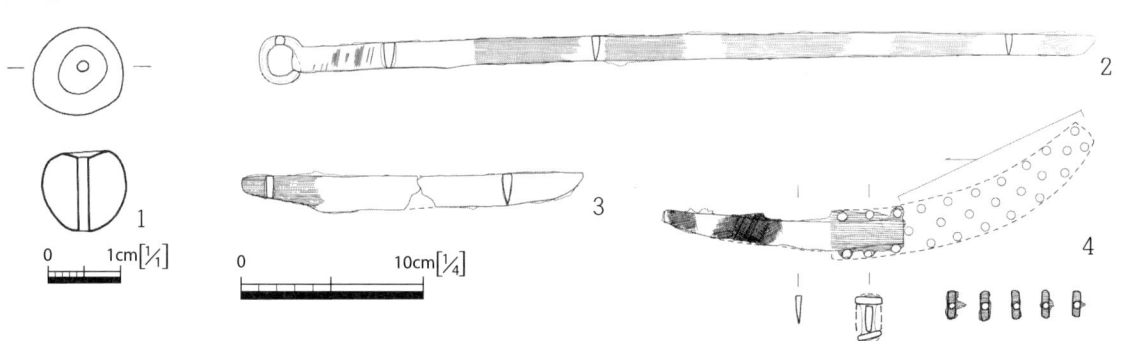

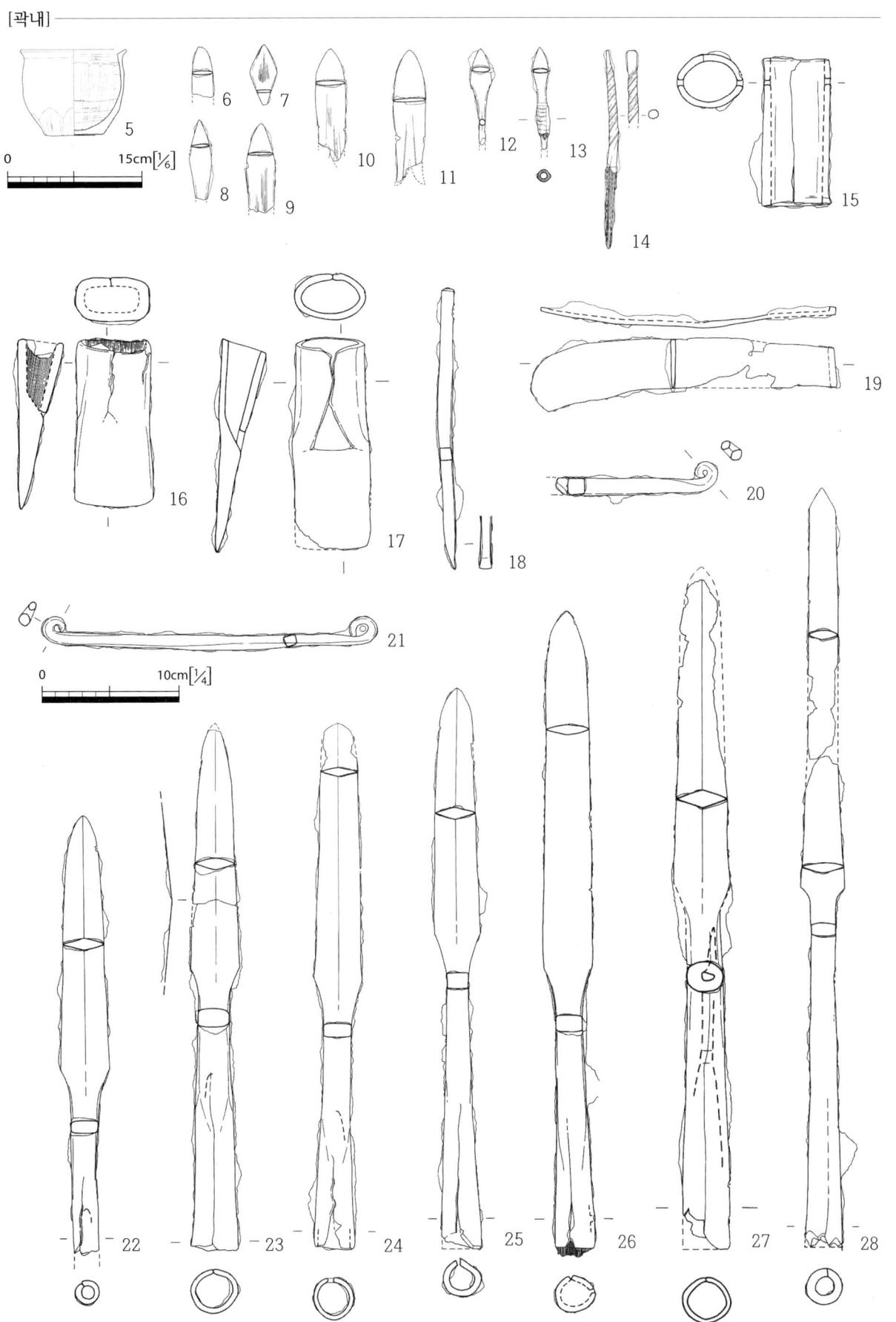

0   15cm[⅙]

0   10cm[¼]

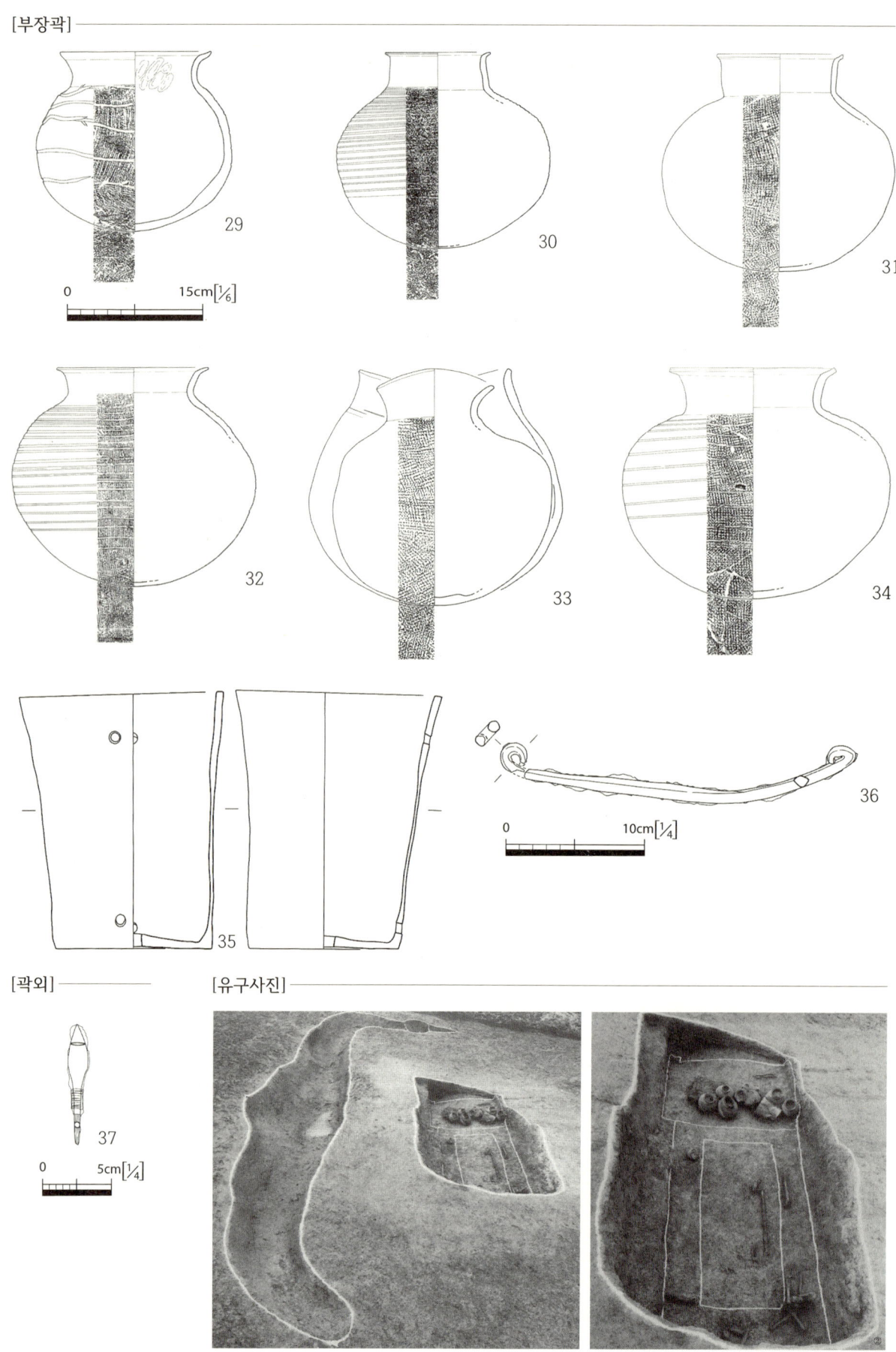

23호 주구토광묘

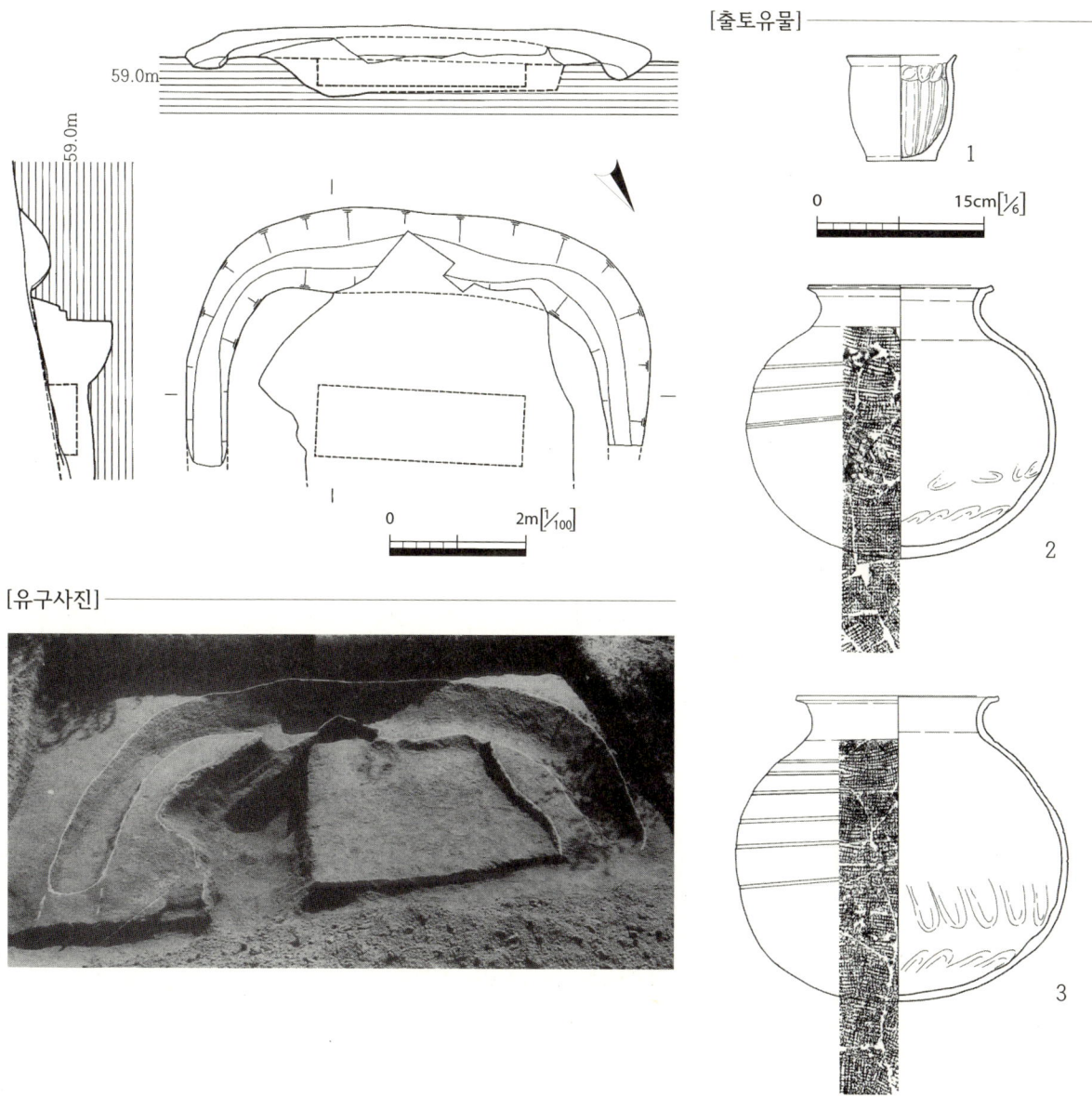

(단위 : cm)

묘광	크 기 (길이×너비×깊이)	?	목관	크 기 (길이×너비×높이)	?
	장폭비	?		장폭비	?
	장축방향	N-54°-W	목곽	크 기 (길이×너비×높이)	?
	두 향	?		장폭비	?
	주구크기 (길이×너비×깊이)	(1,015)×120×(46+)		주구평면형태	('ㄷ'형)
유물	토 기	경질무문 심발(1), 단경호(2)			
	철 기		-		
	청동기		-		
	옥석류		-		
	기 타		-		
	특기사항				

[출토유물]

59.0m

59.0m

0   2m[1/100]

1

0   15cm[1/6]

2

3

[유구사진]

24호 주구토광묘

(단위 : cm)

묘광	크 기 (길이×너비×깊이)	302×102×(45.5+)	목관	크 기 (길이×너비×높이)	265×90×?
	장폭비	2.96:1		장폭비	2.94:1
	장축방향	N-48°-W	목곽	크 기 (길이×너비×높이)	-
	두 향	?		장폭비	-
	주구크기 (길이×너비×깊이)	(50+)×(113+)×(56+)		주구평면형태	?
유물	토 기	경질무문 심발(1), 단경호(2)			
	철 기	-			
	청동기	-			
	옥석류	-			
	기 타	-			
	특기사항				

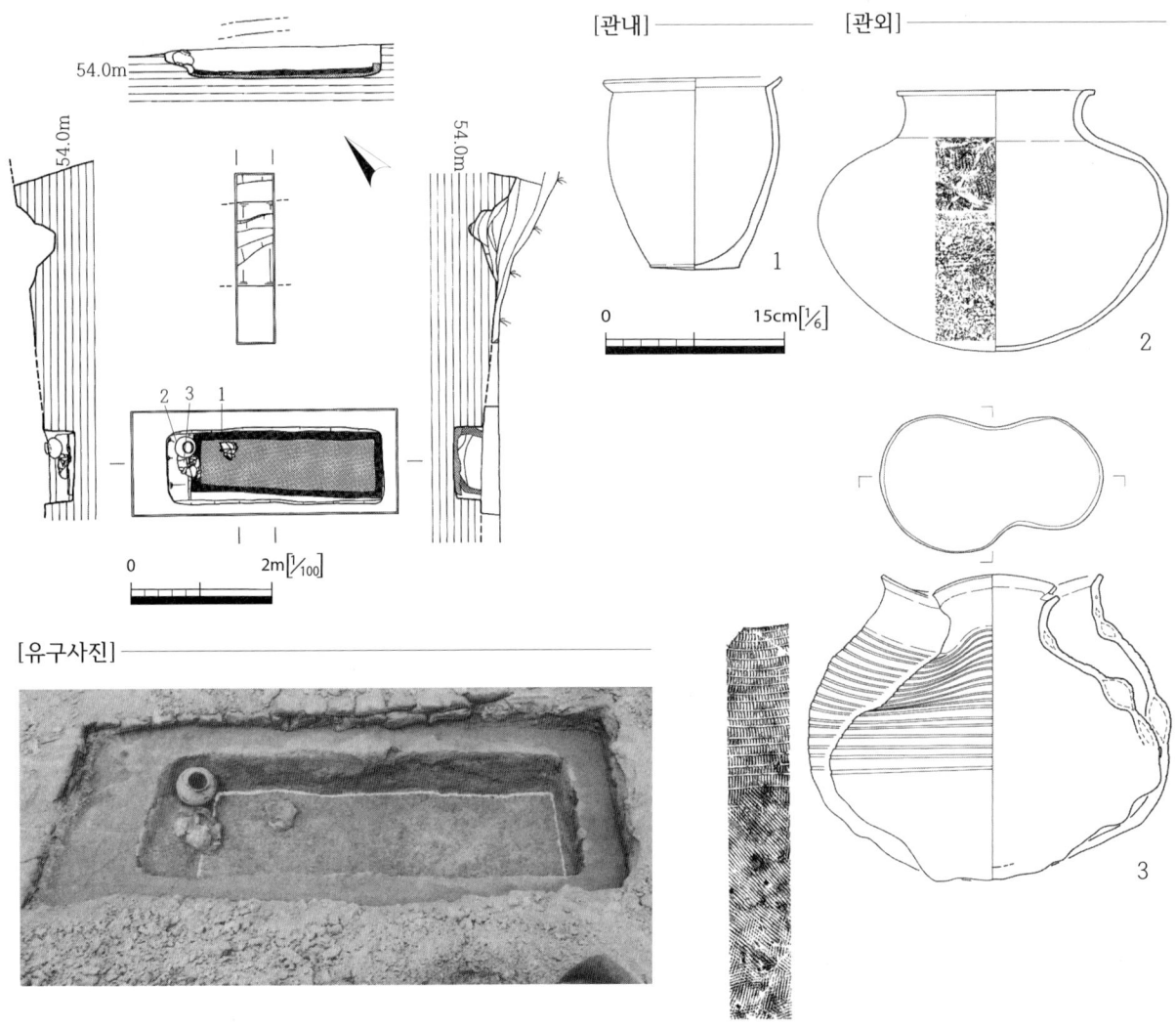

[관내] ―――― [관외] ――――

[유구사진] ――――

천안 화성리유적 天安 花城里遺蹟

조사사유	일괄유물 신고에 따른 학술발굴조사	
조사연혁	지표조사 : 1991. 05. 01. ~ 1991. 05. 02.(국립공주박물관) 발굴조사 : 1991. 07. 24. ~ 1991. 08. 25.(국립공주박물관)	
유적위치	충청남도 천안시 성남면 화성리 전 340번지, 334번지 일대	
	경·위도 127°15'28.52"E / 36°45'4.02"N	GPS 127.257923 / 36.751117
유적입지	천안초등학교 바로 옆을 지나 경부고속도로를 관통하여 화성리로 들어가는 도로를 1.6km정도 북진하면 화원마을에 이르게 된다. 유적은 화원 마을 앞을 지나는 도로의 남사면과 북사면에 입지한다. 화성리유적이 자리한 구릉은 해발 46m로 세성산의 남동쪽 구릉에 해당된다. 북서-남동으로 완만하게 뻗어 있는 구릉을 따라 개설되어 있는 농로를 경계로 북쪽 사면과 남쪽 사면이 각각 A지구와 B지구로 구분된다.	
유구현황	초기철기시대	-
	원삼국시대	-
	삼국시대	A지구 : 토광묘(3) B지구 : 토광묘(6)
	기타	삼국시대 수혈(1)
주요유물	흑색마연 직구단경호, 광구장경호, 난형호, 심발형토기, 은상감 환두도, 철모, 토제방추차	
시대·성격	매장주체부의 형태가 다양한 편이며, 유구의 장축방향은 등고선과 평행하고 묘광의 장단비는 대개 3:1 내외이다. 묘광 밖에 목곽 설치용으로 추정되는 기둥구멍이 있는 특이한 구조도 확인된다. B-1호묘를 제외한 목관들은 모두 조합식이다. 조사지점에서 서쪽으로 약 80m 떨어진 곳에서 청자반구호가 출토된 바 있어, 이 일대에는 광범위하게 무덤이 조영되었을 가능성이 높아 보인다. 직구단경호를 비롯한 부장유물로 볼 때 유적의 중심연대는 4세기 중·후반경으로 추정된다.	
참고문헌	國立公州博物館, 1991, 『天安 花城里百濟墓』.	

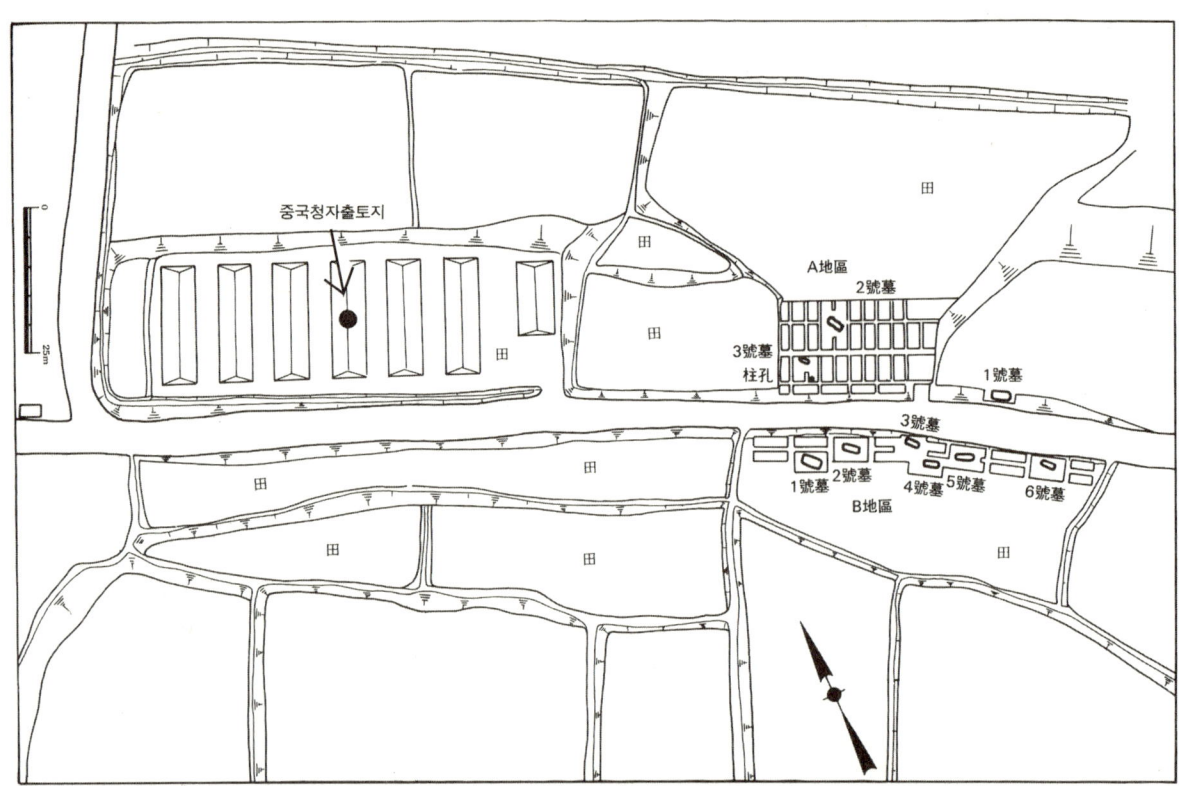

천안 화성리유적 유구배치도

천안 화성리유적 전경

천안 화성리유적 원경

A지구 1호 토광묘

묘광	크 기 (길이×너비×깊이)	270×135×(76+)	목관	크 기 (길이×너비×높이)	-
	장폭비	2.00:1		장폭비	-
	장축방향	N-44°-W	목곽	크 기 (길이×너비×높이)	215×59×?
	두 향	남동쪽		장폭비	3.64:1
유물	토 기	호(1)			
	철 기	환두도(1), 모(1)			
	청동기	-			
	옥석류	-			
	기 타	-			
	특기사항	해발고도 미기술. 격벽을 설치하여 부장칸((62+)×(20+))을 마련함.			

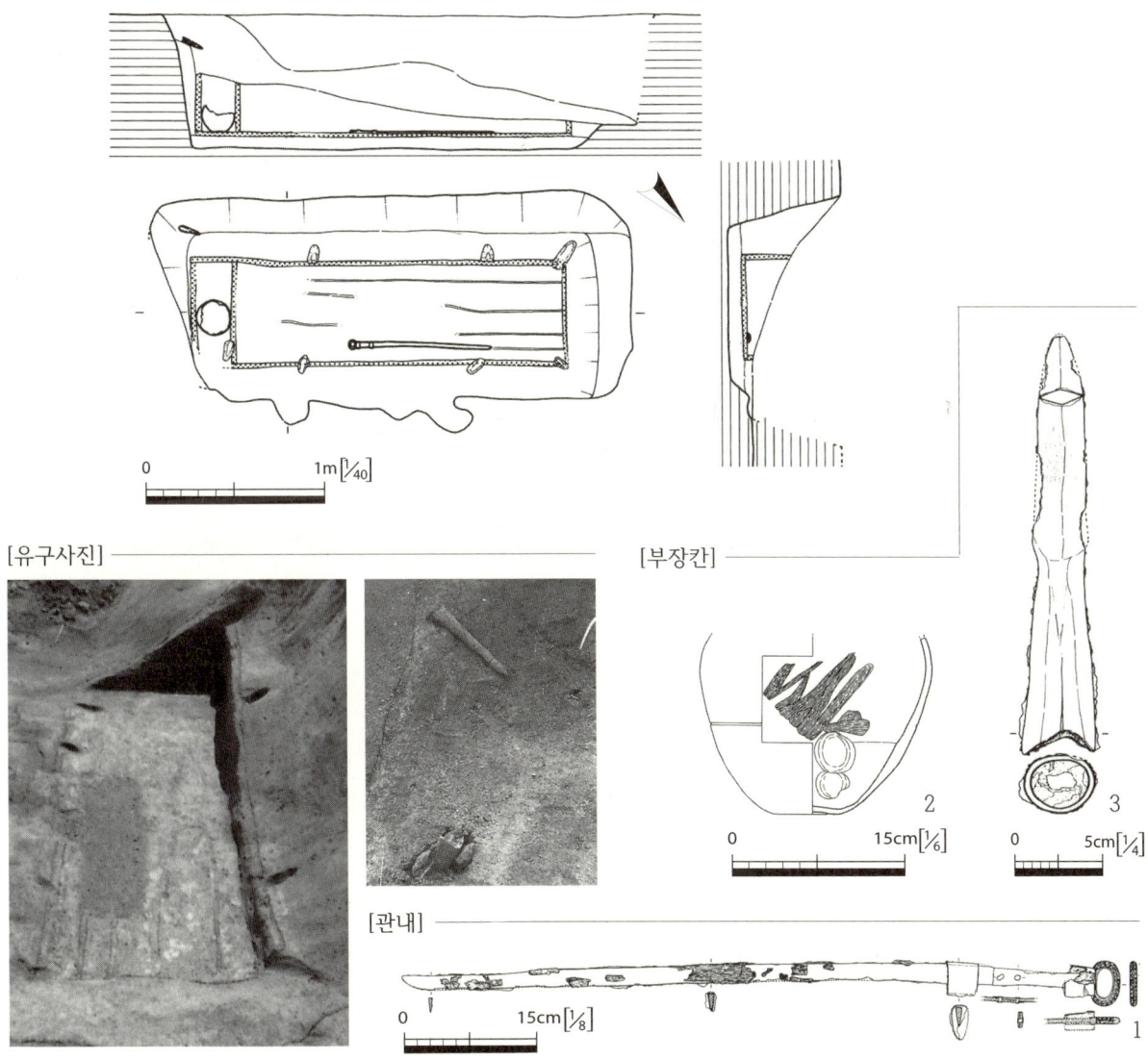

[유구사진]

[부장칸]

[관내]

A지구 2호 토광묘

(단위 : cm)

묘광	크 기 (길이×너비×깊이)	283×97×?	목관	크 기 (길이×너비×높이)	220×66×?
	장폭비	2.91:1		장폭비	3.33:1
	장축방향	N-25°-W	목곽	크 기 (길이×너비×높이)	?
	두 향	?		장폭비	?
유물	토 기	심발형토기(1), 직구단경호(1)
	철 기	-
	청 동 기	-
	옥 석 류	-
	기 타	토제 방추차(1)
	특기사항	묘광 주변에서 기둥구멍이 6개 확인됨. 해발고도 미기술.

[유구사진]

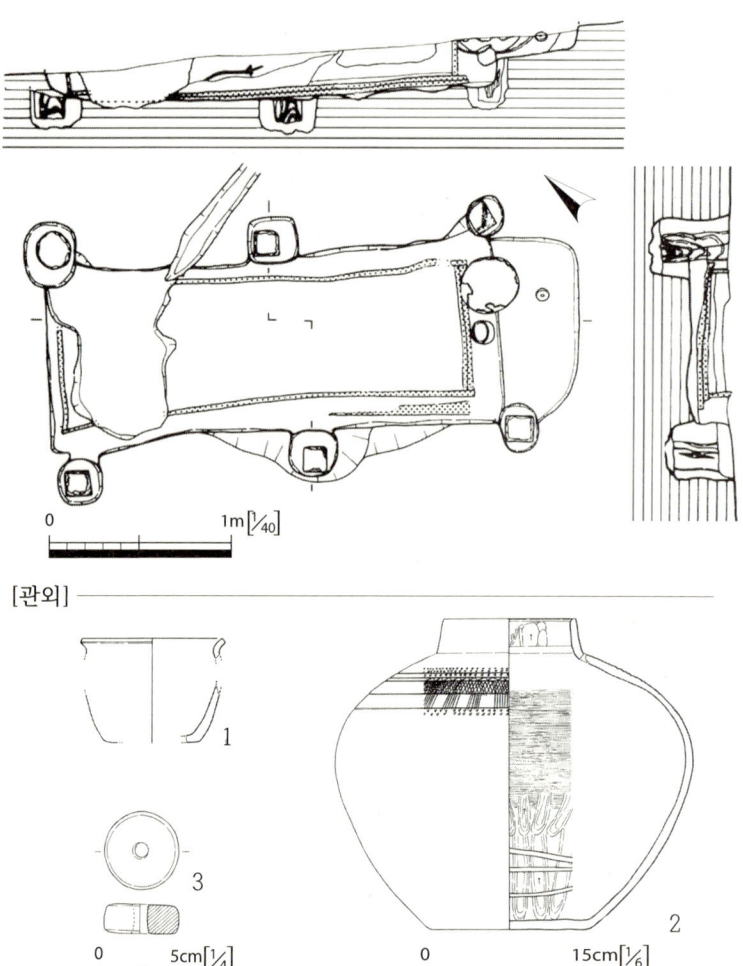

[관외]

0 　　　　1m[1/40]

0 　　5cm[1/4]

0 　　　　15cm[1/6]

A지구 3호 토광묘

(단위 : cm)

묘광	크 기 (길이×너비×깊이)	(177+)×(74+)×(10)	목관	크 기 (길이×너비×높이)	?
	장폭비	?		장폭비	?
	장축방향	N-38°-W	목곽	크 기 (길이×너비×높이)	?
	두 향	?		장폭비	?
유물	토 기	-			
	철 기	-			
	청 동 기	-			
	옥 석 류	-			
	기 타	-			
특기사항	유구의 대부분이 유실되었으나 목관으로 추정되는 목질포함층이 확인됨. 해발고도 미기술.				

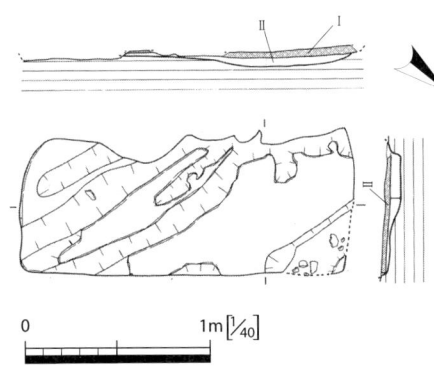

Ⅰ : 회흑색점토(목관저판)
Ⅱ : 황갈색세사질토(점성이 강함)

0　　　　　1m [1/40]

B지구 1호 토광묘

(단위 : cm)

묘광	크 기 (길이×너비×깊이)	318×124×109	목관	크 기 (길이×너비×높이)	180×45×(37+)
	장폭비	2.56:1		장폭비	4.00:1
	장축방향	N-32°-W	목곽	크 기 (길이×너비×높이)	282×94×(73.5+)
	두 향	동남쪽		장폭비	3.00:1
유물	토 기	심발형토기(1), 직구단경호(1), 장경호(1), 난형호(1)			
	철 기	꺾쇠(16)			
	청동기	-			
	옥석류	-			
	기 타	-			
	특기사항	목곽 주변에서 기둥구멍이 10개 확인됨. 꺾쇠 16점의 도면 미게재. 해발고도 미기술.			

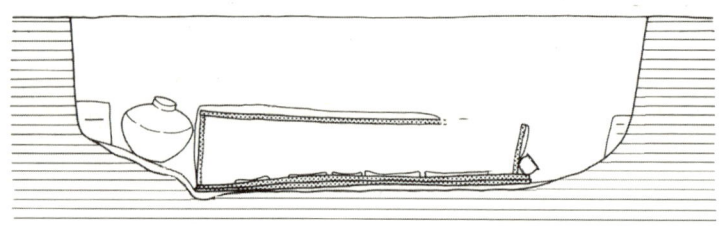

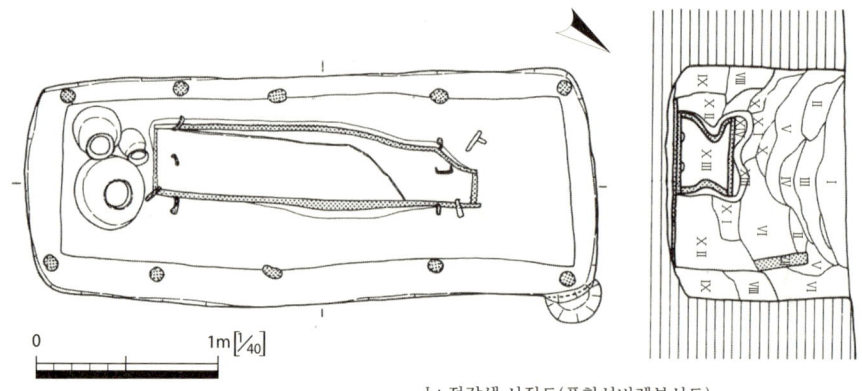

0   1m [¹/₄₀]

Ⅰ: 적갈색 사질토(풍화석비레부식토)
Ⅱ: 회갈색점토(점성이 강한 니질점토:목탄 및 승석문토기편 포함)
Ⅲ: 명갈색사질토(풍화석비레부식토)
Ⅳ: 명갈색사질토
Ⅴ: 회갈색사질토(내부에 목탄포함, 풍화석비레부식토)
Ⅵ: 암적색사질토(다져진상태:회색사질토덩어리 포함)
Ⅶ: 회흑색부식토(점성이 약간있음)
Ⅷ: 암갈색사질토(풍화석비레부식토, 점토포함비율이 Ⅵ층보다 높다.)
Ⅸ: 암회색사질토(다져진 상태이고, 목탄, 점토덩이, 경질토기편 등 포함)
Ⅹ: 황갈색사질토(점자가 고운 풍화석비레부식토:다져진상태)
Ⅺ: 회황색사질토(점토덩이가 포함되어 다져짐: 풍화석비레부식토)
Ⅻ: 흑갈색부식토(점도가 약한 풍화석비레부식토)
ⅩⅢ: 적갈색사질토
ⅩⅣ: 적갈색사질토(흑회색 니질토가 포함됨)
ⅩⅤ: ⅩⅢ층과 동일
ⅩⅥ: 바닥에 깔린 회황색 사질토(점성이 있으며, 입자가 매우 고운 사질)

[유구사진]

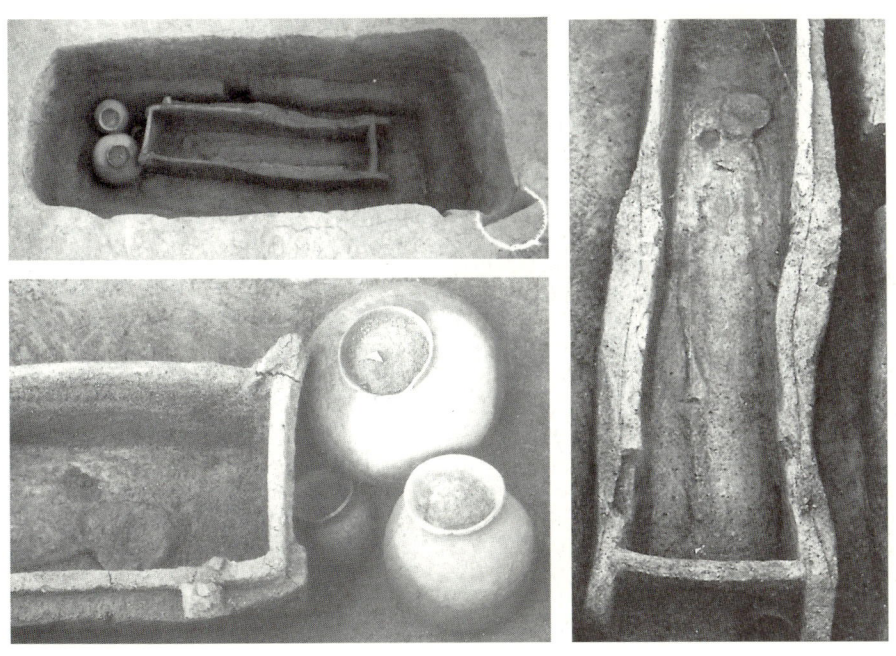

[곽내]

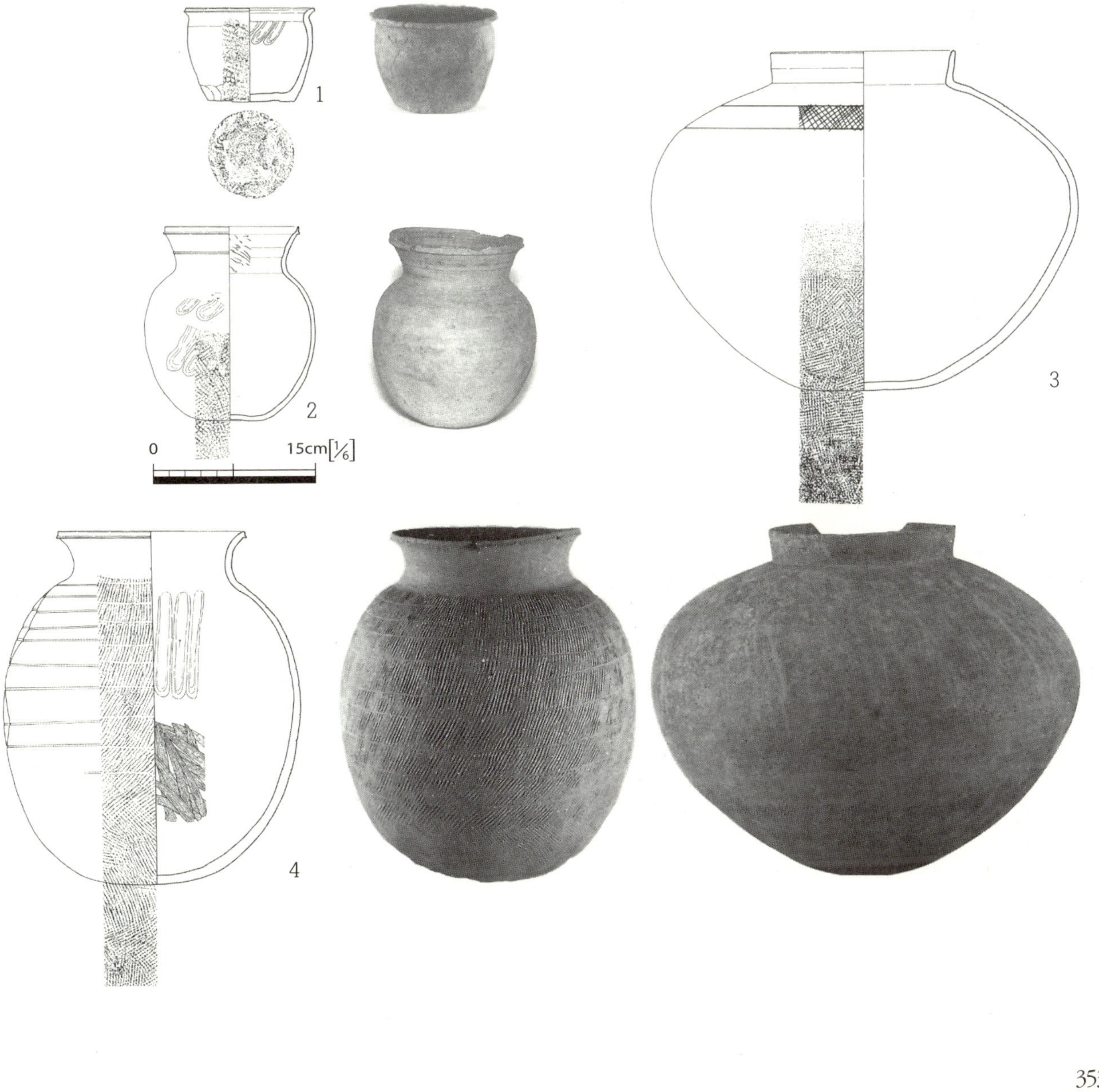

0   15cm[1/6]

B지구 2호 토광묘

(단위 : cm)

묘광	크 기 (길이×너비×깊이)	311×105×?	목관	크 기 (길이×너비×높이)	252×63×?
	장폭비	2.56:1		장폭비	4.00:1
	장축방향	N-48°-W	목곽	크 기 (길이×너비×높이)	-
	두 향	?		장폭비	-
유물	토 기	호(2)			
	철 기	-			
	청 동 기	경(1)			
	옥석류	유리제 구슬(32), 마노제 구슬(4), 수정제 구슬(3)			
	기 타	토제 방추차(1)			
	특기사항	해발고도 미기술.			

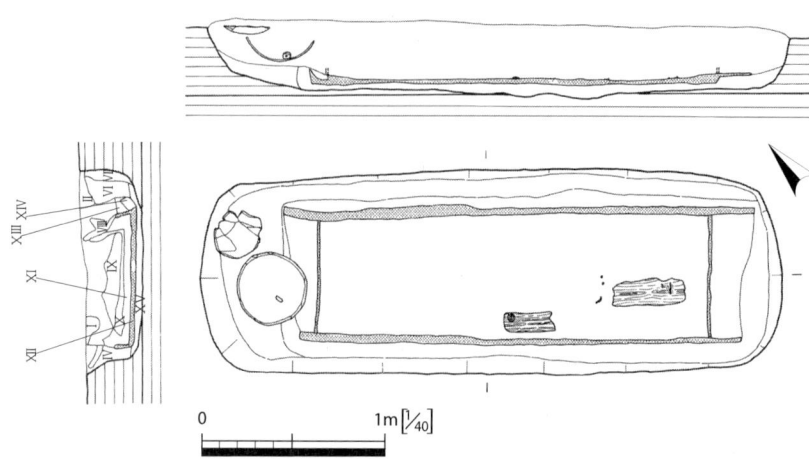

Ⅰ: 암갈색사질점토(가는 사립함유:경작토)
Ⅱ: 암갈색점토(굵은 사점함유)
Ⅲ: 적갈색사질토(굵은 사립 및 철분함유, 암반편함유)
Ⅳ: 명갈색사질토(가는 사립다량함유)
Ⅴ: 암갈색사질토(가는 사립함유)
Ⅵ: 회백색점질토(가는 사립함유, 황색 약간 가미)
Ⅶ: Ⅲ층과 동일하나 점성이 강함
Ⅷ: 짙은 황색사질점토
Ⅸ: 명갈색사질점토(굵은사립포함, 회백색점토 약간 가미)
Ⅹ: 적갈색사질점토
Ⅺ: 황갈색사질점토(가는 사립다량함유)
Ⅻ: 회백색점토(목질부식토)
ⅩⅢ: 명황갈색사질점토
ⅩⅣ: 명갈색사질점토
ⅩⅤ: 명갈색사질점토

0   1m[¼₀]

[출토유물]

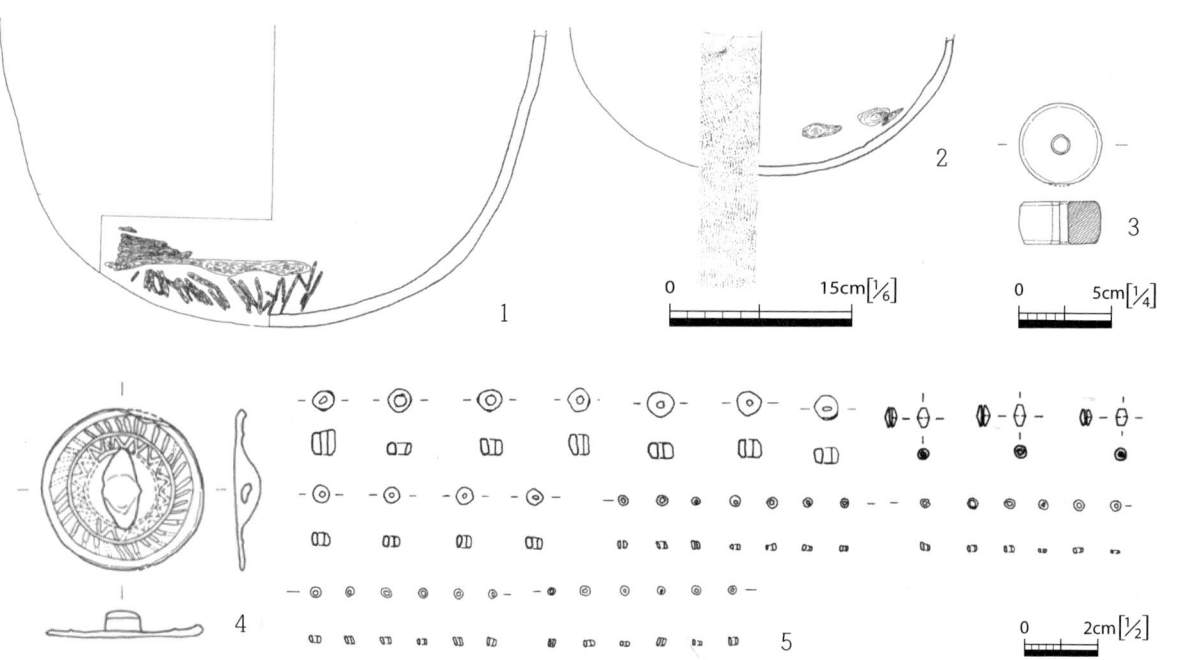

B지구 3호 토광묘

(단위 : cm)

묘광	크 기 (길이×너비×깊이)	262×92×(12+)	목관	크 기 (길이×너비×높이)	232×66×?
	장폭비	2.84:1		장폭비	3.51:1
	장축방향	N-30°-W	목곽	크 기 (길이×너비×높이)	-
	두 향	?		장폭비	-
유물	토 기	저부편(1)			
	철 기	-			
	청 동 기	-			
	옥 석 류	-			
	기 타	-			
	특기사항	해발고도 미기술.			

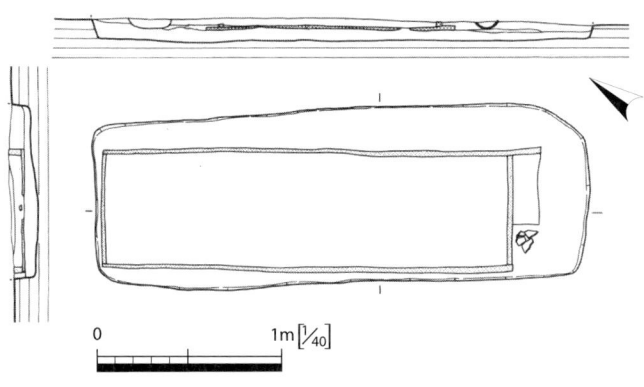

```
0                    1m [1/40]
```

[유구사진]

[출토유물]

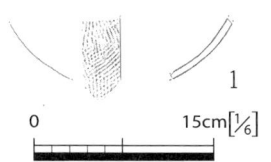

1

```
0               15cm [1/6]
```

B지구 4호 토광묘

(단위 : cm)

묘광	크 기 (길이×너비×깊이)	263×96×(13+)	목관	크 기 (길이×너비×높이)	144×65×?
	장폭비	2.73:1		장폭비	2.21:1
	장축방향	N-45°-W	목곽	크 기 (길이×너비×높이)	-
	두 향	?		장폭비	-
유물	토 기	호(1)			
	철 기	도자(1), 미상철기(1)			
	청 동 기	-			
	옥 석 류	-			
	기 타	-			
	특기사항	해발고도 미기술.			

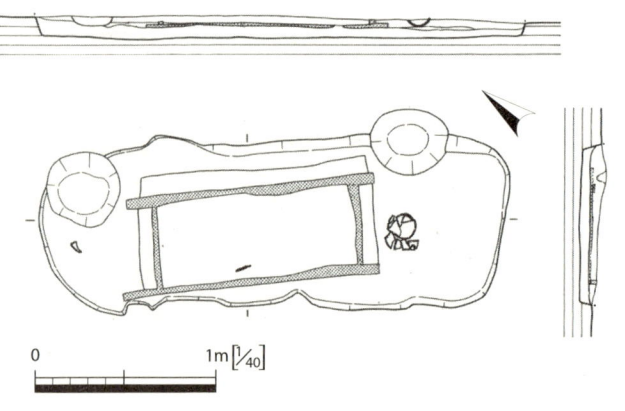

[유구사진] ──────────

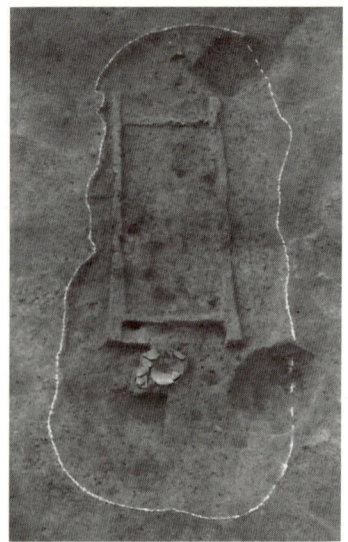

[출토유물] ──────────

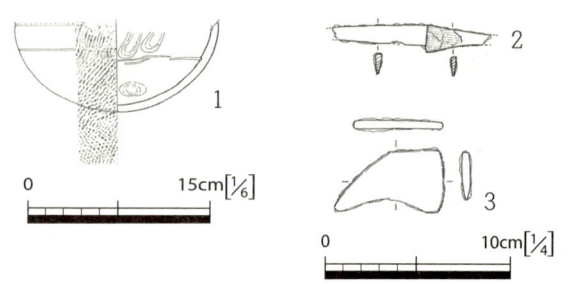

B지구 5호 토광묘

(단위 : cm)

묘광	크 기 (길이×너비×깊이)	335×99×(18+)	목관	크 기 (길이×너비×높이)	(255+)×(69+)×?
	장폭비	3.38:1		장폭비	?
	장축방향	N-50°-W	목곽	크 기 (길이×너비×높이)	-
	두 향	?		장폭비	-
유물	토 기	직구단경호(1)			
	철 기	미상철기(2)			
	청 동 기	-			
	옥 석 류	-			
	기 타	토제 방추차(1)			
	특기사항	해발고도 미기술.			

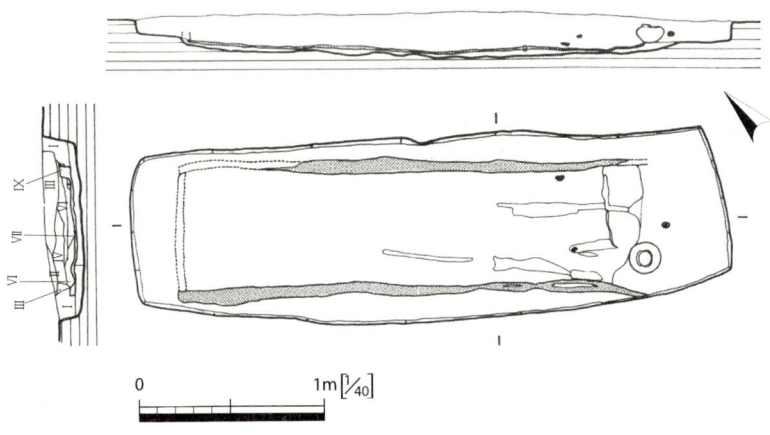

Ⅰ : 명갈색사질점토
Ⅱ : 암갈색사질점토
Ⅲ : 갈색사질점토(가는석립다량함유)
Ⅳ : 명황갈색사질점토
Ⅴ : 황갈색사질점토(가는사립함유)
Ⅵ : Ⅳ와 동일하나 점성이 강함
Ⅶ : 암황갈색사질점토(가는사립함유)
Ⅷ : 명갈색사질점토(가는사립함유)
Ⅸ : 회백색점토(목질부식토)

0   1m[1/40]

[유구사진]

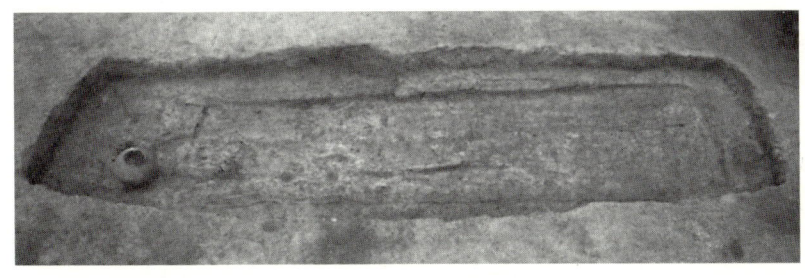

[출토유물]

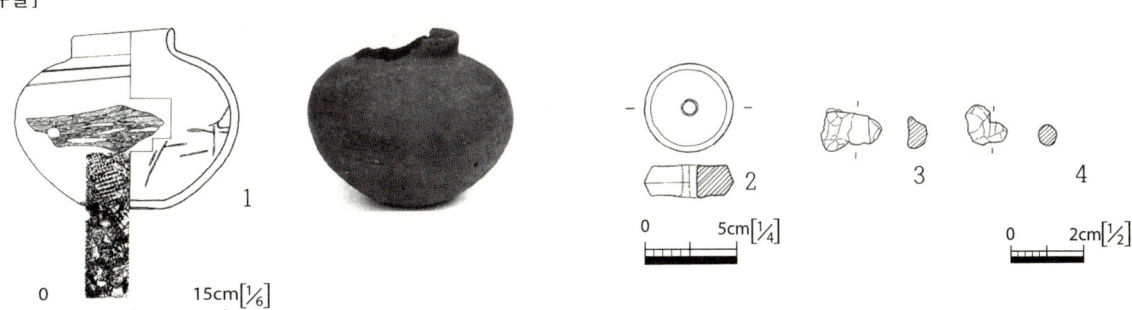

1

0   15cm[1/6]

0   5cm[1/4]

2

3   4

0   2cm[1/2]

B지구 6호 토광묘

(단위 : cm)

묘광	크 기 (길이×너비×깊이)	259×92×(14.5+)	목관	크 기 (길이×너비×높이)	(164+)×(49+)×?
	장폭비	2.81:1		장폭비	?
	장축방향	N-37°-W	목곽	크 기 (길이×너비×높이)	-
	두 향	?		장폭비	-
유물	토 기	호(2)			
	철 기	-			
	청 동 기	-			
	옥 석 류	-			
	기 타	-			
	특기사항	해발고도 미기술.			

Ⅰ:회황색세사질토(충전토)
Ⅱ:흑갈색부식토(쟁기자국)
Ⅲ:흑갈색부식토(경작토)
Ⅳ:황갈색사질토
Ⅴ:회황색사질토
Ⅵ:회흑색니질토(목관저판)

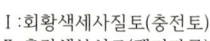
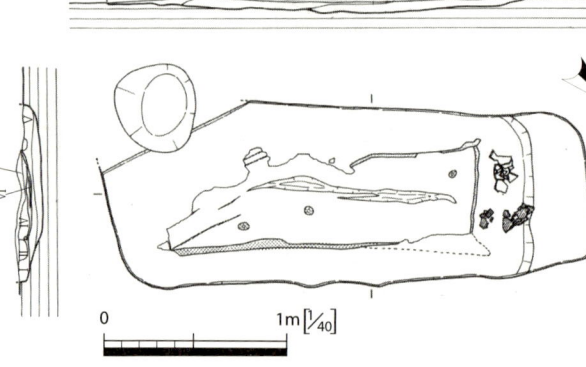

0   1m[1/40]

[유구사진]

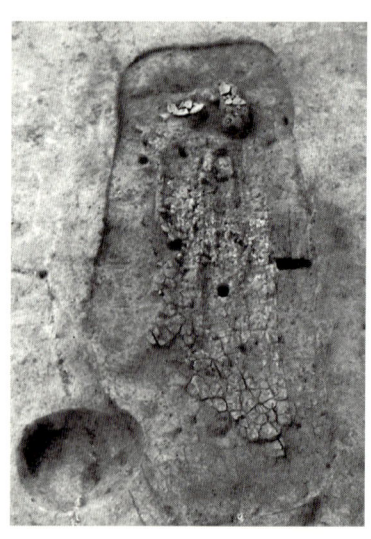

[출토유물]

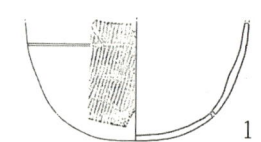
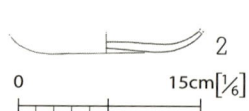

0   15cm[1/6]